《当代中国人物传记》丛书

书名手迹：彭 真

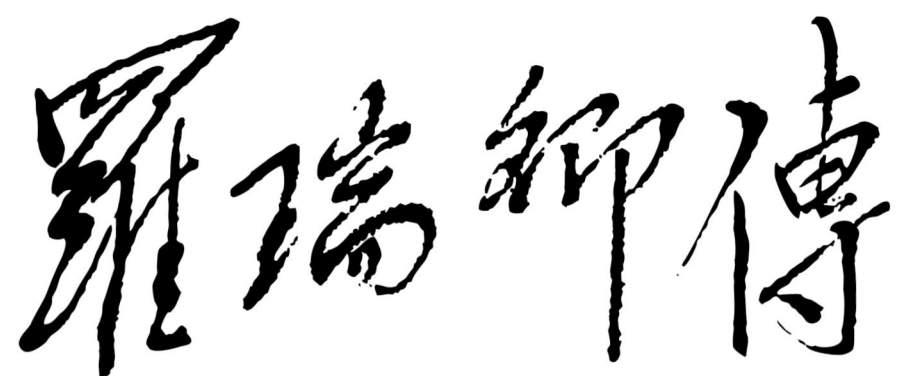

《罗瑞卿传》编写组　著

图书在版编目(CIP)数据

罗瑞卿传 /《罗瑞卿传》编写组著 . -- 北京：当代中国出版社, 2007.7（2024.7 重印）
ISBN 978-7-80092-501-6

Ⅰ.①罗…　Ⅱ.罗…　Ⅲ.①罗瑞卿（1906~1978）—传记　Ⅳ.① K825.2

中国版本图书馆 CIP 数据核字（2007）第 101940 号

出 版 人	王　茵
责任编辑	张　白
责任校对	王小芸
责任印务	刘艳平
封面制作	北京华子图文设计公司
出版发行	当代中国出版社
地　　址	北京市地安门西大街旌勇里 8 号
网　　址	http://www.ddzg.net
邮政编码	100009
编 辑 部	（010）66572180
市 场 部	（010）66572281　66572157
印　　刷	中国电影出版社印刷厂
开　　本	720 毫米×1060 毫米　1/16
印　　张	26.25 印张　6 插页　590 千字
版　　次	2007 年 7 月第 2 版
印　　次	2024 年 7 月第 2 次印刷
定　　价	98.00 元

版权所有，翻版必究；如有印装质量问题，请拨打（010）66572159 联系出版部调换。

《罗瑞卿传》编写组

黄　瑶
张明哲

出版说明

1982年,中共中央书记处讨论通过、中共中央宣传部发文布置在全国范围内编写出版《当代中国》丛书。根据编写计划,《当代中国》丛书依内容共分为五类,人物传记是其中之一。由于人物传记涉及方方面面,情况繁杂,且编写时间长,1991年人物传记从《当代中国》丛书中分立出来,确定为《当代中国人物传记》丛书。

《当代中国人物传记》丛书编辑委员会在丛书总序中说:

"二十世纪的中国,是一个风云际会、英杰辈出的时代。正是伟大的时代造就出灿若群星的历史伟人;也正是历史伟人们艰苦卓绝的奋斗历程和忘我建树的光辉业绩,才能充分地体现着潮流之所趋、人心之所向,才最深刻最生动地反映着奔腾前进的伟大时代。他们一生的业绩,恰恰构成了从旧中国到新中国这一旷古未有的历史性大变革的缩影。正因为这样,修撰作为中华人民共和国缔造者的一代杰出历史人物的传记,其意义自是远远超越记述个人身世的范围。这套传记丛书,无疑应当看作是,当代中国千百万爱国志士、革命先驱的杰出代表用毕生的血和汗谱写出的挽救祖国、振兴中华的可歌可泣的历史画卷,它将是永远矗立于世世代代人民心中的革命丰碑。《当代中国人物传记》丛书中的每一部传记,都可读作当代中国的救国史,中华人民共和国的开国史、建国史;每一部传记都可读作结束中国苦难危亡命运的革命史,披荆斩棘建设社会主义的奠基史、创业史。"

"《当代中国人物传记》丛书,首批编撰的是中华人民共和国建国时期的开国元勋和各方面的最杰出人士的传记。这批传记的主人公将包括:党和国家的主要领导人(其中毛泽东、周恩来、刘少奇、朱德、邓小平、陈云的传记,将由中共中央文献研究室编写、出版)、人民军队中功勋卓著的元帅、参与新中国创建大业的各民主党派的领导人和各方面的著名爱国人士、贡献突出的著名科学家、文学家和艺术家，以及为中国民主革命事业和社会主义事业做出重大贡献的国际主义战士，等等。毫无疑问，他们既是当代中国最卓越的代表，同时也是彪炳千秋青史的历史巨人。当然，如同一切历史人物一样，我们时代的杰出代表也不可能不受到历史条件的限制，也必然会具有这样那样的弱点、短处，一生中也不免会发生这样那样的某些过失。但是，所有这些，当如日月之蚀，堂堂正正公之于众亦无损于他们形象的光辉。他们为中华民族创建的功业，他们的革命精神、高尚情操，他们的鸿才睿智、嘉言懿行，无不震古铄今，垂范后世。这是中华民族一份永远值得倍加珍摄的宝贵精神财富。"

"愿人们从这部《当代中国人物传记》丛书中，以这些历史人物的光辉业绩为典范，学习他们的革命献身精神、爱国主义情操和坚定的社会主义信念，为中华民族的历史伟业做出更大的贡献。"

我社有幸承担了《当代中国人物传记》丛书的编辑出版工作，自1991年以来陆续出版了一批中华人民共和国开国元勋的传记，获得很好的社会影响。我们将继续按照丛书的编辑出版方针，把《当代中国人物传记》丛书编辑出版工作做好，以飨读者。

书中图片绝大部分为本书编写组提供，因时间仓促等，有的图片未能注明著作权，特致歉。请相应著作权人知晓后，与当代中国出版社总编室联系（电话：010-66572131），以便我们再版时准确署名及支付稿酬。

当代中国出版社
2021年11月

罗瑞卿（摄于1955年）

目 录

第一章 青少年时代 ………………………………………… **001**
    一、来到人间即遇坎坷，却被叫作"吉娃子" ………… 001
    二、"有理讲理，不许欺负人！" ……………………… 004
    三、顺江东下，考进中央军校……………………………… 009
    四、在白色恐怖中，经历了第一次大难不死，仍无怨无
       悔，苦苦找党 …………………………………………… 013

第二章 从罗教官到红四军政委 ……………………………… **017**
    一、通过地下交通线，进入山林，参加红军，得酬夙愿 … 017
    二、毛泽东的言传身教，使他在红军中迅速走向成熟…… 020
    三、在第二次反"围剿"中，经历了第二次大难不死…… 026
    四、同王良带领红四军，一直打到漳州石码，红军哨兵
       第一次面对大海，倾听涛声 …………………………… 030

第三章 红一军团保卫局局长 ………………………………… **037**
    一、第四次反"围剿"，活捉敌师长陈时骥，应陈请求，
       给他摘掉高帽子 ………………………………………… 037
    二、把新闻六要素引进保卫工作，强调要做到"六何"… 039
    三、热心文体活动，把欢声笑语带进了保卫局 ………… 041
    四、率领保卫局，捍卫党中央，走过迢迢长征路………… 044

第四章 "抗大抗大，越抗越大！" …………………………… **050**
    一、毛泽东认为他颇似邓演达，任命他为抗大教育长…… 050
    二、扛起老镢头，带领学员挖窑洞，毛泽东称誉其为
       "我们的伟大事业" ……………………………………… 056

三、知识青年从全国各地蜂拥而来,罗瑞卿兴奋地说:
"抗大抗大,越抗越大!" ································· 061
四、率领抗大、陕北公学、鲁迅艺术学院"到敌人后方去!" ······ 065

第五章 难忘的太行山 ································· **079**
一、刚出任八路军野战政治部主任,就迎来了百团大战 ········· 079
二、认真贯彻毛泽东的指示,在政治工作中既坚持独立性,
又发扬创造性 ······································ 082
三、直到晚年,他和郝治平经常回忆起那"艰苦难言"而又
"十分美满"的岁月 ································· 092

第六章 战华北(上) ································· **104**
一、时而舌剑唇枪,时而赴宴鸿门,在军调部进行了
一场特殊斗争 ······································ 104
二、全力投入军政指挥,努力扭转战局,摆脱被动,争取主动 ···· 111
三、报捷清风店,解放石家庄 ···························· 120

第七章 战华北(下) ································· **126**
一、东出西进,南下北上,和杨得志在作战中不断研究
傅作义军的特点,以便战而胜之 ······················ 126
二、在新保安战斗中,终于将第三十五军"这锅山药蛋煮烂了" ··· 133
三、在太原战役中,他要求:"军事上打胜仗,政治上也要
打胜仗!" ·· 144

第八章 新中国首任公安部部长(上) ················· **150**
一、周恩来对罗瑞卿等公安部负责人说,公安工作是
"国家安危,系于一半" ······························ 150
二、领导公安部门,荡涤旧社会遗留下来的污泥浊水 ·········· 154
三、按照毛泽东"我们要把房子打扫干净"的嘱咐,组织指挥了
镇反运动 ··· 158
四、在隐蔽斗争战线,指挥了见不到火光、闻不到硝烟但
十分紧张、尖锐的斗争 ······························ 165

第九章 新中国首任公安部部长(中) ················· **172**
一、按照中共中央决定,组建新中国第一支公安部队 ·········· 172
二、坚决抵制"戈别乌",在内部肃反中重申并坚持

　　　　"一个不杀，大部不抓"的方针 ································· 179
　　三、"进了公安门，死了埋在公安坟，干一辈子公安工作" ········ 184
　　四、牢记毛泽东在七届二中全会上的讲话，始终保持谦虚谨慎
　　　　艰苦奋斗的作风 ·· 189

第十章　新中国首任公安部部长（下） ································ **196**
　　一、领导劳改部门经过艰苦工作，使一大批罪犯改恶从善 ········ 196
　　二、从实际出发，提倡开展安全运动，形成了从古未有的
　　　　良好的社会秩序 ·· 207
　　三、毛泽东如是说："罗长子往我身边一站，我就感到
　　　　十分放心。" ·· 211

第十一章　席不暇暖的总参谋长（上） ······························ **224**
　　一、奉毛泽东之命，在华东局干部大会上说：要认真对付
　　　　这个姓蒋的 ·· 224
　　二、向毛泽东汇报张国华讲的"两不怕"，毛泽东赞扬道：
　　　　"撼山易，撼解放军难！" ··· 231
　　三、为了抓好部队装备，辅佐贺龙，调整整顿国防工业 ·········· 237

第十二章　席不暇暖的总参谋长（中） ······························ **241**
　　一、周恩来提出，国务院要设立国防工业"口"，罗瑞卿兼任
　　　　国防工办主任 ··· 241
　　二、改革管理体制，改善战略布局 ······································· 249
　　三、协助周恩来、聂荣臻，实施两弹研制试验规划 ················ 252
　　四、身兼十三职，日日夜夜在超负荷运转 ···························· 259

第十三章　席不暇暖的总参谋长（下） ······························ **268**
　　一、开始被林彪猜忌 ··· 268
　　二、提倡学雷锋，又建议进行比武 ······································· 275
　　三、在林彪提出学空军后，力求做到比武、学空军两不误 ······· 284
　　四、毛泽东说："有这样好的事情为什么不告诉我也去看看？"
　　　　由此引出了十三陵的军事表演 ····································· 289

第十四章　开始挨整 ·· **294**
　　一、林彪提出突出政治后，罗瑞卿和许多将领不赞成全盘
　　　　否定"比武" ·· 294

二、因不紧跟林彪而遭到嫉恨……………………………………304
　　三、总结讲话被林彪撤销，受到公开打击………………………308
　　四、林彪、叶群为整罗瑞卿搜罗"炮弹"…………………………312
　　五、同林彪的最后一次见面………………………………………321

第十五章　劫难……………………………………………………**327**
　　一、林彪让叶群到杭州告状，导致召开上海会议………………327
　　二、林彪让叶群指使吴法宪制造伪证……………………………334
　　三、京西会议要置他于死地，导致"三一八"事件………………340
　　四、第三次的大难不死……………………………………………347

第十六章　光辉的晚年……………………………………………**355**
　　一、八年后，毛泽东终于说话了，他才获得解放………………355
　　二、为了夺回失去的时间，要把七十二岁当二十七岁过………362

罗瑞卿生平大事年表………………………………………………**380**
后　　记……………………………………………………………**414**

第一章　青少年时代

一、来到人间即遇坎坷，却被叫作"吉娃子"

罗瑞卿（1906年5月31日—1978年8月3日），四川省南充县舞凤乡清泉坝马家坡（今南充市舞凤乡双女石村）人。这里在南充城以北，东面依傍着碧绿的嘉陵江，夹江是茂密的竹林。诗人常把竹子迎风摆舞形容为凤尾萧萧。罗瑞卿的故乡起名为舞凤乡，或许与此地多竹有关。

中国不少骚人墨客喜竹。宋代的苏东坡曾说："宁可食无肉，不可居无竹。无肉使人瘦，无竹使人俗。"清代的郑板桥喜画竹，因为他认为"盖竹之体，瘦劲孤高，枝枝傲雪，节节干霄，有似乎士君子豪气凌云，不为俗屈"。他还曾写过一首咏竹的诗："咬定青山不放松，立根原在破岩中。千磨万击还坚劲，任尔东西南北风。"此诗颇似我们传主的遭遇和性格。

罗瑞卿的祖先是湖北人。清初，经过多年战乱，四川十室九空，清政府乃从两湖、两广移民四川，称为"湖广填四川"，罗瑞卿的祖先大约就在此时辗转迁至南充。

罗瑞卿的祖父叫罗盛于，是地主，有一千三四百挑谷子（相当于300余亩）的田，在当地可称大户。1892年（清光绪十八年）他中年逝世后，3个儿子分了家。他的妻子蒲氏带着当时刚刚3岁的最小的儿子罗春庭生活。这就是罗瑞卿的父亲。

罗瑞卿的母亲姓鲜。她父亲鲜锦堂是南充北乡有名的大户，在南充城里买了房子，开着绸缎铺。1905年同罗家结亲，两家也可以称得上是门当户对。罗瑞卿的母亲鲜氏自幼在家读过书，写得一手好字，文化水平比罗春庭还要高。罗春庭有什么不认识的字还要向她请教。

第二年麦收时节，鲜氏要分娩了，可是几天几夜也没有生下来，开始鲜氏还在呻吟，几天以后，声音越来越小，罗蒲氏怕有三长两短，赶紧派长工把亲家母接来。到阴历闰四月初九，孩子仍未生下，于是又用轿子请来了当地有点名气的接生婆。接生婆摸一摸鲜氏的肚子，说："孩子还是活的。"两亲家这才松了一口气。接生婆要洗手，一面洗一面问："要大人还是要娃儿？"按照惯例，这时要给接生婆洗手钱。如果大人、小孩都要，价格是一对银镯子。亲家母不敢怠慢，赶紧将一对银镯从女儿手上退下来，交给接生婆，同时连连说道："大人、娃儿都要。"罗蒲氏看到银镯子落入接生婆之手，有点心疼，埋怨亲家母说："你咋个这么快当？"鲜氏的母亲瞪了她一眼，反问一句："是人要紧，还是东西要紧？"

说话间，接生婆已经接下了娃儿，此时已是下午三四点钟了。孩子刚出世不会哭，打了几巴掌，才哭出声来。孩子落生时，脐带缠在身上，很像是武装带。有人就说，这娃儿将来是要当兵的。由于他是由接生婆接到人世间的，小名就叫接娃儿，后来为了讨个吉利，又叫他吉娃儿。由于他是长子，加之出生时即遇坎坷，家人深怕他长不大，他刚会走路，即给他戴了一个镌刻有"吉祥如意"字样的银项圈。然而，他的名字和这个银项圈并未给家里带来什么吉利。他的父亲罗春庭是个"耍哥儿"，从小娇生惯养，养成了抽大烟和赌钱的恶习，没有钱了就卖地卖家具。而母亲由于生罗瑞卿难产，伤了身子，以后又接连生了6个孩子，身体越来越差。

支撑这个家的唯一支柱就是罗瑞卿的母亲。她既当妈，又当爹，除了侍奉婆母和不争气的丈夫、抚育子女外，还要掌管家里入不敷出的经济。劳累和疾病使她心力交瘁，常大口大口地吐血。

罗瑞卿幼年时曾与一个弟弟同时染上天花。罗春庭夫妇各自照看一个。罗瑞卿的母亲衣不解带，日夜守护着罗瑞卿。得了天花过了生命危险期以后，结痂时奇痒无比。病人会禁不住用手去搔。搔破了疤，就会落下麻点。罗瑞卿的母亲用布带将罗瑞卿的手紧紧捆起。罗瑞卿奇痒难忍，便放声大哭。他母亲拍他、哄他，但硬是不给他解开布带，结果罗瑞卿奇迹般地周身未留下任何疤痕。而罗瑞卿的弟弟在他父亲的照看下，却留下了一脸麻子。罗瑞卿爱他的母亲，但对他的父亲却没有什么感情。

罗瑞卿6岁入一姓袁的地主家的私塾读书，11岁时，外祖父将他接到鲜家沟自己家的私塾读书。

罗瑞卿的外祖父鲜锦堂是一个土财主，平时省吃俭用，购置了不少土地，但由于科场失意，一生未取得功名，加之在官场上没有靠山，曾经挨过官吏的敲诈。因此，

罗瑞卿故居

他总希望子孙辈中有人能出人头地,谋他个一官半职,好支撑鲜家的门面。可他虽有3个儿子,但老大早死;老二非嫡出,去上海学医,因嫌供给生活费不痛快,同家里断绝了关系,杳无音讯;老三年纪尚小。鲜锦堂便把振兴家业、光耀门楣的希望寄托在长女的长子罗瑞卿身上。因此,他平时虽然比较吝啬,却舍得在培养大外孙身上花钱。他这样做还有一个原因,是感到把女儿嫁给没出息的罗春庭,亏待了女儿,要在培养外孙上做一点补偿。

罗瑞卿在私塾里读的是四书五经。他比较聪明,在私塾念那么一点书,根本不算事儿。老师每天教的几句书,他念几遍就会背了。他有大量的时间在外面耍。他在鲜家沟很快结交了一群小伙伴,大都是放牛娃。他的银项圈,小伙伴们谁想戴,他就摘下来给谁戴。他常和小朋友们玩一种"赶臭牛"的游戏,一人拿一根竹竿当球杆,用一个竹疙瘩当"臭牛",也就是球,然后大家用竹竿去赶这个臭牛,把臭牛赶进对方的"窝"(在地上挖的洞)里为胜。谁输了就罚谁去照看小伙伴们放的牛。这种游戏从相互角逐看,有些像曲棍球,但没有球门而有球洞,又有些像高尔夫球。他玩起这个游戏来不要命,可以忘掉吃饭、忘掉回家。有时他的小伙伴就对他说:

"接娃子,莫耍了。你回嘛,回家念念书。"

他便回答:"念书念书,念书也要几多时间?"

同他一起耍的小伙伴们除了放牛外,还有为家里割草的任务。一到暮色苍茫,各家的母亲呼唤娃儿回家吃饭时,有的放牛娃草割得少,怕回家不好交代,罗瑞卿就来它个抽多补少。耍的时候,有的小伙伴摔了跤、碰破了皮哭鼻子,罗瑞卿就掏出一把炒胡豆送过去,使他们破涕为笑。他也常把小伙伴们领进外公家的花园去耍,或是领到外公家的苞谷地里去吃甜秆。外公家有一个姓何的管家不满于这个"外少爷"的胳膊肘子往外拐,常跑来干涉。罗瑞卿和小伙伴因为他又干又瘦,就给他起了个外号叫"老斑鸠"。有一天,孩子们正在苞谷地里吃甜秆,"老斑鸠"跑来把孩子们割草用的背篼没收了。待到晚上,罗瑞卿又悄悄把背篼给小伙伴们送回去了。

由于他很大方,不欺负弱小,在玩耍时又常常能玩出新花样,他很快便成了一群孩子中的头儿。鲜家沟山坡上有一块石碑,石碑下就是他常发号施令的地方。小伙伴们很愿意听他调遣,大家都玩得很开心。

1920年初罗瑞卿13岁时,入大林寺城北小学读书。这所小学建在一座规模宏大的寺院———大林寺内,当时是寄宿学校,同学们都住在校内。每天上午四节课,下午两节课,开设了国文、算术、历史、地理、体育等科目,不再单打一地把死背硬记"四书五经"当作主课了。学校教育使罗瑞卿增长了新知识,开阔了眼界,开始懂得了要关心国家大事。

入学以后给罗瑞卿印象最深的课是第一堂体育课。以往在私塾上课都是在屋内,而这一堂课却是在操场上,听说还要打球做游戏,罗瑞卿十分兴奋。站队时,他个子最高,站在第一排头一名,用企盼的眼光看着张耀琴老师,就等着他下命令好痛痛快快地耍一耍。但一开始老师并没有让大家去跑去跳,而是讲了"东亚病夫"的来历。从此,他便不仅仅把体育当成好玩的事了。他决心锻炼体魄,以雪国耻。后来,他学了历史、地理,得知中国自从鸦片战争以来,在列强的蚕食鲸吞下,国日贫、地日蹙，又使他认识到，仅仅是身体好，尚不能雪耻，于是他开始注意救国图存的问题。

罗瑞卿入高小，正值五四运动以后，老师们宣传了德先生和赛先生[①]，罗瑞卿深受影响。当时，他的母亲正在给他的妹妹缠足。他听到妹妹的哭声，便帮助妹妹将裹脚布解开，同时劝母亲不要再做这种歧视妇女、残害儿童生理的事。他的几个妹妹以后便再也没有裹脚。

不久，学校要增加教室，打算拆除大雄宝殿中的佛像。一天晚间，校方通知，第二天由美术老师领着大家拆除佛像。同学们在宿舍议论纷纷。有的同学说，大林寺的菩萨可灵验了，打坏菩萨是要倒霉的；有的同学说，菩萨是泥塑木雕、无知无觉，哪有什么灵验。双方谁也说不服谁。正在大家争论不休时，罗瑞卿出去了。大家以为他是去解手，谁也没有在意。过了好一会儿，罗瑞卿回来了，他脸涨得通红，眼睛闪着光，兴奋地对同学们说："我到大雄宝殿去过了，打了中间的如来佛，也打了两旁坐着的罗汉。要是菩萨真有灵验，两天就叫我爬不起来！"

第二天，罗瑞卿啥事也没有。于是同学们在罗瑞卿带领下按老师的吩咐，用杠子、绳子，捆的捆，抬的抬，不一会儿便把菩萨统统搬到了山门之外。

罗瑞卿在学校并不是很用功的学生。他把大量的时间用来踢球、看戏、看小说，尤其是武侠小说。在游戏或打球时，他好胜心极强，输了不服气，不赢不罢休，常常玩得筋疲力尽才回宿舍。有时因为太累，尿了床而不自知。每天夜里要同铺的同学叫他起夜。他看戏，无论是看川剧或是皮影戏，都非常投入。他的感情随剧情而变化，双手紧握，戏完了会攥出两手汗。他上课时，有时会因为已听懂或不太感兴趣而低着头看小说。但老师提问时，他往往能答出来，考试成绩也不坏。这要归功于他过目不忘的记忆力。有一次，同学们去金台回龙场春游，至一古庙罗汉堂。罗瑞卿见一睡罗汉憨态可掬，便信口吟道："一睡睡得好，万事皆了了。我要同你睡，大事没人搞。"由于他的成绩优异，对于他上课看小说之类的毛病，老师也就不怎么管了。

二、"有理讲理，不许欺负人！"

1922年，罗瑞卿高小毕业[②]。1923年春天，他考入县立南充中学普通科。

南充中学的校长是张澜。张是南充人，四川保路运动的领导人。辛亥革命后，先后出任四川嘉陵道道尹、四川省省长。1918年初，由熊克武率领的滇、黔联军打败川军，5月，张澜离川到达北京。张在北京期间，正逢五四运动，他接触到了社会主义、无政府主义等各种社会思潮，同有李大钊、毛泽东、恽代英、赵世炎、邓中夏、张闻天等人参加的少年中国学会有所接触。他很赞赏当时北大校长蔡元培"学术自由、兼容并包"的办学方针，认为教育应与劳动结合，把它看成是培育人才的好办法。

1920年8月，张澜母亲去世，张澜回到南充，其时川、滇、黔军阀混战已经停止。张澜颇为赞赏"川人治川""联省自治"的口号，于是准备以南充作为四川自治

[①] 德先生的"德"即democracy的第一个音节，指民主。赛先生的"赛"，即science的第一个音节，指科学。

[②] 当时，高小学制是3年。

的试验区，并组织了南充地方自治筹备处。当时南充驻军是滇、黔联军的第五师，师长是贵州籍军阀何光烈。何在当地没有基础，为了能维持其统治，不得不仰仗张澜的威望，同意军政分开，确定军阀只管征收捐税，不得干预县政。

张澜在推行"南充自治"时，很重视办教育。为此，他亲自担任了南充县立中学和县立瑞明女子中学的校长。为了贯彻"学术自由、兼容并包"的方针，他聘请了教务长张秀熟、袁诗荛，理化教员李鸣珂等人来任教，其中张、李均为大革命时期的中共党员。李鸣珂后来在黄埔军校武汉分校当过罗瑞卿的教官。张秀新中国成立后曾任四川省副省长、政协副主席和人大常委会副主任，他还是第一至五届全国人大代表、第五届全国政协常委。

张澜以及他聘请的这些教师都对罗瑞卿的思想产生了积极的影响。针对罗瑞卿已经具有的忧国忧民的情绪，他们诱导他关心时事，多读一些进步报刊，探求救国救民的真理。当时，报纸只有学校阅览室才有。于是，罗瑞卿便坚持每天必到阅览室读书。他最喜欢看的是《新青年》和《新蜀报》。《新蜀报》的主笔是萧楚女。罗瑞卿对萧楚女那说服力很强、充满感情的文章很感兴趣，每篇都要认真阅读并向同学们推荐。在阅览室，他结交了任白戈、任伯芳等不同科不同年级的朋友。新中国成立以后，第一届政协开会，罗瑞卿还拉了同学任白戈去看望已近80岁的张澜。张澜高兴地说："我能有你们这样的学生，感到十分欣慰。"

罗瑞卿入中学读书不久，他母亲的病日益严重，罗春庭则依旧成天泡茶馆。家里的田地已快卖光了。罗春庭看到三家邻居都因为有儿子在商店当掌柜而赚了钱，便开始打他大儿子的主意，想让他去当学徒，家里也可以省下一张嘴，三年满师就可以挣钱了。经人介绍，罗瑞卿进了城里小东街一个绸缎铺当学徒。每天一早起来开火、卸门板、倒夜壶、打扫房屋、刷碗，一直忙到夜里，上门板，给师傅、师娘倒洗脚水，稍不注意，就会挨打受骂。这家绸缎铺有8个学徒，学徒排行不按年龄大小，而按到店的先后。罗瑞卿是最后到店里的，所以是最小的徒弟。因此，他不仅要侍候老板一家，还要听从师兄们的差遣。罗瑞卿满心不愿意，但是家里穷，父命难违，只得忍气吞声地干下去。在送罗瑞卿当学徒后不久，罗春庭夫妇又一手包办给他取了一位姓林的姑娘为妻，对于这一

■ 新中国成立后，罗瑞卿与国家副主席张澜（中）、朱德（左）在一起。

包办婚姻，罗瑞卿很不满。后来这也成为促使他离家出走的因素之一。

罗春庭给儿子娶亲，虽然已告诉了鲜锦堂，但让儿子去当学徒，却没有告诉老丈人。鲜锦堂并不知道。此时，鲜锦堂城里的新居已经落成，他已搬进城里居住。他每天吃过早饭都要到街上转转。一天，他清早从小东街路过，突然发现大外孙正在曾家绸缎铺门前扫大街，十分诧异，忙问是怎么回事。罗瑞卿一五一十告诉了他。鲜锦堂听了十分恼火，立即乘轿子下乡，来到罗家，把罗春庭叫出来，臭骂道："你们干的好事！好了不起的曾大老爷，把我的外孙送给他去当学徒！你们不怕丢人，我还要我的老脸呢！"骂完便打轿回城，连女儿亲自煮的醪糟蛋都没有吃。

过了几天，鲜锦堂便把罗瑞卿接了回来并再度把他送入县立中学。但他要按照自己的愿望来塑造外孙，于是，给外孙立了"约法三章"：一是不准看鼓吹"异端邪说"的书刊；二是不准参加任何党派；三是要规规矩矩读书。如果违约，便要停止经济供应。此时，已是五四运动之后，北伐战争之前。鲜锦堂所谓"异端邪说"既包括鼓吹科学与民主的民主主义思潮，也包括马克思主义思潮。鲜锦堂所谓的党派指的是国民党左派和共产党。

对于外祖父的要求，一心想继续求学的罗瑞卿都应承了。由于缺课太多，他复课后改为旁听生。不久，转入蚕桑班，除学习中学的课程外，主要学习养蚕、种桑、缫丝等专业课。发展蚕桑业也是张澜"南充自治"中的重要内容。南充有传统的蚕丝业，张澜即因地制宜，设立实业所，推广植桑，派人去杭州、南通学习，同时在中学兴办蚕桑班。罗瑞卿学蚕桑，正是受到由张澜倡导的兴办实业潮流的影响。

罗瑞卿身材高大，交朋友讲究信义，有一股豪侠之气。课外活动，举凡踢球、演剧，他都是积极分子。同学们外出吃东西，他争着会钞。为此，深得同学们的拥护，大家都尊称他为"罗大哥"。

罗瑞卿1924年复学后，为了能继续读书，本想履行同他外祖父的协定，但入学不久便碰上了反"佃当捐"的斗争。

20世纪20年代，在大小军阀统治下，四川的苛捐杂税多如牛毛。1924年春天，自认为在南充已经扎下根的军阀何光烈挖空心思，要征收"佃当捐"，即由地主和佃户、当铺老板和当户双方各出地租和典当钱数的1/10，作为捐税。佃田当物的契约都要由何部收了捐、盖了章才算数。何的倒行逆施激起了南充各界的公愤。在南充中学校长张澜的支持下，南充中学的进步师生开展了轰轰烈烈的反"佃当捐"的斗争。

5月5日、7日，罗瑞卿等南充中学的学生分成若干队，走上街头进行讲演，反对帝国主义、反对军阀、反对何光烈征收"佃当捐"。

5月10日，全校师生在操场集合，由训育主任秦蜀风讲话。秦对祖国前途十分忧虑，讲话充满感情，他每讲到国家政治腐败、民生凋敝，常常痛哭流涕，同学们都称他为"秦疯子"，可又十分尊敬他。

秦蜀风讲完话后，同学们便分为东、南、西、北四路，向四乡出发，宣传反"佃当捐"，并制止何光烈派出的官员收捐。

罗瑞卿参加了东路宣传队。出城过江，走了几十里山路，到达回龙场。同学们得知绰号叫"秦大狗"的何光烈的征收委员秦同淮在一个茶馆打纸牌，便想马上去找秦算账。罗瑞卿摆摆手,说:"大家一齐去,会打草惊蛇。"他提议由他和另外两位同学闯茶馆,其余同学埋伏在茶馆周围,以防意外。于是,罗瑞卿一行3人提了木棒,一直闯到牌桌旁,把秦同淮按在牌桌上痛揍一顿,直到秦答应不再收捐才罢手。与此同时,西路的同学也押着征收委员刘轩之游街,让刘向行人磕头谢罪。

听说学生打了收捐的委员,何部官兵便砸了南充中学的校牌,派兵包围了学校,还扬言要捣毁学校。学生会便组织同学们护校。有些老师和同学胆小怕事,建议学校暂时放假,避免发生流血事件。罗瑞卿反对打退堂鼓,他说:"折一矢易,折十矢难。"动员大家坚持下去。此时,何光烈还不敢同张澜闹翻,便找张澜要求查办凶手。张说,查是可以的,办则必须先找到凶手。何要审学生,张澜把自己的侄子张默生等送去受审。何无奈,慑于张澜的威望,且知道众怒难犯,加之怕其他军阀乘隙而入,不得不有所收敛。在第三者调停下,何光烈同学校达成"校方严加管束学生、军方停征佃当捐"的协议,了结了这场风波。

罗瑞卿参加反"佃当捐"的斗争,违反了他外祖父的约法三章,但一来这是"初犯",二来把"佃当捐"反掉,鲜锦堂也得到了好处。因此鲜锦堂对于他的大外孙,还只限于警告,让其"下不为例"。但是,罗瑞卿要冲破他束缚的行动一旦开头,即已是一发而不可收了。

接下来的冲突是为了演剧。

1925年3月12日,孙中山在北京逝世。在南充,也同在北京、上海、天津、广州等地一样,掀起了规模很大的宣传活动,介绍了孙中山一生的革命事迹,介绍了他晚年提出的联俄、联共、扶助农工的三大政策。学校准备组织演出文明戏《孙中山之死》。罗瑞卿是一个川剧迷,由酷爱川剧而爱唱京剧再及其他剧种。学校要演戏,同学们便推举罗瑞卿当演员。于是,他便和师范班的任白戈表演两兄弟如何冲破封建家庭的牢笼,投奔国民革命军。这一出戏在南充各界纪念孙中山大会上演出后,鲜锦堂很快便知道了。他认为戏子属于下九流,对大外孙不好好念书而去当"戏子"十分不满,便去训外孙。罗瑞卿不听,两人就吵,乃至砸东西,两人的裂痕于是一步步扩大。这时,在南充中学已经有了共产党的活动,公开的名义是国民党左派,秘密地建立了共青团的组织。罗瑞卿、任白戈等都开始接受了马克思主义的启蒙教育。不久,校内发展共青团员,当罗瑞卿得知任白戈即将加入共青团时,由于他还想读书,还不愿马上同外祖父闹翻,便对任说:"虽然我和外公有约在先,现在还不能参加C.Y.,但有什么事大家一起干,我和革命生死同心。"

这年秋天,共产党员吴玉章以国民党员身份入川建立和整顿国民党各重要市、县的党部。吴到南充后,任白戈带罗瑞卿去拜访。吴玉章对他们说:"人生在世,要做出一番对人民有益的轰轰烈烈的事业。如同小说、舞台上的英雄豪杰一样。他们一出来,人人高兴。"这番话很对罗瑞卿的心思,听得字字入耳。当时,在南充中学,代表豪绅利益的国家主义派也在大肆活动。这一派出版了一份《醒狮》周报,又叫醒狮派,参加者多为军阀豪绅子弟。他们打着"外抗强权、内除国贼"的旗号,勾结国民党右派,进行反共、破坏国共合作的反革命活动。南充中学的国家主义派同国民党左派展开了激烈的斗争。有一次,国家主义派诬蔑任白戈贪污了学生会会费,对任进行围攻。罗瑞卿打抱不平,把桌子一拍,拍着胸脯说:"哪个要算账,找老子来算。有理讲理,不许欺负人!"理直气壮而又声若洪钟,加上身旁还有一群爱好体育的朋友,罗瑞卿的气势很快便把对方吓跑了。

罗瑞卿这一行动虽然解了任白戈的围,但也把他的政治倾向公开化了。一不做,二不休,以后他便索性置外祖父的禁令于不顾,同任白戈等一道随从广东回来的黄埔军校毕业生、共产党员李介到丝厂从事工人运动,启发工人的阶级觉悟,团结起来同资本家斗争。他还同任白戈等到何光烈部队从事过兵运工作。1926年,南充成立工会,他担任了工会举办的夜校教员。这一切都进一步加剧了他同外祖父的冲突。

这一年春节刚过,罗瑞卿最小的刚刚几个月的妹妹先长出了上门牙,而此时罗瑞卿的母亲病已越来越重。罗春庭请来一个算命先生,先生看到小妹妹先长上牙,就说这是挖坟的,不挖爹就挖娘。罗春庭便背着他妻子和罗瑞卿,把这个孩子丢到街上去。等罗瑞卿知道后再去找,已经给人抱走了。此事引起了罗瑞卿极大的愤慨。

小女儿丢掉后,鲜氏的病不仅毫无起色,而且日益严重,终于在4月间吐血而亡。这个家对于罗瑞卿已毫无值得留恋之处了。他决心出走。由于他最敬佩的两个教员李鸣珂、刘士训(均为共产党员)都是成都高等蚕桑学校毕业的,他也想去考这所学校。7月初,他从学校回家,向罗春庭宣布他要去成都读书。罗春庭跑到城里去找鲜锦堂,鲜锦堂不同意,不给路费。罗瑞卿为了筹措路费,便到姑母家里。他对姑母说,他要进省城读书,将来可以做大事,请求姑母去找祖母,要点路费。他的祖母被说动了,她知道儿媳妇一死,大孙子不会待在家里了,进省城读书是一条出路。于是,第二天便带了些钱赶到罗瑞卿的姑母家。她问罗瑞卿:"到省里念书将来会不会做官?"罗瑞卿应付她说:"会。"她便高高兴兴地拿出十几块大洋,还有一点银子给她的大孙子。

临行前,罗瑞卿对他那位包办结婚的妻子说,他要走了,不会回来了,让她以后

1960年罗瑞卿(左)与任白戈在重庆合影

另找婆家。

此时,鲜锦堂发现罗瑞卿要走,便让罗春庭把罗瑞卿叫到家,训了一顿,说罗简直是反了,同时派他的小儿子鲜玉府盯罗瑞卿的梢。一天,罗瑞卿约好同学郑培济等二人一道走,鲜玉府发现后,要去拉。罗瑞卿沉下脸对他说:"大老表,你不要过来。你过来我就不客气了。"鲜玉府一看,一个对三个,不是对手,便回家报信去了。罗瑞卿等怕有人追赶,就大步流星往成都走,每天要跑100多里。实在跑不动了,就雇滑竿赶路。

三、顺江东下,考进中央军校

1926年7月,罗瑞卿和同学郑培济等结伴走旱路到达成都,不久便考上了高等蚕桑学校。但是,因为没钱交学费,无法入学。写信向鲜锦堂要,鲜不仅分文不给,还大骂了一通"忤逆不孝"。罗瑞卿在成都逗留了两三个月,住在一个专门收留学生,叫作寄学社的客店里。房钱很便宜,伙食很简单,只有米饭、泡菜。罗瑞卿等住的寄学社的老板娘姓张,心地善良,允许学生赊账。这时,北伐军已经攻克武汉。罗瑞卿听说黄埔军校要到重庆招生,便想:"国家这么乱糟糟的,学蚕桑未必能够救国。光靠写写传单、发发宣言也不顶用。要搞军事,我要当兵!"于是,打算投笔从戎,报考黄埔。可是他不仅没有盘缠钱,连在成都拖欠的饭费也付不出。这时,一位同学从南充来信,劝罗回去。他说,鲜锦堂那里,他可以从中斡旋,让鲜汇路费来。不久,鲜锦堂果然汇来一些钱,只够从成都到南充单程的开销。可是罗瑞卿并未回南充,而是乘船南行,到了重庆。

在重庆,他见到了已先期到达这里、在共青团省委工作的任白戈,并通过他结识了任伯芳、任启愤等共产党员,听了四川著名共产党员杨闇公、刘伯承的演讲。后来,1942年12月,在刘伯承50寿辰之际,罗瑞卿撰写了《祝伯承同志寿》,专门提及此事。他写道:"1926年的冬天,在重庆,我曾听过他一次鼓动革命的讲演,当时曾深深地激动了我的革命热情,至今在我的脑海中还留下了一个未曾磨灭的印象。"

在重庆,他对任白戈等再次提出自己想搞军事、去国民革命军的愿望。这时,黄埔军校武汉分校来重庆招生的人员与主持四川省国民党左派工作的杨闇公已接上头,组织了招生委员会,吸收共产党员、共青团员和进步青年入校。任白戈便介绍罗瑞卿去报考。在重庆报考黄埔军校者共有200余人被初试录取,其中包括罗瑞卿。但是,他的同路人郑培济并未被录取,后来他考上了唐生智办的军官学校。到1933年国民党对中央苏区进行第四次"围剿"时,郑培济是国民党五十二师的一个连长,被红军俘虏。郑要求见罗。罗瑞卿买了一只鸡招待他吃了一顿饭,然后将他同其余俘虏都送到后方,经教育后释放。

1926年12月,罗瑞卿随招生人员乘"其春"号客轮由重庆顺长江东下,同行的学员除已结识的任伯芳外,又认识了陈刚秉、潘先知。同船的学员还有后来曾当过一军团参谋长的徐彦刚、当过红四军第十二师政委的张赤男、当过红五军团参谋长和抗大训练部长的陈伯钧。但是,他们当时虽同在一船,并不相识,后来,到红军时期互相谈起来，才知道他们早就已经同舟共济了。

在船上，罗瑞卿还同一些同学做过交谈。尽管罗瑞卿对这些交谈已经记不清了，但同他交谈过的同学却因他高高的个子和侃侃的谈吐而留下了不可磨灭的印象。其中有一位女同学叫陈德芸，她和她的朋友、后来在日军牢狱之中宁死不屈的女英雄赵一曼还有游曦一同考上了黄埔军校。陈是瞒着她的父母报考的。当她的父母从《新蜀报》录取名单上看到女儿的名字后，便赶到涪陵码头同女儿再见上一面。当船离开涪陵码头后，陈德芸看着码头上越来越远的双亲，已哭成了泪人。罗瑞卿便安慰她说："家国之间，不能两顾。当今之际，还是以国为重吧！无国哪里还能有家呢？"不久，船过万县，在云阳靠岸。同学们都去游览张飞庙。罗瑞卿向同学们介绍了相传是岳飞手书的诸葛亮的前后《出师表》石碑。大家相约，为了民族复兴，为了北伐胜利，一定要发扬诸葛亮"鞠躬尽瘁，死而后已"和岳飞"精忠报国"的精神。

船到宜昌，又换乘招商局"快利"号轮船东行，于1926年底到武昌。罗瑞卿见到了已在黄埔军校武汉分校任教官的李鸣珂。因为学校还要复试，李鸣珂又约了叶镛等在旅馆内为四川籍的一些同学补习功课。

1927年2月1日，学校对从四川来的学生进行了复试，随后检查了身体。部分学生被录取，罗瑞卿被编入入伍生总队（属黄埔军校第六期）政治第一大队第二队。

此时，黄埔军校最先迁至武汉的是政治科。将政治科首先迁出黄埔，是蒋介石的主张。① 蒋所以要这样做，是因为在政治科内左派力量很强。蒋认为，将政治科迁走，就可以削弱黄埔军校中的左派势力。

政治科在武汉共录取新生1181名，经培养，毕业后准备分配到日益扩大的北伐军中从事政治工作。

黄埔分校在武汉录取的这批新生文化程度较高，政治素质较好。军校负责人恽代英5月12日在国民党中央政治委员会会议谈到军校学生的军事素质时曾说："武汉分校的学生是由黄埔迁来的、武汉新招的、学兵团改编的这三种人组成。""这三种学生对于政治的观念，第一种差一点，第三种也差，并且到现在还有跑的，只有第二种的程度最好。"当时在军校任党委书记的陈毅回忆说："军校学生中，中共党员不少，党的同情分子更多，右派的势力很小。"当时一些国民党右派则称军校师生为"赤子赤孙"。

罗瑞卿进入军校后，看到军校的刊物《革命生活》提出："入中央军事政治学校是准备来牺牲的，怕受苦的不要来！想做官的不要来！怕死的更不要来！"他已作好了牺牲个人一切的思想准备。

1927年2月12日，黄埔军校武汉分校在武昌两湖书院举行开学典礼。邓演达、宋庆龄、孙科、吴玉章等出席了大会。邓演达、吴玉章等发表了演讲。邓演达说：要继承中央军校的传统，"使军队受党的指挥，使军事的训练和政治的训练并重，使革命的武力与民众结合"。他对全体学员说，不仅要为国民革命，而且还要谋全人类的解放。"武汉分校成立开学于此时，诸位好比革命的小儿刚产生，将来是要负着这个

---

① 参见《蒋介石年谱初稿》，档案出版社1992年版，第754页。

使命前进的"。

邓演达军容整洁,罗瑞卿十分钦佩,他全神贯注地听他讲话并注意学习他讲话的风格。对此,邓演达一无所知,他虽然在讲话中把这些学员比作"革命的小儿",但绝不会料到在这一会场上有一个叫罗瑞卿的学员9年后会被毛泽东称誉为共产党内的"邓演达"。

3月22日,国民党中央二届常委二次会议通过了吴玉章的建议,将中央军事政治学校(黄埔军校)武汉分校改名为中央军事政治学校,并将校长制改为委员制,并任命邓演达、谭延闿、徐谦、恽代英、顾孟余为军校委员,并以谭、邓、恽三人为常委。其中谭是挂名的,邓还担任着总政治部主任和国民党中央农民部部长的职务,学校的主要负责人是恽代英。

军校的政治教育设有社会科学概论、政治经济大要、社会发展史、中国农民问题、中国近百年史、帝国主义侵华史、国际工人运动等课程。政治教育由恽代英主持。他每周要集合全体学员讲一次话,还请陈独秀、毛泽东、周恩来、陈谭秋、郭沫若、邓初民等来校演讲。罗瑞卿从中接受了初步的马克思列宁主义教育。正是在两湖书院,罗瑞卿第一次亲睹毛泽东、周恩来的风采,聆听他们的教诲。毛泽东逝世后,罗瑞卿酝酿着写一篇回忆毛泽东的文章。他写道:

■ 武汉中央军事政治学校(黄埔分校)旧址

一九二七年春，我在武汉黄埔分校，主席到我们学校作过一次讲演，主要讲"两湖"当时农民运动。这件事，我到红军后主席知道我是上述学校的学生时，也曾向我提到过。讲的内容，详细的我当然记不清了，记录也不可能保存到今天。但有两条是还记得一个大概的，因为它给我的印象特深⋯⋯

在写了这个开头后不久，罗瑞卿即出任军委秘书长，繁重的工作和被林彪迫害而致残的身体使他没有来得及实现将这篇文章写完的心愿，仅仅开了这么一个头。

军校的军事训练由总教官蓝腾蛟负责。在军校大门口有一副对联：党纪似铁，军令如山。罗瑞卿在军校每天天不亮即起床，搞卫生，进行三操两讲，过着严格、紧张的军事生活。武汉冬天气候要冷于南充。罗瑞卿衣着单薄，在气温达到零下的严冬露天进行授课和射击瞄准，耳朵上、手上和脚上都生了冻疮。严格的军事纪律、紧张的军事训练和艰苦的生活环境使他很快由青年学生转变为革命军人。

在中央军校，国民党右派只占少数。但是随着蒋介石反动面目的日益暴露，军校内左派和右派的斗争也日趋尖锐。罗瑞卿参加了这一斗争。

1927年3月12日，为纪念孙中山逝世二周年，武汉各界在汉口"血花世界"召开纪念大会。罗瑞卿等军校同学到达会场时，到会的人还少。带队的区队长下令解散队伍自由活动。在电影院，有几个工人在黑板上书写"打倒蒋介石"的标语。军校五期学生中的拥蒋分子徐中齐、陈楷等解下皮带抽打这几名工人。罗瑞卿等上前拦阻。徐、陈不仅不听，反而破口大骂。于是罗瑞卿等便严厉斥责了徐、陈。双方打了起来。罗瑞卿等的正义行动得到群众的支持。于是大家七手八脚把徐、陈揍了一顿并将他们押回学校，关了禁闭。[1]

在军校，学生们还经常采用讲演、活报剧等形式，到街头巷尾向群众宣传打倒帝国主义、打倒土豪劣绅、打倒叛变革命的新军阀蒋介石。罗瑞卿是开展这些宣传活动的积极分子。

5月中旬，武汉分校编为中央独立师。6月间，在叶挺指挥下讨伐夏斗寅。在战斗前夕，罗瑞卿和几位同学去看望以前在南充中学、现在又是他的军校老师的李鸣珂。李对他们说："打仗不要怕死，枪子打死不仅光荣，且比什么死都痛快，扎个眼就过去了。"这种豪迈的生死观很对罗瑞卿的胃口。他在击溃夏斗寅部的土地堂战斗中因勇猛顽强为团长蓝腾蛟所看中，把他调入团部当传令兵。这一期间，罗瑞卿耳濡目染，对中国共产党已有了进一步的认识，他曾几次向任伯芳等党员提出入党请求，得到的回答是，只要努力进步，党是不会对你关门的，但未得要领。经过学校的政治教育，他决心同鲜锦堂彻底决裂。为此他写了一封信对鲜进行了尖锐的同时也带有一点稚气的批判。这一批判很快就使他吃到了苦头，这种苦头又促使他义无反顾地走向革命。经过军校和讨夏的战斗生活，使他坚定了站在共产党一边的信念，也使他日后一参加红军便由于他具备的政治军事素质而成为其中的骨干。

---

[1] 参见《胡兰畦回忆录》，四川人民出版社1995年版，第147页。

四、在白色恐怖中,经历了第一次大难不死,仍无怨无悔,苦苦找党

1927年6月中,中央独立师番号撤销,恢复军校原建制。

军校回武汉不久,汪精卫集团日益暴露其反动面目。7月15日,汪精卫召开国民党中央常务委员会第二十次扩大会议。在会上,汪精卫集团正式宣布进行反共清党。这就是"七·一五"反革命政变。同日,国民革命军第一方面军总指挥唐生智突然命令军校只带枪支、不带弹药到洪山进行野外演习。罗瑞卿随军校3000余学生顶着烈日酷暑到洪山进行了三天演习。此时,唐生智又命令其嫡系军长何键、李品仙、刘兴等率部队把军校学生包围在洪山,准备予以消灭。军校学生手中虽然有枪,但没有弹药,在紧急的形势下,军校师生组织了临时指挥部,与山下部队形成对峙。

此时,中共秘密党员叶剑英任国民革命军第二方面军第四军参谋长。他得到军校在洪山被围的消息后,立即去找第二方面军总指挥张发奎,劝张乘机解围,将军校这支力量接收过来,以壮大二方面军的实力。当时,张发奎与唐生智关系紧张。张发奎立即采纳叶的建议,于是打出"左派"领袖的旗号,扬言:"武汉中央军事政治学校是北伐的种子,这部分学生是属于我的,谁要向他们开枪,我就给他个厉害看看。"唐生智等慑于张发奎的声威,不得不撤掉包围洪山的部队。7月18日,恽代英主持了军校第五期学生的毕业典礼,22日,又召集全校师生大会,向尚在学校的第六期学生讲话。他说:"同志们,今天是我们最后一次聚会,明天早晨,打倒恽代英的标语就会出现在武昌城头上了!现在政治形势虽然一时逆转,但我敢说,中国革命必然成功,最后胜利一定属于我们!我们分散以后,希望每一个同志,就是一粒革命种子,不论撒在什么地方,就让它在那里发芽、开花、结果。"

听了恽代英慷慨激昂的演说,罗瑞卿暗下决心,要做一颗撒在哪里都要生根发芽的革命种子。

第二天,恽代英离开军校去九江。同时,张发奎将军校改编为第二方面军教导团,罗瑞卿任副班长。

7月31日,教导团奉张发奎之命"东征讨蒋"。此前,中共中央打算让教导团也去参加南昌起义,后因准备不及而作罢。8月2日,教导团2000余人分乘一艘大客轮和十几条小火轮以及由这些轮船拖载的几十条木船从武昌顺江东下。

8月4日,船队陆续到达九江,已开始反共的张发奎下令缴械。下午,张发奎集合学生宣布:"国共分家了,共产党站那一边,国民党站这一边,分一下,别误会。我保证把C.P.和C.Y.同志送往南昌。"到这时罗瑞卿等才知道已经爆发了南昌起义。

此时,共产党员已得到隐蔽待机的指示,没有人站到那一边去。

当晚,陈毅秘密召集党员干部分析形势,研究对策,决定除未暴露的党员外,余下的人员分散,或去南昌找八一起义军,或回乡从事农民运动。于是,同学们纷纷离队。罗瑞卿此时正发烧腹泻,他准备回武汉和四川找任白戈等已参加共青团的同学,再通过他们寻找党组织,在党的领导下继续干革命。于是他便去向未暴露身份的共产党员、连长叶镛去请教今后行动的方向。叶同意他回四川,并给了他十几

块钱作路费。

8月5日清晨，罗瑞卿正准备出发，在街上碰到了南充中学的同学冯开琮。冯中学毕业后到上海读书，在上海考上了黄埔分校。由于罗瑞卿同他不在一个营，彼此除了在集合行进或站岗时偶尔碰到外，很少见面。如今在被张发奎缴械后在九江街头相遇，双方都有他乡遇故知的感觉，一见面就紧紧地握手。二人寒暄过后，冯开琮便问罗瑞卿：

"你现在打算怎么办？"

罗瑞卿看看四周说："此地非说话的场所。走，我们找个僻静的地方说话。"说着便同冯向北，穿过一条下坡的小街来到长江边，顺着江边一面走一面谈。

冯开琮看着昨天下船的码头说："唉，昨天在船上，我们还是全副武装的国民革命军士兵，今天已经变成赤手空拳的散兵游勇了。难道这场革命就这么完了吗？我感到憋气！"

"老冯"，罗瑞卿点点头，"你的心情我理解。在军校，我们这是第二次被缴械了。这种时候需要的是冷静、坚定和理智。道路有迂回曲折，这长江上也有急流险滩，要进行一场推翻旧制度建立新制度的革命，不可能一帆风顺而没有反复和曲折。失败是成功之母。经过革命人民不懈的努力，我坚信革命是一定会胜利的。这个问题以后还可以详谈，现在先商量一下去留问题吧"。

接着，罗瑞卿分析了教导团的前途，认为张发奎不会编散教导团，但会安插亲信，拉拢中间分子，清洗他们认为的"过激分子"，因此，去留要根据各人的情况而定。他说："我在军校期间，无论是声讨蒋介石叛变、清查孙文主义分子，还是讨伐夏斗寅，态度都是鲜明的，对右派也是毫不留情的，这已是众所周知，因此我决心离开教导团，回武汉和四川找党。"

冯开琮表示愿同罗瑞卿一起行动。于是两人买了两套便装换下身上的军装，于当晚搭上了去武汉的客船。

8月8日或9日，罗瑞卿等来到武昌，住进了武昌海马巷的辅仁宿舍。这个宿舍原为四川会馆后院，是从四川会馆分出去开设的，供膳食，收费较低。由于老板也是四川人，还可以通融缴费时间。

罗瑞卿刚住下，便因病重倒下了。此刻，两个人身上都没有多少钱了。冯开琮去找蓝腾蛟，蓝原来在打夏斗寅时曾当过他和罗瑞卿的团长，蓝腾蛟给了他们一人10块钱国库券。就在这时，罗瑞卿发了高烧。冯开琮陪他去仁济医院。医院诊断是得了伤寒，要住院，还要隔离，须预交两个月的住院费和伙食费。冯倾二人之所有，交上20元国库券加一点零钱，同时答应所欠款项等从四川老家寄来即补上，这才把罗瑞卿送进病房。开头几天，冯还到医院来看望。因为医院一见冯便催欠款，几天后，冯便不敢再来了。医院见罗瑞卿交不出钱来，便雇了一辆黄包车，让车夫将罗拉回原来他住的小旅馆去。小旅馆的老板见人已病成这个样子，自然是不收。车夫只好再把罗拉回医院。医院知道罗是四川人，让车夫将他拉到四川会馆去。车夫怕会馆的人也不收，便悄悄地把罗背到一间阴暗潮湿的下房内。这间房内没有床，只有一块铺板，放在地上。车夫将罗瑞卿扶到铺板上，让罗瑞卿枕着在军校时发的一床破被。这床破被还是冯开琮雇了人力车送罗瑞卿去医院时，放在车上挡风用后放在医院内的。车夫随后把医院除车钱外多给的12个铜板掖在罗瑞卿枕的被子下面，带上房门，便走了。

罗瑞卿昏昏沉沉地躺在铺板上，又不知过了几天几夜。终于，他听到窗外榆树上知了的聒噪和房内几个苍蝇的嗡嗡声。他睁开糊满眼屎的双眼，看到的是斑驳陆离的天花板和萧然的四壁，再看自己，大病缠身，只剩下皮包骨。他感到绝无活的可能，想以自杀结束痛苦，但却连动一动的力气也没有。

此时此刻的罗瑞卿不仅病治不了，连口水也喝不上，根本是无人过问，真是叫天不应，叫地不灵。在中国旧小说中有不少英雄落难的故事。《说唐》中的秦琼落难，可以卖马；《水浒》中的杨志落难，可以卖刀。但罗瑞卿此刻是既无马，也无刀，只能是躺在那里，卧以待毙。

然而，罗瑞卿并没有死。原来在会馆看房子的一个姓熊的师傅偶然发现了他，给他端来了一碗粥，借助于这碗粥，罗瑞卿又缓过劲儿来。随后，熊师傅或是他的堂客、女儿每天都送粥来，罗瑞卿的病情慢慢好转。熊师傅见他神智已经清醒，便问他在武汉还有什么熟人没有。罗瑞卿便告诉他认识冯开琮，冯就住在四川会馆后面的小旅馆内。于是熊师傅又把冯叫来。冯开琮这才知道罗瑞卿已经被撵出了医院。冯给了熊师傅一块大洋，让他每天给罗瑞卿送粥。不久冯家里来了信和汇款，要他到万县去教书。冯给罗留了一封短信便走了。

罗瑞卿稍稍康复后，又给外祖父和父亲写了一封信，讲述了自己死里逃生的经过，希望他们寄点路费来好回家。回信是绝情的，除了大骂一通以外，还用幸灾乐祸的口吻写道："你堂堂中央军事政治学校的学生，还要这个家接济？"罗瑞卿十分气愤，回了一封信："我虽在外冻死饿死，也绝不再求助于若是之家庭也！"随后，他又给在上海的中学同学王启佑等写信，请他们接济一点路费，以便回四川。不久，王寄来了一些钱。病好了，罗瑞卿又碰到同学——共产党员任启愤，任启愤带有党的关系。罗瑞卿向他提出入党的请求。任便将罗瑞卿介绍给党的关系的接头人，罗向接头人提出了参加武装斗争的愿望。这位接头人说，在湖北边界某地有一支100多人枪的农民武装，有机会可以介绍罗瑞卿去。但这个关系很快就断了。这时，武汉已是一片白色恐怖。找得到的党员不是被逮捕抓进监狱的，就是已被送上刑场的。也还有一些是已经在报上登了反共启事的变节者，而这些人已经不成其为党员了。真正的、仍然在进行着革命活动的党员都已经隐蔽起来，在茫茫人海中已一个也找不到了。

天气越来越冷，白色恐怖也越来越严重。"宁可错杀一千，不可放过一个共产党"的口号如黑云蔽日。到处流传着谣言，说是四川人都是共产党。任启愤对罗瑞卿说，秦汉山部驻在湖南常德。这支部队曾参加过泸顺起义，出川后为军阀鲁涤平收编，这支部队中或许有党组织。任认识秦，可以在那里找事做，暂时存身，同时在那里寻找党组织。

1927年底，在他们将走未走的一天晚上，散步回来，到了四川会馆所在的街口，看见一个拿着枪的国民党兵，坐在一张凳子上。这个兵看到罗瑞卿等走过来，便站起身拦住他们问道：

"你们上哪里去？"

罗等回答:"四川会馆。"

"四川会馆出事了,你们知道不知道?"

罗瑞卿等摇摇头。这个士兵让他们快快走开。

罗瑞卿等在街上又转了一个多小时,等天黑定了,国民党兵撤走了,才回到四川会馆。一进门,熊师傅便惊恐地告诉他们,刚才进行了大搜查,国民党士兵以为他们住的那间房是熊师傅住的,便没有搜。熊师傅叫他们赶快走,欠的伙食费以后有机会再汇给他,没有机会就算了。

罗瑞卿二人收拾了简单的行装,便坐了两辆黄包车直奔汉阳门码头,买了船票上了小火轮。第二天天明,轮船还有个把钟头才开。任启愤想起,他还有一条裤子丢在会馆,又回去取。不一会回来说:裤子未取着,因为国民党兵又把四川会馆围起来了。

随着几声汽笛,轮船缓缓离开武昌,罗瑞卿站在甲板上望着缓缓后退的江岸,惦念着熊师傅一家的处境。他想:熊师傅本来就是会馆里的工人,大概不会有什么事。罗瑞卿后来经常提起这位救他一命的善良的熊师傅。新中国成立后,罗瑞卿曾委托武汉公安局打听过他的下落。50年代,他到武汉去还专程去四川会馆寻找,然而,那个会馆已不复存在,熊师傅一家也不知搬到哪里去了。

罗瑞卿、任启愤乘小火轮至岳阳,又改乘木船穿洞庭湖经津市到常德。秦汉山给了任启愤一个差事,同时表示,由于名额有限,对罗爱莫能助。此时,茕茕孑立的罗瑞卿被困在常德,约一个月的时间。不久,他得知他的军校同学、共产党员任伯芳在澧州由鲁涤平收编的另一支部队里当参谋,便写信给任,随后由任介绍到澧州那支部队的政治部宣传科当科员。任伯芳此时也失去了党的关系。他们在这支部队中多方打听,没发现有党的组织。他们知道中共中央机关大约在上海,在上海找党的机会要更多一些,于是便决定去上海。这已是1928年8月了。

到上海后不久,罗瑞卿又同任白戈、王义林等相遇,五六个人挤住在田汉举办的南国艺术剧院出租的一个亭子间里,过着有饭大家吃、有钱大家花的"共产主义"生活。

这时,罗瑞卿在军校的同学潘先知等人看到他大病初愈、衣食无着,便劝他投靠由汪精卫、陈公博等人组织的国民党改组派。他说:"我宁可冻死饿死,也不参加这个组织,绝不背离共产党。"不久,罗瑞卿得知任伯芳已经接上了党组织关系,今后将在党的领导下,作为一名战士进行有组织的斗争,一面为他感到高兴,一面再次向他提出入党请求。任伯芳说,在白色恐怖十分严重、党已经转入地下的情况下,要想尽快解决这一问题,可以说是在军校入党,失掉了关系。任让罗写个报告,由他作证明人。罗瑞卿虽然感到这样做不妥,但由于入党心切,仍然照办了。10月,中央军委派欧阳钦同他接上了关系。这是由于他迫切要求入党,不愿长期等待下去的结果。在那白色恐怖笼罩四野、风雨如磐的年代,入党对于个人利益不仅绝无什么好处,而且意味着受苦受难,意味着坐班房、掉脑袋。对共产党,许多人像对待瘟疫一样,唯恐避之不及,而罗瑞卿偏偏那么急切地找上门来,无怨无悔地要加入这个一进去就注定要受苦受难的队伍,这说明他已经树立了共产主义的信念,愿意为革命献出一切。

第二章 从罗教官到红四军政委

一、通过地下交通线，进入山林，参加红军，得酬夙愿

罗瑞卿入党前后，经常和同志们谈论井冈山的朱毛红军。他们把红军善于利用湘赣两省统治者之间的空隙和矛盾，在边界地区活动，称之为"梭边边"，对其寄予无限向往。他还曾对任白戈等说："蒋介石反革命靠的是枪，我们要革命也必须靠枪。朱德、毛泽东的道路无疑是正确的道路。"

1928年冬，党的交通员徐德被捕。为了营救徐德，组织上号召大家凑点钱。罗瑞卿身无分文，便把在湘西置办的铺盖卷卖掉，将钱交给组织，充作营救徐德的费用。与此同时，他多次向组织提出到苏区去从事武装斗争的请求。

这时，上海的天气已经很冷了，但罗瑞卿的衣衫仍很单薄。据张澜的侄子张默生回忆，当时，他和罗瑞卿在外滩见过面，巡逻的巡捕看到罗只穿了那么一点衣服，可能以为他要跳黄浦江，就在他们两人身边转来转去。他们只好另换一个地方说话。

1929年1月，中共中央军事部尊重他个人的愿望，派他去湘鄂西贺龙部队。罗走到宜昌，通过对暗号同当地党组织接上了头。由于交通断了，他在宜昌等到过旧历年后又奉命返回上海。3月间，朱德、毛泽东率领的红四军打下了福建汀州。于是，中共中央军委负责人杨殷在上海惠中旅馆接见了罗瑞卿和刘安恭，介绍罗和刘相识，并派他们到红四军去工作。刘安恭也是四川人，曾到苏联留过学。与罗瑞卿一同派往红四军的还有曾省吾。曾也是黄埔军校毕业的，湖南人，曾参加过广州起义。

罗瑞卿一行准备乘一艘日本轮船去厦门。刘安恭坐客舱，罗瑞卿、曾省吾、共青团厦门市委书记夫妇及一交通员共5人带了党的文件坐统舱。这5个人，有的装扮成做买卖的货郎，有的装扮成木匠。罗瑞卿身穿一件灰色长衫，头戴礼帽，脚蹬布鞋，装扮成一位教书先生。

罗瑞卿等所坐统舱无电灯，晚上快开船时，舱内一片漆黑。这时，突然有几名日本侦探上船，使用强光手电筒，在统舱内照来照去。就在乘客提心吊胆之时，这几名侦探在罗瑞卿的座位附近抓住一个人，听说是海盗。怕轮船上还有海盗混在乘客中，于是把统舱乘客统统赶下船。罗瑞卿等怕节外生枝，便随众乘客一起上了岸。刘安恭

先走，又过了几天，罗瑞卿和曾省吾等改乘一艘法国邮船到厦门，同福建省军委书记王海萍接上了头，随后又和中共福建省委书记罗明见了面。此时，罗瑞卿等得知，刘安恭已随红四军前往江西。福建省委于是决定将他们派到在闽西上杭、永定一带活动的游击队当教官。

罗瑞卿、曾省吾由地下交通员带领经漳州、南靖、龙岩到上杭县蛟洋。沿途多山路，满目青翠，竹林一个挨着一个，宛如故乡南充的乡间。罗瑞卿看着这层峦叠嶂，不知那林海、幽谷中隐藏着多少神秘。他有许多问题想问向导：根据地在哪里，有多少部队，他们同群众关系怎样，打过多少仗，有些什么武器……但是，这些问题一个也不能问。因为在厦门时，王海萍、罗明已经宣布了纪律：一路上只准跟着向导走，什么问题也不要问。而且，因为罗瑞卿等都不会当地方言，当着当地老乡的面连话也不敢说，免得露出破绽。罗瑞卿只得耐着性子赶路。不过，越走离朝思夜盼的红军越近，他仍然感到十分兴奋。

罗瑞卿等到达上杭县苏家坡后，来到当地负责地下交通线的闽西特委委员雷时标的家，同雷见了面，在雷家住了一夜。第二天拂晓，由雷时标带路，上了蛟洋附近的一座荒山，用绳子攀上一个石壁，在密林中的一个草棚内，同当地游击队领导人傅柏翠见了面。

傅柏翠向他们介绍了当地游击队的发展历史。

闽西有两支游击队，又称农民自卫军。一支在永定，领导人是张鼎丞。另一支就是傅柏翠带领的在上杭的自卫军。这两支队伍是1928年6月永定和蛟洋暴动后组成的，随后相继遭到闽西军阀郭凤鸣、陈国辉等的镇压。1928年6月25日，郭凤鸣部一个连长伙同地主武装到蛟洋来抢牛，该连长被农民自卫军击毙。郭凤鸣派部队来围攻蛟洋。傅柏翠率农民自卫军同郭部周旋了3天，终因实力相差悬殊，自卫军分为两部，一部分由傅柏翠带领，在上杭北四区山区坚持斗争，另一部分由县委书记郭慕亮带领，到永定参加了永定暴动。

7月，按照福建临时省委的指示，为了加强党对闽西革命斗争的领导，成立了闽西特委，由郭慕亮为书记，张鼎丞任组织部部长、邓子恢任宣传部部长。同时宣布成立闽西暴动委员会，由王海萍任总指挥，张鼎丞、邓子恢、傅柏翠任副总指挥。闽西农民自卫军统一编为闽西工农红军第七军第十九师。由于敌强我弱，这支红军后来仍在永定、上杭两个山区分散进行游击活动。1929年3月，红四军入闽，击毙郭凤鸣，攻克汀州后，游击队又稍有恢复，傅柏翠部能经常参加活动的有数十人。但由于缺乏军事、政治骨干，战斗力还很弱。

罗瑞卿、曾省吾等到达蛟洋后，傅柏翠召集全体游击队员在文昌阁前举行了欢迎会。在会上，罗瑞卿讲了话。他说："我们这支游击队的人还不算多，但它不是孤立的。在江西，朱毛红军有几千人马，他们上个月曾经来到闽西，消灭了郭凤鸣，他们还会再来闽西的。在湖北，有贺龙的部队，在鄂豫皖、在湘鄂赣、在赣东北，都有红军。他们正在各地同国民党新军阀进行战斗。新的革命高潮就要到来。为了迎接这一高潮，我们要发动贫苦农民参加红军，在斗争中，农民的武装要依靠党的领导，因此，我们要发展和健全党的组织。"

闽西蛟洋文昌阁旧址

此前,1929年3月8日,中共福建临时省委曾发出《关于闽西工作方针的决定》,指出:"我们党目前在闽西的任务,首先要恢复党与革命的组织,同时发展新的区域;并利用种种机会发动细小斗争,注意各地斗争的联系,促进新的更大的斗争到来。"

依据这一指示的精神,罗瑞卿、曾省吾和傅柏翠商量后,决定将游击队员集中,成立红军教导队,由傅柏翠任队长,罗、曾担任教官。曾主要负责军事课,罗瑞卿主要负责政治教育。

当时,距离蛟洋不过30余里的白砂和丘坊还驻扎着地方军阀钟少奎的部队。教导队虽然处于深山密林之中,但安全并无保障。为了保证教导队的安全,罗瑞卿、曾省吾等由傅柏翠带领,勘察了蛟洋周围的地形,选择了若干个活动地点。罗、曾部署了哨位,以便及时发现来犯之敌。教导队的活动地点经常变更。除蛟洋之外,在北四区的崇头、大坪、上下郭车、塘下、陈坊、东坩、苎园、洋稠等地都留下过教导队的踪影。

罗瑞卿、曾省吾要求每天早晨在天亮之前要烧好饭,以免炊烟暴露了教导队的行踪。中午一般就不做饭了,晚饭也要在黄昏以后才做。

在这种紧张、艰苦的战斗环境中,罗瑞卿、曾省吾便开始了他们的军事教育生涯,在到处都是绿荫的竹林中对几十名由各村参加暴动的农民进行训练和授课。

罗瑞卿服装整洁,口齿清晰,讲话鼓动性强,深得队员们的爱戴。大家都称他为"罗老师"或"罗教官"。事隔半个世纪之后,当我们传记组的同志去闽西采访时,当年曾给罗瑞卿带过路的雷时标和曾在教导队受过训练的官觐侃这些已年逾八十的老人,还能回忆起罗教官讲过的一些话。

罗瑞卿向大家讲了土地革命的性质和任务。他说:"农民绝大多数是小资产阶级,是革命要团结的对象,对富农也要团结,以便集中力量打击土豪劣绅和维护他们利益的军阀。贫苦农民是我们依靠的对象。但有的人出身虽然苦,却参加了地主的民团,这样的人可以争取,但不能依靠。那些出身苦,但不从事正当劳动,成天游手好闲的人,属于流氓无产阶级,也不能吸收他们入党。"

他还说:"中国的工农大众占人口的绝大多数,力量比土豪劣绅大得多,但为什么还会受土豪劣绅欺压?因为力量不集中,只有在共产党的领导下,劳苦大众的力量才会集中,否则就成了一盘散沙。因此革命必须有党的领导。"他还用打比方的方法向队员们讲解党的先锋作用。他说:"如果把人民比做刺向旧社会的长矛,党就是矛尖。党如果不坚强,长矛就不能把旧社会刺穿。"

他说,共产党是人民革命的先锋队,每一个党员都要做人民的先锋。因此党员入了党不要担心家里的老婆、孩子,党不会忘记他们,不会让他们没饭吃。一个党员,就要下决心为党牺牲个人。党员不能脱离群众,在路上看到群众挑担子,就去替一替;看到群众在田里锄草,就去帮助锄一锄。只有同群众打成一片,才能团结群众前进。

在对教导队员进行党的教育的基础上,罗瑞卿逐个做工作,在教导队以及当地农民中先后发展了几批党员,建立了党的支部,逐渐形成了党的核心。

罗瑞卿喜欢唱歌、唱戏,他在授课之余,教大家唱《国际歌》《红军歌》等。他还爱唱京剧。休息时常常来上一段《空城计》,引得大家拍手叫好。他的到来使教导队平添了几分欢乐气氛。

他很活泼,但又很严肃,对部队纪律要求很严。他多次在队前宣布要执行红军的三大纪律六项注意,他说:"我们每住一个地方,走时要把房子、院子打扫得干干净净,借的门板要送还。行军时不能吃田里的东西,不能拿群众的草鞋穿,解群众的斗笠戴。"

1929年5月19日,毛泽东、朱德率红四军越武夷山第二次入闽。当晚,毛泽东在长汀县濯田写了两封信,一封给中共闽西特委书记邓子恢,告知红四军正向闽西纵深进军,要求特委准备策应;一封给傅柏翠、曾省吾等,要他们在5月21日到连城县庙前商量行动计划。傅柏翠、曾省吾闻讯后立即到上杭北面的新泉、庙前去联络,罗瑞卿留在家掌管部队。第二天,红四军路过游鱼坝,罗瑞卿和傅、曾率领游击队和当地群众欢迎红四军,街上设了茶水站,墙上贴了欢迎标语,村口插了红旗。红四军同傅柏翠、曾省吾、罗瑞卿等会合后去打龙岩。红四军主力打西门,罗瑞卿等率游击队在东门佯攻,5月23日攻克龙岩。5月26日,上杭一带游击队编为红五十九团。傅柏翠任团长,曾省吾任党代表,罗瑞卿任参谋长。

二、毛泽东的言传身教,使他在红军中迅速走向成熟

1929年6月,红四军三打龙岩之后,闽西的地方武装又合编为红四军第四纵队,

傅柏翠为司令，张鼎丞为党代表，罗瑞卿任参谋主任。在龙岩，罗瑞卿碰到他的中学同学任照奎，任当时为红四军前委秘书。任领着罗瑞卿到前委机关，此时，毛泽东正在同两名油印员谈话，任照奎告诉罗瑞卿："这就是毛委员。"这是罗瑞卿第二次见到毛泽东了，尽管是远远的，但比在两湖书院听毛泽东演讲，还是近了一些。随后，罗瑞卿参加了在龙岩召开的红四军党的第七次代表大会，接触了红四军党内的争论。刚到红军的罗瑞卿对于党内还会存在严重的分歧和斗争，一开始感到不理解。后来，他在受林彪迫害，被关押时写道：

> 到龙岩后，参加了红四军党的第七次代表大会，听到了四军党内的一些争论，也听到了对当时的中央那封错误来信的讨论，有所谓"留毛还是留朱"的问题。当时自己不理解，觉得党内怎会有这样严重的斗争……

罗瑞卿所说"中央那封错误来信"，是指中共中央政治局2月7日给朱德、毛泽东并转湘赣边特委的信。这封信对形势作了悲观估计，要求红四军分散，朱德、毛泽东离开红四军，以减少敌人的目标。

在讨论这封来信时，出任红四军临时军委书记职务的刘安恭散布"取消主义"，并主持临时军委，决定前委只讨论行动问题，以限制前委的领导权。由此引发了一场争论。"留毛还是留朱"虽然也是议论的问题之一，但这场争论还牵涉到党和红军的关系、政治和军事的关系等一系列有关建军的原则问题。

在红四军"七大"选举前委书记时，原由中共中央指定的前委书记毛泽东未当选，陈毅当选为前委书记。会后，毛泽东受红四军前委委派离开部队到蛟洋，代表前委出席并指导中共闽西第一次代表大会，并在会后指导地方工作。陈毅赴上海参加党中央召开的军事联席会议，并就红四军的现状及党内存在的分歧向党中央请示报告。朱德率第二、第三纵队出击闽中。罗瑞卿随第四纵队和第一纵队一道，坚持闽西斗争。

在中共闽西第一次代表大会召开期间，罗瑞卿随第四纵队在蛟洋一带担负召开警卫大会的任务。会后第四纵队在毛泽东和中共闽西特委指导下，在上杭等地发动群众，打土豪，分田地，建立苏维埃政权。与此同时，派出小股部队从上杭北区发展到连城以南之新泉、汀州以南之深坊对国民党军不断袭扰，迫使赣军金汉鼎部始终收缩在汀州、连城，不敢向前推进。

1929年8月，朱德率第二、第三纵队回师闽西，与第一、第四纵队会合，随后准备进攻上杭。上杭守军为闽西地方军阀卢新铭部的第二混成旅。上杭城三面环水、城池坚固。当地有这样的民谣："铜铁上杭，固若金汤。东无退路，西无战场，南有汀江，北有鱼塘。嘱咐子孙：莫打上杭。"

9月18日，朱德率红四军和地方武装一万余人向上杭运动。19日，朱德登上上杭城外的山头，看地形并制定了具体的攻城方案，决定由第一纵队攻西门，第二、第三纵队攻北门，第四纵队在赤卫队配合下攻东门。

21日，战斗打响。卢新铭率部顽抗。曾省吾在爬上杭城墙时，英勇牺牲。罗瑞卿对这一位一道从上海来闽西的战友的牺牲感到十分悲痛。上杭攻克后，守军除卢新铭带少数随从逃跑外，悉数就歼。卢新铭的副手钟铭鼎藏身在一个老百姓家里，这户老百姓向红军报告，罗瑞卿闻讯立即带部队包围了钟藏身的房屋，在房顶上抓住了钟。随后罗瑞卿被调到第二纵队第五支队任党代表。在上杭，罗瑞卿出席了红四军党的第八次代表大会。会议反映了红军官兵要求毛泽东回来的强烈情绪，给罗瑞卿留下了深刻的印象。

"红四军八大"之后，即奉命出击粤北东江地区，失利，于11月中旬返回闽西。这时，陈毅已带着中央的9月来信返回部队。23日，红四军攻克汀州。罗瑞卿调任第二纵队政治部宣传科科长。26日，朱德、陈毅等将毛泽东请回部队。毛泽东在一次干部会上注意到了罗瑞卿。其实，在红四军召开"七大"时，毛泽东就见过罗瑞卿。但当时他正因内部争论而心事重重，对罗也就没有在意。这次他注意到了这位同自己差不多高的长人，便问道：

"你是北方人吧？"

罗瑞卿回答："我是四川南充人。"

毛泽东略感惊讶："哦，川湘子弟身材大都不高，可你我却都是长子。"

接着毛泽东又问了他的姓名和干什么工作。这是他们之间的第一次交谈。从那以后，罗瑞卿便得了"罗长子"的外号。

随后，罗瑞卿在一个月内几乎每天同毛泽东都有接触。他在"文革"被"监护"奉命写自传时回忆道："在汀州以及后来部队向上杭、龙岩地区前进时，主席召开了支队党代表以上干部开调查会，我每次都参加。会议每天都开，行军时，则一到宿营地就开。主席亲自口问手写，并与到会人展开讨论，会议空气十分活泼、自然、愉快！这就是有名的红四军第九次党的代表大会的准备。"这一个月开调查会的过程实际上也是罗瑞卿向毛泽东学习如何做好调查研究、如何建设红军的过程。罗瑞卿写自传时虽然身陷囹圄，但回忆起古田会议来，仍然能暂时忘却自己的处境，而感到十分美好。

1929年底，罗瑞卿出席了红四军党的第九次代表大会，亦即古田会议。这次大会通过了由毛泽东起草的8个决议案（总称《中国共产党红军第四军第九次代表大会决议案》，又称《古田会议决议》，其中第一部分《关于纠正党内的错误思想》收入《毛泽东选集》）。

《古田会议决议》简称《决议》，它规定了红军的性质"是一个执行革命的政治任务的武装集团"，除打仗外"还要负担宣传群众、组织群众、武装群众、帮助群众建立革命政权以至于建立共产党的组织等项重大的任务"。批判了不重视根据地建设的流寇思想。《决议》肯定了党对红军的领导原则，批判了极端民主化思想和非组织观念。《决议》明确了军事和政治的关系，指出"军事只是完成政治任务的工具之一"，批判了"军事好、政治自然会好"和不愿做政治工作、群众工作的单纯军事观点。《决议》强调要进行马克思主义的思想教育，指出了对各种错误思想的纠正方法，《决议》确定了红军处理军内关系、军民关系和瓦解敌军的三大原则。《决议》还论述了政治工作的作风和方法，反对主观主义和武断。

这一决议对罗瑞卿有十分重大的影响。罗瑞卿一生中无论是任政委、政治部主

■ 古田会议旧址

任,还是任公安部部长、总参谋长、军委秘书长,都把贯彻《古田会议决议》作为军队建设的基本任务。1947年3月,他在晋察冀军区任副政委兼政治部主任时,便在《如何加强军队政治工作》的报告中提出:"应确认古田会议决议案与谭政同志政治工作报告①为我军建设政治工作的指导思想。"1952年10月,他任公安部部长时,主持通过了《关于建设公安部门政治工作的决议》,再次明确,应以上述两个文件"为基本指导思想"。1960年,在林彪提出"四个第一"、"左"倾错误正在滋生的复杂的历史背景下,罗瑞卿建议,按照《古田会议决议》的写法起草一个加强政治思想工作的决议。在"文革"被关押期间,他在被迫为专案组写"自传"写到他参加古田会议这一段时写道,《古田会议决议》在中国共产党及其军队的建设史上,都起了划时代的决定性的作用。

在粉碎"四人帮"以后,1977年8月27日,他在军委座谈会的发言再一次建议将古田会议决议案,包括未发表的7个决议都找出来全部印发给政治工作人员学习。

1930年1月,赣闽粤三省敌人对闽西举行第二次"会剿",红四军前委决定:前委和第二纵队在闽西阻击敌人;朱德率红四军主力第一、第三、第四纵队去连城筹措给养。当朱德率红四军主力到达连城时,同前委及第二纵队的联系被敌人隔断,于是转移至江西,于1月16日占领广昌。毛泽东率第二纵队在给闽敌以打击后,于1月7日从古田出发,经宁化、清流、归化,翻武夷山进入江西,于1月24日至广昌的东韶同主力会合。

---

① 1944年4月11日,谭政在西北局高干会上作《关于军队政治工作问题的报告》,这一报告曾经毛泽东亲笔修改。

在从1月7日至24日这半个多月的行军途中，毛泽东亲自指挥了第二纵队的行动。对此，罗瑞卿回忆道：

> 行军途中，主席亲自拟定十六条宣传群众的标语，并亲自指挥我们多写，其中一条叫作"穷人过年不还账"。一天，主席认为这条标语写得不够（多），曾将我叫去作了严厉批评。
>
> 行军途中每天到宿营地，主席都亲自召集少数领导干部开会，研究分析情况，并决定部队第二天的行动。张际春①与我得参加会。

这十几天时间不长，但由于是罗瑞卿第一次直接在毛泽东亲自领导下工作，毛泽东的言传身教、耳提面命给罗瑞卿以很大教益，给他留下了终生难忘的印象。

1月下旬，毛泽东在东韶主持召开了红四军前委会议。会议根据蒋介石、冯玉祥、阎锡山军阀战争即将爆发，广东广西军阀混战仍在继续，蒋介石和广东军阀均无暇对付红军的形势，决定红军进行15天的短距离分兵做群众工作。第二纵队由东韶西进至永丰县藤田，沿途进行打土豪分田地。红四军前委决定派出二纵队四支队到藤田东南之石马圩，由罗瑞卿和四支队政委赖传珠、二纵队政治部秘书长张际春组成石马行委，指定罗瑞卿为书记，领导四支队在石马周围打土豪，发动群众。

对石马的群众工作，罗瑞卿回忆道："我们学习主席的工作方法，每天晚上研究、总结工作，部署第二天的工作，并向主席写送简要报告。"

毛泽东对罗瑞卿在石马的工作很满意。石马工作结束后，部队在藤田集中时，前委提升罗瑞卿为二纵队政治部主任，协助前委委员、二纵队政委罗荣桓在部队中贯彻《古田会议决议》，开展了反不良倾向和反流氓行为的思想教育。

二纵队的基础是原军部特务营，它是由国民党起义部队编成的。在起义之初，不少士兵是既扛步枪又带大烟枪的双枪兵。为了改造这支部队，从1927年底起，前委派了各级党代表，发展了党员，在连队建立了党支部和士兵委员会，从组织上完全改变了旧军队的一套，为部队进一步在思想上的改造打下了基础。

但是，要彻底清除旧军队的旧习气、旧思想并非一朝一夕之功。两年来这支部队中单纯军事观点还很流行，违反三大纪律六项注意的不良倾向和流氓行为诸如赌钱、逛窑子等也时有发生。在管理教育上，打骂士兵的现象普遍存在，还发生过枪毙逃兵的事件。

第二纵队所以会存在这些问题，客观原因是刚起义不久，要改造旧作风旧习气非一日之功。主观原因是这个纵队缺乏坚强的领导核心。这个纵队原来的党代表张恨秋1929年下半年由上海调来，存在着许多不正确的观念，例如他曾在古田会议前宣扬毛泽东提出的农村包围城市同陈独秀的路线"殊途同归"，都会遭到失败。他调来不久，部队补进了一批原军阀卢新铭部队的士兵。打梅县时，天天有开小差的，他不是设法加强政治工作以巩固部队，而是采用枪毙逃兵的办法，结果600余名补进部队的俘虏

---

① 当时任二纵队政治部秘书长。

几乎跑光。

罗荣桓和罗瑞卿领导纵队各支队党委和支部逐条对照《古田会议决议》检查本部队和本支部存在的问题，并向群众公布，发动大家讨论。这样，就从上而下开展了反不良倾向、反流氓行为的运动。打骂士兵、不尊重党的领导、不愿做群众工作、搜俘虏腰包、乱拿群众东西乃至嫖、赌等不良倾向都被揭发出来并得到了纠正。

罗瑞卿除协助罗荣桓贯彻《古田会议决议》外，还担负着为毛泽东搜集白区报纸的任务。毛泽东每到一处都要找报纸并从第一版直到最后一版仔细阅读，连广告也不放过，从中分析国际国内形势和敌人的动态。在从闽西到江西的途中，罗瑞卿曾拿出一些钱委托一位做邮差的江西老表到白区去收购报纸。几天后，这位老表满载而归，并向罗交回还剩余的两块光洋。罗瑞卿看到这位邮差薪水菲薄，家小多，生活很困难，便将这两块光洋送给这位老表。这位老表做了多年邮差，见过各种牌号的军队，但从未见过像红军这样同老百姓心连心的军队，也未见过对老百姓这样和蔼的长官。他将这两块大洋视如拱璧，一直舍不得花。但后来生活实在困难，便将这两块银元换了40枚5分的中华苏维埃铜币。这些铜币他每用一枚都要掂量再三，当剩下最后一枚时，他决心永远保留以作纪念。1934年秋，红军长征后，他仍将这枚铜币珍藏在家中。新中国成立后，他从报上看到罗瑞卿已任公安部部长，便给罗瑞卿写了一封充满真挚感情的信。当罗瑞卿拆开这封信时，那一枚铜币便滚落到他的办公桌上。后来，罗瑞卿将这枚铜币献给了中国人民革命军事博物馆。

■ 罗瑞卿赠送给军事博物馆的中华苏维埃共和国铜币

在贯彻《古田会议决议》时，罗荣桓经常向罗瑞卿等讲井冈山的传统。他们很快互相熟悉起来。他们性格上各有特点。罗瑞卿活泼、干脆，罗荣桓沉静、稳重，一动一静，迥然不同，但配合十分默契，开始建立深厚的友谊。因为他们都姓罗，又先后任第二纵队、红四军政委，为区别起见，大家便称呼罗荣桓为大罗，罗瑞卿为小罗。

经过二罗、曾士峨和赖传珠、张际春等干部的努力工作，二纵队面貌焕然一新，得到了前委的重视和肯定。1930年5月，赴上海开会的红四军代表、军委书记熊寿祺在给中央的报告中写道："二纵队过去没有很好的上级干部，军事政治都无中心，因此战斗力差于一、三纵队。最近上级干部已经另换人，二纵队又复兴起来了。"

三、在第二次反"围剿"中,经历了第二次大难不死

1930年6月,立三路线要求全国红军扩编50万,分别进攻南昌、九江、长沙,然后"会师武汉",争取"一省或数省的首先胜利"。红四军奉命扩大为一军团,随即北上,到了南昌郊区。毛泽东、朱德认为打南昌无把握,于是派罗炳辉率部到牛行车站隔江向南昌城打枪示威,以纪念南昌起义3周年。部队随即转入湖南,与三军团会合。罗瑞卿接替已调任红四军政委的罗荣桓任十一师(即原二纵队)政委。部队随即攻长沙,不克。在毛泽东的主张下,转到江西,于10月4日攻占吉安,随即北上,进至清江一带发动群众。不久,传来了蒋介石调动10万人马要进攻红军的消息。按照毛泽东的意见,第一、三军团先后渡过赣江,准备用"诱敌深入赤色区域,待其疲惫而歼灭之"的方针,以粉碎敌人的"围剿"。

1930年12月,当部队南撤到宜黄时,开展了反AB团的斗争。这是在红军中开展的一次大规模的肃反斗争。由于对敌情作了过于严重的估计,加之没有经验,没有正确的政策、策略,不少部队出现了逼、供、信的问题,抓住一个涉嫌者,逼迫其招供,不招即打,然后再去抓被招供者,再审、再供,于是AB团便越打越多。有些人被误杀。第十一师唯一经过科班训练的医生叶青山也被一个看护长供出是AB团,于是叶也遭到审查。在动员他招供时,他搜索枯肠,交代道:"我惦念孤身一人在家的老母,有一次卫生队有人怕被抓AB团,要开小差,我也随声附和,想回家看看老母亲,这说明我革命意志不坚定,有危险的动摇情绪。"

罗瑞卿和十一师政治部主任张际春都不相信叶是AB团。但在"左"倾情绪流行的形势下,要解脱叶青山,需要转一点弯子。如果直来直去宣布叶无问题,弄不好也会被株连成AB团。于是在一次大会上,罗瑞卿宣布,对叶青山,还是让他看病治伤,在使用中进一步对他进行考察。若他动摇,可以给他开除党籍的处分(1931年5月12日向叶宣布,他无问题,又恢复了他的党籍)。由于罗瑞卿等承担风险,救了叶青山一命。后来,毛泽东每逢到医院看望伤病员,见到叶青山时便常常开玩笑地说:"叶青山,叶青山,留得青山在,不怕没柴烧哇!"

1930年底,罗瑞卿和师长曾士峨一道率红十一师参加了第一次反"围剿"。这一次反"围剿"包括两次战斗:在龙岗战斗中,罗瑞卿和曾士峨率红十一师作为红四军的主力师参加了对敌第十八师的伏击和聚歼;在东韶战斗中,罗瑞卿和曾士峨率部参加了对敌第五十师的追击。

1931年2月,蒋介石派其军政部部长何应钦兼任"陆海空军总司令南昌行营"主任,着手组织对中央根据地的第二次"围剿",决定首先在苏区周围调集重兵,并实行经济封锁;然后用主力分别由东、北、西三面"进剿",以一部在南面"协剿";采用稳扎稳打、步步为营的原则,逐步紧缩包围圈,以达到消灭红一方面军、摧毁中央苏区之目的。

3月下旬,国民党军20万人集结完毕。西面是第五路军率第四十七、第四十三、第五十四、第二十八、第七十七师分驻永丰、吉水、吉安、泰和、万安等地。北面是

第二十六路军率第二十五、第二十七师驻宜黄、乐安。东面是第六路军率第五、第二十四、第八、第五十六师驻南丰、建宁一线。南面是第十九路军第六十、第六十一师驻扎在兴国。为防止红军突围，保证后方安全，敌在二线也配备了若干部队。

1931年4月1日，敌军以宁都为目标，兵分南、西、北、东四路向中央苏区大举进攻。4月20日，红军主动后撤到根据地腹部东固、龙岗一带隐蔽，准备等待敌人脱离其阵地时，在运动中将其歼灭。但是敌军进入根据地后，稳扎稳打，步步为营，到处修工事，在北面形成从赣江边一直延伸到福建建宁的不完全连续的800里弧形防线，行动十分谨慎。红军一直找不到战机。直到5月14日，红军已等待了25天之久，西面的敌人王金钰师和公秉藩师才准备离开富田坚固的工事向东固推进。红军总部获悉后，立即命令一、三军团分三路攻击运动中之敌。红三军团为左路军绕道桥头、固陂圩，由西向东攻击富田侧后方。红三军为中路军沿东固至中洞的大道向富田攻击前进。红四军为右路军分两路抢占九寸岭、观音崖隘口然后进攻富田。三路并举将富田之敌围歼。从东固到富田，中横一座大山。九寸岭和观音崖是必经之地。谁控制这两个隘口谁就将取得战场的主动权。红十一师担负抢占观音崖之一路。红四军首长在交代任务时，传达了朱德、毛泽东的指示，指出：这一仗是初战，对后面的战斗影响极大，必须打胜。5月16日，曾士峨、罗瑞卿率领十一师从东面迅速抢占了观音崖制高点。敌军公秉藩的第二十八师被压在西面的山坡上。为摆脱被动局面，敌人立即向已占领山顶的红军打来猛烈的炮火。在密集的枪炮声中曾士峨指定将师部设在观音崖山顶稍下的一所独立房屋内。这所房屋是老表们看山歇脚以避风雨的，房门很矮，身材高大的罗瑞卿进出都要低头。师特务连长杨得志又紧急领人在旁边搭了一个棚子，作为师指挥所。但是这个棚子很快又被炸塌。

此时，曾士峨和罗瑞卿幸而在棚子外面，否则也可能被压在里面。他们对于周围犹如过年放鞭炮一样的枪炮声，对于身边棚子被炸塌，似乎都没有听见。对于脚下到处乱石崩飞，硝烟滚滚，似乎也没有看见。他们正用望远镜专注地观察敌情。不一会儿，罗瑞卿看到敌人的一路，正向左面三十三团阵地迂回，立即对曾士峨说："敌人想攻占三十三团的阵地，从左翼向我们包抄。"曾士峨点头说："三十三团前面还有一个山头，敌人只有通过这个山头才能接近三十三团阵地。"随即吩咐杨得志派人通知三十三团团长聂鹤亭，让聂坚决顶住。杨得志刚要走，罗瑞卿又叮嘱道："告诉聂团长，一定要顶住。只有把敌人顶回去，才能将他们歼灭！"

杨得志刚把人派出，又是一阵密集的机枪扫射过来。高高的罗瑞卿首当其冲，左颊中弹，他一转身，要去扶那房屋的门框，没扶住便倒在房屋门前。由于打断动脉，顷刻间满头满脸是血，眼睛给血糊住了，头发也是湿漉漉的，血很快把上衣也染红了。看到政委倒了下去，曾士峨一面命令赶快将政委抬下去，一面把全部仇恨都集中于对付当面之敌。他命令杨得志立即率领特务连去抢占三十三团前面的那个山头，自己也挥舞着驳克枪冲下山去……

听说罗瑞卿负了伤，刚刚恢复党籍四天的叶青山飞快赶到。他看到罗瑞卿躺在担架上，已经昏迷不醒。罗的左侧颧颌关节已经击穿，颞颥动脉受损，出血严重，应采取压迫止血法，但叶青山在身边又找不到可应用的材料。他焦急地四处搜寻，又

红十一师师长曾士峨遗像

摸自己的口袋,发现一块银元,情急智生,将这块银元用几层纱布裹住,放在罗瑞卿伤口出血处,进行了加压止血包扎,然后让担架将罗抬到师救护所去,又去抢救别的伤员。虽然经过包扎,但罗瑞卿由于伤势过重,血一下子不能完全止住,不一会儿,担架上铺的被单和担架的竹扶手都洇红了。过了一段时间血才慢慢凝结。在师救护所,有一位护士不知罗的伤情,他看到罗瑞卿脸上结了紫黑色的血痂,血痂上还有一些泥土、草棍,便动手去清除污物把血痂揭开了。这样一来,动脉的血又冒了出来。他吓得手足无措,急忙到前线去找叶青山。叶又赶到后方,好不容易才止住了血,而这时罗瑞卿已经十分虚弱了。叶青山怕他再出血,便陪伴着他。叶青山和罗的勤务兵王保林还有两个民工轮流抬着担架,一路上小心翼翼,每天多则走三四十里,少则走一二十里,送他到位于上田的后方医院第四分院。这一路上,有时走的是狭窄的水稻田的田埂,有时走的是上上下下的崎岖山路。白天或是烈日暴晒,或是大雨倾盆;夜晚也常常披星戴月赶路。罗瑞卿躺在担架上昏昏沉沉,下雨天虽然担架上也盖了一层油布,但时不时雨水便从四面的缝隙中渗进去,冰凉冰凉的。一会儿太阳又出来了,又把洇湿的内衣烘干,湿了干,干了又湿……罗瑞卿有时也醒过来,但不能说话,也不能吃饭。王保林看他醒了,就喂他一些稀米糊糊。他不想吃了便摇摇头。

在路上走了9天,终于在25日把罗瑞卿抬到了位于上田的后方医院第四分院。

在第四分院内,由医务主任李治和叶青山给罗瑞卿做了动脉血管吻合和颞颌关节复位的手术。李治毕业于上海南洋医科大学,原在南昌开诊所,被张辉瓒的十八师抓丁,被迫当了十八师的上尉军医,第一次反"围剿"中志愿参加红军。他的医术是有一定水平的。但由于当时国民党经济封锁,医院的物质条件都很差。没有脱脂棉和纱布,就将棉花和棉布放在肥皂水里煮三个小时脱脂,再上笼屉蒸后使用。防止感染只能用一点碘酒或是红药水、紫药水。没有凡士林,就用猪油顶替。没有止痛药,就用鸦片加阿司匹林。当时青霉素才发明只有三年,国内很少有人听说过这种药。消炎只能用磺胺,而这在根据地也是十分紧缺的药物。

就在这种艰苦的条件下,李治和叶青山给罗瑞卿做了手术。没有麻药,在手术中罗瑞卿忍受了剧疼,为了防止感染,李治在他的创口撒了不少在当时看来十分金贵的磺胺粉。手术基本上是成功的,但由于给颞颌关节复位时没有抬起来,后来罗就落下了嘴不能张大的后遗症。

手术刚做完不久，罗瑞卿又并发了大叶性肺炎，高烧不退，又一次昏迷不醒。有时就说胡话，不断呼唤："叶青山……王保林……"

由于缺少消炎药，医生只能给一点阿司匹林和一些中草药，他能不能痊愈就凭他自身的抵抗力了。

有一天，他稍稍清醒，看到了叶青山，便立即让叶回前方去，说："你不要管我了，前方更重要，前面有那么多同志，打仗的时候需要你，你赶快回去……"叶答应后，他又昏迷过去，不知过了多久，他忽然听到外面有锯木头的声音，还有人说话。一人说："这个人恐怕不行了，赶快做棺材吧！"另一人说："棺材得做长一点，没见那个人个子长得好高咧！"

罗瑞卿模模糊糊知道，这说的大概就是自己。他想，这次大约是活不成了……

然而，为他准备的棺材并没有用上。他在昏迷数日后，又一次奇迹般地活过来，这要归功于他年青而又旺盛的生命力。这是他的第二次大难不死，按他自己的说法是又一次摸了摸阎王的鼻子。他逐渐痊愈后又看到了叶青山。自从负伤以后，他也不知道已经过了多少天了，他又一次叫叶回前线去。叶青山告诉他，第二次反"围剿"已经结束了。罗瑞卿问他，仗打得怎样。叶青山告诉他，在观音崖、九寸岭将敌人压下去后，歼灭了敌人第四十七师一个多旅。与此同时，兄弟部队也歼灭了第二十八师大部。初战获胜以后，朱德、毛泽东又指挥红军由西向东横扫 700 里，进行了白沙、中村、广昌、建宁诸次战斗，共歼灭敌人 3 万余人，缴枪 2 万多支。

罗瑞卿听后高兴地点了点头，然后再一次动员叶回部队。叶看他已经没有危险了，便返回部队，在途中碰见朱德、毛泽东。朱、毛关心地询问了罗瑞卿的伤情。听了叶青山的汇报，他们才放了心。

由于罗瑞卿这次负伤落下后遗症，嘴不能张大，吃饭困难，不能大笑，说话也吃力，显得有些咬牙切齿。后来在审查党的七大代表候选人资格时，有人还提出：罗瑞卿太严肃，没有笑容，一说话就咬牙切齿，人们都怕他。叶青山立即解释说："他受过伤，是我治的，颞颌关节复位时没有抬起来，所以以后讲话他一定要咬紧牙关，否则就讲不出来。其实他虽然对敌狠，但对自己人很和蔼，是一位好领导。"

几十年来，罗瑞卿同叶青山始终保持着亲密的同志情谊，"九一三"事件之后，罗瑞卿解除"监护"，叶青山便去看望他。两人劫后重逢，回首往事，都不禁感慨系之。罗瑞卿深情地说："老叶，你是我的救

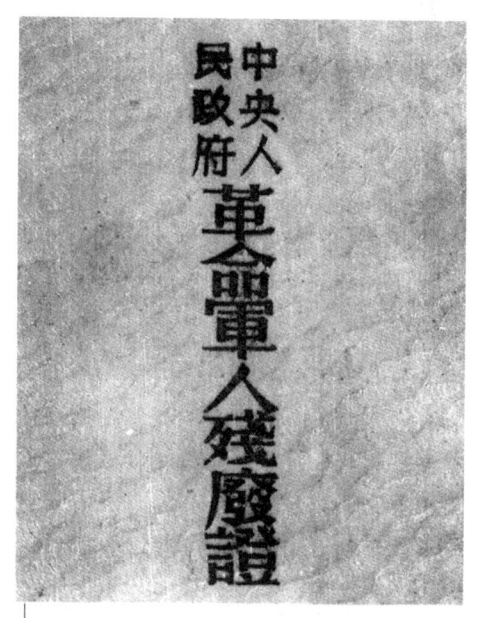

■ 新中国成立后，中央人民政府颁发给罗瑞卿的革命军人残废证。

命恩人哪！我同孩子们讲，那一次是你把我从阎王那里拽回来的呀！"叶青山马上说："你也救过我呀！打AB团，要不是你，我就没命啦！"说完，两位老人不禁相视大笑。

四、同王良带领红四军，一直打到漳州石码，红军哨兵第一次面对大海，倾听涛声

1931年11月1日至5日，中央苏区的党组织在瑞金召开了第一次代表大会，史称赣南会议。罗瑞卿出院参加了这次大会。

这次会议虽然在原则上肯定了中央苏区红军粉碎敌人三次"围剿"的成绩，但在所形成的"决议"中却按照六届四中全会以后已统治党中央的王明路线的观点，未指名地批评了毛泽东提出的中央苏区过去一些正确的做法，把反对"本本主义"指责为"狭隘经验论"，把平分土地中的"抽多补少、抽肥补瘦"指责为"富农路线"，并指责红军是游击主义，忽视阵地战、街市战。

对于上层的路线斗争，罗瑞卿作为一个刚刚出院的普通代表，当时并不了解。对于会议通过的"决议"中字里行间一些反对毛泽东正确主张的语句和提法，罗瑞卿和一起出席会议的绝大多数代表一样，当时也并未注意。

11月7日至20日，罗瑞卿出席了中华苏维埃第一次代表大会。会议期间，毛泽东以中央革命军事委员会总政治部主任的名义，就拟调罗瑞卿到总政工作征求他的意见。罗瑞卿希望返回前方。由于原第十一师师长曾士峨已经在第三次反"围剿"中壮烈牺牲，第十一师领导干部已经重新调整，由王良任第十一师师长，张赤男任第十一师政委。因此罗瑞卿未回第十一师，改任红四军政治部宣传部部长兼随营学校政委。

11月25日，中华苏维埃共和国中央执行委员会任命朱德、王稼祥、彭德怀、周恩来、贺龙、毛泽东等15人为中央革命军事委员会（简称中革军委）委员，朱德为主席，王稼祥、彭德怀为副主席。同时决定取消红一方面军总司令、总政委名义。由中革军委统一领导和指挥全国红军。11月27日，毛泽东被选为中华苏维埃共和国中央执行委员会和人民委员会主席。于是，毛泽东便离开了红军的领导岗位。不久，回到后方瑞金东华山一古庙中养病。

1931年12月，中共临时中央指示中央苏区红军"首取赣州"。在苏区中央局会议讨论打赣州问题时，毛泽东、朱德都表示反对。但多数与会者主张执行临时中央的指示。1932年1月10日，中革军委发布攻打赣州的命令。打赣州由彭德怀任前敌总指挥。罗瑞卿随红四军在赣州以西的南康县唐江镇一带打土豪筹款和做群众工作。由于赣州三面环水、城池坚固，打到3月初，不仅城市未攻下，攻城的三军团反被敌人分割，陷于被动。中华苏维埃共和国副主席项英专程赶回瑞金，到东华山古庙向在这里养病的毛泽东谈了赣州战事失利情况，向毛泽东请教对策。毛泽东立即致电前线指挥部，提出大胆使用预备队红五军团以解三军团之急。随后，日夜兼程赶到赣县江口前线指挥部。此时，红军已撤围赣州。赣州共打了33天，无功而返。

在江口，中共苏区中央局开会，讨论打赣州的经验教训和今后行动方针。毛泽东批评了打赣州的错误，建议红军向敌人兵力空虚、党和群众基础较好、地形有利的赣

东北发展，在赣江以东、闽浙沿海以西、长江以南、五岭山脉以北的广大地区建立革命根据地。会议否定了毛泽东的意见，决定由红一、红五军团组成中路军，由红三军团、红十五军组成西路军，分别在赣江以东、以西，夹赣江而下，向北发展，相机夺取赣江两岸的城市。

3月12日，中革军委发布命令，重编第一、第三、第五军团。以第四军和原红五军团的第十五军编为第一军团。军团长林彪，政委聂荣臻，政治部主任罗荣桓，参谋长陈奇涵。以王良任红四军军长，罗瑞卿为红四军政委，彭祐为红四军政治部主任，聂鹤亭（后为粟裕）为红四军参谋长。

3月17日前后，一军团在唐江镇宋氏祠堂召开团以上干部大会，宣布一军团干部的任命。毛泽东、朱德都参加了大会。随后，王良、罗瑞卿率红四军随一军团北上至宁都。途中，林彪、聂荣臻致电中革军委，建议采取随军行动的毛泽东的主张，将中路军的行动方向改向闽西。3月27日至28日，毛泽东在瑞金召开的苏区中央局会议上又具体分析了红军向东发展、打开局面的好处。中央局决定将由红一、红五军团组成的中路军改称东路军，林彪任总指挥，聂荣臻任政委，打到外线、打到闽南去，扩大红军政治影响，获得物资补给。毛泽东以临时中央政府主席和中革军委委员身份领导这次东征行动。

在这一期间，王良、罗瑞卿率红四军随红一军团到达瑞金地区，随即进行去福建、打漳州的公开政治动员。对此，罗瑞卿回忆道：

> 当时的教条主义者说：这是完全不对的，这样的公开讲，岂不泄露了军事秘密？苏军条令是绝对不允许的，等等。毛主席的回答是：可能泄露秘密，也可能不泄露秘密，因为我们有根据地的条件。就算泄露了秘密吧，我们所得的利益，也比所受的损失要大得多，两者不可比拟。因为战士们知道了去什么地方、为什么要打仗和打仗的有利条件和困难条件，于是群策群力，大家齐心来做，这个力量是不可估量的。

毛泽东的主张是：尽可能使指战员了解为什么要执行某一作战任务以及如何执行，以充分发挥群众的主观能动性。另一种主张是，借口保守军事机密，搞神秘化，让指战员糊里糊涂。罗瑞卿认为："这也是当时两条军事路线斗争的一个反映。"

3月底，王良、罗瑞卿率红四军进入长汀。4月3日，一军团以红十五军、红四军的序列向龙岩开进。8日占领大池。4月10日拂晓，红十五军绕过小池，向龙岩外围据点考塘进攻时，敌人负隅顽抗，进攻受阻。王良、罗瑞卿立即赶到十五军军部了解了前面的战况。王良、罗瑞卿此前曾参加过几次攻打龙岩，对这里的地形比较熟悉。他们商量了一下，便兵分两路，各带一路，从两翼包抄考塘，很快将考塘守敌一个多团全部围歼，俘虏680余人，缴枪900余支。红军随即攻占龙岩。驻守龙岩的敌军第四十九军第一四五旅旅长杨逢年逃往漳州。

4月11日，罗瑞卿和王良出席了在龙岩召开的一军团师以上干部会议。会议分析了漳州敌情。张贞的四十九师共有9个团，在龙岩已被消灭近两个团，还剩下7个多团。他们可能在闽南同红军决战。红军战胜他们有一定把握。会议确定由罗炳辉率红十二军在上杭、武平地区警戒，防止广东方向的来敌侵扰，保障红军的后路和右侧翼。红五军团立即向龙岩开进，一军团在龙岩休整，待红五军团赶到龙岩后再集中兵力攻打漳州。

4月14日，红五军团赶到龙岩，即以五军团之十三军驻守龙岩，一军团和五军团之红三军一道参加攻打漳州。罗瑞卿和王良随即率部出发，经和溪、龙山一线，于15日赶到漳州西北约20公里的马山。16日，毛泽东带领东路军总部在马山观察了地形，确定了红军进攻的部署。以红四军在左，主攻天宝山阵地，以红十五军在右，助攻南面宝林至南靖一线。以红三军为预备队。

17日，大雨倾盆。王良、罗瑞卿率红四军冒雨徒涉龙江支流永丰溪。由于山洪已经下来，河水湍急，王良、罗瑞卿命令部队会水的帮助不会水的，利用绳子、绑腿，互相拉着过河。罗瑞卿本人也不会游泳。他使用由竹子、轮胎捆扎的简易泅水工具过了河。本来准备17日进攻天宝山，但大雨一直下到18日，大雾迷蒙，加之道路、地形不熟悉，东路军指挥部决定将进攻时间推迟。19日拂晓，王良、罗瑞卿命令第十一师向十字岭和风霜岭猛烈进攻，命令第十师进行配合。在机枪掩护下，红四军的指战员们奋不顾身，勇猛冲锋。守军的防线被冲破了一道又一道。在攻至十字岭主峰最后一道防线时，因守敌顽抗，进攻一度受阻。毛泽东在林彪、聂荣臻、王良、罗瑞卿等陪同下，来到前沿亲自指挥，他命令加强兵力，从五峰山向十字岭俯冲。敌人乱了营，全线溃退。上午9时，王良、罗瑞卿率红四军全线突破敌防线，直插天宝镇东面的茶铺，在跟进的红三军的协同下，追歼驻守天宝镇的第一四六旅。与此同时，红十五军在南线进展也很顺利，占领榕仔岭、笔架山、南靖。张贞见势不妙，命令烧毁漳州城内的弹药库，率残部弃城南逃。

此役，张贞的第四十九师主力基本被歼。红军俘敌1600余人，缴获步枪2300余支、火炮8门、子弹13万余发、飞机2架。

漳州是红军攻占的第一座较大的沿海城市。此地沿龙江下行30公里即到海边，由海路北通上海，南达广州、港澳，交通便捷。华侨和侨眷甚多。以往，这一地区人民对于红军知之甚少。红军来后一举一动都会产生很大政治影响。因此，在入城之前，罗瑞卿根据东路军总部的要求，领导部队进行了严肃的政策、纪律教育，并宣布：驻城外部队的指战员无师部证明不得入城；驻城内部队指战员上街要以班排为单位，不得单个随意行动。为了扩大政治影响，罗瑞卿还抓了入城式的具体准备工作。

20日上午8时，东路军举行了隆重的入城式。红四军第十一师三十三团走在最前面。将全团的号兵集中起来作为前导，随后是团直属队和5个步兵连、1个机枪连，一律排成4路纵队。快进漳州西门时，值班员一声口令，军号齐鸣，部队步伐整齐，高唱着"三大纪律八项注意"，在大街两旁群众的热烈欢迎下，意气风发地进了城。在闽南，土豪、军阀对人民剥削奇重，工人、农民和小商人都深恨土豪、军阀，欢迎红军的到来。4月22日，毛泽东致电周恩来说："红军入漳，市民拥看若狂。"

4月21日，罗瑞卿在漳州出席了由毛泽东主持的东路军师以上干部会议。会议重申了入城纪律，决定在漳州一带分兵发动群众筹款。

4月23日，王良、罗瑞卿率红四军继续东进，进驻海边的石码镇。红军开进石码时，先锋是十师师长陈光带领的100多名精干的红军战士，每人都背着裹着红布的大刀，提着驳壳枪，威风凛凛，后面还跟着两辆汽车。当地的保安队队长李玉泉误以为是国民党军队，竟在当街一座郑氏祠堂内摆下茶水、糕点，恭候老总们大驾光临。因此，当红军先头部队进入石码时，当地地下党组织也有些疑惑了。尽管红军贴出了"打倒国民党新军阀！""取消一切苛捐杂税！""打倒帝国主义！"等标语，但地下党不敢冒昧，一时还不敢同红军联络。两小时以后，从厦门开过来一艘粪船，从船上下来一位20多岁闽南农妇打扮的女同志，她就是1930年夏天从红四军调到闽南做地下工作的曾志。她在厦门听说红军已攻占漳州后，便想过海来联络。但此时海上已经封锁，轮渡已经停开。她通过关系好不容易才找到这艘运粪的船。她登岸后就听说有一支部队已开进石码，估计是红军，赶到街上一看，果然不错。于是她找到了王良、罗瑞卿。王良同曾早在井冈山就相识，罗瑞卿在闽西也见过曾。不同战线的战友在这海边渔镇意外相逢，大家都很高兴。曾志立即把当地地下党组织的负责人林曼青、林和尚向王良、罗瑞卿介绍。当地党组织负责人经曾志介绍才彻底解除了误会。

曾志向罗瑞卿提出，要到漳州去见毛泽东和东路军领导人，于是，罗瑞卿派了一辆卡车把曾送往漳州。

红四军进驻石码的第二天，在石码公园召开了庆祝漳、码胜利群众大会，罗瑞卿即席讲话，由当地干部林曼青当翻译。罗瑞卿不带稿子，台前一站，双手叉腰，就讲了起来。他首先说，红军初到此地，因为有些情况不了解，致使反动分子来欢迎我们，而我们的基本群众倒不敢和我们接近了。这叫大水冲了龙王庙，一家人不认一家人。接着他对红军战士说，这次红军来到漳州、石码，和过去山区环境不同，同志们不但要注意军容风纪，还要遵守城市政策。不要看见洋房子就认为是土豪的而乱打。打土豪之前一定要搞好调查研究，不要搞错……国民党造谣，说"共产党杀人放火，扫帚也要过三刀"。我们要用事实揭穿他们的谣言，证明我们是一支为穷苦大众谋利益的仁义之师……接着，他又运用了刚刚了解到的材料说：此地有这么一句话，叫作张毅换张贞（二人都是当地军阀），捐税加二升。昨天我问过一个老阿婆，她说她的一只小猪娃到养大卖出去，共缴了6次税！红军来了，就是要废除一切苛捐杂税，让老百姓直起腰来……

罗瑞卿常对人说，他在武汉军校时最佩服邓演达的口才，而对蒋介石说起话来"这个这个"不敢恭维。自从他自己当了红军党代表之后便以讲话有鼓动性、能抓住听众而著称。在他讲话的风采上，不仅可以看到邓演达的影响，而且又揉进了毛泽东每到一地都要进行调查研究的新风格。他负伤后说话咬着牙关，嘴不能完全张开，但他的讲话大家都爱听。

红四军在石码一带，驻扎于水头、海澄、东美、角美、石美、海沧等地，前锋到达海边，与厦门隔海相望。这是一直在内陆山区活动的红军第一次呼吸到那带咸味的

漳州石码镇石码公园旧址

海风,听到那永不疲倦的涛声。当时在厦门停泊有列强各国20余艘军舰。他们常将军舰开到石码附近,在夜里用探照灯向岸上扫描。由于红军加强了戒备,未发生武装冲突。

红四军进驻石码后,为了防止土豪劣绅逃跑,曾下令戒严3天。在开始打土豪前,罗瑞卿要求首先要搞好调查研究,弄清哪些人是土豪。他按照毛泽东的指示,指出:此地华侨、侨眷甚多,有些人习惯穿西服、着皮鞋、戴礼帽,不要把这些穿西服的人当作土豪。在研究如何打土豪时,当地党组织负责人提出,红军来到之前,他们就提出过没收当铺的口号。他们请示:这次打土豪,可否一并没收当铺?罗瑞卿回答:开当铺属于高利贷剥削。以前既然已提过这个口号,可以没收。于是由当地革命委员会将益隆当铺没收,通知物主3日之内前来认领自己当出的东西。无人认领者再分给当地群众。

在石码,红军还没收了由国民党官僚、军阀和地主办的德瑞印刷厂、建丰酒厂和几个钱庄。所得财物一部分分给当地群众并救济了一部分失业工人,大部分运回中央苏区。

除打土豪外,红军还在商人中发动对红军的自愿捐助。为了搞好筹款,成立了由李富春、毛泽覃和林曼青组成的筹款委员会,在石码共筹款14万元。

在漳州和石码,还组织了群众性革命组织反帝大同盟,由林曼青负责。反帝大同盟配合红四军政治部做了许多宣传工作,散发传单、书写标语。

与此同时,红军还广泛动员扩红。在石码,红四军扩红有400余人,其中有海外归来的华侨,有学生、工人,还有一位台湾籍的小提琴演奏家蔡乾,有二十几位司机向中央苏区运送物资,到达后便丢掉汽车参加了红军。这些同志中有的日后成为红军的骨干。如曾任四野作战处长的苏静,曾任总政文化部副部长的李兆炳,曾任新四军组织部部长后牺牲于上饶集中营的李子芳,曾任第一二九师第三八六旅政治部主任的苏精诚等均于此时参加红军。

在漳州和石码,红军指战员们碰到了许多以前在山区从未见过的新鲜事。有的人第一次见到电灯,见到抽水马桶;有的人第一次吃到刨冰,吃到香蕉;很多人第一次看到了无声电影。于是,就出了些洋相。有的想用电灯点烟抽,有的看电影时跑到银幕后面去,看看是不是藏着人;有的开电灯误开了电风扇,看到屋内风扇呼呼转,不知是怎么回事,以为有了什么情况;有的剥开松花蛋,一看是黑的,都扔了。罗瑞卿便给指战员们讲解这些事物,如电灯、抽水马桶的原理等。但是,有些东西比如无声电影,罗瑞卿也是第一次看到。当时,电影传到中国来时间并不长,还是很时髦的玩意儿。罗瑞卿虽然在上海待过几个月,但那时忙于找党,哪有心思去打听和看电影。因此,对电影是只闻其名,未见其实。他到石码后便下令让部队轮流看一次电影,片子无法选择,只有一部《唐伯虎点秋香》。

5月下旬,粤军第一路余汉谋部19个团北上,进入赣南。中央军委命令东路军回师赣南,迎战粤军。在撤出石码之前,红四军帮助当地游击队进行了整训,给当地游击队留下了1万余元的经费和大批枪支弹药。后来这支游击队成为工农红军闽南独立第三团的警卫连和第三连,抗战中编入了新四军。

5月底,红军主动撤出漳州,返回中央苏区。6月13日,部队行至福建武平县境,大禾镇内的地主武装紧闭寨门、拉起吊桥,对行进中的红军射击,阻挡了部队前进的道路。东路军总部命令红四军尽快攻下大禾镇,为部队前进打开通路。同时要求红四军用从漳州缴获的步兵炮向大禾镇寨墙和碉堡进行试射,看看能否将其打开。为此,总指挥部派来了熟悉当地地形的一位连长。 为了更清楚地观察敌情,王良、罗瑞卿、新任参谋长粟裕,还有那位连长来到离大禾镇土围子很近的一所

■ 红四军军长王良遗像

■ 罗瑞卿赠送给军事博物馆的红军在第一次反"围剿"中缴获的怀表。

破屋子内。这所屋子的墙已半塌，王良端着望远镜正在向镇内观看，打来两发子弹。王良突然倒下，罗瑞卿、粟裕赶紧去扶，但他已中弹牺牲，那位带路的连长也牺牲了。罗瑞卿和王良有深厚友谊。他十分悲痛，不愿承认王良已死。大禾镇攻克后，罗瑞卿仍然让担架抬着王良的遗体，直到进入苏区，在会昌召开了全军三四千人参加的隆重的追悼会，才将王安葬。王良留下一块怀表，罗瑞卿一直珍藏着。每逢战斗胜利。他就要打开包着这块表的红绸，给表上满弦，同时低声说道："我们又胜利了！"在他心目中，王良仍然活着。

第三章 红一军团保卫局局长

一、第四次反"围剿",活捉敌师长陈时骥,
应陈请求,给他摘掉高帽子

王良牺牲后,周昆继任红四军军长。红四军随即参加南雄、水口战役,然后在江西省最南部的全南、龙南、定南地区分兵发动群众。8月间,罗瑞卿由于面部伤口老不封口,又住院治疗。

1932年10月,在中共苏区中央局会议上,毛泽东受到"左"倾冒险主义的错误批评和指责。随后,在这一年8月他被重新任命的一方面军总政委职务又一次被撤销。毛泽东又一次被排除了对军队的领导。

1933年1月,一军团在黎川县三都整编。由于部队减员严重而得不到及时补充,中革军委决定撤销军的番号,军团直辖七、九、十、十一共4个师。罗瑞卿归队后被任命为军团保卫局长。此时,敌军已经开始实施对中央苏区和红一方面军的第四次"围剿"。蒋介石任命何应钦为总司令,下辖左、中、右三路大军。中路军由陈诚率蒋介石嫡系12个师组成,为"进剿"军,另由蔡廷锴和余汉谋各率6个师21个旅分别编为左路军和右路军,担任就地"清剿"并策应中路军的行动。1月底,蒋介石到南昌亲自组织这次"围剿"。

2月中旬,红一方面军正围攻南丰,得悉敌军正向南丰开进,企图在南丰地区同红军主力决战。周恩来、朱德考虑,敌军兵力密集,在南丰同敌决战不利,于是撤围南丰。2月13日,将主力秘密转移至南丰和里塔圩以西地区,"求得于预期遭遇的运动战中消灭敌之一翼"。2月22日,为调动敌军,周恩来、朱德令红十一军伪装主力,东渡抚河,向黎川转移,迷惑敌人;同时将主力继续秘密向西南方向运动。

为了寻找红军主力作战,敌军中路军兵分三路,企图合围红军于黎川、建宁地区。敌第十一师由宜黄南下,第五十二师、第五十九师由乐安东进,准备阻断红军主力西撤。其实,此时红军主力已西撤至宁都的东韶、洛口地区。26日,朱德、周恩来发出命令:"我方面军拟于27日,以遭遇战在河口、东陂、黄陂以西,东坑岭、固岗、登仙桥以东地带,侧击并消灭乐安来敌。"命令还规定,将全方面军分为左翼队和右翼队,北上迎击敌军。左翼队为红一、红三军团和红二十一军,由一军团首长统一指

挥。右翼队为红五军团和红二十二军。

敌第五十二、第五十九师由乐安东犯，分别沿摩罗嶂大山之南麓和北麓向黄陂推进。两师为大山阻断，不便联络，且不知红军去向。摩罗嶂大山南麓有一条绵延30余里的峡谷。这一峡谷两旁均为深山密林，便于部队隐蔽集结。红军左翼队即将在这里伏击由乐安东进之敌五十二师。

27日拂晓，红军左翼队冒雨进入伏击阵地。按一军团十师、十一师、九师、七师和三军团的顺序，从左往右摆开。林彪、聂荣臻带十师和十一师在左面登仙桥大路东北方向的山上；罗瑞卿和参谋长徐彦刚带七师、九师在右面。九师隐蔽在大龙坪以南的山上；七师位于蛟湖附近。罗瑞卿和徐彦刚到七师和九师各团检查了部署情况后，便来到九师师部坐镇。罗瑞卿和徐彦刚都是四川人，一道乘船由重庆东下，参加了武汉黄埔军校。在九江，徐离开教导团后就去追赶南昌起义部队，碰到了平江、浏阳工农自卫军，便留了下来，随毛泽东参加了秋收起义。1929年，两人在红军中重逢，但徐在红三军，罗在红四军，并不在一起，直到三都编队后才同在一军团工作。这两位四川老乡有一个共同的特点就是：做事干脆、作战勇敢。他们来到前线，都摩拳擦掌，渴望着狠狠地打击敌人。

这一天，大雾弥漫。上午9时许，敌军开始进入一军团伏击阵地。直到下午1时，敌军除后卫1个团外，全部进入红军伏击阵地。林彪发出攻击命令。罗瑞卿、徐彦刚命令七师首先向敌军发起攻击，切断敌军队伍。七师很快就俘虏了敌人的一个连长。据这个连长供称，敌人的师部和一个旅驻扎在大龙坪。徐彦刚和罗瑞卿立即向阵地离大龙坪较近的九师师长李聚奎下令："你们九师直插大龙坪，动作要快，袭击敌师部，活捉敌师长。"李聚奎让副师长耿飚率二十五团向大龙坪猛插。指战员们立即呼喊着："活捉敌师长"，向大龙坪冲去。半个小时以后，前面向徐、罗报告：敌人师长已经抓住。徐彦刚在第一次反"围剿"时就是红三军第九师师长。那一次反"围剿"，敌师长张辉瓒被红四军抓住了。第二次反"围剿"，敌师长公秉藩倒是被九师捉住了，但又让他混在士兵俘虏中，领了3块钱遣散费跑掉了。两次都未抓住师长，徐彦刚岂能甘心？这一次他听说敌师长终于被九师捉住了，看看表，才用了半个小时，他用疑问的眼光看看罗瑞卿，还有点不相信。罗瑞卿便派身边的工作人员到前边去了解详情。不一会儿，敌师长李明被五花大绑送到了指挥所。罗瑞卿、徐彦刚不禁相视而笑。他们见李明腹部已负伤，便让九师派参谋彭明治押着4个俘虏兵将他抬到后方医院去治疗。由于伤重，不久李明就死了。

进入左翼队伏击圈的五十二师全部被歼。

同日，在摩罗嶂北麓，敌第五十九师大部被红军右翼队歼灭，其师长陈时骥逃到山上，被砍电线杆的一军团电台班所俘虏。随后，陈时骥被放在一军团保卫局看管。战士们用纸糊了一顶高帽子，上面写着"白军师长陈时骥"的字样，戴在陈的头上。行军进入村寨，陈便成为老表们围观的对象。陈面子上有点抹不开，几天后便向看押他的战士们提出，是不是可以把他的高帽子摘了，改在身上贴一张写上姓名、军衔的纸条。问题反映到罗瑞卿那里，罗同意了他的请求。

二、把新闻六要素引进保卫工作,强调要做到"六何"

1933年3月下旬,罗瑞卿参加了歼灭国民党军第十一师的草台岗战斗。

从第四次反"围剿"到长征结束,加上到陕北后又任一方面军保卫局局长,他任保卫局局长约三年半时间。

罗瑞卿任一军团保卫局局长时,保卫局下设侦察部(部长谢志群)、执行部(部长钟人仿)和总务科。侦察部下设侦察科和检察科。前者负责社会侦察,包括对敌情的侦察和驻地周围社会情况的政治调查。后者负责内部的检察,维护党纪军纪,严防逃跑投敌、敌特破坏。执行部下设预审科和执行科,前者负责审讯,后者负责关押、看守和处理犯人。保卫局的任务有:

一是训练警卫员,保卫首长。当时团以上干部都配有警卫员(当时称特务员),警卫员的培训由保卫局负责。警卫员一般都要到连队挑选最忠诚、最勇敢的党团员担任。除保卫技术的训练外,主要是锻炼他们的意志和胆量,为此有时还要特意安排他们在风雨之夜到荒野、有死尸的地方去送信。有些战士来自山区,文化水平低,年纪小,怕鬼,不敢执行这样的任务。罗瑞卿专门给他们讲了一堂无神论。他深入浅出地说:"人是有思想的,什么叫思想?比如说你会想家,你会看书,你会拿枪打敌人。这些行动都是由思想支配的。你如没有思想,就不会拿枪去瞄准,木头就不会,人死了以后也不会,如同木头一样,什么也不知道,哪里有什么鬼?有什么魂?这都是地主豪绅编了来骗人的。"此外保卫局还直接担负保卫本单位首长的任务。在这一方面,罗瑞卿更是以身作则,他在行军、作战时,除因另行分配任务需离开的情况指定保卫局其他人代替外,总是跟着林彪、聂荣臻,不离左右。遵义会议以后,毛泽东、周恩来等经常随一军团行动。尽管当时对他们的内部警卫由邓发领导的国家保卫局负责,但罗瑞卿仍把保障他们外围的安全当作最重要的政治任务,要求不出一点问题。长征结束后,他出任一方面军保卫局局长以及新中国成立后他任公安部部长时,只要是毛泽东外出巡视或开大会,罗瑞卿总是站在毛泽东身旁。毛泽东要走的路,要去的地方,他都要事先检查一番,布置好警卫,以保证万无一失。有了这位大警卫员,毛泽东十分放心,因此,尽管他的身高与罗瑞卿不相上下,他仍常说:"天塌下来不怕,有罗长子顶着。"

二是巩固部队,防止反革命分子混入部队进行破坏,防止个别坏分子托枪投敌,防止开小差。为了做好这些工作,在部队的党团员中组织秘密工作网,行军时组织拦阻队(后称收容队)防止开小差。这种秘密工作网,有的部队称为10人团,是红军幼年时期为了巩固部队而采用的一种组织形式和措施。由于未强调做好思想工作,这种组织形式和措施带有消极防范的色彩。罗瑞卿在担任保卫局局长后,强调巩固部队首先要做好一些情绪有波动的人的思想工作。他不仅这样要求部属,而且自己率先垂范。在一军团有一位副科长叫王道智,他打仗不够勇敢,对革命胜利缺乏信心。在"左"倾教条主义已在党内和军内取得统治地位的环境下,他的言行很容易被扣上"政治动摇"的帽子。但是罗瑞卿没有这样做,而是耐心地开导他和教育他。罗瑞卿曾同他谈过五六次话,对他说:"世界这么乱,穷人这么多,我们革命是有力量的。你不要只看到现在红军人数不多,但是穷人太多了,受地主资本家剥削压迫的人太多了。这些穷人都是我们推翻国民党统治的力量。我们走到哪里,哪里就有许多穷人要求参加红军,这说明我们的力量正在不断发展、壮大。"在罗瑞卿的教育下,王的思想转变了,以后的表现很好。

三是在边沿区或在白区驻扎、行动时,进行社会侦察,尤其是对敌情、敌特的侦察,破获敌探,防止外部敌人的破坏,对付小股土匪。

在中央苏区和在长征中,打土豪均由设在政治部的没收委员会(简称没委会)负责。但打土豪前,保卫局往往已经做了社会侦察,了解了当地社会情况;因此,没委会的工作人员经常去请示罗瑞卿,看看哪些户是土豪,其财产是否应予没收。罗瑞卿经常同没委会的工作人员一块研究打土豪中应执行的政策,解答他们提出的有关政策方面的问题。在中央苏区时,有一次有一些干部没收了商人的布匹做衣服穿。罗瑞卿发现后,召集会议严厉批评了这一做法。他说:"苏区的商人并不全是资本家。有些商贩属于小资产阶级。即便是资本家,你也不能没收他们的财产。你没收了商人的财产,商人都怕我们,就不来苏区做生意了,对苏区的经济工作会造成不利的影响。"在会上,那几位违反了政策和纪律的干部作了自我批评。

政治部没委会的工作人员都知道打土豪只能没收地主的财产、不能没收资本家财产的规定,听了他对那几个干部的批评,都感到他讲得很有道理,但对为什么要这样规定却弄不大明白。他们想:地主和资本家都是剥削阶级,为什么不能没收资本家的财产呢?罗瑞卿便耐心地对他们讲革命有两个阶段,不同的阶段有不同的任务和不同的革命对象的道理,提高了大家执行这一规定的自觉性。

保卫局除执行上述任务外,还要负责清查俘虏。

保卫局上述任务对于一支在敌人围追堵截下进行战斗的革命军队来说,显然是十分必要的。但当时,各级保卫局有垂直的领导系统,其设置以及其工作职责范围和工作方法都仿照苏军模式,并不切合中国红军的实际,在工作中不可避免地带有孤立主义、神秘主义的色彩。而限于历史条件,当时人们还不可能认识到这一点。只是由于罗瑞卿在长期革命斗争中,从毛泽东那里学得了调查研究的真功夫,才使一军团的保卫工作得以避免发生大的差错。这在王明"左"倾冒险主义统治时期,是十分难能可贵的。罗瑞卿非常注重培养保卫干部实事求是的作风。他在向保卫干部讲课时,将新闻学中的六要素,亦称5个"W"和1个"H",即:who、what、when、where、why、how,运用到侦察工作中去,他考虑到保卫干部大都未学过英语,便将5个"W"和1个"H"改为"六何"。提出侦破每一案子都要弄清"六何",即何人、何事、何时、何地、何故和如何,要求办案人员必须从事实出发。

俗话说:隔行如隔山。保卫工作和新闻工作看起来完全是两码事。但是,这两者有一个共同点,即要求具体、准确地弄清真实情况,反映客观实际。新闻报导如果不具备这六要素,就会不准确甚至不真实,从而误导读者。而保卫工作如果不掌握这六要素,就可能弄错案情,从而产生冤假错案。罗瑞卿将新闻工作六要素移植到保卫工作上来,正是为了既不放过敌人,也不冤枉好人。

在第四次反"围剿"期间,一军团卫生部从国民党军队缴获了一大批药品,其中有一些包装损坏,没有品名标签。有一些药品从外形看颇似奎宁,便当奎宁发了下去,但实际上是吗啡。军团部有两位干部正患疟疾,便把吗啡当奎宁服用了,很快出现药物反应,病人乱抓自己的心窝,并在山上山下发疯似的乱跑。病人为什么会吃错药?是不是医务人员中有敌人,故意搞破坏?于是赶紧追查。第一个查到军团部的医生游胜华,他家庭出身贫穷,是红军自己培养出来的医生,似乎不会。他开的药是上面发下来的,于是追到卫生部医务主任戴济民。戴外号叫"戴胡子",原先在吉安开诊所。罗炳辉起义前在吉安当靖卫大队长便同戴相识。红军打下吉安后,罗炳辉便动员他参加了红军。难道他是 AB 团?再往上追,追到了军团卫生部部长姜齐贤,由于他是从国民党军队俘虏过来参加红军的,所以被怀疑是故意破坏,姜本人也忐忑不安。罗瑞卿调查了此事,发现确实是发错了药,从而避免了一起错案。聂荣臻回忆道:"我记得我们在一军团,干部有了错误就批评一顿,没有随便扣上'敌人'的帽子,没有杀过一个干部。"① 由于罗瑞卿工作成绩优良,1933 年荣获二等红星奖章一枚。

三、热心文体活动,把欢声笑语带进了保卫局

罗瑞卿自幼喜爱文娱体育活动。到红军后,他仍是体育活动的积极分子。当时在红军中流行一种打克郎球的游戏。有点类似南充老家的"赶臭牛",他玩起来兴致颇浓。他最喜爱的踢足球,在红军中却难得踢一回了。因为在南方山区,难得找到足球场。有时碰到小学的操场或农民的打谷场,他的脚痒了,也要踢一踢,没有足球,就用篮球。怕踢远了,掉到沟里去,找不回来,便往高处踢。当时曾在保卫局当过侦察科科长的谢滋群 1986 年回忆道:"他专门把球向空中踢,有时高达三四十米。他那时头发留得很长,披在肩上,踢球时头发忽地飘上去又忽地落下来……"大家都说:"罗局长的劲真大,球踢得真高!"他便乐呵呵地说:"来呀,踢呀,比赛呀!看谁踢得高呀!"

罗瑞卿不仅好打球,而且爱好文艺,尤其是戏剧。他参加红军以后更把开展文艺体育活动当作鼓舞士气的一种手段。在红军攻打梅县途中,他还同人争论郁达夫小说的革命意义。他当了红四军政治部宣传部部长后,开始显露组织戏剧演出的热忱和才华。他一就任保卫局局长,知人善任的政治部主任罗荣桓立即委托他在保卫局里开办一个文化娱乐训练班。于是,他把歌声笑语引进了这个颇令人生畏的机关。训练班的主要任务是排戏,而罗瑞卿则是导演,有时还兼编剧。

罗瑞卿编写的第一个剧本叫《谁给我的痛苦》,揭露了地主对农民的残酷剥削和压迫。

有了剧本和导演,还要有演员。除了训练班的学员外,罗瑞卿还动员了不少机关干部上台。在分配角色时,同在武汉军校时的情况一样,反派角色不大有人爱演。罗瑞卿便自告奋勇地演地主。他指着自己脸上的伤疤对大家说:"你们瞧,这颗该死的

---

① 《聂荣臻回忆录》,解放军出版社 1984 年版,第 206—207 页。

子弹,哪里不打,偏偏打在老子的嘴巴上。这就破了相了。但演个地主倒还凑合。我就演地主吧!"

由于这出戏对于发动群众打土豪有很大推动作用,以后它便成为保留节目。红军每到一地,宣传队在演出之前,都要到村里做一番调查研究,然后将剧中人换成当地真人的姓名,剧情再稍做变动。演出效果非常好。群众反映:"红军真神了,才来了3天就将我们这里的事编进戏文了。"

一军团的演剧高潮出现于第四次反"围剿"的两大战斗之间。一军团政治部副主任李卓然和宣传部部长张际春编了一部大型剧本,叫《庐山雪》,描写红军打进了南昌,杀上了庐山。蒋介石反动统治就像春天庐山上的残雪,很快瓦解、消融。剧本中有许多角色是红军的高级干部。为了体现官兵同乐,罗瑞卿将林彪、聂荣臻、罗荣桓等都动员上台,各人按当时实际担任的职务扮演角色。至于反面角色,罗瑞卿又自告奋勇地扮演蒋介石,李卓然则扮演德国顾问赛克特。这么多的军团干部上了台,在部队内引起了轰动。部队的文娱活动也更为活跃了。

文化娱乐训练班除排戏外,还学习歌咏、办墙报、组织游戏等知识。3个月后,训练班结业。在此基础上罗瑞卿又吸收了部分机关文艺爱好者,组织了一个业余剧社。由于一军团的小报叫《战士报》,这一剧社即起名为战士剧社,长征以后改为专业宣传队。它就是广州军区战士文工团的前身。罗瑞卿对它的建立作出了重要贡献。后来,在20世纪60年代,这个文工团曾演出话剧《南海长城》,罗瑞卿看过多遍,并同演员座谈,对该剧从剧本到演出提了许多修改意见。罗瑞卿逝世后,这个文工团的演员们十分悲痛。在1978年冬季,他们到北京,冒着寒风,捧着花篮,到八宝山烈士陵园祭奠他们文工团的创始人。

当时,军团各单位经常举行各种文体比赛,如篮球、歌咏、墙报、列宁室布置等等。一开始,保卫局因为是新成立的单位,在比赛中往往拿不到第一。争强好胜的罗

■1976年12月,罗瑞卿在广州观看战士话剧团演出的《南海长城》,并与剧组同志交谈。

瑞卿不甘落后，便积极要求将文体活动积极分子、政治部的技术书记童小鹏等调入保卫局当秘书。政治部主任罗荣桓同意了。童小鹏到保卫局不久，保卫局便在一次比赛中得了一个第一。比童更早调入保卫局的还有潘振武，他当了文化娱乐训练班的班长。他也是一名戏剧爱好者，善于表演穿长袍马褂、戴着眼镜、左手持一卷书、右手拿着长烟袋的教书先生。罗瑞卿便通过政治部将他从十一师调到保卫局当训练班主任，训练班结束后，分配他当了保卫局食堂的管理员。

第四次反"围剿"之后，红一军团转战于赣江和抚河之间，打击敌人的筑碉部队，破坏敌人的封锁线。除在乌江地区歼灭敌人一个旅以外，战果不大。在这一阶段，部队辗转作战，生活十分清苦。一次，部队打土豪，保卫局分得一头大肥猪。大家乐坏了，围着潘振武喊道："管理员，这下子瞧你的喽！"于是潘振武亲自掌勺做了一锅辣椒炒回锅肉，盛了满满一盘，吩咐炊事员给罗局长送去，同时跑到当饭堂的几间茅屋里来，颇为得意地听着大家的表扬。当他走到几位福建籍同志的饭桌时，却看见他们皱着眉头，菜一筷子也没动。潘振武猛然想起福建人不吃辣椒。但已经受到许多江西老表表扬的潘振武并不准备认错。他对那几位满脸不高兴的福建同志说："将就一点吧，这比南瓜汤强多了。"这两句话好比是火上浇了油，一个高个子霍地站起来指着潘振武说："你明明知道我们不吃辣椒，这不是故意整人吗？"潘也不示弱："当红军是为了工人农民谋利益，又不是来享福的。"于是吵了起来。

罗瑞卿知道此事后，便让通信员把潘振武叫来。

"今天是打牙祭吧？"罗一面招呼潘振武坐，一面问。

"是啊，局长，你吃起来感到味道怎么样？"

"我吃起来当然好喽，我是四川人嘛！可福建同志不吃辣椒，你知道吗？"他的表情突然变得严肃起来。

"知道。"潘振武知道有人告状了，只得老老实实地回答。

"知道为什么还要这样做？"

"为了加点味道照顾……大多数嘛？"潘尽力为自己辩解。

"不对！"罗瑞卿更加严厉了，"加点味道，出于好心，事先考虑不周，也可能。但在饭堂吵起来就是你的不对了。"

潘振武低着头说："我错了。"

罗瑞卿看到潘认了错，脸色转晴，语重心长地说："这几位福建同志入伍不久，对艰苦的生活还不大适应。好不容易打牙祭，应该让他们吃好。你不要以为吃不吃辣椒是小事，它影响到部队中不同籍贯的同志之间的团结，管理员的工作可不简单呀！一把勺子调百人味，关系到部队的战斗力和团结，这里学问大了！你是个老同志，要做团结的模范嘛！"

"局长，我的工作没做好。今后，你看我的吧！"潘振武激动地站了起来。

罗瑞卿又把他按到椅子上："这就好！来，我帮你出个主意……"

第二天中午，每个餐桌放了一盆红烧肉，旁边单放了一盘炒辣椒。潘振武又特地来到那几位福建同志面前，对昨天发生的事表示歉意。那位高个子说："管理员想方设法照顾我们，我们该怎么感谢你呢？"于是，大家都纷纷走过来同潘握手，有人还开玩笑地喊道:"管理员万岁!"潘振武十分激动地说:"不要感谢我,是罗局长教我这样做的。"

四、率领保卫局,捍卫党中央,走过迢迢长征路

1933年9月25日,蒋介石亲自指挥,以50万兵力开始发动对中央苏区的第五次"围剿"。这次"围剿"经过了一年时间。在敌人采用持久战和"堡垒主义"的战略形势下,红军节节抗击,根据地日益缩小。罗瑞卿参加了红一军团在五次反"围剿"中的历次战斗,这些战斗中除初期在北线江西乌江地区消灭敌人一个师和后期在南线的福建温坊消灭敌人两个团是歼灭战外,整整一年打的都是消耗仗、被动仗。对于"左"倾错误领导和李德的错误指挥,罗瑞卿已有感触。他后来受林彪迫害,在被"监护"的情况下,写道:

　　……他(指李德)的指挥总是黄昏出发,拂晓到达,有时机关枪、迫击炮放在哪个山头,他都要规定。明明一个晚上走不到的路,他硬要你走;明明打不胜的仗,他硬要你去打。听说他指挥凭的就是一支红蓝铅笔,一张地图,一把米达尺。所有这些,自己当时当然也有些感性知觉,主席没有管军事了,当然也看得出一些。但是内幕情形究竟怎样,自己也搞不清楚……

就在罗瑞卿已对"左"倾错误的领导者产生怀疑的情况下,1934年10月16日,他率领一军团保卫局随一军团从江西于都县东北部的铜锣湾出发,开始长征。在突破敌人四道封锁线、特别是湘江战役中,部队遭到重大伤亡。罗瑞卿除了行军外,还要用很大精力主持保卫局的日常工作,以保证部队和首长的安全。在过草地以前的大部分时间里,毛泽东、周恩来还有李德等随一军团行动,罗瑞卿要求做好对他们的外围警戒工作,保证绝对安全。他在工作中兢兢业业,一丝不苟。1935年1月,在路过贵州桐梓时,他了解有一股地主武装盘踞在一个叫作仙女洞的险要山洞内,便亲自仔细向群众调查,掌握了全部情况,然后指挥保卫队用喊话等办法迫使洞内的地主武装放下了武器,一举拿下山洞,不仅保障了部队行动的安全,还缴获了大批金银等贵重物资。

1月15日至17日,中共中央政治局在遵义举行政治局会议,随后毛泽东到一军团作了传达。罗瑞卿听后非常兴奋,在回驻地的路上,他边走边对他的警卫员龙光和余波生说:"这下好了,中

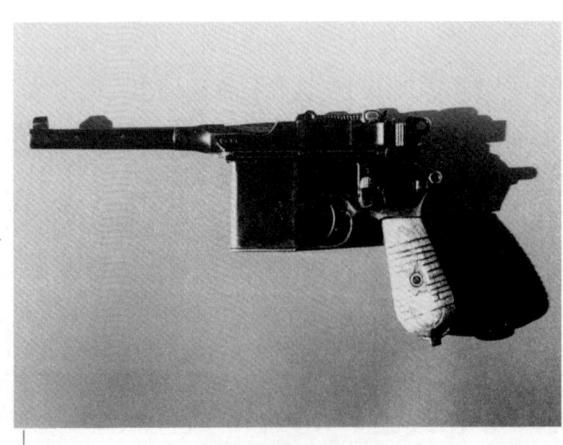

■ 罗瑞卿长征中使用过的手枪

央决定由毛泽东同志来主持军事，红军得救啦！"接着罗瑞卿便兴致勃勃地讲了毛泽东怎样领导秋收起义，进军井冈山；怎样指挥红军粉碎敌人三次"围剿"的故事。对于这段历史，罗瑞卿后来在被"监护"时回忆道：

> 在党的历史上起决定作用的党的遵义会议，是主席亲自到一军团传达的。当时大家听了主席的讲话，才懂得了"围剿"为什么没有粉碎，长征初期为什么失败，为什么没有能够制敌，反而为敌所制的道理；才懂得了今后应如何办，即今后的路线、方针和方向，也才知道了遵义会议重新恢复正确路线和改变军事领导的决定。大家听了这些真有说不出的兴奋、喜悦和痛快呵！

1月26日，罗瑞卿率一军团保卫局和红二师一道，从猿猴场（今元厚）西渡赤水河，准备沿赤水河北上，进攻赤水城。由于敌情变化，27日又渡过赤水河，返回猿猴场。29日，红军各路纵队奉中革军委命令，先后四渡赤水，穿越四川东南角，向云南扎西地区前进。从整个中央红军来说，这一天渡过赤水河，是一渡赤水。但从保卫局说，已是三渡赤水。整个中央红军在这一阶段为了突破敌军的围追堵截，在毛泽东指挥下，曾四渡赤水，而保卫局在此之前已经由赤水河打了一个来回。对他们而言，应当说是六渡赤水。

1935年3月5日，在遵义城附近，保卫局和保卫队遭三架敌机轰炸，伤亡达60人。敌机轰炸时，罗瑞卿正在军团部开会。他回到宿营地时已经很晚了。一回来便详细了解部队伤亡的情况，然后亲自主持善后工作，直到伤员都已安置、烈士都得到妥善处理，才去休息。

1935年5月，中央红军渡过金沙江后，便进入四川。为了迅速打开北上通路，5月19日，中革军委决定组成先遣队，由对四川地理民情都很熟悉、在川军中有很高威望的刘伯承任司令员，罗瑞卿任政委。先遣队由红一军团第一师第一团、一个工兵排、一个电台和由萧华率领的工作队组成。此时，聂荣臻向中革军委提出，希望随先遣队行动。5月20日，中革军委任命聂荣臻代理先遣队政委，罗瑞卿任参谋长。同日，先遣队从泸沽出发，过彝族区，于5月24日，占领大渡河南岸的安顺场。大渡河由北向南流来，至安顺场折而向东，绕峨眉山以南，至乐山与岷江汇合。在安顺场对岸，川军有一个营把守。25日拂晓，红一团十七勇士乘在安顺场搞到的仅有的一条渡船，在迫击炮和重机枪掩护下，强渡大渡河，占领了对岸渡口。随即利用这条渡船，开始渡河。

此时天气已热，上游冰雪消融，加上雨水很多，大渡河河水暴涨，水急浪高，每秒流速达4米。渡河的办法是将船首先逆流拉到上游五六十米处，再顺流冲向对岸。返回时也需要采用同样的方法。来回一趟需50分钟。

罗瑞卿听当地人说60余年前，1863年，太平天国的石达开率10万大军，即于此处全军覆没。他也知道尾追的国民党军队离红军距离已越来越近，仅靠一只渡船是远远不够的。关于当时的处境，在《祝伯承同志寿》一文中，罗瑞卿回忆："我军强渡大渡河的安顺场，也正是石达开全军覆没，本人被擒的地点……在安顺场附近，还有一个因战争失败而流落该地,曾在石达开军中充当过'火头军'已经年近九十的老人……因为这些,当时国内外曾有些常识不够专从形式上看问题的人,均以为我军已陷入绝境,并梦想要把我们变成历史上的第二个石达开。"在这一艰险的处境中,他首先想到的是架桥。但水流太急,打桥桩一下水便被冲走。接着,他便组织人员上山砍竹子,准备做竹筏。

到25日晚,红一团尚未渡完。

26日,毛泽东、朱德等来到渡口,听取了先遣队领导关于渡河情况的汇报。他们看到安顺场一个渡口一条船,大军急切难以全部渡过河。做竹筏,虽可增加渡船,但没有熟练的水手也难以安全渡河。此时,敌军第五十三师已经渡过金沙江,正向红军追来。毛泽东决定:大军夹河北上,从距安顺场300余里的上游泸定桥渡河。以红一师和干部团为右纵队,由刘伯承、聂荣臻率领,沿大渡河东岸北上;以红一军团、红二师和红五军团为左纵队,由林彪率领,沿大渡河西岸北上,夺取泸定桥。罗瑞卿协助刘伯承、聂荣臻指挥右纵队,沿途走左为大河右为峭壁的山路,攻克川军设下的一个个关隘,于29日深夜进入泸定城,此时左纵队飞夺泸定桥刚过了7个小时。

6月13日,罗瑞卿率一军团保卫局来到夹金山下的硗碛。当日,保卫局秘书童小鹏在日记中写道:"起床后,罗局长亲自送来一个好消息:先头团已与四方面军相遇,闻系他们专来找我们的别动队。听得之后不胜兴奋,竟将昨晚露宿之苦完全忘掉,竟有同志闻后舞蹈起来。"第二天上午,罗瑞卿率保卫局翻过夹金山。8月28日走出草地。9月4日到达俄界。9月10日,毛泽东率三军团由巴西地区北上,11日,到达俄界。罗瑞卿得悉张国焘反对中共中央关于北上的方针,并曾企图武力胁迫中央南下,阴谋危害中央。在黑朵,罗瑞卿召集保卫局开会,要求大家一切行动听从中央指挥,坚决跟着党中央北上。

长征途中,尤其是翻越雪山之后,生活异常困难,全军都处于饥寒交迫之中。在这种艰难困苦的环境下,罗瑞卿对周围同志的命运、安全、健康十分关怀。

在工作中,罗瑞卿一贯以要求严格著称,批评人不讲情面,有时十分严厉。

在长征途中,几乎天天行军,一天走七八十里、百把里是家常便饭。进入天无三日晴的贵州后,经常是阴雨连绵,道路泥泞不堪,行军时,常常沾了满脚泥巴,一不小心就要摔跤。到了宿营地,人们常常是倒头便睡,而听不到紧急集合的哨声。

当时只有21岁的保卫局的秘书童小鹏就曾有几次因起不来床而挨了批评。他在日记中曾有这样的记载:"(1934年)11月9日,昨晚因熟睡未曾通知各部出发时间,遭痛斥。""(1935年)1月23日,昨晚因甜睡又误事,遭了一顿痛斥,真活该!不知睡欲为何如此深耶?"

罗瑞卿尽管在工作中要求严格,批评人有时十分严厉,但对周围同志政治上、生活上又如拂面春风,关怀备至。

那还是长征以前的事,童小鹏在家庭成分问题上遇到了一些麻烦。童小鹏,汀州人,1930年入伍,他出身贫苦,家乡平分土地时,他家的成分定为贫农。但后来他的曾祖母死了,留给他家60担田。查田时,他们家的成分便升级为地主,童将这一情况反映给罗瑞卿,罗瑞卿几次给当地政府写信,当地政府先是将他家成分降为富农,最后终于仍改为贫农。

罗瑞卿有一位警卫员叫龙光，在快到金沙江时，他的脚不慎被树枝刮破，又进水而感染，脚面肿得像发面馒头。但是他强忍着疼痛，尽量不在罗瑞卿面前露出脚已受伤的痕迹。因为他知道，如果罗瑞卿知道自己脚有伤，就会让自己骑马，而罗瑞卿前几天得了感冒，还没有好……但是龙光再怎么掩饰，也没有瞒过罗瑞卿的眼睛。在罗瑞卿严令下，龙光被迫骑上了马。在马上，他如坐针毡，便又溜下马来。罗瑞卿生气地对他说："你怎么搞的？叫你骑你就骑，不许胡来！"随后又亲自向医生要了一些盐，让小余每天用盐水给龙光洗伤口，十几天后，龙光终于可以下地走路了。

在长征路上，最艰苦的是爬雪山、过草地。过草地时，寒冷和饥饿都时时威胁着人们的生命。在草地经常是阴雨连绵。罗瑞卿看到警卫员陈德先只穿了一条短裤，冻得瑟瑟发抖，便把自己唯一一条换洗的长裤给了陈。小陈说："你给了我，你就没法换洗了。"罗瑞卿说："我有一条就行了。快穿上，不要冻死了。"同四方面军会合后，罗瑞卿领到一顶帐篷，很小，面积只比一张床稍大一点。每逢下雨或天气很冷时，罗瑞卿便招呼他的警卫员们都挤到里面睡觉，躺不下就互相背靠背坐着睡。

在过草地前，虽然保卫局也准备了一些青稞麦，但进草地后，不见人烟，粮食很难得到补充。偶尔碰到一两户人家，主人因为听了反动宣传，早就跑掉了。房子里如果有粮食，罗瑞卿就让大家给几块钱、留个条子在屋内，屋内如果没有粮食，就只能到地里去收割尚未完全成熟的青稞。但因为老百姓都走光了，弄不清庄稼都是谁的，罗瑞卿便向大家解释道："现在要保存红军力量，就必须要吃这些粮食。但钱又不知道该给谁，但我们又不能不吃，不吃就会饿死，这是没有办法才违反了群众纪律。那只有等革命胜利以后再来还这个账了。到那时，要加倍偿还。"即便搞到一点粮食，但人多粥少，很快就又断粮了。罗瑞卿由于腮部负过伤，嘴只能半张，吃饭十分缓慢，比大家吃得更少，经常饿肚子。一天，警卫员想给罗瑞卿准备点吃的，但两手空空，急得直抹眼泪，罗瑞卿问明原因，便随手写了一个纸条给二师师长陈光，向他"借"几个饼子吃，然后让警卫员给送去。陈光看了纸条，不禁失笑，立即派人从伙房弄了8个大饼交给警卫员，饼子"借"来后，罗瑞卿便同大家分食。

在长征路上，伤病对人的生命威胁更大。有时伤病员走不动了就只好给几块钱，寄养在老乡家里。如果掉队，被敌人或不了解红军的少数民族搞走，那就只有死路一条。罗瑞卿对他的部属是能带走的尽量带走。罗瑞卿有一匹黑骡子作为行军的坐骑。行军时他看到谁病了、掉队了，他便让谁骑骡子。保卫局有许多指战员借助于这头骡子才不至于掉队。在草地曾遇到一条流水湍急的大河，有些指战员拽着这头骡子的尾巴过了河。罗瑞卿对他这头坐骑十分珍爱。长征结束后的第二年，罗瑞卿调到红军大学任教育长，一面工作一面学习。他的骡子已经老了，罗瑞卿便把它放养到一个河滩上，让他自由自在地吃草晒太阳。但是，有一天红大二科的几个学员见到这头骡子，以为是无主的野骡子，便动手把它杀掉吃了肉。罗瑞卿知道后非常生气，他含着眼泪责问那几个"馋鬼"："你们知道它在长征路上救了多少人的命？你们好狠心，也下得了手！"那几个馋鬼知道办了错事，立即向罗瑞卿承认错误。罗瑞卿看到他们确实认了错，向他们挥一挥手说："吃了就吃了吧，你们可得好好学习哟！"

在长征路上，保卫局有些干部患了重病，连牲口也骑不了。罗瑞卿便组织人将他们抬走。在过草地时，侦察科科长谢滋群不知什么原因，吐了很多血，身体虚弱，走不了路。有些同志建议将他寄养在老乡家里，罗瑞卿不同意，他说："一定要把滋群带走，不能走就用担架抬！"随后亲自组织人抬担架。谢坐了几天担架，身体好转，罗瑞卿又拨给他一头骡子骑，终于顺利地出了草地。一师副特派员周贯五未过草地就腹泻。进草地别人背30斤粮食，他只背了8斤，然后省着吃，坚持到哈达铺。此时病加重了，医生诊断是痢疾，不仅不能走路，而且骑马也坐不住。罗瑞卿知道后便派了一个班将周抬到医院，然后随医院一直到陕北。后来，谢滋群、周贯五常对孩子们说，罗瑞卿是他们的救命恩人。

9月12日，在俄界召开了中共中央政治局扩大会议。会议决定将红一军团、红三军团和军委纵队编为中国工农红军陕甘支队，由彭德怀为司令员，毛泽东为政治委员，林彪为副司令员，王稼祥为政治部主任，杨尚昆为副主任。随后部队边北上边进行整编。一军团编为一纵队，由林彪兼任司令员，聂荣臻任政治委员，朱瑞任政治部主任。三军团编为二纵队，由彭雪枫任司令员，李富春任政治委员。军委纵队编为三纵队。9月20日，陕甘支队到达哈达铺。在当日召开的中共中央政治局常委会上决定：叶剑英为第三纵队司令员，邓发为政治委员，蔡树藩为副政委兼政治部主任。刘亚楼调任第二纵队副司令员，罗瑞卿和袁国平对调。罗任二纵队政治部主任，袁任一纵队保卫局局长。张纯清为二纵队保卫局长。第二天，刘亚楼和罗瑞卿未带一个参谋、干事，只身来到二纵队。在二纵队期间，罗瑞卿曾轮流到各团，同部队一起行军，同一些干部谈过话。10月22日陕甘支队到达吴起镇后，罗瑞卿离开二纵队。他在二纵队的时间共一个月零一天。

罗瑞卿离开二纵队后，曾有谣言说，二纵队有几个基层干部被罗瑞卿杀了。但罗瑞卿直到1943年由太行山回延安时才听到这种谣言。他当时感到很气愤，也感到这种谣言太荒谬。因为处决犯人均由保卫部门负责，而保卫局是与政治部平行的机构，政治部主任管不了保卫局的事，断无政治部主任亲自动手去杀人之理。因为根本没有此事，罗瑞卿过后也未在意。

到延安后，在整风期间又扯起此事。中央作了认真调查，委托彭德怀和林彪先后主持召开了座谈会核实有关的材料。参加者有周恩来、刘少奇、李富春、聂荣臻、朱德、杨勇、向仲华、杨奇清、杜理卿等。结果查

1936年罗瑞卿在延安

无此事。在召开这些座谈会时，二纵队时期的保卫局局长张纯清已在华南被国民党反动派杀害。但负责处理犯人的执行部部长杨奇清仍在，他在会上起而证明无此事。三军团在长征时曾以动摇叛变的罪名处决过一二名基层干部，这发生在红军出腊子口之前，当时罗瑞卿尚未到二纵队，与此无关。罗瑞卿到二纵队后，有两名干部胡正国和胡宝全失踪。有人谣传是罗杀了。罗坚决否认。但这两人哪里去了。谁也说不清，一时便成为悬案。对此事，当时任二纵队十一大队政委的王平在他的回忆录中写道：

> 在延安整风时，有人说罗瑞卿在第二纵队乱杀人，其实这也是冤枉。罗瑞卿在第二纵队当政治部主任，掌握政策基本上还是稳的，审判处刑的事都是由保卫局或保卫分局负责的。当时的保卫机关是相当神秘的。它是独立单位，不属于政治部管辖，政治部也不能过问。当时说罗瑞卿乱杀人，还举出了两个例子，一个是曾当过红三军团管理科长的胡宝全，一个是曾当过团政委的胡正国。其实这两个人并没有被杀。胡宝全是我们十一大队担任后卫时，敌人骑兵追击我们，他实在走不动，又没有担架，我给他10块现洋，把他送到后山逃命去了。以后他在老百姓家教书，我到延安后还收到过他的感谢信。胡正国解放以后还活着，张震到平江还见过他。①

这已经是新中国成立以后的事了。而从延安整风到新中国成立这一期间，罗瑞卿一直蒙受着委屈，他经受住了这种委屈，直到完全洗清不白之冤。

---

① 《王平回忆录》，解放军出版社1992年版，第125页。

第四章 "抗大抗大,越抗越大!"

一、毛泽东认为他颇似邓演达,任命他为抗大教育长

1935年10月,罗瑞卿随陕甘支队到达长征的终点———陕北吴起镇。3日,陕甘支队编成红一军团,同时恢复红一方面军番号,下辖红一军团、红十五军团和红二十六、红二十七军。彭德怀为司令员,毛泽东为政治委员,叶剑英为参谋长,王稼祥为政治部主任,罗瑞卿为保卫局局长。1936年2月,罗瑞卿随一方面军参加了东征。东征回师不久,中共中央决定开办红军大学。

开办红大,酝酿已久。长征结束不久,毛泽东就在考虑将经过长征的红军干部作为种子,加以培训,提高他们的水平,使之成为即将来临的伟大抗日战争的骨干的问题。1935年11月30日,毛泽东在对一方面军营以上干部讲话时指出:"只有提高了干部的军事政治程度,才能使战斗员的军事政治程度真正提高。提高老干部的程度,创造许多新干部,就是大红军大战争面前的迫切任务。"随后,中央即着手筹办抗日红军大学(简称红大)。

红军长征到达陕北后,红一军团、红十五军团部分领导人合影。右起:邓小平、徐海东、陈光、聂荣臻、程子华、杨尚昆、罗瑞卿、王首道。

1936年5月14日，毛泽东在延川县大相寺村召开的团以上干部会议上作《关于目前政治形势及任务》的报告，总结了东征的成果，并强调指出：应利用抗日高潮到来之前的时机，抽调大批干部，从军团领导到连排基层干部，进红大学习。

5月20日，中共中央召开了政治局常委会议，讨论了建立红军大学的问题。据当时给李德当翻译的王智涛回忆，在会上，毛泽东提出，黄埔军校在国民革命中起了很大作用，我们办红大，就要像黄埔一样完成革命的历史使命。办学校最重要的是选择校长和教员。一军团作风雷厉风行，很能打仗，校长就选林彪。学校还需要有教育长，这是负责做具体领导工作的，这也十分重要。我们要选一个像邓演达那样精明强悍、雷厉风行的干部当教育长。罗瑞卿颇像邓演达，建议选他做教育长。毛泽东还提议由周昆任校务部主任、何涤宙任教务部主任、袁国平任政治部主任。由林彪、罗瑞卿、毛泽东、周恩来、杨尚昆、周昆组成教育委员会，毛泽东兼任教育委员会主席。由张闻天、秦邦宪、周恩来、毛泽东、林育英、何凯丰、李维汉、杨尚昆、叶剑英、林彪、罗瑞卿、罗荣桓、张如心、袁国平、董必武担任教员。毛泽东还就学习时间、教育方针、教育内容、教学方法提出了建议。会议一致同意了毛泽东的报告。

1936年6月1日，红大开学典礼在瓦窑堡米粮山上一座庙宇门前的空地举行。毛泽东、周恩来、张闻天等出席大会并讲了话。毛泽东说："第一次大革命时有一个黄埔，它的学生成为当时革命的主导力量，领导了北伐成功，但到现在它的革命任务还未完成。我们的红大就要继承着黄埔的精神，要完成黄埔未完成的任务，要在第二次大革命中也成为主导的力量，即是要争取中华民族的独立解放。"毛泽东最后充满感情地说："黄埔学生领导了第一次大革命，瓦窑堡的学生要领导第二次大革命。"他的话引起全场师生热烈鼓掌。毛泽东几次讲话都把红大比喻为黄埔军校，表明了他对红大殷切的期望。

当天晚上，开了晚会，节目有李克农导演的活报剧和双簧，有陕北歌舞团的唱歌跳舞，红大师生演出了话剧。演出时，邓颖超提出希望同参加演出的红大的同志们见见面，会后，罗瑞卿、李克农即陪同邓颖超到后台看望了演员。

红大共分3个科。第一科科长陈光、政委罗荣桓，主要训练团以上高级干部，共39人。他们是林彪、罗荣桓、罗瑞卿、谭政、陈光、彭雪枫、杨立三、张纯清、刘亚楼、耿飚、张爱萍、杨成武、赵尔陆、王平、张经武、苏振华、陈士榘、郭述申、黄永胜、彭加仑、周建屏、符竹庭、贾拓夫、邓富连、杜理卿、张达志、童小鹏、宋裕和、莫文骅、贺晋年、张树才、刘惠农、吴富善、谭冠三、肖文玖、边章武、罗宝连、武亭、洪水。第二科科长周士第，主要训练营连干部，共225人。第三科科长周昆、政委袁国平，主要训练班、排干部，共约800人。

当时，红大属于初创时期，学校的领导干部大都由学员兼任。罗瑞卿和林彪、罗荣桓、陈光等既是领导干部，又都是一科的学员。

6月21日，国民党第八十六师突然袭击瓦窑堡，此时红军正在甘肃洪德城、环县、曲子镇及陕北三边地区进行西征，瓦窑堡无主力部队，红大掩护中央机关撤出瓦窑堡。第二天，陕北地方部队一个独立师赶到瓦窑堡附近。林彪和罗瑞卿登上瓦窑堡以北的山上观察，看看能否收复瓦窑堡，见当时敌我兵力对比过于悬殊，无力收复瓦

1937年4月28日,罗瑞卿(前排左三)、朱德(左四)、罗荣桓(后排左七)等与红大一期一科留延安同学合影。

窑堡,于是向西转移。7月初,红大一科、二科迁至保安(今志丹县)县城。第三科迁至甘肃省环县本钵寺。

当时的保安城,由于地瘠民贫、交通闭塞,加之军阀连年混战,遭到多次破坏,举目四顾,一片荒烟衰草,已经很不成样子。虽然名曰县城,实际只有几十户人家,400多人口。红大一科便在县城东南面一公里处的半山坡上几十孔石窑洞里安了家。这些窑洞已年深月久,且久无人居。除了一两孔住着牧羊人外,剩下的便是羊圈。一科的干部和学员们一齐动手,清扫了牛屎羊粪,垒上土墙,挂上用草帘子做的门窗,世界上唯一的一所窑洞大学的校舍便算"落成"了。

红大的设备十分简陋。1938年6月1日,罗瑞卿在《抗大的过去与现在》中回忆道:

> 学校第一期的物质上的苦况,那是很令人难于想象的。他们没有必要的校舍,只有经过学生自己的劳动所修补起来的几个破石窑;他们没有任何校具的设置,几块破砖所凑成的四方形的台子,便是学生们在讲堂上听讲的座位,学生们自己的两个膝盖,也就成为他们用作笔记唯一的活动书桌了。

校舍尽管简陋,教员却是一流的。毛泽东、张闻天、王稼祥、徐特立、杨尚昆、李维汉等中央领导人都到红大讲过课或作过报告。毛泽东的经典性的军事著作和哲学著作《中国革命战争的战略问题》即是他在红大讲课的提纲。

在学习时,贯彻了"少而精""理论与实际联系""理论与实际并重""军事与政治并重"等教学原则。罗瑞卿一面领导教学,一面学习理论,特别是学习了《中国革命战争的战略问题》,结合自己的实践,总结十年内战的经验教训,他的政治素养和军事素养都大大提高了一截。

由于国民党封锁,纸张严重匮乏。学校要印讲义,给学员发一个笔记本都很困难。此时,蒋介石经常派飞机前来骚扰,从飞机上撒下许多传单。这些传单是用油光纸印的,背面很毛糙,但也可以用来印讲义、写笔记,于是便成了宝贝。部队搜集到这些传单,都送到红大来供大家使用。一天,罗瑞卿拿来一叠花花绿绿的传单对大家说:"大家来看呀,你们的身价又提高啦!"大家一看,是国民党悬赏的赏格,宣布对共产党的干部无论是打死还是活捉,都按职务大小不同各奖大洋若干。同志们一算,仅红大一科全体人员的"脑壳"加起来,值好几百万。有的同学对罗瑞卿说:"老罗,你去给蒋介石打个电话,问他能不能把我那一份先支出来,我们买点纸、笔也好哇!"罗瑞卿立即风趣地说:"对,我就对他说,脑壳我先保存着,就怕他龟儿子付不起。"

于是,张爱萍、宋裕和即按此情节编了一出小戏。过去演戏,罗瑞卿常演蒋介石,这次他要演自己,蒋介石这一角色便让给了耿飚。宋美龄由宋裕和扮演。据耿飚回忆,这出小戏的台词大致是:

罗:(作打电话状)老蒋吗?我是老罗呀!

蒋:哪个老罗?

罗:老子是罗瑞卿!蒋:(对宋美龄)快,拿钢盔来。(对罗)我不怕你,我有百万大军,还有美国钢盔。(对宋)娘希匹,怎么把痰盂给我戴上啦?

罗:你们的报纸宣布我被"击毙"七八次了,可"赏钱"你一分也没有发。我至今日夜保管着脑壳,等钱用哩!

此时,罗瑞卿仍然绷着脸,但台下已经笑得前仰后合。有的干脆跳到台上,作夺下蒋介石的电话状,问:"喂,你把钱弄到哪里去了?"

台下七嘴八舌问:"快交代!""快说!"

这已经出了原规定的剧情范围了,耿飚只得应付一句:"我都抽了大烟啦!"[①]

红大不仅演戏,而且还打篮球、网球,十分活跃。

西安事变后,12月15日,中共中央调罗瑞卿与叶剑英、秦邦宪、李克农等一起,随周恩来赴西安(叶、秦二人后去),为争取和平解决西安事变,从而为结束内战、一致抗日创造条件。

周恩来一行连警卫班20来人,每人一匹马,在纷纷扬扬的大雪中出发,准备到延安再乘张学良派来的飞机赴西安。翌日,到达延安北门外一个村庄,听驻当地的游击队说,延安城里有国民党的县长并有民团驻守,又得悉当天中午从西安来了一架飞机,说是来接中共代表的,未接着又飞回西安了。

为尽快赶到西安,周恩来决定绕过延安城到甘泉县,再搭当地东北军的汽车去西安。此时雪下得正紧,山路又陡又滑。他们便牵马步行,途中看到东边有一架飞机在天空转了一圈后便在延安机场降落。周恩来判断这是张学良派来的飞机,便派罗瑞卿去与国民党的延安县长交涉,随后,代表团经延安南门和东门到机场搭飞机,于当日

[①] 参见《耿飚回忆录》,解放军出版社1991年版,第338—339页。

黄昏到达西安。

周恩来一到西安，一面立即与张学良会谈，一面派罗瑞卿作为自己的联络副官向在十七路军工作的地下党员王炳南了解杨虎城和十七路军的动向，以便为第二天同杨会谈作准备。

当时，中共代表团下榻于西安城东南角金家巷一号张学良公馆。公馆内有三幢形状相似的三层小楼，张学良住西楼。中共代表团和张学良身边的一些工作人员同住于东楼。这些工作人员中包括吕正操。他曾任东北军的团长，接受了党的抗日主张后，组织了"东北武装同志抗日救亡先锋队"，任总队长。此时刚由北平调到西安。因为他倾向进步，对首次接触到的中共代表团人员既感到十分亲切，又充满了新鲜感。代表中个子最高的罗瑞卿给他留下了深刻印象。后来，他回忆道：

> 张学良、杨虎城把蒋介石扣起来后，专门派飞机接周恩来副主席和中共代表团来西安。这一天，大家得知周副主席要到的消息，就早早地聚在一起，急切地盼望着。去机场接人的汽车一到，大家连忙争着到窗前看望，只见周副主席神采奕奕，健步走下汽车，随同周副主席来的还有一位身材魁梧、器宇轩昂的高个子同志。周副主席和代表团的同志跟我们同住在一幢楼里。楼下放着一架老式收音机，代表团的同志经常和我们一起围着收音机听广播，分析形势，那位高个子也是其中的一个。那时我们不知道他的姓名，只感到他知识丰富，见解鲜明，说话诙谐。记得当时由于蒋介石被扣，南京政府何应钦之流一派混乱，他们时而如丧考妣，嚎啕大哭，时而又心怀叵测，杀气腾腾地叫嚷要出兵讨伐。大家边听边议论，高个子一针见血地指出："他是要干掉蒋介石哩！这帮家伙，置国家民族危亡于不顾，为了投靠日本主子，连他们的'委员长'也不要了！"他的透彻分析，说出了大家的心里话。从此，这位未通姓名的战友，就在我心中留下了深刻的印象。

这位高个子就是罗瑞卿。为了便于做统战工作，他到西安后不久又取得东北军政治部民运科科长的名义，向东北军干部宣传了中国共产党和平解决西安事变、逼蒋抗日的主张，介绍了红军政治工作特别是宣传工作的经验。

1937年2月9日，罗瑞卿返回陕北，来到延安。此时，红大已随党中央迁至延安，改名为抗日军政大学，简称抗大。校长是林彪，副校长是刘伯承，政治部主任是傅钟，训练部部长是刘亚楼，教务部部长是杨立三。罗瑞卿继续任教育长。

3月2日，抗大举行了第二期开学典礼，毛泽东、朱德参加了开学典礼，毛泽东讲了话。他说，抗大像一块磨刀石，要把那些小资产阶级意识———感情冲动、粗暴浮躁、没有耐心等，磨它个精光，把自己变成一把雪亮的利刃，去创新社会，去打倒日本。

抗大第二期分为大学部和附属步兵学校两部。大学部设在延安。步兵学校由原第三科和红二、红四方面军的随营学校合并而成，设在甘肃庆阳。

大学部共分14个队，有学员1362人。其中第一、第二队多为红军团以上干部，

■ 抗战时期在抗大合影。右起：滕代远、毛泽东、罗瑞卿、林彪。

他们中有：陈赓、罗炳辉、张际春、胡耀邦、何长工、周子昆、赖传珠、杨得志、姬鹏飞、曾希圣、康克清、邵式平、陈奇涵、王诤、刘型、刘转连、王集成、王宗槐、王尚荣、乐少华、谭友林、戴季英、黄春圃（江华）、姚喆、伍云甫、倪志亮、方正平、王赤军、余秋里、汤平、张震、张国华、马文波、李干辉、谢振华、梁兴初、肖望东、胡立教、贺庆积、赖毅、王维舟、周纯全、黄志勇、李中权、谭政文、谭家述、曹里怀等。

第三至第八队为红军中的营、连干部。第九至第十四队组成第四大队，都是各地来的青年学生，共550人。这一期为抗大第一次承担成批培训外来知识分子的任务。为了加强对学校的领导，先后建立了训练部、政治部和校务部，学校在职干部由第一期的14人增至87人。罗瑞卿亲自从第一期毕业的学员中挑选留校干部，并通过组织系统从各单位选调干部。3月间，他到达庆阳，同庆阳步校领导人周昆、袁国平等商调曾留苏并在苏联红军从事过军事教育工作的主任军事教员王智涛到抗大本部工作。经反复磋商，周、袁终于同意。罗瑞卿开玩笑地对王智涛说："智涛同志，要你这个教官可真不容易啊！你这个假洋鬼子赶快到总校去吧！那些白区来的学生娃娃一到抗大，就问教官有没有留过洋的。你去了正好满足他们的要求。"

但是，在抗大留过洋的军事教官毕竟是少数，多数教官是富有实战经验的红军指挥官，他们在担任各队队长的同时，便兼任了各队的军事教官，他们中有谭希林、韩振纪、曹里怀等。

抗大的政治教员则主要来自曾受过高等教育或曾从事理论工作的知识分子出身的

党员干部，其中有杨兰史、任白戈、艾思奇、何思敬、徐懋庸等。

同红大时期一样，抗大最重要的和最好的教员是由党中央一些负责同志兼任。为了总结十年内战时期的经验教训，为肃清王明教条主义的影响做好思想准备，从4月至8月，毛泽东撰写并在抗大讲授《辩证唯物论》，每星期二、四上午上课，每次讲4个小时，下午还参加学员讨论。讲课历时3个多月，讲了110多小时，毛泽东经典哲学著作《实践论》和《矛盾论》即为其中的两章。通过授课，毛泽东结合中国革命实际阐明了辩证唯物主义的世界观和方法论，引导大家树立实事求是、一切从实际出发的思想，学会具体问题具体分析的工作方法，提高对主观主义及其表现形态教条主义的辨别能力。

毛泽东还先后为抗大制定了"团结、紧张、严肃、活泼"的校风和"坚定正确的政治方向，灵活机动的战略战术和艰苦奋斗的工作作风"的教学方针。

在抗大不断发展的形势鼓舞下，凯丰欣然命笔，写了一首抗大校歌的歌词，由吕骥谱曲，曲调庄严雄伟，很有气魄。于是，抗大校歌就这样诞生了：

> 黄河之滨，
> 集合着一群，
> 中华民族优秀的子孙。
> 人类解放，
> 救国的责任，
> 全靠我们自己来承担。
> 同学们：
> 努力学习！
> 团结紧张严肃活泼，我们的作风！
> 同学们：
> 积极工作，艰苦奋斗，英勇牺牲，我们的传统！
> 像黄河之水，汹涌澎湃，
> 把日寇驱逐于国土之东！
> 向着新社会，
> 前进！前进！
> 我们是劳动者的先锋。

二、扛起老镢头，带领学员挖窑洞，毛泽东称誉其为"我们的伟大事业"

1937年7月7日，卢沟桥事变，全面抗战爆发。第二期随即结束学业，于8月间毕业，分配到抗战的各个部队、各个部门。

8月1日，抗大第三期开学。这一期共有学员1272人，其中红军老干部795人，占学员总数的63%。其中有：王树声、李先念、曾传六、许世友、李志民、王建安、卢冬生、洪学智、郭鹏、丁秋生、罗舜初、程世才、李天焕、詹才芳、曹祥仁、丁国钰、李寿轩、欧阳毅、晏福生、李贞等。知识青年477人，占学员总数的37%。

8月25日，红军奉命改编为八路军，校长林彪被任命为第一一五师师长、副校长刘伯承被任命为第一二九师师长。他们都离开了抗大，抗大的全面工作即由罗瑞卿主持。

抗大第三期开学以后不久，平型关大捷，接着雁门关伏击战，奇袭阳明堡，广灵伏击战，这几次战斗的胜利，大大鼓舞了全国抗日军民的士气，提高了八路军在全国人民中的威望。加之八路军驻南京、武汉、西安、重庆、太原、长沙、桂林、兰州、迪化（今乌鲁木齐）等地办事处和设在广州的八路军通讯处先后成立。于是各地的知识青年通过这些办事处以及各地党组织等各种渠道纷纷来到延安。

罗瑞卿在抗大

为了接纳日益增多的知识青年，中共中央决定，除抗大外，另办一所陕北公学，要求抗大让出部分校舍。抗大学员猛增，校舍本来就拥挤不堪，再让出一部分，便无论如何也住不下了。解决校舍问题乃成为当务之急。中共中央要求抗大学生自己动手解决校舍问题，罗瑞卿向当地干部和群众做了周密细致的调查研究，决定用挖窑洞的办法解决校舍问题。10月间，他向抗大师生做了挖窑洞的动员报告。他说：现在爱国的知识青年不断来到延安学习，他们都是慕名而来，要参加八路军的。我们怎么办？当然要热烈欢迎。现在最困难的是校舍不足。中央决定要抗大学生自己动手建校舍。怎么建？盖房子要砖要木料，这些都缺，唯一的办法是向陕北老乡学习，挖窑洞。怎么挖？罗瑞卿非常具体地讲了如何组织、如何施工以及对窑洞大小的要求，共需挖长2.5丈、宽8尺、高9尺的窑洞150孔，限15天内完成。

随后，罗瑞卿便亲自扛着老镢头，率领1000多名教职学员，开到凤凰山工地。据曾参加过南昌起义，随后蹲了国民党9年监狱的李逸民回忆：

> 任务是艰巨的，为了10天（应为15天）内按时完成，中饭都在工地上吃。挖窑洞消耗体力很大，我因刚出监狱不久，身体比较弱，（组长）王建安、许世友同志照顾我，不让我干重活，分配去烧开水和送开水……罗瑞卿同志对工程抓得很紧，每天到现场检查进度，对完成任务好的小组进行表扬，对完成任务不好

的小组进行批评,并教给挖洞的方法。我们小组属于进度快的。有一天,罗瑞卿同志来到我们小组施工现场,表扬一番以后,拿起自己带来的镢头,就参加挖起土来,挖了一会儿,他又来到我身边,看我在烧开水,就问:"你是专门烧开水的吗?"我说:"是啊!因为我刚从国民党监狱出来,身体比较弱,组长照顾我,让我专门烧开水。"罗笑了起来,并说:"你可要保证开水供应啊!"

毛泽东得悉抗大开始挖窑洞并取得好成绩后,很是高兴。10月23日,他致信抗大:"听说你们建筑校舍的劳动热忱很高,开始表现了成绩,这是很好的,这将给我们一个证明:在共产党与红军面前,一切普通所谓困难是不存在的,最严重的困难也能克服,红军在世界上是无敌的。"

经过半个月突击劳动,沿凤凰山山坡,共挖成175孔窑洞,超额完成25个。窑洞洞口安有门窗,窗棂糊上白纸,墙壁用石灰粉刷,光线充足。窑洞挖好后,还修筑了一条3000多米长的盘山公路———抗大路。一到晚间,凤凰山从山顶到山脚,一排排窑洞灯火闪烁,宛如高楼一般,使人几乎误认为到了大城市。到延安访问的国际友人斯诺、史沫特莱等交口称赞这是古今中外未曾有过的"窑洞大学"。11月14日下午,罗瑞卿主持召开了抗大新校舍落成典礼。毛泽东把这次挖窑洞称为"我们的伟大事业",并亲笔将其写成横匾。他还参加了落成典礼并讲了话。他说:"在这次伟大的事业中获得成果的原因,把它总括起来说,就是能够克服困难与联系群众。"他又说:"你们现在已经有克服困难与联系群众的精神,只要在这个基础上,经你们的天才把它继续发扬与发挥起来,驱逐日本出中国是完全可能的。"

■1938年,罗瑞卿陪同国际友人参观抗大。

当时，动员学员参加挖窑洞，不仅仅是为了解决校舍不足的问题。劳动本身，对于从城市来的青年知识分子也是重要的一课。1964年3月，罗瑞卿在《中国青年》上发表了《青年战士成长的道路》一文，指出："抗日战争时期，全国各地成千上万的青年跑到延安'抗大'，他们入学的第一课就是自己动手挖窑洞。毛主席给'抗大'的学生讲话说，吃小米，打草鞋，爬大山，这就是革命，这就是马列主义。"

在十年内战时期，由于连年征战，许多红军干部无暇解决自己的婚姻问题。他们到延安时都20多岁乃至已到而立之年。男大当婚，解决他们的婚姻问题已经提上了议事日程。当时延安男多女少，不成比例。未婚女同志主要有三部分：一是红军尤其是四方面军中有一批女同志；二是陕北当地的一些知识青年，人数很少。三是从全国各地奔赴延安的女知识青年。其中包括在抗大和陕北公学的学员。这一年，有不少红军老干部结了婚。他们在恋爱时，与女方无论成与不成，关系都处理得比较好，但也有个别人出了问题。1937年10月，出了轰动延安城的黄克功事件。

黄克功，红军时代曾当过团政委，1937年在抗大六大队任大队长。黄与陕北公学学员刘茜确定恋爱关系后不久，刘突然变卦。心胸狭窄的黄克功丧失理智开枪打死了刘。

此案发生后，有一些知识青年认为这是一般的桃色事件。他们认为黄克功参加过长征，为人民立过功，主张宽宥他，把他放到前线去，让他到战场上去戴罪立功。然而许多老干部却认为黄既然杀了人，就要偿命。罗瑞卿过去很器重黄克功，因为他出身贫苦，很能打仗，而且很年轻，当时只有二十六七岁。罗瑞卿尽管很为黄而惋惜，但对黄毫不姑息迁就。在一次研究此案的会议上他认真听取了不同意见后说："任何人都要服从法律，犯了法就应当受法律的制裁，而不应当有什么例外和特殊。黄克功自恃有功，目无法纪，必须依法惩办。"罗瑞卿将抗大党组织的意见和群众的反映向中央作了报告。毛泽东看了报告后，来到抗大校长办公室，又反复征求罗瑞卿等的意见，然后一边抽烟，一边考虑，在屋内来回踱步达3小时，最后才下了决心，批准对黄依法执行枪决。临刑前，罗瑞卿以惋惜的心情到狱中看了黄克功，问黄还有什么后事要交代并答应将来如有可能帮他照顾其亲属。黄对自己的行为十分后悔，表示认罪服法。行刑的那一天，黄克功痛哭流涕，说自己害死一命，给党和革命造成严重损失，希望大家不要学他的样子。

处理黄克功事件引起了极好的反映。广大知识青年称赞共产党、八路军法纪严明，不徇私枉法，是国家和民族的希望。

1938年1月28日，抗大举行了"一·二八"淞沪抗战六周年运动大会，进行军事、政治、体育和文化娱乐方面的竞赛。毛泽东为大会题了词，并在闭幕式上讲话，宣布罗瑞卿为抗大副校长，主持抗大全面工作。

1937年和1938年之交，罗瑞卿撰写了《抗日军队中的政治工作》一书。据魏传统回忆，这本书是周恩来向毛泽东建议编写的。撰写此书的目的是帮助参加抗日的国民党军队克服其缺乏进步的政治工作、脱离人民、官兵对立的弱点，促使其走向进步。毛泽东即将此任务交给罗瑞卿。为了让罗能集中精力写书，毛泽东让罗瑞卿住在他隔壁的窑洞里。罗瑞卿集中精力，在一个多月时间里，即完成了书稿。

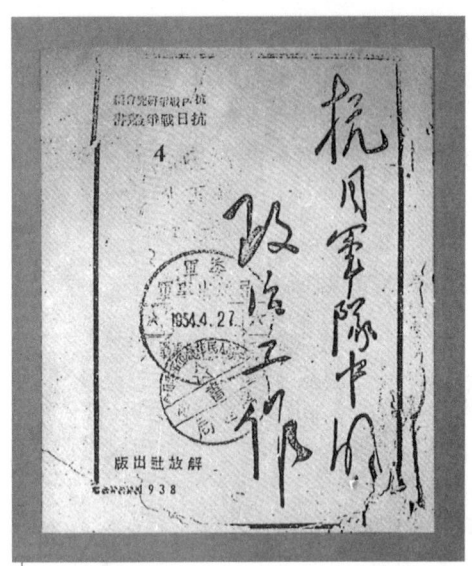

1938年，毛泽东为罗瑞卿撰写的《抗日军队中的政治工作》一书题写的书名。

本书以《古田会议决议》为指导思想，比较详尽地总结了红军和八路军11年来的政治工作经验，全书共20万字，分为8章，即：政治工作的任务、动员时的政治工作、政治教育与文化教育、巩固部队的政治工作、战时政治工作、对居民的政治工作、对敌军的政治工作、政治工作的组织问题。

书稿写完，经抗日战争问题研究委员会审阅后，罗瑞卿又抱着厚厚一摞稿子来到毛泽东住的窑洞。窑洞的门开着，他迈步进门，看到毛泽东正伏案工作，不由得止住了脚步。他知道，毛主席工作很忙，他不忍心提出请毛来审阅书稿。他考虑了一下，轻轻地叫了一声"主席"，毛泽东回过头看到是他，还捧了一大摞手稿，便高兴地说道："哦，大功告成了？"同时示意罗坐下。罗点点头，向毛泽东扼要汇报了书的内容并告诉他，已经抗日战争问题研究委员会审阅，想请主席题写书名。毛泽东十分高兴，立即题写了书名。从1938年2月至8月，延安《解放》杂志分六期选载了本书的"前言"、"政治工作的任务"、"动员时的政治工作"和"巩固部队的政治工作"等章节。1938年11月，罗瑞卿又做了一次修改后，交延安的解放社出版了单行本。

此书是人民军队在战争年代篇幅最长的、全面、详尽和系统地阐述人民军队政治工作各个方面问题的专著。我们在这里不可能全面摘引和评述这本书，只引用"动员时的政治工作"这一章内的各节的标题。这一章共约1.6万字，内分动员前的准备、动员时的宣传工作、动员时的组织工作、关于被动员者的家属、到达集合地点的工作、补充部队的工作、护送的工作7节，涉及动员群众参军中政治工作的各个方面、各个环节，具有很强的可操作性。一些新从事动员工作的干部有了这本书，将会更快地进入情况、掌握工作规律。

不久，邹韬奋等主持的生活书店和在武汉的"汉口中国出版社"在国统区也出版了这本书。生活书店还辗转送来一些稿费。此时，罗瑞卿的姨母从南充来信反映了她生活困难的情况，罗的这位姨母同他的母亲感情很好，且早成寡妇，罗瑞卿即从稿费中抽出100元寄给了他的姨母，让她酌情分给亲属。剩下的稿费，他还给他长征时的警卫员陈德先等人买过球鞋和钢笔。

罗瑞卿写这本书还反映了共产党希望国民党军队走向进步的满腔热情。但是由于国民党顽固派对共产党存在着戒惧之心，这本书在国民党军队中未能广泛流传。尽管如此，此书由于系统总结了红军政治工作经验，曾在我军广为传播，已成为人民军队政治工作的重要历史文献。

1938年2月，国民政府军事委员会政治部成立，并在武汉召开了政工会议。总政治部主任任弼时派罗瑞卿、谭政、张爱萍、欧阳毅作为八路军和新四军的代表赴武汉出席了会议。在会上陈诚作了几次报告，何应钦讲了话，周恩来也讲了话。此外，到会人每人要作5分钟讲话。每讲到"蒋委员长"，全场即起立、坐下，再讲到时，即再起立、再坐下。5分钟要搞几次这种无聊的动作。

罗瑞卿出席这种会，感到实在无味，便同谭政住院治病去了。巧得很，罗瑞卿住的这家医院就是1927年他被撵出去的那一家。院长还是那一个院长，罗瑞卿认识他，但他却已认不出罗瑞卿了。

在武汉，罗瑞卿作为武汉军校的学生曾到黄埔同学联谊会去过一次，还见过史沫特莱、电影演员陈波儿和她的丈夫阮泊生，曾向抗大捐过款的川军师长陈素农以及一些东北军的军官，同这些国际国内的友人做了联络感情的工作。

三、知识青年从全国各地蜂拥而来，罗瑞卿兴奋地说："抗大抗大，越抗越大！"

1938年3月，罗瑞卿返回延安，其时正值抗大第三期毕业。同时成立了"抗大同学会"。毛泽东为抗大同学会题了词，重申了抗大的校训。3月30日，毛泽东又为抗大干部讲话，强调办学校是组织和增加抗日力量的有效方法，希望大家下决心在抗大做好教学工作，他说："没有共产党是不能战胜日本的，没有干部也是不行的。我们希望抗大4个月办一期，每期3000人，加上陕北公学和党校，每年训练3万人。"毛泽东还对抗大第三期第三大队毕业学员进行了亲切的讲话。他说："你们到抗大来学习，有三个阶段，要上三课。从西安到延安八百里，这是第一课；在学校里挖窑洞、吃小米、出操上课，这是第二课；现在第二课上完了，但是最重要的还是第三课，这便是到斗争中去学习。"

4月16日，抗大第四期开学。这一期到12月陆续毕业，历时8个月，至1937年底，日军已经先后占领了太原、上海、南京、杭州、济南，并在南京进行了大屠杀。随着日本侵略军的铁蹄已经深入华北、华中，抗日烽火也烧遍了大江南北、黄河两岸。由于八路军和新四军在战斗中屡次重创日本侵略

■1938年春，罗瑞卿在抗大第四期开学典礼上讲话。

军,共产党的威望日益提高。延安和抗大像磁石一样吸引着广大抗日爱国的青年。许多人来信询问学校情况,罗瑞卿便让校部的秘书复信。以后来信越来越多,每封都复忙不过来,罗瑞卿便让印一个招生简章,登载校歌、校风、校训和学校学习的课程。由于许多来信还询问学校的地址和设施,罗瑞卿又叫宣传科在设在原延安府衙门的校部大门口照一张相片。宣传科科长谢汉文将任务交给俱乐部主任谭冠三和干事陈鹤桥。谭冠三请人写了横幅,陈鹤桥在警卫连挑选了两名身材魁梧的战士站岗,粉刷了门两旁的墙壁,再请延安县城内最好的照相师傅,于是这张流传很广的抗大校门照便拍成了。以后外面再来信,除特殊情况仍需复信外,便寄去一份印有抗大校门的招生简章。

1937年,抗大在延安时的校门。

于是,全国各地的抗日青年,通过各种渠道,或单身或联袂来到延安。抗大每天都要接待几十名甚至100名新学员。从5月到8月,从八路军驻武汉、西安等办事处介绍来的革命青年即达2288人。第四期共有学员5562人,其中训练八路军、新四军及白区地下党干部7个队,共907人;训练知识分子共36个队,4655人,相当于第三期的10倍,其中男生4001人,女生654人。这一批知识分子来自除西藏、西康、青海以外的全国各省市,包括已被日军侵占40余年的台湾。他们中有参加过"一二·九"运动的平津地区以及上海、南京、武汉等地的大中学生,有知名的文艺界人士,其中有作曲家郑律成、贺绿汀,有演员欧阳山尊、莫耶、史若虚、汪洋、张平、颜一烟等,还有东北军、西北军将领的子弟如张学良之弟张学思、张作相之子张蔚九、杨虎城之子杨拯民、冯玉祥之侄冯文华、傅作义之弟傅作良、赵寿山之子赵元杰,吸收武昌起义军总司令黄兴之子、曾留学日本的黄鼐和袁世凯的外孙张象耆。此外,在抗大第四期四大队十队还有5名国民党的县长。在学员中还有来自世界各地的64名华侨以及朝鲜、越南和日本的国际友人。面对抗大这一兴旺发达的局面,1938年6月,在纪念抗大成立二周年的大会上,罗瑞卿兴奋地说:"抗大抗大,越抗越大!"

为了适应学员急剧增加的形势，到第四期教职员增加至1386人，其中专职主任教员23人，军事教员和助教90人，政治教员和助教128人，文化教员12人，教员共有253人。

在这些教员中，给罗瑞卿印象最深的是满脸络腮胡子的郭奇。直到1963年3月，他在军事学院的一次干部座谈会上还说："办学校我第一个认识的是郭奇同志。郭奇同志是我们延安的'马克思'，教了很久的马克思主义。他长了很多胡子，看形象大家就叫他'马克思'。当然不是说他的理论水平已经超过马克思了，但他至少应该是马克思的学生。"

做马克思的学生，这既是罗瑞卿对抗大教职员的期望，也是他的自勉。但是，当时有不少教职员尽管非常愿意当马克思的学生，却不安心长期做教学工作。他们想到前线去，真刀真枪同日本侵略者战斗。罗瑞卿本人一开始也多多少少有这种想法。他在军事学院的那次讲话中还说道："办学校，我办过几年，开始也是动动摇摇的。在延安时，主席有过指示，讲死了埋在清凉山。现在死了总不能搬回去埋在清凉山嘛！在这儿死了就是埋在雨花台，或是紫金山、狮子山嘛！"

"死了就埋在清凉山。"毛泽东这句话帮助罗瑞卿和许多老干部、教员下定了长期在抗大从事党的教育事业的决心。他们是团结、教育广大知识青年的骨干。他们通过政治教育和军事教育使新学员们懂得了许多革命的道理，掌握了一些军事常识。他们通过自己的模范行动，言传身教，使新学员潜移默化地接受了人民军队的光荣传统。

这些知识青年涌入延安和抗大，为中国共产党和红军输送了源源不断的新鲜血液，使之更加蓬勃。

大批知识青年涌入延安和抗大，增强他们和老干部的团结便成为亟待解决的问题。罗瑞卿经过认真调查研究，于1939年3月2日在《八路军军政杂志》上发表了《新老干部更紧密的团结起来》，系统地阐述了这一问题。

罗瑞卿认为，要正确解决这一问题，必须首先了解老干部和新干部各自的特点。

他认为，老干部的特点是政治上坚定，有丰富的实际斗争和实际工作经验，同群众密切联系，有高度的组织纪律性，有我军英勇奋斗、不怕牺牲、艰苦卓绝的革命传统和工作作风，有浑厚、诚朴、忠实、坦白的优美性格。但是他们也有他们的困难和痛苦。表现为：大半出身于工农，文化水平较低；大半成长于战争环境，工作方法喜欢简单化、直线化，在统一战线的环境下感到不惯和不安；某些干部还残留有农民的意识。

他认为，新干部的特点是文化水准较高，政治思想上纯洁；富于追求真理与革命的热忱，好学上进；积极、有朝气；能接受革命的优良传统，具有刻苦耐劳、不怕困难的决心与精神。但是他们也有弱点与短处，表现为：实际锻炼不够，革命意志尚不够坚强；缺乏实际工作经验，易于犯脱离实际的公式主义与条文主义；大半出身于小资产阶级，易于产生好高骛远、自命不凡、平均主义、自由主义、个人主义、观察问题的片面性，在顺利的革命形势中往往会"左"得发狂，但稍受挫折又容易灰心丧气等不良倾向。

罗瑞卿指出："认识了我们新老干部双方所具有的不同的特点，就应当懂得由于在他们之间存在着斗争历史的不同,工作经验的不同,政治文化水准的不同,思想意识锻炼的不同,以及社会出身不同,生活习惯不同,传统不同,作风不同等等的差异,因此,也就会在他们之间的关系上存在着一种隔阂。"

他指出,这种隔阂表现在新干部方面的是,由于有一些新干部没有切身体会,他们尽管承认老干部有斗争历史、工作经验、优良的革命传统和艰苦奋斗的作风,但这只是一些抽象的概念;而看到的却是他们文化水平低、理论素养差、工作方法简单等表面现象,因而轻视甚至嘲笑老干部。也有一些新干部因一些老干部工作方式太简单、太硬性而不敢接近老干部。还有些新干部有平均主义倾向,对有些老干部津贴费稍高、有马骑有些不平。在老干部方面也有摆老资格、怀疑知识分子只会吹牛皮,工作方法简单,对新同志要求过高过急等影响团结的问题。

罗瑞卿指出,要增强新老干部之间的团结,必须采用"化合"而不是"混合"的方法。他针对新老干部不同的特点详细提出了他们如何发扬自身长处、克服自身弱点的措施。他指出:"要使干部之间的关系更加融洽起来,更加团结起来,在干部中提倡与造成一种和衷共济的空气是必要的。在一个正确政治原则下,必须互相帮助,互相学习,互相勉励,互相关心,互相信任,互相尊重……在工作上发生了不同的意见时,应好好的协商、好好的讨论,在这里必须客观的全面的看问题,不要主观的片面的看问题。自以为是的成见与意气用事的作风,是一定要不得的。"

在罗瑞卿等的领导下,抗大的新老干部的团结得到进一步增强。抗大的生活虽然艰苦,但到处都洋溢着革命乐观主义的精神。罗瑞卿历来是文体活动的积极分子,在他的倡导下,抗大从第三期开始就在基层队成立了救亡室,这是由红军时期的列宁室改名而来,相当于后来部队基层单位的俱乐部,是在党支部和指导员领导下的群众组织。党支部通过救亡室开展政治民主、军事民主和经济民主,以保证各项任务的完

■ 1937 年 5 月 27 日,朱德(后排左一)、罗瑞卿(左二)、聂鹤亭(左八)、莫文骅(左九)与抗大篮球队合影。

成。毛泽东听说抗大基层队成立了救亡室,十分高兴。12月15日,他特为第三大队九队救亡室亲笔题词:

九队的同志们:

庆祝你们成立了救亡室,这救亡二字就是你们及全国人民在现阶段上唯一的总目标。达到这个目标的道路是抗日民族统一战线,希望你们学习这个统一战线的理论与方法,唯有统一战线才能达到救亡之目的。

毛泽东
十二月十五日

救亡室成立后,戏剧歌咏活动都比较活跃。三大队九队有一批文艺骨干,其中有左明、张平、莫耶和孙炳文烈士的女儿孙维世。这个队在"一·二八"运动会及戏剧、歌咏比赛中都得了第一名。

从这时开始,抗大的歌咏活动便开展得如火如荼。每天起床号一吹,校内就歌声四起。不仅起床后唱,出操行军唱,上课前也唱。尤其是开大会听毛泽东等领导人作报告之前,队伍一带到会场,便你拉一个、我拉一个,你唱一个《义勇军进行曲》,我唱一个《毕业歌》,此伏彼起,形成了热烈的歌咏比赛。每个队都有几位音乐指挥。在他们的指挥下,歌声特别整齐、嘹亮。抗大第四期第三大队的指挥是一位英姿飒爽的女同志,她从四川省来,叫黎琳,后改名张露萍。她最爱指挥唱的歌叫《到敌后干一场》。后来她未去敌后,却受党派遣打入国民党特务机关做地下工作,不幸壮烈牺牲。

四、率领抗大、陕北公学、鲁迅艺术学院"到敌人后方去!"

1938年7月8日,毛泽东、林彪、罗瑞卿致电西安、武汉、河南、南昌、香港、新四军等处中共负责人,指出:抗大第五期需及时招收大批学生,主要从河南、湖北、陕西、四川、湖南、江西6省招收,不限名额,多多益善,不分男女、年龄、学历、出身,来者不拒。其他各省来者亦不拒。

由于抗大大门敞开,外地学生如潮水般涌来。到1938年12月,第四期结业、第五期开学时,抗大师生员工共达1万人。顺带说一句,此处第几期结业、第几期开学,只是时间上一个大致上的划分。学校实际上是处于流动状态。按罗瑞卿在1939年5月1日所作《抗大工作的检查总结与今后方针》所说,抗大有很大流动性,"随时组织队伍,随时也在解散队伍,随时有学生入校,随时也有学生出校;随时在开学,随时亦在毕业。"

日军于1938年10月占领广州、武汉后,抗日战争转入相持阶段。随着日军逐渐停止在正面战场的进攻而把其主要兵力转向敌后进攻八路军、新四军,国民党统治集团内投降、分裂、倒退的活动也日益加剧。他们不仅停止了向陕甘宁边区政府和八路

■ 1938年10月，在延安参加中共六届六中全会的部分同志合影。右起：萧劲光、杨尚昆、罗瑞卿、关向应、萧克、罗荣桓、谢觉哉、贺龙、徐海东。

军的供应，而且还对陕甘宁边区实行军事包围和经济封锁。加上这一年陕甘宁边区又遭受严重的旱灾，财政经济遇到极大困难。中共中央和毛泽东号召开展生产运动，自力更生，克服困难。1938年12月12日，毛泽东在延安北门外广场召开的抗大干部大会上专门讲了这一问题。他说：现在抗大有1万人，陕公有3000人，青训班有2000人，还有鲁迅艺术学院、马列学院、党校，共约2万人。我们办了许多学校，训练了许多干部，这个政策是对的。毛泽东接着分析了当时延安面临的物质困难以及对待这些困难的办法。对此，罗瑞卿在1960年中国国民经济遇到暂时困难时回忆道：

> 在延安时，何应钦不发大洋，"委员长"也不发大洋了，怎么办？毛主席在抗大演讲，提出无非是三个办法：第一是饿死；第二是解散，不发大洋，没有津贴么；第三个办法是自力更生，自己动手。手拿锄头是可以开荒的，这个叫自力更生。

抗大全体同志立即起而响应党中央和毛泽东的号召。1939年2月9日，抗大召开全校党的活动分子大会，罗瑞卿代表抗大生产委员会作生产动员报告，要求把生产运动列入教育计划，统一安排时间，做到"不劳动者不得食"。要求全体教职学员每人开荒两至三亩，共开垦1万余亩荒地，生产粮食6600担，生产单、棉衣各5000套；

每人生产若干双鞋袜和绑腿，做到自给，全校肉菜亦由学校自己解决。在生产期间，全校取消炊事员。各单位由学员轮流做饭，将全校炊事员集中到延安城外十里铺开办"抗大衣庄"。在生产方面除农业的开荒种地外，还要弹棉花、纺线、开办缝纫厂，并自制粉笔、墨水、肥皂、纸张等用品。

"工欲善其事，必先利其器。"要开荒，首先要解决工具———锄头的问题。打锄头，要有铁。要打上万把锄头的铁，延安一时还解决不了。于是向晋西北、晋察冀根据地求援，很快，铁陆续运到延安。抗大人才济济，几位曾当过打铁匠的师傅一教，到处都可听到叮叮当当的打铁声。时间不长，学校便给每位学员发了一把锄头，同学们都将其称为战胜国民党经济封锁的武器。

4月间，在抗大开荒逐渐形成高潮。

4月20日，在罗瑞卿等领导干部的带领下，全校教职学员男女老少都扛起镢头向荒山秃岭进军。有的大队干脆就在山上安营扎寨。4月25日，全校基本完成开荒任务，荒山很快便披上绿装。

开荒任务基本完成后，罗瑞卿在抗大召开了生产运动初步总结大会，并邀请毛泽东出席讲话。毛泽东说："抗大同别的机关一样，生产的第一阶段的任务已经完成了。这证明中共中央所决定的计划是可以实现的。历史上几千年来做官的不耕田，读书人也不耕田，假使全国党政军学、办党的、做官的，大家干起来，那还不是一个新的中国吗？你们将工农商学兵结合起来了。你们读书是学，开荒是农，打窑洞做鞋子是工，办合作社是商，你们又是军，你们是工农商学兵结合在一个人身上，文武配合，知识与劳动结合起来，可算是天下第一。"

抗大此次开荒成绩巨大。但在秋收时，抗大总校已离开延安。抗大所开两万多亩荒地共收获粮食100余万斤，基本解决了留在延安的抗大三分校当年的口粮。

1938年底，中共中央号召抗日根据地的机关、学校和群众团体，根据中共六届六中全会精神，对工作进行一次大检查，以总结经验，改进工作。为此，抗大在进行大生产的同时，交错地进行了工作大检查。1939年1月13日，抗大成立了由罗瑞卿、许光达、张际春、欧阳毅、李志民、李逸民、谢翰文、周文龙、蒋耀德9人组成的抗大检查工作委员会，于1月15日开始对全校工作的大检查。

检查工作的方针是：发扬成绩，纠正缺点，要求做到认真、切实、深入地检查工作，发扬成绩，全面估计优缺点，有功者奖，有缺点、错误的指出来，但不记账。检查的方法是由下而上，首先由每人自我检查自己的工作、学习和生活，进而检查学校的教育工作、政治工作、党的建设工作、行政管理、供给卫生工作等等，直至检查校首长的领导工作。3月6日，在各级层层检查的基础上，全校召开了第一次检查总结大会。8天后，由于春耕季节已到，全校转入开荒生产。从4月6日至9日召开了第二次检查总结大会，并对成绩优良的单位和个人实施了奖励。

4月5日，罗瑞卿在中共中央书记处会议上，作了《关于抗大工作检查的报告》。毛泽东听取了这个报告并就道德教育、新老干部团结等问题发表了意见。会议做出《关于抗大工作检查总结决议》，指出："中央书记处听了罗瑞卿同志关于抗大工作检查总结报告以后，一致同意报告中对抗大工作的成绩、困难与缺点的估计，以及报告中所提的今后抗大的工作方针……同时，中央对于在抗大工作的同志们，从校首长至各级工作同志，深致慰勉之意，他们在抗大的工作是有很大成绩的。"

1939年5月26日，抗大三周年纪念日即将来临，毛泽东写下《抗大三周年纪念》一文，发表于当日《新中华报》，指出：

> 抗大为什么全国闻名、全世界闻名，就是因为它比较其他的军事学校最革命最进步，最能为民族解放与社会解放而斗争。
> 到延安参观的人们，所以十分注意去看抗大，我想不外这个道理。
> 抗大的革命与进步，是因为它的职员、教员与课程是革命的进步的，又因为它的学生是革命的进步的，没有这两方面的革命性进步性，抗大决不能成为全国与全世界称赞的抗大。
> …………
> 抗大三年来有其贡献于国家、民族、社会的大成绩，就是它教成了几万个青年有为与进步革命的学生。抗大今后必能继续有所贡献于国家、民族与社会，因为它还要造就大批青年有为与进步革命的学生。昔日之黄埔，今日之抗大，是先后辉映，彼此竞美的。

罗瑞卿也发表了《纪念抗大三周年应有的认识》，他写道：

> 抗大是适应着时代的要求而产生的。它是一个大时代的历史产物，是在极端的困苦的条件之下与难于设想的艰难状况中成立起来、发展起来、壮大起来的。三年以来，它在中共中央及其领袖毛泽东同志的正确领导下，并没有辜负时代赋予的使命，而且获得了极其重大的成绩。经过它的培养与鼓励，创造了一大批优秀的干部去到各个抗日的前线，本着时代的要求，它创立了一套崭新的教育制度并掌握了最合理的教育方法与学习方法。它表现着许多优良的特点与作风，诸如教学之间的一致、理论与实际联系问题的真正解决。它特别着重于实际的锻炼与实际的教育，特别着重于培养艰苦奋斗不怕困难的作风，以及广大学生在自觉的基点上一面学习，一面劳作。可以说它已经在企图开始消灭智力劳动与体力劳动之间的分离现象。所有这一切世界上除苏联而外，都是任何其他学校所寻找不出来的。

6月1日，在延安南门外抗大校部门前广场举行了盛大的抗大成立三周年大会。毛泽东、刘少奇、陈云、王稼祥、张闻天、邓发、李富春等出席了大会。大会举行了阅兵式后，毛泽东、刘少奇、陈云都在大会上讲了话。他们都肯定了抗大的成绩和功劳，声讨了国民党内消极抗日、积极反共的顽固派和企图妥协、投降的投降派。

随后，抗大全体人员举行了庄严的宣誓和向党中央、毛主席、八路军总部、陕甘宁边区政府献旗的仪式，当晚举行了营火晚会。这一庆祝活动连续进行了4天，白天举行运动会，晚间举办晚会。同时还举办了有3000多幅图片的抗大成绩展览会。

■ 罗瑞卿（前排左一）同毛泽东（前排左二）进入大会会场

抗大三年来取得很大成绩，这是与罗瑞卿的领导分不开的。如前所述，"七七事变"后不久，校长林彪即赴前方。1938年3月1日，林彪路过山西隰县千家庄时，阎锡山部队士兵看到他和随行人员均穿日军大衣，骑日本马，以为是日军而开枪射击。林彪被误伤，返回延安养伤，曾到抗大小住，但并未过问抗大工作。5月2日，他曾对抗大全体教职员发表演讲。他说："我回来以后，对于学校有许多新的感想，感觉到学校有了很大的进步，这个进步表现在克服困难，表现在创造性方面。"接着他列举了学校在挖窑洞以解决校舍、培训大量教员和筹措经费三个方面的成就，随后说："今天，我们学校能够克服了许多的困难，能获得许多的进步，主要是由于全体学生的努力，由于毛泽东同志和中共中央的正确领导，同时是由于学校的主持人罗瑞卿等同志的努力……"5月22日，林彪在全校干部会议上讲话再次指出："张如心、苏振华、杨兰史、艾思奇、任白戈、高存信诸同志，都是很好的模范，特别是主持学校全面的罗瑞卿同志，他始终有高度的责任心，有办法的，他以身作则地领导全校干部去克服一切困难。"

由于春天播种要到秋天才能收获，眼看春荒到来，加之国民党的经济封锁，开荒生产并不能解决延安经济困难的燃眉之急，同时，国民党在通往陕甘宁边区的交通要道截留奔赴延安的学生，使来到延安的学员人数锐减。继1938年底，中共中央决定将抗大第一、第二分校迁往敌后之后，1939年6月20日，中共中央政治局又作出《关于抗大陕公等学校迁移到晋东南的决定》，指出："最近敌人企图进攻边区，加之地区贫寒、粮食困难等，因此，中央政治局决定：抗大本校、陕公本校等移驻晋东南，由北方局及前总负责监督与领导。唯学校的方针及组织改变仍由中央决定。"

翌日，罗瑞卿在抗大党的活动分子大会上传达了中共中央的决定，并阐述了这一决定的意义。他说："第一，我们的东迁，给日本法西斯蒂企图进攻边区一个有力的回答。日本帝国主义要来，我们就和他'换防'，而且在他没有来以前，我们就先到他们后方去。第二，抗大上前线是给全国学校做个模范。国民党的许多学校都迁往大后方逃避敌人，我们却向着敌后挺进，这会给全国人民一个信心：华北不仅可以发展游击战争，还可以办学校，不仅办抗大分校，还要办抗大总校，这是非常使人兴奋的。第三，抗大上前线，是给反共分子、摩擦专家一个有力的回答。他们污蔑我们，说我们创造一党势力，专事在后方宣传。我们现在到前线去，正是给他们一个回答，让那些顽固分子睡在被窝里逗英雄吧！第四，抗大上前线，也给予我们的敌人——日本帝国主义到处滥炸我们的学校、摧毁文化机关、企图毁灭中华民族文化的罪行，一个坚强的回答。在日寇面前证明：中华民族优秀儿女的精神是永远毁灭不了的！第五，抗大上前线，将成为坚持华北抗战的一个有利条件。总校到华北去，不但可以加强对分校的领导，同时对于坚持华北游击战争，更有其重大的意义。"

中共中央的决定得到抗大和陕公等校广大师生的热烈拥护。随即，进行出发之前的整编。抗大除留下少数人员组成抗大第三分校留在陕北以外，其余人员编为八路军第五纵队（不久改称青年纵队），由罗瑞卿任司令员兼政治委员，陕北公学校长成仿吾任副司令员，张际春任政治部主任，王智涛、欧阳毅分任正副参谋长。抗大四个大队改称一至四团，陕北公学、鲁迅艺术学院、陕北工人学校等单位合编为华北联合大学，改称为独立旅，全纵队共有5000余人。

7月10日清晨，延安下起了小雨，空气十分清新，延河边杨柳依依，延安党政军民各界一万余人在飞机场冒雨敲锣打鼓、挥舞彩旗欢送抗大东进的队伍。罗瑞卿对欢送群众简短致辞："日寇企图'扫荡'华北，我们就要到华北去保卫华北，到敌后去

■1939年7月10日，罗瑞卿（前右二）率领抗大和陕北公学等5000余人开赴华北敌后。

坚持抗战！"

罗瑞卿的告别辞激起了全场热烈的掌声和口号声，抗大的队伍在锣鼓声中和此起彼伏的"到敌人后方去"的歌声中出发了。

清晨、小雨、杨柳，从古以来，这便是送别的氛围。然而，在罗瑞卿率领的抗大队伍里没有丝毫的犹豫和惆怅，有的只是即将深入敌后去坚持抗战的豪迈和激昂。

几天以后，罗瑞卿率领先头部队渡过黄河到达永和关后，得悉汾河涨水，不能徒涉，同时日伪正在对晋西南根据地进行疯狂"扫荡"，敌情也有变化，按原定行军路线行动已不可能，罗瑞卿便率领部队折回黄河以西，返回延长县。

8月初，经请示中共中央，纵队分为三个梯队先后从延川、延长出发北上，经清涧、绥德、米脂、葭县到盘堂，分批乘船渡过汹涌澎湃的黄河，抵达晋西北根据地。纵队在兴县进行了休整，随后，即由彭绍辉、罗贵波率领一二〇师三五八旅七一四团和独立第一团护送东进，越吕梁山，涉汾河，再翻过云中山，到达忻县以南、太原以北的磨庄、豆罗一带的同蒲路封锁线。

同蒲路两侧为敌占区，据点林立，铁路已被严密封锁。在过铁路以前，各团都进行了庄严的宣誓，决心坚决完成中共中央给予他们的光荣任务。大家表示，如遇非常危险，宁肯义死，决不变节。同时，对组织进行了调整，将女生队分散，每一个男生队带一个女生班，行军中要求互相帮助，保证不掉队。整个队伍分为三个梯队，分三批过路。

这一支5000多人的队伍，除由少数战斗骨干组成的、配备有步枪的小分队有较强战斗力之外，广大学员虽然学过一些军事知识，但缺乏行军、作战的实际经验。他们有的手无寸铁，有的只带了一颗手榴弹作为防身武器。要把这样一支队伍带到目的地，不是一件简单的事。尽管有一二〇师的两个团掩护，罗瑞卿仍然丝毫也不敢大意。

过路的这一夜，部队急行军150里。接近铁路时发现，敌人已有察觉，于是第一梯队改从原定地点以南10余公里处过路。学员们每人除自己的背包外，还要背6天的粮食和一些书籍。150里走下来，许多同学尤其是体弱的女生都走不动了。于是男同学便两个架一个，冲过铁路。第一梯队刚过完，被敌人发现了，于是又北移至原定地点过路。

据许多当时在抗大、陕公和鲁艺工作的、参加这次行军的老人回忆，在过铁路时，罗瑞卿就站在铁路上。

当时在抗大政治部任组织科科长的李志民回忆道：

> 在1939年7月总校挺进敌后的征途上，每当过封锁线时，罗瑞卿总是走在队伍的前头亲自指挥，组织人员扶助女同志和生病、体弱的同志。他那种关心群众、身先士卒的精神至今令人难忘。[①]

[①]《李志民回忆录》，解放军出版社1993年版，第355页。

李志民在这里回忆的是包括过同蒲路在内的多次过封锁线的情况。当时在抗大三大队任教员的徐懋庸则专门回忆了过同蒲路的情景:

> 在过铁路的时候,我们这些初次在枪声中紧张行进的人,是不免有点慌张的。但当我看到罗瑞卿校长站在铁路上,鼓励大家"快跑"前进的时候,就安心了。①

当时在抗大一大队当排长的平浪回忆道:

> 我带着一个女生班,那天晚上跑了180多里路,那些女同志真不简单。我们下午五六点钟出发,走到晚间十一二点钟时,大家觉得很累,就休息一下,喝点水。接着通过封锁线,不是一般的行军,开始小跑,后来就大跑。我们赶到铁路线时,快两点了,也没月亮,一点都看不清,只有铁路很长很长,两旁有人站岗,有个子高高的人在讲话,从讲话的声音我听出是罗副校长。他说:"同志们,现在这儿就是封锁线,大家要跟上,听到打枪也不要停,两边有部队掩护,我就在这个地方。你们大胆走吧,不要掉队!"我们听了都很感动。罗副校长这么高的领导,亲自看着我们过封锁线,还向大家做宣传鼓动工作,那我们还怕什么?

当时鲁迅艺术学院的张铮回忆:

> 我们过铁路时,很疲劳,许多人拄着棍子。罗副校长站在铁路上对我们说:"看你们没精打采的,像个叫花子。快把棍子扔掉,大胆往前走!"我们的精神为之一振,脚底下又有劲了。

前面我们引用了4个人的回忆,这4人分属政治部、一大队、三大队和鲁艺。他们都说过路时,罗瑞卿就站在铁路上,这是怎么回事呢?

当时抗大三大队的宣传股长牛克伦的回忆解答了这个问题。他说:

> 通过敌人封锁线是最紧张的时刻。罗副校长本是跟着第一梯队走的,但每一个梯队过封锁线时,他都在铁路上站着,并不断嘱咐大家:"过铁路了,大家快走!快走!"直到把三个梯队都送过去。

这支队伍共5000余人,分成三个梯队。从这些老同志的回忆可以看出:这三个梯队过路时,罗瑞卿都曾站在铁路上。他站在那里,给大家带来了安全感;他站在那里,给大家带来了信心和勇气。他以自己的实际行动告诉大家,应当怎样当好一个指

---

① 《徐懋庸回忆录》,人民文学出版社1982年版,第134页。

挥员，应该怎样把这几千人，其中大部分是没有战斗经验的知识分子，带过日伪军层层设防的封锁线。徐懋庸在回忆了过同蒲路的经历后接着说："我从这一次取得了经验。后来当自己率领一个小队伍在夜间危险情况下行军的时候，也总是在队伍首尾之间来回走动，并加鼓励，使大家感觉到指挥员和他们在一起，增强了信心和勇气。"

青年纵队过铁路后，又行军数十里至定襄县几个村庄休息，第二天刚出发便听到枪声，于是改道翻上系舟山。这时下起了大雨。到山顶时听到雷声在脚下回旋。空气中夹杂着一股雷击后的硫磺味。在山上走了整整一天，见不到人家，也没有吃饭。黄昏后，进入一条长长的山沟。夜黑如墨，水深没膝，大家在黑暗中蹚着水摸索着前进。第二天早晨，走出山沟，从一道桥上越过滹沱河，此地已进入晋察冀根据地。于是在附近村子里休整，罗瑞卿高兴地对大家说："同志们，我们胜利了！现在已经到了家了，大家把门板放好，把背包打开，把被子晒一晒，洗洗脸，洗洗脚，好好休息休息。"

这一天，恰好是中秋节，各单位买了鸡和羊肉，美美地打了一顿牙祭。

9月底，"青年纵队"到达河北省灵寿县陈庄，胜利完成了东进的第一阶段的任务。

10月7日晚间，晋察冀军区在和家庄举行了盛大的欢迎会，欢迎贺龙、关向应率领一二〇师由冀中转移到冀西，欢迎罗瑞卿、成仿吾等率领抗大、陕公师生来到晋察冀军区。会前，聂荣臻让多准备了几个菜，算是为贺龙、罗瑞卿等接风，席间聂荣臻、贺龙、关向应都向罗瑞卿、成仿吾反映了缺干部的困难，希望能多输送一些干部给他们。聂荣臻说："缺少干部是我们根据地初创时期的最大困难。四面八方来向我

■1939年秋，罗瑞卿率领抗大到达晋察冀边区陈庄时，与抗大校部领导机关同志合影。前排站立者右起：罗瑞卿、周文龙、张际春、李志民。

要干部，我哪儿来那么多干部，实在没有办法，只好把老一点的警卫员甚至是饲养员、炊事员也派去当干部，以解燃眉之急。以后孙胡子（孙毅）办了个军政学校，才算缓解了部分困难。但至今，无论军队还是地方，缺干部仍是个大问题。你们来肯定受欢迎。"贺龙、关向应也表示了相同的意见。晚7时，欢迎大会开始，聂荣臻在大会上说："罗校长、成校长带着数千名优秀的青年师生，从延安经过千山万水，来到边区，和我们一起抗战。他们是培养干部的英雄，我们向他们表示敬意和欢迎！"

在大会上，罗瑞卿继贺龙之后讲话，表示要同边区人民团结奋斗，坚持抗战！

抗大到达晋察冀，正赶上陈庄大捷之后日军进行报复性"扫荡"。罗瑞卿率领抗大师生分散到易县山区，从这时开始，抗大经常以黑豆、土豆当粮当菜。在晋察冀，罗瑞卿主持对前一段行军进行了检查总结，并根据军委《关于整理抗大问题的指示》研究了今后在敌后办校的方针，在学员中组织了《共产主义与共产党》的学习，并联系实际，克服小资产阶级意识，树立共产主义世界观。

在抗大，有一支篮球队，在一二〇师也有一支战斗篮球队。而贺龙同罗瑞卿有一个共同点：即都喜欢竞技性强的体育运动，而且两人都十分争强好胜。于是，抗大篮球队同战斗篮球队比赛，贺龙、罗瑞卿必定到场助威，两人并排而坐，但各为其队。每逢战斗队进了球，贺龙便得意地鼓掌；每逢抗大队进了球，罗瑞卿也立即回报以热烈的掌声。在球场上，他们谁也不讲什么谦虚。球赛到半途，贺龙发现抗大球队有几把好手，立即向罗瑞卿提出："某某号给我吧。"罗瑞卿摇摇头："不行，这是我们的主力。"贺龙："你们人才多！"罗瑞卿仍然一本正经地摇摇头。但是，事后他还是将几把好手调到了一二〇师。

1940年1月1日，抗大第五期毕业，在张家庄举行了元旦团拜，贺龙、关向应都参加了团拜。罗瑞卿讲话时首先整好队，然后说："同志们，现在面向西，向党中央、毛主席拜年，鞠躬！现在面向南，向新四军将士拜年，鞠躬！现在面向东，向坚持平原游击战的八路军将士拜年，鞠躬！现在面向北，向在东北坚持抗战的抗日民主联军健儿拜年，鞠躬！"

罗瑞卿这一团拜致辞的方式十分新鲜和别致，使参加团拜的指战员感觉到了八路军、新四军在地域上的发展，引起了全场活跃。团拜后，总校领导即将13个连队的学员分配到晋察冀军区和一二〇师工作，6个连转到抗大二分校继续学习，并将总校第三团调到冀中。抗大总校余下的人员于2月10日从陈庄出发，经灵寿，13日在井陉附近越过正太路封锁线，经南障城到达测鱼。由于发现前面有敌人，罗瑞卿决定改变行军路线，绕道山西和顺县的皋落，经辽县拐儿镇、桐峪，于26日到达武乡县的蟠龙一带八路军前方总部和中共中央北方局驻扎地区，同由何长工、赖光勋率领的抗大一分校留守大队会合，胜利完成了挺进晋东南的任务。

这一次东进，历时半年，途经陕西、山西、河北三省约30个县，行程约3000里，通过同蒲、正太两道铁路封锁线，又被人们称为小长征。

1940年4月，抗大第六期在太行山上开学，这一期学员主要是就地招收的晋冀豫地区土生土长的、有一定斗争经验的基层干部，工农出身者占86%，他们忠诚、朴素、吃苦耐劳，但军事素质较差。针对这些情况，罗瑞卿等提出，要加强基础理论教

■1939年，在晋察冀抗日前线合影。右起：舒同、关向应、贺龙、罗瑞卿、吕正操、聂荣臻、黄敬。

■1940年，罗瑞卿（后排右三）与聂荣臻（前排右二）、朱德（前排右三）、邓小平（后排右五）、刘伯承（后排右六）等在太行山合影。

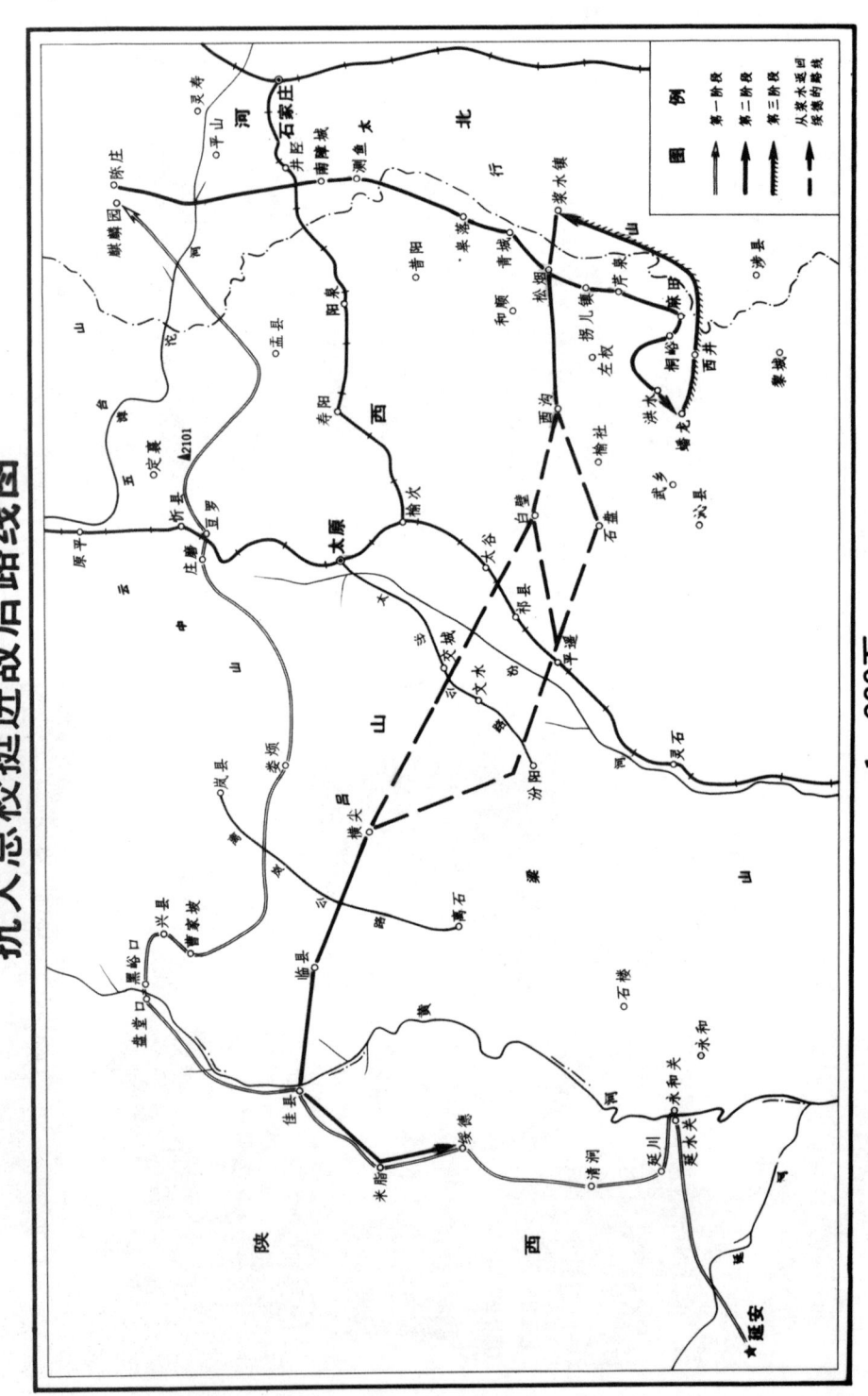

育，把朴素的阶级感情引导到为人类解放事业奋斗终生的境界，树立共产主义世界观。同时要进行必要的军事训练，尤其是进行坚持敌后游击战的训练，以适应敌后抗日斗争的需要。抗大总校和各分校在各敌后根据地就地招收学员便击破了国民党顽固派企图通过封锁陕甘宁边区使抗大生源断流的图谋。

在抗战初期，国民党统治区大批学校由沿海向西南大后方转移，与此同时，抗大总校和分校却逆向东行，向敌后挺进。这一点无疑是十分引人注目的。对此，罗瑞卿1940年3月25日撰写了《论建立"抗大"在敌后方的意义》，专门阐述了这一问题。他写道：

> 为着适应抗战的需要，我们曾以两个分校建立在敌人的后方。去年7月遵照中共中央的决定与朱彭总副司令的命令，我们把抗大总校亦随之而迁到华北来。经过了一段相当艰苦的斗争，才算是顺利地到达了目的地。我们抗大的主要部分已经在敌人后方建立起来了！我们的旗帜已经飘扬在全华北的每一块抗日根据地。

他认为，抗大转移到敌后，大大增强了敌后抗战的力量。他说："它之转移敌后，将吸引着广大青年站在坚持敌后抗战的岗位上与敌寇进行坚决斗争；它将创造出更多更好的干部，去解决坚持敌后抗战的支柱———八路军、新四军中干部的需要。"他还认为学校和前线部队接近，将能更好地解决理论与实践一致的问题，改进学校的工作。

他认为，抗大转移到敌后，将大大提高抗大的声誉，他说："'七七事变'以后，

■1940年，在太行山根据地合影。前排右起：聂荣臻、罗瑞卿、刘伯承、朱德、邓小平。

敌寇到处轰炸学校，摧残文化，企图毁灭我之民族精神。把抗大以及我党领导的许多学校，建立在敌人后方，乃是对敌寇的此种暴行最有力的回答。"他无比自豪地指出："把抗大这样大规模的学校建立在敌人的后方，只有中国共产党，才能做出这样光辉的创举。"

在文章最后，他号召："我抗大全体人员，必须以布尔什维克的创造精神，在我党及朱彭总副司令的英明领导下，更加忠实努力于自己的工作，完成自己更加艰巨的任务。"

第五章 难忘的太行山

一、刚出任八路军野战政治部主任，就迎来了百团大战

1940年6月16日，罗瑞卿调任八路军野战政治部主任，其时朱德已回延安，驻太行山的八路军总部由彭德怀主持，参谋长是左权。

6月16日下午5时，八路军总部直属队召开了盛大的欢迎会。陆定一副主任首先致欢迎词。他说："抗战已经到了艰苦的阶段。我们向后看一下，抗战已经三年；再向前看，路还很长。我们不仅要粉碎敌人的'扫荡'，而且要向敌人反攻，拿下太原、北平，收复天津、山海关，一直打到鸭绿江边。这是一个伟大的任务……我们的罗主任是优秀的共产党员，是有政治工作经验的领导者。今天我们欢迎他就标志着完成上述任务有了保证。因为只有加强政治工作，才能争取最后胜利。"

罗瑞卿接着在热烈的掌声中讲话。他说："目前时局的危险，就是投降妥协空气的严重存在。我们要争取时局好转，战胜日寇，就要建军，而建军的中心一环便是加紧政治工作，政治是我们部队的生命线，是战斗力的源泉。我们应该继续发扬我军的光荣传统，努力加强政治工作。"他接着说："党中央决定我到这里来工作，虽然担子有些重，但我是一个共产党员，一定要尽最大的努力把它担起来。"

罗瑞卿之所以在讲话一开始便强调时局的危险是投降妥协空气的严重存在，是因为当时正是法西斯嚣张之时。在欧洲，希特勒已经席卷了半个欧洲，正准备登陆英国本土。在亚洲，法、英屈服于日本压力，先后关闭了滇越铁路和滇缅公路。日军乘英法无力东顾之时，一方面把进攻重点转向中国共产党领导的敌后根据地，另一方面又轰炸重庆，扬言要进攻西安，加紧诱迫国民党投降。

针对这一形势，罗瑞卿到任时，十八集团军副总司令彭德怀和参谋长左权正在筹划搞一次交通破袭战。

此事酝酿已久。

自从1938年10月日军占领广州、武汉后，中日战争即逐渐转入战略相持阶段。日军为了恢复和保障它的占领区的安全，把进攻的主要矛头指向由中国共产党领导的敌后抗日根据地，其重点又在华北。日军对华北各根据地实行了以铁路为柱、公路为

链、据点为锁的"囚笼政策",然后对根据地实行分割、蚕食和"扫荡"。

为了粉碎敌人的进攻,从1940年开始,朱德、彭德怀即酝酿着对日军的交通线进行一次破袭战。1940年4月1日,朱德、彭德怀命令八路军各部从4月10日开始,对敌人的交通线发动一次总破袭。

4月2日,毛泽东致电彭德怀,指出:"目前局势相当严重,蒋介石似已下了决心,即是挂抗日的招牌,做剿共的实际。目前对我最大威胁的是绥德、皖东两点。如河防不守,则前后方联络隔断,延安在危险中。如皖东不守,则皖南部队被隔断,八路军出鄂豫皖边及豫鄂西的道路也被隔断。"毛泽东嘱彭德怀和晋西北的贺龙、关向应,需以主力对付威胁延安的国民党第九十军,同时还需抽主力南下华中以打通与新四军陈毅的联系。于是,朱、彭命令部队集中力量对付国民党的反共摩擦,4月1日发动对敌交通线总破袭的计划乃暂时搁置。

到了7月,国民党第九十军撤退,河防威胁已经解除,于是,对敌交通线进行总破袭行动又重新提上议事日程。

7月22日,八路军总部向晋察冀军区、一二○师和一二九师领导人发出了由朱德、彭德怀和左权署名的《破袭正太路战役预备命令》,指出:"战役目的以彻底破坏正太路若干要隘、消灭部分敌人,收复若干重要名胜关隘据点。较长期截断该线交通,并乘胜扩大拔除该线南北地区若干据点,开展该路沿线两侧工作,基本是截断该线交通为目的。""命令"规定8月10日左右为开始战斗期限。"命令"还给晋察冀军区、一二九师和一二○师划分了战区。这一命令在下发的同时抄送给中央军委。

8月5日,罗瑞卿和野战政治部副主任陆定一发出《正太线战役政治工作指示》,指出:正太线战役的重大意义是:"(一)在敌后方打大胜仗,兴奋全国与敌占区同胞的胜利信心;孤立与打击投降派;提高我党我军威信;争取时局好转。(二)粉碎敌寇进攻西安的阴谋,保卫大后方,巩固统一战线。(三)粉碎敌寇对抗日根据地的'囚笼政策',巩固各抗日根据地,求得打通联系及开展敌占区工作。"指示要求严格遵守战场纪律和群众纪律,掌握对日军和伪军的政策。为保证战役胜利,指示要求严格保守秘密,隐蔽部队番号及进攻的目的地。

为了抓住战机,未待军委批准,彭德怀即下令,从8月20日起实施这一作战行动。一开始,发展十分顺利,捷报频传。激战3日后,正太路被彻底破坏,井陉煤矿被炸毁,八路军攻入井陉、娘子关、阳泉等地。到8月22日,参战部队已发展到105个团,彭德怀和参谋长左权乃将这一战役定名为"百团大战"。这是罗瑞卿参加革命后第一次听说自己的部队有100个团一起作战。他万分兴奋,情绪高涨地布置整个战役中的政治工作,并在整个作战行动中领导政治部对各部队的战时政治工作进行督促检查。

8月31日,在百团大战取得重大胜利的基础上,彭德怀又给各部队发出电报,要求扩大战果,彻底毁灭正太路和同蒲路的忻县至朔县段,使晋察冀、晋西北和晋冀豫三个根据地连成一片。

9月3日,敌援军2万余人到达正太路东西两端,企图夹击八路军。彭德怀、左权看到在正太路扩大战果已不可能,乃于9月16日命令各部队转入第二阶段作战,攻占交通线和深入各根据地内的日伪据点。第二阶段战役发起后，八路军共拔除敌伪据点 2000 个。一二九师攻克榆社县城。

当时不仅是罗瑞卿，从中共中央领导人到全国人民都为"百团大战"的辉煌战果而感到振奋和鼓舞。9 月 10 日，中共中央书记处致电各根据地，指出："我八路军、新四军全部力量，在目前加强团结时期，应集中其主要注意力打击敌人，应仿照华北百团战役先例，在山东及华中组织一次至几次有计划的大规模的对敌进攻行动，在华北则应扩大百团战役行动到那些尚未遭受打击的敌人方面去……"

9 月 25 日，罗瑞卿主持野政对百团大战作了政治工作总结，指出：大规模交通战是抗战相持阶段的重要作战手段，事先必须进行周密的准备同时极端严格地保守秘密。在破路、打援和必然要随之而来的反敌人报复性的大烧大杀的"扫荡"中，必须发挥战时政治工作在攻坚和守备中的顽强性。

10 月 6 日，日军开始对抗日根据地发动大规模"扫荡"。百团大战的第三阶段反"扫荡"作战开始。10 月下旬，日军第三十六师团之冈崎大队（相当于营）600 余人进犯黎城县内太行山上的水腰兵工厂。29 日，冈崎大队在根据地军民袭扰下，撤至蟠龙镇关家垴，准备返回武乡。彭德怀命令一二九师集中主力歼灭这股敌人。当夜，刘伯承指挥第三八五旅、第三八六旅主力、新编第十旅及决死第一纵队各一部将该敌包围于关家垴，准备在第二天凌晨 4 时发起总攻。敌军决定固守待援，一面紧急构筑工事，一面趁黑夜占领关家垴西南的风垴顶高地，以两高地互相策应，固守顽抗。30 日凌晨 4 时，装备很差的八路军冒着敌人强烈的火力向上仰攻关家垴，并分兵一部仰攻风垴顶。困守这两处高地但装备精良的冈崎大队在飞机火力掩护下负隅顽抗。八路军勇猛冲击，将日军压缩至狭小地区，同日军展开白刃格斗，激战至 31 日拂晓，敌大部被歼。八路军亦有很大伤亡。陈赓旅七七二团一营伤亡过半。11 月 1 日，日军援军

■1940 年 10 月，罗瑞卿（右二）与陈赓（右三）在百团大战关家垴前线指挥作战。

将至,彭德怀命令撤出战斗,残敌数十人在援敌接应下逃走。

在关家垴战斗过程中,罗瑞卿始终同彭德怀在一起,协助彭进行指挥。在战斗中,八路军指战员同敌军进行白刃格斗时表现出来的大无畏的英雄气概给罗瑞卿留下了不可磨灭的印象。后来,到1941年1月,他发表了《应当大大提高我军政治工作的顽强性》,对这次战斗以及他此前参加过的无数次英勇战斗所表现出的英勇顽强精神作了概括。他写道:"我军战斗力顽强性的具体标准,就是要能够同敌人胸接胸地进行白刃扑搏。""战斗中的白刃扑搏,才是我军战斗意志的最高表现。""我军的政治工作,就要能保证部队此种战斗力之顽强性的养成……"

经过3个月的英勇战斗,百团大战取得了伟大胜利。八路军共作战1824次,歼灭日军和伪军各2万余人,破坏铁路474公里、公路1500余公里,缴获各种炮53门,各种枪5800余支,使正太路中断1个多月。八路军伤亡1.7万余人。这次战斗沉重打击了敌人,坚定了中国人民的信心,提高了共产党和八路军的威望,对坚持抗战、遏制妥协投降逆流,起了积极作用。

二、认真贯彻毛泽东的指示,在政治工作中既坚持独立性,又发扬创造性

罗瑞卿就任野战政治部主任后不久,便将主要精力投入领导百团大战中的政治工作。与此同时,他对八路军野战政治工作建设也作了通盘考虑,准备召开政治工作会议并就此向中央军委作了请示。8月13日,毛泽东以他和朱德、总政部主任王稼祥、副主任谭政名义复电彭德怀、杨尚昆、罗瑞卿、陆定一和晋察冀军区的聂荣臻、彭真、朱良才,指出:"共产党领导的军队中的政治工作,在抗战中应有其独立性。这种独立性是根据党的政策与共产党在民族斗争中的独立性而来的。因此,模糊我们政治工作的独立性的原则,无视国民党军队的传统与做法对我们的恶劣影响是不对的,然而所说政治工作的独立性,并不是要我们抄袭内战时代一切做法。相反的,我们应当根据民族战争的环境来确定政治工作各方面的具体方针,我们应当使军队的政治工作变成实现党的每个政策的有力武器。"

毛泽东的电报还要求军队干部要了解党的政策与策略,并对处理军队干部与地方干部、外来干部与本地干部、老干部与新干部,正规军和老部队同地方武装、新部队的关系以及领导方式、工作方式提出了具体要求。

毛泽东此电来时,正处于百团大战的紧张阶段。到百团大战第二阶段结束后,中共中央北方局召集了党的高级干部会议。这一会议包括罗瑞卿原打算召开的军队政工会议的内容。10月6日,罗瑞卿在会上作了《政治工作报告》,共分3个部分,即:一、抗日战争中我军政治工作的基本原则;二、抗战三年来我军政治工作的检讨;三、目前政治工作建设上的问题。

在第一部分,罗瑞卿根据毛泽东8月13日电报的精神指出:在抗日战争同国民党保持建立抗日民族统一战线的条件下,政治工作的基本原则"一方面是坚持我军政治工作的独立性,又一方面是发扬我军政治工作的创造性。不坚持独立性,则无法实

现党的政策与路线；不发扬创造性，则不能适应新的战争的要求。"他指出：保持政治工作独立性的根据是党在抗日民族统一战线中的独立自主原则，其内容则表现为坚持党对军队的绝对领导，坚持政治工作是我军的生命线、是军队战斗力的源泉；坚持实行政治工作中官兵一致、军民一致、瓦解敌军三大任务；坚持我军组织上的阶级性和纯洁性，坚持优良的政治工作制度，坚持实事求是、联系群众和自我批评的工作作风。发扬政治工作创造性的根据则是由抗日战争和党实行抗日民族统一战线政策而形成的不同于内战时期的新的情况和特点。战争的新阶段必须有政治工作的新阶段与之相适应，不能不顾时间、空间的不同而抄袭内战时期的一切方针和方法。

在第二部分，罗瑞卿总结了抗战三年来八路军的政治工作。他指出："三年抗战的政治工作，它基本上是保证了党的路线在军队中的执行，它基本上实现了党在军队中需要实现的政策与路线。"

在报告中，他列举了八路军在发展壮大自己、建立敌后根据地、培养大批干部、坚持党对军队的绝对领导、击退反共逆流、巩固统一战线等方面的成绩。

在报告中，罗瑞卿也指出政治工作创造性、深入性、战斗性不够，部队巩固程度不够，政治工作人员的知识、经验、政治质量不够，政治工作威信不够的缺点。

在第三部分，罗瑞卿就党的工作、干部工作、政治教育、锄奸工作、敌伪军工作，巩固根据地和养成优良作风等方面提出了部队政治工作今后的任务。

1940年6月，晋冀鲁豫地区的八路军进行了整编，新组建了新四、新七、新八、新九、新十、新十一旅。八路军总部和北方局决定，成立巡视团，帮助新部队进行整顿。8月25日，彭德怀、左权、罗瑞卿、陆定一发出《巡视团的派出及其工作的规定》，指出："为了巡视部队工作，帮助新起部队建设，研究与整理抗战中军事政治工作经验，集总集政（联）合组织了战地工作巡视团，全体团员70余人并附电台及警卫连，在集政组织部长周桓（兼团长）及军法处长阎揆要（兼副团长）率领之下，于9月25日出发工作。先到冀南，后到鲁西北，再入山东，暂定工作时间为一年。"巡视团下设军事、政治两个研究室和一个负责训练营连干部的军事教导营，加上警卫连和电台，共300余人。

在巡视团出发之前，罗瑞卿召集他们开会，提出，巡视团的主要任务是整顿连队和培训连队干部。罗瑞卿要求巡视团注意加强调查研究，不要当"钦差大臣"。要增强军政、军民团结，发现问题要用商量的办法解决。巡视团下去之后，深入到冀西、冀南、冀鲁豫等军区和一一五师教三旅、教四旅的连队，一面参加破路斗争，一面帮助连队工作。教导营共培训5期，训练了约1500名连队干部。

由于敌人封锁平汉路，巡视团遇到一般问题都是就地解决，涉及重大问题则电报请示总部。至于回总部请示汇报，两年多时间内只有两次。第一次是在1941年的二三月间，解决了主力部队与地方游击队的关系问题。巡视团发现冀南把大部游击队都编进了主力，因而群众游击战开展不起来，群众不能及时得到游击队的掩护，主力军也得不到游击队的配合，成了光杆跳舞。周桓等将这一情况向总部报告，彭德怀、罗瑞卿指示周桓等同冀南军区政委宋任穷、司令员陈再道等一同到集总汇报工作。彭德怀、罗瑞卿和一二九师师长刘伯承、政委邓小平听取了汇报，纠正了将游击队全部

■1940年，罗瑞卿在太行山。

编入主力的倾向。第二次是在同年9月，巡视团发现有些地方执行锄奸政策过"左"，把不是汉奸的人也当汉奸抓了，影响了群众的发动，在回总部汇报后，解决了正确执行好政策的问题。巡视团在各地工作时同当地部队一道反"扫荡"，一道参加百团大战，同当地群众同生死、共患难，不少同志英勇牺牲。去冀中军区工作的30人，到冀中后正赶上"五一"大"扫荡"，20余人牺牲。1942年9月，巡视团工作结束，大部分人员留在当地工作，团长周桓带了少数干部返回总部。除派巡视团外，罗瑞卿还带人到驻太行、太岳地区的部队进行了调查研究。

当时，由于敌伪封锁，交通困难，八路军野战政治部无法经常地采用召集华北各部队政治机关负责人开会的方式来交流和总结政治工作经验。罗瑞卿在野政期间召开过三次大型会议，即连队政治工作会议、宣传教育工作会议和锄奸工作会议。

1941年8月26日，连队政治工作会议在桐峪召开，出席者有第一二九师所属晋东南各旅，太行军分区，决死第一、第三纵队政治工作的领导干部。

罗瑞卿在会上做了连队政治工作报告，在报告中，罗瑞卿首先讲的是：连队政治工作在整个政治工作中的地位。他说：

> 连队政治工作是一切政治工作的基础，没有连队政治工作的建立，或者建立了而不健全坚强，则政治工作就不能有力量，从而也就无法达成其巩固部队与提高战斗力的任务和目的。因为任何好的政治工作的理想与计划，都必须执行起来实现起来，才有实际的作用与意义。而连队政治工作，就是担负着执行计划与实现理想的任务。我们知道，政治工作的主要对象，是部队中广大的士兵群众。任何政治上的真理，如果不贯注于广大士兵的思想之中，如果不为广大士兵所掌握，就不能变成为物质的力量。而连队政治工作，就是直接接近于士兵群众的，它是政治工作和士兵群众联结的纽带。

罗瑞卿认为，到了抗战时期，由于部队"处在战争的分散环境，由于敌人的分割与封锁，由于交通工具的贫乏，上级机关之政治工作的领导很难直接达于连队，这就提高了连队政治工作的独立性"，同时由于战斗频繁，对战时政治工作的要求更高，因此更加需要强化连队的政治工作。

在报告中，罗瑞卿详尽地阐述了连队的战斗堡垒党支部中支委会人选、组织生活、发展与审查党员、党的教育、党与群众的联系和连队军人俱乐部、政治工作教育、巩固部队及民运工作，锄奸工作和敌伪工作等方面的具体要求和做法，可以称得上是连队政治工作的百科全书，具有很强的可操作性。部队处于敌后被分割包围的条件下，连队具有相对独立性，很难直接接受到上级政治机关的指导，罗瑞卿这一报告，便成为连队指导员的最好的工作指南。

会议讨论了罗瑞卿的报告，并提出连队授课、会议时间如何分配、指导员兼职过多等问题，罗瑞卿在1941年10月11日所作《对连队政治工作的全面检讨》中非常明确地回答了上述问题。

1942年3月26日至4月9日，罗瑞卿在桐峪主持召开了宣传教育会议，出席者有一二九师太行区各部队和军分区的宣传部部长。会议由野政宣传部部长王东明作了工作报告，随后按照整风精神，"彻底检讨了我们部队宣教工作中过去所存在着的主观主义、教条主义、形式主义和党八股的严重弱点和缺点"，并议定了纠正以往缺点、改进宣教工作的办法。4月9日，罗瑞卿作了会议总结。

在干部教育问题方面，他强调，干部教育的全过程———原则、计划、内容、教材、教法等，都应当从实际出发，"否则就会使反主观主义反教条主义的口号本身，也变成主观主义和教条主义了。"在干部的文化教育方面，他对有些干部缺乏文化知识的现象提出了批评。他说："近年来我们在文化教育方面，虽然获得了某些成绩，然而，我们干部中文化水平低与知识贫乏的惊人现象，是并没有多大改变的。有的干部说罗斯福就是罗主任，这简直是把我变了质，因为我并不是资产阶级呵！有的说莫斯科是孙科的弟弟……这些都是属于常识的问题，但我们的许多干部都不懂得。我们文化知识水平不提高，有什么办法学习马克思主义？有什么办法提高工作能力，又有什么办法掌握技术、掌握现代战争，以迎接新的伟大时期的到来呢？我们现在虽然没有飞机、坦克，将来要有飞机、坦克，将来要有机械化部队，假如我们没有相当高度的文化知识水平，就不能掌握机械化的兵种，就不能掌握现代战争，也就不能最后战胜敌人。"

在战士教育方面，罗瑞卿指出："我们的战士绝大多数是农民，没有读过书的中国农民，文化知识的水平，比一般资本主义国家的农民要落后；同时今年又处在频繁的战斗中，物质条件困难，战士流动性很大，战士军龄一般都是一年至一年半……因为战斗将仍然是频繁的，斗争将更残酷，对于战士教育的方针、原则以及课程内容与分量的规定等等，都必须从这些情况出发。"他认为，依据上述情况，"战士教育的主要目的是在于巩固政治情绪，确立胜利信心，坚强斗争意志，以提高部队的战斗力，而不是提高文化知识。""必须以政治为主，文化为辅"，"以现实教育为主，基本教育为辅"。"文化教育的内容主要在于识字、联句、作文（简短的文）"。"在方式方法上，须力求深入与消化，力求通俗、简短与生动。一切问题的讲解，都应尽可能的与战士的生活利益相联系，避免繁复冗长，避免生硬灌输，避免空洞的言之无物的与战士生活毫不相关的大道理；但通俗不是庸俗。如果为了引起战士的兴趣，无原则的一味去迎合战士的低级趣味，那是不对的。"

在宣传工作方面，罗瑞卿指出：宣传工作，无论是对内、对外、对敌，总的目的是动员力量，坚定广大人民的胜利信心和斗争意志，以便彻底的最后的战胜日寇。

1942年12月,野政召开了锄奸工作会议,出席者有一二九师及太行区各部队、各军分区的锄奸部部长。罗瑞卿在会议上作了报告和结论。

罗瑞卿的报告共分绪论、抗战中锄奸工作的总结和今后努力方向三个部分。在绪论中,罗瑞卿指出:在同国民党建立抗日民族统一战线的条件下,锄奸工作"主要打击的方向,应当是民族敌人,应当是日本帝国主义奸细"。他又说:"但在(实行)抗日民族统一战线的抗日斗争中,国内阶级斗争并未因之消灭,只是其表现形式不像过去以武装斗争为主罢了。""今天国内阶级斗争表现的形式主要是以政治斗争代替过去的武装斗争。""因此,我们的锄奸工作,除应粉碎敌寇的凶恶特务政策外,还要打碎国民党的内奸政策。"

罗瑞卿分析了敌我双方的状况。他认为,敌特"仅就技术上说是高明的……在特务工作各种物质条件上,是比我们有很大的优势的。""国民党较之日寇略有逊色,但在这些方面,也是超过我们的。"但是"敌人的弱点很多,首先便是它的政治上的绝对劣势。它的特务政策缺乏一定的群众基础与社会基础,它的特务机构本身就存在许多空隙可以钻,许多岔子可以找。因为统治阶级的腐朽,还可以用人为的方法去促成它的腐朽。敌寇的此种弱点,是它无法弥补的。"罗瑞卿认为,国民党虽与日寇有程度之不同,"但是特务政策的弱点则基本上与敌寇是一致的"。

罗瑞卿指出:"技术上我们虽有逊色,但政治上我们占绝对优势。我们有党的正确政策,我们的锄奸工作有广大的群众与我党组织作基础。我们锄奸工作的机构在政治上是十分坚强的。只要我们能发挥自己的优势,我们就能战胜敌人的特务政策与国民党的内奸政策。"

他认为,"由于我们过去没有此种认识,我们在锄奸斗争的指导上就产生了主观主义的错误。""不善于发挥自己的优势",而是"简单要求去和敌人作技术上的竞赛"。他说:"老实说,今天我们的情况,不仅简单抄袭资产阶级一套是错误的,即使机械地搬用苏联'戈别乌'的经验也不完全适用。""敌人在我们的队伍中,有其一定的社会基础,但其社会基础是有限的。过去许多人不了解此点,结果就产生了主观主义另一方面的错误,就造成了锄奸扩大化的恶果。"

罗瑞卿在这里说的"过去"指的是十年内战时期。他这段话是在党的高级干部中对教条主义的锄奸路线的较早的批判。

他认为,既然我们的优势在于有广大的群众与党组织,"领导的责任"就要善于使用此种优势,"发挥此种优势,来补救我们技术上的不足……把锄奸工作依靠全党全军来进行,自然锄奸部门与锄奸人员对此负着直接的首要的责任。"

他严厉批评了锄奸工作中的"神秘主义"。他指出:锄奸工作"是我们同敌人斗争的形式之一,有它自己的一定的规律性,并不是什么神秘化的东西。""有些人故意把锄奸工作神秘化,不是对于锄奸工作的无知,就是作了资产阶级的神奇侦探小说……的俘虏,或者故意装腔作势,以此来吓唬'土包子',以抬高自己和满足自己卑劣的虚荣。"

他要求锄奸工作要做到"不放过一个奸细,不冤屈一个好人"。批评了"宁可搞错一个,不可放过一个"的错误观点,认为"这是统治阶级屠杀工农镇压革命的一种反动思想,我们是绝不能抄袭的"。

在报告中,罗瑞卿强调:"应当认真地把侦察工作确实建立起来"。

早在罗瑞卿刚出任野战政治部主任时,他在北方局党的高级干部会议上所作的《政治工作报告》就指出:"我们必须以最大的努力,来建立强有力的侦察工作,这恰恰是我们今天最薄弱的环节。偏信口供、刑讯逼供的错误办法,我们不知有过多少痛苦的教训。但直至今天还有不少的地方,正在继续这种错误,这已经给党造下了极大的罪恶,如不立刻纠正,就用不着反革命分子来破坏我们,我们就足以自己破坏自己。要真正做到不放过一个反革命分子,又不冤屈一个好的同志,没有健强的侦察工作是不可能的。故此侦察的部门,是锄奸部门的灵魂。领导此工作的同志,随时都要记着这一原则。"

在这次锄奸工作会议上,罗瑞卿又一次给侦察工作下了科学的定义。他指出:"侦察工作并不是什么不可知的神秘东西。要坚决肃清我们有些干部中的那种福尔摩斯的观点。侦察工作就是严密的精细的、科学的但却是秘密的调查研究工作。侦察工作的进行,也就是党的调查研究决定在锄奸工作中的具体表现。""每一个侦察工作的进行,都必须经过一定的时间过程,都必须不间断的收集材料与整理材料,都必须经过深刻研究与正确判断,想求速效,不认真地建立锄奸部门的内勤工作,或者只抓取一些片断的材料就随便作结论,就会造成自己工作的错误。""侦察工作是与敌人作智能的斗争,因此担任侦察的人员在智能上一定要相当于对方。"

在结论中,罗瑞卿谈到了审讯工作。他认为审讯工作如果做得好"可以补助侦察工作的不足"。所谓做得好是指"要善于寻找搜集各方面的材料,加以仔细的分析去构成正确的判断。它切忌事先就准备好一个罪名,自觉或不自觉的去强迫对方承认。"早在1940年7月,他在北方局高级干部会议的《政治工作报告》中就指出:"对于任何反革命的破坏,都必须有确切的证据(人证、物证、事证),决不能把工作的希望寄托在犯人的口供上面。以刑讯逼供的方法,更必须绝对禁止。"在这次锄奸工作会议上,他又尖锐指出:"如光靠审讯工作吃饭,对审讯工作的判定,只从形式上去看犯人是否有口供,而不问犯人的口供的真实性如何等等,必须予以彻底的打破。光靠审讯工作吃饭,本是由于侦察工作的薄弱来的,但如不迅予打破,又将成为建设侦察工作的严重障碍。"他多次强调:"必须以侦察为主,以审讯为辅,是否真正奸细,必须凭证据,而不凭任何主观的武断或轻信口供。这一点是无论如何不能变动的,否则就一定会犯错误。"

由于日伪军封锁,各根据地之间交通不便,不可能经常开会。因此,对于华北各根据地部队的政治思想工作,更多的是通过电报和编发刊物《前线》,交流各部队经验,进行业务指导。罗瑞卿主持野政工作时期,发表了大量关于政治工作的论著,除前面已经介绍的以外还有《关于后勤诸部门的政治工作》(1941年3月21日)、《目前政治工作建设上的一些问题》(1941年4月)、《谈谈军队党支部与非党群众的联接问题》(1941年6月27日)、《全党全军干部应当认真切实地学习党的政策》(1941年7月1日)、《在建立对敌斗争对策上的几个原则问题》(1941年8月10日)、《新的一年与新的政治工作任务》(1942年4月1日)、《应当把对敌政治攻势组织得更有力些》

（1942年8月8日）、《加强对敌思想斗争战线》（1942年9月1日）、《把日军工作提到更加重要的地位》（1943年3月15日）、《敌伪军工作方针与基本政策》（1943年4月）。这些文章的内容涉及组织工作、宣传工作、干部工作、群众工作、敌伪工作、锄奸（保卫）工作以及政治工作作风等各个方面，对人民军队政治工作建设作出了重要贡献。

罗瑞卿认为，政治工作无论是哪一个部门的工作，都必须将实际作为出发点。只有从实际出发，才能发挥政治工作的创造性，不至于墨守成规。

他认为，干部工作的出发点是正确的认识干部。他说："要真正认清一个干部，这绝不是一件容易的事情，主要的应当客观的全面的看问题，不要主观的片面的看问题，应当历史的发展的看问题，不要固定的一时的看问题。对于好的干部，要看到他好的一面，也要看到其弱点的一面；对于比较差的干部，不仅要看到他差的一面，还要看到他有无好的一面。十全十美的干部事实上是没有的。不仅要看到干部的过去，而且要看到他的现在；也不仅要看到干部的现在，而且要看到他的过去。不能凭一时的好坏作结论，不能凭个人之好恶作结论，目的在于真正发现人才，而不致埋没人才……"他指出，党的干部政策是"任人唯贤"而不是"任人唯亲"。正确地认识干部，正是为了达到"任人唯贤"的目的。

在瓦解敌军工作上，他提出，知己知彼是对敌斗争的出发点，必须加强敌占区的情报工作，不仅了解敌伪的军事情况，还要了解敌伪的政治、经济、文化方面的情况；不仅要了解敌人，而且要了解敌占区人民的情况。只有这样才能充分利用敌伪和人民群众之间、日军和伪军之间、死心塌地的汉奸和动摇分子之间、一般伪组织与会道门伪组织之间、会道门头子和会道门群众之间的矛盾，以争取多数，孤立少数，争取中间分子，打击最坏的分子。

在对敌宣传上，罗瑞卿指出："为着对敌宣传的中肯，必须切实进行对于敌人的调查与必须研究敌人与了解敌人，必须区别不同的具体工作对象而定出不同的宣传内容与宣传方法。都是日本军队，但各个日本军队却存在着各自不同的许多特点，不能了解与掌握这些特点，即不能使我们的宣传具体化，不能使我们的宣传品富于感动力。目前我们有一些敌工人员与宣传工作者，不肯去接触敌人内部的现实，不作任何的调查与研究，只是坐在房子里单凭自己主观的愿望去写传单、写宣传品，也许自己满以为是写得很美丽的，但对于敌人却没有丝毫的危险。"

在对敌开展政治攻势上，罗瑞卿指出："在开展对敌政治攻势中，必须随时调查研究并周密分析当时当地的具体情况，确实反映以往政治攻势的成果，掌握敌人方面的每一个变动，而增添或变动自己的工作内容。"

罗瑞卿不仅撰文从各个方面说明从实际出发、实事求是的重要性，而且在实际工作中也时时注意纠正主观主义的坏作风。一天，他看到新华社记者写的一篇报导说，在白晋路，八路军与日军激战一昼夜，双方无伤亡，便把写这篇报导的记者找来说："你们写的报导准不准，我没有每一篇都去核对，但我现在手中拿的这篇报导显然不真实，自相矛盾。这篇报导说，在白晋路我们同敌人遭遇，激战了一昼夜，可双方无伤亡，这可能吗？如果说，我们因为有隐蔽物，大家隐蔽了起来，所以无伤亡，还说得通，可日本鬼子怎么也是一个伤亡也没有？这又怎么能叫激战一昼夜？再说，我们一个战士只有几发子弹，大家爱惜子弹如命，哪敢随便浪费？可你让他们'激战一昼夜'，不晓得要打多少子弹呢？可结果还是'双方无伤亡'！今后你们写报导一定要准确，不能失实。"

　　当时，八路军总部同各根据地的领导机关一样，均处于日伪军地紧紧包围之中。因此，它除了要通过电报对华北各根据地的斗争进行指导和协调外，还要同部队一样直接处理自身周围的对敌斗争问题，包括对敌作战、反"扫荡"和大量的敌工工作。对敌斗争，敌军工作成为野政需用大量时间处理的重要工作。不仅敌工部，锄奸部也要进行敌军工作，锄奸部部长杨奇清当时即在阳邑亲自主持一个对敌工作站。当时，深入敌后的武装工作队，成为对敌斗争的主要组织形式之一。武工队可以开展对敌伪的政治攻势，允许两面政权和两面派伪军的存在，以掩护交通，利于对敌占区的贸易和取得敌占区政治、军事、经济情报等等。瓦解日军是对敌斗争的重要组成部分。当时，野政附属有一个由已经觉悟的日本战俘组成的"觉醒联盟"的反战组织，专门在前线对日军做瓦解工作。罗瑞卿同这个组织的日本战友结下了深厚的友谊。他对这些日本战友说："八路军对侵略中国的日本帝国主义是有着刻骨仇恨的。但是，你们这些日本兵作为个人都是被驱赶而来的，你们也是战争的受害者。日本兵只要不抵抗就不是敌人。对这一点，在八路军的士兵和群众中，还有人不了解、不明白。出于极端的仇恨，他们也许会虐待甚至杀死俘虏。能够直接向他们说明，日本兵作为个人不但不是敌人甚至可能成为同志的，正是你们自身。他们光是看到你们就会受到教育的。你们应该到前线部队或村子里面去，和他们见见面。"

　　这些日本战友便经常深入前线，对日军或直接用喇叭筒喊话，或把电话机接在日

■1941年前后，罗瑞卿（右四）与日本反战同盟成员在太行山。

军的电话线上与日军通话。在生活中,他们都按八路军战士的标准要求自己。乡亲们不再憎恨他们,而称他们为"日本八路"。为了保证他们的安全,罗瑞卿派部队在他们执行任务时掩护他们。在生活中,八路军常年以黑豆、小米充饥,而却千方百计安排他们吃馒头、面条。

有一位"日本八路"叫杉本一夫,他从1939年抗大东迁,到1942年春天一直同罗瑞卿在一起,同住一个村子,同在一个打谷场上打排球。他得了疟疾,罗瑞卿派人给送去珍贵的奎宁。在日常生活中,他亲眼看到罗瑞卿模范地执行三大纪律八项注意,看到他高大的身影出没在助民秋收的田野里……30多年以后,罗瑞卿逝世后,他撰写了《忆罗瑞卿同志》,文中写道:"亲眼看到的群众路线,亲身接触到领导这一路线的革命家,对我来说,这是一生难忘的。""对我个人来说,他是在我青年时代改变了我的人生观,使我懂得了什么是诚实、正直的人生的一位恩师。"

野政设有一个实验京剧团,罗瑞卿对这个剧团的工作抓得很紧。抗大总校也有一个文工团,它成立于1938年12月,它的成员调来之前都经过罗瑞卿亲自了解挑选,可以说是人才济济。新中国成立后仍活跃在文艺舞台上的著名导演欧阳山尊、吕班,《解放军进行曲》的曲作者、朝鲜族的作曲家郑律成,影片《中华儿女》的剧作者颜一烟,京剧改革的实践家、《孔雀东南飞》的作者史若虚都先后是这个文工团的成员。

罗瑞卿对这两个文工团都非常关心。他在抗大任副校长时,平均每两周即要到文工团或将文工团领导请去汇报工作,了解情况,进行指导。他要求文工团要配合学校的教育和宣传党的方针政策、宣传抗日战争,来进行创作和演出,以活跃学校文化生活。文工团作为政治工作的助手,要会做群众工作,会宣传鼓动,会写标语。要将抗大的校风"团结、紧张、严肃、活泼"作为文工团的团风。

文工团随抗大东移过同蒲路到达晋察冀根据地,罗瑞卿联想起红军过金沙江后,

■ 1940年6月1日,抗大文工团在晋东南武乡县牛家岭欢送罗瑞卿(前排右五)赴八路军野战政治部。

国民党追兵在江南只拣到几只破草鞋的故事,便对大家说:"这是一次小长征,日本兵什么也没有捞到,在同蒲路上只拣到一只破草鞋。"于是,金沙、吕班便编了一个独幕剧《破草鞋》。为庆祝一二〇师的陈庄大捷,文工团创作了京剧《战陈庄》,到一二〇师和晋察冀部队进行慰问演出。到太行地区后,在蟠龙镇,文工团还和鲁艺实验剧团联合排演了《黄河大合唱》,此外还演过话剧《雷雨》、京剧《打渔杀家》。皖南事变以后还编演了京剧《亡宋鉴》,叙述了主战派岳飞被秦桧用12道金牌召回,被害于风波亭的故事,以谴责国民党顽固派残害新四军的暴行。在太行山,抗大文工团的演出名声最响,凡慰问部队、重要节日或边区有什么重大会议,抗大文工团的演出是必备节目。一有演出,老乡们便一传十,十传百,早早便把演出场地坐得满坑满谷。

由于文工团反"扫荡"时,除同大家一样行军外,到宿营地还要排演节目,罗瑞卿便让后勤部门给他们每人发一个背包罩,出发前将被子往里面一装即可,而省了打背包。别的部门均无此待遇。

罗瑞卿对在野政工作的干部在政治上、生活上都十分关心。野政有一位知识分子干部,历史上曾因被俘而脱党,而由于这样的人重新入党需主要干部做介绍人,因此他入党的问题长期未能解决。罗瑞卿了解了这一情况后亲自对这位干部进行了审查,然后对他说:"你已有了共产主义思想,具备了入党的条件,要放下包袱,轻装前进。"随后,罗瑞卿约了北方局社会部部长兼野政锄奸部部长杨奇清一道做这位干部的入党介绍人。这位干部直到晚年都非常感激罗瑞卿和杨奇清介绍他重新入党,给予他第二次政治生命的"再造之恩"。

在野政有个大知识分子叫王东明,他曾在上海做过地下工作,参加八路军后,分配到野政任宣传部副部长。他患有肺结核,但工作十分勤奋。1942年野政准备召开八路军政治工作会议,他抱病起草完文件便卧床不起。此时,他的病已到晚期,骨瘦如柴,以至到自己在床上翻身,胯骨会把皮肤压裂的程度。送到医院后不久,他便溘然长逝。罗瑞卿对王东明之死非常悲痛。在下麻田一个大庙里,罗瑞卿亲自主持了追悼会。在悲痛的气氛中,罗瑞卿致悼词。他在谈到王东明勤勤恳恳、带病操劳时,激动而又带有几分自责地说:"他死的时候已经瘦得皮包骨了。虽然在山沟里买不到什么补品,可老百姓家里总还有鸡蛋嘛,我们为什么不给他买一些鸡蛋呢?我们的阶级感情到哪里去了?可是有些管后勤的同志,领导上并没有向你要什么东西,可是你送点萝卜,送点鸡蛋。这难道是我们共产党人应有的作风吗!"罗瑞卿这个讲话后来印发到部队,对各部队关心爱护干部起了很好的教育作用。

在八路军总部,罗瑞卿无论是政治学习、助民劳动,还是出早操,都从自己做起,率先垂范。1941年,机关开展练兵活动,每天早晨四五点钟,天还不亮,各部便从四面八方向清漳河边的一个中学的大操场集合出操。罗瑞卿和参谋长左权经常是最先来到操场,打绑腿、扎腰带、佩带手枪,军容整齐。罗瑞卿一到操场便问带操的同志,今天站队是大个子在前还是小个子在前,他爽朗地说:"如果大个子在前,那我就是排头。如果小个子在前,那我就是排尾。"如果有事不能出操,他必定要向带操的同志请假。

罗瑞卿因面部受过伤,平时很少露出笑容,加之在工作中对部属要求严格,许多干部刚见他时都有点怕他，但时间久了便感到他待人赤诚，且十分平易近人。在太行山，他仍热爱体育，山区见不到足球场，足球踢不成了，他便转而爱打排球。由于他个子高，打九人制排球，他总是站在前排中，既可扣球，又可拦网。他几乎每天晚饭后都要打球，同志们便亲切地称他为"球掌柜"。当时，八路军正针对敌伪的"治安强化运动"开展政治攻势。由于罗瑞卿扣的球攻击性很强，而他又是政治部主任，人们又叫他"政治攻势（师）师长"。

有时，罗瑞卿也会同大家开玩笑。一次野政机关在学唱一首苏联歌曲，教唱的是一位河南籍的女同志。这首歌中有两句歌词是"悦耳很动听，使人听不厌"，这位女同志用河南口音唱，听起来像是"死人听不见"。罗瑞卿便打趣说："你这两句是啥子意思啊？'死人'就是听不见嘛！"他的话引得哄堂大笑，但罗瑞卿却绷着个脸，一本正经。

三、直到晚年，他和郝治平经常回忆起那"艰苦难言"而又"十分美满"的岁月

1941年1月，震惊中外的"皖南事变"发生，国民党顽固派掀起了第二次反共高潮。与此同时，日本侵略者在遭受百团大战的沉重打击之后，总结了华北作战失利的教训，认为对八路军作战不利的重要原因是对共产党、八路军认识不足。日军随即对其情报机构进行了改革和加强，进一步明确了在华北作战以中共军队为重点的指导思想，准备调集重兵对华北各敌后根据地发动大规模的报复性"扫荡"。各敌后根据地先后进入抗日战争中最艰苦最困难的时期。

就在这艰苦的环境中，一颗爱情的种子在罗瑞卿和郝治平之间萌生。

郝治平，河南省临漳县人，1937年初中毕业后适逢"七七事变"。她考入开封第一女子师范后半年即投笔从戎。1937年冬，日军逼近开封，第一女师要迁往南阳。同学们有的随校南迁，有的返回家乡。郝治平决心去参加抗日，她来到郑州，住在同学王俊侠家中，和王四处寻找共产党、寻找抗日的门路。一天，她们在街头发现"抗日民族革命大学"招生布告，听说是同共产党搞统一战线的，便报了名。12月30日临出发，王俊侠的母亲死活不让王去。当晚，在大雪纷飞中，郝治平只身登上了火车，火车呼啸着，卷着密密的雪花向西开去。车厢内，一个人也不认识，火车要把她带到陌生的地方，父母还盼望着女儿回家过年。在这年关寒夜，她思家之情油然而生。但想到这都是为了抗日，才抑制住就要夺眶而出的泪水。

她满怀希望来到驻在山西省运城县的"民大"，但不久便大失所望。这个学校纪律不严，也未搞训练，提出的口号不是抗日，而是"保卫山西""保卫阎锡山"。不满情绪在学生中蔓延，学生们纷纷开小差。不久，郝治平和4名女同学、3名男同学也不辞而别，奔赴延安。这正是日军发动晋南战役之后，沿途满目疮痍，一片劫后的凄凉景象。他们有时进一个村，见不着一个人，无处找饭吃，只好在老乡的窑洞里搜罗一些土豆，用火烧一烧充饥。

他们到了黄河边，找不着渡船，眼巴巴地看着夹着冰凌的黄河水滔滔南下而一筹

莫展。于是，沿河寻找渡船。一次，她急于赶路，不小心踩上了已被黄土覆盖的薄冰，滑进了黄河，河水已经没过了肩膀。幸而同行的一位男同学，乘着向上翻涌的波涛，把她一把拉了上来。

几天过去，仍找不到渡船，有两位女同学失去信心，去了西安，剩下的6人好不容易找到一位正在修船的老船工。因船太破，船工拒绝摆渡。他们苦苦恳求，说要到延安找共产党打日本，终于说动了船工。船漏水，风浪也大，经过一番拼搏，连船工带这6位同学都成了落汤鸡，终于到达彼岸。同学们凑了一些钱，当酬金，这位老船工说什么也不收，他说："你们是打日本去的，我也要为打日本出一分力，这个钱说什么也不能收。"然后他向大家挥挥手，说了一声"后会有期"，便将船划回东岸。

1938年2月，她来到延安，此时不满16岁。她分配到陕北公学不到两个月就因工作、学习积极，能吃苦耐劳而入了党，随后又进入抗日军政大学第四期学习。五四青年节的傍晚，在延安北门外抗大三大队驻地广场，召开了"五四"营火晚会。抗大在延安的几个大队都到了。几堆篝火在熊熊燃烧。各个连队互相拉歌，歌声此伏彼起，一首比一首唱得整齐，一首比一首唱得嘹亮。晚会开始时，罗瑞卿作了简短的讲话。讲话的具体内容郝治平已记不清了。她只记得罗讲话极富感染力、极富鼓动性。本来，参加晚会的抗大学员大都正值青春年华，似乎都有一股用不完的精力。罗瑞卿一鼓动，人人心头的火苗都腾腾地燃烧，欢呼声、掌声响成了一片，场面之欢快、热烈，郝治平终生难忘。

在延安这一阶段，在郝治平心目中，罗瑞卿是一位深受同志们敬重的老红军、老首长。

至于罗瑞卿认识郝治平，那要晚得多。

第一次可能是在1938年10月六届六中全会期间。郝治平参加了抗大的演出队对会议进行了慰问演出。郝参加的节目是跳工农舞。一些较矮的女同志扮农民，而郝和几位个子高一点的女同志则女扮男装演工人。一个少女有时着男装会显得更加俊俏。而白衬衣、蓝色背带工装裤在当时的延安不啻是时装。以往是罗瑞卿在台上，郝治平和学员们坐在台下，大家的目光都集中到罗瑞卿身上。而如今却倒了个儿，郝治平等在台上跳舞，包括罗瑞卿在内的与会的领导同志坐在台下看。显然，这次演出使罗瑞卿知道了在他领导的抗大有这么一批文艺骨干。但也仅此而已，当时，他连郝治平的名字也不知道。罗知道郝治平的名字是在半年以后。

1939年7月10日，罗瑞卿等率抗大总校、陕北公学等单位离开延安东进。此时，郝治平已在抗大第四期结业，留校任第二大队的技术书记。

当抗大转移到延长县后，有一天，郝治平在路上同罗瑞卿迎面相遇。郝向罗敬了一个礼，便走了过去。罗停下脚步，把郝叫住，问她是哪一个单位的，叫什么名字，干什么工作。郝礼貌地作答后便又走开了。罗瑞卿在和郝治平结婚以后对郝说起这一段往事。他对郝说："那个时候你好高傲呐！"郝对他说："你是副校长，我是一个基层干部，我们以前又不熟悉，难道还要我主动同你拉呱不成？"罗瑞卿听了不禁哈哈大笑。

1940年6月，罗瑞卿调任八路军野战政治部主任，离开了抗大。同年底，郝治平也从抗大调到中共北方局党校继续深造。这期间,郝治平收到过各式各样的情书。有知识分子写的书法工整的长诗,也有工农干部写的字迹拙朴的要求约会的便条。刚收到时,郝还有点慌,后来收多了也就不以为意了。对这些,她都未作答。一天,她刚下课,又收到了一封信,一看前面的称呼是"紫萍"。自从抗大转移到太行山后,郝即改名赤茜。她很纳闷:"是谁用谐音叫我原来的名字呢?"再看信尾,署名是"洛水清"。这三个字如果用四川话来读,不正是罗瑞卿的谐音吗?郝再看信的内容,是约她晚饭后在村口相见。此信虽只寥寥数语,但郝已能猜出其含义。于是,她依约而去。从此,在夕阳中的村外河边、小树林里,常常可以见到他们的身影。"七九河开,八九雁来",随着春天的接近,他们散步的路程也逐渐加长。郝治平也到野政驻地桐峪镇去过。在交谈中,罗瑞卿详细谈了自己的经历,也说了他到陕北后给他造成许多烦恼的不幸的婚姻。郝治平认真倾听了他的诉说,认为不幸已成为过去,而罗能够敞开心扉谈那些不愿回首的往事,正说明了他的真心。郝治平顾虑的是自己的幼稚,同罗在政治思想水平上有很大的差距,恐怕不能当好罗的助手。罗瑞卿对她说,你还很年轻,一切都可以学习,这正是你的长处。经过一段时间的了解,罗瑞卿提出了结婚的要求。郝轻轻地点点头,但提出要等她毕业以后。罗询问她哪一天毕业,郝说是4月3日,罗立即说:"好,婚期就订在4月3日。"

1941年4月3日,桃李芳菲。党校毕业典礼结束后,女同学们便簇拥着新娘郝治平,唱着歌,说说笑笑,向桐峪走去。罗瑞卿在镇口迎接,把她们都请到新房———一座在太行山地区少见的两层小楼。出席婚礼的野政的一些同志早早就来了。北方局党校的"娘家"人一到,小小的屋里便座无虚席。老乡家的孩子们也来凑热闹,更挤

■1941年4月3日,罗瑞卿与郝治平在太行山桐峪镇结婚。这张照片是罗瑞卿为郝治平(右一)和送她到桐峪的同学们所摄。

■ 1941年4月3日,罗瑞卿与郝治平在山西省辽县桐峪镇结婚。由于战争年代条件艰苦,环境险恶,当时他们竟没有留下一张结婚照。图为在太行山根据地时的罗瑞卿和1938年5月在延安抗大三大队女生队学习时的郝治平。

得满满当当。桌子上放着花生、红枣、核桃、柿饼这些太行山的土产。大家一面吃着,一面说着,新房里不时传出阵阵欢声笑语。

傍晚,客人们陆续散去。山区的天,说黑就黑,在小油灯下,罗瑞卿和郝治平相对而坐。伙房送来了晚饭。有小米饭和特地炖的一碗鸡汤。吃饭时,罗瑞卿将鸡肫夹到郝治平碗内,对郝说:"这个最好吃了。"郝说:"最好吃你怎么不吃?"又将它夹回罗瑞卿碗里。让来让去,最后罗将它一分为二,一人吃一半。从此,罗家吃鸡,鸡肫总是一剖两,罗瑞卿和郝治平各吃一半。

由于国民党的封锁,日本侵略者又把进攻的重点转到其占领区的后方,太行山的生活非常艰苦。吃鸡汤,这只是因为罗瑞卿结婚,总务处特地让伙房给做的,只能是偶一为之。在平时,小米便算是细粮,常吃的是黑豆。没有青菜,春天可以到地里挖野菜吃,盐水煮土豆也是常吃的菜。也许是吃伤了,后来郝治平便不爱吃土豆了。

罗瑞卿夫妇结婚后不到半年,太行山区遭受严重的旱灾。部队的生活处于非常困难的境地,有时绝了粮,只能吃糠,为了便于下咽,在糠里掺一点儿柿子。

为了同太行山的群众共同度过灾荒,这一年7月底,罗瑞卿和陆定一专门向八路军总部直属队发出指示。下面是这一指示中关于生产节约的内容:

A. 生产方面:

1. 私人生产交公数目比过去规定数目增加一倍。对菜苗禾苗应加紧细心培养灌溉……能挽救一棵即挽救一棵,反对等待和消极的态度。

2. 如青苗已不可挽回,应即想出办法补救,多种秋菜(红白萝卜、蔓青、白菜、芥菜、蕨菜等)和荞麦等。

  3. 采割一切能吃的野菜代替粮食。总直属队每人在8月份交50斤（特务团应按实情自己规定）。

  4. 军队在自己生产以外，如有多余时间应有组织地帮助群众生产和灌溉。

B. 节约方面：

  1. 严密制度，各单位伙食账粮食10天做一小结算，一月做一大结算，加紧检查，彻底消灭贪污浪费现象（绝对禁止以剩饭锅巴喂猪）。

  2. 节省粮食，每人每日2两，马料每匹马每日节约1斤。改食一餐干饭，两餐稀饭，加菜或野菜，以减少粮食。马草采用野草代替。

  3. 可将小米运到产（杂）粮多而价格便宜的地区换取杂粮食用。

  4. 节省办公费4／10。不是必须用灯者一律不发灯油。不用火柴用打火石或火绳代替。印刷品数量减少，并注意对废纸废文件的利用（当然要注意秘密），煤炭也要力求节省。

  5. 服装、公物用具平时和战时切实注意保存爱护，遗失不补充。

  从这一训令我们即可看出当时集总机关物质匮乏、经济困难的一斑。

  罗瑞卿夫妇婚后在太行山的艰苦生活，最紧张、最危险的莫过于反"扫荡"的日日夜夜了。罗瑞卿率抗大一进入敌后，便经常碰到反"扫荡"。"扫荡"和反"扫荡"是敌后斗争的主要形式。它每次都有所变化，但其大的框架又在不断重复。到1941年之后，这种斗争就来得更加频繁了。

  在这一年的7月，驻华北的日本侵略军换将，冈村宁次大将接替多田骏为华北方面军总司令，冈村宁次到任后，在继续执行多田骏的"囚笼政策"的同时，推行七分政治、三分军事的政治、军事、经济、文化一体化的总力战。在日军的第二次治安强化运动中，冈村将华北划分为治安区（即敌占区）、准治安区（即边沿游击区）、未治安区（即抗日民主根据地）。对这三种区域分别采用清乡、蚕食和扫荡的办法。在"扫荡"时实行烧光、杀光、抢光的三光政策，并通过侦察和频繁"扫荡"寻找和袭击抗日根据地内党政军首脑机关。

  为了揭露日军这一阴谋，提高抗日军民的警惕性，1941年8月10日，罗瑞卿发表了《在建立对敌斗争对策上的几个原则问题》。他写道：

  敌寇是帝国主义，他有相当丰富的统治殖民地的经验，4年来与我党我军在华北敌后的苦战，使其对我已有了相当的认识，因此，敌人看到了消灭华北的共产军不是短短的几十年所能完成，不是单靠所谓"皇军的威武"所能解决，百团大战后，敌人更深刻地认识到"共产军已形成独立的抗日力量"。这说明什么呢？说明了敌人对我们一切政治、军事、经济、文化，以及各方面的方针与政策，都曾经进行过深刻的研究，说明了敌人对我们的存在，有相当足够的估计，并不敢丝毫加以轻视的。至于我们呢？我们对敌人的各种阴谋政策，也必须有及时的了解，对敌人奴役殖民地的"总力战"，必须有足够的认识，任何的麻痹，粗心大意，都将使我们陷于严重的不利地位，对敌寇日新月异的阴谋诡计，将瞠乎无策以对。相持阶段敌人回师敌后，进行最残酷的军事"扫荡"，这只是一方面；另一方面，敌人对我沦陷区的政治经济统治也加倍努力，要把军事的一时的占领区，变为其巩固的殖民地，他的残酷的军事"扫荡"，也是为对着敌后广大地区达到政治经济完全统治这一总的目的的。因此敌我在敌后展开了激烈的全面斗争：政治、经济、思想、文化、特务等斗争，在敌我斗争中的地位更加日益重要了，不看到这一点，是会造成自己极大的错误。

为了适应频繁的反"扫荡"的需要，八路军总部机关实行了军事化。野政共编为第四、第五两个连。平时进行机关日常工作，战时即成为连队，进行反"扫荡"。已调到政治部秘书处的郝治平任四连指导员。

1942年1月，郝治平分娩刚刚11天，便赶上了反"扫荡"。夜半，部队开始行动。孩子被放进一个临时找来垫了小棉垫子的木筐，盖上小棉被，由通信员背着走。这一天，风雪弥漫，滴水成冰。郝治平的头发、眉毛都结上了霜花。她十分想看看女儿，但部队在转移，沿途又无处可以避风。罗瑞卿也十分担心女儿的处境。他解开马褡子上的一块油布，盖在木筐上面，然后，策马去指挥部队和机关的反"扫荡"。在当时，一块油布就是罗瑞卿作为父亲能够给予孩子的最好礼物了。天亮后，敌机轰炸，通信员避入一个窑洞，刚把木筐卸下，一颗炸弹把窑洞震塌，通信员赶忙把木筐从土中扒出。孩子怎样了？郝治平仍然没有机会看看，就又上路了。直到这天傍晚，才在一个小村庄住下。进入屋内，郝治平赶忙掀开小棉被。一看，心都凉了。只见婴儿浸在屎尿中，冻得皮肤青紫，连哭声也没有了。一阵沉默之中，房东老大娘把孩子抱起，看了一看说："别急，我来试一试。"她把孩子放在炕上，用手一遍一遍周身按摩。许久，孩子才哭出声来。这件事使郝治平认识到，反"扫荡"时，孩子无论如何也不能带了。于是，将她寄养在辽县麻田村一户老乡家里。孩子是在桐峪生的，在麻田托付给老乡，孩子的奶娘便给她起名叫"峪田"。为了铭记人民的养育之恩，郝治平以后的三个女孩便也用"峪"字排行。

1942年5月，日军继续对冀中区进行"五一"大扫荡之后，又以2.5万人，兵分七路，对中共中央北方局和八路军总部所在地进行"铁壁合围"。日军总结了过去"扫荡"多次扑空的教训，在进攻之前，先以部分兵力向平汉路以东及正太路发动"扫荡"，以转移八路军的视线。

5月18日，日军独立混成第三、第四、第一、第八旅团逐步开始行动，从北面和东面对八路军总部驻地窑门口、青塔、偏城、南艾铺地区构成了封锁线。

但此时，八路军总部对此却一无所知。直到5月22日，八路军总部才收到情报，说从太原到和顺，从邢台到武安，从襄垣到潞城，都有日军活动迹象。当晚，八路军总部又获悉敌第四十一师团从晋西北乘汽车，连夜经太原向辽县、和顺方向开来。彭德怀和左权商讨后决定，八路军主力立即转到外线，准备反"扫荡"。由于八路军总部收到的情报有误，以为敌情严重的地方是西面和北面，即辽县、和顺、襄垣、潞城方面，因此总部于23日开始向东转移。以往，日军"扫荡"前两三天，总部即可得知日军行动方向和合围地域，总能从容跳出包围圈，而这次事先却得不到确切的情报。日军派出的两支化装成八路军的挺进杀人队已潜入太行山根据地。他们采用鱼目混珠的手法，也打扫房屋，帮助春耕，买东西也给钱。因伪装巧妙，已深入到根据地腹部，埋伏到八路军总部驻地武军寺的后山上。幸而被上山砍柴的部队发现。总部错误地判断这可能是敌人小部队的骚扰，尚未意识到要遭合围，但仍于24日夜，命令北方局和总部机关、野战政治部、后勤部、党校、报社等单位共2000余人分路继续向麻田以东隐蔽转移。这一天，阴云密布，这2000多机关人员带上辎重骡马，在崎岖的山路上摸黑行进，一夜只走了20余里，到25日拂晓，总部、北方局、野战政治部、后勤部等单位不约而同地转到窑门口、南艾铺、青塔、偏城地区。此时，敌根据其"挺进杀人队"的报告，已命令第三十六师团进至窑门口、南艾铺等地之西南和南面，同在东面和北面的独立混成第三、第四旅团主力、独立混成第一、第八旅团一部将八路军总部合围。这一地区位于山西省辽县和河北省武安县、涉县之间的边界，北面是太行山的制高点峻极关。这一地区有东西走向和南北走向的两道相交的山脉，交点处叫十字岭，南艾铺等地位于十字岭东南大沟内。中午，敌机开始扫射、轰炸。八路军掩护部队同地面的日军交上了火，枪炮声由疏到密，由远到近。情况很紧急，但敌情不明。罗瑞卿与彭德怀、左权在南艾铺村外小树林中研究突围方案。为了避免造成重大损失，在敌情不明的情况下，被包围的部队一般都采用分路突围的办法。彭德怀、左权、罗瑞卿等决定兵分两路，总部和北方局机关由彭德怀、左权率领向西北方向突围，野战政治部和后勤部由罗瑞卿和后勤部部长杨立三率领向东，朝武安方向突围。电台分随两路，随时注意联络。彭德怀伏在马背上，冒着敌人炮火，以娴熟的骑术，走S形向上十字岭，翻到十字岭西北面的北艾铺，跳出了敌人的包围圈。负责殿后掩护的左权指挥着总部和北方局机关人员顺着彭德怀突围的方向向外冲。大部分人员冲了出去，但左权却未突击出去。他发现拿文件箱的人还未到，派人去找，同时忙着接应机要科的几名译电员和密码，一颗炮弹在他附近炸开，他命令大家卧倒，又一颗炮弹炸开，他头中弹片，壮烈牺牲。

对罗瑞卿、杨立三的突围方向，原来估计敌人不多，但实际上敌人已经构成了三道封锁线。平汉路边沿是第一道，从获鹿往南经赞皇、赵店、彭城到安阳西面的水冶是第二道。从元氏西北的仙官寨到武安西北的任家岭为第三道。对此，罗瑞卿当时并不知道。他在队伍遭到炮击后，立即命令警卫连和朝鲜义勇队堵住山口，不让敌人下山，要坚持到天黑，随后率领野政、后勤部顺着山沟向东南走，发现敌人已占领青塔，又往回返，与一二九师十三团相遇。罗瑞卿立即命令他们占领制高点，掩护机关转移。在从窑门口出发前，罗瑞卿曾派保卫部副科长张一泉到西面侦察。张发现十字岭以西即无敌踪，他要回来报告，但随着敌人包围圈的收缩，他已经回不来了。罗瑞卿按原定方案仍然率部向东走，于是，深深陷入敌人的包围圈中。

对于总部遭敌合围的消息是一二九师首先向中央报告的。电报说：总部遭敌袭击，人员分路突围，总部电台中断，情况不明。这一电报使得毛泽东彻夜无眠。26日晚，刘伯承、邓小平又致电中央：彭已突围，左阵亡，罗、杨突围后又同敌遭遇。27日，毛泽东以他和朱德名义致电刘邓转彭："总部被袭，左权阵亡，殊深哀悼。瑞卿、立三已否脱险，甚念。目前总部电台已全部损坏，建议总部暂随一二九师行动。如何望复。"当毛泽东发出此电时，罗瑞卿、杨立三仍在包围圈中。天上有飞机扫射，四面都有枪声。25日晚，太阳落山后，罗瑞卿带领大家爬上青塔以东的山顶，大家都饥渴难耐，但找不到一滴水。有时碰到石头缝子有水，就去喝，喝到嘴里黏黏的，吐出来一看是青苔，便吐了青苔接着喝。而这种有水的石缝是很少见到的。大家忍着干渴，顺山梁向河北武安的阳邑方向转移，第二天碰到保卫部部长杨奇清，了解到河北方向也有敌军，于是又返回昨天经过的那座山，准备向西面突围。但在西面又遇到了敌人。此后几天在日军包围圈中，多次被合围。罗瑞卿命令大家分为战斗小组，化整为零，分散突围。命令野政的秘书牛克坚销毁密码本。他对牛说："一定要烧彻底，不然被敌人搞去，密码会被破译，危险得很！"牛立即找到一间小屋去烧密码。牛克坚后来回忆当时情景说："这东西平时烧起来很快，但在敌人密集的枪声中，感到烧得特别慢，实际不到半小时就烧完了。"此时猖狂的敌人在飞机指引下，拿着八路军几位负责人的照片四处搜索，一时间，情况十分危急。有一些机关干部缺乏战斗经验，在敌人追赶下，出于对罗主任的信赖，又逐渐向他身边集中，聚成大堆，形成敌人追逐的目标。罗瑞卿非常体谅大家，便带领着越聚越多的人，翻山越岭，寻找突围的道路。敌人越逼越近。在一座山顶上，鲁艺校长陈铁耕激动地对罗瑞卿说：

"罗主任，鬼子已经压到我们鼻子底下了，我们同生共死，和他们拼了！"有几个宣传队员也高声呼喊："和他们拼了！"

罗瑞卿看看大家，大部分人都赤手空拳，只有极少数人身带两颗手榴弹，个别干部有驳壳枪，通信班有几支步枪。他一挥手深情地说道："同志们啊，我们同生共死，不等于同归于尽，分散突围是我们唯一的出路。"他把政治部直属队特派员张之轩叫来说："你负责带他们突围，一个也不准丢了！"在这一队里有宣传队的吕班、左漠野，宣传部的黄远，新华日报的杜玉润，鲁艺的杨角、肖飞、艾岩、陈克等。

罗瑞卿分派了各游击小组后又指定秘书长陈志彬带领组织部负责收容掉队人员。队伍随即分散活动。有的就地找山洞藏身，有的搭人梯，有的用绳子缒，千方百计转出包围圈。罗瑞卿的秘书牛克坚奉命烧掉文件后，悄悄地找到敌工部长漆克昌，对漆说："要尽量缩小罗主任的目标，我跟你们活动吧。"漆克昌同意，但是罗瑞卿见不到牛，又派警卫员把他叫了过去。罗瑞卿、杨立三等一行向东转移，又中了敌人埋伏，把罗瑞卿和杨立三冲散。随后罗瑞卿向南转移时与太行军区六分区司令部机关相遇，这才知道一二九师已连续发给六分区几封电报，要他们寻找罗瑞卿、杨立三的下落。

在被敌人包围的这几天，罗瑞卿一直未见着郝治平。她带着四连正跟着杨立三率领的队伍寻找突围的道路。四连有一个只有13岁的小勤务员。郝治平看他太小，怕他跑丢了，叫他抓住自己的衣襟，紧紧地跟着自己。在一次同敌人遭遇时，他被敌人的子弹击中负了伤。郝治平拉着他走，但越拉越沉。旁边的同志对她说："指导员，你放手吧，小王已经不行了。"郝治平一看，他已经牺牲了。以后，郝治平常常回想起这个小鬼。她想，如果能通知他家，他的父母就会知道自己的孩子已经牺牲在抗日战场上。但是她只知道他是河北人，连哪个县的也不知道。在抗日战争中像这样的无名烈士又何止成千成万！一天，她跳一个高坎，崴了脚。杨立三让她骑自己的马。郝治平说什么也不骑，她对杨立三说："部队可以没有我，却不能没有你。"杨立三劝之再三，郝就是不上马。杨便让郝行军时拽住马尾巴。

这一天，罗瑞卿走过一个叫"王前"的地方，不禁闪过一个不祥的念头。当晚，罗瑞卿与杨立三会合。罗看到了郝治平，惊喜地对她说："啊呀，你没有死啊！"郝点点头说："我是拽住老杨的马的尾巴走过来的，老杨是我的救命恩人。"

当晚，当只剩下他们二人时，罗瑞卿对郝治平说："今天我经过一个地方叫'王前'，听起来就像是'亡茜'。我明明知道这个想法很可笑，可是我真为你担心啊！"

对于太行山艰苦岁月中的恋情，他永志不忘。1975年4月，已近古稀之年的罗瑞卿，在福建治腿时写了总题为《忆往事书赠治平》的组诗，前面有一段话：

> 我与治平在抗日战争最艰苦的1941年结婚。"咬紧牙关，度过两年。"这是当时伟大领袖毛主席对抗战根据地的党政军民的庄严号召！婚后在太行的岁月，确属艰苦难言的岁月，但也是我们感到十分美满的岁月。这是我们的骄傲，亦足见我们相爱之革命基础及其情真心挚。
>
> …………
>
> 本年4月3日为我们结婚34周年，时光易逝，好景却长。我们之间时日愈久，相知愈深，感情愈厚，公不离婆，秤不离砣（四川俚语），水乳交融，牢不可破，此之谓也。

野政、后勤部按照罗瑞卿的指示化整为零之后，被动局面被扭转过来了。在内线，各游击小组和留下的朝鲜义勇队等以班、排为单位结合当地群众到处骚扰、牵制敌人。敌人所至之处是实行了坚壁清野后拆去井架辘轳、封死井口，找不到一滴水的无人村庄。在外线，一二九师等部队到处打击敌人。经过一个月苦战，敌人终于灰溜溜地撤回据点。后来，彭德怀曾多次对罗瑞卿在被敌合围后，化整为零、分散突围的处置，提出表扬。

返回桐峪后，由于一个月来在太行山里反"扫荡"，没有水洗衣服，更没有水洗澡，罗瑞卿的衣服上长满了虱子。当时物资匮乏，一件军衣也十分金贵。郝治平想给他把衣服好好洗一洗再烫一烫。但是不成，虱子太多，而衣服的纤维都糟了。最后只得将其付之一炬。

郝治平当时也长了满头虱子，郝治平的母亲从临漳县老家来到桐峪看望女儿。当她为女儿梳头时，只见女儿头发上虮子连成了片。她想到女儿在这山里吃的这份苦，一面梳头，一面不禁流下了眼泪。

各部陆续返回八路军总部原驻地麻田一带后，罗瑞卿得悉左权和新华社华北分社社长何云、北方局调查研究室主任张衡宇已经壮烈牺牲。野政的组织科科长李文楷、干部科科长龚竹村、保卫科科长李月波等也在这次反"扫荡"中牺牲。对战友们的牺牲，罗瑞卿十分悲痛。

7月7日下午，总部召开了"纪念抗战五周年、追悼左权将军及诸死难烈士、庆祝反'扫荡'胜利大会"。会场设在背靠万丈绝壁的一片绿树林中。会场周围围着白布，全场内满布各单位送的挽联和花圈。会场东边几张桌子上摆放着左权的遗著，有

■1940年5月,郝治平(后排右二)在太行山武乡县与抗大总校女生连干部合影。

铅印的、油印的,也有许多尚来不及出版的手稿。八路军总部和驻太行山的机关、部队以及日军觉醒联盟、朝鲜义勇队及当地群众共8000人参加了大会。

在大会召开之前半小时,罗瑞卿就来到了会场。他拿着左权倚着松树照的相片,默默地注视着,直到有人找他来请示什么问题,他的目光才离开那张照片。

大会由罗瑞卿主持,他说:"我们在这里纪念抗战五周年,这件事本身就证明了我们是经得起考验的,敌人不能灭亡我们。我们应当坚决拥护中共中央七七宣言,加强国内团结,争取抗战早日胜利。"

罗瑞卿随即介绍了左权、何云、张衡宇、李文楷、龚竹村、李月波等烈士的死难经过。

最后,罗瑞卿号召全华北的民兵做到每县每天打死一个敌人;八路军的战士更好地掌握手中武器,做到每人每年消灭两三个敌人,为死难烈士报仇!

罗瑞卿致开会词后请八路军彭德怀副总司令讲话。彭德怀指出:"今天我们追悼死难烈士,不祷告,也不哭泣。应该学习死者的精神,继承他们的遗志,加倍努力,使中国乃至日本劳苦大众,得到彻底解放。"

接着,晋冀鲁豫边区临时参议会副议长邢肇棠、朝鲜友人金百渊、日本觉悟联盟新川、新华日报社吴青先后发言。会议一直延续到天黑。最后大家齐呼口号"加强团结,争取抗战早日胜利!""咬紧牙关,度过接近胜利的两年!"雄壮的口号声在山谷中荡起一阵阵回声。

1942年10月10日,太行山区各界安葬左权将军暨朝鲜革命烈士仪式在涉县石门举行。有5000余人参加了葬仪。左权的陵墓背倚山峦,面对清漳河,在山顶有一棵巨松。从下往上看,似欲凌云而飞。

在左权陵园镌刻着由彭德怀、罗瑞卿等撰写的一篇篇碑志。罗瑞卿所写碑志题为

《纪念左权同志》，文中写道：

　　一九三八年春，寇进犯临汾，与我总部遭遇。左参谋长躬与前哨侦察，侧击致胜，迄今军中称道不已。今岁五月，寇军猛犯太行，左权同志身先士卒，予故痛击。不幸中炮弹，壮烈殉国，年方三十六岁。生前致力革命事业，二十年如一日，其伟大崇高之革命品质与实践，堪为吾人楷模。

　　值此胜利前夕，竟与我等永别，痛定思痛，悲愤不已！然而左权同志之革命功绩将永垂不朽，其未尽遗志自有千万后死者担承。行见河山光复，环宇更新，地下有知，当可含笑长眠矣！

■1942年10月10日，罗瑞卿（台上左二）等在太行各界公葬左权将军及诸先烈大会上合影。

　　葬仪由八路军副参谋长滕代远主持。晋冀鲁豫边区政府主席杨秀峰为左权陵墓盖上最后一块墓石，一二九师师长刘伯承、中共太行分局副书记李大章、晋冀鲁豫边区临时参议会正副议长申伯纯、邢肇棠、边区民政厅长李一清、各民众团体代表齐华、朝鲜友人崔昌义等为陵墓掩盖黄土。

　　罗瑞卿在葬仪上作了简短有力的致词。他说："给烈士们行行礼并没有完事。今后还要做三件事，第一件是报仇，第二件是报仇，第三件事还是报仇！"

　　罗瑞卿号召大家准备迎接秋季反"扫荡"，多杀敌人。他问大家："准备好了没有?"5000多人齐声答道:"准备好了!"山鸣谷应,大家的怒吼又一次引起阵阵回声。

1943年6月,罗瑞卿带领巡视团正在太岳军区检查工作,接到中共中央要他回延安参加中共第七次代表大会的电报,随即返回总部,将工作移交给代理主任张际春,然后全家同——五师代师长陈光夫妇、太岳军区政委薄一波、刘志坚等经太岳军区北部,于八九月之间,由便衣武工队护送,经过秘密交通,于夜间通过同蒲路封锁线,进入汾河平原。4人分开,于拂晓前隐蔽在高粱地里。妻子儿女则分散安置在统战关系家里。傍晚再出发,连夜穿过汾河平原,进入山区,又一夜过汾(阳)离(石)公路封锁线,进入晋西北。休息几天后再渡过黄河,9月下旬到达绥德,此时,抗大总校已迁至绥德。副校长何长工用学校开荒生产所得热情款待了罗瑞卿一行,给他们每人都换上了新军装,还给峪田和陈光的孩子东海每人各做了一套衣服。1943年10月,罗瑞卿一行抵达延安。

1944年初,罗瑞卿入中央党校编入一部第三支部。支部书记是陈奇涵,罗瑞卿任学习委员。在此他系统学习了毛泽东主持选编的《六大以前》、《六大以来》和《两条路线》,还学习了《共产党宣言》、恩格斯的《社会主义从空想到科学的发展》、列宁的《左派幼稚病》和《两个策略》,参加了一些讨论党的历史的座谈会,弄清了王明路线的来龙去脉、前因后果。在整风中罗瑞卿认真总结了自己在十年内战和抗日战争时期的斗争经验,对"实事求是"的思想路线有了更深切的体会。本着实事求是的原则,罗瑞卿所在的小组还为两位在"抢救运动"中被打成"特务"的女同志进行了甄别平反。这两位女同志一位叫曹冠群,一位叫王惠民。她们是党校一部第一支部的成员。原为在白区工作的中共党员。康生在抢救运动中把一些省的地下党组织打成"红旗党",诬为"假共产党"。然后,逼迫一些党员上讲台"坦白"自己是"红旗党",是特务。这些"坦白"者又点一些人的名,让他们也"坦白"。而所谓"坦白"实际上就是编造。不把自己编造成特务就过不了关。曹、王也被一些"坦白"者在讲台上点了名,成为"抢救"的重点,在大小会斗争、逼迫下也只好将自己编造成"长期埋伏"的"特务",然后编一个已经死去的"上级",说自己同"上级"是单线联系。至于"混入延安"的别的"特务",则没有组织联系,但彼此"心照不宣",云云。"长期埋伏""单线联系""心照不宣"成为当时编造中的常用词汇。

她们被"抢救"成特务后即被隔离,由战士看守,失去行动自由。

1944年夏天,中央党校委托罗瑞卿对曹、王二人进行复查。罗瑞卿认真看了材料并同曹、王进行了几次谈话。他询问了曹、王的家庭状况、个人经历和社会关系。"红旗党"问题罗瑞卿只字未问。随后,罗瑞卿认为她们的"红旗党"问题应予否定,历史清楚,社会关系除因在白区的无法调查外,亦无问题。组织上根据罗瑞卿的调查对她们作了结论。罗瑞卿代表组织向她们宣布了结论。

曹、王甄别平反后都分配了工作。曹冠群新中国成立后曾任全国妇联书记处书记和农业部副部长,王惠民新中国成立后长期从事法院工作。

1945年4月,罗瑞卿出席了中共第七次代表大会,当选为候补中央委员。

第六章　战华北（上）

一、时而舌剑唇枪，时而赴宴鸿门，在军调部 进行了一场特殊斗争

1945年8月15日，日本天皇裕仁宣布无条件投降。9月2日，日本外相重光葵、日军参谋总长梅津美治郎分别代表天皇、日本政府和日本帝国大本营在投降书上签字。抗日战争取得了最后胜利。在中国国内，以蒋介石为首的、代表大地主大资产阶级的国民党反动集团同以中国共产党为代表的广大人民之间的矛盾上升为主要矛盾。以消灭共产党为目的的国民党反动派此时虽然颇想发动内战，但由于美、英、苏三国从各自的战略利益出发，都表示不希望中国发生内战，中国各阶层人民普遍要求和平、反对内战，加上蒋介石军队的大部分主力还远在西南、西北，在华东、华北，由日伪军占领的大城市和交通要道已处在八路军、新四军的包围之中，其战略形势并不有利。因此蒋介石集团在加紧向沿海地区运兵、积极准备内战活动的同时，又高唱和平，连续三次电邀毛泽东去重庆谈判，企图以让共产党人到国民党政府做官为条件，换取让共产党交出军队和政权，以达到其消灭共产党的目的。

针对国内急剧变化的形势，为了加强对各地区部队的领导，中共中央决定将当时在延安的一批高级干部分派到各个解放区。罗瑞卿被任命为中共晋察冀中央局副书记、晋察冀军区第二副政委。

毛泽东赴重庆前，曾召集在延安的一些高级干部开会，说明此次去重庆谈判的必要性和方针。罗瑞卿出席了这次会议。

当时，许多人担心毛泽东去重庆的安全问题。罗瑞卿后来回忆道："当听到日寇宣布投降的消息（时），延安人民、机关、学校打起火把彻夜欢庆；但听到主席要去重庆谈判，因担心主席的安全，有些炊事员都不做饭了。"

罗瑞卿回忆在高干会议上，毛泽东针对许多干部对他安全问题的担心曾经说："我的安全一般说是有保证的，除全国人民拥护，国民党蒋介石有困难，我们有强大的党、强大的军队、强大的解放区等条件外，我还有三国洋人（指苏、美、英）保险。因为他们当时都公开主张，不赞成中国再打内战。"

9月9日，有一架美军C-46型飞机要从延安到晋察冀，去接在抗战中因飞机被

日军击落而空降在晋察冀的美军飞行员。罗瑞卿和晋察冀中央局书记、晋察冀军区司令员兼政委聂荣臻等，便搭乘这架飞机于当日在灵丘县降落。晋察冀军区副参谋长耿飚乘汽车从张家口赶来迎接。聂荣臻、罗瑞卿一行随即换乘汽车于薄暮时分到达张家口东山坡原日本蒙疆派遣军司令部。这里西面距火车站约有一公里，东面是光秃秃的山，山脚下有一些树木，设有日本神社。神社东面则是颇为整齐的一栋栋红瓦顶、推拉门、大窗台的日本式平房。晋察冀军区机关即设于此，罗瑞卿住进了其中的一栋房屋。

张家口是察哈尔省省会，是八路军在对日大反攻中解放的第一座较大的城市。这里是北平、天津通往内蒙古、山西的交通要冲，历史上一向是蒙汉人民之间大宗茶叶、皮毛等物资的交流集散地。清水河由北向南将城市剖成西多东少的两半。清水河西岸，戏院、酒楼林立，市面十分繁华。罗瑞卿到张家口后，即用很大精力抓城市纪律教育，绝大部分官兵都能遵守三大纪律八项注意，市民都称誉八路军军纪严明。但也有少数官兵居功自恃，有的军容风纪不整，有的去看戏不买票，说什么"老子流血牺牲打败了日本鬼子，看戏还买票！"罗瑞卿得知后便要求军区政治部的部长们带领干事们到各公共场所去维持秩序。

张家口解放后，即成为晋察冀解放区的首府。晋察冀解放区是连接晋绥、晋冀鲁豫和东北地区的枢纽，处于平津之侧，战略地位十分重要。抗战胜利后，蒋介石在同中共领袖毛泽东进行和平谈判的同时，加紧向包括华北在内的沿海地区运兵。从9月至11月，国民党已将6个军（其中第十三、第五十二、第九十二、第九十四军由美国的军舰和飞机运送；第十三、第五十二军进攻矛头指向东北）共15万人运到华北，在日伪军配合下占领了北平、天津、石家庄、保定、山海关等大中城市。在晋察冀西部，第二战区司令长官阎锡山部占领了太原、大同；在西北面，第十二战区司令长官傅作义部从八路军手中抢占了绥东、绥南、察西、察北广大地区，占领了归绥（今呼和浩特），正沿平绥铁路向东逼近。晋察冀解放区有遭国民党军东西夹击的危险。

9月11日，罗瑞卿到达张家口的第三天，中央军委来电，指出："绥远傅作义部夺我归绥、武川、陶林、丰镇、集宁5城区，于6日又夺我兴和，逼近天镇、柴沟堡，有向张家口进攻模样。"电报要求晋察冀军区组织2.5万的兵力，协同晋绥军区部队，组织绥远战役，消灭傅部，解放绥远，收复归绥。

9月19日，中共中央发出了关于向南防御、向北发展的战略方针的电报，指出："目前全党全军的主要任务，是继续打击敌伪，完全控制热、察两省，发展东北我之力量并争取控制东北，以便依靠东北和热、察两省，加强全国各解放区及国民党地区人民的斗争，争取和平民主及国共谈判的有利地位。"

10月15日，罗瑞卿随聂荣臻率冀察纵队、冀中纵队、冀晋纵队西进，在占领大同以北隆盛庄、张皋镇、三水岭、官庄、聚乐堡、红砂坝、丰镇、集宁各点后，直扑卓资山。25日，晋绥部队在卓资山全歼敌守军4000余人。聂荣臻、罗瑞卿等同贺龙在卓资山会合，随后向归绥、包头进攻。此时，傅作义迅速收缩，将其主力集中于归绥、包头，因晋察冀和晋绥部队在野战中未能大量歼敌，加上无攻城经验，攻归绥、包头均未奏效。就在晋察冀部队向归绥开进过程中，罗瑞卿奉命先返回张家口，到怀来地区组织对东面北平方向敌军的防御。此时,他接到毛泽东10月23日为中共中央起草的电报,指出:"决定迅速组织冀察晋第二野战军,由晋冀、冀中、平北现有精干地方兵团抽调至少3万人,编成12个至15个大团,限于两星期至多三星期内集中平北军区,完成作战准备,其任务为协同热河、冀东部队,坚决歼灭向承德进攻之顽军,巩固热河及平北,并充当这一战斗任务中的主力。""第二野战军以萧克为司令员,罗瑞卿为政治委员,望萧罗一星期内到达平北军区布置一切,立即建立与中央及聂(荣臻)刘(澜涛)的电台联络,不得迟误"。

罗瑞卿和司令员萧克一道,随即经密云到古北口,再乘火车到承德。由于火车车头未检修,汽烧不上去,走一会儿就停下来。罗瑞卿、萧克组织随行人员沿途拆铁道旁日军遗留的哨棚当木柴给火车烧火,走走停停,60里地走了一整天,才到达承德。在承德,罗瑞卿和萧克与中共冀热辽分局书记程子华会合,萧克和罗瑞卿分别兼任冀热辽军区司令员和第二政委。他们随即组织了过境部队和大批干部赴东北。1946年初,国共的停战令即将下达。蒋介石命令国民党军到处抢占战略要地。1月10日,国民党军猛攻古北口,罗瑞卿奉命率领冀察纵队沿平古线西侧由四海向密云方向运动,迂回国民党军之侧后。敌军在遭到古北口守军坚决阻击、被歼2000人后,又发现后路将被阻断,便南撤回石匣固守。

1946年1月5日,继去年10月10日国共双方签订《政府与中共代表会谈纪要》(即"双十协定")之后,国共双方达成《关于停止国内军事冲突的协议》,10日,也就是罗瑞卿率领冀察纵队从承德驰援古北口的那一天,国共双方下达停战令,并达成《关于建立军事调处执行部的协议》。军事调处执行部,简称军调部,是履行停战协议的机构,受由周恩来、张治中和马歇尔组成的军事三人小组领导,设立三委员,即中共方面的叶剑英、国民党政府方面的郑介民和美方的饶伯森。三委员为军调部最高领导。三人均有否决权。一切事宜均需三人一致通过。虽然协议规定,美国参加军事调处执行部是"协助中国委员实施停止冲突命令",但美方代表仍应邀担任主席。三方

1946年,罗瑞卿(左一)在北平军调处执行部与国民党方面代表谈话。

各设参谋长一人和6个业务处。罗瑞卿被任命为中共方面的参谋长。国民党方面的参谋长是蔡文治，美方的参谋长是海斯克。中共方面除叶、罗外，还有秘书长李克农，顾问饶漱石、滕代远、徐冰。在参谋长下开始设计划执行科、新闻发布科和行政科。后来扩大为执行处、交通处、整军处、新闻处、秘书处、行政处。罗瑞卿由前线返回承德后不几天，1月14日，耿飚乘飞机到承德，将他接到北平履行新的任务。为了执行任务方便，中央军委特别授予了参加军调部工作的人员以军衔，叶剑英、罗瑞卿、滕代远、饶漱石为中将。

  国民党方面所以同意签署停战协议，其目的是争取时间，以便进一步调动军队，完成发动全面内战的部署。罗瑞卿等的任务便是用谈判桌上的斗争配合战场上的斗争。由于国共双方立场尖锐对立，执行军调部的任务便离不开吵架，而美方则袒护国民党，拉偏架。罗瑞卿回忆道："在执行部的工作就是三方天天开会，亦就是天天吵架。""吵架"主要集中在三个问题上。一是往哪些地区派执行小组，中共方面希望将小组派往国民党集结重兵的地区和准备进攻的地区，以便制止其进攻，而国民党方面则表示反对。反之，国民党希望将小组派往共产党在军事上占据有利形势的地区，中共方面则表示反对。二是交通问题，国民党方面为了加紧运兵打内战，主张立即恢复交通，而中共方面提出，恢复交通必须以全面停止内战为前提，必须停止国民党军队对解放区的进攻和侵占。三是双方互相指责对方违反停战协定，然后派由三方人员组成的执行小组赴当地进行调查。一年多的时间内，先后共派出了36个执行小组，地域北达吉林，南至广州。他们把在北平的"吵架"扩展到了全国各地。这些小组如果派到解放区，国民党的成员便千方百计搜集情报。如果派到国民党统治区，国民党即组织一些地痞流氓还乡团对共产党"请愿"，进行挑衅，有时甚至扭打中共方面的人员。于是，中共方面即据理抗议，而国民党方面则推诿抵赖，最后则不了了之。对这些争吵，罗瑞卿回忆道："他们诬蔑我们违反停战协定，他们蛮横狡辩、抵赖。他一篇，我一篇，美国人一篇，都是针锋相对，越吵双方距离越远。美国人在一切重要问题上都是偏袒国民党的，只在某些次要的小问题上装作公正的样子，企图欺骗我们上当。开会，吵，再开会，一遍又是一遍，一场接着一场，如此翻来覆去，周而复始，没有终了。"

  这种"争吵"留下了许多舌剑唇枪的记录，如有一次开会，罗瑞卿说：狡辩改变不了事实。国民党方面的参谋长蔡文治说：罗这话侮辱了他，要罗道歉。美方参谋长海斯克莫名其妙。蔡便向海斯克解释：中国使用的是象形文字，一些偏旁部首有特定的含义。狡字是反犬旁，狗的意思，罗这样说是对他的侮辱。翻译为翻这个英文中没有的"偏旁部首"吭哧了好一会儿，最后翻成了"构成文字的部件"。海斯克好不容易才弄明白了蔡的话的意思，然后耸耸肩膀说："你们的中国字实在是神奇莫测。"然后，要求罗略表歉意。罗听了蔡自动对号入座的解释，心中暗笑，但仍拒不道歉。海斯克又转而对蔡说，罗用的是第三人称，不是指你，可以不道歉，还是接着开会。蔡又不干，于是休会。以后因美方坚决要求，又无条件复会，这件事便不了了之。

  在军调部除了吵架外，还有出席鸡尾酒会之类的应酬。这种场合虽然用不着吵架，可罗瑞卿不胜其烦，仍视为苦事。他渴望到战场上去同敌人真刀真枪地干一场。

随着时间的推移，蒋介石陆续把军队从后方向内战前线运送，并从2月开始向东北民主联军大举进攻，在关内向各解放区频繁骚扰，造成"关外大打，关内小打"的局面，全面内战的阴影越来越浓，国民党在北平等地对中共人员的摩擦也日益加剧。

1946年2月20日下午2时，一伙自称是"冀省难民还乡请愿团"，由地主"还乡团"分子、地痞流氓组成的暴徒，由国民党特务率领，包围了设在协和医院的军调处执行总部，进行所谓的"示威""请愿"，要求退还解放区在土改中被平分的土地和房屋，甚至要求取消解放区。这群人中还夹杂着国民党北平市政府的人员和国民党反动报纸的记者。当他们往院内冲时，在军调部门前值勤的警察竟然不加阻拦。这伙暴徒呼喊着反头口号，冲进了中共代表团的办公室，捣毁门窗玻璃，砸坏桌椅板凳，肆意侮辱和威胁中共代表团工作人员。在场的宪兵和警察事先已得通知，都袖手旁观。叶剑英多次向饶柏森和郑介民交涉，迫使他们同意以三委员名义向北平政府提出严正抗议并电请蒋介石从严惩处为首的肇事分子。2月21日，罗瑞卿受叶剑英的委托召集记者招待会，联系到这一事件发生前后北平发生的其他一些规模较小的反共事件，谴责了国民党纵容特务和地痞流氓滋事，破坏停战协定和政协协议的暴行。

1946年4月3日，在北平又发生了国民党军警、宪兵、特务无理袭击《解放》报社和新华社北平分社并逮捕这两社工作人员的事件。

《解放》报社和新华社北平分社都是根据三委员达成的有关新闻问题的协议而设立的。中共中央任命徐特立为新华社北平分社和《解放》报社的社长，钱俊瑞任代理社长兼总编辑。报社和新华社北平分社设在宣武门外方壶斋9号。2月21日两社正式成立并向北平市办理了登记手续。2月22日，《解放》报出版发行。这一张在北平公开发行的共产党的报纸宣传了中国共产党争取和平、反对内战的主张，介绍了解放区人民翻身做了主人，一派兴旺的气象，揭露了国民党反动派的内战、卖国政策和贪污腐化的本质，受到各界人民的欢迎。国民党反动派感到这张报纸对他们的统治是很大的威胁，便派特务打报童，撕报纸，威胁印刷厂，不准他们印《解放》报。当这些行为仍不能达到扼杀这张报纸的目的时，他们便采用了更加明目张胆的撕毁国共双方有关新闻问题的协议的行为。

4月3日凌晨3时许，宣武门外方壶斋9号中共《解放》报社和新华社北平分社突然遭到国民党第十一战区第九十二军第一四二师第四二六团一营二连、北平警备司令部侦察队和北平警察总局警察第二中队、宪兵第十九团和一些便衣特务共200余名军警、宪兵、特务的包围。几名军警悄悄爬上了房顶，两挺机枪封锁了报社大门。随后，特务胁迫着当地的甲长前来敲门。门一打开，军警特务一拥而进，冲进办公室和宿舍搜查，不仅对全体人员搜身，而且还翻箱倒柜，美其名曰"查户口"。由于未查到任何武器和违禁品，这一伙军警只好怏怏而去，但天亮后又来了108100多名军警宪特。他们借口新华分社部分工作人员户口登记手续未办完而捣毁分社，将分社全部人员包括负责人钱俊瑞，统统押往北平警察局外二分局。

与此同时，西四三道栅栏41号《解放》报发行科、西城前京畿道12号第十八集团军驻北平办事处也遭到搜查。在《解放》报发行处，找不到报户口手续不全等借口，军警便说有延安出的书，违禁，于是将发行科主任马建民等全部捆走。第十八集团军驻北平办事处是叶剑英的军事顾问滕代远住处,又称滕公馆。在搜查时,滕代远的秘书李新、张家口贸易公司经理李耕涛、张家口商会会长刘鸿达等或因新到或因第二天即走而未报户口,于是被军警统统带走。中共方面被捕人员达44人。其中《解放》报社张鸿烈在当日下午被押走,手指被车门挤伤,住进了医院。

叶剑英凌晨听到消息后,立即召集罗瑞卿、滕代远、李克农等紧急开会,研究对策,决定由叶剑英起草致美方委员饶伯森和国民党方面的委员郑介民的备忘录和给北平行营主任李宗仁、第十一战区长官孙连仲和北平市长熊斌的电报,将这些文电公布于世,同时迫使饶伯森、郑介民也采取行动。滕代远召集记者招待会并去找李宗仁、孙连仲、熊斌提出抗议;罗瑞卿和宋时轮到北平市公安总局要他们道歉、放人。

4月4日,罗瑞卿和宋时轮首先去医院慰问了张鸿烈,然后驱车来到公安总局,慰问被捕者并让警察去把局长陈焯叫出来予以严厉训斥。陈焯不得不承认有错。不一会儿,叶剑英、滕代远又迫使熊斌和他们一道来到公安总局,要熊命令陈焯道歉、放人。随后被释放的全体人员乘坐卡车,沿着北平的主要街道拐来拐去,途中,高呼"反对非法逮捕!""保障人身自由!""取消特务组织!"等口号,胜利回到军调处中共代表团驻地翠明庄。

4月上旬,针对国民党大举运兵到东北并相继占领海城、鞍山、营口、昌图、法库并准备大举进攻四平的形势,周恩来同美方代表吉伦(在马歇尔回国述职期间代表马歇尔)、国民党代表陈诚(接替张治中)反复会谈,要求在东北停火,并去东北视察。陈诚认为东北原无"共"军,停战令不适用于东北,不同意停火。他虽对去东北视察无异议,但又表示自己无暇去东北。

4月12日,根据三方协议,三人小组赴东北。但是真正三人小组成员一个也没有去。代表马歇尔的是吉伦,代表陈诚的是秦德纯,代表周恩来的是陈士榘。三人小组要求三方委员同去。美方委员饶伯森去了,郑介民因忙于去处理戴笠飞机失事后戴的丧事并接替戴军统局长的职务而派了一名代理人。罗瑞卿则代表叶剑英。

三人小组到达沈阳后住在太和旅馆。在沈阳,东北三人小组中共代表饶漱石提出:(一)停止冲突;(二)停止运兵到东北;(三)国民党军退出3月27日后所占地区。然后三人小组代表各作一次发言,执行部三方人员亦各作一次发言,各吹各的号,各唱各的调,或针锋相对,或不着边际,什么问题也未解决。

在沈阳只待了一天,罗瑞卿和陈

■1946年,罗瑞卿在北平军调处执行部。

士桀同机返回北平。由于美国飞行员对中国的地形地貌不熟悉，航行偏离到张家口，在山沟里转来转去，找不到机场降落。罗瑞卿在飞机上用他那有限的英语边说带比划告诉他们偏了航。飞机在大同机场降落，然后才飞到北平。回到驻地后，罗瑞卿把在飞机上的惊险遭遇说给李克农听。当时飞机失事频繁，3月11日，特务头子戴笠乘飞机在南京岱山撞山而亡，4月8日，一架美军飞机由重庆到延安，在山西，飞机撞黑茶山失事，在机上的叶挺、王若飞、秦邦宪、邓发等中共高级干部全部牺牲。李克农颇为罗瑞卿平安回到北平而庆幸。

4月16日，罗瑞卿、陈士桀应周恩来之召，飞到重庆汇报沈阳之行的情况。在重庆，罗瑞卿参加了"四八"烈士的追悼会，然后又飞到延安向毛泽东报告工作。当罗瑞卿汇报到在军调部三方开会尽是吵架，国民党代表不讲道理时，毛泽东说："什么叫道理？你想要讲的话就是道理。他们不讲道理，我们讲道理。"听毛泽东这么说，罗瑞卿便把他同蔡文治关于"狡辩"的争论说了一遍，毛泽东大笑。当罗瑞卿汇报到军调部有些同志担心做不好工作，怕影响全局时，毛泽东鼓励说："你们尽可放手工作，影响不影响全局，不在军调部。"对今后工作，毛泽东指示，要坚持实事求是，对国民党的假报告，要坚决顶回去。听了毛泽东的指示，罗瑞卿进一步提高了做好工作的信心。

当罗瑞卿在延安向毛泽东汇报工作时，郝治平带着大女儿峪田从张家口搭美国飞机到北平。她在来之前复习了半年英语，准备到军调部工作。李克农把她接到翠明庄。她们一进门便看见照壁上有一张蒋介石身着戎装的半身像。刚刚4岁的小峪田立即指着说："大坏蛋！"郝治平知道，此地到处是国民党特务，怕惹出麻烦，忙将她抱起来，对她摇摇头。李克农给郝治平安排好住处，对她说："有电报，老罗今晚就回来。"

但是，当天罗瑞卿并未回来。到晚饭后，李克农见郝治平站在阳台上朝长安街方向眺望，便走过来安慰郝治平说："治平同志，等急了吧？"郝治平何尝不急，但她轻轻地摇了摇头。其实，此时的李克农也很着急。一个月两架飞机失事，一架上面是戴笠，一架上面是叶挺、王若飞、秦邦宪，震动了全国、全世界。他知道郝治平也会往这上面想，他没有将上次罗从沈阳回来飞机迷航的事告诉她，否则郝就会更着急了。他只是说："不用担心，罗政委不会出什么事，可能有什么事耽搁了。天凉了，进屋休息吧！"

这一夜，郝治平彻夜无眠。第二天，罗瑞卿从延安回来，郝心头一块石头才落了地。罗瑞卿看到妻子十分高兴。当郝谈起她一夜未睡时，罗瑞卿说起上次从沈阳回来迷航的事，郝治平还真有点后怕。

郝治平到北平后，感到在军调部工作环境完全不同于在解放区，自己不一定能适应。罗瑞卿告诉她，蒋介石在不断破坏停战协定，内战全面爆发的可能性越来越大，军调部不可能长期存在下去。于是，郝治平决定住几天后即返回张家口。临行前，军调部的年轻翻译王光美、康黛莎都劝她把孩子留下来玩几天。从北平到张家口，美国飞机几乎天天都有，过几天再把她送回去。郝治平知道罗瑞卿十分喜欢孩子，便把孩子留在了北平。王光美、康黛莎等天天带她到近在咫尺的王府井，买衣服、玩具，吃冰淇淋。在协和医院门前，王光美还给峪田照了一张相片，峪田穿着夏装，骑着童车。到"文革"期间，专案组硬说这张照片是 6 月间照的，以此证明郝治平 6 月仍在北平，而且还请了保姆，保姆即是特务。据说同王光美有关，从而在把王光美打成特务的同时，把郝治平进而也把罗瑞卿打成特务，此是后话。

二、全力投入军政指挥，努力扭转战局，摆脱被动，争取主动

1946 年 6 月 17 日，蒋介石通过马歇尔向中共提出了将人民的武装撤出陇海路以南、胶济路全线以及东北大部地区的无理的最后通牒式的要求。6 月 19 日，毛泽东为中共中央起草致各战略区的电报，指出："观察近日形势，蒋介石准备大打，恐难挽回。大打后，估计 6 个月内外时间，如我军大胜，必可议和；如胜负相当，亦可能议和；如蒋军大胜，则不能议和。因此，我军必须战胜蒋军进攻，争取和平前途。"依据这一分析，中央军委拟定了南北两线的作战计划：在南线，由晋冀鲁豫野战军主力、山东野战军和华中野战军向豫东和津浦路进击。在北线，要求晋察冀军区和晋绥野战军及晋冀鲁豫野战军一部，用半年或较多的时间夺取三路（平汉路北段、正定太原路、同蒲路），并相机夺取四城（保定、石家庄、太原、大同），使晋察冀、晋绥、晋冀鲁豫各解放区连成一片。

为了对付国民党军的进攻，中共中央将部分军调部人员陆续调回。6 月，罗瑞卿奉命撤出军调部，返回张家口。

1946 年 6 月 26 日，蒋介石撕毁停战协定，用 30 万军队，兵分四路，大举进攻中原解放区。全面内战爆发。

7 月中旬，毛泽东电召罗瑞卿赴延安接受交给晋察冀部队的作战任务。罗瑞卿又以军调部中共方面参谋长身份乘美军飞机经北平赴延安。

在延安杨家岭，毛泽东对罗瑞卿说，蒋介石发动的全国规模的内战，在各地已经大打起来。毛泽东提出：晋察冀军区为了实现夺取三路四城的计划，应首先出击平汉路，消灭一些弱敌，扫除敌一些据点以和冀中解放区连成一片。领受任务后，罗瑞卿乘汽车经绥德返回晋察冀。在路过晋绥军区时，他从贺龙处得悉，晋察冀军区和他们已向军委提出了联合攻下大同，然后晋察冀部队再出击平汉路的建议。随后，贺龙派汽车送罗瑞卿经丰镇回张家口。途中，在一处悬崖边翻了车。幸而这台车有一个拖斗，拖住了车头，车头又恰好卡在一个小河沟内，车才没有翻到崖下。在丰镇，罗瑞卿见到了晋绥野战军副司令员张宗逊等人，7 月底回到张家口。罗瑞卿向聂荣臻传达了毛泽东先打平汉路的设想。聂荣臻对他说：中央军委已批准先取大同，第二步向平汉路挺进，第三步再向正太路进攻。

毛泽东"同意先取大同、再取平汉、再取正太"的复电是 7 月 25 日发出的。7 月 20 日至 26 日，晋察冀部队集中三个旅及地方武装共 10 个团进攻大同以南的应县，未克。毛泽东得悉后，对能否攻占大同产生了怀疑。8 月 1 日，他致电聂（荣臻）刘（澜涛）贺（龙）李（井泉）："瑞卿到否？应县久攻不下，你们对攻大同把握如何，攻大

同计划如何，何人指挥，使用哪些部队，攻城训练如何？你们以多少时间扫清外围及攻下大同？如大同久攻不下，其结果将如何，此种可能性应估计到；上述各点请考虑详复。"

8月2日，聂荣臻在阳高主持了作战会议，罗瑞卿、刘澜涛、晋绥野战军副司令员张宗逊、晋察冀军区第三纵队司令员杨成武、第四纵队司令员陈正湘、张家口卫戍区司令员郑维山等出席了会议。会议根据大同守敌不强、但城防坚固的情况，确定用晋绥军区的第三五八旅、晋察冀军区第三、第四纵队各两个旅，计划用10天时间扫清大同外围，攻歼应县、怀仁、口镇之敌，完成攻城准备，再用20多天攻下大同。为防止绥远傅作义部增援，以晋绥军区的独立第一、第三旅、骑兵旅和晋察冀军区第二纵队的第四旅等部，位于距大同120公里之集宁及其以西地区和在大同、集宁之间的丰镇以西凉城地区对傅部警戒。会议确定成立双方负责人共同组成的前线指挥部。由晋绥野战军副司令员张宗逊任司令员。罗瑞卿虽然未参加这一战役的准备工作，但由于参战部队中多数是晋察冀的部队，于是，他主动提出，由他任前线指挥部政治委员。

8月3日，聂荣臻电告军委，说（阳高）会议认为，攻占大同对今后各方执行任务均为有利。6日，毛泽东复电："你在布置大同战役后，望集中注意于准备平汉战役。"

大同守军楚溪春部虽仅1.9万人，但经长期经营，有坚固工事；大同除南面是开阔平原外，西、北两面皆山，山上山下都有敌人之明碉暗堡，东面是御河，城墙很厚，易于防守。守军有阎锡山收编的数百名日军炮兵，城中粮食、弹药均很充足。攻下大同，并非易事。

在阳高会议之前，从7月31日起，有些部队已开始进攻大同外围，但只歼灭了2000人，大部守军都退到了大同近郊及城里，进一步增加了攻城的困难。

8月14日，开始总攻大同近郊和4个城关据点。由于兵力不集中，对国民党守军坚固设防的力量估计不足，部队尚无用炸药包进攻敌人工事的经验，每前进一步都要花费很大伤亡代价。敌人边抵抗边退向城内。罗瑞卿感到这样打下去不行，但有些干部不以为然，罗瑞卿便以个人名义发报给晋察冀军区并报军委，认为屯兵于坚城之下，久攻不克，兵力分散（同时围攻大同、应县、定襄诸点），若傅作义增援，不好对付。这一电报发出后不久，调来晋绥军区三五八旅主力，晋察冀第四纵队十旅撤围应县后亦调至大同前线，以加强攻城兵力。至9月4日，肃清了郊区各点及北关、西关之敌。蒋介石看到大同即将不保，以将原属第二战区阎锡山所辖之大同划归傅作义管辖的第十二战区为条件，要求傅去解大同之围。傅作义是1936年指挥绥远红格尔图战役和收复百灵庙战役的抗日名将。当时，毛泽东、朱德曾对他的"英勇抗战"致电祝贺。但抗日战争胜利后，这位抗日名将却卷进了内战。蒋介石下令后，傅作义即派其嫡系第三十五军以及暂编第三军共3万人马兵分三路，从归绥东进，进犯集宁，企图经过集宁增援大同。前指匆忙决定从大同前线抽调第三五八旅和晋察冀第四纵队由张宗逊、罗瑞卿率领北上到集宁打援。副司令员杨成武指挥晋察冀第三纵队等部继续攻大同。

9月5日，傅部攻占卓资山后继续东进，10日猛攻集宁；同日晚，张、罗指挥在进攻大同中遭到伤亡而又来不及整补的打援部队将傅作义主力3个师包围于集宁城下，随即向被围之敌展开猛攻，傅部电台被毁，阵势已乱。这时傅作义又派第一〇一师来援，于9月12日进至集宁西部之脑包山。前指没有继续围歼集宁城之敌，而是错误地决定调主力至脑包山求歼一〇一师。被围之傅部乘机恢复已失阵地，并由东向西攻击。13日，傅部主力全部集中到集宁城郊。此时，在集宁歼敌已不可能，13日晚，张、罗率领部队放弃集宁。集宁失利，大同不宜再攻。16日，从大同撤围。

傅作义占领大同后，颇不可一世。9月20日，傅授意第十二战区司令长官部新闻处副处长、《奋斗日报》社社长阎又文起草了《致毛泽东的公开电》，称："被包围、被击溃、被消灭的不是国军，而是你们自夸的所谓参加'二万五千里长征'的贺龙所部、聂荣臻所部……"

朱德在延安看到由电台抄收的此通电后，对陕甘宁晋绥联防军领导人说："向连以上干部宣读，这叫激将法。人家骂我们经过两万五千里长征也不过如此。"后来，这封电报作为反面教材，延安《解放日报》予以发表，从反面激励了解放军指战员的斗志。

对于大同、集宁战役的失利，罗瑞卿作为政治委员曾作过多次反思。1946年9月15日，张宗逊、罗瑞卿在《绥东战役经过及经验教训》中即指出："8月2日阳高会议决定攻大同、打傅增援，当时认为大同可迅速攻下，因此对傅顽只采取声张而迷惑，没有准备大同不能立下与傅决战的足够兵力，结果大同连攻不克，傅即乘机东犯，使我措手不及。"

1947年4月15日，罗瑞卿在《关于晋察冀边区战局的分析》中指出："初战没有打好。初战往往对战争全局影响很大，因为当时有轻敌思想，先搞个硬钉子，拿大同，没有先打弱的，后打强的。对于集中优势兵力歼灭敌人的思想，就集宁之战来说，不论在战役指导上或者战术指挥上也都有毛病，今天来看要打傅作义应该集中更多的力量。集宁之战，站在严格的自我检讨立场上来说，应该承认是打的很不好的……"

到"文革"期间，罗瑞卿在被"监护"的情况下，做了更加成熟的反思：

> 所以，大同战役，实际上是一次败仗（指的是我消耗太大、损伤士气，未能歼敌，大同未打下，我反失掉集宁，长了敌人的志气等，而敌人并未能消灭我军的部队）！这是起了战略性的影响的。主要的还不是影响了张家口的过早失守，主要的是影响了冀察晋地区在大半年时间内，在对敌作战中，都处于被动地位。
>
> 这是一次战役方针不对，在执行战役时又无明确计划（如究竟重点是攻城还是打援？是没有明确的预见的，先着重打城，而后又被迫打援），以及轻敌，不慎重初战，不集中兵力等完全违反主席军事思想的一相当典型的战例！
>
> 反之，如果执行主席原来的指示，把四个纵队集中起来出平汉线，其结果必定是另一样。不仅可以先消灭一些弱的敌人，使部队在俘获中得到一些补充，部队士气亦必随之增高，而且搞得好，还可能求得在运动战中歼敌一部分主力部

队的歼灭战，取得更大的胜利！

在大同、集宁战役中，罗瑞卿是前线政治委员。但是他事先并未参与打这一仗的决策，从延安回来，一路上他向晋绥、晋察冀两个军区的领导人传达了毛泽东关于先出平汉路的设想。在两军区已决定先进行大同战役并已报请军委批准后，他只能服从和执行。而他考虑到参战部队晋察冀的多，他作为晋察冀军区副政委，当前线政治委员责无旁贷，于是在尚未进入情况时便仓促上阵。尽管如此，但他仍对这次战役进行了反复的检讨和反思，这反映了他严格要求自己的品格。在被"监护"时的反思中，他将执行毛泽东先打平汉路的设想和先打大同作了对比，从而更加服膺于毛泽东预见将来的敏锐的洞察力。

大同撤围后，罗瑞卿回到张家口。此时，国民党政府北平行辕决心集中第十一、第十二战区主力东西夹击张家口。在一次军队高级干部会议上，晋察冀军区司令员聂荣臻提出放弃张家口。罗瑞卿和副司令员萧克支持聂的意见。但一些高级干部思想不通。罗瑞卿说服他们道："张家口有什么好喽？甩掉包袱好打仗么！"有的领导干部不同意他的意见，顶他说："就这么一个张家口，丢掉还有吗？"罗瑞卿说："不丢，你有什么办法么？"聂荣臻连忙说："不要扯啦！这件事没有扯的必要啦。早撤还可以多搬东西，甩掉了包袱能多打胜仗。打了胜仗以后，北平、天津、保定都是我们的。"

9月16日，聂荣臻、萧克、刘澜涛、罗瑞卿向军委提出，在敌东西夹击张家口情况下，"拟在敌人进攻时，只进行掩护战斗，不作坚守。"9月18日，毛泽东为军委起草复电，指出："除各方布置外，集中主力于适当地区待敌分路前进，歼灭其一个师（两个团左右），得手后看情形如有可能，则再歼其一部，即可将敌第一次进攻打破。依南口至张家口之地形及群众条件，我事前进行充分准备，各个歼敌，打破此次进攻之可能性是存在的。""此种歼敌计划是在保卫察哈尔之口号下进行动员，但以歼灭敌有生力量为主，不以保守个别地方为主，使主力行动自如，主动地寻找好打之敌作战。""希望你们聚精会神，充分准备，寻找良机歼敌一两个团。打第一个胜仗，即能振奋军心民心，打出威风。""同时张家口应秘密进行疏散，准备于必要时放弃之，这种准备和积极布置歼敌计划并不矛盾。"

根据在第十一战区的中共地下党员提供的可靠情报，聂荣臻等得悉敌人进攻的重点可能在东线，国民党李文兵团之第十六、第五十三军将分别由南口、怀柔顺平绥路西进，占领怀来后，张家口西面的傅作义可能出动。因此除将第四纵队部署在张家口以西的怀安、天镇、阳高地区对绥远傅作义部实行警戒外，其余主力均集中到东线，以第二纵队主力及地方武装一部在怀来、延庆地区正面抗击敌人进攻；以第一纵队全部及第二、第三纵队各一个旅集中到怀来以南地区，待机出击，准备歼灭由康庄、怀柔西犯的敌人，在歼灭若干敌人之后再撤出张家口。由杨成武率领6个旅在平汉路北段发动攻势，牵制敌人。为指挥这一作战行动，根据中央军委指示，组成晋察冀野战军指挥机关，以萧克为司令员，以罗瑞卿为政委，以耿飚为参谋长。组成中共晋察冀野战军前线委员会，由罗瑞卿、萧克、潘自力组成，罗瑞卿为书记。

9月22日，萧克、罗瑞卿、耿飚在第二纵队司令员郭天民、政委刘道生和五旅旅长萧文玖陪同下，来到前沿阵地。只见战士们正在构筑工事，随后又检查了伙食和弹药准备情况。当耿飚问团的干部弹药准备情况时，他们回答："我们不但把前沿的弹药配备足了，团里还预备了不少。"有几个战士插话："够敌人吃的啦！"在大家的笑声中，罗瑞卿说："其他解放区都在不断打胜仗，这次就看你们啦！"在场的指战员高声回答："请首长放心，坚决把敌人消灭在阵地前面！"

9月29日2时，国民党军从东线开始进攻，第十六军及第五十三军一个师由康庄向怀来大举进攻，先后有370架次飞机对第二纵队阵地及后方进行狂袭滥炸。第二纵队在正面顽强抗击。10月3日晚，第一纵队以神速动作突然向敌左翼发起反击，在东花园旧村歼敌一个团又一个营，缴获坦克3辆。

蒋介石见从正面攻怀来受阻，10月4日，派参谋总长陈诚和北平行辕副主任陈继承到达南口部署新的进攻。7日，敌预备队第九十四军第四十三、第一二一师由北平附近西调，企图经怀来东南20公里的马刨泉、横岭从侧翼迂回怀来。解放军洞悉敌之图谋，迅速调整兵力，在马刨泉设伏，歼敌一个团。

经十余天作战，在东线，解放军共歼敌两个多团，将六师敌人重兵阻于怀来之东，为从张家口从容撤退赢得了时间。与此同时，杨成武率部在平汉路北段向敌发动攻势，连克望都、徐水、定兴，破路炸桥，牵制了敌人。

蒋介石见怀来一时难以攻克，又一次以将察哈尔省划归傅作义管辖为条件，要求傅作义从西线出兵。

傅作义见有机可乘，不等东线李文兵团攻克怀来，便从集宁出兵。他耍了一个声东击西的花招。一面宣称第三十五军军长鲁英麟将率部沿平绥路经大同东进，一面集中其主力第三十五军，暂编第三军及骑兵团由集宁向东，避开在阳高、天镇的第三五八旅和在怀安、阳高地区警戒的第四纵队，穿越草原，直出张北。8日占张北，10日占狼窝沟，11日突入张家口。傅这一行动为国民党不顾共产党和民盟等民主党派的反对而悍然决定于11月15日召开的国民大会打了一剂强心针。国民党军占领张家口后，即将北平行辕所辖第十一战区和第十二战区改为保定和张垣①两个绥靖公署，分别由孙连仲和傅作义任主任。这两个绥靖公署所辖部队即成为以后一个时期华北解放军的主要作战对象。

11日，晋察冀部队撤出张家口。傅作义部来得突然，尽管撤出张家口是早就定下的，撤退仍有点匆忙。张家口一撤，怀来将受两面夹击。在怀来一带歼灭更多敌人的计划落空，怀来守军也不得不于12日撤出怀来地区。

罗瑞卿率领部队撤至易县地区时正是阴历十八九。据刘澜涛回忆，他和罗夜里到达易县西陵时，一轮明月已到中天，一座座宫殿在参天大树的拱卫下安详地矗立在平原之中，苍松翠柏和宫阙石碑的影子投射在朗朗白地上，非常清晰，非常壮观。罗瑞卿和他由于对以后打法心中有数，当时心情都很好，两人策马缓行，颇有兴致地欣赏了月夜下的西陵景色。

---

① 即张家口。

从张家口撤出之后，罗瑞卿一直把鼓舞士气作为政治工作的一项重要任务。他到部队去，每逢讲话必要鼓舞士气，激励指战员们卧薪尝胆，多打胜仗，多消灭敌人，报傅作义的仇，待时机成熟再收复张家口。

10月22日，罗瑞卿出席了晋察冀中央局召开的涞源会议，做出了《关于张垣失守后的形势与任务的决定》。会后为了适应战争需要，对部队进行了整编，各纵队由两个旅扩充至三个旅，动员了数万群众参军，各纵队兵力都得到了补充。12月间，撤销了野战军的指挥机构，由晋察冀军区直接指挥原野战军各个纵队。第一纵队奉军委命令归还晋冀鲁豫军区建制，其司令员杨得志留在晋察冀任第二纵队司令员。

12月底，晋察冀军区机关进驻完县南腰山村。此时得悉从保定南面的望都到石家庄以北的正定250里铁路线上敌人兵力空虚，只有保安第五总队侯加塘部6个团把守。聂荣臻、萧克、罗瑞卿等决定组织保南战役。

1947年1月20日，阴历除夕，第四纵队和独一旅在风雪弥漫之中向保定南面平汉路各据点发起进攻。这些据点的守军正杀猪宰羊，吆五喝六，忙着过年，根本没有料到解放军会突然南下。解放军一进攻，他们便惊慌失措。四纵十一旅和十旅分别攻克王京和望都。望都之敌第五总队第三团北窜至于家庄，被解放军歼灭。

当天，罗瑞卿和副司令员萧克、副参谋长耿飚乘一辆吉普车到达望都周围了解战况。攻克望都后，他们随即驱车向望都城内开去。但半途吉普车抛了锚。随行的作战科科长杨尚德向公路附近的村庄的老乡借了一间房，安排首长们休息，然后去找部队。不一会儿，杨从十旅后勤部借来了半袋面粉、两棵白菜和一块猪肉。于是，几人做了分工，罗、萧和杨尚德负责做饭，耿飚帮司机修车，警卫员放哨。由于吃完还要赶路，大家决定这顿饭便简单从事。罗瑞卿擅长做川菜，回锅肉、麻婆豆腐都有一定水平，但是在路上一时找不到辣椒、花椒，更没有四川豆瓣酱，只能将就做一个白菜炖猪肉，萧克、杨尚德便和面烙饼。

饭做好，车也修好了。吃完饭罗瑞卿一行又上车赶路。进入望都县城时只听得爆竹声声，大年初一已到。大街上挂着"欢庆望都解放、喜迎新春佳节"的横幅标语。罗瑞卿等看望了部队伤员，几个人商量了一下，打算继续南下，攻占定县，扩大战果，控制平汉路保（定）石（家庄）段。罗瑞卿一行随后返回军区。聂荣臻听取了他们的汇报后，采纳了他们的意见，命令四纵主力继续南下，攻克定县城，全歼侯如塘部，控制平汉线保（定）石（家庄）段。28日，四纵攻克定县，部分敌人出西门逃窜，一部在城郊被歼，一部在阳城地区被二纵歼灭。

在保南战役中，解放军共攻克望都、新乐、定县3座县城及其周围的据点，歼敌8200多人，使冀晋和冀中两个解放区连成了一片。

1月29日，毛泽东致电聂荣臻、萧克、罗瑞卿、刘澜涛、黄敬："（一）连续攻克望都、新乐、定县，歼灭侯如塘等部，甚慰。望对指战员予以嘉奖。（二）你们已在平汉线取得主动，望在今年上半年用围城打援各个歼灭之方法，将平汉线上蒋系各军基本解决，以便下半年主力转入平绥线，解决傅作义。"

此时，国民党保定绥靖公署孙连仲见晋察冀解放军主力在保定以南地区，乃以第九十四军和第十六军第二十二师于2月6日从涞水进犯易县。8日，解放军主动撤离易县城，南下塘湖地区。敌第九十四军追至塘湖害怕被歼，向东退至涞水、南靠、北靠。同时敌第五十三军进至姚村进行策应。为了设法将第五十三军东调，孤立并求歼第九十四军，解放军第二纵队（欠第四旅）和第四纵队十一旅向平汉线固城至漕河段出击，一举攻克徐水东站，并围攻徐水县城。15日，敌第五十三军回援徐水。第九十四军5个团也东退至姚村一带。解放军乃调第三、第四纵队（欠第十一旅）和第二纵队第四旅围攻姚村。但在17日发动总攻前，四纵队观察失误，判断敌军东窜，未查明情况即擅自撤围，分路实施追击，以致错过战机。

2月18日，敌第二十二师和独立九十五旅增援姚村，聂荣臻与萧克、罗瑞卿研究后，决定撤围姚村。已经到嘴的肉不得不放弃。随后军区机关由冀西转移到冀中安国县。

2月21日，毛泽东来电对前段作战情况进行了批评，指出："你们最近时期在保（定）、易（县）间的争夺战，是在被动情况下进行的，故打不出好仗。"毛泽东指示："今后行动应学习陈粟、刘邓、陈谢三区大踏步进退，完全主动作战的方针。你们部队休整若干天后，请考虑是否可以打第三军。其目的不在占地而在歼灭顽伪有生力量，并吸引保定以北之敌南下，利于第二步歼击之。""总之，大踏步进退，不拘于一城一地之得失，完全主动作战，先打弱敌，后打强敌，调动敌人各个击破。"

为了从根本上扭转华北战局，摆脱被动，争取主动，1947年3月，中共晋察冀中央局和晋察冀军区在安国分别召开了重要会议，学习了中共中央2月1日发出、由毛泽东起草的《迎接中国革命新高潮》的指示和中央军委、毛泽东主席对晋察冀军区在作战指导方面的历次指示，明确了尔后的作战指导思想，要不计一城一地得失，大踏步进退，先打弱敌，调动敌人，集中优势兵力，在运动中各个歼灭敌人。

罗瑞卿主持了军区的政治工作会议。3月25日，在会上，罗瑞卿作了题为《如何加强军队政治工作问题》的报告。按照中共七大的决定，他强调毛泽东思想是一切工作尤其是军队工作的指针。在报告中，他指出：《古田会议决议》和留守兵团政治部主任谭政在西北局高干会议上提出的政治报告，前者是毛泽东亲自起草的，后者是在毛泽东亲自领导下完成的。"这两个文件就是毛泽东思想在军队政治工作建设上的具体化。""这两个文件中所阐明的思想，就应是我军政治工作建设的指导思想。"

他指出："两个文件中所阐明的思想，并不是什么人单纯的主观的臆想，也不是从什么经典中所抄录下来的教条。它是毛主席在领导中国革命与领导中国革命战争中所创造的军事思想的一个重要方面。它是从中国革命的实际出发，从中国革命军队与中国革命战争实际出发，经过无数次的从群众中来到群众中去的反复实践过程所创造出来所积累起来所提高起来的。它为中国人民反对人民敌人武装斗争所创造、所产生，又为中国人民反对人民敌人的武装斗争所考验、所证明。"

他坚信："古田决议的精神如果被确认，如果我们的政治工作，完全走上古田决议的路线，如果我们的同志真正掌握了古田决议的思想，使其在我们的工作中发生指导作用，那么我们军队今后的政治工作一定会有一个新的气象的。"

罗瑞卿在报告中提出，要把激励士气与加强团结作为我军目前军队政治工作的总方针。

为了激励士气，罗瑞卿要求继续开展部队的立功运动，要求把立功运动同进行全心全意为人民服务的教育结合起来，建立巩固的为人民服务的思想，使全体干部战士自觉自愿地做"人民的战士""人民的功臣"。要求不断提高部队的胜利信心，要克服"我区是不能打胜仗"的悲观失望情绪。他说："过去胜利不足，今后大有可为。""我们可以胜利的条件并没有丧失，只要我们认真克服缺点，坚决执行毛主席和党中央的指示，我们的胜利……确定的会到来的。"他还指出，在开展立功运动的同时，要抓紧练兵和整顿纪律。

在加强团结方面，他讲了军内团结和军外团结两方面的问题。他针对当时军民关系、军地关系不太协调的情况，按照毛泽东所说，军队与地方关系搞不好，主要由军队方面负责的精神，着重批评了军队内骄傲自满情绪和不守纪律的现象，要求军队尊重地方，"先喊地方万岁"，实行三大纪律八项注意，做好群众工作，帮助群众生产，增强军民、军地团结。这一做法争取了主动，促进了团结，受到中共中央的好评。

为了加强党对军队的领导，会议根据中共中央2月27日发出的在军队中组织党委会的指示，决定在团以上各级建立党的委员会，实行党委集体领导下的首长分工负责制，规定一切重大问题都要经过党委集体讨论决定，再由部队首长分工执行。在作战等紧急情况下，首长有判断处置之权。会议决定，加强党支部建设，发挥党支部在连队的核心领导作用。

安国会议后，部队普遍开展了立功运动。"人人立功、事事立功、处处立功"的口号已经深入人心。部队还开展了热火朝天的练兵运动，战士学习并苦练射击、投弹、刺杀、爆破和土工作业五大技术，干部学习了毛泽东关于集中优势兵力打歼灭战的思想，部队的军事素养有了较大提高。

1947年春，晋察冀部队转入反攻。在讨论作战方向时，罗瑞卿和萧克都主张在正太线作战，但有的干部不赞成，认为打不出什么成果。罗瑞卿认为，正太线敌人兵力薄弱，在正太线多打胜仗可以鼓舞士气。打正太线还可以扫掉石家庄外围，使石家庄变为孤岛。他对主动求战的干部非常欣赏，称为"革命的好战分子"。他说："我们晋察冀应该多几个敢打敢拼的好战分子。"4月9日，正太战役开始。4月10日，四纵队攻克栾城，12日，二纵队攻克正定。

在正太战役期间，1947年4月15日，罗瑞卿在晋察冀中央局直属干部党员大会的讲话中，认真总结了前一段晋察冀胜利不足的原因。

他首先指出："从去年7月到现在，这8个月的自卫战争中，就全国范围来讲，我们取得了伟大胜利，歼敌70多旅。但我区的胜利很不足，与总的形势不大相称，没有完成中央给我们的歼敌任务，有好几仗没有打好，整师整旅的歼敌一次也还没有过，蒋军将级军官的俘获我区最少。东北是新解放区，也已经跑到我们前面，整师整旅地消灭敌人了。因为我们的胜利不足，对于爱国自卫战争已经发生了若干影响。如果我们也消灭他几个师，蒋介石今天的文章就更不好做一些。"

他认为胜利不足的原因是停战协定签订前后，对和平考虑多，而备战不足。近因则是军事指导上有毛病，主要有：

一、初战未打好。罗瑞卿关于这一点的论述，前面在讲述大同战役失利时已经引用了。

二、未掌握主动权。他说:"运动战也可以说是主动战,而我们好多仗是被迫打的,以至于打不出结果来。总是怕丢地方结果地方还是丢了。如撤退张垣以后到察南,打也不打,走也不走,如果那时很快把主力转移到平汉路,也许会打个好仗。第二次打易县以及以后的打姚村,也都是敌人要在那里打的。检讨起来,我们应该实行'你要在易县打,我就不在易县打'的办法。""主动,敌人是不会自动给我们的,必须力争!战略上的被动,必须在敌我力量的消长发生一定的变化后才会发生变化,但在战略上被动的情况下,只要指导上聪明灵活一些,战役战术上的主动是完全可以争得的。"

三、战略上缺乏通盘考虑。他说:"这个战役结束了,下一篇文章该怎么做,往往是走一步看一步,眼睛不能看远一点,这样一来,就容易被局部情况所左右。哪个地方敌人局部的动了一下,我们就跟着动,缺乏坚定不移的方针,同时因为我们掌握全面情况不够,很多时候决心就容易动摇。"

四、战役组织工作差。他说:"这样大规模的战争须要很强的组织工作,多少万人的行动,吃饭就是很大的问题,军队到一个地方,柴油盐菜就都贵了,所以现在前方搞随军仓库。一打起来,担架就是好几千副,还要多少大车运输弹药,就是一套细密的组织工作,打起仗来,就是对表也都是很大问题,不然就不能很好组织战斗。战役组织工作从战役一开始就有一套大学问,叫做参谋工作,我们还不很熟练,有的地方,仗刚打起来电话就来了,某个部队没有按时到达呀,地形没有侦察好呀,手榴弹用完了呀,担架没有上来呀,等等。要把多少万人的行动统一成一个人一样,是非常不易的。"

五、政治工作薄弱。是胜利不足的很重要原因之一,思想领导与政治领导薄弱,团结问题没有搞好,特别是军民关系没有解决得好,影响部队战斗力。

针对当时干部中存在的"旁的地区会胜利,我们不一定"的悲观情绪,他提出,我们要有信心,这是因为,我们的缺点正在克服,而我们打胜仗的条件并没有失掉。他说:"我们也不是完全没有一点胜利的,我们一共搞掉敌人七八万人,能够上账的有两个旅,缺少的是将官,只有一个三八八团团长是个少将。七八万人,在过去说来,也是一件大事,但现在的眼光高了,一次消灭千把人,那就是游击队的事情不算什么,而且我们现在部队比以前充实了,有了一个时期的训练,战斗力是提高了的,参谋、政治工作都开过会了,解决了一些问题,将来的仗打好一点有了更多的条件。这次石家庄外围作战就是一个初步证明,正定那样的城三个钟点就爬上去了。现在部队的情绪,不是怕打,而是怕不打。这一次石家庄(外围)作战,消灭的1万人中,虽然能上账的不多,但政治意义很大,捉住5个伪县长,还乡队土豪劣绅捉了个差不多。今天搞了不上账的,就是准备今后搞上账的。不上账的没有了,上账的就容易到手。"

针对抗战胜利后,部队由分散游击状态转变为超地方性的正规兵团以来,连年征战,无暇进行各级司令部工作建设,因而表现为战争组织工作较差的情况,早在安国会议期间,罗瑞卿即建议在晋察冀军区组织一个高级参谋训练班,并建议由既有丰富参谋工作经验而又有写作能力的三纵队参谋长陶汉章主持这一工作。当时，战事紧张，有些军政首长不愿意调人到训练班。但罗瑞卿从长期作战着眼，决心坚定，经反复酝酿，终于在正太战役后在阜平县大夫庄办起了这一训练班。这一训练班为期一年，不仅培养了数十名高级参谋人才，而且写成了人民军队第一部有 35 万字的内容丰富的参谋工作教材。

罗瑞卿在这一次中央局直属干部大会上的讲话，从军事工作角度总结了过去胜利不足的经验教训，对于各级干部结合实际学会运用毛泽东关于掌握战争主动权、关于集中兵力打歼灭战的思想，从而为今后打好仗、取得更大胜利准备了条件。

5 月 4 日，正太战役结束，共歼国民党军 3.5 万人，俘虏第三军第七师少将副师长刘海东和少将师政治部主任袁仲庸，解放县城七座和井陉、阳泉等矿区，使晋察冀和晋冀鲁豫解放区连成一片并孤立了张家口，对扭转华北战局起了重要作用。

三、报捷清风店，解放石家庄

1947 年 6 月，人民解放军由战略防御转入战略进攻。为了便于机动作战，经中共中央军委批准，在晋察冀军区领导之下，组成晋察冀野战军，由杨得志任司令员、罗瑞卿兼任第一政委、杨成武任第二政委、耿飚任参谋长、潘自力任政治部主任。野战军组成前委，由罗瑞卿任书记。罗瑞卿等的任命得到已到达晋察冀的刘少奇、朱德的推荐。朱德在致中共中央的电报中称赞他们是"此间优秀干部"，"平时训练、战时指挥均能胜任"。

在组建野战军的干部大会上，杨得志说："在红军时期，罗瑞卿同志当师长政委时，我还是一个班长呢。现在要我来当司令员，我们要在老政委领导下，好好工作。"罗瑞卿立即插话，要求大家听从杨司令员的指挥。以后，他们相互尊重，关系亲密无间。

1947 年 6 月 30 日，杨得志、罗瑞卿致电朱德、聂荣臻并刘少奇，提出：主力整训半月后，乘各地雨季，向石家庄进攻。其方法，首先采取削弱敌人手段，达到消灭由北向南增援之敌。如援兵不来时，则向石家庄坚决进攻。

在陕北靖边县小河村的毛泽东看到此电报后致电朱德、刘少奇、聂荣臻转杨得志、罗瑞卿，并告林彪、罗荣桓，指出："现在距雨季尚有一个月，主力应即照杨罗电移至高阳、雄县以东休息若干天，争取在午号①或午有②以前，在永定河以北（平津间）进行一个战役。此役完成后即回至石门③以东休整一个月（8 月），然后进行石门战役（9 月）。打石门以后休整一个时期，即应移至平绥、平汉两路之间，对该两路之敌作战，计时约在 10 月半以后，准备以三四个月时间，将该两路之敌充分削弱，然后与我东北部队配合夺取平绥路。"

1947 年 6 月中旬至 7 月中旬，罗瑞卿和杨得志、杨成武先后组织指挥了青（县）

---

① 7 月 20 日。
② 7 月 25 日。
③ 即石家庄。

■1947年，晋察冀野战军成立时野战军领导人合影。右起：耿飚、罗瑞卿、杨得志、杨成武、潘自力。

沧（县）战役和保（定）北战役，解放了青县、沧县、永清等城，歼敌约2万人。

在保北战役中，三纵队全歼了美式机械化装备的第三六二团，缴获了一批牵引战防炮的美国吉普车。罗瑞卿到三纵检查工作时，三纵的干部发现他坐的是一辆破吉普。他们便向参谋长陶汉章反映想给罗换一辆缴获的新吉普车。当陶汉章向他提出时，他严肃地说："这样不好。我坐的车破一点不要紧，车坏了还可以骑马么！可是战防炮拖不动，敌人的坦克冲上来了，是要死人的哟！"

1947年9月间，为了应付东北民主联军的秋季攻势，蒋介石挖肉补疮，从华北抽调3个师出关增援。晋察冀野战军乘敌人兵力减少之机，于10月11日派第二纵队围攻徐水，以相机打援。国民党军从涿县、霸县方向来援。晋察冀野战军以第三、第四纵队北上阻击，双方胶着于徐水、固城、容城之间。12日，在保定绥署主任孙连仲的督促下，驻石家庄之敌第三军军长罗历戎率一个师及第十六军一个团北上，企图南北夹击晋察冀野战军。

罗历戎所指挥的第三军原属胡宗南系统，抗战胜利后，被调到石家庄，改属孙连仲指挥。解放军解放望都、正定后，石家庄即成孤岛。

早在10月上旬，蒋介石飞到北平召开华北军事会议，研究平津保三角地区的防务。会议期间蒋介石接见了第三十四集团军司令李文和罗历戎，当罗历戎报告了石家庄防务后，蒋介石为了加强机动部队，决定在固守石家庄的同时，调第三军一个师至保定。罗历戎看到守石家庄可能下场不好，便自告奋勇带一个师到保定。

12日，孙连仲命罗历戎率第三军军部和第七师、第二十二师六十六团15日出发，4日内到达保定。为迷惑解放军，公开命令是出发至河间。出发前，罗历戎了解到保定以南无解放军正规部队，而解放军正在围攻徐水，罗估计解放军抽不出兵力南下，沿途将不会有大的战事。

罗历戎出发后的第二天，17日，正在阜平史家寨出席边区土地会议的聂荣臻和罗瑞卿接到罗历戎率部于16日由石家庄北上，17日已过正定的情报。聂荣臻立即将此通报转给在前线的杨得志、杨成武和耿飚，三人立即决定主力南下求歼罗历戎部。他们考虑战场不能离保定太近，决定选在清风店地区。此时，罗历戎部距清风店约45公里，而野战军还在徐水一带，距清风店120公里，野战军必须用比敌人快近两倍的速度赶往清风店。于是，晋察冀野战军一面以一部伪装主力继续围攻徐水，抗击从涿县、霸县方面来的援军，一面调集主力6个旅秘密火速兼程南下。16日、17日，罗历戎部平安无事，19日下午，罗历戎已快到清风店，两次接到飞机空投的情报称："发现共军大批密集部队南下，距离你们很近，请第三军急急作战斗准备。"

但再急也来不及了。晋察冀野战军已将这1万余人团团包围在清风店地区，并于22日将其全歼。这一仗扭转了晋察冀战局，中共中央来电祝贺，称赞此役"创晋察冀歼敌新纪录"。战役结束之后，在俘虏中遍找罗历戎无着。独八旅旅长徐德操曾当过军调部石家庄执行小组的中共代表，同当时当国民党代表的罗历戎打过交道。徐终于把换上士兵服装的罗历戎认了出来。罗历戎本来认为守石家庄下场不妙，因此自告奋勇北上。他绝想不到他不守石家庄，反而比守石家庄的刘英先当了俘虏。

清风店一战，国民党第三军半数被歼，石家庄守敌只剩下三十二师一个师。而守军因主将罗历戎已经被俘，人心浮动。10月22日，聂荣臻、萧克、刘澜涛、罗瑞卿向中央军委和中央工委提出了"乘胜夺取石家庄"的建议。电报说："敌第三军军部直属队、率第七师全部及第二十二师之第六十六团（共四个团及一个军部和一个师部），在定县、望都之间被我包围，经昼夜激战，已于今晨被我全部歼灭（内第三军军长罗历戎已被活捉）。现石门仅有三个正规团及一部杂牌军，我拟乘胜夺取石门。军委是否批准此方针，请即复……我们拟乘大会空隙到前线一行并与野战军首长商讨下一步行动计划。"

聂荣臻、罗瑞卿一行发完给中央军委的电报后即驱车至清风店附近的北祝村野战军司令部，听取了杨得志、杨成武和耿飚的汇报。聂荣臻、罗瑞卿向杨得志等讲了打石家庄的设想。罗瑞卿向杨得志等说："清风店一战，部队打得艰苦，可是我看不会有多长时间的休整时间了。'夫战，勇气也。'聂司令已建议一鼓作气打下石家庄。我们要做好一切准备，军委一批准就行动。"随后聂荣臻、罗瑞卿等分别接见了国民党第三军军长罗历戎、副军长杨光钰、参谋长吴铁铮。

罗历戎是黄埔第一期的学生，同曾在黄埔军校任教官的聂荣臻有师生之谊。罗瑞卿曾就读于武汉军校，同罗历戎是先后同学，而罗历戎还当过军调部石门执行小组的国民党代表，彼此也可以说久已闻名了。当罗历戎来到接见的房子后，见到聂荣臻，表示很惭愧，后悔自己走上了反人民反革命的道路。聂荣臻鼓励他好好学习，改造自己走自新之路。聂荣臻还问了他石家庄的设防情况，罗一一做了回答。

杨光钰、吴铁铮也是黄埔军校的学生。杨光钰在黄埔军校同左权是一个班的。罗瑞卿告诉杨，左权同志在抗日战争中已经英勇牺牲了，杨连连说："他是光荣的，他是光荣的。"

吴铁铮大革命时期曾是中共党员。他见到聂荣臻时，羞愧地说："20多年没见到聂司令了。"聂荣臻爽朗地说："现在不是又见到了吗！"聂荣臻问吴："你看现在蒋介石的军队，和大革命时代的北伐军比，有什么不同啊？"

吴叹了一口气说："现在这个军队和那个时代孙传芳的部队差不多了。"

当日，聂荣臻一行返回阜平史家寨继续出席土地会议。

10月23日，毛泽东复电聂荣臻等，批准了他们22日提出的乘胜夺取石家庄的计划，并指出："清风店大歼灭战胜利，对于你区战斗作风之进一步转变有巨大意义。"电报要求："完成打石门之一切准备。然后，不但集中主力9个旅，而且要集中几个地方旅，以攻石门打援兵姿态实行打石门，将重点放在打援上面。"同日，朱德、刘少奇致电聂荣臻，同意夺取石家庄，并提出：朱德将于日内到达野战司令部。

接到中央军委电报后，罗瑞卿向聂荣臻提出，他立即提前回前线。聂荣臻同意。于是罗瑞卿返回前线参加了对石家庄战斗的准备和指挥。

石家庄原为获鹿县的一个村庄，由于是平汉路和正太路、德石路的交会处，而成为煤、棉集散地，逐渐发展为繁荣的集镇，1925年与休门镇合设石门市政公所，1938年正式设为石门市。

日军在抗战期间在此地开始修工事，日本投降后，国民党驻重兵于此，对城防工事不断加固，逐步形成周长60华里的外市沟，作为第一道防线；周长30多华里的内市沟作为第二道防线。内外市沟宽、深均在5米至7米，沟外有铁丝网、布雷区；沟内有电网、暗堡。内市沟内还有以大石桥等地的坚固建筑群，作为第三道防线。市郊和市内各重要街巷口均设有钢骨水泥工事。全市共有明碉暗堡6000多个。各阵地间有交通壕和地道相连。石家庄这个"庄"，虽然没有城墙，但有了外市沟、内市沟和市内建筑群这三道防线，国民党军便认为固若金汤，可以包守三年。

但是，自从罗历戎率第三军军部和第七师北上以后，守军只剩下第三十二师和一些保安部队以及石家庄附近各县的地主武装，兵力并不强。石家庄市内虽然修了坚固和复杂的工事，但从罗历戎处已缴获了大量地图，包括《石家庄半永久防御工事、兵力部署及火力配系要图》。罗历戎本想用此图向蒋介石当面汇报用，但却成了解放军的战利品。野战军有了这些地图加之在清风店还缴获了一些大炮，好比是如虎添翼。攻城中遇到的障碍是完全可以排除的。

在攻打石家庄的准备阶段，朱德来到前线。10月31日，野战军司令部在安国召开了旅以上干部会议，朱德在会上讲话，针对有些部队当时不重视战术技术的倾向，提出了"勇敢加技术"的口号，罗瑞卿就战役的政治工作作了报告，会议确定了进攻石家庄的具体部署。对此，罗瑞卿回忆道：

> 我们遵照毛主席关于集中优势兵力的原则和朱总司令的具体指示,下决心集结了晋察冀野战军主力和冀中、冀晋地方部队共六万余人,超过敌人兵力三倍。不仅在战役部署上做到集中优势兵力,在战术部署上也做到集中优势兵力,决定以一个纵队在石家庄东北方向范谈村、吴家村地段进行主要突破。在火力使用上,我们也学会贯彻这一原则。当时我们有一个初建不久的炮兵旅,只有几十门火炮。
>
> 我们大胆地把大部分火炮集中使用在范谈村的几十米的突破口上。为了增强火力,还把配属步兵的山炮、迫击炮集中起来,和野炮、榴弹炮组成强大的火力队。这样,在关系战役全局的关键地段,把装备处于劣势的炮兵变成了优势,有力地支援步兵突破了敌人前沿。

石家庄战役即将开始,但朱德仍在前线。为了保证朱德的安全,杨得志、罗瑞卿等再三劝朱德到冀中军区所在地河间县去。在陕北佳县神泉堡的毛泽东得悉朱德在前线,于10月31日致电刘少奇:"朱总到杨、杨处帮助整训一时期很好。但杨、杨举行石门或他处作战时,请劝朱总回工委,不要亲临最前线。"

同日,朱德便到达河间冀中军区司令孙毅的司令部,但经常打电话到前线,询问战况。

11月5日晚,各攻城部队在夜幕下渡过滹沱河,向预定进攻阵地开进。罗瑞卿和杨得志、耿飚乘坐一辆吉普车来到石家庄东南约20公里处的南高营,设立了野战军前线指挥所,并同各攻城部队取得了联系。

11月6日拂晓,各部队在炮火掩护下扫清石家庄外围。7日,急袭发电厂,使敌内外沟壕的电网全部失效;占领机场,断敌空中通道。8日凌晨,四纵队在城东北主攻方向攻克云盘山制高点。下午,主攻部队第三、第四纵队分别从西南和东北方向突破外市沟。10日,又突破内市沟。朱德得知已突破外、内市沟后,打电话到前线,向部队表示祝贺,并让部队注意城市政策,保护好几个大工厂。正在主持土地会议的聂荣臻也打电话到野司,希望各部队再接再厉,尽快拿下石家庄。聂荣臻说:"战斗进展要力求快速,但指挥上不要太急。要特别向部队交代清楚,入城后要坚决执行城市政策。"聂荣臻还在电话中对杨得志说:"告诉罗、耿、潘,还有你,你们习惯靠前指挥,这我不反对,但是一定要注意安全。"罗瑞卿随即让参谋迅速把朱总司令和聂司令员对部队的指示和期望通知下去,要他们传达到每一个战士,告诉大家,朱总司令和聂司令员正在等待我们的胜利消息。到11日晚,野战军已占领大部分街道,野司决定12日凌晨向守军核心工事发起总攻。杨得志和杨成武到四纵,罗瑞卿和参谋长耿飚在野司掌握全面情况。当日中午,敌师长刘英被俘,守敌2.4万人被歼,经过7天激战,石家庄全部解放,晋察冀和晋冀鲁豫两大解放区完全打成了一片。

石家庄是解放军攻克的第一座较大的城市。11月13日,朱德发来贺电:

> 仅经一周作战,占领石门,歼灭守敌,这是很大的胜利,也是夺取大城市的创例。特嘉奖全军。入市后,遵守纪律,迅速恢复秩序极为重要,军队要如

此，其他方面亦需如此，要切实办好。

朱德说，解放石家庄"是夺取大城市之创例"，他在12月1日在晋察冀野战军干部会上又进一步作了解释。他说："过去人家说我们打不下大城市。你们晋察冀部队曾经打下张家口，人家不承认，说是苏联红军帮助打下的。前一时间国民党的新闻局长董显光还说，共产党说全面反攻已有好久了，但还没有打下一个大城市。不久，我们就打下了石家庄。因此，敌人动摇了防守大城市的信心。保定、北平的敌人怕得很厉害。我们自己却更有了打大城市的信心。以后可以打下第二个、第三个以及许多像石家庄这样的城市。"

在打开石家庄之前，罗瑞卿十分强调部队进城后要遵守纪律，并宣布对执行纪律好的单位给予奖励。第四纵队第十旅第三十一团因遵守三大纪律八项注意好而得奖金500元，奖旗一面（尚未发）。不久，发现该团团长把缴获的一些洋布留下而未上交。该团立即向上报告并作了检讨。四纵队政委王昭向罗瑞卿作了报告。罗瑞卿说："检讨了就算了。奖旗不发了，奖金也不要退回。这个团工作还是不错的。事先不知道，知道了讲出来就好。"

第七章 战华北（下）

一、东出西进，南下北上，和杨得志在作战中不断
研究傅作义军的特点，以便战而胜之

1947年11月26日，蒋介石飞到北平，28日，主持召开军事会议，对华北作战机构作了大幅度的调整。宣布撤销北平行辕及其所辖保定和张垣绥靖公署，免除了北平行辕主任李宗仁和保定绥靖公署主任孙连仲的职，成立"华北五省（晋、察、冀、热、绥）剿匪总司令部"，任命傅作义为总司令，统一华北国民党军队的指挥。傅上任以后，一面大量扩编保安部队，代替正规部队守备点线，一面将其嫡系主力第三十五军等部7个师由张家口调至平津之间，连同原驻平津之间的部队，编成三个兵团，采用以主力对主力的战法，以加强对这个地区的控制。

1947年12月2日，晋察冀野战军前委在晋县周家庄召开了团以上干部扩大会议，总结作战经验，传达中共晋察冀中央局土地会议精神并布置新的作战任务。会议由罗瑞卿主持，朱德、彭真和聂荣臻都到会讲了话。会议回顾了晋察冀边区的战争形势和发展历史，总结了清风店和石家庄战役的经验教训。对于胜利解放石家庄的原因，后来罗瑞卿在"文革"被"监护"期间曾经写道：

>……进攻石家庄，当时我军已经学会使用炸药、挖壕作业、连续爆破等攻坚技术和战术，炮兵和炮弹也多了一些，特别是军队经过新式整军，加之清风店胜利的鼓舞，士气很高。战斗中的军事民主有所发扬，广大官兵群众的积极性、创造性充分发挥出来，人民也大力支援，等等。因此，石家庄敌虽有比较坚固的设防，我经过几个昼夜的激战，终于将其攻克，守敌一个师及其他杂七杂八的部队被全歼，石家庄外围的元氏、获鹿等县亦被解放。

这两个战役，才算是晋察冀军民打了一个翻身仗。

在前委扩大会议上，对蒋介石调整华北的军事部署进行了讨论。许多将领提到在从张家口撤退后，罗瑞卿就曾多次提出要找傅作义报仇。傅作义现在又当了华北国民党军的总司令，成了我们的大对头。大家表示，我们不仅要找傅作义报仇，还要再接

再厉,打到南京去,解放全中国。

前委扩大会议还决定,为了加强野战军建设,将一些地方部队合编,新组建了3个纵队,即第一、第六、第七纵队。其中第一、第七纵队为地方部队,分属北岳军区和冀中军区;第六纵队划归晋察冀野战军。

1947年12月27日,为配合东北民主联军在关外发动的冬季攻势,晋察冀野战军出击保(定)北,对平汉路保定至涿县段、北宁路黄村至魏善庄段、津浦路静海至唐官屯段、平绥路南口至清河、沙城至青龙桥、聚乐堡至天镇各段,进行破坏,随后佯攻保定。傅作义恐保定有失,急调其主力第三十五军和暂编第三军、新编骑兵第四师、第十六军等部向平汉路北段增援。

在本书中已经多次提到三十五军。这支部队是傅作义起家的老本,是傅的王牌。1930年蒋介石、冯玉祥、阎锡山大战,冯阎失败后,代表蒋介石主持华北军事的张学良于1931年初将晋军整编为第三十二至第三十五共4个军,分别任命商震、徐永昌、杨爱源和傅作义为第三十二至第三十五军军长。同年8月,傅又被任命为绥远省主席,此后,傅几度升迁,但都兼着三十五军军长,直到1943年才将此职交给董其武。1946年傅率部东移时,董任绥远省主席,鲁英麟即就任第三十五军军长。

傅部进入保定后,晋察冀野战军为使其进一步分散,即以第三纵队进攻涞水,诱其北援。1月11日,鲁英麟亲率新编第三十二师由保定乘汽车北援涞水,同时命令在定兴的第一〇一师从定兴北上,会同新三十二师增援涞水。鲁率部于当晚驻扎在高碑店,第二天一早,奔向涞水。这一天大雾,鲁的车队开得很慢,沿途不断受到解放军和民兵的袭击。进至拒马河边,鲁英麟命令军部停止前进。新编第三十二师师长李铭鼎留一个营保卫军部,自己带两个团又两个营过河搜索。三纵队用一个营且战且退,将其引诱至庄町。当晚,鲁英麟同李通话,要其撤回拒马河东,李自我感觉良好,不同意撤。但很快,解放军第三纵队主力就上来了,将新编第三十二师团团围住,此时李铭鼎再要撤已为时过晚,13日中午,三纵将其大部歼灭,师长李铭鼎被击毙。敌第一〇一师12日渡过拒马河后,遭第二纵队第五旅迎头痛击后退守吴村,被歼600余人,余部逃回定兴城。

在拒马河以东的第三十五军军部及新编第三十二师一个营,至此陷入了混乱,纷纷上车准备南撤。晋察冀野战军第一纵队向车队猛攻,将其歼灭,仅鲁英麟率少数骑兵乘马逃向高碑店。鲁是傅作义保定军校第五期同学。庄町战败后,鲁在高碑店曾给傅作义打电话,傅始终未接。鲁无地自容,于是举枪自杀。三十五军军长因败在晋察冀野战军手下而自杀的共有两人,这是头一个。

此役,晋察冀野战军还击毙了三十五军少将参谋长田世举,共歼敌1鄌4万人,缴获满载弹药等军用物资的汽车80余辆,大炮多门。

这次保北战斗是晋察冀野战军取得的对傅作义部队的首次重要胜利。战后,杨得志、罗瑞卿总结了傅作义部队作战的特点。1948年1月16日,杨、罗致电军委:

此次作战中,傅作战特点表现如下:
(一)战役组织上,用兵稳重,采分进合击、齐头并进(如对涞、涿地区进攻时，分六路，每路相隔仅十余里），且有重点配置，步步为营。情况不明时，不冒进，不恋战，既经发现我军，则采多路推进，迂回包抄。

（二）快速轻装、进退灵活，通信联络好，发挥高度机动。如新三十二师，乘汽车奔袭（北）平北大小汤山。又以200辆汽车（每车30余人），由保定增援涞水，士兵除武器外，每人仅带一件大衣。火炮均以汽车牵引。

（三）拂晓前开始行动，黄昏宿营。宿营前以小部队保持与我接触，使我不易发觉其主力位置。其宿营位置，常不固定，如黄昏前的位置，入夜则多有变更。

由于今后一个时期，傅作义部队乃是晋察冀野战军的主要作战对象，因此，杨得志、罗瑞卿等已经在认真、深入地研究这个敌人，以便知己知彼，战而胜之。

罗瑞卿不仅自己在认真研究傅作义，而且教育部队要正确认识傅作义。1948年2月，晋察冀野战军召开了前委扩大会。17日，罗瑞卿在会议的结论中说：要"正确认识傅作义，不要轻傅，也不要恐傅。傅比其他敌人有若干不同的特点，也有很多致命的弱点，同其他敌人一样，傅到底是会被我们歼灭的。当然，我们要好好研究傅作义，在对他作每一个具体斗争时，要十分谨慎和重视他。所以说，轻傅是错误的，恐傅也是错误的。"

在"结论"中，罗瑞卿还着重讲了以"三查"为主要内容的新式整军运动。晋察冀野战军从1947年11月即开展这一运动，在进行土改教育后即转入查阶级、查工作、查斗志的"三查"，并普遍开展了诉苦运动。在"三查"、诉苦的基础上，普遍进行了开展政治民主、军事民主、经济民主的教育。

罗瑞卿领导这一运动时十分注意掌握政策，在"结论"中，他针对当时土改运动和"三查"运动中部分单位一度出现的"群众说了算""贫雇农坐天下"，把出身不好的干部当作"石头"搬等过"左"的现象，提出了8个政策规定：

一、各级党委、政委、政治机关是领导军队三查的合法的组织形式，不能离开这个领导去进行三查，要发动群众，又要加强领导。使领导与群众相结合，才是正确的；不要领导，群众说怎么办就怎么办，是错误的。

二、军队中不建立贫雇农单独的组织。就领导责任说，要善于启发这些同志的积极性，同地主富农思想作斗争。要注意培养提拔贫雇农出身同志，反对轻视他们。在干部政策上要适当地强调成分，但不是唯成分论。要告诉一些贫雇农出身同志不要背上包袱，脱离群众；军队人员不管他们出身如何，只要他们站在共产党领导下，坚决拥护土改，坚决打蒋介石，都与他们团结起来。

三、军队整党着重查思想，不搬用搬石头的口号。地方向军队要人，须按边委会和军区政治部的规定。

四、一切属于查阶级查思想范围的事情，只能采取批评与自我批评，无论党内会议党外会议，只能说理，不能硬逼、硬压、硬追，因逼压追而致吊、打、捆、关等等都是错误的；个别地方有意布置打人，更属严重错误。

五、组织结论不应轻易做，也不要忙于做；并允许上诉。但少数极坏分子必须从领导岗位上撤掉。

六、特务问题，发现后即交专门机关办理，不采用以群众力量追线索的方式。诚恳坦白、无重大罪行者，除注意考验外，一律宽大处理，仍予改造的机会。必要时的捉人杀人，其批准权，属于纵委和前委。

七、自伤罪按情节轻重军法从事，不管情节轻重，均交军法审判。

八、贪污事件按华北财办处指示处理。不是要想脱离革命，是为个人挥霍，要他向党认错，交出财物，痛改前非，保证不再犯，则可从轻处理。不听党的劝告的，则须适当处分。郑重宣布以后再贪污的，要从严惩办。

在罗瑞卿和野战军政治部的领导下，晋察冀野战军的新式整军运动，提高了指战员们的阶级觉悟，增强了军内外团结和组织纪律性，同时也加速了把大批俘虏的国民党士兵改造成为解放军战士的进程。这一运动对今后部队作战胜利起了重大作用。

1948年2月，根据傅作义将其主力集中于平、津、保三角地区，而用扩编的保安团队代替正规部队担任守备的情况，晋察冀野战军前委决定避实击虚，向平绥路出击，发起察（哈尔）南绥（远）东战役。22日，聂荣臻、萧克、赵尔陆、杨得志、罗瑞卿、杨成武就此致电军委。23日，毛泽东为军委起草复电表示同意，并指出："此次行动是一年多以来你们主力部队第一次远出行动。你们必须克服干部中怕远出，怕山地战，怕到人稀粮少地区作战，以及怕傅作义等项错误思想。干部中如果现在尚存有这类思想，你们必须坚决地加以克服。"出发之前，杨得志、罗瑞卿等又仔细地研究了傅作义部队作战的特点，估计到战役开始后，傅作义可能出动，并制订了对付傅的援军的方案。3月10日15时，杨得志、罗瑞卿报告军委："在作战中，我尚未解决的一个问题，即我集中，敌亦集中。他以30个团左右的兵力堆在一起，我割他不开，咬他不烂，总是不好下手。在此种情况下，往往不是打不成，就是打不好。""此次野战军出平绥傅部可能集中3至4个军对付野战军。因此，在战役指导上，我们有意的将5个纵队，组成两个拳头，并拟定敌以主力对我一、六纵队时，好打则集中全力打仗，否则该两纵继续引敌向西，主力则乘虚出平张段。敌如以主力出察南，不好打时，我一、六纵队（必要时再加上一个纵队）则一直向绥远挺进，歼灭分散孤立之敌……切实打断平绥西段，并收复广大地区。如此作法目的在于迫敌分散，便我各个击破，力争平绥战役要求。"

3月14日，毛泽东为军委起草致杨、罗、杨、耿并告中央工委和晋绥分局等电："你们只有在宽大机动中大量歼灭敌人，迫使敌人分散配备，才能克服你们遇到的敌人大量集中不利我军歼击的困难问题。你们机动的范围，第一是整个平绥线包括绥远全省在内，第二是北宁线，第三是平承线，第四是平保线。目前所采出平绥线的方针，应当执行到敌人已经大量集中该线，我军已无好仗可打之时为止。下一步主力的行动，可以出平保线打一二仗，调回敌人主力，然后再出平绥线。你们拟派两个纵队出绥远的计划是很好的，可令该两纵于攻克柴沟堡一线之后，不要停留太久，迅速出绥远，以绥远全境为活动范围。"

根据军委指示精神，罗瑞卿签发了野战军前委的动员令，指出：向国民党统治区大举进攻，是一年多来人民革命战争发展的必然结果，这是我晋察冀野战军神圣而光荣的任务。动员令号召全体指战员紧急动员起来，勇往直前，大量歼灭敌人，为推翻国民党的黑暗统治而斗争。

为了隐蔽作战企图，掩护主力进入察南、绥东，冀中军区七纵和第八军分区分别在保定东西、天津以南实施佯动。3月中旬，主力各纵队分别由安国、定县、曲阳、唐县、易县等地赴内外长城，向察南挺进。

战役从3月20日开始，至25日，左翼兵团在平绥线大同至天镇段攻克周士庄、聚乐堡、阳高、天镇；右翼兵团攻克广灵、蔚县、吉家庄、阳原等地。傅作义遭此打击，迅调暂编第三、第四军和第三十五军主力及骑兵第十一、第十二旅、新编骑兵第四师等部先后进至张家口地区。于是，晋察冀野战军左翼兵团按原计划继续西进，至4月6日，先后攻克丰镇、凉城和林格尔等地，直逼归绥。傅作义又急忙从张家口调第三十五军等部西援。野战军前委见傅主力已经西移，东线空虚，乃决定以右翼兵团北上，求歼驻天镇、怀安的暂四军主力，但因途中遇暴风雨，迷失道路，耽误了5个小时，驻天镇、怀安的暂四军已北撤至柴沟堡，右翼兵团共歼灭在怀安、天镇护路的部队1000余人。此时，第三十五军又东返，敌军在张家口、宣化地区过于集中，而野战军粮食补给困难，于是结束了这一战役。在这次战役中，共歼敌补训第五、第六师全部和补训第四师大部、暂十一师一个团、骑十一旅一部，共1郾8万人。

在察南绥东战役中，杨得志、罗瑞卿等继续研究傅作义部队的特点。4月4日，杨、罗致电毛泽东，报告了他们发现的傅作义部队的特点有：一、"在战略战役指导上，他也提倡进攻，提倡运动战（所谓以运动对运动，快速痛打）。惯会以大批汽车运兵（打）歼灭战（以大吃小）。提倡战术包围，反对战略包围（蒋介石主要错误在此）。提倡集中兵力（所谓运动远出动不留营底），侧后感觉不要太敏，不浪费兵力去维持漫长的交通线，还有什么补给增援，不在一城一地的得失等……"二、"在战术上，进攻时，有所谓一点歼敌（集中火力兵力打一点，集团冲锋等）。主力行翼侧包围，还有什么退后包围（即先退一步，诱我进击，则于两翼包围之）……"三、"在各兵种协同上，如步骑、步炮、陆空等比较熟练。"四、"在军队组织上，他也有三人战斗小组，有连队政工组，有军人小组会，有立功运动，并鼓励士兵为战友等。这个敌人一年多战争以来，损失较小，并在战争初期他还占了若干便宜。因而部队的骄气很盛，瞧不起我们，也瞧不起其他部队。"电报说："傅作义提倡的一套，其中许多都是抄袭我们的，他不知道他没有能够实行的基础。如果再吃一两个败仗，不仅他所指挥的非嫡系部队，即使他自己的嫡系的部下也会对他这一套失去信心。"

在这份电报中，杨、罗既客观地分析了傅作义部的长处和它根本的弱点，也分析了可以战胜它的条件，表明了战胜傅作义部队的信心。

1948年4月，毛泽东、周恩来、任弼时等中共中央领导机关一道从陕北转移至阜平城南庄。5月6日，毛泽东电召罗瑞卿到城南庄。在即将取得全国胜利，中央书记处扩大会议已提出反对无政府无纪律状态，要求集中统一的形势下，毛泽东向罗指出晋察冀中央局、晋察冀军区和野战军对中央、军委请示报告不够，同时要求野战军去冀东寻找战机，准备配合东北野战军作战。毛泽东要求晋察冀野战军争取在一年左右时间内将驻华北的国民党军主力消灭，并夺取除平、津以外的大片地区。

5月9日，中共中央决定将晋察冀和晋冀鲁豫两个解放区及其党政军机关合并，组成中共中央华北局、华北行政委员会和华北军区。聂荣臻为华北军区司令员，徐向前、滕代远、萧克依次为第一、第二、第三副司令员，薄一波为政治委员，罗瑞卿为政治部主任。野战军分为两个兵团，徐向前率领由晋冀鲁豫一些部队组成的第一兵团在山西转战。杨、罗、杨、耿率领的部队编为第二兵团。

罗瑞卿由城南庄返回前线后不久，同杨得志、杨成武等率第二兵团几个纵队从蔚县、广灵地区分路向平绥路平张段前进，5月中旬到达野山坡。在野山坡，杨、罗、杨、耿接到军委命令：针对傅作义以主力对主力的战法，要以相应的分散对敌人的集中，实行大踏步地机动作战。军委要求将兵团一分为二。杨得志、罗瑞卿、耿飚率领第三、第四纵队和第二纵队四旅共7个旅过平绥路东进。杨成武率领第一、第二（欠第四旅）、第六纵队留在平汉路以西，举行了保北战役。8月间组成第三兵团，进军绥远，迫使傅作义无暇东顾，以配合东北作战。

5月13日夜，杨、罗、耿率部自蔚县地区东进。16日，杨、罗、耿亲率第四纵队由土木、怀来间过平绥路，攻克延庆，继续东进，第三纵队及第四旅至平西地区，准备于18日黄昏在沙河、南口间过平绥路。此时，傅作义为巩固沙河至南口间交通，派第九十二军两个团驻守上店、下店。三纵及四旅19日发起上、下店战斗，全歼敌军两个团。这一战斗惊动了傅作义。他急派十六军两个师和九十二军一个团至南口、沙河间，又派三十五军至沙城，暂四军至宣化，搜寻第二兵团决战。三纵及四旅立即掉头向西，绕至沙城、土木间过平绥路，随后四旅北上，与第四纵队会合，于5月29日跨过外长城，又与冀热辽军区之独四、独五师会合，克丰宁，至遵化。第三纵队则经怀柔、平谷至马兰峪。随后以第三纵队在平谷附近地区牵制敌人，杨得志、罗瑞卿率领第四纵队秘密东进，连克丰润、任各庄、榛子镇、昌黎，与东北野战军第十一纵队会师。傅作义急调7个师自平谷经三河、蓟县东援。第三纵队即乘机围攻古北口，攻克石匣、小营，威胁密云，调动傅作义回援。三纵、四纵，一西一东，攻势此起彼落，以调动傅作义往来奔波于平北、冀东，陷入被动境地，无法抽调兵力出关，从而配合了东北野战军的作战。

在作战中，执行配合任务有时是很艰苦的。因为作战有利与否、主动与否均以主力和主要战场为转移。有时对于主力、主要战场讲是有利的战机，对配合的部队不见得有利；对于主力、主要战场讲是主动的仗，对配合的部队讲可能是被动仗。执行配合任务的部队往往要以局部的被动、局部的消耗乃至牺牲，换取全局的胜利。第二兵团转战平北、冀东山区，就是在配合东北战场。他们大踏步前进，大踏步后退，在山区拉来拉去，很是疲劳。部队指战员多是冀中人，来到生活条件比冀中艰苦的冀东山区，有时高粱米也吃不上，以白薯充饥，不少人滋长了害怕艰苦的思想，有少数人开了小差。阴历八月一到，中秋将至，按冀中的习惯，中秋节将全家团聚，吃月饼，吃大鸭梨，许多人思恋故乡。有的人说怪话，把"冀东战役"说成是"冀东走役"。就在这时，军委命令二兵团转到平张线作战，以掩护第三兵团西进绥远。

9月2日，罗瑞卿在兵团直属队排以上干部大会上作动员。他说："我有一个谜语，请大家猜一猜。谜面是：西下有女人人爱，口中有口口难开。北方有田大家种，忠心报国把心摘。"停了一会，他自报谜底："要回冀中。"随后他说："冀中当然好，那里是老解放区，群众条件好，吃得好，许多同志的家属都在那里，现在8月15快到了，好了，下命令回去吧。但是，这个命令下不得，因为革命战争不允许我们下这个命令。现在革命战争已经由防御转入进攻，发展到打大仗、打恶仗、打大歼灭战的阶段。东北野战军正准备将东北的国民党军队全部消灭在关外，我们要配合东北野战军老大哥，在关内多打胜仗，拖住傅作义，阻止他派援兵出关。这就是全局。"

他对东北野战军一时未行动做了解释。他说："东北没有行动是不好动。他们并没有睡觉，他们早就想打。据说那边今年雨大，30年来都没有过的。辽河水至今还宽12里，公路桥梁多被冲毁，大军行动不便。东北练好兵，打更大的胜仗不是更好吗？他们那样大的部队，没有一定的运输条件就不能动。"

他针对有人说"冀东战役是冀东走役"的怪话说："我说就算走役吧，而'走'的意义也不可轻估。'走'是部队必须具备的一门本事。不会走的军队往往就是不会打甚至不能打的军队，至少也是不够完全的军队，这是实际的真理，而不是笑话。我们没有汽车飞机的时候，就要有这一套。我们走了一趟，提高了走的本领，并不是坏事，而且我们歼灭了敌人，并非完全是走。"

罗瑞卿接着讲了下一阶段部队的任务。他说："我们即将向热河、察哈尔边境转移，那里环境更加艰苦。我们吃这个苦正是为了多打胜仗，消灭国民党反动派。同志们回去以后，要加强政治思想工作，向指战员们讲清这个全局，不要怕强行军，不要怕爬山，不要怕一时粮食困难、吃不上饭，不要怕新解放区群众条件不好。只要我们具有一往无前的精神，困难一定可以克服。"

9月初，杨得志、罗瑞卿率领二兵团挥师向西，9月8日攻克三河，转入平北山区，拖住傅作义3个军，掩护了第三兵团进军绥远。9月下旬，在平绥路东段开展大规模袭击，至10月15日，相继攻克崇礼、尚义和通县以东的燕郊、白庙，北平西北面的八达岭、沙城、土木等据点数十处，吸引了傅作义从东西两面快速来援。二兵团兵团部率领第四纵队退回平北山区，但第三纵队被阻断于平绥路南。第二、第三兵团的作战行动，钳制了傅作义集团，使其不能抽调兵力增援东北，从而有力地配合了东北野战军发动辽沈战役。

9月24日，华东野战军解放济南。10月15日，东北野战军解放锦州。就在这国民党反动政府行将崩溃的时候，蒋介石同傅作义密谋，准备下一着险棋，用围棋的术语说，就是"放出胜负手"，即乘解放军冀中兵力空虚之际，由傅组织一支快速部队偷袭石家庄，威胁中共中央机关，以求一逞，挽回败局。10月23日傅作义召开军事会议，部署此次行动，决定由第九十四军军长郑挺锋为总指挥，以第九十四军和两个骑兵师（旅）为偷袭梯队，奔袭石家庄；以第三十五军、第十六军两个师和第九十二军一个师为策应梯队。为了保密，傅作义指挥此次行动未使用电台。但是，北平中共地下党员很快便得悉此次行动的情报，并向华北军区反映。

军委得知这一情报时，离石家庄最近的主力就是在平绥路以南的三纵队，其次就是平绥路北的二兵团部和四纵队。于是，10月25日，周恩来起草军委致聂荣臻、薄一波、滕代远、杨得志、罗瑞卿等电,通报了傅部的图谋并紧急部署:"七纵主力立即转移至保定以南坚决抗阻南进敌人,以待三纵赶到会合歼敌,使其不得南进……""杨罗耿得电后应立即令三纵受军区直接指挥,于明(二十六)日起,以5天行程,不惜疲劳赶到望都地区,协同七纵主力作战并指挥之。杨罗耿率主力,应相机过路,到后,或直插平涿线破路,或向保定、望都方向随三纵后跟进,视情况再定。"

10月26日,毛泽东为新华社起草了新闻稿,公开揭露傅的企图。

同日下午3时,正在平绥路以南矾山堡到涿鹿一带作战的三纵开始急行军南下,以每日100余里速度,跋山涉水,28日到达紫荆关,29日到达满城。29日,毛泽东为军委起草致杨、罗、耿、杨(成武)、李(井泉)、李(天焕)并告聂荣臻、薄一波电,指出:傅部以三个军及两部骑兵向石门进攻,"我应集中三、四、七纵及二纵一个旅,各个歼灭该敌","杨、罗率主力,昨夜如尚未过路,应于今夜过路,于明(三十)日起,以四天至五天行程,不惜疲劳,赶至满城地区,会合三纵、七纵作战歼敌,破坏敌之进扰石门计划。如杨、罗昨晚已过路,应于今日起亦以四天行程赶到满城。"杨得志、罗瑞卿率领二兵团主力顺利越过平绥线,但殿后的四纵第十二旅又被隔断在平绥路北。然而,谁也没有料到,后来在新保安战役中,这个旅却又成为平津战局中的一着好棋。

10月30日,敌害怕被歼,缩回保定,傅作义偷袭石家庄的阴谋破产。第二兵团奉命在行唐地区休整。

二、在新保安战斗中,终于将第三十五军"这锅山药蛋煮烂了"

1948年11月2日,东北野战军攻克沈阳,东北全境解放,辽沈战役结束。4日,蒋介石电召傅作义到南京磋商。

当日,罗瑞卿便得到了这一讯息,随即来到司令部作战室,一进门便对参谋长耿飚等说:"告诉你们一个不大不小的新闻,傅作义又被蒋介石召到南京去了。"

正守着沙盘,同参谋们分析敌我形势的耿飚说:"蒋介石是不是要把傅作义南调,加强他的长江防线?"

罗瑞卿说:"难说,蒋介石现在是举棋不定。他既想让傅作义固守华北,又想给徐蚌会战添点兵力。固守华北,可以迟滞我东北、华北大军南下;调往南方,则既可增援刘峙,又可帮助守长江。"

耿飚说:"傅作义不一定听他的,绥远是傅作义的老家,他的家当都在绥远。因此,从傅作义的立场看,如果他向西收拢,还有自成局面的可能;如果南下,就会受制于蒋介石。即便他甘愿在蒋介石的房檐下过日子,他要率部通过我们这一大片解放区谈何容易!"

罗瑞卿沿着沙盘地形中塘沽到青岛、连云港的海岸虚划了一道弧说:"他可以从海上走嘛!"

参谋余震插了一句:"有情报说,敌人的'剿总'司令部有从北平挪到天津的迹象。"

"他们是想保住港口。"罗瑞卿话头一转，"不过，要是我指挥，就不这么蠢。那么多部队，搞海上运输，塘沽港口又接近了封冻期，就怕他搞不赢！"

就在罗瑞卿和耿飚分析、估计傅作义的动向的时候，蒋介石和傅作义在南京进行了紧急磋商。

东北解放后，蒋介石估计华北亦将不保，为应付徐蚌大战，保住东南残局，他打算放弃平津。他以封傅为东南军政长官为饵，要傅率部南下。但是傅担心蒋借此吞并自己的力量。他不愿远离自己的老家绥远，感到在平津地区还有几十万大军，总还能支撑一个局面。他估计东北解放军经过攻锦州、塔山、黑山阻击战和辽西会战，已十分疲劳，至少需要休整三个月才能进关，因此，不愿南撤。蒋又考虑，让傅暂守平津，可取得部署长江防线、组织新兵的时间，亦属有利。经过反复讨价还价，决定采取固守平、津、张地区，同时确保塘沽海口，以观时变的方针。

傅返回北平后立即调整部署，收缩兵力，将其50万军队摆成从塘沽到归绥的长达1000余里的一字长蛇阵，其嫡系摆在北平以西，蒋系摆在北平以东，随时准备西窜绥远或东逃入海。与此同时，傅作义也派出人员就起义向中共进行联络和试探。

毛泽东得悉后于11月18日致电林彪、罗荣桓、刘亚楼，决定东北野战军由原定12月中旬入关提前到11月21日左右入关。电报说："（一）傅作义经过彭泽湘及符定一和我们接洽起义。据称，傅起义大致已定，目前考虑者为起义时间、对付华北蒋军及与我党联系等问题。现符定一已到石门，明后日即可见面，我们拟利用此机会稳定傅作义不走，以便迅速解决中央军。（二）望你们立即令各纵以一二天时间完成出发准备，于二十一日或二十二日全军或至少八个纵队取捷径以最快速度行进，突然包围唐山、塘沽、天津三处敌人，不使逃跑，并争取使中央军不战投降（此种可能很大）。"

同日，毛泽东又致电杨、罗、耿并告杨成武、李井泉、李天焕、程子华、黄志勇："（一）平、津、张、唐，蒋傅两系军队在我徐州作战胜利进展下，有分向西、南两方撤退或集中向南方（经海路，亦有某种可能走陆路）撤退的可能。（二）为着不让蒋傅两系军队从平、津、张、唐逃走，除已令杨李李停止攻击归绥并将其三个纵队位于绥东地区坚决阻止傅军向绥远逃跑外，又已令徐周停止攻击太原，以免刺激傅作义早日逃跑。（三）杨罗耿所部即在阜平待命，并准备随时向张家口附近出动，协同杨李李阻止敌人逃跑。"

在待命期间，杨、罗打算开一个干部会，进行新的作战行动的动员。为此，11月20日，他们向军委报告：这次会议主要内容是报告形势和政策纪律问题，同时，"解决新行动中干部之若干思想顾虑（如怕兵员少，休整不足，难于连续作战和打大仗，怕再回到平绥线爬山、生活苦，连续不断的强行军、急行军，难于巩固部队，怕再打一些零碎仗而不能打几个痛快淋漓的仗等），以及解决几个必要的战术问题（主要是攻坚战术）。"

11月21日，毛泽东复电，指示："（一）为着不使傅部逃跑，决定东北主力提前入关，此事除前委外，暂勿下达。（二）你们有配合的任务。（三）你们究竟使用于协同杨成武、詹大南①包围张家口切断平张联系,还是使用于协同东北一部切断平津联系,待林罗刘提出意见即可决定。(四)你们应于二十五日前准备完毕,待命于二十五日行动,你们的干部会应于二十二、二十三日两日开完。(五)由现地到平张线之里程、时间、路线,及由现地到平津线之里程、时间、路线查明即告。路线选择须符合隐蔽、迅速两条件。"

从11月23日开始,东北野战军主力10个纵队继先遣部队四纵、十一纵之后向关内进军。

11月24日,为吸引傅作义部主力向张家口增援,以拖住平津地区之国民党军,毛泽东致电杨成武、李井泉、李天焕并告杨、罗、耿,华北局,黄志勇、程子华、林、罗、刘,指出:"成武率主力三个纵队于明二十五日由现地出发,以六天时间(愈快愈好)到达张家口附近,然后以两个纵队包围张家口西南周家河、怀安两地之敌(二一〇师及骑十一旅),以一个纵队插入张家口、宣化之间,隔断张宣两处敌人的联系(张宣两处各有敌一个师),使周家河、怀来、张家口三处不能逃掉。""总之,以抓住一批敌人不使向东跑掉为原则。抓住并包围之后,不要攻击,等候东北主力入关(守秘)围歼敌人之后,再相机攻击。"

11月25日,杨成武兵团兵分三路由绥远东进,于29日向张家口外围发起进攻。

11月26日,毛泽东致电杨、罗、耿并告杨成武、李天焕等:"着杨罗耿率二兵团于今二十六日由曲阳出动,以五日至六日行程进至涿县、涞水以西地区待命。"杨、罗、耿兵团接电后立即出发北上。

11月27日,杨、罗、耿兵团还在途中,又接到毛泽东来电,命令二兵团"十二月一日集中于易县西北紫荆关地区荫蔽待命,然后准备以五日行程进至涿鹿地区相机作战。"

11月29日,毛泽东又致电杨成武、李天焕,杨、罗、耿,程子华、黄志勇,指出:"杨李在包围张宣之敌后,即应迅速完成阻击工事,务使敌人不能逃跑(注意不使敌人黑夜逃跑),以吸引东面敌人来援。""杨罗耿一闻杨、李包围了张宣之敌,即应迅速前进包围怀来之敌。"

杨成武兵团向张家口外围发起攻击后,傅作义错误地认为东北野战军尚不能入关,乃速命其王牌军三十五军等部三个师乘400辆汽车增援张家口。三十五军11月29日从丰台出发,乘汽车和火车于30日抵达张家口,三兵团未能将他们阻于张家口以外,三十五军进入张家口后又占领了万全和宁远堡。

11月30日晚,二兵团赶到紫荆关集结。12月1日,得悉第三十五军已到张家口,罗瑞卿和杨得志、耿飚都预感到一场大战即将来临。罗瑞卿对杨得志等说:"毛主席把北平的敌人调出来,让我们各个击破,这一着太英明了。"正在看地图的耿飚说:"首先调出来的三十五军,可是傅作义的老本呀!"杨得志接着说:"围住张家口,又不要攻击,毛主席这篇文章大得很咧!"罗瑞卿点点头,高兴地说:"这叫'兵不

---

① 时任察哈尔军区副司令员。

厌诈'嘛!"①

12月2日4时,毛泽东又来电要求杨、罗、耿兵团"直出涿鹿"。当日凌晨,二兵团由紫荆关地区北上,由于沿途多为崎岖山路,有些路段只能容一路纵队,部队无法多路同时前进,行军速度不快。这些路忽上忽下,曲里拐弯,从地图上量10里的距离,走起来20里也不止。

12月4日,傅作义飞往张家口。毛泽东担心傅作义会命令三十五军退保北平,于是一天内连发三封电报给正在太行山中赶路的杨、罗、耿兵团。

凌晨2时,毛泽东来电说:"估计暂三军尚在怀来及其以东地区。我杨罗耿应以最快手段攻占下花园地区一线,隔断暂三军与张宣敌之联系。"

下午16时,毛泽东致电参加平津战役的兵团以上将领,规定了北平以西地区各兵团的作战任务:"甲、杨李现在部署极好,即两个纵队在张家口以西,一个纵队在张宣之间,切断张、宣联系,阻止宣化之敌向张家口集中(此点极重要)。但须注意迅速增强阻击阵地,准备打退敌人许多次的进攻,在阵地前消耗敌人,以利尔后集中兵力歼灭此敌。乙、杨、罗、耿务以迅速行动,以主力包围宣化、下花园两处之敌,并相机歼灭之(先歼下花园之敌)。以有力一部,隔断怀来、下花园之联系,确实阻止怀来及其以东之敌向西增援。丙、程黄部向怀来、南口之线急进,到达后相机各个歼灭该线之敌。丁、待上述三方面任务完成后,集中全力解决张垣之敌。"

21时,毛泽东又致电杨、罗、耿、杨、李并告程子华、黄志勇:"目前数日最大顾虑就是张垣之敌乘我程黄部将到未到之际突围向东,而怀来、南口之敌则向西接应。"电报要求"杨罗耿务于明五日用全力控制宣化(不含)、怀来(不含)一段,立即动手构筑向东西两方的坚固阻击工事,务使张垣之敌不能东退,这是最重要的任务。""如张宣之敌绕道向北平撤退,杨罗耿、杨李两兵团则应在敌运动中追堵包围之。"由于杨、罗、耿兵团距宣化、怀来尚远,在电报最后,毛泽东询问"杨罗耿明(五日)是否能到宣怀线,程黄何日可到怀南线",要求"即告"。杨、罗、耿接到电报后,立即向军委报告部队所在,命令在平绥路以北的四纵十二旅在新保安一带牵制敌人,同时命令部队改为强行军,火速北上。

12月4日,傅作义到张家口后,召开军事会议,研究了张家口防守问题,他在会上说:"林彪进关尚须时间,这方面仅聂荣臻的部队。留下一〇五军及原有部队,就能够应付裕如。三十五军可于明日返平。原在张家口的野炮营和察哈尔省保安第三团拨归三十五军指挥。其他不必要的机关和各部队留守处均撤回北平。"在会上,傅对撤三十五军回北平并无紧迫感。当日晚,傅作义飞回北平。5日,东北野战军第四纵队攻克密云,傅作义发现东北野战军已经进关,忙令三十五军迅速撤回北平。当日,张家口、宣化两地之国民党军为打通联系,在空军支援下,从东、西两面猛攻沙岭子阵地。由于包围张家口的三兵团把防守重点放在西面,守卫沙岭子的第一纵队经连日激战,被迫放弃沙岭子阵地,并正在调整部署,致使第三十五军于6日乘400辆汽车急速东退。当晚,已占领新保安阵地的四纵第十二旅对三十五军车队进行阻击。

---

①《耿飚回忆录》,解放军出版社1991年版,第490页。

三十五军于是停止前进，在下花园至鸡鸣驿一带宿营。12月7日，第三十五军继续东行，遭到十二旅与地方部队的顽强阻击，进展迟缓，至傍晚，才到达新保安，一天只走了15公里。此时，第十二旅已将新保安以东公路破坏。第三十五军副军长王雷震建议走另一条土路，连夜赶回北平。刚愎自用的三十五军军长郭景云不听劝告，决定就在新保安宿营。郭景云绰号郭麻子，此人既骄悍，又迷信。他认为新保安这个地名十分吉利，住在此地可保证安全。此时，二兵团大部分部队尚在大洋河之南。当时气温已下降到零下，河内结了薄冰，河水及胸，附近无桥。为了争取时间，杨、罗、耿带领部队破冰下水，徒涉布满冰碴儿的大洋河，急速前赶。有一些战士穿的是空心棉裤，渡河时只好赤身下水。事后有些战士得了病，严重者被截肢，落下终身残疾。12月7日清晨3时，兵团机关正准备渡河，又接到毛泽东2时发出的电报："望杨罗耿全力在宣化、下花园线坚决堵击。""望程黄星夜向怀来前进。""望杨李以一个纵队监视张垣之敌，以两个纵队向逃敌猛追猛击。"杨、罗、耿正打着手电传阅毛泽东的电报，作战参谋赶来报告："三十五军已过下花园，正奔向新保安。"①

耿飚脱口而出："下花园到新保安只有15公里了。"

"这当中还有个鸡鸣驿，下花园到鸡鸣驿有多远？"罗瑞卿问道。

"10公里。"耿飚回答。

杨得志说："马上通知十二旅，不惜一切代价，坚决堵住三十五军，一定要坚持到大部队赶到！"

"同时发报给三纵、八纵和四纵，加快行军速度，拿出拼命的劲头来！"耿飚作补充。

"要让大家都明白。"罗瑞卿严肃地说，"如果让三十五军从我们手里逃出新保安，那我们二兵团是交不了账的，是要铸成历史大错的！"

电台迅速发完电报，司令部立即在夜色中渡过大洋河，向北疾进。天明后，人们可以看到罗瑞卿一边扬鞭疾行，一边对正在赶路的部队干部喊道："你们要快啊，把三十五军拖住，中央要求我们分秒必争！"

这边，大部队在向北飞奔；那边，被隔在平张路以北的四纵队十二旅早在6日已在鸡鸣驿附近同三十五军接上了火。他们一面在前面顶住敌人，一面在后面抢挖工事。7日，他们同三十五军激战一整天，为兵团主力赶到争取了时间。7日晚，他们撤出新保安，在新保安以东的东八里抗击敌人。7日夜，大部队陆续赶到，三纵在西、四纵在东，逐渐完成了对敌人的包围。在二兵团正在前进和展开的过程中，7日晚20时，毛泽东又致程、黄、杨、罗、耿、杨、李，指出："杨李过去违背军委多次清楚明确的命令，擅自放弃隔断张、宣联系的任务，放任三十五军东逃（三十五军两个师竟敢乘车三百余辆毫无阻碍地东去，我一纵撤至铁路两侧，坐视不阻不打），是极端错误的。""杨罗耿应遵军委多次电令，阻止敌人东逃。如果该敌由下花园、新保安向东逃掉，则由杨罗耿负责。军委早已命令杨罗耿，应以迅速行动于五日到达宣化、怀

---

① 据原第三十五军副军长王雷震等回忆，他们是5日下午从张家口出发的。但据第三兵团、第一纵队当时的电报，三十五军6日离开张家口。

来间铁路线，隔断宣、怀两敌联系，此项命令亦是清楚明确的。杨罗耿所部即使五日不能到达，六日上午可以到达（该部三个纵队于二日从紫荆关南北出发，以四天至多四天半行程应当可以到达铁路线，该部过去南下时以三天行程即由铁路线到达紫荆关）。三十五军于六日十三时由张垣附近东进，只要杨罗耿于六日上午全部或大部到达宣怀铁路线，该敌即逃不掉。"但此时三十五军已在新保安宿营，这为二兵团挡住三十五军创造了一个有利条件。

8日拂晓，二兵团终于完成了对新保安之敌的包围。但在西柏坡的毛泽东尚不知道。晨5时，他又致电杨罗："你们必须将主力（至少两个纵队）用在敌之逃窜方向，即东面，以一部位于敌之侧面，务将三十五军与怀来之联系完全切断，不得违误。"上午8时40分，杨、罗致电军委："三十五军被我十二旅阻击，十一旅追击，已抓住于新保安地区，我三纵一部估计已赶到，余部正在赶进中。""已令四纵调回十旅，三纵全部转入新保安东，拼死不让该敌逃跑。""目前态势最重要的是两着：一为确实包围张垣，一为包围三十五军，并使其不与暂三军会合，我已严令各部完成任务，并即进至前面指挥。"当日20时，毛泽东回电："杨罗耿对新保安之敌，杨李对张垣之敌，均采取迅速构筑多层包围阵地、长围久困、待命攻击之方针。杨罗耿部署重点在东面，杨李部署重点在西面，务使各敌不能逃跑，以利我东北主力陆续入关，完成对平、津、塘、唐诸敌之部署。"

二兵团指挥所随即住进了离新保安约5公里的赵家山，这是一个仅有20多户人家的小山村，房屋窄小。耿飚风趣地回忆道："在那种房子里设立指挥所，别说挂地图，就是我们'杨罗耿'三人都转不开身子。"为了与部队联络，杨得志、耿飚各头顶一条棉被，就在一个院子里打着手电看地图。罗瑞卿出去找设指挥所的房子。他发现了一个碾棚，里面的碾盘足有三张办公桌大。他一回来便招呼道："走，统统上大碾棚。"于是他让警卫员去向老乡讲一讲，在征得老乡同意后，便将指挥所设在这个碾棚里。碾子掀到

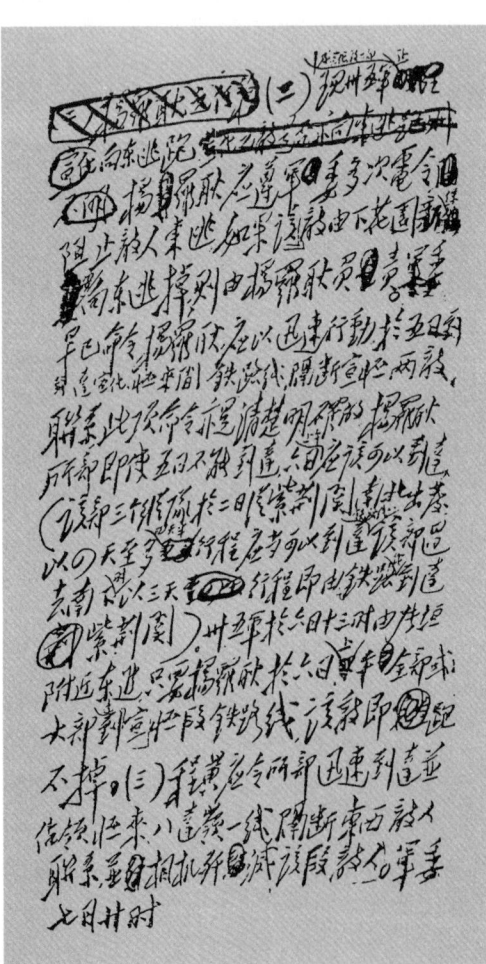

■1948年12月7日，毛泽东在平津战役的新保安战斗中，给杨得志、罗瑞卿、耿飚的电报手稿。

地下当了凳子，碾中轴安马灯，碾盘成为硕大的办公桌，铺上地图，安好电话，架好电台，杨、罗、耿便在此处指挥新保安的战斗。电台刚架好，杨、罗、耿便电令各纵："你们现在应构筑（多）层阻绝阵地，从一切方面把敌人包死，并坚决打破敌人可能数次数十次甚至更多次的突围企图，并不轻易让给敌人一个阵地，待命攻歼该敌（现在不要忙于攻击而是包死）。""军委已严厉责备我们到达太迟，致敌三十五军得以东突，影响整个作战计划，要我们确实包围住敌三十五军于现在地区，并隔断其与怀来的联系，如果跑掉，由我们负责。我们已对军委负了责任。因此，我们亦要求你们严格而又确实地执行我们的一切命令，谁要因疏忽或不坚决而放走敌人，是一定（要）追究责任的。""你们要反复进行动员，以鼓励士气。你们要动员所有干部（包括你们自己），不要怕疲劳，不要因为疲劳而疏忽，不要怕伤亡，怕一切可能发生的困难，不要因有点困难或伤亡大一点而沮丧。只要我们做到这些，我们就一定能歼灭此敌，完成军委交给我们的任务。"

就在这一天，三十五军向东反复猛冲，一度攻到东八里，天上还有飞机助战。但野战军多层工事，层层阻击，一度敌我犬牙交错，飞机投弹常常伤了三十五军。入夜，三十五军又缩回新保安。

在9、10月间，二兵团两过平绥铁路，两次部队被隔。9月下旬把三纵隔在了铁路南，10月下旬又把十二旅隔在了铁路北。这两次都应当算是失着。但瞬息万变的战场形势却把这两步失着变成了好棋。第一次，被隔在路南的三纵队在阻击傅作义偷袭石家庄的行动中起到了重要作用。第二次，被隔在路北的十二旅在阻止第三十五军东逃中也起到了重要作用。如果没有十二旅，说不定三十五军就会逃回北平。这两次失着结果都是"因病成妍""歪打正着"，这是谁事先也没有预料到的偶然性的事件。但是必然性就存在于偶然性之中。到1948年秋天，中国人民的胜利这种"必然性"已经表现得十分清楚了，因此，偶然的失着也会变成好棋。而国民党却只会走出如三十五军在新保安宿营这样无可挽回的败着，因为他们失败的必然性正是通过这些偶然的败着在起作用。

三十五军被围后，傅作义一面派飞机轮番俯冲轰炸、扫射，帮助三十五军突围，一面命一〇四军由怀来西出，企图接应三十五军。9日，一〇四军军长安春山命令二五〇师和二六九师（欠2个团），由怀来西出，向土木进攻，为冀热察军区部队所阻，迂回至新保安东南下湾子、宋家营、东西水泉地区，企图隐蔽接近新保安。三纵司令员郑维山接到侦察报告，发现一〇四军这一企图后立即决定由第九旅配属第七旅一个团继续在新保安以西围城，防三十五军西窜，亲率第八旅和第七旅（欠一团）至沙城西南的宋家营一带阻击一〇四军。9日上午，一〇四军在几架飞机掩护下向三纵阵地猛攻。三纵阵地多次易手，一〇四军进至马圈。下午第四纵队十旅一部参加对一〇四军的阻击。与此同时，郭景云率部两个师向东南猛攻。郭、安两军相距一度只剩下4公里。郭景云和安春山一个在新保安，一个在马圈，通过无线电话，郭叫安再前进，安叫郭再向前。但由于二兵团背靠背，两面抗击，两敌你推我，我推你，就是不能会合。

上午 11 时半，杨、罗致电军委："暂三军①两个师昨天下午已进入沙城东南之东西水泉、宋家营、下湾子线，詹部②未阻住，亦未报。现在三十五军由新保安向东，暂三军向西，在飞机掩护下正向沙城西南地区逃跑中，因我三、四两纵工事未完成，虽已严令堵击，但敌有会合可能。故建议程黄部队迅速抢夺康庄、怀来，以便（即使敌会合）将其两个军包围于怀来、新保安间。"

在西柏坡的毛泽东看到这份电报，认为三十五军已经东逃，十分着急，便于下午 18 时致电程黄和杨、罗："（一）三十五军等三个师由新保安东逃，我二兵团以六个旅兵力未能阻住，怀来敌两个师向西接引三十五军，估计该敌集合五个师必黑夜东逃。（二）你们必须用全力包歼该敌于怀来地区，以猛攻方式歼灭其两三个师，然后将其残部包围之。（三）如该敌逃跑，你们应负完全责任。（四）你们应随先头纵队行进，不要落在后头指挥。"

深夜，杨、罗接到毛泽东此电，立即于 23 时半复电军委并转程黄："三十五军等三个师，尚被我围于新保安并未东逃。本日虽多次猛突，均被击退。向西接应之怀来敌两个师，亦被我阻于沙城以南地区正激战中，两敌并未接通。我现除包围三十五军外，正努力求得将接应之敌击退。"电报还说："本日我十一时半报告，是说詹未将西援之敌阻住，不是说我未将三十五军东逃阻住，是说万一两敌会合后之打算，不是说两敌已经会合。"

接到这封电报，毛泽东心中一块石头落了地。10 日凌晨 3 时，他欣然命笔，致电程黄、杨、罗、耿，并告杨、李、林、罗、刘："杨罗耿三四两纵昨（九）日击退东西两路犯敌，确保自己阵地，应传令嘉奖。"

将新保安包围后，指战员们纷纷请战。12 月 11 日 21 时，杨、罗、耿向军委报告了对新保安包围和准备攻击的部署，并称："刻已令部队进行挖交通沟、构筑阵地，演习攻坚技术等准备工作，俟炮兵赶至后，即待命开始攻击。"

13 日凌晨 2 时，毛泽东复示："同意十一日二十一时电的攻击准备部署，待命攻击。在未得我们命令前不要攻击。"

毛泽东所以这样答复，是因为在 11 日他在致林、罗、刘的电报③中已经对平津战役作了整个的擘画。电报转告："我华北杨罗耿兵团以九个师包围三十五军三个师，是绝对优势。他们提出早日歼灭该敌，我们拟要他们暂时不要打，以便吸引平津之敌不好下从海上逃走的决心。他们此次以两个纵队围住三十五军，以一个纵队阻住一〇四军，两敌都被击退。"电报说："从本日起的两星期内（十二月十一日至十二月二十五日）基本原则是围而不打（例如对张家口、新保安），有些则是隔而不围（即只作战略包围，隔断诸敌联系，而不作战役包围，例如对平、津、通州）；以待部署完成之后各个歼敌。尤其不可将张家口、新保安、南口诸敌都打掉，这将迫使南口以东诸敌决策狂跑，此点务求你们体会。""为着不使蒋介石迅速决策海运平津诸敌南下，我们准备令刘伯承、邓小平、陈毅、粟裕于歼灭黄维兵团之后，留下杜聿明指挥

---

① 即第一〇四军。
② 指詹大南率领的察哈尔军区部队。
③ 即《关于平津战役的方针》。

之邱清泉、李弥、孙元良诸兵团（已歼约一半左右）之余部，两星期内不作最后歼灭之部署。"毛泽东命令东北野战军"十二月二十日至十二月二十五日数日内即取神速动作，以三纵（由北平东郊东调）、六纵、七纵、八纵、九纵、十纵等六个纵队包围天津、塘沽、芦台、唐山诸点之敌"，然后按照"第一塘芦区，第二新保安，第三唐山区，第四天津、张家口两区，最后北平区"的顺序，各个歼灭敌人。"只要塘芦区（最重要）、新保安两点攻克，就全局皆活了。"

罗瑞卿、杨得志等在掌握了这一决策的精神之后，立即向部队贯彻。他们联袂来到三纵队，参加了纵队的党委会。会议的主要议题就是讨论"为什么围起来又不打？"在纵队领导汇报了指战员的思想动态后，杨得志首先说明了"围而不打"是为了稳住平津守敌，不使其从海上逃跑，然后再就地全歼。罗瑞卿接着具体分析了三十五军在傅系中的地位，他说："三十五军是傅作义的王牌，光汽车就有400多辆，丢掉他们南逃，傅作义心痛。围起来不打，就等于给他留下个'想头'，拖住了他的腿。"最后，罗瑞卿要求这个纵队在7天之内做好一切准备，保证做到一攻即克。

为了将毛泽东的决策化为指战员的思想和行动，罗瑞卿殚精竭虑，日夜操劳。杨得志在他的回忆录中写道：

> 罗瑞卿同志在这方面付出了巨大的心血。他亲自组织各级政治工作干部向广大指战员讲述"围而不打"对全歼华北之敌、夺取平津战役胜利的伟大意义，宣传战役中局部必须服从全局的道理，深入细致地做工作，帮助大家克服急躁情绪。同时采取广播喊话；阵地前竖起写着"缴枪不杀，欢迎过来，立功者受奖"的标语牌；释放俘虏，让他们带回大量的《告傅作义官兵书》、"通行证"，给三十五军领导人写劝降信等多种形式，向三十五军展开了强大的政治攻势……

经过广大干部做工作，部队的战斗情绪非常旺盛。他们把围困三十五军比做煮山药蛋，并编成了顺口溜：

> 三十五军好比山药蛋，已经放在锅里边。
> 解放军四面来烧火，越烧越煮越软绵。
> 同志们，别着急，
> 山药蛋不熟不能吃。
> 战前工作准备好，时间一到就攻击。

这首顺口溜很快传遍围攻新保安的各个部队。①

这一期间，三十五军曾多次突围，但都被挡了回去。郭景云决心顽抗到底。为了欺骗官兵为他卖命，他又让传话给排以上军官，说："我们今天守新保安，很有把握。因为我是长安人，我儿子叫永安，我现在领着弟兄们守新保安，这叫三安临头，

---

① 参见《杨得志回忆录》，解放军出版社1992年版，第446页。

象征我们安然太平。同时,本军是傅总司令的王牌,傅先生绝不会坐视不救。将来定可解围。"

12月15日,傅作义派他的老部下《平明日报》社社长崔载之和该报采访主任、中共地下党员李炳泉出城求和,但当时傅还存在一些不切实际的幻想,想在华北成立联合政府,他以实力派的资格参加这一政府。

20日,东北野战军和华北野战军已完成对平、津、张的战略包围,傅作义的一字长蛇阵已被斩为三截。21日中午,总攻即将开始,杨、罗、耿将指挥所迁到离新保安只有1000多米的地方。罗瑞卿和杨得志站在指挥所外观看。罗瑞卿激动地对杨得志说:"这锅饭到底做熟了!"一位参谋插话:"这锅山药蛋都要煮烂了。"罗瑞卿挥了挥手说:"你只看到'山药蛋',毛主席那个锅里煮的,可是既有天津的海,又有北平的山,还有'皇帝'的金銮殿啦!"

当日,发起对新保安的总攻。翌日,攻克新保安,全歼守敌1鄠5万余人,三十五军军长郭景云命令部下在他的指挥部浇汽油,准备与部属集体自焚。他的部下不再听他的命令,他只得举枪自杀身亡。这是因败在杨、罗、耿手下而自杀的第二个三十五军军长。新保安之役,终于将傅作义的王牌三十五军来了个连锅端。罗瑞卿、杨得志、耿飚和二兵团的广大官兵都为之兴奋不已。下午6时,杨、罗、耿向军委发出攻克新保安、歼灭三十五军的电报,毛泽东立即复电:"二十二日十八时电悉,全歼新保安之敌甚慰。"

23日晨,罗瑞卿和杨得志、耿飚、潘自力一行下山,进入刚刚解放的新保安。敌军的工事和几处燃烧起火的民房依然冒着浓烟。枪炮车辆,横七竖八,在大街小巷随处可见。一些战士和民工还在忙着打扫战场,搬运尸体。他们来到北街郭景云的指挥所,只见门口放着几个郭景云准备自焚用的汽油桶,院内一片狼藉。罗瑞卿一行都为亲自指挥消灭三十五军激动不已。杨得志对罗瑞卿说:"打掉三十五军,我有点13年前强渡大渡河后的感觉。"罗瑞卿说:"那时是敌人追我们,现在可是我们追敌人啊!"

12月23日,华北军区三兵团和东北野战军第四纵队解放张家口,歼灭从张家口逃窜的敌第十一兵团部、第一〇五军、第一〇四军第三五八师,整编骑兵第五、第十一旅等部。至此,傅系部队除在北平的第一〇一军两个师、第三十五军一个师和骑四师外,已被消灭在平张线上。

24日深夜,毛泽东给华北军区第二、第三兵团发来贺电:"庆祝你们数日内歼灭新保安、张家口两处敌人,并收复张家口的胜利。"

28日,毛泽东为军委起草电报,命令"杨、李全部、杨罗耿主力均调平津参加会战,请林(彪)即以命令规定他们的行动"。

1949年1月1日,毛泽东就同傅作义谈判问题复电林彪,指出:"新保安、张家口之敌被歼以后,傅作义及其在北平直系部属之地位已经起了变化,只有在此时,才能真正谈得上我们和傅作义拉拢并使傅部为我所用。因此,你们应认真进行傅作义的工作。"

1月4日,杨、罗、耿兵团奉命开始赴北平郊区,与东北野战军第一、第二兵团会师,严密包围北平。杨、罗、耿兵团负责包围和准备攻击北平城西北角西直门至安定门段。其时，第三纵队准备进攻德胜门至安定门段。罗瑞卿对郑维山说："你们要准备从德胜门打进去，再从永定门打出城。"由"得胜"而"永定"，这反映了广大指战员和全国人民的共同愿望。在围城期间，罗瑞卿和政治部主任潘自力领导了部队准备入城的纪律政策教育。罗瑞卿授意潘自力搞了一个闯王李自成的材料发到部队，要求大家以闯王进京为鉴戒，戒骄戒躁，将革命进行到底。为了搞好纪律，1月18日，杨得志、罗瑞卿还命令各级均组织由政治部主任兼任队长、民运部（科）长为副队长的纠察队，以维护军管会、人民政府的政策法令，检查本部门看管的物资，搞好军民团结，纠察军容风纪，维护革命秩序。

此时，华北军区的一、二、三兵团已依次改称中国人民解放军十八、十九、二十兵团。

■1949年，华北军区和第十九、二十兵团领导人在晋察冀合影。右起：罗瑞卿、聂荣臻、杨成武、杨得志、李天焕。

1月15日，东北野战军攻克天津，17日解放塘沽。1月31日，北平和平解放，平津战役胜利结束。

杨、罗、耿率十九兵团驻扎在颐和园以北的大有庄。一天，他们应邀赴宴。罗瑞卿又一次踏进了离别已有两年半的北京饭店。在宴会上，他同已站到人民方面来的傅作义见了面。至此，他们终于"相逢一笑泯恩仇"。

以后，罗瑞卿同傅作义一直保持着友好的关系。1964年1月11日，《解放军报》发表一篇记述平津战役的文章，题为《围而不攻》，用语有些地方有些尖刻，对傅不够尊重。罗瑞卿读后认为不利于统一战线。于是把秘书叫来说："这篇文章很不策略。傅作义现在是我们政府的部长、国防委员会的副主席，这样去挖他的老底，使他会认为团结他不是真诚的。事情已经过去14年了，有什么必要再去触他的痛处呢？当然，这是历史事实，讲到这段历史时会提到他。毛选四卷的注释是全面叙述了他起义过程的，这篇只写了一面，什么'赖以起家的心腹''王牌中的王牌''仇人相见，分外眼红'等等，这样只会使他受刺激。"罗瑞卿让秘书把他的意见转告给《解放军报》，请他们考虑。

罗瑞卿这一番话反映了他对傅作义这一位战场上的对手、建设新中国事业中的朋

三、在太原战役中，他要求："军事上打胜仗，政治上也要打胜仗！"

早在北平和平解放前的1月24日，毛泽东即命令"杨罗耿、杨李待林罗派出接替所任防务之部队到达后，即开至石家庄附近休整半个月，即向太原开进"，准备与十八兵团一道会攻太原。

在北平期间，十九兵团接受了溶编由北平开出城的一个原国民党军兵团的任务。但直到2月中旬，这个工作尚未开始。毛泽东决定，由十九兵团派出执行溶编任务的干部到达接受溶编部队，编成独立师，然后率其在十九兵团后跟进，开往太原前线。

2月19日，十九兵团奉命由政治部主任潘自力率领经石家庄开赴太原前线，

杨、罗、耿各乘一辆吉普车到天津，向第四野战军攻天津的部队学习攻城经验，随后经河间到达石家庄，部队在石家庄进行休整。3月上旬，罗瑞卿赴西柏坡出席了中共七届二中全会。会议期间，他曾向林彪提出，要求随四野大军南下。林同意并报告了毛泽东。彭德怀得悉后也要求将罗调到西北。毛泽东说，是南下还是西去，待打太原后再定。

罗瑞卿在石家庄还发生过这样一件事。一天，他乘车上街，看到3个战士骑着马朝天开了3枪，然后围着一个十字路口的交通岗楼转，一面转一面骂："老子抗战八年有功，你们谁敢管！"罗瑞卿见到了非常生气，命令停车，派随行人员去制止，同时了解事情的来龙去脉。这3个战士一见罗瑞卿，立即像泄了气的皮球，听交通警说，他们把马拴在路旁的树上，啃坏了树皮，还拉了满地粪。这位警察劝他们将马牵走，便惹出了这场风波。罗瑞卿又问这3个战士是哪个单位的。他本想给这3个战士从严处理，但一听他们是原国民党部队的一个营副和两个兵。他心想，部队开到太原前线后要抓紧进行溶编，随后命随行人员把这3个人交给他们原部队处理。这是罗瑞卿第一次与交通警察打交道，这时，他绝对不会料到，3个月后他自己会成为全国所有警察的领导人。

3月上旬，毛泽东指示第十九、第二十兵团开赴太原前线后，应将位置放于距太原150里之外，以便在对太原发动突然袭击时，使敌来不及收缩。杨、罗结合部队情况和太原前线敌我形势，研究了毛泽东的指示，并于16日致电军委和华北局，提出："主席指示十九、二十兵团之积极准备位置应放在一百五十里以外，以便突然进攻，使敌之外围收缩不及。我们考虑太原作战不管打城或打外围，均为攻坚，两个礼拜的准备工作，除政治动员、讲明政策、侦察地形及必要之组织工作外，还须进行对壕对策与实地演习，而这后两项工作必须把部队逼近才能实行准备。同时，兵临城下亦有助于攻取，因此提议仍按原计划将十九兵团（放）在榆次以西以南地区，二十兵团（放）在太原东北东西黄水集结。"

3月17日，毛泽东复电表示同意。

杨得志、罗瑞卿所以向毛泽东提出部队在太原前线位置的不同意见是同太原前线

敌我形势有关的。

太原，是山西省会，东接罕山，西临汾河，北部是丘陵，南面是平原。阎锡山在此经营多年。抗日战争期间为日军占领，抗战胜利后，阎锡山返回太原继续大修工事碉堡，形成了有钢筋水泥碉堡3000多个、纵深30里的环形防御体系。守军有第十九、第三十三、第三十四、第四十三、第六十一、第三十军共6个军，连同非正规军、特种兵、联勤机关共约10万人，配属各类火炮近600门。

1948年10月，华北第一兵团按照"以围困、瓦解、攻击，逐步削弱敌人，然后一举攻下太原"的方针，发动了太原战役，至11月12日，共歼敌3郾4万人，控制了可俯瞰太原的东山要塞，正待发起总攻，军委为稳住傅作义，不使其逃跑，决定停攻太原。第一兵团在继续攻克太原外围若干要点后，断绝了敌军空运，将敌军紧紧包围在纵横不过30里的狭小区域内，然后停止了进攻。

为了尽量减少战火对太原这座古城的破坏，从1948年7月太原战役一开始，解放军即释放被俘阎军官携信回太原，劝阎锡山投降。但阎锡山置若罔闻。他为自己准备好了棺材和毒药，扬言要同太原共存亡。敌第三十军军长黄樵松已决定起义，并同第一兵团联络好，做了安排。但此事为该军二十七旅旅长戴炳南出卖。黄随即同派到该部联络的一兵团第八纵队参谋处长晋夫一道被捕，押往南京后在雨花台壮烈牺牲。

随后，野战军仍不断开展政治攻势，通过战场喊话、散发传单、动员阎军亲属进行规劝等活动，至1949年3月底，共瓦解敌军1万余人。

此时阎锡山的守军虽然尚有10万，但困守孤城已成瓮中之鳖。十九、二十兵团如采用远距离奔袭手段已失去其突然性，不如兵临城下更直截了当。这就是杨、罗向毛泽东建议将十九兵团放在靠近太原的榆次以西以南，将二十兵团放在东西黄水的原因。由于杨、罗的建议符合战场实际，毛泽东立即同意了他们的建议。

罗瑞卿等率部一进入山西，就见山连着山、岭连着岭。罗瑞卿风趣地对杨得志、耿飚等说："山西山西，听起来山很稀，实际上山并不稀，应该叫山多。"

到达太原前线后，罗瑞卿和杨得志、耿飚就来到榆次南面的峪壁村看望徐向前。去年11月，在太原战役第一阶段的东山战斗快要结束时，徐到前沿阵地视察受了风寒，发高烧。经诊断为肋膜炎，胸部大量积水。徐便到峪壁养病。徐向前见到罗瑞卿和杨得志、耿飚后，同他们一一握手，高兴地说："欢迎十九兵团来，咱们一同来打我的这个老乡吧！"

3月12日，中央军委决定成立太原前线司令部，以徐向前为司令员兼政委，周士第为副司令员，罗瑞卿为副政委，统一指挥十八、十九、二十兵团，以十八兵团司令部为太原前线司令部；成立中共中央太原前线总前委，由徐向前、罗瑞卿、周士第、杨得志、杨成武、陈漫远、胡耀邦、李天焕8人组成，徐向前为书记，罗瑞卿为第一副书记，周士第为第二副书记。由于徐向前有病，军委决定由罗、周暂代徐指挥。罗瑞卿即搬到太原前线司令部，以主要精力抓太原总前委的工作。

3月28日，彭德怀来到太原前线司令部。出席七届二中全会之后，他要回西北，毛泽东嘱咐他到太原前线看一看，并在太原解放后将第十八、第十九兵团带到西北，划入第一野战军，归彭德怀指挥，参加解放大西北。

彭德怀到太原前线后，去峪壁村看望了徐向前。对此徐向前回忆道："他到峪壁村看望我，讲了二中全会的精神，我也向他介绍了攻打太原的部署和准备情况。我说，我的肋膜两次出水，胸背疼痛，身体虚弱得很，没法到前面去，你就留下来指挥攻城吧，等拿下太原再走。他表示同意，报请军委批准后，彭总便留在太原前线指挥作战。为避免影响军心，那时下命令，写报告，仍用我的名义签署，实际上是彭老总在挑担子。他新来乍到，对敌我情况都不熟悉，但慨然允诺，勇挑重担，实在难得。"

此前，阎锡山已于2月15日乘飞机赴南京。阎指令由太原绥署副主任兼第十五兵团司令官孙楚和太原防守司令兼第十兵团司令官王靖国指挥守军守城。孙、王决定以第三十三军守城北，以第十九军守城东北，以第四十三军守城东南，以第三十四军守城南，以第六十一军守汾河以西，以神勇师铁血师及警卫部队守城近郊，以第三十军守城区，并担任预备队。另以阎锡山留下的日本侵华战犯今村指挥10个炮兵群支援步兵作战。守军整个兵力7郾2万人，有炮680门。

根据我军和守军情况，1949年3月30日，徐向前、周士第、罗瑞卿向军委报告了前委讨论确定的作战方案，决定先分割歼灭外围所有妨碍总攻的敌军，尔后总攻城垣。以第二十兵团附第一野战军第七军一部，歼灭北部之敌，尔后在大、小北门方向攻城；以第十九兵团附晋中军区3个旅歼灭汾河西岸之敌，尔后在大南门方向攻城；以第十八兵团附第七军主力歼灭东部之敌，尔后在大东门方向攻城。以四野炮一师及一个炮兵团配属华北三个兵团作战。太原前线司令部直接指挥华北炮兵师做机动使用，以压倒敌军火力。

此时，解放军在太原前线总兵力已达32万人，有炮1223门，战斗力同守军相比，占压倒优势，太原解放已指日可待。

彭德怀到前线后建议在发动总攻前对守军再做一次争取。罗瑞卿、周士第、胡耀邦等根据彭的建议请被俘的阎锡山、原第七集团军司令官赵承绶等吃了一顿饭，让他们劝守军投降。赵承绶自告奋勇进城劝降。他到了城墙根一个团指挥所同王靖国通了电话。王劝赵不要进城，因为不能保证他的安全。赵劝王命令部属放下武器，但王含含糊糊，赵未得要领。

4月5日至7日，罗瑞卿主持召开了总前委扩大会议，部署总攻太原。在会上，罗瑞卿首先介绍了七届二中全会情况，传达了毛泽东讲话的精神，并要求以二中全会"夺取全国胜利，这只是万里长征走完了第一步"，"务必使同志们继续地保持谦虚、谨慎、不骄、不躁的作风，务必使同志们继续地保持艰苦奋斗的作风"的精神开好这一次前委扩大会议。彭德怀出席了会议，并讲了话。他说："我这次来太原前线办两件事：一是总攻太原。太原敌人城防坚固，我参加此役，主要是学习攻坚战的经验。二是来带兵。攻占太原以后，十八兵团和十九兵团将调西北战场参加对胡（宗南）、马（步芳）等军的决战，争取在一年左右的时间里，解放大西北。"

在会上，副司令员周士第作了关于总攻太原作战方案的报告。4月5日，罗瑞卿作了《关于总攻太原政治工作的报告》。这一报告分为5个部分。

第一部分分析了攻打太原的有利条件和困难条件。他说："人心向我，我们力量比敌人优势得多，太原是肯定要打下来的。要反对恐敌没有信心，但有困难，要经

1949年3月,罗瑞卿在太原前委扩大会上。

过苦战,不要轻敌。"他传达了毛泽东关于攻太原的一段讲话。毛泽东说:"不要认为十九、二十兵团来了,东北炮师也来了,打下太原就没有问题。恐怕问题也出在这里,我们战略上要藐视敌人,战术上则不能轻敌。"

罗瑞卿在第二部分分析了打太原可能采取的4个方案,即:"一、直接破城;二、以一部把外围切断,主力直接破城;三、把所有外围都打掉然后破城;四、把可打掉而必须打掉的外围打掉后破城。"他说,前委经过反复讨论,决定采取第四种方案,既要防止把敌人赶到一团再攻,也要防止见堡垒就去碰。要"争取割掉一块吃一块,削弱敌人,抓住敌人分散的状态搞掉敌人"。

第三部分是罗瑞卿这一讲话的重点,即"军事上要打胜仗,政治上也要打胜仗。"在这一部分,罗瑞卿按照七届二中全会精神,结合就要攻下太原的形势说:

> 军事上要打胜仗,政治上也要打胜仗。敌人总想在政治上孤立我们,使我们脱离群众。如果我们政策不适当,或在行动上违反了政策,其结果必然会脱离群众孤立自己,这就叫政治上中了敌人的计,就叫政治上打了败仗。果然如此,我们军事上亦会随着打败仗的。即令军事上暂时打了一些胜仗,而最终还是要失败的。这一条基本道理,必须搞清楚。若干同志对党的政策不关心,不发生感情,见着破坏政策脱离群众的事不表示难过,不同这种现象作斗争。甚至为了个人或本(单)位的局部利益,自己就直接违犯或破坏政策,就是没有弄通或没有

完全弄通这一条基本道理。

我现在就要提出太原战役中搞好政策纪律几个主要方面的要求，即军队方面应该和必须做到的要求：

（一）在缴获归公上应该是负责保护，原封不动，交代清楚（交代时应取得收条并送总前委备查）。例如一个工厂，一个仓库，一个敌人的党政机关、合作社、公馆等等，军队打到一处，就应负责看守，听候接管，不准动一草一木，片布片纸。为此各部需组织临时的纠察队和看守部队，并派负责干部率领和事先做好教育。在各部自己作战分界线内，如乱拿东西或因看守不严致遭损失者，均须向各该党委及首长人员追究责任，军队只能在战场上收缴武器、弹药、军用资材和收容俘虏人员，除此均无动用权，如确为自己补充所必须者，须请示批准。此次作战即在战场上俘获之人员武器，亦须经总前委作统一的适当的调剂和分配。

（二）严禁除战争外的任何破坏行为，例如对机器、房屋、城市设备、公园、农场、车辆、家具等。

（三）我们宣布了应当保护的就必须坚决地保护。保护人民首先是工人和其他劳动人民的生命财产，保护民族工商业，保护学校，真正做到不拿一点东西。对学校过去几次没搞好，这次必须搞好。破坏了党团结广大知识分子的政策，就将造成极其严重的恶果。

（四）允许不加侵犯的就一定不侵犯。例如教堂、庙宇、外国人等。封建迷信，在思想上我们是要反对的，但当广大群众尚没有了解，则不能采取过急过早的办法。外国人做坏事的特别帮阎匪作恶指挥军队对我作战的日本军官，要依法惩办，其余守法的外国侨民，则一律不加侵犯，技术人员而又愿为我服务的则应好好争取之。

（五）不做有碍我军声誉的事情。如嫖妓、乱串街、乱跑戏园子、在街上乱吃东西、军容风纪不讲究、不听纠察人员指挥、吵架打架等等，都是不允许发生的。像李自成进北京那样你拿猪腿，他拿酒壶，应绝对禁止。

（六）金融未规定前不准买东西、也不准各单位抢购东西，金融规定后属于必需者，则统一采购分配。

（七）俘虏问题。对于军工工人不要俘虏，俘虏中有阎匪强迫当兵的工人，亦要清查出来，交给军管委员会，以利恢复生产。对于学生也要清查出来，最好争取其参军，加以训练。对于其他的人，原则上则要争取其当兵。

阎匪官兵日益恐慌动摇，我们必须采取各种办法搞政治攻势，反复讲解我军"首恶者必办，胁从者不问，立功者受奖"的对敌方人员政策，强调不准破坏，谁破坏，将来就一定严办。

（八）重视打进太原的宣传工作，并动员人人都做政策宣传。

打好、接好、交好、管好，就是我们应该达到的目的，军队地方一齐努力，定能办到。与上述规定直接相违背的，就是本位主义、洋财观点、骄傲居功、入城市后昏头昏脑等的错误思想，要用教育战胜错误思想，用纪律约束由错误思想产生出来的破坏政策的行为。应当着重指出：对此做得好的应当受到奖励，违反了的则必须追究责任并受到处罚。其中首先要负责的，应是那些没有搞好政策纪律的部队党委、政治机关和首长人员。

在第四部分，罗瑞卿讲了"要善于发动群众和依靠群众"。在第五部分他讲了团结问题。他针对参加攻太原的有华北三个兵团和西北、东北兄弟部队参加的情况，特别强调团结，要谦虚、学习、热情、克己。

在太原前线，罗瑞卿主持了第十九兵团对跟进的原国民党部队的溶编。对国民党官兵进行了阶级诉苦教育和人民军队的纪律教育。对其军官进行了审查，然后分别不同情况或资助返乡，或送军校受训，或留任。对其士兵除资遣返乡者外，绝大部分补入部队。

从4月1日起，共产党代表团和南京国民党政府代表团开始会谈。至15日，国民党政府代表表示可以接受中共代表团提出的《国内和平协定（最后修正案）》。但南京国民党政府却于20日下令拒绝签字，和谈破裂。同一天，对太原的总攻开始。激战4天后，太原解放。

太原攻克后，罗瑞卿作为太原军事管制委员会副主任（徐向前为主任，另一副主任是赖若愚），十分注意掌握城市政策，严格执行纪律。对于违反政策、纪律的现象，他从不马马虎虎，而是铁面无私，坚决执行纪律。当时，有的纵队曾从商人已经出走的商店里搞来黄金，有的剧团到仓库搞布来做幕布。他发现后，立即予以纠正。对黄金他要求退回原物，对布他要求折价付款。对于严重违犯纪律的事例，除给当事人必要的处分外，还要大会、小会批评。他的批评既理直气壮，又尖锐泼辣，没有什么委婉、含蓄，不讲什么情面，常常说得被批评者心跳耳热，宛如屁股下面着了火，再也坐不住了。由于从上到下严格要求，太原驻军的纪律深得各界人士的好评。

第八章　新中国首任公安部部长（上）

一、周恩来对罗瑞卿等公安部负责人说，
　　公安工作是"国家安危，系于一半"

1949年4月25日，中央军委决定，第十八、第十九兵团调入第一野战军，向西北进军。5月14日，部队正在准备出动，毛泽东致电罗瑞卿："部队开动时，请来中央一叙，部队工作找人代理。"6月初，罗瑞卿向已经到职的继任政委李志民交代了工作，和杨得志等话别后，便与赴青岛休养的徐向前同乘火车到达北平。

几天后，周恩来找罗瑞卿谈话，要他出任即将成立的中央人民政府的公安部部长（在政府建立之前归军委建制）。罗提出，希望随四野南下，并认为由中共中央社会部部长李克农出任公安部部长更合适。周恩来对他说："各人有各人的事，李克农有李克农的事，你就不要讲价钱了。"周恩来告诉他，中央已经决定，"今晚毛主席还要接见你，你就不要再提上前线的事了"。当晚，毛泽东在双清别墅接见了罗瑞卿。毛泽东一见面就对罗瑞卿说："听说你不愿意干公安部长，还要去打仗？现在要建立新的国家政权了，我们都不干，都去打仗，那行吗？"罗瑞卿认识到让他当公安部部长是形势的需要，便愉快地接受了任务。

7月6日，中央军委决定，在军委设置公安部，统辖全国各地公安机关，并任命罗瑞卿为公安部部长。

7月8日、7月29日，周恩来两次主持召开中共中央汇报会议，商讨情报、公安两部门的机构设置与领导人选等问题。按照周恩来的指示，罗瑞卿在原中共中央社会部部长李克农协助下，立即着手筹建公安部，首先以中共中央华北局社会部的全体人员加上中共中央社会部的部分机构作为组建公安部的基础，任命原华北局社会部长杨奇清为公安部副部长，协助罗瑞卿工作。

公安部的筹建稍有眉目后，8月9日，中共中央和中央军委致电各中央局和中央分局，指出："为了分工，以便更好地建设我们的保卫与情报工作，决定取消中央社会部，另成立情报、公安两部（中央政府成立时，即为政府的情报、公安两部）。"

同时，罗瑞卿代军委起草了给各野战军前委的电报："军委公安部已开始工作，其组织形式拟定设置政治保卫、经济保卫、边防、武装、治安行政、人事等六局及一

办公厅,惟干部无人。决定由一、二、三、四野战军,各抽调军级政治干部一人来担任局长。其条件(一)现任军政委或军副政委、军政治部主任者;(二)思想正确,作风正派,历史完全清白者;(三)有中级最好高级的文化程度,思想工作能力亦较强者;(四)最好本人自愿改行者。我们提议:一野调军副政委蔡顺礼,二野调军政委雷荣天;三野、四野请你们按上述条件各提出二至三人,由我们各决定一人。你们意见如何,盼速复。"

经各野战军协商,除雷荣天、蔡顺礼外,又调来徐子荣、卓雄、邓少东等军以上干部进入公安部。

10月14日,罗瑞卿给毛泽东并中央书记处写报告,提出:"为加强公安部内的集体领导,提议公安部内建立党委制,并提议以罗瑞卿、杨奇清、许建国、雷荣天(经济保卫局长)、蔡顺礼(武装保卫局长)、卓雄(治安行政局长)、徐子荣(人事局长)等人为党委委员,并互选一人为党委书记。"毛泽东和中央书记处批准了这一报告。公安部成立了以罗瑞卿为书记,杨奇清为副书记的党委会,作为公安部的领导核心①。

同日,为解决公安部及全国各级公安机关的干部问题,罗瑞卿在给毛泽东所写的报告中提出:"军委公安部及其以下的各级公安部门的组织机构均需尽快建立,但干部缺少很多。现军委公安部除有了几个主要干部外,广大中下级干部则没有人。全国各地区的主要负责人虽勉强配齐(西北李启明,西南周兴,华东暂为潘汉年兼,华中卜盛光,华南谭政文,东北汪金祥,上海李士英、杨帆,南京陈龙,天津许建国,北京罗瑞卿兼),但同样缺少中下级干部,尤以西南、华南、西北等地最为严重。"报告

■1949年10月,罗瑞卿(前排右四)与公安部部分领导人合影。

---

① 11月2日,中共中央政治局决定中央人民政府各部门党组书记人选,罗瑞卿为公安部党组书记。11月9日,中共中央正式发出《关于在中央人民政府内建立中国共产党组的决定》。依据这一决定,1950年1月3日,公安部以罗瑞卿(书记)、杨奇清、徐子荣、卓雄、雷荣天、邓少东、蔡顺礼7人组成公安部党组。1月9日,周恩来宣布了政务院总党组干事会名单:书记周恩来,副书记董必武、陈云,干事罗瑞卿、薄一波、陆定一、胡乔木、刘景范、李克农、李维汉、齐燕铭。

提出："公安部门干部问题的解决，除我们自己应努力培养外，必须依靠军队中抽送一批中上级干部，作为建设全国公安工作的骨干。"

中共中央和中央军委随即陆续从华北补训兵团、华北军政大学、华北革命大学、苏南公学及各地党委抽调大批干部和青年知识分子进入公安部，并从部队抽调师级干部100名、团级干部300名作为骨干，为公安队伍的建设奠定了基础。

为了研究和解决公安部的组织和今后工作问题，经毛泽东和中共中央批准，从10月5日至11月1日，罗瑞卿在北京主持召开了全国公安工作高级干部会议（后来称为第一次全国公安会议）。会议听取了各大区公安负责人的汇报。会议期间，毛泽东、周恩来、董必武等接见了与会人员并分别作了重要指示，朱德在会上作了报告。10月30日，周恩来在接见与会人员时说："军队与保卫部门是政权的主要的两个支柱。你们是国家安危，系于一半。国家安危你们担负了一半的责任，军队是备而不用的，你们是天天要用的。"罗瑞卿和与会人员听了都深感从事公安工作的责任重大。

11月1日，罗瑞卿作了会议的总结报告。他首先概括了三大战役前后，公安保卫工作取得的成绩。他说："新占领的大城市、交通线上，敌人特务的潜伏机构受到了相当大的打击。""现据不完全的统计，在东北、华北、华东、华中、西北等战略区各大中城市，共破获敌特11个站，6个省、区的室，160个组或队；逮捕特务4046名，其中组长以上重要骨干1147名，缴获了一批特务电台。东北、北京、天津等地并大规模地进行了反动党团登记工作，北京还集训了大批的特务。像这样大规模地摧毁敌人的特务机构，是过去没有也不可能有的事情。"他还说："我们初步学会了管理城市，特别是大城市的治安管理、交通管理、反对盗匪，取得了初步的经验，粉碎了反革命的秩序，建立了人民革命的秩序。""若干地区对剿灭土匪、取缔封建帮会、会道门（主要指一贯道）也做出了一些成绩。"

但是，罗瑞卿指出："目前反特、剿匪还有严重的任务摆在我们面前。"他根据七届二中全会精神，指出："战争结束以后，国内阶级斗争最尖锐的形式，就是隐蔽斗争。同拿枪的敌人的斗争结束了，就得向不拿枪的或不公开拿枪的敌人作斗争。"

在总结报告中，罗瑞卿根据中共中央和毛泽东的指示，阐明了公安部门的性质和总任务。他说："国家安全部门，应是国家政权镇压反革命，确立革命秩序，捍卫国家安全的有力工具。因此，完全学会和敌人作隐蔽斗争，特别是同国际特务作斗争，镇压内外敌人的一切捣乱和破坏，建立革命秩序，保卫国防，保卫建设，巩固人民民主专政的政权。这就是我们的总任务。"

会议研究了组建公安队伍中干部来源和培训，领导关系，各级组织机构编制草案，建立公安武装的编制、待遇，留用旧警察、建设新警察的方针、政策，并一一提出具体建议，报请中央批准。这次会议为组织队伍，建立新中国的公安工作确定了非常明确具体的方针和政策。

会议还确定了目前工作的重点，即：在新解放地区的大中城市、交通线上及海口，继续摧毁敌特潜伏力量；在农村结合军队、群众限期肃清土匪；在华北、东北地区，进一步缩小敌特破坏的可能。

在会议期间，10月19日，中央人民政府委员会第三次会议任命罗瑞卿为中央人民政府公安部部长、杨奇清为副部长。同时任命罗瑞卿为中央人民政府政务委员、人民革命军事委员会委员和中央人民政府政务院政治法律委员会委员。军委公安部即改为中央人民政府公安部，命令公布后，11月1日启用印信，开始正式办公。

11月5日，罗瑞卿主持召开了公安部成立大会，并在大会上讲了话，精辟地分析了政权建设和经济建设的关系。他说：

■ 公安部成立初期的罗瑞卿

> 要把中国从贫穷状态改变为真正独立、民主、自由、和平、统一、富强的状态，第一任务是要建设和巩固政权，使政权牢牢地掌握在人民手中，以保卫我们所得的成果，不允许任何反革命夺去我们已有的胜利。这是政治方面的任务。没有这一条，帝国主义、封建主义、官僚资本主义的压迫仍然会再来。
>
> 我们在经济上文化上还是落后的。全国解放后，一定要建设成先进的工业国家，首先是搞好经济建设，使老百姓在政治上经济上都解放。广大群众失业现象要解决。经济建设搞好了，文化很快也会繁荣起来。毛主席说，随着经济建设的高潮，也会出现一个文化建设的高潮，使我们的民族站在先进民族的同一行列。这就是建设的任务，并且要加强之，这是第二个任务。
>
> 这两项任务是相辅相成的，如果政权不巩固，就不允许我们来建设；只顾政权，经济不能独立，文化不能提高，终有一天会失败。

在讲话中，罗瑞卿引用了周恩来关于公安工作是"国家安危，系于一半"的论述，号召大家"安心工作，努力工作，做好工作，让人民看起来我们是好的强的工具，而不是坏的弱的工具。我们要成为铁拳，而不要成为小孩子的拳头，要改变不安心、不努力的状态。"

罗瑞卿还希望大家遵守纪律，希望大家树立艰苦奋斗、埋头苦干、实事求是的作风，反对出风头、夸大、铺张的作风，要经常与群众联系起来，不要孤立。希望大家努力学习，提高政治、政策思想水平和业务水平。

在讲话最后，罗瑞卿说：

"公安工作是很光荣的，一定要做好，我们一定能做好。"

二、领导公安部门，荡涤旧社会遗留下来的污泥浊水

新中国成立初期，在大陆上的战争刚刚结束，被推翻的国民党反动派的残余势力不甘心失败，仍然在进行猖狂的复辟活动和破坏活动；旧社会遗留下来的流氓地痞、恶霸盗匪仍继续为非作歹；许多丑恶的社会现象，比如青楼妓院、烟馆赌场等依然存在，对这些旧社会遗留下来的污泥浊水亟待清扫和荡涤。

罗瑞卿一上任即着手进行这方面的工作。首先是进行反动党团骨干分子限期登记。这项工作中共中央早有布置。1949年1月27日，中共中央即发出《关于国民党三青团特务机关的处理办法》，要求已解放的大中城市，要明令国民党、三青团区分部委员以上的骨干分子、特务、宪兵等，在限定时间内，向公安机关登记。罗瑞卿积极领导和组织公安部门进行了此项工作。他说："对反动党团骨干分子、特务分子、宪兵等采取限期登记自首的政策，在于解散反动组织，禁止他们的反动活动，并把他们面目公开于群众面前。这样一方面会提高群众的警惕性，一方面便于我们今后更主动、更有计划地打击敌人。"他非常强调在此项工作中要严格执行党的政策。在转发各地登记工作经验的通报中，他对政策界限阐述得十分明确具体。他指出："在限期登记过程中，对服从登记、彻底坦白罪恶，交出组织名单、证件、武器、通讯器材者，除少数罪大恶极分子外，一般不予逮捕，应分别主次，进行适当管制与处理；对抗登记、假登记、应付登记或登记后仍继续从事反动活动者，则逮捕管训，并对罪恶大者给以必要惩处，以达到争取教育多数，孤立打击少数之目的。"他还指出："对党团分子，只登记区分部委员以上骨干分子，以免打击面过宽。"

1949年11月11日，罗瑞卿兼任北京市公安局局长，他又直接领导了北京市反动党团登记工作。他指示北京市公安局拟定了布告、登记办法，印发了《国民党北平市党部概况》《三青团北平支团部概况》以及驻北平特务、宪兵资料，让从事此项工作的干警熟悉和掌握。由于准备充分，进行了广泛宣传，掌握政策稳当，北京市登记工作进行了三个月，共登记特务分子3533名，登记反动党团骨干分子3243名，缴获枪支98支、证件2337件。反动党团特组织，基本上被摧毁。全国各省市登记工作，同北京一样，进展较顺利。从1950年至1951年春，全国共登记反动党团骨干、特务分子、反动军官共11万人。

接着是严厉打击盗匪流氓。

在半封建半殖民地的旧中国的城市中，盗匪团伙猖狂，流氓阿飞横行。上海就曾被人们称为"冒险家的乐园"。新中国成立后，由于新政权刚刚建立，这些盗匪流氓的活动非但没有收敛，反而更加嚣张。如上海1949年5月解放，6月即发生抢劫案190起。这些盗匪成帮结伙，他们又同国民党的散兵游勇、宪兵特务相勾结，杀人越货，强奸妇女，严重地破坏了社会秩序，危害人民生命财产的安全。罗瑞卿狠抓了打击盗匪的活动。他说："盗匪问题在城市是个大问题。我们不镇压盗匪，是要脱离群众的。"他认为，由于留用员警熟悉情况，需团结他们一同作战，要发挥政策威力，坚决贯彻"镇压与宽大相结合"和"坦白从宽、抗拒从严、立功受奖"的政策。对罪

大恶极的，一经捕获，迅速镇压，对敢于开枪拒捕的，当场击毙；对罪行较小的，给予戴罪立功的机会，或令其如实提供盗匪内幕，或使其为侦缉盗匪服务。

在各级公安机关的努力下，北京、上海等13个大城市至1950年6月共缉捕盗匪5477名，盗匪案件急剧下降。如上海，在1949年平均每月发案60起，至1950年5月，下降为发案4起；6月2日起，到7月只有1起。罗瑞卿非常欣慰。1950年底，他在北京市公安局年终总结大会上说："各个大城市的公安机关，在打击破坏分子方面都做得很好，成绩很大，盗匪活动已基本消灭了。北京与各地一样，成绩斐然，过去北京市一个月发生强盗案几十起，白天抢劫、打死警察、强奸妇女，甚至明目张胆地在天安门开会。我们驻地附近就发生过抢劫杀人案。现在市区抢劫案没有了，郊区还有，也是个别、零星的盗匪，他们害怕人民政府的威力，不敢那么猖獗了。"

在打击城市盗匪的同时，罗瑞卿还指示狠狠打击流氓阿飞活动。

流氓活动在旧上海特别猖獗。盗匪、流氓、帮会三位一体，是滋生在上海十里洋场上的毒瘤，这些帮会的头目著名的有黄金荣、杜月笙等。黄金荣原是流氓头，绰号麻皮金荣，1895年当了法租界的包打听（巡捕），手下一百来个徒弟都是敲诈勒索、贩毒聚赌、无恶不作的流氓。自从黄当了巡捕后，他们无孔不入，控制了上海的黑社会，霸占赌场、妓院、鸦片烟馆。黄的大徒弟叫杜月笙，原是摆水果摊的，绰号水果月笙。黄、杜在青帮中辈分很高。蒋介石落魄时也向黄金荣送了"门生帖子"。

上海临解放时，杜月笙逃到了香港，但已经老迈的黄金荣却留了下来。慑于解放军、人民政府的威望，他未敢乱说乱动，并在政府管制、训导下，向上海军管会交出了手下大小头目的名单。

新中国成立初期，北京市的流氓阿飞活动也很猖狂，有"三鸟一雁""三星团""攘子队"等流氓团伙，经常身带木棒、匕首出没于天安门、西单、西四等地，打群架，调戏妇女。有一个外号"一拳镇西单"的流氓，身带匕首，看到穿裙子的妇女就去掀裙子。北京还有所谓"搂包""锣车""猴车"等封建行会性质的团伙。所谓"搂包"是独霸车站旅客运输的团伙，除对旅客运输、寄存货物进行敲诈勒索外，还开局聚赌，聚众行凶。所谓"锣车"是混在三轮车工人中的地痞流氓，或强拉旅客进行敲诈，或对旅客货物进行团伙式的行窃。所谓"猴车"，新中国成立前专门从事"拉"外国人的"皮条"，新中国成立后仍然诱迫妇女卖淫，并对暗娼进行勒索。

罗瑞卿指出："城市中的流氓问题和盗匪一样，都是旧社会造成的，现在仍起着严重的破坏作用。"因此，要从严打击。罗瑞卿对有些城市罪行严重、民愤很大的流氓阿飞打击不力，捉了放，放了再捉，或是采用不痛不痒的"传讯教育""短期拘留""送习艺所收容""令家长严加管教"的办法，很不满意。批评道："你们这种处理办法，是不正确的，太宽大了，不能这样办。这样办不仅会引起群众不满，而且还会鼓励流氓的发展。"他认为，对那些罪行累累、民愤很大的流氓"均须判长期徒刑，不是什么短期扣押教育，更不得释放，已经放了的要抓回来。应该选择一两个罪大恶极的典型依法判处死刑。"他说："不如此，是不能彻底打下流氓的气焰的。"

各地对流氓的打击得到广大群众的拥护。大家纷纷赞扬："政府给人民除了大害，办了大好事！"北京市处决了东郊的大流氓孙起后，当地群众拍手称快地说："这一下可晴了天了。"上海市处决罪恶深重、民愤极大而解放后仍继续作恶的流氓恶霸"码头春宝""江北大亨"等后,刑场周围群众放鞭炮表示庆贺。

从19世纪初开始,鸦片烟毒已经祸害了中国一百多年。罗瑞卿就任公安部部长时,新解放地区特别是大中城市仍然是烟毒弥漫,乌烟瘴气。上海刚解放时,有制造毒品的场所33处,从事制造、贩运、销售毒品者达3万余人。重庆市刚解放时有制毒者330家,开设烟馆3084家,每天卖出烟土达3400两。成千上万的瘾君子卖房卖地、卖妻女为娼,直到倾家荡产,卧毙街头。吸毒也是盗匪流氓的温床。

罗瑞卿幼年在家乡时,对他父亲罗春庭因抽大烟而使家庭破败,乃至将最小的妹妹也扔到街上,留下不可磨灭的痛苦的回忆。

参加红军之前,他又曾在成都、武汉、上海逗留过,对烟毒祸害中国人民有着深切的感受,因而对烟毒可以说是深恶痛绝,他写道:"鸦片、料面、吗啡、海洛因等是百余年来外国侵略者强迫向我国输入的烟毒祸害,是帝国主义和国内反动统治遗留下来的一种恶劣污毒,曾给了我国人民以极大的危害。"

罗瑞卿在领导公安部门打击盗匪流氓的同时,狠抓了查禁毒品。他说:"对于贩毒、售毒、制毒、运毒的大犯、惯犯及开烟馆的大业主、大窝主等的猖狂活动,应该坚决予以打击。不如此,不仅毒害不能肃清,还会蔓延扩大,群众也是不满的。"他对发现和破获重大毒品案件亲自过问、具体指导。大毒品贩庞辅臣勾结天津市禁烟局干部套购大量烟土,又勾结民警掩护装船,运往上海销售。1950年1月,此案破获后,罗瑞卿对公安系统内部人员参与毒案十分气愤,他批示:"此事值得注意。我意通同作弊的人,不管是禁烟局的还是公安局的,均应送法院分别判罪。"他还指示,对于制毒、贩毒、运毒、售毒的大犯、惯犯,"凡经过调查、侦察确实后,均应逮捕判处长期徒刑,劳动改造,并应大张旗鼓地依法处死其中最坏的几个,以遏止毒害的蔓延扩大。否则毒犯气焰不能打下,并会使我们脱离群众"。

罗瑞卿的明确指示给禁烟毒、打击毒犯指明了方向。一些毒害严重的城市经深入调查,侦破和处理了大批毒品案件。上海市从新中国成立至1952年上半年的三年中,共逮捕惩治了毒品犯1.23万余人。此后公开贩毒、售毒的烟行、烟馆即不复出现,一些毒犯被迫转入地下。

烟毒在中国流行已久。鸦片战争后罂粟种植范围越来越广。由罂粟提炼出来的鸦片被称为芙蓉膏,许多官僚、地主成天躺在烟榻上吞云吐雾。西南各省军阀的部队官兵,既扛步枪,又带烟枪,成为双枪兵。日本帝国主义侵华期间在沦陷区公开推行毒化政策,白面(海洛因)逐渐取代了鸦片。在街头巷尾,披着麻袋片、骨瘦如柴、蹲在垃圾箱旁吸白面的白面鬼随处可见。日本投降后,国民党反动政府的官僚买办资产阶级又与毒枭勾结,利用毒品榨取民脂民膏。由于毒害根深蒂固,新中国成立后虽经严厉打击,但毒害还未肃清。毒犯由公开转入隐蔽,并与境外国民党残余势力相勾结,继续向内地偷运毒品。据估计,当时广东一省存有毒品即达500余万两。衡阳铁路管理局在"三反"中查出走私输入鸦片103万余两,吗啡6.3万余两,海洛因47.6万余两。中共中央决定,在"三反""五反"运动后期再进行一次群众性禁毒运动。这一运动从1952年8月开始,至11月底基本结束。

由于政策明确,"始终集中打击制造、贩卖、运送毒品的毒犯";准备充分,在运动开展前三个月就积极开展了调查、侦察和反复查对材料的工作;控制严密、指导有力,对毒犯大张旗鼓地采取集中处理的方法;加之在毒区充分发动了群众,运动开展得广泛、深入,进展顺利,取得了巨大成绩。按罗瑞卿的说法,这"是一次比较精彩的运动"。运动中揭发出一些惊人的大案。如昆明抓获的大毒犯刘云阁,混入茶叶公司云南分公司,组织贩毒集团,两年内贩毒烟土11.3万两。福建破获的张子月、张明怡贩毒集团,有严密的组织,有押运毒品的武装,有打入基层政权的坐探。破案时从这一集团缴获各种枪械60余支。三个月来在全国共挖出毒犯36万余人,处死刑814人;缴获各种毒品385万余两,制毒机209部又16202套,并缴获60炮两门,机枪5挺,长短枪716支,发报机6部。

在罗瑞卿的领导和组织下,经过各级公安部门的努力,至1952年底,终于清除了祸害中国人民100多年的毒害。广大群众赞道:"人民政府为人民除了一大害!""毒害百余年,只有共产党才能解决这个问题!"

娼妓的存在是半封建半殖民地旧中国城市中的丑恶现象之一。妓院老鸨、班主都是与官府勾结的流氓、恶霸,他们肆无忌惮地残害、盘剥妇女,逼她们卖淫,稍不如意即施以扎烟签、攮锥子等酷刑。许多妇女生活于水深火热之中。妓院又是藏污纳垢之所,贩毒品、开赌局、拐卖妇女、勾结盗匪、窝藏反革命,所在多有。罗瑞卿就任公安部部长后即决心切除这个毒瘤。他打算先从北京做起。1949年11月12日,他作为北京市公安局局长,在市公安局集体办公会议上对市内的处长、分局长们说:"妓院是旧社会的产物,这里是藏垢纳污、压迫妇女、损害社会健康的地方。妓院老板是城市的封建势力,妓女受着封建黑暗的剥削与压迫。为了彻底消灭城市的封建势力,解放妇女,建立一个革命的、健康的新社会,我们对妓院必须坚决封闭取缔,并依法惩办那些罪大恶极或有血债的妓院老板。"会议起草了议案,在报市委、市府批准后即呈送市人代会。1949年11月21日下午,北京第二届各界人民代表会议做出封闭妓院的决议,当天下午5时30分即开始行动,市公安局出动干警和公安总队官兵2400人,在市民政局、市妇联等有关单位配合下,一夜之间将全市224家妓院全部封闭,妓女1268人获得解放。她们被送往妇女生产教养院。教养院对她们进行教育,给她们检查身体、治病,然后对有家可归者遣送回家,有对象者助其结婚。其余人员则组织学习生产技术,使其能独立谋生。对这些妓院的老板、领家454人,则予以集中,清查其罪行,再分别不同情况予以处理。罗瑞卿还指示公安局通过宣传文化部门对这一行动进行广泛宣传,并拍摄了反映这一行动的影片《姐姐妹妹站起来》在全国放映。这一史无前例的正义行动深得人民拥护,在国内外引起强烈的反响。

继北京采取行动后,各大中城市均相继开展了行动。武汉市公安局1951年3月向公安部报告,提出:"要限制乐户的发展,鼓励妓女从良、老鸨改业,以达到逐步取缔。对三姑六婆等抓起来,长期关押。"

罗瑞卿认为这不是革命的办法。他指示武汉市公安局:"一、要把多次拐人诱人为娼的所谓三姑六婆等,罪恶累累的,特别是有人命的,抓起来依法判处死刑。二、对公开的乐户或公开拉人的妓女,要切实调查一下,分别进行封闭或取缔之。"他又指示:"这样做,一定要通过人民代表会,听听他们的意见,他们做出决定后再办。"按照罗瑞卿的意见,武汉市很快采取了封闭妓院、取缔妓女的措施。

当时,妓院最多的城市是上海。1951年3月,罗瑞卿到上海视察工作,曾带领一些工作人员和上海市公安局的干部微服去看了当时仍在社会黑势力控制下的上海"大世界"。当他看了每层楼站满了由老鸨看管着的妓女后,激愤地说:"这些老鸨吸血鬼、这些流氓恶霸,统统要消灭掉。我们要从这些坏蛋手里解放那些不幸的人。"

1952年4月至9月,上海市公安局在民政等部门协助下,先后采取多次行动,查封妓院、取缔娼妓,并将"大世界"改造成健康的人民乐园。

到1953年,在大陆上除尚未进行民主改革的西藏外,千百年来吃人的娼妓制度被埋葬,解救了成千上万沉沦于苦海的妇女,使她们学习了生产技艺,组建了幸福的家庭。人民群众纷纷赞道:"千年的冰河开了冻,万年的枯树发了青。旧社会把人变成了鬼,新社会把鬼变成了人。"

三、按照毛泽东"我们要把房子打扫干净"的嘱咐,组织指挥了镇反运动

1950年夏天,在北京流传着这样的谣言:"鼓楼冒烟,石狮子流泪,万寿山闹鬼,要改朝换代了。"万寿山闹鬼,人们未见,石狮子流泪,或许是谁在石狮子头上洒了水,但鼓楼冒烟却是众人亲目所睹。每天傍晚,鼓楼前都聚了不少人仰望鼓楼,只见上面烟雾袅袅。与此同时,全国各地也流传了不少谣言。在察哈尔,有人散布:毛主席派人下乡"割蛋",送给苏联去造原子弹。这个谣言又传到绥远、河北、北京、天津,闹得人心惶惶。一个村庄,到夜里如果有坏分子大吼一声:"'割蛋'的来了!"顷刻便会全村大乱。

由于"割蛋"的谣言过于荒谬,在文化素质较高的北京市民中,信者甚少,但相信鼓楼冒烟者却日见其多。为了弄清事情真相,一天傍晚,罗瑞卿也来到了鼓楼前,他果然看到鼓楼顶上有烟状物在上下翻腾,颜色很淡,不似有火。为了弄清究竟,他派人上去看了一看。原来是成千上万的小虫子在屋顶翻飞盘旋。

这个谣言虽然破掉了,但罗瑞卿又联想到全国各地的敌情。当时,湘西、广西一带匪患尚未肃清,湘桂铁路上有的车站被土匪骚扰,停车已经有好几天。

1950年6月,朝鲜战争爆发后,反革命分子的活动日益嚣张,有造假钞票的,有企图炸铁路桥梁的,有窃取机密文件的,有企图暗杀党和军队重要干部的。美军9月15日在仁川登陆以后,许多反革命分子认为第三次世界大战快打起来了,蒋介石"反攻大陆"时机已到,于是跃跃欲试,企图与蒋里应外合,更加紧了反革命活动,组织了形形色色的地下军,委任了各路司令和大批的主席、专员、县长,准备等美军到达后,"接收"政权。他们在各地明目张胆地制造谣言,破坏交通,抢劫财物,焚烧仓库,杀害干部。从1950年1月至10月,全国共发生反革命暴乱816起。全年有4万名干部和群众中的积极分子被反革命分子杀害,仅广西一省就有7200人。

10月9日,在中央召开的一次研究抗美援朝问题的会议上,面对这些敌情,毛泽

东问罗瑞卿,准备怎么办。罗瑞卿答道:"现在反革命分子活动十分猖獗,人民批评我们宽大无边,要求我们镇压反革命。我们商量了一下,主张杀一批、关一批、管一批。"毛泽东点点头说:"我赞成你们的意见。现在美国已经把战火烧到了我们家门口。我们要把房子打扫干净,以便更好地对付帝国主义。无论是杀、关、管,都要发动群众、依靠群众,要大张旗鼓,不要搞孤立主义、神秘主义。"毛泽东让彭真、罗瑞卿等人起草一个在全国范围内开展镇压反革命群众运动的指示。彭、罗等连夜起草,于10月10日凌晨2时将指示草稿呈送毛泽东。毛只字未改,指示于当日下发全党执行。这就是历史上著名的"双十指示"。

"双十指示"指出:当前有不少干部和党员存在着一种骄傲轻敌思想,把正确的严厉镇压反革命与乱打乱杀相混淆,把"镇压与宽大相结合"的政策误解为片面的宽大,因此在镇压反革命问题上发生了右的偏向,以致有大批的首要的反革命分子没有受到应有的制裁,这不仅助长了反革命的气焰,而且引起群众不满,认为我们"宽大无边"。

"指示"要求各级党委全面贯彻党的"镇压与宽大相结合"的政策,重点打击土匪、特务、恶霸、反动党团骨干和反动会道门头子5个方面的反革命分子。对反革命分子按照其罪恶大小轻重,分别加以处理。对于首要的怙恶不悛的,新中国成立后继续作恶的反革命分子,该杀者则杀,该监禁和改造者,应逮捕监禁,加以改造。对于帝国主义的特务间谍,必须予以严厉的打击。对于罪恶较轻而又表示愿意悔改的一般特务分子和反动党团的下级党务人员应当实行管制,加以考察。对于真正的胁从分子、自动坦白的分子和在反对反革命的斗争中有所贡献的分子,应给予宽大的处理,或给适当的奖励。

以上这些政策随后被概括为"首恶必办,胁从不问,抗拒从严,坦白从宽,立功者受奖"这样的口号。

为了防止在镇反中发生"左"的偏向,"指示"还指出:必须反对逼供信和禁止肉刑,必须注意证据而不轻信口供。在判处死刑时,党内必须经过省委(大市委、区党委)及受委托的地委批准。其中如有特别重要的分子,则需报告中央批准。关于外国人的处理,必须经过国务院批准。"指示"要求各级党委加强对公安、检察、法院机关的领导。

10月16日,罗瑞卿在北京主持召开了第二次全国公安高干会议,传达了"双十指示",部署镇反。随后,他到广东、广西、江苏、上海、江西、浙江、福建、山东等几个省市自治区进行视察,亲自向各地群众宣讲党的方针政策。与此同时,还批转了各地大量的镇反工作报告。仅1951年他到各处作报告达39次,批阅镇反工作报告400余件。他在这些报告和指示中,主要强调了以下方面的问题:

第一,坚持党委对公安工作的绝对领导。

1950年8、9月间,李克农转告罗瑞卿,有一次毛泽东同李谈话,对公安部不向他写报告很不满意。罗瑞卿听后立即去见毛泽东。

毛泽东问他:"为什么不给我写报告?"罗瑞卿解释说:"写了报告了。"

毛严厉地说:"写了,拿我的收条来。"

1950年10月，罗瑞卿在北京市劳动人民文化宫召开的镇反大会上讲话。

罗立即说明，已报总理转呈主席了。

后来周恩来知道了此事，去向毛泽东报告："公安部的一些报告，压在我那里，未及时呈送给主席。"为罗分担了责任。

毛泽东知道后，又对罗瑞卿说："报告今后要直接送给我。现在你那里有一些什么文件，可以送给我看看。"罗立即将经济保卫工作会议文件呈送给毛泽东。罗瑞卿主持起草的这一文件有几处述及党的领导，曾被一位较负责的同志删去。9月27日，毛泽东在这一文件上批示："……凡将党的领导作用删去而改为笼统字眼或改为单纯行政领导的地方，原稿是对的，删改是不对的，均应恢复原稿。保卫工作必须特别强调党的领导作用，并在实际上受党委直接领导，否则是危险的。"罗瑞卿在第二次全国公安会议的报告中传达了毛泽东的指示，并明确指出：公安部既是国家政权的一个部门，又是党的锄奸保卫政策的执行者，是党所领导的一个工作机关，即相当于过去党的社会部，公安部在党中央领导之下，各大区、省、地、县公安部门在各级党委领导之下。后来，罗瑞卿在历次讲话中都强调要贯彻公安工作在各级党委领导下的制度。他反复强调，在镇反斗争中，"只有党中央和各级党委才能了解整个阶级关系的变化，能够从全局出发，权衡利弊，对各种问题做出正确的决定，也只有党中央和各级党委才能动员和组织全党和广大群众的力量"。"事实证明，哪个地方党委对公安部门领导的好，公安部门接受领导的好，工作就做的好，反之则工作就会遭受极大的损失。"罗瑞卿指出：在镇反斗争中，既有公开的斗争，也有隐蔽的斗争。因此，更必须加强党委的领导，要防止和反对在隐蔽斗争中借口保密而脱离党的领导和监督的倾向。他特别指出："公安系统强调党委领导，有其特殊意义。这是因为一方面正如有的同志所说公安系统有秘密、特费、特权三个特点，特别需要党和群众的监督。另一方面，还因为公安工作是一种十分复杂、十分尖锐的对敌斗争，如果没有党委密切领导，即使是一个优秀的踏实的人也没有保证不犯严重错误。有了党的领导，再加上自己谨慎从事，就可以保证少犯错误或不犯大的错误。"

为了争取党的领导，罗瑞卿按毛泽东的指示，向他呈送了大量的工作计划、简报、综合报告、考察报告。罗瑞卿还把各大区、各省市委的报告不定期地向党中央综合报告，以便于中央及时了解运动情况，进行决策和指导。

罗瑞卿十分尊重各大区和各省党委。他到各省市后所写考察报告都要先征求各地方党委意见后再上报中央。他规定，凡公安部派往各地的视察组都要在各地方党委领导之下开展工作。凡各大区、各省市公安部门请示问题，他都要将公安部的答复意见一面报中央，一面要各有关公安部门请示当地党委后再作决定。

第二，要发动群众、依靠群众。要大张旗鼓，不要搞孤立主义和神秘主义。

罗瑞卿在运动中反复强调，发动群众是彻底消灭反革命的必要条件。他指出：因为反革命分子过去大多是公开压迫人民的，

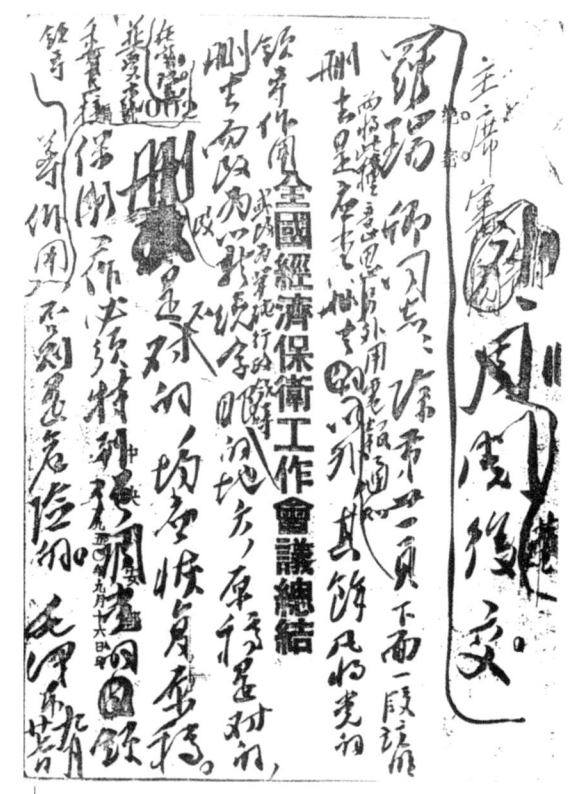
1950年9月27日，毛泽东在罗瑞卿关于全国经济保卫工作会议总结上的批示手迹。

群众对他们的压迫亲眼所见、亲身感受。只要把群众发动起来，再结合以专门机关的工作，就可以将反革命大批捕获，一网或数网打尽。

为了充分发动群众，他十分注意大张旗鼓搞好宣传工作。他要求各级公安部门的领导人当好宣传员，造成对反革命分子"老鼠过街，人人喊打"的声势。当他得悉唐山市由于宣传工作做得不好，在第一批处决反革命分子在社会上引起一些波动后，立即指示，这"又一次证明，如果镇压反革命不大张旗鼓，不加强宣传，不使家喻户晓……或者宣传工作没有计划，不规定应该宣传的内容和办法……让下面干部乱说一顿，其结果不仅不能发动群众起来同反革命斗争，而且反而引起群众对于镇压反革命的怀疑。"1951年6月，他派15个工作组下去视察镇反运动时，邀请中央宣传部派人参加。同时他还介绍一些记者、作家到各地采访，以创造可观的"公安文化"。

罗瑞卿本身就是一个出色的宣传员。他在1951年所作的39场报告，道理讲得深入浅出，条分缕析，语言生动活泼，鼓动性极强，听了令人精神振奋。如今哲人已逝，其音容笑貌已成追忆，但是在这里我们引用他1951年5月20日在北京市各界代表会议上所作《关于处理反革命罪犯的报告》中的一段，从中或许多少可以领略到他作报告的风采。

在这一报告中，罗瑞卿将北京市应处死刑的反革命罪犯分为5类，即：罪恶很重

的大汉奸，血债累累的国民党特务、恶霸地主、匪首和惯匪，反动会道门头子。

当他讲到恶霸地主时，他说：

> 在北京四郊有"东霸天""南霸天""西霸天""北霸天"。同志们！我们北京有几个郊？就有四个郊！都叫他们给"霸"了。我们能不能让他们霸呀？（台下高喊：不能！接着高呼口号）我们人民翻了身了，不能让他们霸！还有号称"皇上"的，如北郊有"土皇上"，东郊有"杨皇上"，西郊有"山皇上"，天桥有"伏地皇上"。过去北京只有一个皇上，早就给推翻了，现在他们搞出四个"皇上"来了，准不准许呀？（台下高喊：不准许。呼口号，大鼓掌）此外，还有什么"四亭""十二爷""坐地虎""魏家五虎""林家五虎""活阎王"等等。他们的势力，少的霸一村，多的霸一二十村，霸田地，霸钱财，霸别人妻女，霸牛羊畜生，无所不霸。敲诈勒索，无恶不作。有的被他们逼死、逼疯、逼走、逼穷，害得人家妻离子散，家破人亡。例如"东霸天"张德泉，将小贩杨某的切糕喂狗，杨某不愿意，张德泉就把杨某打出天桥，不准他在天桥一带做小买卖。恶霸张惠将戴刘氏儿子拉去当兵，吓得戴刘氏患疯病跳河而死。恶霸吴德禄，杀害六条人命，杀人时先用凉水掺小米把人灌得七窍流血，死去活来，然后拉出去活埋，埋了半截又拉出来活活打死。又如天桥的恶霸"林家五虎"之一林文华，拿活人当他练拳的靶子，有的被打死，有的被打得吐血。又如"北霸天"魏廷祯，像"白毛女"中的地主黄世仁，以十块现洋霸占了林玉亭的女儿。东郊著名恶霸关华亭，前后奸污过妇女几十人；老虎洞一家有六姐妹，四个被他强奸；马家三个女儿，两个被他强奸，一个被霸占作小老婆，父亲被他毒死。外号"山皇上"的西郊恶霸傅秀山，把十九岁的农民女儿赵正奸污后，霸占了二十年，既不娶她为妻，又不准她嫁人，生了七个孩子，都被他捏死，丢在山沟里。赵正最后被他赶走，活活饿死。同志们，这个恶霸傅秀山，他的罪恶是不是大大超过黄世仁呢？傅秀山还勾结土匪行抢，自己坐地分赃。恶霸李金元、于德海强奸十三岁的幼女致死，恶霸杨金芳强奸怀孕七个月的民妇，致小孩流产，大人也死了。西郊恶霸孙海把妇女绑在树上强奸、轮奸。真是毫无人性，残暴已极。有人讲他们是"披着人皮的畜生"，一点不错。控诉会上可以看到许多人，有的被他们打断臂膀，有的打掉了牙齿，有的伤痕斑斑。很多群众向他们要儿子、要丈夫、要妻子、要父亲。人民要讨还血债，要求政府为他们申冤报仇。这样的坏家伙，这样的恶霸，这样的人民的害虫，喝我们人民的血，吃我们人民的肉，我们不能容忍他们……（台下大鼓掌。高呼：拥护人民政府！坚决镇压反革命！）

群众发动起来后，就给反革命分子布下了天罗地网，形成了对反革命分子"老鼠过街，人人喊打"的局面。在新中国成立前残害李大钊、闻一多、李公朴等革命先烈的凶手，纷纷落入法网，受到了应有的严厉制裁。

江西省充分发动群众并捕杀了一批罪大恶极的反革命分子后，有的反革命分子连跑了几个县也跑不出去，只好向政府自首。浙江一土匪在向其上级所写的报告中称他们的下场将是"五死",即:饿死、冻死、解放军打死、民兵打死、爬山摔死。

群众发动起来后,推动了镇反运动的深入发展,而镇反的胜利又进一步更广泛地发动了群众,其结果则是在进行土改、剿匪和抗美援朝的条件下,使社会秩序得到空前的安定。

第三,严格执行党的政策。

镇反运动进行了一个半月以后,反革命分子的破坏活动遭到了沉重打击,"宽大无边"的右倾偏向得到了纠正。在这一形势下,为了防止发生"左"的偏向,也是为了分化瓦解敌人,把镇反运动深入开展下去,罗瑞卿及时指示各省市公安部门,对反"宽大无边"的宣传要停止,以防止下层干部和部分群众不讲政策、盲目乱干。他指示各级公安部门,要集中力量打击特务、地下军、反动会道门头子、恶霸和惯匪。要把主犯和从犯、现行犯和历史犯区别开来,防止扩大打击面。

当他看到湖南省关于邵阳县发生乱捕人和逼供信事件的报告后,立即指示:"各地公安部门:兹将中南和湖南两个报告转给你们看看。邵阳县所发生的乱捉、刑讯、逼供、打犯人等,是完全错误的,是大大伤害我们坚决镇压反革命政策的实行的。各地如有类似的情形必须迅速而又坚决的纠正,以免造成过大的损失。"他还针对湖南省公安厅纠正措施不得力的情况指示:"不应只是准备派干部前往处理,而是应迅速派可靠得力干部前往处理,并需查明详情上报。"

当他看到南京市公安局发动小学生检举和控诉反革命分子罪行后,又立即起草批语并转报各地:"你们在十三四岁的小学生中去发动检举控诉,是完全错误的,必须立即纠正。各地均需注意以此为戒。"

1951年初,罗瑞卿主持起草了《中华人民共和国惩治反革命条例》,于2月间经中央人民政府发布。条例根据镇压与宽大相结合的政策,规定了处理反革命案件的原则和方法,使镇压反革命斗争有了法律武器和量刑标准,推动了运动的深入发展。

1951年5月,党中央和毛泽东根据镇反运动已取得伟大胜利的情况,决定对镇反运动立即实行适当收缩。为此,公安部决定召开第三次全国公安会议,贯彻收缩的方针。罗瑞卿主持起草了会议的决议草稿并报请毛泽东审批。毛泽东将罗瑞卿召到中南海,一边同罗商量,一边修改决议稿。三天之内,毛泽东对这一决议稿亲笔修改了三次。在修改过程中,毛泽东集中镇反运动中的宝贵经验,概括成了一系列重要的政策,其中包括:

镇反实行的工作路线是:"党委领导,全党动员,群众动员,吸收各民主党派及各界人士参加,统一计划,统一行动,严格地审查捕人和杀人名单,注意各个时期的斗争策略,广泛地进行宣传教育工作(召开各种代表会、干部会、座谈会、群众会,在会上举行苦主控诉,展览罪证,利用电影、幻灯、戏曲、报纸、小册子和传单作宣传,做到家喻户晓,人人明白),打破关门主义和神秘主义,坚决地反对草率从事的偏向。"

"对于有血债或其他严重罪行非杀不足以平民愤和最严重损害国家利益者,必须坚决地判处死刑,并迅即执行。对于没有血债,民愤不大和虽然严重地损害国家利益但尚未达到最严重的程度,而又罪该处死者,应当采取判处死刑,缓期二年执行,强迫劳动，以观后效的政策。"

"凡介在可捕可不捕之间的人一定不要捕，如果捕了就是犯错误；凡介在可杀可不杀之间的人一定不要杀，如果杀了就是犯错误。"

"决定从六月一日起……将捕人批准权一律收回到地委专署一级，将杀人批准权一律收回到省一级，离省远者由省级派代表前往处理。"

"全国各地，必须在此次镇压反革命的伟大斗争中普遍地组织群众的治安保卫委员会。"

在第三次全国公安会议召开之后，罗瑞卿组织公安部到各省市检查决议落实情况，随后于9月间主持召开了第四次全国公安会议，在会上，罗瑞卿作了报告。会议通过了由罗瑞卿主持起草并由毛泽东审定和修改的决议。决议要求在一切镇反搞得不彻底的地区和方面，将躲藏起来的反革命分子彻底肃清。同时，决议还提出了"争取一切可能争取的人到人民方面来"的斗争策略。对于确有悔改的被管制分子要适时甚至提前取消管制，要制止对被管制分子施以侮辱人身的管制办法，对于历史上与反革命阶级、反革命统治有过若干联系，对于政治上受过反革命影响至今对共产党、对人民政府有不满情绪的人，只要在新中国成立后未继续进行反革命活动，就应采取团结改造的方针。对反革命分子的家属，只要他们未参加反革命活动就不应株连他们，在政治上不予打击，在经济上给以生活出路。

罗瑞卿在运动中还针对一些特殊问题提出一些特殊的政策和处理方法。

1951年2月，罗瑞卿在江西省考察镇反工作时，亲自总结了涉及统一战线中一些人士如何处理的经验，并代中共中央起草了《在镇压反革命处理涉及民主党派、民主

1951年9月，罗瑞卿在第四次全国公安会议上作总结报告。

人士、爱国分子问题的指示》，提出：对混在民主党派中的反革命分子，罪大恶极者要坚决镇压，但同时要对民主人士做好解释、说服工作。对罪恶不多或有若干功劳，群众亦可说通的须照顾统一战线，有的可免罪，有的可免死罪。对新中国成立后已成为民主人士的反动党团骨干分子，应向他们指出，按规定应到公安局登记，但由于他们已参加民主党派，可免予登记，但要求他们到统战部门做详细申明。

1951年10月17日，罗瑞卿又主持制定了《关于处理反革命罪犯中女犯、少年犯及老年犯的指示》，1952年8月又制定了《关于处理女犯及病残犯的补充指示》，指出：对女犯、病残犯可酌情予以取保释放或保外就医。对60岁以上的老年犯判处5至8年以上者可在征得群众同意的条件下回乡交群众管制。少年犯一般亦不宜关押。

1951年12月在转发中南公安部《在清理反革命犯中处理技术人员之规定》中，罗瑞卿又指示：“如果在劳改中或在从事某种生产事业中表现确好或有特殊贡献者，罪重的应该减罪，罪轻的应该免罪，以鼓励这些人的改造，孤立少数的坚决反革命分子。”

至1952年底，镇反运动基本结束。罗瑞卿1954年5月17日在第六次全国公安会议上所作题为《进一步加强人民公安工作，为保障国家社会主义建设和社会主义改造的顺利实施而斗争》的报告，对镇反运动作了总结。他指出，镇反运动给土匪、恶霸、特务分子、反动党团骨干分子、反动会道门头子5个方面的反革命分子以沉重的打击。镇反运动的胜利"严重打击了反革命残余势力进行复辟的阴谋，剥夺了反革命残余进行大规模破坏活动的条件；深刻地发动和教育了人民群众，使广大人民群众通过激烈的斗争，基本上划清了革命和反革命的界限，提高了政治觉悟和生产积极性，从而大大地加强了人民民主专政，有力地支援了抗美援朝斗争，为土地改革和各项社会改造扫清了道路，保障了经济恢复工作的顺利进行，为国家有计划的社会主义建设和社会主义改造工作创造了有利条件"。

四、在隐蔽斗争战线，指挥了见不到火光、闻不到硝烟但十分紧张、尖锐的斗争

罗瑞卿在领导镇反运动的同时，还领导着同国内外敌人进行的另一条战线的斗争。这条战线见不到火光、闻不到硝烟，但斗争异常紧张、尖锐。这就是隐蔽斗争的战线，其斗争对象则是美帝国主义和逃到台湾去的蒋介石集团派遣进来的和原来就潜伏在大陆的从事间谍破坏活动的形形色色的特务、间谍。

在红军时代和抗日战争时代，由于根据地范围小，所处环境艰苦，国民党反动派和抗战时期日伪所派遣的潜伏特务，往往难于隐藏。到解放战争时期，敌人派遣或潜伏特务进行破坏的案例增多了，其中著名的案件有城南庄轰炸案和李兆麟将军被暗杀案等等。

城南庄轰炸案发生在1948年5月。当时，毛泽东刚刚来到阜平县城南庄，敌机便前来轰炸。要不是华北军区司令员聂荣臻和华北军区后勤部部长赵尔陆强行让毛泽东坐担架进入防空洞，他的生命便会发生危险，因为毛泽东刚刚离开，敌人的5颗炸

弹落地，其中一颗就在毛泽东住的房前爆炸，门窗玻璃、屋内的热水瓶还有一篮鸡蛋都炸碎了。事后保卫部门查了许久，未破案，直到大同、保定解放后查了敌伪档案，才知是被国民党收买、当了上尉谍报员的当时军区司令部烟厂经理孟宪德和小伙房司务长刘从文向敌人送的情报。此二人在镇反运动中已处决。

敌特破坏案在东北地区发生得更多。1946年3月9日东北抗联著名将领李兆麟将军在哈尔滨遇刺。

1948年，随着大、中城市陆续解放，国民党特务机关在美国支持下在解放区采取了长期潜伏、武装游击、恐怖暗害与重点破坏的方法。国民党保密局头子毛人凤还说，他们的企图是"加强共区反共武力，打击共匪腹背，加紧准备反攻，俟机开辟第二战场"。

新中国成立后，帝国主义的特务、间谍已成为危害中国国家安全的主要敌人，退踞台湾的国民党特务机关已沦为帝国主义特务机关的附庸。美国和国民党的特务机关共同组建了以美国为指导的特务统一体，组建了从东北到西南，环绕中国大陆的特务网络，开办训练班，训练国民党老特工，培养"万能情报员"。

1950年朝鲜战争爆发后，蒋介石认为反攻大陆时机已到，把大陆划分为华北、西北、华中、华东、东南、华南6个游击区，委任了一大堆司令、总指挥、省主席；在美国支持有时甚至是直接操纵下，加紧向大陆派遣特务间谍，其中有空投的，有海上偷渡的，有从陆地边境潜入的。他们还组织"反共救国军"等特务武装，并以"杀死一名部长，奖励十条黄金"为饵，派杀手进大陆，妄图暗杀党和国家领导人、高级干部和重要的民主人士。当罗瑞卿向毛泽东汇报这方面敌情时，毛泽东风趣地将其概括为"海、陆、空"，叫作"海里爬上来，陆地钻进来，空中掉下来"。1953年，国民党专管"心理作战"的第六组和美国以"西方企业公司"为代号的心理作战机构联合组成了"心理作战部"。1955年国民党的"国家安全局"和美国中央情报局又联合组建"中美联合办公处"，以加强在"心战"、情报和爆破活动方面的合作。美国还向中国大陆直接派遣间谍。其中以"44海外观测队"及由美国网罗一些人组织并由他们直接控制的"自由中国运动"活动最为嚣张。

罗瑞卿一出任公安部部长即着手部署隐蔽战线的斗争。在1949年10月15日召开的第一次全国公安会议上，罗瑞卿根据中共七届二中全会的精神，并结合隐蔽战线斗争的实际提出：要"和不拿枪的或不公开拿枪的敌人作战"，为此，"……我们要组织一个与敌人作隐蔽斗争的队伍，这不是马马虎虎的队伍。要组织这个队伍，我们的情报工作、公安干部、警察、公安武装都要组织起来打仗。我们现在就是组织这样一个队伍的会议，同隐蔽敌人打仗，而且一定要战胜他们。"

在新中国成立之初，在隐蔽战线面临着两个问题：一是敌情不明。过去中共中央社会部尽管对国民党特务机关内情有所了解，但在他们撤到台湾后有何变化已不太清楚，尤其是对美国等间谍机构了解得更少，正如罗瑞卿在第一次全国公安会议上所说，"我们对帝国主义特务内情知道的还不多，还相当盲目"。二是经验不多，知识不够。

在新中国成立前夜，在隐蔽战线已取得一些经验的是东北地区，那里解放较早，

罗瑞卿在公安部会议上讲话

有一些大中城市。1946年3月9日，其时苏军尚未撤出哈尔滨，李兆麟将军即被国民党特务暗害。5月28日，哈尔滨解放后，国民党特务仍在加紧进行特务破坏活动，相继发生"露绿牛奶馆"案、曹兴武特务破坏案等案件。一开始东北地区的一些公安机关采取了见头就抓、见案就破的办法，这种做法往往是打草惊蛇、割断线索，使对敌人的打击形成割韭菜，割了一茬又一茬而打不中敌人的要害。

为了扭转被动局面，1946年8月，中共东北局北满分局社会部决定建立有系统的侦察工作，反对见头就抓，以审讯代替侦察的错误倾向，要在掌握敌情线索的基础上，集中力量突破几个重要案件。这一办法果然奏效，李兆麟将军被害等四五个案件不仅全部破获，而且还一举发现和摧毁了军统齐齐哈尔组、哈尔滨特别组、国民党哈尔滨市党部、胡宗南的西安战干团哈尔滨特务组等特务组织，特别是破获了国民党特务姜鹏飞勾结会道门头子策划反革命武装暴乱的大案，在暴乱即将发生的关键时刻，先机制敌，将罪犯一网打尽，缴获了电台和大批罪证，保卫了哈尔滨，保卫了东北党政军首脑机关，得到了彭真、陈云等东北局领导人的表扬。

在此基础上，1947年1月，东北局社会部提出了侦察工作要充分认识隐蔽战线斗争的长期性和复杂性的特点，并依据这种特点确定方针，安排工作。

罗瑞卿非常赞赏这一提法。当他得知这一提法是由原中共北满分局社会部部长陈龙首先提出时，1950年6月，便将正在南京市任公安局局长的陈龙调到公安部参加筹备第一次全国侦察工作会议。8月25日，第一次全国侦察会议在北京召开，罗瑞卿委托陈龙主持会议并作报告。陈龙在报告中就当前的敌情和隐蔽斗争的特点、工作的方针及部署作了全面的详尽的阐述。

罗瑞卿在总结时充分肯定了陈龙的报告。他指出：所谓侦察工作，就是公安保卫工作中的调查研究工作。对反革命作斗争有许多种形式，这许多种形式是根据形势、敌情而变的。侦察工作是多种斗争形式的一种，是最重要的一种，没有这种斗争形式，不采取这种斗争形式，对隐蔽敌人有效的加以摧毁是不可能的。侦察工作一定要照顾隐蔽斗争长期的需要。在进行具体案件侦破时，侦破一个案子要照顾到另一个案子，要反对侦察工作的近视眼和急性病，但这当然不是说每一个案件都要进行长期侦察。为了使侦察工作确有成效，必须打入敌人内部，进行侦察。早在1949年10月召开的第一次全国公安会议上，他就指出："必须大力加强侦察工作，加强秘密的打入敌人内部的工作，加强秘密的专案侦察工作。"他认为："如果说反革命是垃圾，则隐蔽的敌人就是细菌，垃圾不清除就可以生细菌。垃圾可以用眼看到，清道夫就可以解决，细菌则需要显微镜，需要医生。侦察工作，可以说是显微镜，群众可以说是眼睛，有了眼睛，再有了显微镜，才能彻底消灭敌人。"

在打入敌人内部，进行内线侦察时，能不能使用某些以前的敌对分子，这既关系到这一工作的胜负，又是一个十分敏感的政治问题。罗瑞卿出任公安部部长时很快便碰到这个问题，迫切要求他做出正确的决断。他在经过发动大家充分论证，又经过自己审慎周密的思考之后，就此问题向中央和毛泽东作了请示报告。经中央和毛泽东同意，罗瑞卿在1950年4月召开的第一次全国经济保卫工作会议上正式提出：在发展建设我们的秘密力量时，"允许使用若干可以使用的阶级异己分子，或以前与我敌对的分子"。

当提出这一决策时，有一些干部对此存在疑虑，他们怕担风险，怕被误解为敌我不分，丧失立场，因而工作中束手束脚。

为了打消顾虑，纠正错误认识，罗瑞卿从分析敌我斗争形势入手，在讲话中充分论证了这样做的可能性和必要性。

他说，正如天下一切事物都不可能是绝对的一样，敌人也不是铁板一块。在一定的条件下，利用某些敌人营垒中的人，是完全可能的，这样做给敌人的打击会更突然、更沉重，这种作用是别人无法代替的。因为他们本来或是敌人的社会基础或者本人就是反革命组织的成员，他们熟悉敌情，容易取得敌之信任，所以完全有必要将计就计，运用他们回过头去打敌人。

他强调，发展秘密力量"应在我们可靠骨干指挥之下，以能否发现、接近敌人并与敌人战斗的作用为主要标准"。要按照毛泽东的策略思想，充分利用敌人之间的矛盾，进行分化瓦解，各个击破，要争取化消极因素为积极因素，运用敌人营垒的人，回过头去打击敌人。

罗瑞卿指出：秘密工作是一件锐利的武器。而武器本身就包含着危险性，可以杀伤敌人，也可以打伤自己。运用得好可以致敌于死命；运用不好，丧失警惕，也可能会使自己吃亏的。这就是说，秘密工作可以达到损敌利己的目的，但亦可能造成损己利敌的结果，问题就在于争取前者和避免后者，这是我们建设秘密工作与运用秘密工作的一个总的原则。

怎样充分发挥秘密力量作用而又防止其可能会产生的副作用呢？他认为，在纠正当时对秘密工作束手束脚的偏向的同时，也要防止对一些人轻于信任和丧失警惕的偏向。

在第一次全国侦察工作会议期间，罗瑞卿及时将会议准备确定的方针及他所作会议的总结报告呈报给毛泽东。9月20日，毛泽东批示："完全同意。"这一期间，罗瑞卿还口头向毛泽东汇报了准备控制敌人的交通线和运送破坏、爆炸器材的运输线，并准备有条件地选

■ 新中国成立初期的罗瑞卿

择一些人设法打到敌人内部去的打算。毛泽东认为可行，并指示说："为了取得敌人的信任，必要的时候，也可以甩几个手榴弹，烧两间茅草房子，到敌人那里去报告。只要不死人就行。"

第一次全国侦察工作会议以后，各级公安部门经过艰苦经营，逐步培养了政治上可靠、能攻善战的侦察干部队伍，并建设了一支秘密力量。

20世纪50年代，公安机关通过各种渠道，采取多种方法，对在我国周边地区活动的国民党特务机构的动向，特别是重大行动的动向，能够大体掌握，及时予以防范。

1950年8月，天津和上海公安机关获悉：段云鹏将于最近第三次潜入大陆。

段云鹏，自幼习武，能飞檐走壁，新中国成立前曾是北平、天津一带有名的飞贼，外号"赛狸猫"。1946年为军统局华北办事处处长马汉三所招募，曾奉命监视军调部中共代表叶剑英、滕代远、罗瑞卿。同年10月，军统局改称保密局，段被正式录用为该局北平站中尉通讯员。北平解放前夕，为了破坏北平和平谈判，他在主张并劝说傅作义走和平道路的前北平市长何思源家里安放定时炸弹，炸死何的一个女儿（即曾任北京市副市长何鲁丽的妹妹），何思源夫妇受重伤。段云鹏逃到台湾后因其有"功"，先后提升为保密局特种工作组中尉组员、上尉直属行动员，曾于1949年8月至1950年10月期间三次潜入京津地区，直接间接发展特务50余人，组成"天津特别行动组"、"北平行动组"和"情报暗杀组"，策划了北京火药库爆炸案和天津无轨电车爆炸案。对于他多次潜入大陆，北京、天津两市公安局进行了大量调查研究，逐步清除了他的爪牙，打掉了他在大陆活动的基础。1954年5、6月间，台湾保密局和在台美国特务一起布置他再次潜入北京，利用他熟悉中南海地形的条件和社会关系行刺毛泽东、刘少奇、周恩来等党和国家领导人。

1954年6月，段云鹏进入香港。罗瑞卿得悉段云鹏又将潜入大陆后，于6月25

日指示：必须严密布置，妥设圈套，将段匪诱而歼之。并部署北京市、天津市公安局张网以待。过了一段时间，段云鹏仍在香港逗留，并未潜入大陆。公安部门考虑，在大陆张网固然必要，但他如不来，只能消极等待；如果进来，也有漏网的危险。要捉住这个飞贼，须在他身边建立"内线"，及时掌握其思想和行动，俟机诱捕。于是，选择了秘密力量接近他并取得了他的信任。1954年9月，段云鹏在一次偷渡失败后，放弃了再次偷渡的打算，在秘密力量的诱导下，完全按公安部门为其设计的路线潜入广州，落进了预设的圈套。段云鹏就擒，除掉了一个大祸害，罗瑞卿立即向毛泽东汇报。毛泽东风趣地说："他不是飞贼吗？让他飞一个样子看看嘛！"

在此前后，国民党派出的企图到广州谋害叶剑英的赵一帆，企图利用旧关系伺机混入机关内部暗害中央领导人的高元龙，妄图在上海暗杀陈毅的刘金德等杀手，在公安部门采取强有力的侦察措施下也一一俯首就擒。

1952年8月，公安部发现长白山地区有敌人空投的特务在活动，立即一面发动群众，对不三不四的人严加盘查、防范；一面组织力量进山搜捕。9月20日，美国间谍飞机空投一名化装成志愿军的特务，被群众扭送到安图县一派出所。经审讯，知其名叫李英军，曾在国民党军中当过团长，逃到香港后参加了"自由中国运动"的特务组织。这个组织的领导人是蔡文治，也就是罗瑞卿在北平军事调处执行部的谈判对手，国民党方面的参谋长。这个组织是在美国中央情报局直接支持下组成的。

据李招供，他此次由日本空投长白山，是以视察员身份来检查7月13日空投的文世杰（原名张载文）队与特务李麟阁建立游击基地进展情况的。他完成任务的时限为一到一个半月，他返回日本有3个途径：一是"空路"，即用飞机来接；二是"武路"，即从海上走；三是荣路，即从香港走。他还招供，沈衡年队的5名特务将于近期空投到长白山区。李在被审讯过程中，有真心投诚心意，表现较好。

10月间，吉林省公安厅组织力量进山清剿。4日，全歼沈衡年队，活捉沈衡年与电台台长等人。31日全歼文世杰队，活捉队长张载文和电台台长牛松林等人，击毙1名。

经审讯，张载文、沈衡年均供认，他们是由蔡文治领导的"自由中国运动"派来的，任务是"长期生存潜伏，等待第三次世界大战爆发"。直接领导张载文的美国上校爱·斯考特·马丁（A.Scott Madding）对张说："你们的任务是开辟交通线，不久还会派更多的人去。"

为了进一步弄清美国间谍机关的战略意图，公安部同意东北公安部门利用李英军、张载文、沈衡年及其电台，设法调动美国飞机前来"空投"，以将敌机击落，给敌人以狠狠的打击。

11月初，美特上钩了，空投了空取架。11月22日又来电，决定在29日零时派飞机来空取李英军。当日夜，当美机到达空取场上空时，公安部门即按美特要求，点燃场地信号，启用前几天美机空投的空取架，引诱敌机降落。就在敌机向空取架低飞接近的瞬间，枪炮齐发，飞机击毁，美国间谍唐奈和费克图被活捉。当罗瑞卿听到这一捷报时，高兴地说："八路军靠小米加步枪打败了日本侵略者，我们用土办法打下了洋飞机，好得很！"顺带说一下，在1946年，罗瑞卿和蔡文治曾在谈判桌上面对面地较量。到了 50 年代，在隐蔽斗争战线，他们又进行了较量，但双方已不是面对面，而是远隔重洋。后来，蔡文治加入了美国籍，80 年代曾应叶剑英和耿飚之邀，回国访问，并参加了黄埔同学会，为祖国和平统一大业而努力。然而此时罗瑞卿已经逝世了。如果他仍健在，同蔡文治也是会"相逢一笑泯恩仇"的。

50 年代中期，国民党特务机关在美国间谍机关的支持下，网罗、训练了数以百计的行动手，制定了各式各样的爆破计划，准备在"五一""十一"等节日到大陆搞爆破，大有想把大陆炸个天翻地覆之势。罗瑞卿得悉后立即下令："炸弹不许过韶关！"并要求侦察、情报部门严密防范，先机制敌，务使敌人的阴谋不能得逞。在十分急迫、激烈的斗争中，各有关地方的公安部门紧急动员起来，侦察与情报相结合，充分发挥秘密工作和群众工作密切配合的优势，把运进大陆炸弹的运转渠道、落脚点和行动手的绝大部分控制了起来。国民党特务陆续运入大陆的定时炸弹和纵火器等共有 400 余件，行动特务 600 余人，或被捕获，或投案自首，纷纷落入"如来佛"的手掌之中。1956 年到 1958 年炸弹炸响的有三颗，一颗炸坏了靠近边境的广深铁路线上的一根铁轨，一颗在中山石岐镇文化宫门前炸响，都未造成损失。只有一颗由于检查不严，在缴获后运送途中爆炸，江门公安局副局长方子林同志被炸牺牲。此外，有些特务不敢到大陆来，便在与大陆交界处的香港、澳门一侧引爆几颗炸弹，只要港澳报纸一登报，特务就可以向台湾特务机关"邀功请赏"。

从 1949 年到 1959 年，在罗瑞卿任公安部部长的 10 年间，各地公安机关在他的指挥和领导下，破获了大批间谍特务案件，使美国和国民党特务机关的进攻，包括所谓"敌后建党""建立游击基地""布置、建立潜伏组台"等，统统惨败。

第九章　新中国首任公安部部长（中）

一、按照中共中央决定，组建新中国第一支公安部队

新中国成立之后，中国人民解放军一方面要继续追歼残敌，保卫国防；另一方面又要剿灭残匪、巩固社会城市治安、保卫国家经济建设。在这种形势下，成立一支公安部队，专门承担后一方面的任务就十分必要了。因此，在1949年9月29日通过的《中国人民政治协商会议共同纲领》就明确地规定："中华人民共和国建立统一的军队，即人民解放军和人民公安部队，受中央人民政府革命军事委员会统率，实行统一的指挥，统一的制度，统一的编制，统一的纪律。"

1949年10月27日，朱德总司令在第一次全国公安会议上指出："将来内部军队就是公安部队"，"等剿匪和土改工作进行得差不多了，解放军就变成国防军了。一切任务无论城市和乡村，我们不另设军队，也不设宪兵，也不设警备队，只设一种军队，叫公安部队，归你们带领训练"，"用这种部队来使四万万七千五百万人安居乐业，使敌人不敢破坏，帝国主义不敢侵犯我们"。10月30日，这次会议闭幕前一天，周恩来总理对罗瑞卿等领导人说："共同纲领大家都是同意了的，维持地方治安，防止敌特活动，保卫边防，都是你们的责任。国防军只是训练提高，将来地方部队还要转给你们，全国数目不会少过百万上下，但干部要由你们培养。"

为了保障中共中央和北平市的安全，早在1949年7月，罗瑞卿一担任军委公安部部长，即提出了成立中国人民公安中央纵队的建议和方案。8月31日，军委同意这一建议，并发布命令，正式成立中国人民公安中央纵队，吴烈任司令员，邹衍任政治委员。中央纵队属公安部建制领导，下辖两个师零一个团。与此同时，在较大的城市以及解放较晚的边沿地区和少数民族地区也建立了公安武装。

在1949年10月召开的第一次全国公安会议上，罗瑞卿制定了《整顿各级人民公安武装的方案》，1950年1月至5月，各省公安厅和大城市公安局对公安武装进行了整编。

1950年4月，中共中央政治局决定：人民解放军实行整编，将陆军统编为国防军和公安部队。国防军集中力量担负对付外部侵略、巩固国防的任务；公安部队则主要担负肃清残匪、维护社会治安、保卫祖国建设的任务。

■1949年，罗瑞卿陪同朱德参加公安中央纵队成立阅兵式。

5月16日至31日，罗瑞卿出席了全军参谋会议。会议主要任务是研究和确定陆、海、空军和公安部队的编制定额；提出部队整编的原则和要求。22日，罗瑞卿在会上作了关于建设公安部队的报告。

罗瑞卿说："现在各地的公安部队很弱或者还没有，所以还需要解放军来进行剿匪及执行各种特殊警备任务。一俟将来土匪消灭，土地改革完成之后，各种特殊警备任务，小股或潜伏匪特的歼灭以及对可能发生的反革命的叛乱的镇压等，都可由公安部队来负责；如果那时帝国主义又不来找麻烦的话，解放军便可以专心整训，进行国防建设了。我们的解放军清剿大股土匪是能起作用的，而且必须依靠它才能完成任务；但对付那些潜伏地下、分散活动的匪特，则不容易了。因此，必须要有受过特殊训练的公安部队与公安部门密切配合，才能完成肃清散匪的具体任务。"

罗瑞卿指出，公安部队的具体任务除肃清散匪外还有镇压反革命暴动和暴乱，侦察和逮捕潜伏特务及对党政军首脑机关、经济部门、铁路线上的桥梁、隧道及军事要地、工厂仓库的警备等等。

在报告中，罗瑞卿还传达了毛泽东关于公安部队要短小精悍，刘少奇关于公安部队要有80%的共产党员的指示。

罗瑞卿建议以全军编制定额的5%（会议确定为4.5%）组建公安部队，并就部队的装备、训练、组织机构等问题提出了建议。

会议期间罗瑞卿提出了《建设人民公安部队方案和几个要点》，对全国公安部队的编制、领导机构的设置、领导指挥关系和军事、政治、后勤工作作了总体上的阐述。方案提出，全国编组22个公安师，作为正规的公安部队；中央、各大行政区

（华北除外）、铁道部分别成立公安部队指挥机构，定名为"中国人民公安部队中央指挥部"或"中国人民公安部队××区指挥部"、"中国人民公安部队铁道指挥部"。中央指挥部受党中央、军委统率，各大行政区指挥部受中央指挥部和所在大军区首长双重领导，铁道指挥部受中央指挥部和铁道部首长双重领导。地方性公安部队由地方公安部门领导、指挥和使用，物资供应由地方政府负责；但管理、训练、政治工作则由中央指挥部、大军区指挥部和省军区负责。周恩来总理批准了这一方案。5月31日，聂荣臻代总长在军委参谋会议总结报告中宣布：军委成立公安司令部，统一指挥全国公安部队。

1950年9月22日，中央人民政府革命军事委员会发布了《关于成立公安部队领导机构》的电令，任命罗瑞卿为公安部队司令员兼政治委员，程世才为副司令员，李天焕为副政委，吴烈、熊伯涛为正副参谋长，欧阳毅、李逸民为政治部正副主任。同年10月19日，中共中央发出《关于组成军委公安部队党委会的电令》，同意公安部队党委会由公安部队7位领导成员组成，罗瑞卿和李天焕任正副书记。军委还规定公安部队司令部等机关由原第二十兵团机关部分人员为基础组成。

10月4日，罗瑞卿在天津二十兵团驻地主持召开第一次军委公安部队领导班子会议，传达了中共中央和中央军委的决定，宣布组成公安部队领导班子，并研究制定了组建公安部队的实施方案。

■ 公安部成立初期合影。左起：吴烈、罗瑞卿、杨奇清、邹衍。

11月8日，军委公安部队领导机构由天津迁到北京，以二十兵团部队机关干部、公安中央纵队部分干部为基础，另从军委各总部及华北军区抽调少数干部，组成了司令部、政治部、后勤部，正式开始工作，并开始接管与整编内卫公安部队。同年12月，罗瑞卿向毛泽东、党中央报告公安部队建设情形，有针对性地提出解决部队质量问题的意见。至1951年10月，组成正规公安部队20个师又23个团，共18万余人。整编后，迅速部署这些部队担负了内卫任务。在这一期间，各大军区公安部队和铁道公安部队司令部也陆续成立。

人民解放军公安部队和领导机构建立后，因原先建立的省以下32万地方公安部队和3万边防部队与机关仍属各级政府公安机关建制与领导，在工作中带来一些矛盾。为了改变以上情况，罗瑞卿于1951年7月、11月先后向毛泽东、周恩来和军委副主席彭德怀报告了部队存在的主要问题，提出了统一整编全国公安部队的建议。毛泽东对公安部队做了"要（指需要公安部队）、统（指内卫、边防、地方公安部队统一）、整、精"的指示。中共中央、中央军委于1951年9月决定将全国内卫、边防、地方公安部队统一整编为人民解放军公安部队，受中央军委统一领导。

经过统一整编，全国公安部队总定额近54万人（1953年为59万）。1952年4月，中央公安部边防局编入军委公安部队司令部，经罗瑞卿提议，军委批准，原邓少东局长任军委公安部队第二副司令员，分管边防工作。至此，公安部队在罗瑞卿的主持下，已建成组织较完备的体系，肩负起了内卫和边防任务，忠诚地履行保卫祖国、巩固人民民主专政的神圣职责。

1955年7月18日，国防部发布命令，将中国人民解放军公安部队改称为中国人民解放军公安军。于是，公安部队正式成为人民解放军的一个军种。

公安部队建立后，罗瑞卿考虑的一个重要问题是进行部队建设，提高部队素质，使之能够胜任所肩负的任务。他在主持召开第一次军委公安部队领导班子的会议上，阐明了公安部队的性质、任务和建设方向。他说："这支部队定名为公安部队，顾名思义，从性质任务上说，既是公安，又是部队；或者说是一支执行公安保卫任务的武装力量。要完成这种消灭敌人、保卫自己的任务，要求部队不仅具有良好的政治军事素质，而且必须具有能够战胜公开和隐蔽敌人的业务技能。因此，在部队建设上，既要坚持人民军队的建军原则，保持和发扬我军的光荣传统，又必须根据执行公安保卫任务的需要和部队分散执勤的特点，进行不同于其他军兵种的各项建设。"他表示："在新的工作中，不可避免地会遇到各种困难。我希望同大家一起，共同努力，把公安部队建设好。"

按照这一论述，公安部队首先把各级党委建成部队领导和团结的核心，加强了基层党支部建设和政治思想工作，并通过适合公安部队特点的训练，提高了部队军事、业务素质，把公安部队建成了一支政治上坚定、绝对服从党的领导，密切联系人民群众，精通业务，纪律严明，为敌人惧怕，为人民喜爱，经得起风险和考验的队伍。

在中共中央国务院和中央军委领导下，罗瑞卿指挥公安部队圆满完成了清剿土匪、平息叛乱、警卫首脑机关、警备城市、捕歼空降特务、保卫重要工矿企业、守护重要的铁路桥梁隧道、看押劳改罪犯和进行边防检查、边防管理等重大任务，为巩固和捍卫新诞生的国家政权，保卫社会主义革命和建设，作出了重要贡献：

（一）执行了对重要目标的警卫和城市警备任务。

1949年10月30日，周恩来同罗瑞卿等谈话时指出："像北京、天津、上海、广州等城市首脑部门，一定要有好的坚定的部队来警卫。"按照周恩来的指示，罗瑞卿对警卫工作做了一整套周密的部署，他要求公安部队"不管在任何情况下，必须确保警卫目标的绝对安全。警卫工作只准做好，不准做坏"。在20世纪50年代敌情严重、斗争复杂的条件下，公安部警卫部队警卫了县以上机关、首长驻地3131处，外国驻华使馆37处，外宾驻地39处，民主人士驻地10处。并先后警卫了具有历史意义的第一届中国人民政治协商会议、开国大典、毛泽东访苏、中共第八次全国代表大会和新中国成立十周年大庆，以及毛泽东多次的迎宾活动。通过各种严密的防范措施，与各方面协同作战，粉碎了内外敌人的破坏阴谋，确保了安全。在警卫开国大典中，首都警卫部队受到了党中央和中央军委的表扬。

公安部队还警卫了学校、医院、工厂、仓库、机场、矿山、车站、桥梁、电台共1752处。看守劳改场所3057处，监狱1959处，拘留所598处，看押罪犯100余万人。

（二）平叛和捕歼入境武装特务。

新中国成立初期，匪患严重。公安部队配合国防军积极投入剿匪斗争。经4年艰苦奋战，共配合国防军歼匪220万人，其中包括取得1951年云南边境耿马、双江剿灭国民党李弥残部的战斗、1952年剿灭四川黑水傅秉勋股匪等战斗的重大胜利。

1952年下半年后，全国大股土匪基本肃清，残匪转入分散隐蔽活动。罗瑞卿及时指出："目前国内土匪已基本上肃清了，镇反运动取得了伟大的成绩，土地改革已基本上完成。但国内仍有残匪，不仅有散匪，而且有股匪。""今后各地发现土匪，应该积极主动结合民兵，发动群众，限期剿灭；剿灭存在于每个角落的、沿海窜扰的土匪，应是公安部队的责任……"2月25日，罗瑞卿同程世才、李天焕将所拟公安部队司令部《关于清剿全国内地残匪的指示》报告毛泽东和彭德怀。3月4日，军委批准这一报告，确定"清剿残匪是一场全国规模的、极端复杂的群众性的斗争，必须在各地党委的统一领导下，组织各方面的力量，以公安部队为主，以民兵为辅，协同公安机关进行清剿。""对各地残存之散匪，责成省、专、县公安部队协同公安机关认真搜捕与清剿。"

遵照军委批准的《指示》，在罗瑞卿的部署下，公安部队积极开展了清剿散匪的斗争。各级领导都认真研究匪情，将每一股匪、每个重要匪首一一登记在案，做到心中有数，随时掌握捕歼情况，据以督促部队逐月逐年地剿灭。在清剿散匪中，运用"公开斗争与隐蔽斗争相结合；军事打击与政治瓦解相结合；秘密侦察与搜捕缉拿相结合"的方针，连连报捷，其中包括1953年剿灭西北马良（马步芳叔父）股匪、1954年在四川乐山剿灭石绍云股匪等重大胜利，先后共捕歼土匪数万名，50年代末已基本肃清国内残匪。

朝鲜战争爆发后，美蒋特务机关为了搜集情报，建立游击根据地，不断向大陆空投武装特务。为了粉碎这一阴谋，罗瑞卿就此问题向毛泽东写了报告。1952年12月

2日，毛泽东复信给罗瑞卿，指示："可能空降特务的山区，设立武装便衣侦察据点，专门对付敌人空降特务，没有事生产和学习，有事报信捉特务。"罗瑞卿遵照毛泽东的指示，部署军委公安司令部于同年12月召开各大军区公安部队司令员会议，讨论部署反空降特务斗争的任务。会议通过了《关于反空降特务斗争的决议》，提出了建立反空降据点的方案，以及组织指挥，发动民兵群众，加强对空监视等措施和要求。23日经中共中央、中央军委批转各中央局、分局、各省委、各大军区及省军区执行。公安部队在长白山、大小兴安岭、武夷山、天目山、大别山、伏牛山、五岭、雪峰山、十万大山、瑶山、罗霄山、大巴山、秦岭、祁连山、川西北等地区，建立了154个武装便衣据点。1953年6月22日，公安司令部又发出《关于贯彻〈反空降特务斗争的决议〉的指示》，进一步明确了反空降要"依靠当地党委、军区的领导，广泛发动群众与重点建立据点相结合而以发动群众为主"的方针。

由于公安部队采取了严密措施和充分准备，发现空降特务后，村村鸣锣报警，层层包围追捕，出动兵力成千上万，包围圈达100余里，使空降特务一落地就陷入人民战争的天罗地网，随降随歼。历年来，共捕歼美蒋空投特务200多名，取得了反空降特务的全胜。

公安部队对从陆地和海上窜犯大陆的国民党匪特也给予了坚决有力的打击。1952年12月20日，罗瑞卿针对朝鲜战争爆发后，美帝国主义和国民党蒋介石集团加紧对大陆进行武装袭扰的形势，指出："由于美帝国主义扩大侵朝战争，华东、中南边防对敌斗争将更加尖锐，敌并可能指使蒋匪窜犯沿海。"罗瑞卿要求这些地区边防要狠狠打击从陆地和海上窜犯的匪特。据不完全统计，从1952年到1957年，公安边防部队在海边防地区与敌作战1600余次，捕歼国民党匪特3.65万人，击沉、击伤和缴获敌船58只，击落、击伤敌机4架。

在这些战斗中，规模最大的是闻名全国的东山岛战斗。1953年7月16日，国民党军队凑集1.2万余人，坦克22辆，舰艇13艘，飞机30余架，由敌十九军军长陆静澄指挥，从金门出动，一个伞兵大队由台湾新竹出发配合，向边防公安部队八〇团守备的东山岛进犯，吹嘘要以此揭开"反攻大陆"的序幕。八〇团进行了英勇激烈的阻击，坚守主阵地，直到国防军援兵到达，共同歼敌，敌军遭重创，残部狼狈逃窜。边防公安八〇团经两昼夜激战，歼敌838名，俘敌214名。毛主席对此做出高度评价，指出："此次反击战，打破了国民党'反攻大陆'的梦想，美帝国主义也挨了当头一棒。"

"小型登陆"遭到失败后，敌人改变为小股武装特务化装偷渡登陆，刺探情报，捕捉人员，寻机破坏。经过不断打击，捕歼了大批武装特务。1956年以后，小股武装偷渡活动一度销声匿迹。

从1950年至1959年，在罗瑞卿领导公安部队的10年间，内卫公安部队协同有关方面平息了反革命暴乱和武装叛乱340起，在平叛、平暴中，严格执行了党中央的政策，大力开展了政治瓦解工作，严厉打击了反动的首恶分子，有力地教育、争取和保护了广大群众。

（三）确定边防保卫的方针、原则和制度。

1951年6月，经毛泽东和刘少奇批准，罗瑞卿主持召开了第一次全国边防保卫工作会议，制定通过了会议《决议》，7月15日，经党中央批转各地执行。《决议》确定："边防保卫工作应采取武装警卫、行政管制与秘密侦察工作相结合的方针，实行依靠党委领导，发动群众，结合国防军和地方武装，并与有关部门密切联系、彼此配合的工作原则。坚决打击侵犯中国的一切敌人；有计划、有步骤地迅速肃清残留边疆的特务、土匪；与一切反革命分子作斗争，与一切偷越国境者及走私犯作斗争，以达到保卫人民利益、保卫祖国的和平建设、保卫祖国边疆安全的目的。"1955年10月，制定了边防警卫、边防检查、边防侦察和海上巡逻等四个边防业务条例，报经军委批准试行，并确定在沿海沿边地区实行边防制度。

（四）建设边防检查站，执行边境管理和边防检查任务，开展边防对敌斗争。

在罗瑞卿的部署下，新中国成立头两年即在开放的81个国境口岸先后建立了55个边防检查站（1957年发展到94个），建立了一支1000多人的边防检查队伍。政务院先后批准颁发了《进出口船舶、船员、旅客、行李检查暂行通则》《进出口飞机、机员、旅客、行李检查暂行通则》《出入境治安检查暂行条例》等法规，为实施边防检查确立了法律依据，使新中国的边防检查站第一次作为中国人民的代表，掌握了自己国家的门户，彻底结束了旧中国由帝国主义控制中国门户的历史，恢复了中华民族的主权和尊严。

通过边防检查，发现、处理了大量问题。1951年至1952年，先后查获间谍船15艘。1951年4月，一艘外轮企图掩护30名台湾国民党特务由塘沽登岸入境，被天津边防检查站查获。1957年台湾国民党行动特务欧德俊，企图入境炸毁周恩来总理的出访专机。他刚从云南畹町入境，即被畹町边防检查站查获，及时除掉一大隐患，使敌人的重大破坏阴谋未能得逞。

边防公安部队，在执行任务中，既保持高度警惕，机智勇敢地同形形色色的敌对分子作斗争，又坚持文明检查，礼貌待人，热心为正当出入境人员服务，扶老携幼，认真查找失物，热情帮助解难扶困，树立了中国人民边防的良好形象，赢得了中外宾客的赞扬。

公安部队从1950年10月至1953年，还赴朝鲜执行了抗美援朝作战中的后方警卫任务。

志愿军公安部队在朝鲜军民的支援下，与兄弟部队协同配合，在艰苦的条件下，胜利完成了维持战地和后方治安、监视敌机、押运物资、保护交通运输安全、清剿匪特、防空护路、警备城市、纠察执法、看押俘虏和警卫板门店谈判等任务。据不完全统计，先后共捕获特务、土匪629名，击落击伤敌机154架，捕获敌机驾驶员7名，排除敌机投下的定时炸弹和爆炸物5000余枚，抢救被炸公路桥梁1万多次，协助兄弟部队修复被炸毁、被洪水冲坏的桥梁1570余座，从敌人的轰炸扫射下抢救出伤员3880名，抢救了遭受轰炸的汽车、火车1120余台。执行任务中，涌现了用轻机枪击落击伤敌机各一架的一等功臣官俊太，只身入匪穴，生擒8名匪特的一等功臣张明启等功臣模范。

1957年1月，中央军委扩大会议根据中共八大关于精简军队人员数量，提高部队质量的方针，对全军的精简整编作了部署。会议认为，公安部队建立以来，在维护社会治安、肃清武装匪特等方面取得了显著成绩。但其作用同省军区、军分区的地方部队无实质区别。因此在社会治安日益良好的条件下，为减少机构，可以撤销公安军的番号和领导机构，将所辖边防、内卫、城防部队交归省军区、军分区和城市警备司令部领导和指挥；将看守监狱、守卫工厂、仓库和国家机关的部队，凡可以改为警察的即改编为警察，连同其所担任务一并拨给国家公安部门。根据中央军委决定，从1957年3月公安部队开始撤销与整编，至1958年底，完成了各种移交工作。公安军番号即予撤销。此后，这支部队的名称和组织领导体制又经多次变更。1982年6月29日，中共中央批准组建的中国人民武装警察部队，所担负任务同公安军有部分类似，可以看成是由公安军演变而来的部队。

二、坚决抵制"戈别乌"，在内部肃反中重申并坚持"一个不杀，大部不抓"的方针

20世纪50年代初，毛泽东和刘少奇在农村的互助组及城市的工会工作等问题上产生了一些不同意见。1953年，为适应国家大规模经济建设的需要，中央将邓小平、高岗、邓子恢、饶漱石、习仲勋调到北京并准备调整领导班子。毛泽东此时又提出中央分一线和二线的问题。高岗错误地估计了形势，在财经会议上"明批薄（一波）、暗攻刘（少奇）"，进行反党分裂活动。罗瑞卿由于忙于公安部的工作，对此一无所知。12月20日左右，毛泽东召见他和谭政，问他们："中央要分一、二线，我如果退到二线，怎么办？第一线由谁主持？"罗瑞卿听毛泽东如此说感到十分突然。他非常敬重毛泽东，当他想到有一天毛泽东竟然会退到二线时，心里感到不是滋味，就说："主席如退居二线，那当然是少奇同志主持一线了。不过……"毛泽东当时正在考虑高岗进行反党分裂活动的问题，未等罗说完便打断他的话说："刘少奇有错误，也不能一棍子打死呀！"然后批评罗瑞卿道："你鼻子不通，嗅觉不灵！世界上人睡觉，有些睡在床上，有些睡在鼓里，我看你就是睡在鼓里。"

在本书中，已经几次提到毛泽东批评罗瑞卿。罗瑞卿觉得这些批评对他来说是有好处的，这样能使他谨慎小心一些。

毛泽东在批评罗瑞卿"睡在鼓里"后接着说："你们知道有人搞阴谋，在北京组织地下司令部吗？……搞阴谋、组织地下司令部的就是高岗。他要在我退居二线时，当党的副主席。他对陈云同志说：'党的副主席，你一个，我一个。'他不是拥护林彪吗？这时林彪没有了。他不只要打倒刘少奇，是要打倒我，他也会打倒林彪！"毛泽东要求罗瑞卿找萧华、邓华谈谈，把他的话向他们传达。当晚，罗瑞卿即向萧、邓作了传达。

12月24日，毛泽东主持召开了政治局会议，罗瑞卿列席了会议。在会上，毛泽东提出，他要到杭州去，他不在北京期间由刘少奇同志代理工作。随后毛泽东边做手势边说："现在北京有人吹阴风、搞地下活动。中央的风这么吹（手势向上），他的风

■1953年2月,陪同毛泽东视察海军"南昌"160号舰。左起:康志强、陈毅、毛泽东、罗瑞卿、张爱萍。

这么吹(手势向下)。我们大家要注意,你们赞成不赞成?"高岗很不自然地说了一声"赞成"。

当晚,高岗给罗瑞卿打电话,说要来看罗瑞卿。罗瑞卿立即回答:"请你不要来,有事我到你那里去。"罗向毛泽东报告此事后,到高岗处。高要罗注意主席的健康,当主席检查身体时,要在主席附近看着,不要离开,不能马虎。他还对罗说,如成立部长会议,他赞成由林彪任主席。罗对他说:"对主席健康,我一定注意。他检查身体,我不会离开。至于部长会议主席一事,你的意见主席可能不赞成,林总现在身体也不大好……"罗回来后将同高谈话的情况向毛泽东作了报告。

12月底,罗瑞卿随毛泽东到杭州。从12月7日至1954年1月26日,在北京召开了全国军事系统党的高级干部会议。会议结束前,彭德怀将他所作结论稿和朱德所致闭幕词稿送到杭州,请毛泽东审阅。毛泽东让罗瑞卿看了这些文件并要他提出修改意见。在朱德的闭幕词关于学习苏联部分原稿写道:"我们要认真学习苏联先进的军事科学和技术,学习苏联军队先进的作战经验,学习苏联军队现代化的指挥艺术,学习苏联军队高度统一的组织性和纪律性,学习苏联军队高度的爱国主义和国际主义的精神。"罗瑞卿建议在这之后增加一段话:"拒绝学习苏联的态度是完全错误的,必须加以反对。但脱离我军的实际去高谈学习苏联,也是一种不正确的学习态度,因而就一定会是学不好的。"毛泽东同意加上这一段话。

罗瑞卿加的这一段话核心是学习苏军经验必须结合我军实际。他在公安部就非常注意这个问题。新中国成立后，同其他部门一样，在公安部也派驻了一些苏联顾问。这些顾问到公安部不久便同罗瑞卿发生了分歧。他们强调垂直系统的领导和专门工作，而反对党委领导和群众路线。对这种肃反路线，罗瑞卿对内称其为"戈别乌"，在公开场合则称为孤立主义和神秘主义。苏联顾问伊凡诺夫对罗瑞卿提出了这种"戈别乌"的路线，罗瑞卿不予置理。伊凡诺夫再三再四提出。罗瑞卿才向周恩来报告。周恩来当着罗瑞卿的面批评伊凡诺夫说："你们在十月革命时，列宁领导的肃反斗争不也是群众肃反吗？"

后来，到1957年苏联邀请罗瑞卿率代表团去参加苏联国家安全委员会成立40周年庆典。罗通过毛泽东的秘书叶子龙去请示毛泽东，毛泽东批准了此行，但说了一句："哦，那个'戈别乌'呀！"罗瑞卿理解此话的意思是要他提高警惕。苏方请罗瑞卿等人看了他们的谍报电影，其中有一部片子描写苏联情报部门如何使用美人计来策反外国间谍。罗瑞卿看了对随行人员说："他们这种做法'赔了夫人又折兵'，是伤天害理的特务手段，是完全错误的。我们绝对禁止这么办。这个电影大家看了就看了，不要向任何人传。"

■1957年12月至1958年1月，罗瑞卿（前排右一）与孔原（右二）率公安部代表团赴苏联访问，向列宁墓献花圈。

随着中苏关系的恶化，罗瑞卿领导的公安部同苏联顾问的分歧已由工作路线不同发展为控制和反控制的斗争。罗瑞卿对企图搞情报的顾问警惕性日益提高。1958年苏联有一顾问不请自到。罗向毛泽东报告后，毛泽东在赫鲁晓夫于7月间访华时向赫鲁

1956年1月,罗瑞卿与苏联驻公安部总顾问伊凡诺夫等合影。

晓夫当面提出此事,迫使赫鲁晓夫撤回了尚留在公安部的几名顾问。

在杭州,罗瑞卿还参加了一段修改宪法的工作。此前,陈伯达已拟好宪法初稿。他听说毛泽东要让胡乔木、田家英和他一道开会改他的稿子,很不高兴。他对田家英发火说,任何人非经他的许可,不得在主席面前议论原稿,并且不许向主席说明开会讨论时的情况。田家英对陈伯达这种专横行为十分愤慨,但又无可奈何。以后田每次开会之前,先得向陈做一次汇报。讨论了一段时间后,毛泽东让罗瑞卿也参加了讨论。罗瑞卿很直率地提出某某条应这样改,某某条应那样改。陈伯达管不了罗瑞卿,不敢对罗发火。他的独裁局面才被打破,田家英才出了心口一股闷气。

后来,罗瑞卿还多次参与中央有关重要文件的起草、讨论和修改。1956年1月,毛泽东在杭州召集部分大区和省市委书记讨论《农业十七条》,在讨论过程中,逐渐发展为《1956—1967年全国农业发展纲要》(草案)。在讨论时,罗瑞卿提出了一条关于依靠群众改造敌对分子和坏分子的意见,得到了毛泽东的赞扬。毛泽东说:"今后中央开会,除了大区、省市负责同志参加以外,中央有关部门同志也要参加。他们可以从各个不同方面和角度提出问题。罗瑞卿提的这一条就很好,他不提,我们就想不到。"

1954年2月,中共中央在北京召开了由周恩来主持的高岗问题座谈会,罗瑞卿奉毛泽东之命回北京出席了这一座谈会。随后,他随周恩来赴沈阳,参加了以传达四中全会决议和揭发、批判高岗为内容的东北地区党的高级干部会议。周恩来传达了四中全会精神后有事返京,罗瑞卿继续参加会议并于4月下旬在会议作了发言。发言稿经过毛泽东、周恩来和邓小平的审阅。在发言中他揭露了高岗分裂党,在党内煽动和组织宗派,阴谋夺取中央权力的罪恶活动,并针对东北地区高级干部中存在的一些具体的思想反映,指出:要把曾参加对刘少奇背后议论或听到这种议论未加制止同高岗以反刘少奇为表现形式的反党活动区别开来。他说:"这是两种性质不同的问题,不能同高岗和那些进行宗派活动的人混为一谈。"

他指出："高岗事件对于东北党组织对于全党都是一个严重的教训，我们今后一定要提高警惕！我们一定要遵照党的四中全会的决议和少奇同志在党的四中全会上的报告来加强党的团结，我们一定要巩固和提高中央的威信，我们一定要重视党的集体领导，遵守党的纪律和开展党内的批评与自我批评，我们一定要提倡共产党的党风，认真整顿各级党组织的党风，我们一定要加强对马克思、列宁主义和毛泽东同志的著作的学习，提高我们的党性，提高我们的思想水平和政治水平。"

1955年3月21日，中国共产党全国代表会议在北京召开。毛泽东在开幕词中提出："……国内反革命残余势力活动还很猖獗，我们必须有计划地、有分析地、实事求是地再给他们几个打击，使暗藏的反革命力量更大地削弱下来，藉以保证我国社会主义建设事业的安全。"4月1日，罗瑞卿以自己的名义发电报给各省、市公安厅局长，传达了毛泽东的指示，并要求各地对当前敌情作深入的调查摸底，以便布置这一工作。此前，公安部党组向中共中央作了《1954年公安工作主要情况的总结报告》和《1955年春季工作的综合报告》，综述了当时国内阶级敌人活动的情况。据统计，1954年下半年，华东、中南、西南及西北地区13个省的部分地区农村共发生了8起反革命暴乱和19起骚乱事件。

1955年5月，中共中央批转了公安部党组《关于1954年公安工作主要情况的总结报告》，同时发出《关于全党必须更加提高警惕性，加强同反革命分子和各种犯罪分子进行斗争的指示》，指出：为了保卫社会主义建设和社会主义改造事业的安全，为了保卫第一个五年计划的胜利完成，为了准备应付国际紧张局势中可能爆发的突然事变，中共中央认为必须采取有效的措施，更加提高全党的警惕性，动员全党和全体人民，加强同反革命分子和各种犯罪分子的斗争。《指示》重申了在延安审干中"一个不杀，大部不抓"的方针并引用毛泽东5月12日在最高国务会议上提出的"提高警惕，肃清一切特务分子；防止偏差，不要冤枉一个好人"的方针。

6月中旬，罗瑞卿主持召开了全国公安厅局长会议，传达了中共中央上述指示，具体部署了同反革命分子和各种犯罪分子的斗争。

1955年7月1日，中共中央发出《关于开展斗争肃清暗藏的反革命分子的指示》，提出：在全国范围大张旗鼓地进行一个广大的肃清暗藏的反革命分子的运动。为了领导这一运动，中共中央成立了由陆定一、罗瑞卿、刘澜涛、周扬、萧华、钱瑛、梁国斌、高克林、李楚离、杨奇清组成的中央肃反10人小组及其办公室，各省市也在常委领导下成立了5人小组。这次运动是由中共中央及各级党委直接领导的，但公安机关是专门机关，10人小组办公室设在公安部，各省市5人小组办公室多设在各省市公安厅（局）。罗瑞卿作为10人小组主要成员之一，担负着指导全国肃反的具体工作。

这次肃反运动共分两批进行。从1955年7月开始，中央机关、各省、市、自治区机关、高等院校和部队进行第一批肃反，1956年7月基本结束。1956年在县以下单位进行第二批肃反，至1957年底基本结束。

三、"进了公安门，死了埋在公安坟，干一辈子公安工作"

公安部一建立，罗瑞卿即开始着手建设一支忠于党、忠于祖国，为人民所喜爱，为敌人所害怕的公安队伍。当时，干部从全国四面八方调来，其中有一些人把国民党的旧警察和新中国的人民警察混为一谈，认为当警察不体面，因而不安心工作。针对这一情况，罗瑞卿让各级公安机关组织干警学习马克思列宁主义经典作家关于阶级斗争和无产阶级专政的学说、学习毛泽东的《论人民民主专政》。他还自己草拟提纲到中央公安干校向学员讲《论人民民主专政》《做公安工作体面不体面》，从提高大家阶级斗争和无产阶级专政观念入手，认识人民的警察和人民的军队、人民的法庭都是人民的国家机器的重要组成部分，"对于胜利了的人民，这是如同布帛菽粟一样地不可以须臾离开的东西"。要求大家树立终身从事公安工作的思想，按他的说法就是"进了公安门，死了埋在公安坟，干一辈子公安工作"。

经过短期集训，罗瑞卿便带领广大干警投入荡涤旧社会的污泥浊水和镇压反革命的紧张工作，一边进行斗争，一边建设公安队伍。

罗瑞卿首先抓的是政治思想建设。公安部建立之初，同政务院其他各部一样，未设政治机关，但设有人事局，省市公安厅局也相应设立了人事处科。罗瑞卿即要求各级人事部门起相当于部队政治部的作用。经他审阅修改和签署上报的《第一次全国公安人事工作会议情况的报告》明确指出："公安部门人事工作的主要任务应是加强公安部门的思想领导与政治领导，应是首长在这方面的有力助手和进行政治的、思想的工作机关，而不是什么事务性质或技术性质的机关。它的经常的主要的工作，应是管理干部的工作、管理公安机关党的工作、管理政治宣传教育工作、大体上像军队政治机关一样，起到政治保证作用。"

随着公安队伍的扩大和加强，进一步建设公安部门政治机关的问题提上了议事日程。1952年9月，华东区公安部写报告给公安部，提出要在华东公安机关建立大体上同解放军一样的政治工作制度和政治工作机构。罗瑞卿立即将此报告批转给各大区，征求意见。不久，西北区也送来了同华东区内容相似的报告。1952年10月，在第五次全国公安会议上，罗瑞卿主持通过了《关于建设公安部门政治工作的决议》，决定以《古田会议决议》为指导思想，在公安系统建立政治制度和政治工作机构。

1957年，有些人提出要取消政治部，他坚决反对，并明确指出：政治机关是党的派出机关，服从公安部党组的领导。公安机关首长如不执行党的政策指示，政治机关有监督之权。

罗瑞卿认为，人民警察同解放军一样，应当把全心全意为人民服务作为宗旨。为人民服务与否是人民警察区别于旧警察的重要标志。他说："我们必须反对侵犯人民利益、脱离群众的国民党作风，提倡与树立为人民服务、忠心耿耿做人民的勤务员和警卫员的作风。"

1952年8月，安徽合肥市一侦缉队员去买戏票，因票已售完，便将售票人带进公安局。戏开演时又伙同多名公安人员到剧场抢占座位，大吵大闹。剧团负责人打电话给公安局，公安局的副局长竟说是剧团看不起公安局。随后又以查户口为名，将剧团6人扣押多时。罗瑞卿得悉后立即指示："1. 合肥市公安局副局长应撤职；2. 安徽省公安厅长、合肥市公安局长应作公开检讨；3. 华东公安部如事前未察觉，事后又未报告，亦应检讨；4. 合肥市公安局的违法乱纪及国民党旧警察作风必须彻底整顿，并以此为典型在华东及所有公安系统内开展反违法乱纪、反国民党旧警察作风的斗争。"

12月1日，《天津日报》发表了一篇报导，说天津市公安局侦缉队员冯景泉到南市区一饭馆吃饭，饭后结账时，冯说服务员将钱算多了，双方发生争吵，冯便将此服务员铐了起来。罗瑞卿看后一面嘱咐天津市公安局严肃处理此事，同时，指示各级公安机关把反对旧警察作风作为"三反"运动的重要内容。随后罗瑞卿按照毛泽东的指示，对北京、天津、上海等地的民警纪律作了检查，又发现了一些白吃、白看、白拿的典型事例。他在讲话中曾多次对这种坏作风提出批评。直到"文革"期间他在被"监护"时，还记得这些事例。他写道：

> 天津有个警察，混名抓三把，就是看到人家卖什么东西，凡是吃的，例如花生之类，他都要抓三把。还有一个警察太太，每天晚上要一个摆小摊的替她去买热水洗脚。她帮这个人看着小摊。但这个人每天晚上回去点钱，都要短几毛或者更多一些，但是不敢揭发，因为怕得罪这位"太太"。类似的坏事，各地都有发现，因此，公安部曾提出反对国民党警察作风……

为了纠正这些旧警察作风，罗瑞卿指示公安部起草了《关于禁止公安工作人员看白戏或利用职权随便出入文化娱乐场所的规定》等文件。

为了搞好警民关系，罗瑞卿提出，要学习解放军。1957年4月13日，他在重庆市干警大会上说道：

> 我们的军队———人民解放军之所以有力量，就是老百姓拥护。人民解放军的政治工作主要的一个方面就是强调军民关系。我们人民解放军与老百姓的关系，无非是住他的房子（要打扫干净），借他的东西（要还），打烂了碗或者损害他一点东西（要赔）。我们现在呢，人家在街口走路你要管，人家失了火你要管，报不上户口你要管，小偷偷了他的东西你要管，甚至于家里两口子吵架，你这个派出所管不管呀？别人找来的恐怕也要管一点，虽然我们派出所的工作条例没有说管两口子吵架。他们儿子上不上学，他本人就不了业，你要管。好多这样的事情，人民害了病，请不到医生，房子要垮或者涨水。你们这个重庆涨水还涨不到上面来了，但是下面有呀……自己如果不注意，男女关系上不注意，首先品质作风问题上不注意，在老百姓的面前说话不和气，遇到什么事呀，北方人讲的就是"吹胡子瞪眼睛"，四川人讲的就是"把脸马起"，见了人一点笑容也没有，好像人家借了你的谷子还了你的糠，那是要脱离群众的。你架子很大，他不理你就是了嘛！因为你老兄架子很大，他让开一点，让开就大家让开，你还不是孤家寡人？

为了密切警民关系，使公安人员在纪律作风上有所遵循，早在1949年11月罗瑞卿就提出要规定几条，大家共同遵守。1952年，他指示政治机关提出了《十大纪律、八项作风的规定》，1958年8月16日，在他主持召开的第九次全国公安会议上，讨论通过了由他亲笔修改的仿效解放军三大纪律八项注意而制定的《公安人员八大纪律、十项注意》。

八大纪律是：一、服从领导服从指挥；二、遵守政策遵守法律；三、不准泄露国家机密；四、不准侵犯群众利益；五、不准贪污受贿；六、不准刑讯逼供；七、不准包庇坏人；八、不准陷害好人。

十项注意是：一、立场坚定敌我分明；二、坚决勇敢沉着机警；三、多办好事服务人民；四、说话和气办事公平；五、敬老爱幼尊重妇女；六、注意礼貌讲究风纪；七、尊重群众风俗习惯；八、纠正违章不准刁难；九、执行政策做好宣传；十、劳动学习全面锻炼。

为了将检查整顿公安人员的纪律形成制度，在罗瑞卿主持下，1958年第九次全国公安会议通过决议，规定以每年年终或春节期间的一个月作为公安人员的爱民月。

在爱民月活动期间，公安机关要向群众报告工作，征求批评意见，为群众大办好事。要检查一年的遵守纪律的情况，开展批评与自我批评，克服缺点，改进作风。

罗瑞卿认为，如同军队的基层是连队一样，公安部门的基层在派出所，要建设一支忠于党忠于人民的公安队伍，必须从派出所抓起。他曾多次深入派出所，进行调查

■1959年3月，罗瑞卿（后排左三）视察南宁市临江妇女派出所时与工作人员合影。

研究。1957年至1958年，他曾深入北京、上海、武汉、重庆、南宁、杭州等城市的十几个派出所检查工作。

1957年4月10日下午，罗瑞卿在重庆市公安局局长岳林陪同下来到曾家岩派出所。此地对罗瑞卿来说是旧地重游。10年前，也是4月，他作为参加停战谈判的军调处执行部中共方面的参谋长曾飞到重庆，向周恩来汇报工作，那一次便住在曾家岩八路军驻重庆办事处。

曾家岩派出所驻地是一座两层楼，楼下是街道办事处和派出所的户籍办公室，派出所大部分办公室在楼上。罗瑞卿首先来到设在楼下门口的户籍办公室，询问了派出所人员情况和管界范围、人口，然后动身上楼。他走到楼梯口，只见迎面挂了一个牌子，上写：非本所公安人员，不得上楼。罗瑞卿问陪同的民警："我能不能上楼？"陪同的干警听到这突如其来的问题，很尴尬地连说"可以，可以"。上楼后，罗瑞卿对这个派出所的干警们说："你们楼下是街道办事处，如果他们也挂一个牌子：'非本处工作人员，不得下楼'，那你们怎么办？这种牌子对坏人不起作用，对好人则印象不好。挂这种牌子是一种官风，我建议你们把它摘掉，派出所要密切联系群众，这牌子一挂，还怎么联系群众？你们管区这么大，这么复杂，你们14个人只有28只眼睛，必须同群众上万只眼睛结合起来，才能发现并战胜敌人。"他问一位民警："你下户口段，老百姓叫你什么呀！""叫段长。"罗瑞卿摇摇头说："叫段长可没有叫你老张、老王、小刘、小李亲切。这表示群众还没有把你们看成是自己人。同志，你们要警惕呀！"

1957年12月12日晚，北京市公安局通知东单分局局长马永臣：明天罗部长要来东单分局视察。市局邢副局长指示：一要陪同到底；二是谈工作要实事求是，好坏都要说；三是招待要简朴；四是注意安全。

第二天，罗瑞卿穿一身旧的蓝棉衣，脚登千层底布鞋，带着秘书王仲方步行出发，别人问他为何不乘车，他说："乘车去，前呼后拥，什么情况也了解不到。路很近，还是走着去。"罗瑞卿一行来到东单分局门口，马永臣忙迎上来说："罗部长，您好，您怎么不坐车来？"罗瑞卿风趣地说："我今天是下马观花。"

在分局会议室，马永臣将两位副局长向罗瑞卿作了介绍。接着，罗瑞卿说："我这次来有两条：一是我想到哪儿就到哪儿，你们谁也不要阻拦我；二是我也不告诉你们想了解什么，你们也不用准备。"这一上午，罗瑞卿听了分局几个领导干部的汇报，下午便去了东安市场派出所。这个派出所负责东安市场的治安，只有5个人。罗瑞卿同他们一一握手，随后便在一起座谈。一开始大家还有些紧张，由于罗瑞卿听汇报时不断提问插话，有时还说几句笑话，大家也就不觉得拘束了。罗瑞卿说："你们就5个大人，光靠你们，有天大本事也搞不好。派出所是基层单位，最怕的是不了解情况。一个派出所就这么几个人，能不能了解情况就看你们同群众关系如何。你们应当做到'警察不出门，便知天下事'。这'天下'就是你们的管界。你们如果能团结广大群众，就能做到这一点，你们这个派出所就是个好派出所"，他又问大家："重庆有个派出所，办公室门口挂了'非公莫入'的牌子，你们挂过没有？"民警答："我们没有挂。"罗瑞卿点点头："对，搞那一套是要脱离群众的。"他又问："你们这个小楼，群众能上去吗?"民警答:"积极分子常在楼上开会。"罗瑞卿又点点头说:"这样好。你们要多交朋友。你们参加工作以前的朋友也应该常来往,不要当了公家人就忘掉老朋友。总而言之,你们要密切联系群众。"

第二天上午,罗瑞卿又步行到小甜水井派出所,进所后直奔南屋,全所干警均集中于此。罗瑞卿同大家一一握手并逐一询问大家的家庭、生活状况。当他得知民警田俊生每月60多元工资,单身一人,无家庭负担,工资却月月光后对田说:"你们所长一月90多元,还要养6口之家。你一个人60多元却全部花光。你现在是在旺季,应该积累一些。否则将来结了婚生了孩子就不好办。"罗瑞卿家住缎库胡同,户口也在这个派出所。当他听所长汇报全管界有两户机密户口其中一户便是他家时,很不高兴地说:"为什么把我搞成机密户口,而像滕代远那样的老同志却是普通户口?我这是近水楼台。你们这样做,是害了我了。上次选举时选民榜不公布我的名字,剥夺了我的选举权。如果下次仍不公布我的名字,我就控告你们。"罗瑞卿的话把大家都逗乐了。罗瑞卿接着说:"人民警察要使少数坏人怕,多数好人爱。应该与群众亲如一家。这样有一点风吹草动,他们都会告诉我们。有人侵犯了老百姓,我们要去报复,并且要及时报复。如果不这样做,人民就会责问我们:你派出所是干什么的?为什么不保护我们?"说到这里,罗瑞卿问民警:"群众叫你们什么?叫段长吗?"民警答:"不叫段长,叫老张、小王,也有叫名字的。"罗瑞卿点点头,又问坐在他旁边的小郑:"群众敢批评你们吗?"小郑答:"敢。有时群众让我们办事,我忘了,人家就批评。"罗瑞卿笑了笑说:"哦,民警本来就不是官。你们不要站在群众头上,也不能站在群众之外,要站在群众之中,成为群众的骨干。"

从小甜水井派出所出来,罗瑞卿又要去六部口派出所。秘书对他说:"路比较远,要穿过天安门,还是派个车吧。"罗瑞卿摇摇头:"我们坐电车去。"于是他便戴了一个大口罩,同秘书上了有轨电车,花了6分钱,"叮叮当当"来到了六部口。

对于公安部,罗瑞卿要求非常严格,但对他们政治上和生活上都非常关心。1957年,国务院第一办公室的刘建中说了一些错话,有人提出要把他划为右派。罗瑞卿说:"他的话是不对,但这么一个老同志,他的言论不是系统的右派言论。"在他的干预下,刘得到了保护。1949年冬,在北京召开第一次公安会议,杭州市公安局局长王芳参加了会议。他来时只穿着单衣,到北京后冻得直打哆嗦。罗瑞卿见到后便问他:"你怎么只穿这么点衣服?"王答:"没想到北京这么冷。"罗说:"你是山东人,应该想到这一点嘛!"随即让总务部门给王做了一身斜纹布棉衣。

1958年3月,罗瑞卿在上海市公安局负责同志陪同下来到青海路派出所。罗瑞卿在同这个派出所干警见面,得知所长姓罗时,笑容满面地说:"我们五百年前是一家哦!"当罗所长汇报到在"双反"① 运动中群众给派出所贴了一些大字报,提出一些批评意见时,罗瑞卿说:"群众敢于批评我们说明他们信任我们,这是好事情。要是群众不敢批评我们,那就坏了,那就要犯错误的。"他又问罗所长:"群众给你写过大字报没有?有些什么内容?"罗所长答:"有一张写的是:毛主席到杭州,还在一个小

---

① 指反浪费、反保守。

巷子里检查卫生，你为什么不到我们这儿来？"罗瑞卿问："那你们怎么办呢？"罗所长答："接受教训，转变作风。"罗瑞卿点点头："对，你们一定要密切联系群众，做一个敌人害怕、人民喜爱的好民警。"

为了建设一支忠于党忠于祖国，为人民所喜爱，为敌人所害怕的公安队伍，罗瑞卿十分重视院校教育。早在1949年公安部一成立，他便提出在公安部和各大区分别开办公安学校，前者培养高级干部，后者培养中级干部。他亲自出任中央公安干部学校（1953年1月扩展为中央人民公安学院）校长。1954年，公安部又将在沈阳的原东北公安干校扩建为公安部第一人民警察干部学校，将铁道部公安学校划归公安部。1955年将在上海、武汉、重庆、西安等地原大区公安学校分别扩建为中央人民公安学院分院。1956年，罗经请示周恩来，又将中央人民公安学院武汉分院改为中级民警干部学校，训练中队长以上干部，另办两所训练分队长、小队长的初级民警干部学校。至此，公安干部院校由初级到高级都已齐备。

为了把院校建设好，他指示："要下很大决心，派最好的干部去办学校。"为了配备教师，他指示人民公安学院对各业务局的干部，可以挑选，挑到谁就调谁。对学院快毕业的学员，挑到谁就留谁。他吸取了办抗大的经验，为各类院校规定了少而精、理论与实际相结合、政治与业务相结合、脑力劳动与体力劳动相结合的教学方针。在学校实行半军事化管理。为了解决公安院校的教材问题，在罗瑞卿主持下，公安部成立了两个教材编委会，分别负责编写政治和业务教材。

在罗瑞卿主持公安部工作的10年间，公安部属各级院校培养了数以万计的干部，其中多数人后来都成为各级公安机关的领导骨干和业务专家。

四、牢记毛泽东在七届二中全会上的讲话，始终保持谦虚谨慎艰苦奋斗的作风

1949年3月，罗瑞卿出席了中共七届二中全会，对毛泽东提出的"务必使同志们继续地保持谦虚、谨慎、不骄、不躁的作风，务必使同志们继续地保持艰苦奋斗的作风"印象极深。太原解放后，他建议政治部将郭沫若的《甲申三百年祭》印发给干部阅读，让大家汲取闯王进京的教训，保持和发扬共产党解放军的优良传统，将革命进行到底。

1949年6月，罗瑞卿奉命调入北京任公安部部长，他的家也迁至北京，住在南池子缎库胡同一座楼房内。此前还是在1947年，罗瑞卿的夫人郝治平曾经到北平，时间不长便回张家口去了。部队从张家口撤出后，她便随晋察冀军区撤到阜平等地。当时，野战部队在前方打仗，家属、孩子都留在后方。对孩子们的教育成为迫切需要解决的问题，晋察冀军区司令部办了一所荣臻学校，郝治平即出任该校的教员，直到进北平。这所学校就是后来的八一学校。

缎库胡同这座楼房连低矮的顶楼共有三层，房间较多。罗瑞卿建议公安部副部长王昭搬进去，两家各住一半。王昭不搬。罗瑞卿就让他的秘书王仲方将家搬进去。由于公安部办公室紧张，他又让机要处搬到他住的院内办公。这所院子大门已年久失

修,门框已经耷拉下来,开关甚为不便。门卫向管理员反映了几次,管理员老于便将机关木工请来把大门修了一下。新换的木板同原门上的木板颜色不一致,像是给门打了补丁,颇不雅观。老于怕木板时间久了会糟,同时也为了让大门好看一些,便让木工将大门油漆了一遍。罗瑞卿回来后见大门油漆一新,便把老于叫去问道:"是谁让油的?"于作了解释。罗瑞卿严肃地说:"隔壁的大门不是比我们的还破吗?人家不油漆不一样可以进出吗?你今后不要给我搞这种浪费,不要给我往脸上抹黑!"

他的办公室除了一张写字台、一个保险柜和一把皮椅外,还有一对单人沙发。办公厅副主任余光文看到沙发太旧了,趁他不在,给换了一套新的。他看到后追问,新沙发是哪里来的,弄清来路后,他立即让余仍把那一对旧沙发换回来。

50年代前期,每逢重大节日,罗瑞卿都要宴请在公安部的苏联顾问和专家,有时餐桌就摆在他家里。有一次编译处长姚垠拿来一条地毯将餐厅布置了一下。他想:反正这条地毯放在仓库里,还不如就放在这儿,省得今后办宴会再搬。宴会结束后,罗瑞卿便让姚把地毯搬走。姚答应了,但没有行动。谁知当他回到编译处时,地毯已经先送回来了。也是在这次宴会上,大师傅发了一些海参,未用完。姚一看已经发了,也不多,就未拿走。罗瑞卿发现后立即让姚取走。

吃饭历来是大师傅做什么,他吃什么。在实行供给制的时代,他只关心一件事:伙食不能超过供给标准,他经常问管理员,伙食超支了没有,关照超支了就用他的津贴费补上。

他的衣服、鞋子破了,也是补补再穿。有一年在北戴河,天较热,在海边散步时,罗瑞卿脱了外衣,里面的背心上有几个洞。一同散步的康克清同他开玩笑地说:"嗨,背心上的窟窿是孩子们给捅的吧?"他的布鞋后跟磨破了,他吩咐警卫员小赵送上街去补一补。小赵对他说:"上次在四川买了两双,还有一双新的,穿新的吧!"他坚持补了再穿。

为了养成廉洁奉公、一尘不染的作风,他对很小的事也不放过。一次,姚垠陪他去北京站接客人,因火车快到站了,时间来不及,就没有买站台票,要返回时,罗瑞卿问姚:"补了站台票吗?"姚说未补。罗立即让他去补票。他对姚说:"这看来是小事。但我们不能因恶小而为之。"

罗瑞卿不接受礼品。有一次苏联顾问伊凡诺夫由莫斯科经乌鲁木齐到北京,在乌鲁木齐拉了一些哈密瓜,请姚垠送一些给罗瑞卿。罗瑞卿立即吩咐转送给病号。有时,南方一些省市送来一些时鲜果品,他总是一面让告诉送礼的人今后不要再送,一面将东西送到医院去。1957年冬,罗瑞卿去苏联访问,苏联国家安全委员会送给他一台带有电唱机的落地式收音机,他回来后即送给部机关团委,供他们开展机关文化娱乐活动之用。在全国第九次公安会议期间,有些地方代表带来了苹果、葡萄等土特产,罗在大会上宣布:"各地带来的东西,一律带回去。"

罗瑞卿不收礼也有例外。1951年他到江苏去,他的老战友送给他几个无锡惠山的泥娃娃,他收下了。但在"三反"中,他在自我批评中又以此为例,认为自己"有失检点",作了认真检查。

在战争年代和新中国成立初期,人们普遍还没有计划生育的观念,同时也缺乏节育的措施和条件。到1953年，罗瑞卿已经有了8个孩子。最大的是罗瑞卿参加革命后不久他在老家的前妻生育的女儿玉华，在延安时代前妻生育的儿子小青，郝治平生育有4个女儿：峪田、峪书、峪治（朵朵）、峪平（点点），两个儿子：猛猛、了了。点点出生时才7个月，只有4斤重，放在协和医院的暖箱里，连吸奶的力气也没有，奶水需一点一点往她嘴里滴，因此罗瑞卿给她起名叫"点点"。了了出生于1953年，是罗瑞卿最小的孩子。他们不准备再要孩子了，因此为他取名"了了"。罗瑞卿家的孩子都很高，男孩子大都1米8左右，女孩子大都1米7左右。但是，在罗瑞卿家也有一个女孩比较矮。她叫邓金纳，是中国工人运动领袖邓发的女儿。邓发于1948年4月8日同叶挺、王若飞、秦邦宪等一道因飞机失事遇难。此后，金纳一直生活在苏联，新中国成立以后回国随母亲住在广州。1950年罗瑞卿在广州检查工作时，金纳的母亲因金纳对广州气候不适应，向罗提出，要送金纳到北京读书，要求由罗瑞卿夫妇代管。为此，2月24日罗瑞卿特地写信给郝治平：

治平：

　　遵照你的意见，将田儿、小青等先送回读书。内有金纳，乃邓发的孩子，其母托我们代管。请送她去学校，每礼拜六同我们孩子一块接回。我们的孩子已经够多了，再添一个，麻烦，没有办法，也应该照顾。盼你不要怪我好管闲事。

　　我出来一个多月，很想回去了。但是事情没有完又不好走，也不应走。我这个人做事，就是喜欢负责到底，你是知道的。这次出来走一趟，对我的意义很大，工作收获亦不少。你应为我高兴。

　　你现在身体怎样？希望你好好注意，经常去检查，不要大意。朵朵是不能再生病的，望多加注意。书儿去学校了，猛儿怎么办？

　　我买了一点东西，主要是衣料及孩子们的玩具，请你照收。我很想你，但大约还要十天后才能与你见面。事情忙，不写了。

罗瑞卿家9个孩子中，既有罗家的，也有邓发的；罗家的8个孩子又出自3个母亲，但是这些孩子相处十分和睦、融洽，彼此十分团结。根本原因在于罗瑞卿夫妇对孩子们不偏不向，一视同仁。

罗瑞卿很爱孩子。孩子们大部分在学校寄宿，罗瑞卿同他们见面的时间主要是在节假日的晚饭桌上。孩子们都把同父亲一起吃饭看成是过节，而罗瑞卿也把在饭桌上同孩子们谈话看成是一种乐趣。只要孩子们在家，罗瑞卿必定要同孩子们一块吃饭。

有一次在饭桌上，为了解一道几何题，朵朵和哥哥争论起来，一气之下便放下碗筷，跑进自己的小屋，把门关上了。罗瑞卿见状，连忙劝她回来吃饭。朵朵不开门。罗瑞卿便站在门外耐心地把这道题应该如何做仔仔细细地讲了一遍，直到朵朵破涕为笑为止。

在60年代初的经济暂时困难时期，学校的伙食都不太好，孩子们肚子里油水很少。他们又正处于成长时期，胃口很好，吃什么都香，似乎吃多少也吃不饱。此时罗

■1954年,全家在北京缎库胡同合影。左二为邓发之女邓金纳。

瑞卿已任总参谋长。每逢节日,罗瑞卿夫妇便把总参机关供应的黄羊肉之类的副食品拿出来给孩子们打牙祭。孩子们一上饭桌,顷刻间便风卷残云,将这些从当时孩子们的眼光看来,无疑是美味的食品一扫而光。罗瑞卿一面爱怜地看着孩子们吃,一面诙谐地朗诵普希金的诗:

  蝗虫飞呀飞,
  飞来就落地。
  落地一切都吃净,
  从此飞去无消息。

  久而久之,孩子们也会背这首诗了,于是他一念,大家便面对饭菜又吃光的饭桌,一道来背这一首诗。
  罗瑞卿身边的工作人员看不过,从加强罗瑞卿营养出发,建议罗瑞卿单独吃。但是,罗瑞卿拒绝了。只要他在家,孩子们也在家,他必定要同孩子们一块吃,绝无例外。
  对于家里的孩子,罗瑞卿个个都爱,他只要有空,总是喜欢同孩子们在一起。他所喜爱的文体活动,只要可能他总要让孩子们一道参加,分享他的快乐。恰好组织上为他配了一辆三排座的大吉姆车。他高兴地对家人说:"这台车最适合我们用了。"
  在实行供给制的时代,有孩子的干部都有保姆费,孩子多的干部可请两个保姆。

由于罗家孩子多，管理员老于便给他报领了两份保姆费。罗瑞卿问老于是怎么回事，老于据实回答。罗瑞卿严肃地说："我家里，秀芳①是在编的，另外还有一个保姆，就不应再领了。多领的你如数退回，今后你报销什么东西，都要告诉我，不能超标准。"

由于孩子多，负担重，实行薪金制后，罗瑞卿夫妇的工资基本上是月月光。当时，部队干部工资比地方同级干部工资要高20%左右，管理部门看到罗花钱比较紧张，便提出，他是公安军司令员兼政委，应该按部队标准领工资。罗瑞卿的秘书王仲方知道后立即对管理部门说："罗部长绝不会同意的。你们千万不要这么办。"后来罗瑞卿不知怎么知道了，果然反复对这种想法提出批评。"文革"中，"造反派"几次抄他的家，发现他家一无金银财宝，二无大额存款，三无古玩字画，四无名烟名酒，五无绫罗绸缎，六无人参鹿茸，称得上是两袖清风。

罗瑞卿夫妇对孩子们很爱，但要求也很严格。罗瑞卿经常对孩子们说："你们出生在这个家庭里，没有什么可特殊的，不能自恃特殊。如果说你们特殊，就应当是好好学习好好工作，为国家多做贡献。"

由于罗瑞卿工作忙，对孩子的教养，郝治平担负了更多的责任。她自称是这一群孩子的一个班长，她把这些孩子都看成是自己的孩子。对孩子们，她在生活上的原则

■1961年，罗瑞卿、郝治平及其子女在广州合影。

---

① 其生活费用由国家供给。

是能吃饱、穿暖就行。在50年代，人们都以艰苦相互为荣，罗瑞卿家的孩子在穿着上也同样是新老大，旧老二，缝缝补补是老三。孩子个子长高了，裤腿就再加上一截。大家都不感到这样做有什么寒碜。这件事不知怎么传到毛泽东那里。有一次中央在颐年堂开会，毛泽东在会上说："罗瑞卿穿的是带补丁的鞋。他家娃娃多，穿衣服大多是阿姨给做。一件衣服大的不能穿了，小的接着穿，一个个传下去，直到没人能穿为止。"

有一次在罗瑞卿出差时，管理部门将他家孩子睡的铺板换为铁床。他回来后，立即把管理部门负责人找来，批评他们这样做不对，管理部门解释说："别人家也都换了。"他才不再说什么，但在"三反"来到时，他在大会讲话时又就此事作了自我批评。

1965年，罗瑞卿的女儿罗峪田大学毕业。分配工作前，罗瑞卿问她："你的第一志愿报在哪里？"峪田答："总参"。罗瑞卿严肃地摇摇头："我在总参，你就不能到总参来。"于是，峪田便分配到内蒙古，一待就是10年。

罗瑞卿有两个妹妹。一个叫罗月娥，抗日战争初期，千里迢迢，从家乡奔向延安，追随大哥参加抗日后改名瑞群，在张家口做会计工作，因触电事故不幸逝世。罗瑞卿的另一个妹妹在南充老家务农。对这个妹妹他不时寄点钱予以帮助，但又关照家乡的政府，不要给任何照顾，他妹妹有点抱怨，他便写信进行解释、教育。

罗瑞卿从1949年起任公安部部长，1953年任人民解放军公安军司令员兼政委，1954年任国务院第一办公室主任，1955年被授予大将军衔，但他十分注意谦虚谨慎。在工作和日常生活中，只要下级对他稍有突出，他立即提出加以制止。1952年1月24日，罗瑞卿看到东北公安部批转辽西省[①]公安厅一份报告，在批语中说："辽西省公安厅应根据毛主席、党中央、东北局及罗部长的历次指示，将三反运动深入一步。"罗瑞卿立即指示："以后各地报告，只准提党中央、毛主席，不准提罗部长，尤其把罗部长与党中央、毛主席放在一起，更是严重错误。这个报告就是典型。别的地方，似乎也有。请你们严重加以注意，哪里有了，就向哪里提出要他们纠正，这个报告的错误也要打电报或打电话批评，并要他们纠正。"

1952年6月，罗瑞卿到旅大市[②]视察，在公安局礼堂参加晚会时发现礼堂四周挂了一些语录牌，大部分是毛泽东、刘少奇、周恩来的，也有一条是罗瑞卿的。第二天在听取市公安局领导汇报时，他严厉批评道："你们选领袖的语录是应当的，但怎么能选我的讲话呢？你们懂不懂得这是一个什么问题？这说明你们政治上很幼稚。我是做具体工作的，怎么能把我的话同毛主席、周总理的话并列呢？要马上把选我的话的那一条取下来，今后再不允许发生这种情况。"他离开旅大时又专门给市公安局领导写了一封信，对此事再次提出批评。

1957年，罗瑞卿去河北省视察工作，发现省公安厅专门派了警卫处副处长跟车警卫，立即让河北省公安厅的副厅长叫这位副处长回去。他说："我这样的干部不需要警卫。"到安国县时，按省委和地委指示，县里给他腾了一个院子作为住所，还配

---

① 今辽宁省西北部。1949年设省，省会锦州，1954年与辽东省合并为辽宁省，部分地区划归吉林省。

② 今大连市。

备了做饭的大师傅。他对县委书记说:"我这次来就是了解公安工作的,不麻烦县委,我就住在公安局。"公安局李局长急忙说:"公安局没地方住。"罗瑞卿说:"就住在你住的地方,你另找地方住。不要配大师傅,我就在公安局食堂吃饭。"李书记说:"那就按中央领导同志的意见办。"罗瑞卿立即纠正:"我不是中央领导,我就是个公安部长。"他在安国县公安局待了两天三夜,睡的是硬板床,吃的是大灶饭。伙房要给他单炒一个菜,也被他拒绝。到藁城县前,他先同河北省公安厅厅长打了招呼,吃住全在公安局,不喝牛奶。到藁城后头一顿早饭就看到了牛奶,罗问厅长是怎么回事,厅长说:"县局同志同我商量过,他们有现成的奶牛,我同意了。"罗瑞卿不再说什么了,但牛奶仍然一口未喝。

罗瑞卿经常教育干部:"不准坐霸王车、吃霸王饭、看霸王戏!"他是这样说的,也是这样做的。1957年他到四川视察工作,省委秘书长提出要搞个专场,请他看剧,他急忙阻止:"不,不,要买票。"他又再三嘱咐警卫科长郭金生:"不能把群众赶走,要照常卖票,否则我不看。"

1959年3月,罗瑞卿被任命为国务院副总理。当时副总理的行政级别一般都是行政三级,而罗瑞卿在50年代定级时为行政四级。于是,有人提出,罗瑞卿应调为三级。罗瑞卿坚决反对。以后曾几次酝酿为他调级。1965年1月,陶铸任副总理,罗瑞卿即以陶铸亦为四级为例,说明不应给他调级。他直到逝世一直是行政四级。

第十章 新中国首任公安部部长（下）

一、领导劳改部门经过艰苦工作，使一大批罪犯改恶从善

新中国成立之后，公安部门关押有日本战争罪犯、国内战争罪犯、反革命罪犯和大量的刑事犯。

日本战争罪犯共1109名，其中在解放战争中被解放军俘虏和捕获者共140名，包括日本侵略者投降后又为蒋介石、阎锡山集团起用，参加了蒋、阎指挥的反人民内战而被解放军俘获者128名。1945年被苏联红军所俘获，于1950年移交给我国者共969名。这批战争罪犯中包括伪满总务厅长官武部六藏、总务厅次长古海忠之，日军一一七师师团长铃木启久、南支那派遣宪兵队长斋藤美夫等。

国内战争罪犯共997名，分为三类：第一类是以溥仪为首的伪满洲国战争罪犯61名，均为苏联红军。1945年所俘获，于1950年移交给我国。第二类是以德木楚克栋鲁普为首的伪蒙政府和伪蒙军战争罪犯10名。其中4名为1950年从蒙古人民共和国引渡回国，6名是在国内俘获或逮捕的。第三类是国民党战争罪犯，是在解放战争中俘获或在新中国成立后逮捕的犯有严重战争罪行的国民党军、政、党、特人员，共926名。

在公安部门关押的反革命罪犯和刑事犯数量很大。从解放战争开始，随着解放地区的延伸，各地都陆续截获了一批进行破坏活动的反革命分子，在从1950年10月开始的镇压反革命分子的运动中，各地又逮捕了一批罪恶严重的土匪、特务、恶霸、反动党团骨干和反动会道门头子5个方面的敌人。

对于这批关押的罪犯，早在1949年10月，罗瑞卿即提出对他们进行劳动改造的问题。他要求老区要马上搞、大批搞，同时还要帮助邻近的新解放区搞。先搞农业，将来再搞工业。

1951年5月10日，罗瑞卿在第三次全国公安会议上，进一步阐明了对罪犯实施劳动改造的问题。他说：罪犯中判处徒刑者数量很大，"为了改造他们，为了解决监狱及囚粮的困难，不使他们吃闲饭，应即组织劳动改造工作。""劳动改造，据已有经验，进行得好，不管政治上经济上都是很有利益的一桩事业，可以是很大的社会改革，也可以对国家大规模的水利、筑路、垦荒、开矿和造屋等生产建设事业起一定的

重要作用。"

按照公安部和各地方党委的部署,各地先后成立了若干劳改农场。一些干部被派去管理农场,做改造罪犯的工作。但有的不太安心,说:"劳改犯人是有期徒刑,但劳改干部都是无期的。"

为了解决劳改干部的这些思想问题,使他们安心并做好这项工作,1951年5月14日,他在第四次全国公安工作会议的报告中说:"强迫罪犯劳动,是消灭反革命阶级的一个重要手段,也是彻底改造犯人成为新人的一项基本政策。直到现在,还有一些同志对劳动改造这一项包含着极端重要的政治意义和经济意义的工作,重视不够。如果我们对反革命分子只会侦察、破案、审讯,而不懂得去改造他们,那么,我们的工作只是做了一半,也许还不是很重要的一半。只有既懂得并善于打击反革命分子,又懂得并善于改造那些可能改造的反革命分子,才能彻底地消灭反革命破坏活动,也才利于最后彻底消灭反革命阶级。"

在罗瑞卿的指导下,在各级党委和政府的支持下,经过各地公安机关的艰苦努力,到1951年底,已将62%的犯人投入了劳动改造。

为了检查劳动改造罪犯工作的情况,总结经验,确定今后任务,1952年6月,在罗瑞卿的直接指导下,召开了第一次全国劳动改造罪犯工作会议。会议决定今后劳改生产将由分散逐步走向集中,劳改生产将逐步调整以适应今后劳改工作的发展和国家建设的需要。

1952年8月1日,为了具体指导和监督全国劳改生产,在中央、大行政区、省、

■1959年3月,罗瑞卿视察广西茅桥劳改农场时与工作人员合影。

专区 4 级成立了劳改生产管理委员会，中央一级劳改生产管理委员会由薄一波任主任委员，罗瑞卿任副主任委员，徐子荣、王观澜等 11 人为委员，随后，在公安部内设立了劳动改造工作局。

1953 年 12 月 10 日，在罗瑞卿直接指导下，召开了第二次全国劳改工作会议，制定了《中华人民共和国劳动改造条例（草案）》。1954 年 8 月 26 日，罗瑞卿在政务院第 222 次会议上作了《关于中华人民共和国劳动改造条例（草案）的说明》。

罗瑞卿在这一说明中报告了劳动改造工作取得的很大的成绩。他说：

> 我们的劳动改造机关不仅仅限于把大批犯罪分子监管起来，使他们不能在社会上继续作恶，而且更重要的是在惩罚管制期间组织他们从事劳动生产，在劳动过程中对他们进行思想改造，同时对他们进行文化教育和生产技能的训练，积极地争取他们转变成为新人。这样就不仅在保障公共秩序的安定和国家建设事业的顺利进行上起到很大作用，而且使绝大多数犯人能够很快真正低头认罪，能够经过监管的时期在不同程度上改造了思想，提高了文化，养成了劳动习惯。因此，有不少的犯人经过劳动改造之后，变成了在工业、农业和建筑工程等方面的熟练劳动者，有的在释放就业之后不久还当选为先进工作者和劳动模范。事实证明，对罪犯实行劳动改造的政策，是可能把这些犯罪分子在劳动过程中改造过来的，因此它也就是从根本上肃清反革命和消灭一切刑事犯罪的有效手段之一。不难想象，如果我们不采取这样的政策，不把这些人从思想上改变过来，不使他们养成劳动习惯并学到生产技能，就无法保证他们在刑满释放后不再继续犯罪，不再继续进行危害国家、危害人民的反革命破坏活动；就无法使他们在新的社会中通过自己的劳动去谋得正当的生活出路。因此，劳动改造罪犯的政策不仅为全国人民所拥护，就是许多犯人自己和他们的家属也表示真诚的感激，把我们的劳动改造机关称之为"改造思想的医院，培养技术的学校"；有的说："旧社会的监狱关押好人，新社会的监狱关押坏人并把坏人改造成为新人"；有的说"我管不了的孩子，政府给管好啦"。许多来自资本主义国家的外国朋友们，在参观了我们的劳动改造机关之后都感到非常惊讶，纷纷赞叹我们在劳动改造的工作上创造了他们想象不到的奇迹，认为"这是极正确的和最人道的对待罪犯的政策"。
>
> 劳动改造罪犯工作成绩的另一个方面，是我们组织罪犯进行了相当大规模的生产。四年来建立了许多劳动改造农场，其中有相当数目的拥有万亩以上土地的较大农场；也建立了相当数目的工业生产单位，还建立了不少的为国家修水利、筑铁路、采伐木材、建筑房屋的工程队。这些生产不但直接有利于国家各种建设事业的发展，而且为国家节省了经费开支，创造了一定数量的财富。

罗瑞卿在"说明"中还对"条例"中关于劳动改造机关的设置、任务和工作范围，对罪犯的严格管理，根据改造罪犯成为新人的精神对罪犯的物质文化生活，以及一部分犯人释放后的安置就业的规定作了具体说明。

政务院第 222 次政务会议通过了这一条例。

在罗瑞卿的领导下，公安部通过不断总结经验，劳改工作逐渐形成了一套正确的方针政策。早在1951年9月，罗瑞卿在第四次全国公安会议上即将劳改工作的方针概括为"劳动改造工作，是政治思想改造与劳动改造相结合，是惩罚与教育相结合"。后来这一提法又修改为"惩罚管制与思想教育相结合，劳动生产与政治教育相结合"。1956年9月，他又传达了毛泽东的口头指示："对劳改犯要阶级斗争和人道主义相结合。"至此，劳改工作即有了一套完整的方针。

惩罚管制与思想教育相结合。他认为惩罚管制是对罪犯实行改造的条件。1956年他在河北视察劳改队时即指出："对犯人一定要严格管理，不严格管理就办不好监狱。应让犯人知道监狱是无产阶级专政的机关，是关押改造、惩罚教育犯人的场所。他们对人民犯了罪，坐监狱是罪有应得。"

在严格管制的同时，罗瑞卿强调对罪犯进行认罪服法教育。1951年12月，他指示各地抓紧冬季空闲时间，普遍对罪犯进行一次冬季整训，使犯人认识只有认罪服法，规规矩矩劳动改造，才有出路。在对罪犯进行认罪服法教育中，对于真诚悔罪，积极劳动的，予以鼓励；对于愿意通过劳动改造自己的，继续交代政策，使其安心接受劳动改造；对于抗拒改造，消极怠工，甚至进行破坏的分子，进行揭露批判，打击其中的破坏分子。

罗瑞卿还强调对罪犯进行时事政治教育，用社会主义革命斗争的实践和社会主义建设的成就来教育罪犯，向他们讲清道理，指明出路，使罪犯认识大势所趋，人心所向，加强对他们政治上思想上的改造。针对罪犯暴露出来的反动思想，有准备、有重点地进行说理批判。对于各种反动观点，着重通过思想斗争解决问题，一般不采取惩罚的办法。

劳动生产和政治教育相结合。1954年8月，罗瑞卿在《关于第二次全国劳改工作会议向中央的报告》中提出："国家对于一切罪犯，必须实行以惩罚与教育相结合的方针，特别是对于反革命及其他重要罪犯，必须强制他们在劳动生产中去改造自己，成为新人。"不少罪犯长期过着不劳而获的寄生生活，只有通过强迫劳动，才能使其养成劳动习惯。学会生产技术，将来才能自食其力。但如果光搞劳动，而不同时进行社会主义的政治、文化等教育，也不能把罪犯改造成为新人。在这方面，罗瑞卿坚持反对只注意政治教育，不注意劳动生产，或只注意劳动生产，不注意进行政治教育的两种偏向。1953年8月26日，他批转了《抚顺监狱管教工作检查报告》，严厉批评了只片面地强调生产，而忽视对犯人的政治改造与思想改造的现象，要求各地对监狱、劳改队的工作进行认真切实的检查，并对存在的问题加以有效的纠正。1956年7月13日，罗瑞卿根据毛主席的指示精神，明确提出："劳改工作要搞好。方针是：第一是改造，第二是生产。"他还针对一些人提出的只要教育，不能搞生产的错误观点，尖锐地指出："我们说劳动既是生产又是教育，没有劳动这一课，其余的教育都是白费。劳动改造与劳动生产之间不是对立的，是联系的。对某些罪犯，不通过劳动要把他们改造过来是不可能的。"

在劳动生产上，罗瑞卿强调要坚决执行不让罪犯坐吃闲饭的原则，大体上按照一般的社会劳动条件，合理地组织一切有劳动力的罪犯参加有益于社会的生产劳动。对于战犯，也让他们参加力所能及的轻体力劳动。通过劳动实践，逐步改变大多数罪犯那种剥削寄生的生活习惯和思想意识，从而把罪犯改造成为自食其力的劳动者。

在政治教育上，罗瑞卿强调要经常地系统地在罪犯中进行劳动创造世界的教育、社会发展规律的教育和罪犯前途的教育，以启发罪犯通过劳动改造自己、重新做人的自觉性。强调组织罪犯看书看报，学习政治。通过经常的政治教育，使罪犯逐步认识到自己犯罪的本质；认识到改造的必要性，从而由强迫改造逐步变为自觉改造，以至抛弃原来的反动思想和立场，树立新的思想和道德观念。

在实际教育中，对罪犯影响较大的有两个方面，一是亲友的接见，二是组织到社会上去参观。允许罪犯接见亲友，对一般刑事犯，从公安部建立，就是这样做的。1956年2月18日，罗瑞卿批发了公安部关于允许战犯和他们的家属、亲友通信的通知后，战犯也可同家属通信并接见家属、亲友。同年4月7日，罗瑞卿又批发了公安部的通知，指示有关地区的公安机关，当民主人士提出访问战犯的要求时，应积极为他们安排。不要派干部或看守人员在场。他们要求派也不要派，并准备适宜于谈话的房子。3月和4月，先后有多批战犯家属和亲友到监所去探望和访问战犯，这对战犯的启发教育很大。3月10日，溥仪的叔叔载涛和两个姐姐去监所探望溥仪。载涛告诉溥仪："在政协会议上我和毛主席见过面，并和毛主席握了手，在握手的过程中，毛主席告诉我：你在抚顺，家属可以去看看。周总理还特别告诉，让我们多来几个人。"溥仪听了大哭一阵，表示："自己是汉奸走狗，对祖国是有罪的，应该受到惩罚。可是毛主席还惦记我们。今后一定要好好学习，争取重新做人。"

国民党第九兵团中将司令官廖耀湘在郑洞国等人接见后说："多年阔别，见面十分欣慰。直率、自由交谈了一个钟头，大有助于个人学习与自我改造。"

对战犯影响更大的是组织罪犯到社会上去参观，进社会这个大学校。这是我国对罪犯改造工作的一个创举。1955年12月28日，罗瑞卿向中央写出报告，拟组织中、外籍战犯到社会上进行参观。报告提出：参加的范围，除年老、患病不能行动的以外，全部参加。参观的步骤，先就地参观，后到外地参观。经中央批准后，就地参观从1956年2月开始，为期一个月。1956年3月12日，罗瑞卿批发了关于组织战犯去外地参观的计划，并亲自召开有关24个省、市公安机关领导同志的会议，进行具体布置。战犯们先后参观了北京、天津、上海、武汉、南京、杭州、长春、鞍山、抚顺、哈尔滨、太原等地的一些工厂、矿山、水利建设和文化设施，亲眼看到了中国社会主义革命和社会主义建设各方面的成就，促使他们进一步认罪服法。

通过参观，上千名日本战争罪犯，普遍表示要向中国人民谢罪。在北京参观时，全体日本战犯签名沉痛检讨了过去侵略中国犯下的惨无人道的罪行，说"我们在中国人民和世界人民愤怒的面前，无论从道义上来讲，从法律上来讲，受到正义的惩办，是理所当然的。"在赴武汉、南京参观时，行前在北京火车站由宫崎弘代表全体日本战犯向中国人民谢罪。火车开动后，又有84人痛哭流涕地表示低头认罪。在南京参观时，全体日本战犯宣誓：坚决反对帝国主义，反对侵略战争，彻底地向中国人民认罪，接受中国人民的正义审判。在整个参观过程中，每当听到群众对当年日寇扫荡时所犯罪行的控诉，都有一些战犯当场跪下向群众请罪。就连少数一贯表现反动、不认罪服法的战犯，也检讨了自己过去的认罪态度。日本战犯中将安达诚太郎，参观后动摇了自己的反动立场。他说："波涛汹涌般的中国人民的和平建设力量，像雨后春笋般地突飞猛进地成长着，中国人民的远大幸福前途，照耀人类幸福的光明大道。我一定加速改造自己，跟着这个时代潮流前进。"

国内战争罪犯看到祖国日益兴旺的景象，都十分惊讶，十分兴奋。绝大多数都表示认罪服罪，决心加强自我改造，重新做人。廖耀湘在北京参观以后，说："我虽是旧社会遗留下来的犯人，但我是一个中国人，对这种复兴祖国的伟大的神圣事业，不能不虔诚地热烈拥护。"在沈阳参观时，战犯们住在一个招待所的楼上，楼的一面临大街。正当参观回来休息的时候，一个战犯发现楼外的水泥地上，有人用粉笔画了一幅画，他立即招呼大家来看。这幅画画的是《群虎图》，有一群老虎被关在一个笼子里。其中最大的一个老虎还在张牙舞爪，在它周围的许多中老虎、小老虎，也都凶相毕露，似乎在窥测方向，企图乘隙逃出重围。这幅画说明有的人对战犯们能否彻底被改造还存在疑虑，但却成了战犯座谈的中心话题，成为他们联系过去进行认罪的具体内容。杜聿明在座谈会上，首先承认画中的那只大老虎指的是他，因为他过去是东北掌握大权的保安司令，犯有许多罪行。范汉杰也联系自己，进行了检查，说大老虎身边的那只略小一点的老虎，指的是他。邱行湘最后发言，说他在洛阳担任警备司令时杀人不少，洛阳的老百姓早就给他起的一个绰号叫"邱老虎"。一些原来抗拒改造的战犯，参观后也有了转变。国民党四川省主席、老牌军阀王陵基，原来把自己比作泡了几十年的蒜头，骨头都泡黄了，很难改造，参观后也说"悔已无及"。

到社会上参观加速了罪犯的改造。有的战犯在特赦后回忆说："中国共产党和中国政府改造战犯的一着高招，就是参观。每当让去参观的时候，那种高兴的劲头是当犯人以来所从没有的。进一进社会这个大学校，去看看实实在在的东西，对比对比过去，就会很自然地相信制度不同一切就改变了这一条规律，比学什么经典著作对战犯起到的作用都大。"他们认为，参观的确是改造罪犯的一条捷径，是改造犯人的一个创举。"想出这一办法的人，和第一个敢于吃螃蟹的人一样胆大①"。

阶级斗争和人道主义相结合。1954年8月26日，罗瑞卿在关于《中华人民共和国劳动改造条例（草案）》的说明中指出：由于对罪犯惩罚和改造是强制施行的，这就必须用高度的革命警惕对所有罪犯加以严格的管制。另一方面，根据改造罪犯成为新人的精神，对于罪犯身体的健康和必要的物质、文化生活应给予应有照顾。在1956年7月召开的全国检察长、法院院长、公安厅局长会议上，他讲的更明确，他说：毛主席讲，对劳改，我们要阶级斗争与人道主义相结合。

劳动改造罪犯的过程中，充满着阶级斗争。表现为监管和反监管、实施劳动和反抗劳动、进行政治思想改造和反抗政治思想改造的斗争。在罪犯中逃跑、自杀事件多次发生，而且有少数罪犯抗拒改造，甚至夺枪行凶，组织越狱暴动。1951年3月，延安劳改队就曾发生过一次罪犯暴动行凶事件。5月6日，又发生罪犯阴谋暴动事件。6月19日，罗瑞卿专为此事发出指示，要求全国各地公安机关对此问题都要加以普遍

---

① 参见鲁迅：《今春的两种感想》。

注意。1957年9月3日,他在一次讲话中又要求各地对劳改犯中有破坏活动的分子,应该加刑的加刑,有严重破坏活动的特别是一些重犯大犯,应该依法处以死刑。

罗瑞卿强调阶级斗争,并没有忽视对劳改罪犯给予人道主义待遇。

他反复强调要尊重罪犯的人格,不搞打骂虐待。1951年和1952年他曾多次发出通报,对有的单位发生的对罪犯施行体罚的现象进行批评和纠正。

在罪犯劳动上,罗瑞卿一再指示,要正确规定罪犯的劳动时间,不能不顾犯人死活加班加点,要根据罪犯身体状况分配任务,不能做超体力劳动。1953年12月3日,罗瑞卿严厉批评了个别地方不顾犯人的身体条件,强迫做过重劳动的情况,指示要在劳改工作会议中加以解决。同年,他在批转两个地区关于在劳改单位实行增产节约的报告时,特别指出,不要因增产节约就让犯人增加工时,过度劳动。

对于劳改罪犯的生活,罗瑞卿多次强调,既要让犯人劳动,就要让犯人吃饱饭。1951年6月9日,他在批转西北公安部的一个报告时,指示各地:对劳改犯人的生活是否有苛待现象,应注意检查和纠正。1952年8月,罗瑞卿将东北关于改善战犯生活供给的报告转报总理。这个报告提出:将战犯按将、校等级执行小灶、中灶标准。同月,周总理批复同意。1956年5月,根据罗瑞卿的意图,在全国劳改工作会议上制定了《犯人生活供给标准》,按照犯人轻、重体力劳动的不同类别,分别规定主、副食的质量和数量。同时,普遍给犯人发了零用钱,实行了犯人劳动生产的物质奖励制度。

罗瑞卿经常关心劳改犯人的身体状况和疾病医疗。大批罪犯刚投入劳改,他就提出要加强医疗机构,贯彻预防为主的方针,定期检查卫生情况,防止犯人的疾病和死亡发生。并要求对有病的犯人及时给予治疗,在伙食上给以照顾。对于战犯患病的情况及所采取的医疗措施,他都及时向周总理作报告。1951年1月9日,他得知日本战犯原日本侵略军六十三师团中将师团长岸川健一患扁桃腺炎,拟采取手术治疗,立即做出报告。1月12日,总理指示:"望告各地,对在押之战犯应经常注意其健康。"1月18日,罗瑞卿即以公安部名义,发出《注意在押战犯健康的通知》。1954年4月8日,罗瑞卿批转河北省公安厅的一个报告,要求各地对监所、劳改队的卫生加以检查,并采取适当的防疫措施,以防患于未然。

由于实行阶级斗争同人道主义相结合的原则,不仅有效地推动了罪犯的劳动改造,也获得了国内外人士的好评。

1956年,我国已完成了经济恢复和国民经济的社会主义改造,经过镇反和肃反,新中国的政权已基本巩固。对蒋介石集团的战犯,已关押六七年,对日本和伪满、伪蒙的战犯,已关押十余年。处理这批战犯的问题已提上了议事日程。

1月30日,周恩来在准备政协第二届全国委员会常务委员会工作报告时提出:"政协会后,可放十几个战犯看看。"

这是中共中央正在酝酿特赦战犯的一个重要信息。

3月,在政协第二届全国委员会常委会第十九次(扩大)会议上,就战犯问题进行了讨论。3月14日罗瑞卿在会上发言,报告了有关战犯的情况,并就战犯处理问题提出了初步意见。他说:

对于战争罪犯的处理是全国人民关心的大事。我国人民遭受日本军国主义侵略的时间最长,所受痛苦最深。从"九一八"事变后的十四年中,中国人民在日本军国主义的血腥侵略下,历尽了深重的苦难,生命的损失达一千万以上,财产的损失达五百亿美元。对于日本军国主义的罪恶,中国人民怀着极大的义愤,人民要求惩办日本战争罪犯,这是完全可以理解的。因为这是正义的要求。我们为了伸张正义,维护世界的持久和平,一向主张惩办日本战争罪犯,并且对于美帝国主义放纵战争罪犯、恢复日本军国主义的阴谋,表示坚决的反对。蒋介石集团的战争罪犯对中国人民犯下了严重的罪行。早在一九四八年十一月一日人民解放军总部就发布过惩办战争罪犯的命令。并且着重地申明过"首恶者必办,胁从者不问,立功者受奖"的政策。这个命令所申明的政策,一直是我们处理蒋介石集团的战争罪犯的准则。

中华人民共和国成立以来,我们对于日本的和蒋介石集团的战争罪犯加以管押,采取了各种积极的办法清查他们的罪行。同时本着"惩罚管制和思想改造相结合""劳动生产和政治教育相结合"的正确方针,根据他们的不同情况,分别组织他们从事劳动生产和政治学习,并且在生活上、疾病的治疗和护理上给以人道的待遇。所有这些措施,都是以人民的要求和利益为依据的,都是完全正确的。现在绝大多数的战争罪犯的罪行已经调查清楚,一部分已经判处各种刑罚的,今后将根据他们的表现逐个进行审查,一部分没有判处的,侦讯也已经结束,即可加以判处。这些战争罪犯经过多年的教育改造,应当说已经有了许多改变。现在还坚持反动立场、表现不好的人虽然还是有的,但只是其中的一小部分;多数人已经认识到自己的罪恶,不少人决心自我改造,愿意重新做人,有的还积极要求给以立功赎罪的机会。在这样的新的情况下,特别是当前国际、国内的局势已经有了很大的变化,是不是可以考虑对于这些战争罪犯(包括已经判刑的战争罪犯在内)和其他一些因历史罪行被捕在押的蒋军军官及文职人员和党工、特工人员,采取一些比较更为宽大的措施来处理他们呢?我们觉得似乎是可以的。

接着,罗瑞卿提出对战争罪犯一个不杀的建议。他说:

这样做,对于我国的社会主义事业无害,而对于瓦解和孤立敌人的阵营则是有益的。在这个问题上,应当提到一九五〇年到一九五一年的镇压反革命运动。当时,我们曾经杀过一批血债累累、罪恶严重、不杀不足以平民愤的反革命分子。这样做,对于伸张人民的正义,去掉压在人民头上的帽子,镇压反革命的气焰和安定社会秩序,起了重要的作用。但是就在那时,我们对于那些可杀可不杀的反革命分子也还是一律不杀。目前,我们国家的基础更加巩固了,国内治安更加安定了;虽然我们同反革命分子的斗争还会是激烈的和尖锐的,但像过去那样直接站在人民头上、有严重罪恶和血债、不杀不足以平民愤,不杀他们群众就不敢起来的反革命分子,为数已经较少;我们对罪犯实施的劳动改造的办法也已经取得显著的成效。因此，在目前的镇压反革命斗争中，我们一般主张少杀，即只杀极少数罪恶十分严重非杀不可的分子，主要是进行现行破坏活动的分子；把有些本来可以处决但由于情况起了变化也可以从宽处理的反革命分子判处长期徒刑或无期徒刑关押起来，使他们既不能在社会上继续作恶，又能经过强迫劳动和政治教育对他们进行思想改造，积极地改造他们，使之转变成为好人。这一措施，会更加有利于彻底消减反革命，相信也可以取得社会的同意，因此是具有政治意义的。对于战争罪犯来说，他们虽然有重大的罪恶，但已经关押了很多年，人民的愤恨已经得到了一些申雪，同时，因为时间过了很久，人民对于这些战争罪犯的愤恨，已经淡薄了一些，这也是可以不杀的一个条件。因此，就可以考虑到把他们保留下来，继续加以教育改造，即使对于有严重罪恶的、甚至已经判处死刑的，也可以考虑不再处决或暂时不处决。

他还提出："从目前在押的战争罪犯的实际情况出发，从国内外政治情势上考虑，我们以为可以考虑对日本战争罪犯中的大部分和蒋介石集团战争罪犯中的某些人采取宽赦的办法。"他说："我们所以考虑这样做，一方面是为着维护亚洲的和平事业，为着和平解放台湾、实现祖国的完全统一；另一方面也是为着更有效地贯彻执行改造罪犯的政策，给罪犯重新做人的机会。这些都是从中国人民的长远的政治利益来考虑的。"

会议讨论了罗瑞卿提出的建议。有些委员主张立即将战犯全部释放，有些委员主张分批释放。会议展开了充分讨论。周恩来说：释放战犯是一个十分复杂的问题，"如果没有把握，我们一下子把人放了，文章就没有下文了。所以在今年的形势下，还是分批释放的好"。他建议还是按照罗瑞卿的意见，"先放少数试试，看看效果"。会议最后得出"一个不杀，分批释放"的结论。

1956年4月11日，中共中央发出《关于征求对蒋、日、伪战犯和其他反革命罪犯的处理意见的通知》，指出：从宽处理、陆续释放和特赦一些战犯，"会有助于我们孤立瓦解蒋介石集团和解放台湾的斗争；会有助于安定社会上同统一战线内部对我们还抱有疑惧的分子———主要是右翼分子和有过政治劣迹的民主人士，使人民民主统一战线获得进一步巩固和扩大；并且从宽处理日本战犯，会有助于我们争取日本、孤立美帝国主义的斗争。同时，从情况和原则方面来讲，也是可以这样办的。从国内形势来看，现在我们不但已经完成了土地改革和大张旗鼓镇压反革命运动等新民主主义的社会改革，大大巩固了人民民主专政；并且已经在社会主义改造方面获得了决定性的胜利。从这批国民党犯人本身的情况来说，他们过去虽然多是一些顽固不化的反革命，有过重大罪恶，但多半是高高在上、同群众直接接触较少，不像直接压迫群众的恶霸土匪头子等那样，不杀掉一批，群众就不敢起来。再说他们已经被关了六七年（蒋军战犯）或者十多年（日伪战犯），在关押改造过程中，多数已经有了不同程度的悔改表现，有些并且要求立功赎罪，重新做人。因此，现在对这些罪犯并没有一定杀一批或者从重处刑的必要。相反的，我们正在对蒋介石集团进行政治攻势，争取和平解放台湾，并且宣布只要他们回到祖国来，不管什么人，将一律不咎既往。在这种情形下，如果对已经俘获的战犯，反倒处决一批，实际上不但没有什么好处，并且会有助于美蒋巩固台湾反动集团，至少是害多利少的。看来从宽处理，可能对国家、对人民比较有利"。"但是，因为这批罪犯曾经犯过重大的罪恶，从宽处理，可能有些人，特别是一部分直接受过某些罪犯危害的人，由于不了解从宽处理对国家对人民的好处，觉得对这批罪犯处理太宽大，太便宜了他们，而很不满意。同时，还要估计到这样从宽处理，也有可能使一部分反动分子，感到无所畏惧，因而助长他们的反动气焰。但从总的方面权衡利害，中央觉得似以这样处理为好"。《通知》说："这个问题已于一九五六年三月十四和十五两日，在中国人民政治协商会议全国委员会常委扩大会上举行了座谈。在这个会上，有些民主人士在听了中央公安部长罗瑞卿同志和最高人民检察院副检察长谭政文同志的报告以后，欢欣鼓舞，纷纷发言，盛赞党的政策的英明、伟大。"

《通知》决定把罗瑞卿同志的报告和战犯名单下发，"请各省市委、自治区党委在四五两月内召集当地政协常委扩大会（要包括住在当地的省、市人民委员会委员），或者其他适当范围的座谈会，把上述文件印发给到会的人们，并作适当的说明（但不要把话说死），举行座谈，征求意见，并且请中央各部委、军委各部和其他中央一级国家机关和人民团体各党组加以讨论，会后把座谈的结果和你们的意见报告中央，以便作最后决定。除此以外，请你们将此件印发给所属地委、省辖市委和县委，也请他们召集党内外的适当会议加以讨论征求意见，于五月中旬以前由你们汇集报告中央"。

经过充分酝酿，4月25日，全国人大常委会第三十四次会议通过了《关于处理在押日本侵略中国战争中战争犯罪分子的决定》，决定对这些战犯按照宽大政策分别予以宽大处理。6月至7月，最高人民法院组成军事法庭分别在沈阳、太原对日本战犯进行了审讯和处理，对武部六藏、铃木启久等45名罪行重大的战犯进行了审判，其余1017名均免予起诉，予以释放。至8月，押在我国的1062名日本战犯全部处理完毕。

一些当年曾犯下严重罪行的日本战犯，在关押过程中被改造为拥护世界和平、维护中日友好的积极分子。日本战犯古海忠之，曾任伪满洲国总务厅次长，他和伪满洲国总务长官武部六藏一起，掌握着统治和支配伪满的实权，犯下了严重的罪行。在被押初期，仍拒不认罪。经进行一系列艰苦细致的思想教育，使其逐步提高了认识，在改造政策的感召下，逐步改变了反动立场。在一次谈话中，他承认自己是战犯，中国有权处理。他说："我们过去是个帝国主义者，对中国人民犯下惨无人道的罪行。"这批战犯被特赦回国后，成立了"中归联"①，做了不少促进中日友好的工作。

对国内战犯，经各级充分酝酿后，确定采用分批释放的方针。至于何时释放，还要分析，分别处理。5月2日，毛泽东在最高国务会议上说："放早了，老百姓不那么清楚，我们也不好向老百姓说明，还要过几年。老百姓的生活更加过得好了，我们再来放。"

1957年1月29日，罗瑞卿以公安部党组名义向中央报告，提出刘焕东等12名蒋

---

① 中国归国者联络会的简称。

介石集团战犯患有重病，有的因病致残，表现较好，拟保外就医，请中央批示。2月2日，毛泽东批示："不但这些人应当处理，其他战犯凡犯罪较轻，表现较好的，都应考虑判决释放，因为已关了七八年了。只留下犯罪较重的和最重的两类，待后处理。请公安部将战犯全体审查一下，定出一个处理方案送中央审阅。"

遵照毛泽东的指示，罗瑞卿主持公安部对战犯逐个进行了审查。但由于很快发生反右派斗争，释放战犯工作的进程受到一些影响，但改造战犯工作一直没有停止。

1959年8月24日，毛泽东致信刘少奇，提出："今年国庆十年纪念，是否可以赦免一批（不是'大赦'而是古时所谓'曲赦'，即局部的赦免）确实改恶从善的战犯及一般正在服刑的刑事罪犯。如办此事，离国庆只有三十几天时间，是否来得（及）审查清楚？或者不赶国庆，在秋天办理即可，但仍用国庆十年的名义。此事是否可行，亦请召集有关同志商议一下。"遵照毛泽东的指示，罗瑞卿组织研究，提出了特赦战犯的初步名单。

毛泽东在他的建议得到刘少奇等领导人的同意后，于9月14日向全国人大常委会提出建议："在庆祝伟大的中华人民共和国成立十周年的时候，对于一批确实已经改恶从善的战争罪犯、反革命罪犯和普通刑事罪犯宣布实行特赦是适宜的。采取这个措施，将更有利于化消极因素为积极因素，对于这些罪犯和其他在押罪犯的继续改造，都有重大的教育作用。"

9月17日，二届人大第九次会议通过了《关于特赦确实改恶从善的罪犯的决定》；同日，国家主席刘少奇签发了《特赦令》，中共中央下发了《关于特赦罪犯的指示》。

首批特赦的战争罪犯共33名，其中包括溥仪、杜聿明、宋希濂、王耀武等。他们在关押期间经过改造，确已改恶从善。清朝末代皇帝爱新觉罗·溥仪，在清王朝被推翻后，投靠日本帝国主义，成为伪满洲国的执政和皇帝，出卖祖国东北的领土和主权，奴役、镇压东北人民，犯下了难以饶恕的罪行。关押初期，对前途表示悲观，曾一度有自杀思想。经过一系列工作，才逐步得到改造。1956年在审判日本战犯时，他出庭作证，站在祖国和人民的立场上，揭露日本帝国主义侵华的罪行。他事后说："这是我有生以来第一次为祖国人民做一点有益的事。"同年8月8日，有一外国记者向他提出了一些挑衅性的问题，他都给予了正确的回答。他说："我过去是个鬼，经祖国人民把我由鬼变成人，所以现在是一生中最高兴的时候。"特赦后，他亲笔写下了一首诗《我怎能不尽情地欢呼歌唱》，来抒发他愉快的心情，歌颂共产党、毛主席是人间的太阳，是他重生的爹娘。

对于公安部改造战犯的工作，党中央非常满意。1965年李宗仁回国后，周恩来还说："公安部和调查部办了两件大事。公安部改造了一个末代皇帝，调查部争取了一个国民党代总统。"

罗瑞卿直接领导下的中国劳改工作，不仅改造了犯有严重罪行的人，而且改造了许多荒凉的自然环境。不少劳改生产单位，从无到有，从小到大，把一些多年不毛的穷乡僻壤，变成了禾苗起伏的绿洲，在许多人迹罕至的荒山秃岭，建起了机器隆隆的工厂，为国家创造了大量的财富，成为我国生产战线上一支不可轻视的力量。到1959年，全国劳改系统拥有大型农场440个，耕地面积981万亩，年产粮40亿斤；拥有厂矿1077个，年产值31亿8千万元。多数省、市、自治区的劳改系统已建立了联合企业，由过去生产简单的低级产品，到生产复杂的高级产品，成为地方工业的重要生产力量。

1959年9月，罗瑞卿在《十年来革命同反革命的斗争》一文中，对劳动改造工作的成就作了这样言简意赅地概括："十年以来，经过劳动生产和思想教育，多数罪犯都得到了不同程度的改造，有一批罪犯已经确实改恶从善了。一批过去的土匪、恶霸、特务、反动党团骨干分子、反动会道门头子和其他犯罪分子，不仅他们的反动思想得到了改造，而且许多人养成了劳动习惯；有些原来毫无生产知识的，现在已成了比较熟练的技术工人或工程师；原来是文盲的，现在已经能阅读书报杂志。这些几乎是不能令人相信的奇迹，但这是千真万确的事实。"

二、从实际出发，提倡开展安全运动，形成了从古未有的良好的社会秩序

1958年1月11日至22日，中共中央在南宁召开工作会议，讨论1958年国民经济计划。在这次会议上，毛泽东继1956年11月之后又一次批评了反冒进①，党内急于求成的"左"倾思想迅速发展起来，有些地区和部门开始提出"大跃进"。罗瑞卿未出席这次会议，他于1957年12月20日率代表团去参加苏联国家安全委员会成立40周年大会，1958年1月20日方才回国。回国后面对一片跃进形势，他的心情是兴奋的。2月24日，他看到一份题为《把北京市搞得像水晶石、玻璃板一样干净》的材料，立即指示可以在公安刊物上刊登。25日，他向公安部全体干部作报告，提出了比干劲，比先进，促进公安工作大跃进的号召。26日，他看到了贵州省公安厅《关于公安工作跃进的报告》。这一报告，汇报了一月间召开的贵州省检察长、法院院长和公安处局长会议中有关公安工作方面的一些情况。在这次会上，各单位进行了挑战和竞赛，提出了许多跃进的指标和口号，有62个县公安局保证全年不发生火灾，有72个县公安局保证不积压案件，有70个县公安局保证刑事案件侦破率达100%，还有一些县公安局提出年内彻底肃清股匪、散匪，不发生闹事骚乱，没有烟毒流行，没有聚赌，等等。省公安厅根据各地提出的指标，提出了开展"七无"运动（无火灾，无积案，无匪，无盗窃，无骚乱，无烟毒流行，无聚赌），做到"三快"（情况反映快，经验总结快，问题解决快），"三好"（工作质量好，联系群众好，兄弟部门关系好）的口号。罗瑞卿看了这一报告，深为广大公安干警高涨的积极性所感动，亲自起草批语，以公安部的名义转发了这个报告。批语说："我们非常高兴地读过了贵州省公安厅写来的报告。我们党发动和领导的全民整风运动的伟大胜利，带来了社会主义建设的大跃进。目前全党和全国人民，都在反浪费，反保守，比干劲，比先进，争取15

---

① 1956年11月，周恩来在八届二中全会上总结第一个五年计划的经验教训时，批评了1956年的冒进倾向。提出：要对基本建设进行适当收缩，合理调整各经济部门的关系，以适应国家财力和物力的可能性。11月15日，在会议最后一天，毛泽东发言提出要保护干部、群众积极性，不要在他们头上泼冷水，以后，他又多次批评了"反冒进"。

年左右赶上或超过英国等口号的鼓舞之下,大大地改进了各种工作,大大地激发了劳动热情,大大地加速了建设进度。"批语提出:"为了适应我国社会主义建设的这种新情况,我们的公安工作应该赶上去,应该在加强政治,加强业务,改进作风,改进工作方法等方面,也来一个大跃进,以便保证建设大跃进的安全。"

罗瑞卿转发这个报告时,没有对贵州省公安厅提出的"七无"表态。在此期间,《人民日报》写了一篇评论稿《"四无"是公安工作跃进的方向》,罗瑞卿考虑再三,并征求了彭真的意见后,没有同意发表。他认为,公安工作属于政治斗争,和除"四害"不同。有100个苍蝇,打死了90个,问题不大,可以说"无";而对于反革命,有一个就不能说"无"。

3月和4月,各省、市、自治区公安厅、局先后报送了公安工作跃进的规划。这些规划多数是一年的,也有的是5年的。罗瑞卿对这些规划很重视,指示凡是各省、市正式报来的,特别是党委批准的,一律在公安刊物上予以介绍。2月28日,沈阳市公安局首先向北京、上海两市公安局发出了竞赛书,在挖掘残余反革命,发现潜伏特务,破获刑事案件,减少治安灾害事故等方面提出12项跃进指标。随后各省、市公安机关纷纷提出挑战和应战。罗瑞卿对这种革命竞赛既赞同,又有些担心。他在3月召开的一次党组会上指出:关于公安工作跃进的问题,全国各地都在搞,干劲起来了,有的在本省、市挑战了,有的是跟别的省、市挑战,有的是业务单位互相挑战。对这个形势,怎么处理?我看还是促进、支持,同时注意组织引导。他提出3月底检查一次,5月底检查一次,然后搞出一个几十条来,用以指导公安工作的跃进。他确定部长、副部长分头下去开座谈会,亲自去检查公安工作跃进的情况,以便及时发现和解决问题,促使跃进健康发展。

3月11日至4月28日,罗瑞卿先后在上海、福州、广州和武汉开了4个小型片会,听取了华东、中南7个省、市和几十个专、县公安机关的负责同志的汇报,研究了公安工作跃进的情况和出现的问题。

■罗瑞卿(左二)任公安部部长时期到云南视察工作。左一为云南省公安厅副厅长苟兴才。

沿途还同一些基层公安机关的同志开了多次座谈会。在会上，他肯定了公安工作跃进中一些好的做法，同时也着手纠正各地由于"左"的思想迅速蔓延而开始泛滥的浮夸的错误的口号和指标。当时公安工作搞跃进，在许多同志的心目中，似乎就是搞"几无"。一时间，一些地方相继提出若干"无"的口号，结果"无"越提越多，范围越来越广，重点越来越不突出，不仅有提"8无"、"10无"的，甚至还有提几十"无"、上百"无"的。其中有些根本不属于公安工作范围，如无损人利己，无浪费粮食，等等。罗瑞卿发现这个问题后，在浙江的一次讲话中指出：有的县公安局提出"百无"计划，其志可嘉，但肯定办不到。听说有的派出所提出"142无"，这样就会不分主次、轻重，把一些不同类的问题混在一起。有的"无"，如无交通肇事、无医疗事故等，共产主义社会也办不到。他提出，要务实，不要在数量上比多少"无"，办到的就提，办不到的就不提。

当时，工农业生产都提出要多快好省，有个别公安机关，一提到公安工作搞多快好省，就计划多捕人，多劳教。针对这个问题，罗瑞卿在广州市公安机关党员大会上的讲话中，明确指出："公安工作要有适合自己情况、适合自己业务的多快好省。肃清反革命，不是要把不是反革命的也当作反革命，搞的越多越好。抓人不是越多越好，你抓80，我抓100，乱抓一顿，这怎么得了呀！工作做好了，是少捕人，因为有些敌人被瓦解了。"当有的县公安局汇报3天破案15起时，他指出：破的案子要经过鉴定，要重证据，3天嘛，哪里这么快！当然也有可能，但脑子不要太热，不能凭主观臆断和嫌疑对象的承认，要凭经过检验的证据。福建省有的地方提出要在几个月或一年内实现安全市、安全地区，有的甚至提出苦战几昼夜实现安全市、县，一星期内消灭地、富、反、坏的破坏活动，消灭二流子、懒汉。罗瑞卿发现这个问题后，4月9日，在福建的一次讲话中及时指出："一个县要一下子做到什么事情都没有，这恐怕不可能。现在没有，但不一定永远没有，总是要有起伏的。即使国内阶级斗争消灭，世界范围内还有。反革命就是阶级斗争的产物，这是阶级斗争中的敌我问题。还有小偷、流氓、巫婆、神汉等，这些都不是短期可以消灭的，不能简单化。因此做得到就讲，做不到就不讲。这样说，是鼓气还是泄气？是鼓气。冒叫、空喊，现在虽然搞得轰轰烈烈，将来也会泄气。"为了实现公安工作大跃进，有的地区提出了消灭星期天的口号，还有的提出头可断，血可流，少活30年，等等。罗瑞卿听到汇报后，很不赞成。他强调指出：星期天还是要过的，不要去消灭它。至于头可断，血可流，我们现在不是那种情况，为什么要断头呢？罗瑞卿一方面及时对在大跃进中各地公安部门提出的一些不切实际的、不妥当的"左"的口号和做法提出纠正，另一方面在不断思索，想寻找一个能取得实效能坚持下去的公安工作"跃进"的形式。

1958年3月，罗瑞卿面对全国公安跃进的形势，认为广大公安干警的积极性是好的，应该鼓励。但"几无"的提法绝对化、不切实际。如何找到一个恰当的提法，把广大群众的积极性引导到正确方向上来？他在从北京到上海的途中，在南京机场停留时曾同前来汇报工作的江苏省公安厅厅长洪沛霖交换意见，觉得用搞安全运动这种形式比较好。随即在上海召开了有江、浙、闽、赣、沪5省市公安厅局长参加的华东片会，认真研究了用开展安全运动代替"几无"的问题。

1958年4月,罗瑞卿得悉广东省公安厅和广州市公安局用开展安全运动的形式搞公安工作的大跃进,把妨碍安全的问题,都放在安全运动中加以解决。罗瑞卿便下了开展安全运动的决心。他指出:安全运动把公安工作的许多问题综合起来提,这个提法比较恰当,它可以把一切工作带动起来。凡是有碍社会主义建设安全的,都可以在安全运动中加以解决,推动公安工作大跃进,提安全运动的口号,比提"几无"为好,他要求各地抓安全运动,抓它一年,切实地把一切妨碍社会安全的问题解决一下,为社会主义建设创造更为安全的社会环境。

5月下旬至6月下旬,罗瑞卿以公安部的名义先后转发了江苏、广东、河南、福建有关开展安全运动方面的报告,介绍了各地在开展安全运动中公安工作贯彻群众路线的经验,主要有:通过公布案情,组织群众讨论的方法,破获刑事案件和反革命案件,清查破坏事故;发动群众提供反革命破坏活动及特务嫌疑线索;公布逃亡反革命分子名单,发动群众清查其下落;吸引和组织群众积极参加对地、富、反、坏分子和不良分子的社会改造工作;通过群众讨论加强消防、交通、户口管理工作等。通过专门机关与群众路线相结合,进一步加强同反革命分子、刑事犯罪分子、治安灾害事故的斗争。

6月26日,罗瑞卿向党中央和毛主席写了《关于公安工作跃进情况的报告》,把安全运动的主要内容概括为"从实际出发,充分利用有利条件,同一切危害生产安全、危害社会秩序的现象作斗争,尽量防止和减少各种破坏和治安灾害事件,在事件发生了,力争缩小它的破坏范围,迅速破案或扑灭"。报告认为,开展安全运动的好处是:一、它比较完满地体现社会主义建设对公安工作的要求;二、口号响亮、明了,有很大的动员作用;三、通过安全运动可以把公安工作一切业务带动起来。报告认为,安全运动应该成为继续组织公安工作跃进的基本形式。

大搞安全运动,推动了公安工作大跃进。各地经过充分准备,组织群众大搞破案,在很短时间内,就破获了一大批案件。许多长期破获不了的积案、难案,被一扫而光;许多专门机关难以破获的案件,一交给群众讨论,就水落石出。1958年,全国破获各种案件占当年发案数的92.9%。湖南的几个以逃亡地主、漏网反革命分子为首组织的反革命集团"洞庭湖忠义救国军""衡山战时工作报国团"等,过去没有发现线索,在安全运动中,经过群众揭发、检举,破了案。上海市在安全运动中查获的负有血债的反革命分子有193人,米省五就是其中之一。米在原籍背了9条人命,新中国成立后逃来上海,在他哥哥家挖了一个地洞,隐藏了8年,公安机关一直没有查到,安全运动中经过揭发,终于被捕获。哈尔滨市也从地洞和天棚里挖出4个隐藏很久的反革命分子。南京市一个假装成"瞎子"的反革命,先后搬家17次,清查出是负有血债的逃亡罪犯。甘肃省一个曾杀害人民政府县长,有30多条人命的匪支队长温国印,也被清查了出来。

安全运动也进一步分化了敌人,全国1月至5月,有71万多名各种违法犯罪分子投案自首或补充交代罪行材料。其中有不少罪行严重的历史反革命,也有现行特务。山东省苍山县有个反革命分子叫张子兴,曾任伪乡长,负有血债,新中国成立后逃往东北,在安全运动的强大压力下,向公安部门自首,交代了自己的罪行,并检举了一个有7条人命的反革命分子。1958年3月21日，从海上偷渡登陆的特务陈茂木，回到他福建省长乐县家里，想动员他堂哥为他当交通，结果反被说服投案自首，交出了手枪、子弹、密写药品和活动经费。广东省中山县有一个潜伏在小榄镇的现行特务冼国良，看到开展安全运动很恐慌，3月27日投案自首，交代了他在香港参加特务组织和所担负的发展组织、收集情报的任务等情况。

安全运动也推动了同治安灾害事故的斗争，出现了生产发展、灾害事故下降的局面。许多地方贯彻了"生产越发展，越要注意安全"的精神，建立健全了安全组织，制定和修改了安全制度，发现了许多隐患，迅速解决了长期悬而未决的问题，预防了治安灾害事故的发生。浙江省沿海地区，群众总结出"灶前清，灶膛浅，水缸满，烟筒光"的防火经验，大大减少了火灾的发生。武汉市的棚户区，过去多次发生大火，损失很大。安全运动中，大家一起动手，检修了45万多户的炉灶，有11万户的不安全炉灶修了防火墙，有效地防止了火灾。

公安部门蓬勃开展的安全运动，使我们国家的社会秩序日益稳定。全国的发案率一度只有万分之三。但是对于取得的成就，罗瑞卿并不满足。他总是要把工作做得精益求精，好上加好。有一次他到一个城市了解治安情况，汇报的人得意地说："只发生了工人丢掉自行车的小的刑事案件，还发生过汽车撞伤孩子的小事故，有几次火灾，都及时扑灭了。"罗瑞卿立即批评说："一个工人用几年积蓄，买了辆自行车，被人偷了，这算做小事吗？小孩撞伤也许会使终生残废；一座油库、一座厂房，由于粗心大意，扔了一个烟头，而被烧掉了，这也是小事吗？"在罗瑞卿的严格要求下，全国绝大多数地区在很长一段时间内，形成了从未有过的良好治安秩序和社会风气。

待到"文革""砸烂公检法"后，社会秩序被搞乱了。周恩来曾十分痛心地说："过去公安机关有一套组织，有一套办法，有一套制度。现在组织没有了，制度没有了，那套办法也没有了。"直到如今，一些上了年纪的人仍然常常怀念罗瑞卿任公安部部长时良好的社会秩序和社会风尚。

三、毛泽东如是说："罗长子往我身边一站，我就感到十分放心。"

做好警卫工作，同国民党特务机关的暗害阴谋作斗争，保证党和国家领导人的绝对安全，是公安工作的极端重要的任务。罗瑞卿为此耗费了巨大的精力。

对政敌搞暗杀是蒋介石集团特务机构的传统伎俩。1946年7月，他们在昆明先后暗杀了爱国民主人士李公朴、闻一多，1949年9月，他们在香港暗杀了国民党元老杨杰。新中国成立以后，蒋介石集团更加紧策划对党和国家领导人的暗害阴谋，不惜以"杀一部长级干部奖励十条黄金"来鼓励其杀手卖命。

党和国家领导人对国民党特务机关的暗杀活动早有察觉，十分警惕。1949年10月30日，周恩来就叮嘱罗瑞卿要严密注意并防范敌人的暗害阴谋。他说："穷凶极恶的敌人，别的他们不能做，对暗杀，他们是能搞的。现在我们损失不得，都是党几十年培养出来的干部，是损失不得的。"毛主席也提醒说，各种困难都要估计到，基洛夫、列宁被刺的事也可能有，但是要力争避免。罗瑞卿即时传达了上述指示精神，一再教育广大公安干警说：帝国主义及蒋介石集团在遭受失败之后，正在千方百计地策划对于我们的领导和党政军民的首长以及民主党派和无党派民主人士中的重要分子实行暗害，企图以恐怖活动打击革命。因此，要加强对领袖、对首长、对首脑机关及重要民主人士的警卫与保卫工作，同反革命的暗害活动作尖锐的斗争。他对于图谋暗害的重要案件都是亲自处理，详细地听取汇报，参与研究案情，对每个细节都认真询问，一丝不苟，据以部署战斗。他要求有关干部要深入调查研究，过细地做工作，做到绝对有把握。因而一次又一次有力地打击了敌人的暗杀活动，粉碎了敌人一个又一个的暗害阴谋。

1950年6月，朝鲜战争爆发，蒋帮特务机关认为时机已到，加紧派遣杀手到大陆进行暗害活动。

在前面，我们已经讲了段云鹏。除段以外，台湾还派了不少杀手到大陆上来，高元龙即是其中之一。

高元龙，1916年生，1938年在国民党军统局临潼特训班行动科毕业，受过严格的训练，对于爆破、格斗、射击、投毒、暗害等样样内行，是一个极其凶恶的杀手。1939年，他被戴笠指派去青岛阴谋刺杀汪精卫。同年任军统局西北区行动队副队长，先后逮捕中共地下工作人员30人。1950年逃台，充任高雄警备队队长，专门搜捕中共地下党员。1950年秋，保密局头子毛人凤委任他为香港华北站行动技术总指导，专门谋刺中共中央领导人。高即携助手刘照临，在技术总队实习3天之后，潜来香港，伺机由港进入北京，阴谋通过在北京的旧关系，混入党政机关内部，谋刺毛泽东、刘少奇、周恩来、朱德等中共中央领导人。发现这一重大案件线索后，罗瑞卿于12月10日亲自向周恩来并毛泽东、党中央写报告，汇报了敌人的罪恶阴谋和公安部的行动计划。周恩来阅后批示："即送毛、刘、朱。"毛泽东当天圈阅，并逐句标点。根据中央批准的计划，罗瑞卿指示立即对高元龙进行调查，并严密布置，张网以待。

1951年11月16日，高元龙从九龙乘坐火车入境，在武汉被查获。12月2日，罗瑞卿看到逮捕高元龙的简报后，十分满意地批示说："捕得好！"还特别交代："注意不要让高跑掉。"经过审讯，高元龙终于交代了他在台湾接受毛人凤、叶翔之交给的暗杀任务，来谋刺中共中央领导人的经过，对其历史罪恶亦供认不讳。1954年9月14日依法将高匪判处死刑。

敌人在北京不能得逞，又想在外地下手。1952年6月，保密局又指使其在广东的"四邑特别站"站长赵一帆，企图刺杀中共中央华南分局书记、广东省省长叶剑英。所谓四邑，是指新会、台山、鹤山、开平，但实际上他们活动的范围是整个华南地区。赵一帆是国民党保密局"四邑人民反共自卫总队"的少将队长，同样是一个搞暗杀的老牌行动特务。6月18日，罗瑞卿得悉赵一帆等已掌握了叶剑英的住址及汽车号码时，立即以"保密局谋刺叶剑英同志"的醒目标题，将消息告当时在中南的公安部副部长杨奇清并转叶剑英："希在武汉及沿途特别注意叶剑英同志的安全。"同时，向党中央和毛泽东作了报告。毛泽东得知后，立即指示："此事甚为紧急，请迅速部署对四邑特别站的侦破及对叶剑英同志的确实保护。"接着又指示："用一切可能力量迅速侦破敌四邑特别站及其行动队,务必彻底肃清。"6月19日,罗瑞卿将毛泽东的上述指示转告叶剑英和广东省公安厅。为了尽快侦破此案,6月25日召开了专门会议,研究侦破工作。8月1日,罗瑞卿将侦破工作进展情况向周恩来并毛泽东、党中央作了报告,说已派人去广州协助进行工作,并检查了叶剑英住地的警卫布置。8月2日,中央复电罗瑞卿,并告中南局、华南分局:同意对于四邑特别站和叶剑英同志保卫问题所采取的方针和步骤,望即督促广东公安厅并组织力量坚决按计划执行。由于各有关方面积极努力,协同配合,9月26日将赵一帆抓获,将国民党保密局的"四邑特别站"摧毁。

新中国成立以后,为了适应领导机关迁入北京后社会情况更加复杂的需要,罗瑞卿领导组建了警卫局,规定其任务是以警卫中南海、毛泽东、党中央书记处、军委为重点,兼管中央级的机关及主要人员的警卫。同时将中央纵队一师、二师两个团、原华北社会部一个警卫大队合编为中央警卫团,担任中央负责同志和机关的警卫工作,对警卫工作的门卫、出入证、首长身边警卫和驻地警卫等各项制度都作了相应规定。在50年代初期,警卫工作保证了首长、机关的安全,但也存在警卫力量重叠,有些制度过于烦琐、不利于首长接近群众等缺点,针对这些问题,罗瑞卿又报经中央批准,对警卫工作作了适当收缩和调整。罗瑞卿提出:警卫工作一要保证不出乱子,二要不脱离群众。如果警卫工作方法不当,就会影响首长接近群众。经过长期实践,逐渐形成了警卫工作的一整套方针、形式、路线。警卫工作的方针是既要保证首长的绝对安全,又要便于首长联系群众。警卫工作的基本要求是内紧外松,警卫工作既要坚持必要的制度,但又不要烦琐,不要搞清规戒律。警卫工作的具体工作路线同公安工作路线一样,是在党委领导下的群众路线和专门工作相结合。

罗瑞卿不仅领导警卫部门做好中央首长的安全保卫工作,而且经常亲自动手,保证中央首长外出活动时的绝对安全。每当毛泽东离京外出或在北京参加社会活动,罗瑞卿总是亲自部署警卫工作,大部分时间是亲自陪同。对毛泽东出入活动的场所、行走路线,毛主席所乘汽车的状况,他都亲临现场检查,毛泽东要走过的路他都要自己先走一走;毛泽东要坐的椅子,他都要自己先坐一坐。做到缜密周详、无一漏洞。

1949年7月1日,在先农坛体育场开大会庆祝中国共产党成立二十八周年,毛泽东在大会上讲话。郝治平到会场后,罗瑞卿将她安排在一个地方听报告,告诉她散会来接她,便到毛泽东身边执行警卫任务去了。这一天下着雨,但毛泽东照常讲,大家照常听,会场秩序井然。散会后,罗瑞卿只顾注意毛泽东的安全,早把郝治平忘得一干二净。郝治平等了一会儿,不见有人来接。一些警卫人员便让她坐上警卫车跟着毛泽东的车队进了中南海。下车后,毛泽东看到郝治平,了解了事情经过,开玩笑地说:"嗬,你这个公安部长把夫人都搞丢了!这个女同志不简单,自己追上来了。"

在50年代,每年劳动节和国庆节,在天安门广场白天要组织游行,晚上要开焰火晚会。节日前他都要亲自召开会议部署警卫工作。行走路线、停车场都要用扫雷器检查。游行队伍一旦有事如何疏散,值班电话谁看守,沿途设一些什么岗,制高点如何控制,他都要亲自检查。毛泽东的车到达和离开,都是由他开道。儿童上天安门献花,也是他亲自带上去。毛泽东到场后他就站在毛身后,负责保卫毛泽东的安全。毛

■1954年,罗瑞卿陪同毛泽东视察农村。

泽东常常风趣地说:"罗长子在我身边,天塌下来,有他顶着。""罗长子往我身边一站,我就感到十分放心。"这些话充分表现了毛泽东对罗瑞卿的信任。

正由于越是节日,罗瑞卿越忙。国庆和劳动节的狂欢之夜,他都不能同家人在一起,往往是他在天安门上,郝治平领着孩子们在天安门前的观礼台上,共看满天彩花。

有一年,郝治平和几个孩子也得到了一次登天安门的机会。罗瑞卿等随毛泽东在天安门中央,郝治平和孩子们在天安门的一边。第一轮花刚放完,罗瑞卿匆匆走过来,手里抓着一把糖。他把糖分给孩子们,摸摸每人的脑袋,嘱咐道:"好好地跟着妈妈看放花!"然后又匆匆离去。

1957年11月初,毛泽东在率中共代表团赴莫斯科参加社会主义国家共产党和工人党代表会议前夕,到天桥剧场观看了由苏联芭蕾舞剧团演出的《天鹅湖》。罗瑞卿得知此事时,已是吃晚饭的时间。他未吃晚饭就赶到天桥剧场,径直走到第六排,那里空着的几个座位,他在每个位子上都坐了一坐,然后离开座位在通道上一面走动一面等待。不一会儿,保卫人员来到他面前悄悄说:"刚接到电话,马上就到。"预备铃响过,观众都已纷纷入座,剧场前部一侧的太平门打开,毛泽东走了进来,罗瑞卿忙迎上去。毛泽东一边同他握手,一边说:"哦,你又来了。"两人相视一笑。演出开始,毛泽东聚精会神地看着演出,而罗瑞卿坐在毛泽东后面仍在默默地观察着场中的动静。

每逢党和国家召开重要会议,为了保卫安全,罗瑞卿常常通宵达旦地进行工作。1958年7月,中央在北戴河召开政治局扩大会议,罗瑞卿参加会议期间,多次听取了北戴河公安保卫工作情况的汇报，一再告诫："中央在此开会，一定要努力做好工作，保证不出乱子。"恰在这时有一个犯罪分子，盗走部队的两支冲锋枪，数百发子弹，并在秦皇岛市打死一名群众。他得知后，非常重视，亲自指挥军警人员，连夜出动，封锁北戴河地区，全力以赴地进行追捕。他多次听取汇报，深入了解情况，具体指导追捕行动，一直到将罪犯击毙。1959年4月，党中央在上海举行八届七中全会。会前罗瑞卿就来上海进行布置，向上海市公安局的各级领导反复讲明这次保卫工作的重大意义，共同研究做好中央领导人的保卫工作。他每天坚持听汇报，密切注视社会动向，仔细检查会场内外的安全保卫措施。会议期间，他对中央领导人每次的外出活动，总是做仔细的安排，亲自巡视检查，觉得各项措施都落实了才放心。在他的带领下，上海市的广大公安干警出色地完成了警卫任务，得到了毛泽东的赞扬。

对一些中央领导常去的地方，罗瑞卿都重点布置警卫工作。杭州的西湖，是每年都有中央首长去的地方。为了做好警卫工作，他指示："一定要把西湖的水搞得像水晶石一样清澈透明。"意思是要把西湖地区的治安搞得特别好。为此，在他建议下，浙江省公安厅厅长兼任杭州市西湖区的区委书记。

罗瑞卿经常陪同毛泽东外出视察。毛泽东要去什么地方，他事先都要派人打前站。毛泽东汽车所经过的道路、桥梁、涵洞以及沿途的社会情况，他都要弄得一清二楚。

在警卫工作中，保障首长安全和不妨碍首长接近群众，这是一个经常会碰到的矛盾。罗瑞卿在保卫毛泽东时，也经常会碰到这个矛盾，有时还弄得十分紧张。1953年初，毛泽东在罗瑞卿、杨尚昆、汪东兴等陪同下南下视察长江，2月初，毛泽东一行

■1953年，罗瑞卿陪同毛泽东视察"长江"舰。

乘长江号旗舰由南京上溯至武昌，陈毅随行。2月14日，正是春节，毛泽东到东湖疗养院看望了在那里休养的郑位三，然后返回驻地，途中车过武昌蛇山黄鹤楼旧址，毛泽东突然让停车，随即下车向蛇山走去。毛泽东事先未说要中途停车，罗瑞卿也未做布置。当时，长江大桥尚未修，蛇山上唯有一座十分简陋的楼房，叫做奥略楼①，因为它就盖在蛇山黄鹤楼旧址，人们也称它为黄鹤楼。1927年毛泽东曾来此地，写了著名的一首词：《菩萨蛮·黄鹤楼》。如今，26年过去，他是旧地重游。毛泽东在陈毅、罗瑞卿、杨尚昆、湖北省委第一书记李先念等陪同下，登上了奥略楼，眺望烟波浩渺的长江。在楼上，毛泽东伫立良久。下楼后，他走到一位卖油炸豆腐的老人的摊位面前，询问价钱和生意如何。在毛泽东同这位老人说话的时候，旁边的两位小姑娘感到这位又高又胖的老爷爷十分面熟。其中一位先看出来了，便有点迟疑地说："毛主席！？"第二位小姑娘肯定了她的猜测："是毛主席！"毛泽东听到呼唤，微笑着用慈祥的目光看着这两位小姑娘。

这两位小姑娘受到鼓励，激动地边拍手边喊："毛主席！毛主席！"

她们的呼喊立即把人群吸引过来，离毛泽东比较近的人纷纷伸出手来要同毛泽东握手，毛泽东也把手伸了出去，这一伸，手就收不回来了。人越来越多，卖甘蔗的也不卖了，把甘蔗抛撒了一地。大家不断地欢呼着"毛主席万岁"。罗瑞卿见势不妙，一面护着毛泽东，不让大家再同毛握手，一面建议毛泽东返回奥略楼，到楼内休息，等群众走后再走。但毛泽东摆摆手，仍向山下走去。他走到哪里，在他前面的群众就朝后退，给他让路；而在他两旁的群众则一直同他平行着走；他后面的群众因为看不到便向前挤。巨大的人流围着他在涌动，包围圈越来越小。罗瑞卿招呼比他还要高几公分的铁道部副部长武竞天，两人一左一右像门神秦叔宝和尉迟恭，走在毛泽东前面，伸开双臂，抵挡着从侧面和前面涌来的人流，杨尚昆、李先念、陈毅都在毛泽东身后紧挨着毛泽东，卫士们又在他们身后手挽手形成护住毛泽东的一个半圆形的墙，罗瑞卿、武竞天一面开路一面喊：

"同志们，请不要拥挤！"

"同志们让开一点路，让毛主席走过去！"

毛泽东在大家护卫下，边走边向欢呼的群众招手。

由于通往停车处的道路已是人山人海，罗瑞卿一看很难走过去，灵机一动，把毛泽东带到附近的轮渡码头上，让卫士们拦住涌过来的人流，请毛泽东上了轮渡。到了船上，满头大汗的罗瑞卿心头一块石头才落了地。陈毅开玩笑地用四川口音说着苏北方言的叹词："乖乖，今天是差一点下不了黄鹤楼。"罗瑞卿颇为后怕地说："好险啦！万一毛主席出个什么差错，我这个公安部长该怎样向党向人民交代呀！"毛泽东挥一挥手："怕什么？你呀，看见一根绳子就以为是条蛇！"

类似武昌这种情况，在南京中山陵、在安庆一所中学门前都发生过，这几次罗瑞卿都在场。由于他的现场指挥和全体在场的保卫人员的努力，每次都保证了毛泽东的安全。人们都称他是毛泽东的大警卫员。

---

① 此楼1954年修长江大桥时已经拆掉。

■ 罗瑞卿（前排右二）任公安部部长时期，陪同毛泽东（前排右一）外出视察。

毛泽东有一个愿望，就是要游遍祖国的大江大河。当他 1953 年到武汉去游蛇山时便曾打听过长江可以不可以游，得到的答复是否定的，便没有再说什么。1956 年初夏，毛泽东在广州，住在珠江边的小岛。一天，他正在散步，突然对他的卫士长李银桥说："走，我们上武汉，去游长江。"李银桥感到此事非同小可，便向罗瑞卿报告。罗瑞卿、汪东兴、王任重都反对。他们认为，虽然毛泽东能在北戴河大海里游泳，但在江里可不行。海比江大，但是江比海险，水情复杂，还可能有血吸虫。毛主席去游，万一出点事，无法向党和人民交代。

罗瑞卿和他们商量后，便来劝毛泽东："主席，长江不能游。"

"为什么？"毛泽东不悦。

"因为太危险，万一出点事我们负不起责任。"

毛泽东烦躁地说："出什么事？无非你们就是怕我死在那个地方么！你怎么知道我会淹死？"

罗瑞卿吓了一跳。连忙解释："主席，我不是那个意思。保护您的安全是党和人民交给我们的任务。我们不能让您冒风险，哪怕是一点风险也不行。"

毛泽东还是不听，吩咐道："先派人去试试水性。"警卫团一中队队长韩庆余被派去实地考察，他也不赞成毛泽东去游长江，便沿江走了一趟，问岸边的老乡，大家都说游不得，漩涡很多。他了解后便回来向毛泽东报告。毛泽东听后问道：

"你下水了没有？"

韩庆余一怔，脸马上红了。他低着头说："我没有下水。"

"没有下水你怎么知道不能游？再派人去！"罗瑞卿建议派副卫士长孙勇去，孙的水性很好。毛泽东同意，并对孙勇交代说："你下水游一游。"孙勇游完后回来向毛泽东报告："可以游。"于是，毛泽东一行 5 月 30 日立即乘飞机由广州到长沙。上午毛泽东召集湖南省委书记汇报了在广州召开的华中 5 省会议贯彻情况，下午便在罗瑞卿陪同下去游湘江，作为游长江的准备。罗瑞卿不会游，当毛泽东游泳时，他一直守候在岸边。

5 月 31 日，毛泽东一行又乘飞机到武汉，中午在汪东兴等陪同下登上了武康号轮船，罗瑞卿已提前来到船上。毛泽东打趣地问罗瑞卿："游长江危险吗？"罗瑞卿回答："危险还是有的。但是主席不怕我们也就不怕了。"这时罗瑞卿已挑选了许多游泳好手陪同毛泽东游泳，对可能发生什么问题都做了充分准备。毛泽东等在船上吃了午饭，其中一道菜是武昌鱼。毛泽东的《水调歌头·游泳》所写"才饮长沙水，又食武昌鱼"也可以说是纪实。

饭后休息了一会，2 时许，毛泽东换好游泳裤，从扶梯下水，此时水温是 20℃。毛泽东仰卧在水中，看到有几条小划子围着他，连连挥手说："走开，都走开！"在水中毛泽东还对罗瑞卿喊道："你也下来么！"罗瑞卿摇摇头喊道："我不会。"为了保卫毛泽东，他恨不得马上跳下水去。但是他是一个"秤砣"，他真后悔少年时代没有学会游泳。毛泽东在水中游了 2 小时零 3 分钟，快接近武汉大桥工地方才上船。上船后他以一个胜利者的口气说："谁说长江不能游了？我一游就是十几里！罗部长不让我游，我偏游。明年我还要来，还要把他拉下水！"这时罗瑞卿已过知命之年，但为了保卫毛泽东，已下了决心要学会游泳了。到 1959 年在九江游长江时，罗瑞卿已经可以跟着毛泽东下长江了。

从 5 月 31 日至 6 月 2 日，毛泽东每天都游一次长江，每次两个小时左右。这一期间，他写成了著名的词章《水调歌头·游泳》。

1957 年，毛泽东又提出要到三峡游泳。

罗瑞卿认为三峡水急浪高，此事需慎重，应取得中央的同意。7 月 7 日，毛泽东致电中央并转罗瑞卿、王任重，电报说："我拟七月廿五日乘舰东下，看三峡。如果峡间确能下水，则下水过三峡，或只游三峡间有把握之一个峡。如不可能则于船出峡口时下水到宜昌，或径到沙市。然后乘船到武汉。此事，已与瑞卿谈过。请中央考虑

20 世纪 50 年代，罗瑞卿学游泳。

批准。如果中央同意的话，则（一）请瑞卿即带孙勇、韩队长①等能游者十人左右，到武汉与已试航试泳一次之船队再去试行，反复几次。（二）王任重同志不要去，我拟于七月中旬到武汉和省委谈一些问题。"

当日，中央政治局常委复电毛泽东，提出：关于在三峡游泳一事，先派人调查和试水，然后再作决定。

由于此前毛泽东还提出想到黄河游泳。于是罗瑞卿即组织了两个组，一个组去郑州，考察黄河，一个组由他亲自率领去武汉，考察三峡。这个组又从湖北公安厅挑了一些水性好的干警，然后由宜昌出发到重庆，再从重庆返回宜昌，沿途向老船工打听水情，搞水文调查，并在奉节、万县、沙市、宜昌、岳阳等地江面比较平稳的水域下水试游，了解水情。这一带水下有漩涡，据老船工们说，遇到漩涡不能着急，躲是没有用的。躲可能顺着漩涡的边一直卷进水底。应当迎着它冲进去，漩涡仍然会把你送出来。罗瑞卿挑选了几个水性最好的小伙子下去试游，不少人被卷入漩涡。从船上抛下系了绳子的救生圈，才把他们拉出来。最危险的一次是在三峡出口处，有一位保卫队员撑着木船在察看水情，从上游下来一个极大的漩涡，这位队员未注意，被漩涡连人带船卷了进去，顷刻之间，水面只剩下一些泡沫。大家都认为这位同志完了，有的人已经脱下帽子。可过两分钟后，这位队员和船又被漩涡送出水面。

罗瑞卿领人勘察了半个月，让人绘了图，证明三峡到武汉除武汉一带外，均不适宜于游泳。

另一组在黄河中游试游。由于泥沙太多，人在水中游不起来。结论是黄河中游也不适宜于游泳。

罗瑞卿回来后向中央和毛泽东汇报了在三峡、黄河两处勘察的情况，并带来了水情图。据此，中央常委不同意毛泽东到三峡游泳。毛泽东对这一汇报也表示满意，以后再未提去三峡或黄河游泳的事。

1959年4月18日至28日，第二届全国人民代表大会第一次会议在北京举行，大会选举刘少奇为中华人民共和国主席，罗瑞卿出任国务院副总理，5月8日任中共中央政法小组组长，成员有张鼎丞、谢觉哉、钱正英、高克林、周兴、吴德峰、武新宇、徐子荣。四五月间，他奉中央之命，赴湖南视察钢铁生产情况。他听说毛泽东想回老家韶山看看，在4月间抽空到韶山去了一趟。这是他第二次到韶山了。去年，也就是1958年他就来过一次，当时，他找到韶山大队总支书记毛华林，要求他查明韶山当地社会情况。这一次罗瑞卿来，要求毛华林在毛泽东到达时做好治安保卫工作。他又亲自检查了毛泽东要经过的道路和要住的房子，还到水库化验了水质、测量了水底情形和水深，要求将水库中妨碍游泳的石块、水草清除掉。

1959年6月，毛泽东在视察了河北、河南、湖北之后于6月下旬到达长沙，准备回韶山。罗瑞卿到长沙同毛泽东会合。在回韶山之前，毛泽东对罗瑞卿提了3个要求："一、不要派部队去韶山，特别不要派公安人员去；二、给我行动自由；三、我

---

① 孙勇，当时中共中央办公厅警卫处警卫科副科长。韩队长，指韩庆余，当时中央警卫团第一中队中队长。

要广泛接见群众。"罗瑞卿又碰到了警卫工作中保证首长安全和不妨碍首长联系群众这个老矛盾,要解决好这个矛盾只能是事先搞好细致而周到的安排。幸而他已两次到过韶山,对保卫工作已经心中有数。

6月25日傍晚,罗瑞卿随毛泽东到韶山。

晚饭后,毛泽东接见了当地干部和部分亲友,座谈了两个多小时。散会后,一台发电机出故障,突然停电迫使毛泽东改变了每天晚睡的习惯,早早就休息了。由于睡得好,第二天一早4点多钟他就起了床,洗漱后便出了宾馆向一座山坡走去,暗中保护毛泽东的民兵还有穿便衣的战士立即去报告罗瑞卿等人。罗瑞卿和湖南省委书记周小舟等立即起床赶到毛泽东身边,跟随他走进毛泽东故居对面的一座农舍。农舍内只有一位中年妇女。毛泽东向她询问了家庭人口、年成如何、生活情况,随后出来向一座长满松柏的小山走去。毛泽东翻过这座山,在山那边的一小块坟地面前停了下来。罗瑞卿等一看石碑,才知道是毛泽东父母的合葬墓。这块坟墓能保存下来,要感谢当地群众。毛泽东领导秋收起义之后,迷信风水的国民党军队曾几次来韶山,要掘毛泽东的祖坟,但这座坟仍然被当地群众千方百计保护了起来,未遭国民党的破坏,新中国成立后又重新立起了石碑。由于事先不知道毛泽东要来扫墓,不仅没有准备花圈,连一朵纸花也没有。仓促之间,一个青年灵机一动,折了一些松枝,捆成一束,交给

■1959年6月,罗瑞卿陪同毛泽东回韶山

毛泽东，毛泽东便将其放置在墓前，并小声说道："前人辛苦，后人幸福。"随后肃穆地鞠了一躬，罗瑞卿也随着鞠了躬。毛泽东又伫立了一会，便转身走去。途中，随行人员问他：

"要不要把坟修一下？"

毛泽东边走边回答："不要了，保持这个原样就行了。"

回到驻地，毛泽东对罗瑞卿等说："我们共产党人，是彻底的唯物主义者，不迷信什么鬼神。但生我者父母，教我者党、同志、老师朋友也，还得承认，我下次再回，还得去看他们二位。"

在韶山，罗瑞卿陪同毛泽东看望了乡亲。在谢家屋场，路上有一道深沟，罗瑞卿事先已让在沟上垫一块门板。到谢家屋场后，罗瑞卿抢先从门板走过，在门板上还颠了几下，看看有没有问题，才让毛泽东走过。在韶山，毛泽东曾同上百名乡亲谈过话，同数千人握了手。罗瑞卿都在场。

罗瑞卿还陪同毛泽东在韶山水库游了泳。事先罗瑞卿已派人清除了水库中的石头、水草。毛泽东看到罗瑞卿也下了水，高兴地说："哦，你也会游泳了？"然后招呼仍站在岸上的周小舟："你怎么不下水？"周小舟说："我下不了水，我是秤砣。"毛泽东说："你是秤砣，怎么又叫小舟呢？"然后指一指罗瑞卿，"他以前也是秤砣，现在不是浮起来了吗？你应当下水，不下水怎么能学会游泳？"周小舟无奈，只得换了衣裳，也下到水库边扑腾了几下就又上了岸。

毛泽东在韶山待了两天，写下了著名的诗《七律·到韶山》。这件事还有段余波。

毛泽东走后，著名作家周立波曾到韶山对毛泽东此次故园之行进行了采访并写成一篇4000字的散文《韶山的节日》，于1966年1月21日在《羊城晚报》上发表。文中述及毛泽东上坟的事，也述及毛泽东家有6位烈士，其中包括杨开慧。此时，上海会议已经开过，罗瑞卿已经挨整。原稿提到罗的名字，发表时都删去了。此文发表后，反映良好，但韶山毛主席故居陈列馆写信给《羊城晚报》，指出此文有若干细节与事实有出入。报社考虑发更正颇麻烦，便请周立波将此文修改一遍，又在4月23日重新发表一次。谁知此事却引起轩然大波。当时还是上海市委宣传部部长的张春桥写信给中南局负责人陶铸说："周立波写的《韶山的节日》，是丑化伟大领袖毛主席的反革命毒草。我曾告诉林默涵，要他通知全国各报刊，不许转载。不知为什么广东要再登一次，是否要为罗长子翻案？"据林默涵回忆，1966年2月，张春桥曾给林打电话说：江青看了周立波的《韶山的节日》，很生气，认为这文章很坏，是丑化毛主席的反动的作品，江青要我告诉你，要你通知全国报刊一律不准转载。林默涵将此文找来看了一遍，看不出什么问题。但在当时条件下对江青是得罪不起的，他便让中宣部电话通知六大区的宣传部，请他们不要转载。也许是因为《羊城晚报》已发表过了，对《羊城晚报》就未通知。不料《羊城晚报》又登了一遍，终于引来张春桥那封信。于是，除周立波外，中南局宣传部和《羊城晚报》有关人员都受到了牵连。

江青恼恨此文原因是文中提到了杨开慧。说此文"丑化毛主席""为罗长子翻案"云云都是找的茬。前者可能说的是不应写毛主席上坟，后者则完全是莫名其妙，因为周文已将罗瑞卿的名字删去。但江青知道毛泽东返乡这一趟，罗瑞卿陪着去了，所以才找这个茬。

"四人帮"粉碎后，周立波又撰写了《〈韶山的节日〉事件的真相》一文，发表在《湘江文艺》上，并将此文和同时发表的秦牧所写《〈韶山的节日〉一文的奇祸》寄给罗瑞卿。1978年2月27日，罗瑞卿写了回信，信中说：

> 为了周立波同志的一篇短文，张（春桥）当时只是上海市委书记处一个书记，兼宣传部长时间也还不长（原为副部长），居然对中央宣传部和党的中南局气势汹汹地发号施令，并要把他的意见下令全国报纸照办，还有所谓为"罗长子"翻案之滔天大罪，等等，已经说明问题了。这个特务分子，其所以敢于这样横行霸道，狗胆包天，不是恰恰证明他有当时江青、林彪在他看来是硬得不能再硬的后台老板，而且他投靠林彪已经靠得很紧了吗？

离开韶山后，毛泽东听说湖北省阳新县的救灾工作做得较好，便派罗瑞卿去考察，而他本人则赴庐山主持政治局扩大会议，以总结经验，纠正错误，调整指标。

从毛泽东所采取的这些措施看，他对当时粮食短缺、市场紧张、农村出现逃荒要饭乃至饿死人的现象等国民经济困难的状况是了解的。但是，在韶山时，他又写下了"喜看稻菽千重浪，遍地英雄下夕烟"的诗句。这是矛盾的，是政治家、领袖和诗人的矛盾，现实主义和浪漫主义的矛盾，战术上重视困难和战略上藐视困难的矛盾。

1959年7月2日，中共中央政治局扩大会议在庐山召开，与会者按大行政区划为6个小组，讨论形势，总结经验，交流思想，寻找解决问题的办法。由于会议畅所欲言，充分发扬民主，加上白天开会，晚上看戏、跳舞，气氛轻松活泼，被称为"神仙会"。

政治局扩大会议的主题是总结1958年来的经验教训，纠正"左"的错误。7月14日，彭德怀写信给毛泽东，对1958年来"左"的错误提出中肯意见，但"忠言逆耳"，毛泽东进行反击。发动了对彭德怀、黄克诚、张闻天、周小舟等人的错误批判。从8月2日起，会议扩大为八届八中全会，主题已变为对彭、黄、张、周"反党集团"的斗争。罗瑞卿也于此时上了山。由于他对毛泽东的崇敬和信赖，他毫不犹豫地站到了毛泽东一边。

8月18日，军委扩大会议在北京召开，又错误地批判彭、黄的"资产阶级军事路线"，连朱德也捎带受到错误批判。由于盛怒的毛泽东已提出"跟谁走"的问题，在会上，大家纷纷表态，拥护毛泽东。一些在历史上曾经同毛泽东有过分歧意见的干部主动检讨自己过去反对领袖的错误。如果说1957年反右派的严重扩大化关上了面向一般党员干部和知识分子的民主之窗的话，庐山会议则使得面向党内高级干部的民主之窗也关上了。它既打断了当时纠"左"的进程，也为后来的"文革"准备了条件。

9月17日，中华人民共和国主席发布命令，根据中华人民共和国第二届人大常委会第九次会议的决定，任命林彪为国防部部长，罗瑞卿兼任总参谋长。

9月26日，中共中央政治局决定，由林彪主持军委日常工作，罗瑞卿为军委常委、军委秘书长。

1959年9月24日，公安部召开大会欢送自己的老部长罗瑞卿并请他临别赠言。罗瑞卿在全场热烈掌声中作了告别演说。他重点讲的仍然是党委领导和群众路线的问题。他说：

> 十年来，如果说我们的工作没有犯什么大的错误，基本上执行了党的路线，基本上完成了党交给我们在公安战线方面的任务，那么，这首先应当归功于党，归功于党中央和各级党委，归功于我们党的领袖毛主席的正确领导。……我过去经常讲，我们公安机关是执法机关，如果不听党的话，脱离了党的监督，是可以办出坏事的……我过去也讲过，像公安机关这样的权力机关、专政机关，一定要有监督，第一是党的监督，第二是人民群众的监督，第三是国家法律的监督，第四是自上而下、自下而上的监督。我曾经把这点体会向主席报告过。他说这个对，但是中心的监督是党的监督。如果这个监督不起作用，其余的监督那是空的，这个监督起了作用，别的监督也就会发生作用。我们党委领导这一条做好了，即使犯错误也有边，而且会及时发现及时纠正。……群众路线这一条我们也是不能忘记的。这就是要把公安工作变成全国人民的事情。要永远相信群众中的多数，在工作中时时刻刻依靠群众。

依靠党、依靠群众，这就是罗瑞卿对公安部的临别赠言。

第十一章　席不暇暖的总参谋长（上）

一、奉毛泽东之命，在华东局干部大会上说：要认真对付这个姓蒋的

1959年国庆节过后，罗瑞卿即到军委上班。他到任后立即找各位副总长、总参一些二级部长谈话，到坦克一师、高级航校、地空导弹部队第二营、北京军区空军、陆军一些部队进行视察，尽快熟悉军队各方面的情况，并从修改战略方针、政治思想工作、武器装备、军事训练等几个方面进行工作，以全面提高部队战斗力，把中国人民解放军建设成为一支正规化、现代化的革命军队。

军队的战略方针不是一成不变的，经常需要根据国际、国内形势以及敌我双方军

■ 1959年10月，罗瑞卿（右二）视察炮兵部队。

事、政治、经济、地理、科技等因素的变化加以修订。这一修订工作早已开始，1959年林彪接替彭德怀主持军委日常工作以来更加快了修改的力度和进程。1960年罗瑞卿以很大精力抓此项工作，并于1960年将《关于战略方针的建议》呈送给毛泽东。

此时，中国正处于多事之秋。至1959年底，西藏各主要地区和交通要道的武装叛乱虽已基本平息，但边沿地区的叛乱活动仍未停止。罗瑞卿一上任即领导了肃清在西藏边沿地区叛乱的斗争。至1961年底，叛乱武装大部被歼，少数叛乱分子逃往境外，西藏地区的武装叛乱彻底平息。

1960年6月，赫鲁晓夫在布加勒斯特会议上，对中共代表团发动突然袭击，组织对中共代表团的围攻。7月，苏联撕毁合同，撤走专家，中苏关系走向破裂。双方在意识形态领域进行了论战。双方都发表了许多文章，引证马克思、恩格斯、列宁的论述，指责对方背叛了马克思主义。论战的语调越来越激烈，火药味越来越浓。经过时间的淘洗，人们再回过头来翻看这些文章，会感到当时那些被视为大是大非的争论的论点论据，距离实际生活已经是那么遥远，我们已经没有必要从字面上去判断这些论战的是和非。因为，不管人们主观上是不是认识到，这些意识形态方面的争论，实际上只不过是一层外衣。透过这层外衣，便可以看到分歧的核心乃是控制和反控制的问题。中国在革命胜利之后，已经摆脱了帝国主义的控制，争取了国家的独立，理所当然地要拒绝从斯大林那里沿袭下来的霸权主义的指挥棒。而这在因为苏联不愿放弃指挥棒而导致中苏关系已经破裂的情况下，便意味着要在数千公里边界线上设防，这正是罗瑞卿所面临的一项重要任务。为此，几年来，他亲自到东北、内蒙古和新疆，对边防进行具体部署。

1960年下半年，中国和缅甸开始进行中缅边界的勘察和树立界碑的工作。为了排除逃缅国民党残部的破坏，经中缅双方商定，驻云南的人民解放军担负了捕歼清除中国孟遮以西的旧30号界桩至南腊河与澜沧江交汇点的62号界桩之间地段附近国民党军的警卫作战任务，并获准在执行警卫任务时可进入缅甸境内20公里；随后又根据双方协议，又担负了与缅甸国防军在缅甸境内距界线20公里以南的王南昆地区、孟白了、江拉地区和南洋河以北地区对国民党军的联合作战任务。罗瑞卿参与了勘界警卫作战的指挥。他于1961年1月在昆明参加了昆明军区的参谋工作会议并就作战、政策、外事等问题作了具体指示。1961年2月9日，这一战斗全部结束，共歼灭逃缅国民党军741名，逃缅国民党军的总部被捣毁。中国人民解放军英勇作战、艰苦奋斗、对群众利益秋毫无犯，给缅甸边境群众留下了深刻的印象。

1960年底至1961年，罗瑞卿以很大精力抓政治思想工作、连队基层建设、国防工业和武器装备。

1962年5月，在上海的毛泽东让罗瑞卿赴沪，他要谈军队战略方针问题。5月17日上午，罗瑞卿乘飞机到上海。下午7时，毛泽东在锦江饭店对面的国际俱乐部召见了罗瑞卿，参加者还有田家英、汪东兴、谭旌樵、逄先知、林克和邓汀。毛泽东首先指着《关于战略方针的建议》说：这个文件放在我这儿已经两年了。接着他对如何修改这个文件作了指示，他提出：一要将这一年上半年召开的编制装备会议的精神写进去，二要增写一节政治工作的内容。

为了修改好这一文件，罗瑞卿又从北京招来作战部的雷英夫、《解放军报》社的华楠、姚远方等。

他按毛泽东的指示，与起草文件的同志边修改、边请示，经历十几个日日夜夜，于28日完成了关于战略方针文件的修改稿。随即，罗瑞卿让秘书邓汀打电话给田家英，请他审定后呈报毛泽东。

战略方针文件的修改工作刚刚完成，5月29日，毛泽东就东南沿海战备问题紧急召见罗瑞卿。此时，东南沿海地区的局势已越来越趋于紧张。盘踞在台湾的蒋介石集团乘印度在中印边境对中国领土进行武装蚕食、苏联策动新疆伊犁塔城暴乱和中国经济暂时困难之际，企图对大陆东南沿海的福建省和闽粤、闽浙接合部地区进行一次空前的军事冒险，并着手进行了一系列战争动员和军事部署，成立了以蒋介石、陈诚为首的"最高五人小组"（又称"反攻行动委员会"）和准备在沿海登陆后建立伪政权机构的"战地政务局"，发出"征兵动员令"，将台湾的民用"船舶、车辆动员编组"，施行战时经济动员，通过所谓"国防特别预算"，任命刘安祺为"反攻联军总司令"。并在美军的参与下在台湾南部地区进行以窜犯沿海地区为目标的名为"昆阳演习"的作战演习，这就使东边的台湾海峡与西边中印边境的喜马拉雅山麓同时笼罩在战争阴云之中。

罗瑞卿到毛泽东住处听取了毛泽东关于全军加强战备的指示后，返回锦江饭店，指示作战部副部长雷英夫和二部副部长张挺立即回北京向主持军委工作的林彪和周恩来总理汇报毛泽东的指示。

5月30日，在北京召开了由刘伯承、徐向前元帅任正副组长的军委战略小组会议，根据毛泽东的指示，研究了东南沿海地区的作战问题。会后，作战部通过保密电话向罗瑞卿报告了会议概况以及林彪、陈毅在会议上的讲话。因为会议内容极其重要，作战部在电话里连续讲了四五个小时，用坏了两部保密电话。罗瑞卿的秘书邓汀和郭树元则交替记录，手都写麻了也不敢有丝毫懈怠。当晚，罗瑞卿交代秘书整理好军委战略小组会议电话记录稿，并准备让作战部研究处处长谭旌樵去向毛泽东当面汇报。但凌晨1时，已到杭州的毛泽东打来电话，要罗瑞卿亲自去杭州一趟。5月31日上午10时许，罗瑞卿乘坐专列抵达杭州，他与秘书再次整理了汇报稿后于当日下午去毛泽东处汇报。听了罗瑞卿的汇报，毛泽东说：要准备蒋介石集团40万人秋后登陆。不要为西面把我们的注意力吸引过去。我们的战略方向还是东面，这是我们的要害。敌人一突上来对我们很不利。今年他要来不让他上来。从连云港到香港，统统不让他上来。还要准备第二手，防止敌人突破，防止敌人空降；在我中心地区占领一个城市。他指示罗瑞卿，根据目前情况必须准备。准备好了，国民党军不来也没有坏处。如今年国民党军来进攻，就不让他上来，这样对我们比较有利。因为我们还没准备好，至于明年让不让他上来，看情况再说。毛泽东边说边扬起右手在空中用力一挥：要对敌人进行政治攻势，警告他反攻大陆是幻想。南下部队（到达后）可以公开行动，就是要叫蒋介石知道，目的是破坏他的进攻，推迟他的行动。毛泽东让罗瑞卿立即回上海，向正在那里召集的华东局地委书记以上干部会议作一次关于备战问题的报告，要大家准备打仗。毛泽东并嘱托罗瑞卿，让华东的干部讨论一下，是把敌人放上岸来消灭他们，还是不让他们上岸？毛泽东又说：有点敌人捣乱比较好，孟子说："生于忧患，死于安乐，无敌国外患者，国恒亡。"还有一说："多难兴邦"。

6月1日，遵照毛泽东指示，罗瑞卿在华东局干部大会上作了关于备战的报告。

罗瑞卿说："主席找我谈了一次话，要我来向大家报告一个情况，就是要我们大家准备打仗。仗有大战、中战、小战，我们都要有所准备。我们去年讲过，我们不扩军，但备战，今年春天又提出整军备战。但那时都没有感到像今天这样迫切。就是说马上要进行一些具体的准备。我们要准备打的，是我们的老对头蒋介石。他要搞所谓反攻大陆。西面也要认真对付，但更要认真对付的当前是这个姓蒋的。我们主要战略方向在东面不在西面。"他在详尽地分析和阐述了做出这一战略判断的原因和敌我双方的情况后指出：（蒋军）一定要来并不可怕，怕的是没有准备，而准备工作除了军事上的调兵遣将、军事演习之外，还有政治上的准备，即揭露敌人和向人民做工作，使人民群众不仅不被吓倒，而且提高人民的信心，激发人民对敌人的仇恨，保卫胜利成果。在结束讲话时他提高声调说："再重复一句，敌人来与不来两种可能都有，但我们要准备他来。我们准备得越充分，也有可能敌人就不敢来了。推迟对我们有利，我们同蒋介石总还会有较量的。"

6月4日，罗瑞卿在召集南京军区、上海警备区、嵊泗要塞区和东海舰队、江苏省军区的负责人传达和落实毛泽东关于东南沿海备战问题的指示后，乘火车返回北京。

罗瑞卿回到北京第二天，便立即分别向林彪和中央政治局汇报了毛泽东对东南沿海战备问题的指示，并从5日到8日连续三次召集有总参、总政、总后和海军、空军、各兵种以及总参有关部局参加的军委办公会议，研究贯彻毛泽东和军委关于东南沿海作战问题的指示，决定立即召开作战会议，进行兵力部署和动员。

作战会议从9日开始连续开了4天，罗瑞卿主持了会议。参加会议的除三总部、各军兵种外，有关军区和省军区也专程来京赴会。与会的各单位负责人一致拥护毛泽东和中央军委关于东南沿海战备问题的指示和所制定的作战方针，并遵照这一方针作了军事上的具体部署。

此前，作为军事上的应急准备

■ 任总参谋长时期的罗瑞卿在会议上讲话

工作早在5月中旬就已经开始。5月下旬，东南沿海地区的部队即迅速进入紧急战备状态。6月10日，中共中央发出《关于准备粉碎国民党军进犯东南沿海地区的指示》，要求全党、全军、全国人民提高警惕，从各方面做好准备。全军遵照中央的指示，进行了紧张的战备教育和训练，同时，按照中央军委的命令，入闽部队向东南沿海地区秘密开进。为了避免暴露军队调动的行踪，原驻地的电台照常工作，而入闽部队却关闭电台，保持无线电静默状态。部队出发都是在夜间，神不知鬼不觉地离开军营，乘只有车门和小窗户而无座椅的运货车厢，无论昼夜，无论列车是靠站还是临时停车都严禁开门或下车，沿途吃、喝、拉、撒、睡都在车厢之内。大多数部队下车后，还要经历少则三五日，多则七八天的数百公里的徒步行军才能到达集结地域。许多人脚上都打了泡。部队行动时，正值梅雨季节，每天淫雨绵绵，指战员们虽然穿了雨衣，但外面挨雨浇里面出汗，全身从上到下没有一处干燥的地方。沿途再加上蚊虫叮咬和闷热酷暑，这对大多数没有经历过战争和艰苦环境磨炼的部队指战员来说，不能不说是一次终生难忘的锻炼。

到7月初，正是荔枝收获的季节，紫红色的果实挂满了枝头。调整部署的工作已经就绪。步兵及特种兵部队全部按时开进到指定地区，东南沿海地区的陆、海、空三军已严阵以待。

与此同时，遵照毛泽东和中共中央开展政治攻势公开揭露敌人的指示，新华社、《人民日报》和中央人民广播电台纷纷发表时评电讯，揭露国民党军队在美帝国主义的支持和鼓励下，妄图窜犯大陆的阴谋。7月12日，陈毅副总理在庆祝中朝友好条约签订一周年宴会上讲话指出：蒋介石集团窜犯大陆的军事冒险，不论时间是早是迟，不论规模是大是小，都要由美国政府负责。因为蒋介石集团是完全依靠美国的枪杆子和金钱来过活的。这就从政治上公开地揭露了蒋介石及其后台美帝国主义，使美国陷于被动。美国总统肯尼迪不得不公开发表谈话，表示不支持蒋介石"反攻大陆"。蒋介石看到人民解放军已作好了充分战备，而美国又公开表示不支持其行动，不得不放弃其大规模的军事冒险计划，改为派遣小股武装进行袭扰。这些小股武装，除少数逃脱外，大部被沿海军民歼灭。从1962年至1965年1月，共歼灭国民党武装特务40股，594人。

罗瑞卿在组织指挥这一斗争时曾多次深入沿海部队，调查研究，总结反武装特务斗争的经验教训。他十分注意同公安部门密切配合，协同作战。

1962年，美国和蒋介石集团的特务机关"中美联合情报中心"（简称N.A.C.C.）和蒋介石集团的"国防部情报局"合伙制订了派遣小股武装特务袭扰东南沿海地区的"海威"计划，组织了一个"海威训练班"，下设若干分队，派出后的番号为"广东省反共救国军独立第X纵队"。1962年10月，在广东省先后歼灭"海威"第五、第一、第四分队后，广东省公安厅考虑，今后在条件具备时，选择利用缴获的敌之电台，与台湾通报联络，制造偷渡成功的假象，使美、蒋特务机关产生错觉，诱使其将已经训练、准备派遣的特务尽快送出来，加以歼灭，以免旷日持久，牵扯精力，增加人力、物力的损耗。广东公安厅这一设想得到了公安部和广东省委的批准。公安部将其报告国务院副总理罗瑞卿。罗瑞卿同意此项计划。

1962年10月28日,"海威"第三、第七分队(即"广东省反共救国军"独立第五、第六纵队)在广东省电白县登陆被歼。广东省公安厅随即争取了其第三分队司令周一敏和电台台长兼报务员戴继武,准备利用其电台与台湾通报。罗瑞卿同意这一计划,并指示:要立即架台通报,诱进六分队,彻底粉碎敌人的"海威计划"。随后他指示部队配合这一斗争。总参派出了报务人员,对戴继武发报实施监控。同时部队电台也掌握了双方通报的波长、呼号、密码,实施监控。

这时,不仅蒋介石集团,而且美国方面也都相信三分队已经登陆成功。美方在万分惊喜的心情中,一方面在技术、装备上予蒋介石集团以支持,另一方面想搭伙捞取好处。于是派出了由"中美联合情报中心"培训的3名特务准备参与"海威计划"的空投。

罗瑞卿得悉后又指示:敌人目前有很多幻想,这是和当前的国际形势有联系的。因此,这次与敌人的斗争不仅仅是消灭几个特务的问题,要在政治上给敌人以打击。我们要设法吸引一些特务来加以消灭,海上来也好,空中来也好,全歼后选择时机一齐公布,把账记在美国人身上。

随后,他便饶有兴致地注视着事态的发展。

罗瑞卿善于把一切可以利用的时间都拿来工作,常常同时进行多项任务,不知疲倦地快节奏地处理各种问题。他业余爱好甚多。但身负重任后,已没有多少空闲时间。他经常工作到深夜。有一次他睡觉后,周恩来来电话,首先问罗睡了没有。秘书如实报告后,周恩来说:"已经睡了就不要叫醒他了。"周恩来让秘书第二天一早把他的话向罗报告。第二天清晨,罗瑞卿知道此事后立即交代:今后毛主席、周总理来电话,要立即向他报告。已经睡了必须叫醒他。由于毛泽东惯于夜间工作,罗在深夜工作的时间更为频繁了,而第二天早晨6点半的新闻联播,他是雷打不动一定要听。他睡觉的时间就所剩不多。时间长了,便得了失眠症,需依靠安眠药才能睡几个小时。1961年在成都时,贺龙得知他常失眠,对他说:钓鱼可以治失眠症。于是他就跟贺龙学钓鱼。他对此虽有兴趣,但因性情太急,工作太忙,钓几分钟不见鱼儿上钩就不想再钓了。在启用国民党特务电台后,他却颇有耐心。他的心情就像等待大鱼上钩的渔夫。11月初,当他得知已同国民党情报局局长叶翔之联系上后,立即指示,给他一些假情况,就说缺粮食,共产党盘查很严,空投场以后再报。他指示,对报务员要交代政策,给予优待,奖励一万美金,他要求"好好组织一下",因为"这是艺术"。

每天,台湾来了电报后,复电稿均由公安部一局局长凌云领导的一个小组拟定,并于第二天一早连同来电一道送到罗瑞卿的办公桌上。

一个月后,大鱼上钩了,敌人按照电台指引,空投了11具降落伞,有6人和一些物资。罗瑞卿又向公安部提出新的建议。为了说明他考虑问题是多么细致和周到,下面我们引用这一建议的原文:

> 现在关键是如何取信于敌。我们可以多从敌人方面想一想,敌人都可能有哪些想法,可以多设想几种可能的对策。要搞一点策略,使敌人感到特务分队不是非常顺利的就可以开展活动。同时,这次投下那么多降落伞,敌人会想到有可

1962年，罗瑞卿在中南海垂钓。

能被我发现，也会由此想到（先派来的）特务分队的行动有可能被我发现。因此电台是否可以暂停一两天再出现，或先发一条电报，告敌发生情况，正在转移，过一两天再告敌，前与我民兵遭遇。是否还可以编造情况，说发生了一点伤亡，现在摆脱我民兵，转移到新住地。给敌人以这股特务正在流动、正在慢慢转移的印象。将来还可以考虑再设计一个新的空投场。

不久，罗瑞卿又提出：要把诱击敌机作为主要目的。12月3日，蒋介石集团的P2V飞机，按利用电台通知它的路线、时间到达空投场上空。此时空军的探照灯、高射炮早已埋伏于空投场周围。但由于有一探照灯开启稍早，导致全部探照灯都打开，高炮齐发。P2V飞机空投完特务后，仓皇逃走。空投的4名特务，活捉了3名，另一名失踪。罗瑞卿指示一定要查获，直到发现那一名特务的死尸为止。

年底，中共中央决定，公布打击国民党武装特务案件，同时关闭利用电台。遵照中共中央指示，在关闭这一电台前公安部又最后分别起草了一份给叶翔之、一份给N.A.C.C.内容相同的电报，内容如下：

叶翔之先生并请转达你们的蒋总裁：承送礼物已全数收到，今后如蒙继续输送，我们仍将照例接收。N.A.C.C.处已专电奉告。

1962年12月29日

公安部一局局长凌云到罗瑞卿驻地，将最后这两份电报稿送给罗瑞卿审阅，并问罗如何署名。罗想了一下写了一个"知名不具"。

"知名不具",这表现了罗瑞卿的幽默。

二、向毛泽东汇报张国华讲的"两不怕",毛泽东赞扬道:"撼山易,撼解放军难!"

与在东南沿海进行反国民党武装特务斗争的同时,中国西南边境也不平静。有个第二次世界大战后取得独立的前殖民地国家,沿袭了原宗主国的做法,推行"前进政策",不断越过实际控制线,占地设点,蚕食中国领土,并向中国政府无理提出大片领土要求,多次挑起边界冲突。中国政府依据和平共处五项原则和友好协商、互谅互让的一贯方针,多次提出通过谈判和平解决边界的建议,但均遭对方拒绝。1959年11月7日,周恩来总理向尼赫鲁总理提出:为了有效地维持两国边界现状,确保边境安宁,并为边界问题的友好解决创造良好气氛,建议双方武装部队各自后撤20公里,避免武装接触。但未得印方的积极响应。尽管如此,中国政府仍从中印友好出发,在继续寻找和平解决中印边界途径的同时,再三采取克制、忍让态度,并单方面采取了一系列非常措施。例如:在实际控制线本侧30公里内不开枪、不巡逻、不平叛、不打猎;在20公里内不打靶、不演习、不爆破。对挑衅滋事的入侵印军总是先提出警告,劝其撤退,在劝告无效的情况下,才依照国际惯例解除其武装,经说服后,发还武器,让其离去。但印度当局却将中国政府的忍让、克制视为软弱可欺,得寸进尺,步步紧逼。到1962年四五月间,印度当局趁人民解放军正在进行东南沿海备战的机会,进一步蚕食中国边境。针对这一事态的发展,毛泽东指示,对印军入侵绝不退让,力争避免流血;犬牙交错,长期武装共处。同时,为防备印度全面进攻,加强了战备。在这一形势下,罗瑞卿派作战部一些干部到西藏边境地区去了解情况。临行前,罗瑞卿对作战部副部长说:"你们去看看,印军的蚕食活动停得下来吗?万一停不下来怎么办?必要时该打还得打。你是作战部副部长,光讲让不行。人家会说你的二话,作战部不是退让部,我们要做好准备。但在毛主席下决心以前,一律不准开枪。如果中央决定反击了,而我们却没有准备好,那我们就要变成民族罪人了。"

作战部的人员到达西藏边境地区后,了解到印军蚕食活动日益猖狂,把他们的哨所推进到解放军哨所的后面,对解放军哨所成包围态势,指战员普遍对节节退让想不通。

罗瑞卿及时向毛泽东报告了前方的情况。1962年10月12日,印度政府扬言,要把中国军队从印度准备侵占的中国领土上清除掉,毛泽东终于下定了打一仗的决心。

10月18日,罗瑞卿起草了军委给边防部队的电报,指示:此次作战事关国威军威,务必初战必胜,只能打好,不能打坏。关于军事指挥工作,政治动员工作,后勤保障工作,务必精心计划,周密组织,切实做好。要不断教育参战部队的全体人员,务必兢兢业业,戒骄戒躁。千万不可轻敌,千万不能疏忽大意。随时记住毛主席的教导:战略上藐视敌人,战术上则一定要重视敌人。指示号召:上下一心,排除万难,英勇杀敌,争取全胜。

这一指示迅速传达到边防前线,为部队防备印军全面进攻,做好自卫反击的作战准备工作，并随之取得初战胜利起到了重要作用。10月20日，印军在中印边界东、西两段同时发起全面进攻。以西藏军区司令员张国华等组成的东段指挥部和以新疆南疆军区司令员何家产负责组成的西段指挥部奉命进行反击。

东段反击作战在西藏山南的克节朗、达旺地区展开，这里是第一阶段反击作战的主要方向，对此，罗瑞卿倾注了极大的心血。从20日拂晓战斗一打响，他便时刻关注着东段战事的发展。担负东段反击任务的西藏边防部队兵分三路，右翼主攻部队在抢渡克节朗河后，经激战于当天把入侵枪等、卡龙、扯冬、绒不丢的印军及其据点全部清除；左翼助攻部队向沙则、仲昆桥、克宁乃桥的印军展开反击，并配合主攻部队扫除了克宁乃桥的入侵印军据点；迂回部队则泅渡克节朗河，翻越章多西北的大山，克服了原始森林山高林密气候恶劣等难以想象的困难，从密密的杜鹃丛林穿过，于当日午后驱除了侵占章多的印军。

当最后一份捷报传来的时候，下弦月已到中天，几天来夜以继日部署反击作战的罗瑞卿在他住处临时布置的一间作战室里，看看战报，再看看墙上挂着的一比五万比例尺的军事地图，心情十分振奋。他拿起铅笔为总参谋部起草给西藏军区前指的指示：中央设想在克节朗地区战役任务完成后，我军稍事休整或不休整即乘胜夺占丘散谋、隆普之线，并准备随后攻取达旺地区。目的在于：（一）事实上不承认所谓麦克马洪线。（二）为中印边境谈判解决创造条件。这样做可能还要打几仗而且供应可能遇到更多困难。如能达此目的，好处会很大。

两天后，东段边防部队在全部清除了克节朗地区入侵印军据点后，先兵分四路，后改五路向入侵克节朗地区的印军指挥机关和后方基地发起反击。

10月23日，罗瑞卿又亲笔草拟了总参谋部给西藏军区前指并军区的指示：一、前指23日0时10分来电悉。你们以×××团北上错那归建的处置，是完全正确的，××师五个营到齐稍事休整后即应分头由棒山口打章山口南下，第一步夺占米山口、岗山口两个要点，尔后配合我419部队攻占达旺。二、与××师行动的同时可以考虑从边防部队抽出一个营的兵力由邦炯山口南下掩护××师翼侧在主力攻取达旺时，相机夺取劳、下加、柬新桥等地，切断敌人公路交通。

10月25日，东段反击部队相继进占达旺及达旺河北岸，收复了克节朗河以南，达旺河以北，不丹以东，达旺以西被印军侵占的中国领土。

与此同时，在西段新疆的万河谷和红山头地区，新疆边防部队采用拔点攻坚的战术，对侵入中国境内的43个据点发起反击，从喀喇昆仑山到冈底斯山，转战700公里，至28日，收复了拉多、巴里加斯等地，拔除了入侵印军据点37个，完成了西段的反击作战任务。

在这期间，东西两段对印自卫反击作战的捷报频频传到北京总参谋部。罗瑞卿深为边防部队不怕困难、英勇牺牲所得来的胜利而激动，他指示有关部门立即起草以军委名义发给参战部队的嘉奖令，并亲自修改。在嘉奖令中他特别表彰"参战部队及全体指战员，在高原严寒的困难条件下，斗志高昂，艰苦卓绝，勇猛善战，干脆地歼灭了敌人，取得了初战的伟大胜利"。同时告诫大家：印方"绝不会轻易放弃扩张领土的野心，我们还要准备连续作战，长期斗争"，直到印方"同意合理解决两国边界问题为止"。希望参战部队巩固已得胜利，及时总结战斗经验，戒骄戒躁，再接再厉，准备继续打击入侵之敌。

10月24日，中国政府发表声明，提出停止冲突，重开谈判，和平解决中印边界问题的3项建议。中国边防部队并于28日停止对入侵印军的反击。但是，印度政府不仅拒绝了中国的和平建议，而且继续策划扩大中印边境的武装冲突。

11月14日、16日，印军在边界全线再次发动进攻。11月16日，中国西藏、新疆边防部队奉命进行第二阶段自卫反击作战。

为了打好第二阶段反击战役，罗瑞卿将他修改了10余处的《此次反击战役中要切实注意的几个问题》指示稿送贺龙、聂荣臻审阅后即发往西藏军区前指，指示指出：这一仗打胜了，打好了，印方有可能仍然不愿谈判，甚至采取更加极端的措施，表面上情况更加恶化，但在实际上还是好事，无非是再斗一个时期，最终还是会解决的，这是一方面。指示还指出：另一方面，也有可能逼使印方接受谈判的建议，从此使这一方在一定时期内安定下来，如果这一仗后即出现此种情况，歼灭敌人越多，则出现此种情况的可能越大，则对于我们会是更加有利的。

指示扼要分析了第二阶段反击战役的意义后，再次谆谆告诫边防部队不可轻敌，要准备打硬仗和准备出现各种复杂困难的情况，指出：山地作战，特别是就达旺河以南地区或瓦弄地区的具体地形看，我们固然要力争各部队之间联络好，协同好，但也要准备相反的情况出现。因此每一个部队，每一个团、营、连、排、班、小组甚至个人，都要准备独立作战，都要有孤胆精神。避免打懵懂仗，但要打过硬仗。不管出现什么险恶情况，例如就一段时间说，或就某一个战斗地形说，敌人是多数，我们是少数，而且暂时同主力失去联系，或者我某些部队，攻坚受挫，伤亡较大，等等，但是，只要沉着、坚持，就一定会夺得战斗的最终胜利。

第二阶段自卫反击作战，仍分东西两段进行。东段作战主要是反击西山口——邦迪拉地区和瓦弄地区两个方向的入侵印军。至21日，西藏边防部队歼灭和击溃了大量入侵印军，拔除了印军据点，收复了被印军侵占的领土，进至金古底，逼近了传统习惯线。此时印军已无险可守，中国边防部队处于有利态势。与此同时，西段的新疆边防部队至20日将侵入班公洛地区的印军全部清除。至此，中国边防部队已在东段和西段粉碎了印军的全线进攻。

11月20日18时，中国政府做出了关于中国边防部队全线停火后撤的决定，并于11月21日向全世界庄重声明，宣布：1962年11月22日零时起，中国边防部队在中印边境全线主动停火。从12月1日起，中国边防部队将从1959年11月7日中印双方的实际控制线后撤20公里。

为了维护中印两国政府和人民的传统友谊，毛泽东在做出停火后撤的决策的同时，要求将在反击战中缴获的武器、车辆进行擦洗维修，其他物资进行整理包装，发还给印度。罗瑞卿坚决执行了古今中外战争史上从未有过的这一决策。当时，边防部队有些干部建议把几部性能较好的山地汽车留下。罗瑞卿得悉后指示：不要留，全部发还。1962年12月中旬，所有缴获的武器、车辆及其他军用物资均开列清单，交还印度。对被俘人员，中方一律不杀、不打、不骂、不侮辱，生活上给予优待，受伤者给予治疗，还组织他们去一些著名城市、工厂参观。至1963年5月26日已将他们全部释放回国。

在历时一个月的中印边界自卫反击作战中，罗瑞卿作为总参谋长，把党中央、中央军委和毛泽东的指示融会到经过他亲自起草或精心修改的一封封电报中，贯彻到反击作战的每一个重要军事行动之中。为此，他尽职尽责，夜以继日，呕心沥血。前线的每一个行动，战况的每一点变化，都时时牵动着他的心。而前线的每一点进展，战役的每一次胜利和成功无不蕴含着他的心血。

1963年2月中旬，西藏军区司令员张国华到北京向中央军委汇报中印边界自卫反击作战的情况。当罗瑞卿问张国华"这次打仗，有没有什么问题"时，张国华说："总的当然很好，但也不是没有问题，并不是每一个团，每一个营，每一个连、排都打得好，也不是每一个指挥员都指挥得好。有的小分队，甚至有的团就出了一些问题。但是，当时对部队威胁最大的问题是轻敌。我到过许多连队，问到干部、战士：印军有什么特点？都是异口同声地回答：没有什么了不起，一会跑，二会装死。部队普遍的说法就是这个。一句话：轻视敌人。在两次反击作战开始的时候，军委都曾经专门给我们打过电报，让我们不要轻敌。第一仗打响以前，军委指出，这一仗关系到军威国威，要求我们只准打好，不准打坏。第二仗，军委又来电报说，千万不可轻敌骄傲，骄傲就会犯大错误。军委这两个电报，对于两次反击作战的胜利，起了很大作用！前一个给了我们极大的鼓舞，后一个给我们敲了警钟，防止了部队可能产生的轻敌麻痹情绪。"如前所说，前一个电报是罗瑞卿亲自起草，后一个电报则经他精心修改达10余处。

在谈到这次中印边界反击作战的特点时，张国华说：中印边界的斗争，是相当艰苦的，要同两个敌人作战：一个是当面的印军，这次同我们作战的印军是第二次世界大战时印军的"王牌"，是不能轻视的。印军的军官指挥不行，他们的单兵还是比较顽强的，能拼刺刀，也不是不能打冲锋，不完全是豆腐兵，不是一戳就烂的。另一个敌人就是自然界，气候恶劣，高原严寒。这使罗瑞卿想起历史上的一次因自然条件恶劣而失败的战例。罗瑞卿说：第二次世界大战时，日军在阿萨姆地区和当时由英国人指挥的印度军队作战，曾吃过大败仗，10万人几乎全军覆没，很大程度上就是吃了自然界气候恶劣的亏。我们部队过去也很少在这样恶劣的气候条件下作战，但这次反击作战既战胜了入侵印军，又战胜了恶劣的自然环境，同时战胜了两个敌人，这证明我们的军队保持了光荣传统，没有哪个敌人是打不败的。

张国华告诉罗瑞卿，在这次中印边界反击作战中，东段的西藏部队有180多个高中生，放在连队里锻炼，原来对他们是比较担心的，但是这次都表现得很勇敢。罗高兴地说："这回打仗，工农出身的战士固然打得很勇敢，很多知识分子，有的是大学生、中学生，也打得很勇敢，这说明我们这个以工农为骨干的军队，保证了共产党绝对领导的军队，由于政治思想工作强，吸收一部分青年知识分子参加到军队中来，是可以把他们锻炼和教育好的。"

张在谈到中印边界反击作战的主要经验时非常兴奋，他说：这次边境作战部队的表现好得很，简单地说，就是两句话：一不怕苦，从上到下没有叫苦的；二不怕死，前仆后继，倒下一个马上有人顶上去。这两方面的事例都多得很。

罗赞扬地说："不怕苦，不怕死，这是非常朴素的两句话，这是我们军队的老传统了。我看有了这两不怕，其它一切也就都不可怕了。还有什么可怕的呢？"

2月15日，罗瑞卿在陪同毛泽东会见柬埔寨西哈努克亲王时当面向毛汇报了张国华讲的"两不怕"。毛泽东听了非常高兴，说："是呀，过去岳飞讲文官不要钱，武将不怕死，天下太平矣！这句话有片面性，因为它缺了一面，好像文官不要钱，但是可以怕死，武将不怕死，却可以要钱。我们解放军则是文官既不要钱，也不怕死，武官既不怕死，也不要钱，这样岂不更好，天下岂不更太平！岳飞还有两句话：'饿死不抢掠，冻死不拆屋'。就是饿死也不能抢劫，冻死也不能拆房子烤火。看起来，岳飞治军是有他的一套的。所以那时金兀术不怕别的，只怕岳家军。他说过：撼山易，撼岳家军难。"说到这里，毛泽东加重了语气："谁要撼我们解放军，那就更加困难了。撼山易，撼解放军难。"

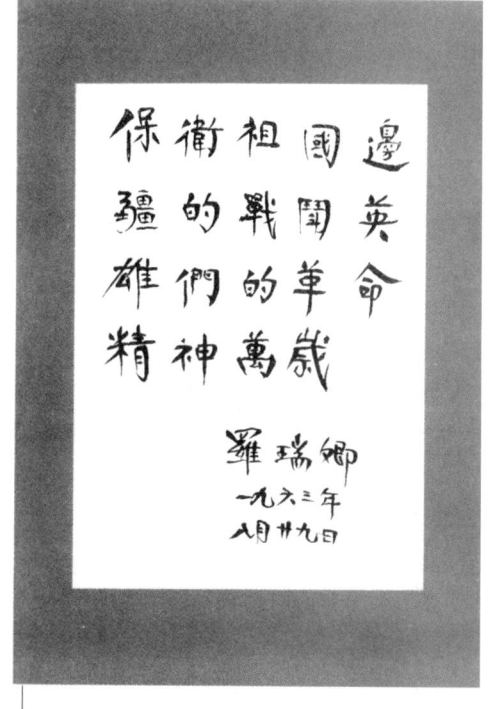

■ 1963年8月29日，罗瑞卿为参加中印边界自卫反击战的战斗英雄们题词。

中印边境自卫反击战之后，为了贯彻毛泽东提出的每一个战略设想和部署，罗瑞卿日夜操劳。

1963年，为了落实既定的战略方针，加强华东地区沿海的战略设防，从1963年5月20日到7月10日，罗瑞卿实地勘察了从浙江到山东半岛的地形，并向毛泽东写了调查报告。随着中苏关系的紧张，为了加强东北部边防，1963年7月16日到30日，他勘察了吉林和黑龙江部分地区。1963年10月，罗瑞卿又奉毛泽东之命到新疆地区调查研究。从10月7日到10月31日，他的足迹遍及阿尔泰、塔城、伊宁地区。回乌鲁木齐后又勘察了喀什地区。鉴于当时苏联有些人胡说中国以长城为界，为应付这一威胁，1964年9月22日至28日，他又偕北京军区司令员杨勇、副司令员郑维山到了张家口、承德等地区做了调查。1964年，毛泽东提出，敌人也可能走八国联军老路，进渤海，从天津登陆。从1964年11月9日至13日，罗瑞卿又带作战部人员勘察了秦皇岛、唐山、天津、沧州地区，并向毛泽东写了报告。

1965年，罗瑞卿又勘察了华南边界。直到12月上海会议决定整他的前夕，他还在云南边境勘察地形。他当总参谋长的6年内，为了祖国的安危，边境的安宁，已走遍了除西藏、台湾以外中国沿边沿海的山山水水。

在边界线上,南方的热带雨林,气温可达40℃,到处是毒蛇、蚂蟥;在北方的荒漠戈壁,一年中几乎天天刮风,气温可降至零下40℃,放眼望去,一片荒野,只有星星点点的骆驼刺说明此地尚有生命存在。在边境线上当然也有风景清幽的去处。但一心一意抓战备的罗瑞卿满脑子考虑的是何处需设防,何处需挖工事,敌人会从哪里来,我们如何应付。对佳山丽水,他统统是熟视无睹,视而不见。"文革"结束以后,罗瑞卿到广东疗养。在新会,当地负责人请他看小鸟天堂。他到了河边,只见一片浓绿,万鸟飞鸣。他"文革"前看地形曾路过新会,但并不知此地还有这个好去处,便问当地负责人:"这么好的地方,以前你们怎么不告诉我?"当地负责人答:"那时你工作忙,来去匆匆,我们不敢提。"

在罗瑞卿的工作日程表上,外事活动占用了相当多的时间。他经常要陪同毛泽东、周恩来、刘少奇、邓小平以及贺龙、陈毅等各位元帅会见外宾,并以军委秘书长、总参谋长身份单独会见外宾或主持各种会谈,签订各类协议。每次见外宾前,秘书都要弄清地点、时间、参加人员、外宾情况、会谈内容、穿着什么衣服,不能有丝毫差错。

60年代前期,在外事工作方面很重要的一项内容是援越抗美。1961年5月,为了扑灭南越人民解放斗争的烈火,美国在南越发动了"特种战争"。1964年8月5日,美国借口其军舰在北部湾遭北越海军的攻击而派出大批飞机轰炸越南北方,制造了"北部湾事件"。当月,罗瑞卿即和周恩来一道致电越南主席胡志明、总理范文同和总参谋长文进勇,表示中国的关注和对越南抗美斗争的支持。第二天,中国政府发表声明,宣告:"美国对越南民主共和国的侵犯,就是对中国的侵犯,中国人民绝不会坐视不救。"

1965年3月,美国出动地面部队侵入越南南方。于是在越南的这场战争便变成为以美军为主体、以"南打北炸"为特点的局部战争。

3月12日,中国政府再次发表声明,重申自己的严正立场,表示要采取一切可能的措施支援越南人民,把抗美救国战争进行到底。

为了搞好援越抗美,根据周恩来建议,中共中央和国务院成立了由罗瑞卿任组

■1963年3月,罗瑞卿视察福建前线。

■ 1961年1月，罗瑞卿随周恩来访问缅甸时会见奈温将军。右起：陈毅、周恩来、奈温、张茜、郝治平、罗瑞卿。

长的"支援越南领导小组"，负责掌握援越的大政方针，审定重大援助任务和新增项目。为了协调国务院和中央军委各部门的援越工作，根据罗瑞卿的建议，在支援越南领导小组之下又组成一个援越工作小组，由国务院中的外交部、铁道部、交通部、邮电部、物资部、外贸部、经委、计委、对外经委和军队中的总参、总政、总后、海军、空军、铁道兵、工程兵，及总参中的作战、军务、装备、军交、通信、情报部等21个单位组成，负责统一组织援助越南修公路、修铁路、修机场、邮电、通讯等项业务并处理有关涉外事宜。

根据越方请求和中越双方总参谋部的安排，至1965年底，已派出部队开始构筑东北群岛永久性设防工程；建成内排现代化机场；开始架设西北山区通信线路；改善铁路网，在美机不断轰炸条件下保障铁路畅通；开始修筑7条公路；派出高炮部队协助防空作战。

在1965年12月，林彪对罗瑞卿发动突然袭击后，援越抗美仍继续进行，直至1973年8月。在这一期间，中国援越金额达200亿美元，有1100名解放军指战员长眠于越南土地。

罗瑞卿还按照中共中央和中央军委的决定，依据中国政府与老挝签订的协议，组织领导了援老抗美斗争。此外还组织领导了武器装备对外援助和培训外国军事人员的工作。

三、为了抓好部队装备，辅佐贺龙，调整整顿国防工业

罗瑞卿一接任军委秘书长和总参谋长工作，就着手抓部队的武器装备，并十分关注生产武器装备的国防工业。

到1959年，中国国防工业（指航空工业、兵器工业、无线电工业、造船工业）已初具一定规模，初步建成了生产当时比较先进的常规武器装备的生产能力，并累计仿制生产了苏式军用飞机、战斗舰艇、坦克车辆和各种火炮等100多种武器装备。但是，在50年代后期，由于受到"大跃进"的影响，一些军工企业出现了片面追求产值、数量，忽视军工产品质量和工程建设质量的倾向。针对当时国防工业存在的问题，中央军委成立了以贺龙为主任的中央军委国防工业委员会（简称国防工委），决定组织有关部门，采取坚决措施，迅速扭转国防工业的局面。罗瑞卿是中央军委国防工业委员会的主要成员，他把辅佐贺龙元帅领导管理国防工业，作为一项重要任务。

1960年初，罗瑞卿和萧华视察了重庆、成都地区的国防工业，对成都飞机制造厂和飞机发动机厂工程建设质量不好，提出了严肃批评。罗瑞卿说："以前我对贺帅指出的这两个厂的工程建设质量问题，以为是老帅要求严格，还是半信半疑。到了工厂实地一看，头发都要竖起来了，工程质量搞得太糟了，新建的18万平方米的大厂房，都要拆掉重建。"随后国家计委、国家建委、一机部（主管军工和民用机械的工业部）和建工部，按照贺龙、罗瑞卿的建议，组成联合调查组，对成都、绵阳、西安等地军工企业的建设工程质量，进行了深入调查，并向中共中央上报了《关于成都飞机厂和发动机厂工程质量问题的检查报告》，提出了返修、加固、改造的处理意见。此后，罗瑞卿多次到这两厂检查落实措施，直到存在的问题基本上得到解决为止。

1960年7月，苏联政府单方面决定撤回全部在华专家，撕毁所有合同和技术合作项目，其中包括国防工业系统的专家500多人，重大研制项目数十项，新材料150余种。苏联政府这一行径给中国国防工业的科研和生产，带来了很大困难。在这一严峻的形势下，1960年8月5日至8日，国防工委在北戴河召开工作会议。会议由贺龙、聂荣臻、罗瑞卿主持。出席会议的有刘伯承、罗荣桓、薄一波、谭政以及国家计委、国家经委、国家建委、一机部、冶金部、化工部等部门的主要负责人。会议分析了国防工业的形势。当时，国防工业有一批新厂正在建设，正在研究试制原子弹和几种导弹、飞机、舰艇，以及雷达、鱼雷、战术火箭、自动化防空体系等。研制生产这些武器装备的新技术、新材料、新设备，原拟从苏联进口，现在人家不给了，只能靠自己。会议提出，我们要卧薪尝胆，奋发图强，自力更生。从产品设计、试制和生产，到原材料供应，都要立足国内。为了将有限资金用在最需要的地方，会议决定缩短基本建设战线。8月28日，中共中央批转了会议《关于当前形势下国防工业建设几个问题的报告》。这次会议和中共中央的批示，极大地鼓舞了国防工业战线广大干部和职工战胜困难，坚持自力更生道路发展我国国防工业的决心和信心。

1960年10月，贺龙、罗瑞卿率中国军事友好代表团访问朝鲜。回国后，于11月视察了哈尔滨、沈阳地区的军工厂，并在哈尔滨、沈阳分别召开了军工厂领导干部会议。贺龙、罗瑞卿对东北地区几个主要飞机和发动机工厂盲目追求产值、搞快速试制，发生严重质量事故，导致三年来没有交付一架合格的飞机和发动机的问题，提出了严厉的批评。他们指出，整顿军工产品质量，靠修修补补不行，必须和过去的一套错误做法"一刀两断"，一丝不苟地重新来做，并决定召开一次国防工业规模较大的会议，使那些至今还不重视军工产品质量的干部猛醒过来。

■1960年10月,中国军事代表团访问朝鲜时拜会朝鲜领导人。右起:贺龙、金日成、崔庸健、罗瑞卿。

1960年11月25日至1961年1月7日,国防工委在北京召开三级干部会议。会议的中心议题就是整顿军工产品质量。会议由贺龙主持。出席者有聂荣臻、罗瑞卿、国防科委副主任陈赓、海军司令员萧劲光、空军司令员刘亚楼等和国防工业部、局、企业三级领导干部,国家有关部委,军委有关总部,各军兵种和各省、市、自治区主管军工的负责干部,共计600余人。到会单位之多,人员之广,代表规格之高,在国防工业发展历史上是空前的,对与会代表是很大的震动。罗瑞卿在大会开始时作了重要讲话。他说:"国防工业中存在的问题相当多,相当严重,概括起来说,就是两句话:新的没上去,老的又丢了。这次会议的目的,就是检查工作,总结经验,接受教训,使国防工业迅速有一个根本性的转变。"

会议刚刚结束,罗瑞卿又于1961年1月上旬至2月上旬视察了昆明、成都、重庆、武汉和西安地区的20多个军工企业,检查他们贯彻会议精神、开展整风的情况。回京以后,于2月12日在国防工委党组扩大会议上作了一次全面系统的汇报发言。他针对各军工厂正在开展整风运动的情况,提出:整风要从各厂的实际出发,以解决问题为准;基本建设工程,要防止盲目追求高标准,可以利用的建筑都不要拆除;军工厂在保证完成军品任务的前提下,有余力要积极、合理地安排民品生产。此外,他还对新产品研究试制、企业管理、原材料协作、职工生活和驻厂军代表工作等,提出了改进的要求和建议。罗瑞卿此行解决了整风中存在的一些问题,促进了整风的健康发展。至1961年10月,通过质量整风,国防工业的面貌发生了很大变化,生产、科研工作呈现上升趋势,企业生产和产品质量有了很大提高。

1961年6月10日,罗瑞卿与贺龙、聂荣臻主持召开由军委有关总部、国防工业和国防科研部门以及军兵种负责人参加的会议,讨论缩短国防工业战线和调整国防科研机构的问题,决定国防工业要适当压缩,要集中力量突破重点,合理安排尖端与常规武器装备的生产,搞好内外部的协作。8月,罗瑞卿在国防尖端五人小组《关于国防工业基本建设完成情况和调整方案的报告》上批示:国防工业和国防科研近期的调整原则是,确保"两弹一机"(即原子弹、导弹和超音速歼击机)所需最主要的骨干项目和必需的配套工程,停建和推迟建设条件较差的项目。按照罗瑞卿这一指示,国防尖端五人小组和国防工业、国防科研部门对基本建设计划,作了较大调整。

1961年7月18日至8月14日,罗瑞卿与贺龙、聂荣臻一起主持召开国防工委北戴河工作会议,研究贯彻执行"调整、巩固、充实、提高"的八字方针,缩短国防工业生产建设战线的问题。罗瑞卿在会议闭幕时作了总结讲话,提出:对国防工业的科研、生产、基本建设,需要作四方面调整:第一,原来设想的国防工业"三、五、八"的步骤(三年开始突破尖端,五年形成大概体系,八年建成独立完整国防工业体系),需要推迟三年或更长一些时间,而且在内容上也需加以调整,服从全国一盘棋。第二,缩短生产战线,妥善安排尖端与常规装备的生产。今后几年内,要把常规装备作为生产的重点,尖端主要是突破技术关和建立试生产基地。导弹生产,今明两年只安排两种,一种试制,一种仿制,其余通通都停下来。航空工业在两三年以内,以零备件生产为主,适当照顾新飞机试制,新机只搞歼6、直5两个机种的优质过关和自行设计的初教6飞机的定型生产。科研、生产都要缩短战线,什么都搞不可能,欲速则不达,想快反而慢。第三,要缩短基本建设战线,集中力量于最急需重点项目的收尾工程和填平补齐的项目上。第四,要积极整顿企业,全面贯彻"工业宪法"六十条。这次会议还对两年生产建设计划、精简15万职工,以及原材料、协作配套等方面的问题,作了具体安排。

第十二章　席不暇暖的总参谋长（中）

一、周恩来提出，国务院要设立国防工业"口"，罗瑞卿兼任国防工办主任

国防工业和国防科研是关系十分密切的两大部门。在中国国民经济处于暂时困难的时期，国防工业和国防科研，担负着既要满足战备急需，又要集中力量加强科研、突击尖端的艰巨任务，需要与可能的矛盾十分突出。在国防科研、国防工业内部，尖端与常规，科研与生产，制造与维修，整机与配套等各个方面，都需要统筹规划，综合平衡，全面安排。为此，周恩来总理在1961年8月国防工委北戴河工作会议上提出，在国务院设立国防工业"口"，并同贺龙、聂荣臻、罗瑞卿等酝酿了国防工业"口"的任务与工作方法。11月8日，中共中央发出了关于成立国防工业办公室的决定。11月29日，中共中央批转了罗瑞卿向周恩来并中共中央书记处、中央军委所作的《关于成立国防工业办公室问题的报告》。报告提出，为了加强国防工业的统一领导，密切与有关方面的联系，在国务院成立国防工业办公室（简称国防工办），直接归口管理第二机械工业部（简称二机部，主管原子能工业）、第三机械工业部（简称三机部，主管国防工业）和国防科委所属单位的工作，并作为国防工委、国防科委两委之间联系协作和组织日常工作的口子，在党内对中共中央书记处和中央军委负责。国防工业办公室的主要任务是，根据中共中央、国务院、中央军委的方针政策和指示，对常规武器、国防尖端的生产建设、科学研究、干部和技术力量的培养等问题，进行通盘规划，全面安排，组织实施，督促检查，加强国防工业各部之间、国防工业同其他有关工业部门、各军种兵种之间的联系，组织其相互间的协作。国防工办由罗瑞卿兼任主任，赵尔陆任常务副主任，并由三机部部长孙志远、国防工委副主任兼秘书长方强、二机部部长刘杰、国防科委副主任刘西尧兼任国防工办副主任，郑汉涛任秘书长。1962年以后，中共中央又先后任命张爱萍、郑汉涛、李如洪、邱会作、罗舜初为国防工办副主任，李如洪兼任秘书长。

1962年12月5日，中共中央书记处进一步明确规定：国防工办是国务院管理国防工业的办事机构，同时也对中央负责。它对国防科委和国防工委，在工作上是指导关系，两委有关的各项工作，应首先经过国防工业办公室研究处理。根据这一决定，

1962年12月19日,罗瑞卿在国防工业办公会议上强调指出,在国防科学研究机构和国防生产部门维持现状不变的情况下,各委、部要协调的事情,还是先送到口子(指国防工办这个口子)上来,先通过口子上处理,不要事无巨细都直接捅到两位元帅那里去。元帅们比我们站得高,看得远,要让他们有时间考虑和掌握大问题、大事情,关于具体工作,在他们的指示之下,我们就要多挡一些。如果发生瞎指挥,我们可以承认错误。国防科研的业务工作还是要由科委机关负责,口子不管,也管不了,但口子为了工作上的需要,了解一些情况这要允许。口子对基本建设、生产、科研试制,以及整个计划的调整、平衡要管,对科研为生产服务的事情也要管。例如,为了试制某一型号的飞机,六院、十院要负些什么责任,如果发生矛盾,口子上有决定之权。又如,科研部门需要生产部门搞试验件、专用设备等,可以直接商量解决的,不必捅到口子上来,如果解决不了,口子就要统一指挥,统一调度,决定错了,可以承认错误,否则不好办事。

1963年9月,中共中央决定撤销中央军委国防工业委员会,其任务并入国防工办,从而更加加重了国防工办的任务。

为了加强国防工业战线党的领导和思想政治工作,罗瑞卿于1964年5月19日向中共中央、中央军委提出关于成立国防工业党委和国防工业政治部的建议。6月6日,中共中央批准了罗瑞卿的建议,决定成立中央国防工业政治部(简称国防工政),统一领导和管理国防工业系统的思想政治工作。随后成立了国防工业党委,在中共中央和中央军委的领导下,对国务院国防工业办公室和中央国防工业政治部的工作,实行统一的集体领导。同月20日,中共中央批准了罗瑞卿《关于中央国防工业政治部领导干部配备和国防工业党委组成的报告》,决定国防工业党委由罗瑞卿、赵尔陆、张爱萍、刘杰、孙志远、王净、邱创成、方强、邱会作、郑汉涛、李如洪、袁成隆、高德西等13人组成,由罗瑞卿任第一书记,赵尔陆任第二书记,并决定由罗瑞卿、赵尔陆、郑汉涛、李如洪、袁成隆、高德西6人组成国防工业党委常委。由赵尔陆兼任中央国防工业政治部主任,袁成隆、高德西为副主任,后又调黄远为副主任。

以罗瑞卿为主任的国防工办的成立,大大加强和改善了对国防工业的领导和管理,实现了国防科研与国防工业生产、尖端武器装备与常规武器装备的统筹规划、全面安排和统一集中管理。从1961年11月国防工办成立,到1965年底罗瑞卿遭林彪一伙诬陷迫害,在长达4年之久的日子里,罗瑞卿在中共中央、国务院、中央军委的领导下,为国防工业的发展建设,进行了卓有成效的工作,作出了不可磨灭的巨大贡献。人们异口同声地称赞罗瑞卿管理国防工业的时期,是国防工办和国防工业发展史上的"黄金时代"。

在国防工办成立初期,罗瑞卿用了很大精力解决对国防工业发展方针和奋斗目标的统一认识问题。

1962年11月6日至12月19日,罗瑞卿主持召开了国防工业办公会议。会后,罗瑞卿主持国防工办代中央军委起草了《中央军委关于国防工业建设问题向中共中央的报告》。1963年3月14日,中共中央批转了这一报告。

《报告》提出,国防工业建设的总任务和长远奋斗目标是:随着整个国民经济的发展，逐步建立一个独立完整的现代化国防工业体系，为建设现代化的革命军队，打下强大的物质技术基础，使我们的陆军、空军、海军拥有现代化的常规装备和特种技术装备，赶上世界各国军队装备的先进水平。今后10年内，国防工业建设的主要任务是：第一，建成一个基本独立、"麻雀虽小、肝胆俱全"的国防工业体系。前5年，在现有规模的基础上，完成主要品种的补缺配套项目。后5年，基本补齐缺门，配套成龙，并根据可能，适当扩大规模。原材料、设备、配套产品，必须立足于国内。第二，大力突击尖端，迅速掌握两弹（原子弹、导弹）的设计和生产技术，试制成功并开始小批生产6类7种型号的导弹，包括地空、空空（两种），舰舰、地舰、舰地和带有原子弹头的中程地地导弹，并视情况，开始研究设计远程地地导弹。第三，加强常规装备生产，提高战术技术性能。在确保质量的基础上，努力增加品种和数量，尽可能按照装备体制，满足军队装备的需要和军事援外的需要。

为了完成上述任务，《报告》提出，必须进一步明确国防工业建设的方针。《报告》回顾了近几年来，中央军委根据毛泽东主席和中共中央的指示，对国防工业建设曾经提出的一系列具体的方针。例如1959年提出："三年开始突破尖端，五年大体形成体系，八年基本独立完整"；1960年提出"两弹为主，导弹第一，努力发展电子技术"，"多建、多试、少产、少买"，"军民结合，以军为主"，"质量第一，在确保质量的基础上求数量"，"平战结合"，"合理布局"，"靠山、分散、隐蔽"，"自力更生、发愤图强"，"加强政治思想工作"，"勤俭办国防工业"，等等；1961年根据"调整、巩固、充实、提高"的八字方针，又提出"生产以常规为重点，科研以尖端为重点，基本建设以补缺配套为重点"。上述方针，除了"三、五、八"步骤，要求急了一些，应当根据实际情况进行适当调整，以及为了增加战备储备，"少产"可以暂时不提外，总的看来仍然是正确的，必须肯定下来，在今后继续贯彻执行。

《报告》还对正确处理国防工业建设与国民经济建设的关系；贯彻"军民结合，平战结合"原则，搞好民用工业的战时动员准备工作；正确处理国防工业内部尖端与常规、生产与科研、生产与基建、制造与维修、质量与数量等各方面的关系；加强政治思想工作，勤俭办国防工业以及加强整体观念，统一计划，统一调度，合理分工，大力协同等方面问题，提出了具体的建议和要求，确定了必须遵循的原则。

1963年9月27日，罗瑞卿在检查了上海江南、沪东、求新三个造船厂后，向周恩来、邓小平并毛泽东主席和中共中央上送了《关于造船工业建设问题的报告》。《报告》提出，造船工业是军民结合、造修结合的部门，既要为国防建设服务，又要为国民经济建设服务。除了造船以外，还要承担一定的修船任务。因此，造船工业必须根据"军民结合，以军为主"，"造修结合，以造为主"的方针，实行军民兼顾，造修兼顾。为在今后10年或稍长一些时间内建设一支精干的、有战斗力的海军，提供必要的装备，包括一定数量的鱼雷快艇、高速炮艇、鱼雷潜艇、导弹快艇，等等。在生产安排上，由低到高，由近到远，既考虑需要，又考虑可能，将当前和长远的奋斗目标，既区别开来，又结合起来，多得不如少得，少得不如现得。在最近几年内，应将当前海上对敌斗争、护航护渔迫切需要的鱼雷快艇、高速炮艇、辅助船、运输船当作重点来抓，尽可能多生产一些来装备军队，同时积极创造条件，为生产鱼雷潜艇、导

■1964年10月15日，在"鞍山"舰观看海军演习。前排左起：彭绍辉、贺龙、罗瑞卿、萧劲光。

弹快艇做好准备。

1963年12月25日至1964年1月9日，罗瑞卿再次主持召开国防工业办公会议，并在会议结束时作了总结讲话，着重讲了要继续坚决贯彻执行中共中央、中央军委关于国防工业建设的各项方针任务，力争提前两年，在今后7年内建成一个基本独立完整、"麻雀虽小、肝胆俱全"的国防工业体系。他在重申了中共中央、中央军委关于国防工业建设方针任务后说："像打仗一样，在战线很长的情况下，必须集中兵力打歼灭战，首先突破一点，扩张战果，尔后才能全线突破。"他建议在今后7年内，着重抓航空工业，选择空军装备作为突破口，努力增加品种、数量，尽可能多一些快一些生产出飞机和地空、空空导弹，装备部队。选择空军装备作为突破口，是从需要和可能两个方面考虑的。我们国家需要把空军和海军航空兵建设得更强大一些。同时，我们已经试制成功了歼7飞机，歼7和空空导弹今年即将定型，歼8高空高速歼击机，也要力争在1969年试制成功。因此，在今后7年内，多一些和快一些生产出飞机和导弹来装备军队是可能的，为什么不选择陆军装备作为突破口？这是因为中国已经有了一支强大的陆军，兵器工业也已经打下了一定的基础，今后主要是满足数量、补齐缺门和解决地区成套的问题。为什么不选择海军装备作为突破口？这是因为造船工业的生产周期比较长，投资见效比较慢，一下子还上不去。中国需要建设一支强大的海军，但是要分步骤，在当前首先是建设一支精干的、有战斗力的海军，将来随着国家工业的发展，再发展成为一支强大的海军。为什么不选择两弹作为突破口？"两弹为主，导弹第一，努力发展电子技术"，这是中共中央、中央军委的既定方针，一定要坚持执行。把两弹很快搞出来,可以增强中国国防力量,但是,从突破尖端技术到成批生产两弹,要有一个过程。在今后7年内,两弹主要是解决有无问题,虽然可能小批生产一些,但是大批装备军队的可能性还不大。从军队可能拿到装备的角度出发,今后7年内,着重抓航空工业,是比较现实的,既有需要,又有可能。航空工业上去了,可以把科学技术研究、原材料、配套产品、设备、工艺等等,都带动起来,对科研和内部、外部协作配套的要求,比过去更高了。因此,对导弹工业、无线电工业、兵器工业肯定有好处,对原子能工业、造船工业也并不妨害。

在确定"以航空工业为突破口"的方针后,他要求航空工业首先集中力量于解决质量问题严重的歼6歼击机和直5直升机的优质过关和转入成批生产。当1963年中国第一代优质超音速歼6歼击机试飞的时候,他亲自到机场观看,给予鼓励。歼6飞机过关以后,他又要求集中力量于歼7飞机的仿制,确定了研制进度。1965年,他又提出进一步向新型高空高速歼击机、轰炸机、强击机和运输机发展的意见。当年他就批准了高空高速歼击机的研制方案,谆谆嘱咐,对这一工作"不能放松,一定不要放松"。并要航空工业总结以前自行研制双倍音速飞机中的经验教训,"摸着石头过河",在认真消化吸收国外技术资料的基础上展开研制。他还要求航空工业抓紧战术导弹的生产,要求各有关国防工业部门为战术导弹的生产加强协作配套。当1965年2月地空导弹引导站试制成功时,他高兴地说,务必抓紧,以便真正增加我们的防空力量。

在舰艇方面,罗瑞卿根据中国以防御为主的战略方针和海防的实际要求,提出先搞"两艇一雷"(鱼雷快艇、鱼雷潜艇和鱼雷),后搞"两艇一弹"(导弹快艇、导弹潜艇和舰舰导弹)的目标后,时时关心进展情况,当舰艇用高速柴油机因性能过不了关而卡壳时,罗瑞卿派他的秘书到洛阳舰用柴油机厂蹲点调查7个月,直到高速柴油机过关为止。1965年,当用国产材料和设备建造的鱼雷快艇,在"八·六"海战和崇武以东海战中,发挥高速威力,为击沉国民党海军"剑门"、"章江"、"永昌"号和重

1965年1月,罗瑞卿(右一)在成都视察飞机工业时登上我国设计制造的飞机仔细观看。

创"永泰"号立功后,罗瑞卿即于海战获胜的次日,再次肯定造船工业继续抓好"两艇一雷""两艇一弹"的必要性。

他十分重视新型常规兵器弹药的研制和改进。1961年,他非常仔细地观看了枪炮和防化装备体制定型陈列,对枪、炮、弹、药、雷达、光学器材等提出了39条改进性能的具体建议,他要求兵器工业抓好重点武器装备。1964年1月,他在国防工业办公会上提出,兵器工业应着重抓紧大口径火炮和常规武器的补缺配套,特别是高射武器、炸药和光学仪器的试制生产。1965年6月,在一次国防工业党委扩大会议上再次提出把高射武器、大口径炮和远程火箭作为重点。他要求无线电工业努力缩短同国际水平的差距,把狠抓基础产品,满足两弹和常规武器的配套需要作为重要任务。

他认为,零备件生产是十分重要的问题。只有充足的零备件,才能保证充分发挥现有装备的作用。航空工业1961年至1963年贯彻"以零备件为主"的方针后,他亲自邀集国家有关部门、国防工业部门和军队领导干部开会,具体落实措施。此后,又进而几次亲自抓海军装备零备件生产,由于有关军工部门严格执行了"以零备件为主"的方针,在他担任国防工办主任期间,较快地解决了因零备件供应紧张,造成飞机、舰艇、坦克停飞停驶的问题。

罗瑞卿在工作中十分顾全大局,要求部队和国防工业服从国家经济建设,不要提过高、过大、过快的要求。他说,我军的组织编制、装备规划,要首先考虑到国家经济条件的可能,没有现代工业、现代农业和现代科学文化,绝不可能有现代的国防。他很理解军队和国防工业部门希望很快实现现代化的良好愿望,但他又提出,绝不允许超越国家经济条件的可能。他说,国防工业作为国民经济的一个部分,同国民经济的其他部门既有互相制约的一面,又有互相促进的一面,既要服从,又要有主动性。他一面要求国防工业各部门加强同国民经济各部门的协作,不要万事不求人,一面又诚挚希望国民经济各部门给国防工业以有力支持。他风趣地对原材料协作部门的干部说:"你们只有几十碗饭,也要给国防工业开几碗,这样尖端能上去,常规也能保证。"由于他对国民经济部门的尊重、理解,重要会议和决策都请国家各有关部门参与,充分听取建议,共商对策,关系融洽。冶金、化工、机械、石油、建材、轻工、纺织、铁道、交通、粮食、银行以至合作总社等许多部门和各个重点地区都积极参与了发展军事装备和组织战备生产等各项重大任务。在他的倡议下,经国务院批准,国防工业各种重点武器装备包括飞机、导弹、舰艇、坦克、重炮等逐步实现了原材料和配套产品的定点供应,开始形成全国的协作网。由于能正确处理好国防工业同国民经济的关系,使武器装备研制生产基本立足于国内的目标,提前得到了实现。

在国民经济各部门的大力协同下,民用工业的战备动员生产也组织得比较好。为加强战备,罗瑞卿在1962、1965年会同国家计委部署了两次大的战备增产,都获得显著成果。1962年,民用工业承担起战时消耗量大的武器弹药和军事装备半成品的紧急生产,在地方和有关部门的努力下,短期内就在东北、华北、华东、中南地区安排了34条20多种武器弹药和半成品生产线,迅速展开了紧急增产。这是新中国成立后第一次大规模的民用工业动员工作。1965年,当沿海沿边局势再度紧张时,又连续部署了两批以防空、反坦克武器为主的战备增产任务,共安排武器弹药、战斗装备201

种，其中在民用工业动员安排的达 38 种。在此基础上，逐步形成了战时民用工业动员网点。

罗瑞卿积极赞同发展地方电子工业，提出：要充分利用和改进地方无线电工业，以适应军民的需要。电子工业以很大力量进行了规划、改造和统筹工作，使大批技术力量薄弱、产品单一、生产条件落后的小厂得到发展，在为军事装备配套生产中发挥了显著作用，成为无线电工业中的一支重要力量。

罗瑞卿始终坚持实事求是的方针，充分考虑各方面的实际情况，以使工作得到最好的效果。作为总参谋长，他最了解军队在装备方面的迫切要求，但他更着眼于实现这一要求的可能。他总结过去一些单位在军事装备发展规划上过高要求和拉长战线，以至吃了苦头的经验教训，提出要留有余地，量力而行。在他主持下，确定了调整计划、放缓步骤的原则。与此同时，他又要求注意新的倾向，告诫"不是搞的越少越光荣，能够办到的事一定要努力去办"。

他发现在贯彻"军民结合"方针中，有的人片面强调军品，忽视民品，便及时提出了要防止从一个极端走到另一个极端的偏向，果断地做出利用余力发展民品、支援国家经济建设的决策，从而促进了国防工业的民品生产。

他对一些军工厂中军代表同工厂发生矛盾以致影响生产的问题很重视，无论下厂调查视察，还是批阅文件或参加会议，都以实事求是的态度秉公处理。他要求军代表既要坚持原则，又要加强同工厂的团结，不要翘尾巴，不要不顾工厂情况过分挑剔，乱加指责。他特别表彰一些军厂关系融洽、生产形势好的军工企业，把他们的先进经验转发到整个国防工业系统。

组织国防工业工作和武器装备的研制生产是一项极其复杂的任务。包含着方针、政策、国际、国内、需要、可能、规划、部署等各种各样的多变因素，因此，他在工作决策中是极其细致和具体的，对每一个因素都反复考虑，做到一丝不苟。随罗瑞卿参加会议、听取汇报或视察外地的秘书，提着的皮包绝不是一般扁平的公文包，实际上是一只鼓鼓的小皮箱。里面按照各大类军事装备、各大部门、主要地区等分类建立了 10 多本厚厚的活页本，记载着各种重要数据、情况和问题，以及罗瑞卿的有关批示、口头指示、电话记录和会议要点等。他问到什么，秘书便会立即把所需资料拿出来。他办事效率极高，大量的文件都经过他仔细批阅，并以工整秀丽的书法加上批语；报送他的文件大多在几天之内给予批复，并及时检查落实情况。

在罗瑞卿兼任国防工办主任期间，他从东北边陲到黄土高原，从东海前沿到沙漠戈壁，多次深入军工企业和科研院所，在第一线抓整顿、抓质量，了解试制、生产、建设、协作、安全和职工生活的情况，落实了许多迫切需要解决的措施。他为了解决成都两个新建飞机工厂工程质量问题，几次在厂坐镇指挥，当一些人提出对各种建筑要推倒重建的时候，他根据专家工作组调查的建议，及时做出了"不能盲目追求高标准，要根据不同情况做不同处理，不要都拆"的决策，防止了严重浪费。

罗瑞卿十分注意发挥国防科技工业战线上知识分子的作用。他希望广大知识分子通过科研、生产的实践，不断充实和提高自己，为国防工业作出贡献。1963 年 9 月 27 日，罗瑞卿在关于造船工业建设的报告中，要求研究设计人员深入生产第一线，协助工厂解决正在试制的新装备的技术问题。通过实践，积累经验，熟悉工艺，锻炼技术，使研究设计与当前生产密切结合。1964年9月3日，他在国防工业会议的总结发言中，号召有出息的专家和科技工作者应当到前线去，到研究、设计的前线，试制、生产的前线去，了解各方面的情况，知己知彼，才能百战百胜。1965年2月8日，他看了江南造船厂产品设计革命的报告后，再次提出科技人员到科学试验和生产前线，认真接触和研究一下我们国家的实际，虚心听取工人同志们的意见，做一个产品设计工作的革命促进派。直到1965年11月8日，罗瑞卿在广州视察工作时，仍关怀着知识分子，专门就发挥年轻一代和老一代科学家的作用问题打回电话。他说，要重视对青年科学家的培养，要大胆提拔使用他们，特别是那些政治上强，专业上有成就，有发展前途的更要如此。他还提到要注意减少专家们的行政事务工作，少要他们开一些会，一定要使他们至少有70%—80%的时间用于专业。要真正使他们把主要时间、主要精力用于专业上，使他们在专业上有所发展，有所创造，有所前进。

罗瑞卿重视抓典型，总结经验，来推动国防工业的全面工作。在他的倡导下，国防工业开展了外学解放军、石油部，内学二机部的活动和学习沈阳飞机厂、发动机厂与成都飞机厂、发动机厂"一帮一、一对红"的活动；开展了范围广泛的产品设计革命和基本建设设计革命的活动；通过对一些重点工厂严重浪费事例的揭露，在国防工业开展了检查和反对浪费的活动；等等。

罗瑞卿在这一期间的艰苦工作和国防工业战线、国家各有关部门的共同努力，有力地推进了国防工业生产、科研、建设的迅速发展，许多新型武器装备的研制取得成果，适应了战备和国防建设的迫切需要。在他任期内，航空工业继歼6飞机、直5直升机两种飞机优质过关后，初教6教练机的设计定型、强5强击机的全面试制以及新型歼击机投入研制，标志着中国航空工业迈上了自行设计飞机的新阶段。造船工业的舰艇生产也已从苏联转让制造，全面进入仿制和自行研制阶段。采用国产材料、设备试制的鱼雷快艇、高速炮艇和自行研制的导弹快艇、火炮护卫舰和中型护卫舰的工作进展顺利，大型导弹快艇、大型导弹潜艇的装配制造也已展开。在兵器工业方面，通过改进设计或自行设计新型大口径炮、高射炮、坦克、装甲输送车等重型装备，在加强火力、突击力、防护力、机动力和加强光学观测等方面都取得了显著成果。中国第一代107毫米和130毫米野战火箭炮、水陆坦克、轻型坦克等都于1963年先后研制成功。电子工业，长期滞后的基础元器件产品得到迅速发展，师团以下通信装备开始向半导体化、小型化过渡，军以上远距离通信开始更新换代，为飞机、舰艇、火炮、坦克和导弹配套的雷达、电子装备、电子计算机和半自动防空体系都展开了研制，开始摆脱仿制局面，走上自行设计的道路。战术导弹方面，空空导弹的仿制获得了成功，地空导弹进入定型，舰舰导弹也完成了大量的试制工作。航空、兵器、电子、造船工业为配合两弹试验，承担的任务都按国家规定的进度完成，保证了原子弹和中程地地导弹试验的需要。大批新型武器装备的发展，壮大了人民解放军保卫国家的实力，提高了国防工业的生产能力和技术水平，为实现进一步的国防现代化奠定了基础。

二、改革管理体制，改善战略布局

罗瑞卿在兼任国防工办主任后，对国防工业管理体制分步骤地进行了若干重大调整和改革，建立、健全了一套门类齐全的管理机构。

鉴于主管国防工业的第三机械工业部任务重、门类多和业务工作复杂的情况，罗瑞卿在1962年12月5日中共中央书记处第344次会议上提出，为加速无线电工业的发展，适应国防建设和国民经济建设的需要，建议把无线电工业从第三机械工业部分出来，成立单独的无线电工业部。1963年2月8日，中共中央、国务院决定以第三机械工业部无线电工业管理总局为基础，成立第四机械工业部（简称四机部），对整个无线电工业的建设，进行统筹规划，全面安排。由王诤任部长。

为了进一步加强对国防工业的管理，适应国防建设发展的需要，罗瑞卿和国防工办向中共中央、国务院、中央军委建议，将兵器工业和造船工业从三机部分出来，再成立两个工业部。中共中央、国务院批准了这一建议，于1963年9月17日决定，以原第三机械工业部兵器工业管理总局和坦克车辆管理局为基础，成立第五机械工业部（简称五机部），由邱创成任部长。以原第三机械工业部造船工业管理总局为基础，成立第六机械工业部（简称六机部），由方强任部长。三机部只主管航空工业管理总局所属企事业单位，部长仍由孙志远担任。

1964年8月，罗瑞卿在国防工业工作会议上提出："现在看来，导弹的研究、设计、试制、生产，要有一个抓总的部门。维持现状，肯定要多花钱，时间还要推迟。据国防部第五研究院的负责同志讲，导弹的科研与生产结合起来，统一规划，统一建设，统一管理，在三线以型号为纲，按地区配套，科研、生产部门不各搞一套，'三五'期间可大大节省投资，试制周期可以缩短两年。如果这个意见站得住脚，为什么不走这条路？"中共中央、国务院批准了罗瑞卿的建议，1964年11月23日决定：以国防部第五研究院为基础，从第三、四、五机械工业部及其他有关部门和省、市抽调若干工厂和事业单位，组成第七机械工业部（简称七机部），统一管理导弹工业的科研、设计、试制、试验和生产工作，由王秉璋任七机部部长。

1964年9月，罗瑞卿首先提出了加强科研和生产结合的问题。国防科委和国防工办先后于12月份内分别向周恩来和罗瑞卿上送了关于国防部第六（航空）、七（舰艇）、十（军用无线电电子学）研究院与生产部门合并问题的报告，一致拥护关于部院合并的决定。认为这一决定对生产有利，也对科研有利，是集中力量打歼灭战，多快好省的办法。12月26日，罗瑞卿将报告呈送周恩来审批。

1965年2月21日，中共中央决定：国防部第六、七、十研究院分别与第三、六、四机械工业部合并，各研究院改属各国防工业部领导，名称改为第三机械工业部第六研究院、第六机械工业部第七研究院、第四机械工业部第十研究院。唐延杰为三机部副部长兼第六研究院院长，王振乾为三机部副部长兼第六研究院党委书记；刘华清为六机部副部长兼第七研究院院长；孙俊人为四机部副部长兼第十研究院院长。

在调整加强国防工业各部门的同时，国家各有关部委，包括国家计委、国家经委、国家建委、财政部、一机部、冶金部、化工部、石油部、轻纺工业部以及中国科学院等部门,都相继建立健全了专管国防军工和配套产品的机构,并分工由一位主要领导人主管这方面的工作。

1964年,罗瑞卿(右)视察伟建机械厂。

1964年,中国面临着国内经济状况全面好转,周边环境却日益恶化的局势。美国在越南的侵略战争步步升级,直接威胁着中国安全;苏联在中国西、北边界集结重兵;台湾国民党当局仍在叫嚣"反攻大陆"。在这一严峻的形势下,为了改善工业布局,对付可能发生的侵略战争,中共中央和毛泽东主席在1964年五六月间做出了"搞好战略布局,加强三线建设"的战略决策。

遵照中共中央关于建设大小三线的战略部署,国防工办于1964年8月在京召开国防工业工作会议,研究部署国防工业大小三线建设的各项准备工作。罗瑞卿在会上作了重要讲话,他着重讲了关于调整一线、集中力量建设三线和地方军工厂的问题,号召大家发扬延安作风和南泥湾精神,少花钱,多办事,精打细算,因陋就简,就地取材。三线工厂厂址的选择,要贯彻"靠山、分散、隐蔽"的方针。工厂建设要贯彻执行小型化、专业化和便于相互协作的原则,不能搞大而全和小而全。小三线军工厂的建设,要立即规划,付诸实施,越快越好。建设小三线军工厂,不要只看作是解决地方武装的需要,也可以供给正规军的需要。这件事情办好了,国防工业的合理布局也就基本上解决了,至少轻武器和弹药可以基本上成龙配套了,各省可以独立坚持了,也就可以实现毛主席所讲的,万一敌人打进来,沿海各省暂被敌人占领,还要坚持跟它斗,野战军、守备部队和地方武装结合起来跟它斗。要赶快行动,在三年内把地方小三线军工厂建设起来。

1964年10月22日,毛泽东主席在广东省委《关于国防工业和三线战备工作的请示报告》上批示:"广东省是行动起来了,请总理约瑞卿谈一下,或者周、罗和邓、彭一起谈一下。是否可以把报告转发第一线和第二线各省,叫他们也讨论一下自己的第三线问题，并向中央提出一个合乎他们具体情况的报告。……现在不为，后悔无及。"10月25日，周恩来、罗瑞卿邀请有关干部讨论了广东省委的报告和毛泽东的重要批示，并在当月29日向中共中央和毛泽东上送了讨论情况的报告。

随后，各中央局、各省、市、自治区都分别派出专人进行勘察，先后提出初步规划报告。在各地规划报告的基础上，罗瑞卿邀请国防工办、总参谋部、国家计委、国家经委、国务院财贸办、财政部等有关部门研究后，于1965年2月27日向中共中央政治局常委，中央军委贺龙、聂荣臻副主席并彭真、李富春、李先念、薄一波上送了《关于安排一、二线省市后方建设的报告》，规划在华北、华东、东北、中南四个大区建设14个后方基地，此外，报告还对后方基地建设的方针原则、建设重点、一二线省市后方基地建设同全国大三线建设的衔接、建设规划工作的管理分工，以及建设投资控制指标等都做了明确规定和要求。1965年3月8日，中共中央将罗瑞卿的这个报告批转各地区、各部门按照执行。从此，全国各地的小三线建设迅速开展起来。

罗瑞卿在规划一、二线省、市、自治区后方基地建设的同时，对国防工业大三线建设也做了精心周密的规划。他在1964年8月国防工办召开的国防工业会议上，专门讲了关于调整一线、集中力量建设大三线的问题。要求大家立即行动起来，本着"精心研究，逐步实施"的精神，按照规模小、专业化和便于相互协作的原则，以及"靠山、分散、隐蔽"的方针，迅速制订具体规划方案，集中力量，争取时间，积极行动。这次会议结束后，国防工办按照会议决定，组织国防工业各部，由国防工办常务副主任赵尔陆率领各部主要领导干部和技术专家，组成10个地区选厂组和1个中心组，从9月中旬至11月下旬，历时两个月，分别在四川、贵州、云南、陕西、甘肃、宁夏、鄂西、豫西、湘西以及广西西江上游等地区勘察了47个专区的一千多个厂点，经过反复研究讨论，连续写出了关于国防工业三线建设布局、厂址选择、动力和设计施工等4个专题报告，经罗瑞卿审改后上报中共中央。在此基础上，1965年2月20日罗瑞卿向中共中央、国务院、中央军委上送了《关于国防工业在二、三线地区新建项目布局方案的报告》。报告对原子能、导弹、航空、兵器、造船、无线电等工业部门在三线地区（部分项目在二线地区）建设项目的布局，做了详细具体安排。新建的主要项目包括原子能、导弹、航空、地面兵器、造船和电子工业等25套生产基地。这个方案全部实现后，国防尖端和常规武器装备的科研、生产能力将会成倍增长，布局更加合理。国防工业大三线规划建设的项目和各省、市、自治区初步规划建设的小三线军工厂建成后，再加上国防工业已有的工厂和科研机构，经过调整和技术改造，整个国防工业的面貌将会大大改观，中国将有一个布局比较合理的、内容比较齐全的"麻雀虽小、肝胆俱全"的国防工业体系，基本上可以适应现代战争的要求。1965年3月21日，中共中央批准了罗瑞卿的这一报告，从1965年开始，国防工业基本建设的重点转移到三线地区，三线战略后方基地的建设，按照罗瑞卿绘制的并经中共中央批准的规划蓝图，便全面开展起来。

后来，虽然受到"文化大革命"的影响和干扰，推迟了原定的建设进度，但是，由于广大建设者发扬了艰苦奋斗的革命精神，克服了重重困难，大小三线建设仍然取得了巨大成就。据统计，到1980年底止，国防工业大三线地区拥有的企事业单位比

1964年增长3.64倍；拥有的职工比1964年增长2.15倍；常规武器装备的生产能力已占全国的一半以上；战略武器的生产、科研和试验设施，大部分都在大三线地区。各省、市、自治区小三线地方军工厂都已建成能成批生产团以下轻武器装备的生产能力。现在三线地区许多尖端和常规武器装备的科研、生产基地，都是按照60年代制定的规划蓝图建设起来的。国防工业的大小三线建设，对改善战略布局，增强国防实力，加强战备，以及对促进这些地区经济、科技、文化教育事业的发展，都具有重大意义。

三、协助周恩来、聂荣臻，实施两弹研制试验规划

罗瑞卿不仅十分注意抓常规武器的研制和生产，而且也十分重视抓以"两弹"（导弹、原子弹）为主要标志的国防尖端技术。他协助周恩来落实中央专委的各项决策，协助聂荣臻为贯彻中央军委提出的"两弹为主，导弹第一"的方针做了大量卓有成效的组织工作。

1962年8月，中共中央在北戴河召开中央工作会议。会议期间，陈毅等中央领导人见到二机部部长刘杰时，都十分关心地询问原子弹研制的进展情况，殷切地希望能够早日拿出原子弹来。陈毅还对聂荣臻、罗瑞卿说，搞出"两弹一机"（原子弹、导弹和超音速飞机）来，我这个外交部部长就好当了！按照中共中央的指示，罗瑞卿要求二机部尽快提出原子弹研制的具体计划。9月11日，二机部将研制原子弹的具体计划报告中共中央，提出争取在1964年，最迟在1965年上半年爆炸中国第一颗原子弹。

10月10日，聂荣臻、罗瑞卿听取了刘杰汇报二机部的工作。聂荣臻同意二机部试验第一颗原子弹的计划安排，他说，有这样一个目标有好处，可以更大地调动各方面的积极性，协调各方面的力量。要加快原子弹的研制工作，现在主要是如何搞响的问题，采取什么办法都行，将来再考虑装到运载工具上的问题。最好是在1964年进行原子弹爆炸试验，以纪念新中国成立15周年。罗瑞卿完全赞同聂荣臻的意见。他要求二机部按此目标提出具体实施计划和需要解决的问题。二机部按照聂荣臻、罗瑞卿的指示再次研究作了安排，制定了先进行原子弹在铁塔上爆炸试验、接着再进行由飞机投掷的原子弹在空中爆炸试验的"两年规划"，向罗瑞卿并中共中央写了报告。

10月19日，中共中央政治局常委听取国防工办关于原子能工业生产建设和原子弹研制情况的汇报，当汇报到原子弹技术的复杂性和高度综合性，靠一个部门很难完成任务，需要全国各方面配合，中央应有专门机构抓时，刘少奇提出：各方面的配合很重要，中央要搞个委员会，以加强这方面的领导，现在就搞，否则就耽误了。你们提出个方案和名单，报中央批准。据此，罗瑞卿在10月30日给中共中央、毛泽东写了《关于加强原子能工业领导问题的报告》，汇报了二机部力争在1964年爆炸第一颗原子弹的计划安排和拟采取的措施。罗瑞卿在报告中说，实现原子弹爆炸，这是全国科学技术和工业生产水平的集中表现，绝非哪一个部门所能单独办到的。因此，除二机部本身要做艰苦努力外，还必须取得各工业部门、科学研究单位的密切配合，以及

全国在人力、物力的大力支援。现在，离预定的日期只有两年的时间，为了抓紧时机，更有力的保证实现这个目标，建议在中央直接领导下成立一个专门委员会，加强对原子能工业的领导，随时检查、督促计划执行情况，并在必需的人力、物力上进行具体调度，及时解决在研究设计和生产建设中所遇到的问题。这样做，不但可以避免在时间、进度上的拖延，而且可以有效地集中可能的人力、物力，在物质技术上给以适当保证。这个建议，在10月19日国防工业办公室向中央常委汇报时，少奇同志已原则同意。根据少奇同志的指示，我们考虑最好是总理抓总，贺龙、富春、先念、一波、定一、荣臻、瑞卿、赵尔陆、张爱萍、王鹤寿、刘杰、

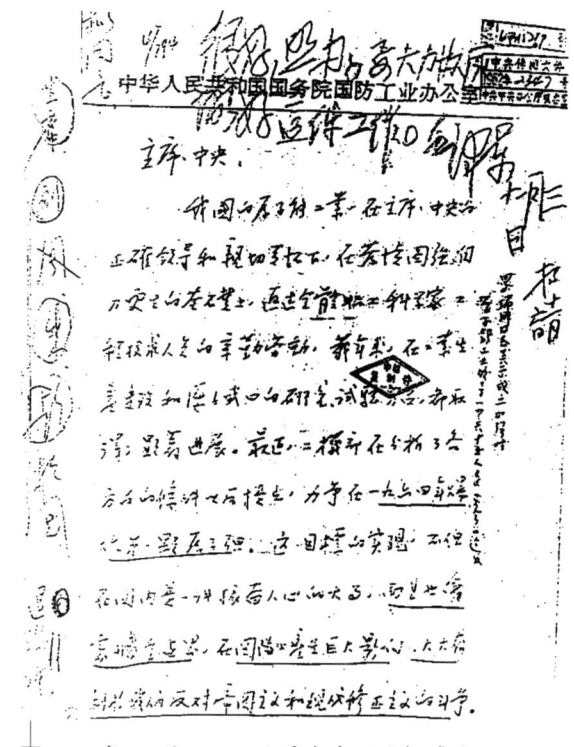

■ 1962年11月3日，毛泽东在罗瑞卿《关于加强原子能工业领导问题的报告》上的批示。

孙志远、段君毅、高扬等同志参加，组成这个委员会。委员会的日常办事机构，可附设在国防工业办公室。

11月3日，毛泽东在罗瑞卿的报告上批示："很好，照办。要大力协同做好这件工作。"随后，中共中央发出成立"中共中央十五人专门委员会"（简称中央专委）的通知，周恩来担任主任；委员会下设办公室，罗瑞卿兼任办公室主任。中央专委除周总理外，成员中有7位副总理，7位部长级干部，他们都是中央政府、军队、工交、财贸、科研、文教等方面的负责人。他们参加中央专委，可按中央专委的决定，分头去执行，动员各方面的力量参加原子弹的研制攻关，保证实现1964年爆炸第一颗原子弹的目标。

中央专委成立后，在周恩来的主持下，进一步加强了对原子能工业和原子弹研制的领导，集中了各有关方面的主要力量，卓有成效地组织了全国大协作。到1964年第一颗原子弹爆炸前，中央专委共召开了9次会议，讨论解决了100多个重大问题。罗瑞卿协助周恩来抓了原子弹研制试验工作的组织领导和计划落实问题。1963年1月，罗瑞卿还责成国防工办、国防科委组成联合工作组，用4个多月的时间，从上到下系统地检查，帮助二机部落实原子弹研制计划，解决工作中存在的问题，制定各项具体措施，加强一些薄弱环节，打消了某些人存在的关于原子弹爆炸计划能否实现的疑虑。罗瑞卿还对中央专委会议决定的重大事项，如为二机部抽调技术干部，组织落实关键科研项目，安排所需的特殊设备、仪器、材料的试制生产，核试验场的建设，

试验的准备和实施等问题，都及时组织中央专委办公室进行具体落实，并经常进行督促检查与协调，有力地促进了原子能工业建设和原子弹研制、试验工作的进展。

在中央专委的直接组织领导下，在全国各地区、各部委、各部队的大力协同下，经过二机部广大职工和核试验基地广大指战员的艰苦努力，爆炸第一颗原子弹的各项准备工作按照计划顺利进行，整个工作出现了势如破竹、节节胜利的局面。到1964年9月1日，正式试验用的原子弹已加工好，核试验现场的各项准备工作已基本就绪。这时，第一颗原子弹何时进行爆炸试验，这个重大议题被提到了党和国家领导人的议事日程。

当时有许多信息表明，两个超级大国曾先后策划对中国的核设施进行袭击，妄图阻止中国掌握核武器。面对这种严峻的形势，周恩来总理在9月16日下午和17日上午，主持召开了第九次中央专委会议，研究第一颗原子弹正式试验的时机和继续发展核武器问题。在听取了核试验现场的正、副总指挥张爱萍（副总参谋长兼国防科委第一副主任）、刘西尧（二机部副部长）关于第一颗原子弹试验的准备情况和正式试验的工作安排汇报后，周总理同与会的贺龙、李富春、李先念、薄一波、陆定一、罗瑞卿副总理等，综合分析了国际国内形势，慎重地研究了正式爆炸试验的时机。在讨论中，罗瑞卿建议安排在10月份试验。他向与会者介绍了9月12日美国《商业周刊》披露的一份材料。这份材料讲苏联计划破坏中国的核工业。罗瑞卿说，我们的原子弹炸响了以后，在世界上一定会引起一阵骚动。我们今年试验或推迟到明年、后年进行原子弹试验，所带来的后果都是一样的。罗瑞卿还着急地说，如果推迟到1970年再爆炸原子弹，我们这些人就要退休了。经过与会者充分讨论，就试验的时机议出了两个方案：一个方案是早试，安排在10月份炸响；另一个方案是晚试，先抓紧三线研制基地的建设，择机再试。中央专委议定，进行试验的时机，要提请毛泽东主席和中央政治局常委决定。无论是早试还是晚试，准备工作都不能有丝毫松懈，二机部、国防科委应继续积极做好各方面的安排和准备工作。

9月20日，罗瑞卿向中共中央、毛泽东呈送了《关于首次核试验时间的请示报告》。报告在汇报了原子弹、控制和测试、安全防护、气象、指挥保障、生活保障等准备情况和参试人员思想状况后说：根据准备情况和气象预报，以今年10月份试验为最好，其次是11月上中旬。11月下旬以后天寒地冻，许多工作不好在野外进行，不宜试验。如需要推迟，则要到明年4、5月间，气象条件比较合适。由于原来各项工作都是按10月份试验进行准备的，因此，如果推迟试验时间，有些问题需要重新研究。究竟何时正式试验，请中央早日决定。如果定在10月份试验，需要在9月下旬定下来（因弹的运输、装配、测试需20天左右的时间），以便进行准备；如果今年不试验，也需要定下来，以便安排过冬。

毛泽东在与刘少奇、周恩来研究罗瑞卿的报告时，指出：原子弹是吓人的，不一定用。既然是吓人的，就早响。他们决定按10月份早试的方案进行。

9月23日下午，周恩来召集贺龙、陈毅、张爱萍、郑汉涛、刘杰、刘西尧等开会（罗瑞卿有事未到会），传达了他与毛主席、刘少奇研究的决定，并对正式试验的有关工作做了部署。周恩来明确：这次原子弹正式试验准备工作的进展情况，由他与贺龙、罗瑞卿三人具体抓；试验时间，最好10月下旬或11月上旬，但是，准备好了也不要受这个限制，要防止破坏，由总参谋部做出严密的战备部署；由刘杰负责组织关键技术资料、仪器设备的转移；请陈毅组织外交部做好打政治仗的准备；张爱萍、刘西尧赴核试验现场组织指挥；刘杰在北京主持由二机部、国防科委组成的联合办公室，负责北京与核试验现场的联络，要规定一些暗语、密码。

9月27日，张爱萍、刘西尧返回核试验场区，立即召开核试验党委会，传达并遵照周恩来的指示，对原子弹爆炸最后的各项准备工作进行了详细的研究布置。从28日起，核试验场区立即展开了正式试验的最后准备。

10月9日，根据核试验场区气象预报，并经核试验党委常委研究，建议正式爆炸原子弹的时间在10月15日至20日之间选定。张爱萍派总参作战部参谋、核试验现场办公室主任李旭阁，于10日晨乘专机直飞北京，向周总理、罗瑞卿呈送由张爱萍、刘西尧签署的关于试验准备工作情况及正式试验时间的建议的书面报告。毛泽东、周恩来同意上述时间建议。罗瑞卿还专门听取了李旭阁的汇报，并要李旭阁转告张爱萍、刘西尧，最后的各项准备工作，特别是一些关键部位的工作，要由部门首长亲自把关，找缺点、补漏洞，把各项准备工作实际检查落实。

此后，周恩来、罗瑞卿通过刘杰主持的联合办公室与在核试验现场的张爱萍、刘西尧保持着联系，及时掌握试验准备工作的进展情况。10月14日晚，周恩来批准了张爱萍、刘西尧提出的实施原子弹爆炸的日期。1964年10月16日15时，中国自行研制的第一颗原子弹在102米高的铁塔上爆炸成功。罗瑞卿听到这一喜讯后非常高兴，他发贺电向参加这一试验工作的全体同志致以热烈祝贺和亲切慰问，勉励试验部队"再接再厉，以竟全功"，要求善始善终地做好试验后的工作。当晚，从不喝酒的罗瑞卿在家吃晚饭时，破例让拿出酒来喝了一杯，以表庆贺。

第一颗原子弹爆炸成功，大长了中国人民的志气，有力地激发了中华民族的自信心和自豪感。

第一颗原子弹在铁塔上爆炸成功后，罗瑞卿协助周恩来组织总参谋部、国防科委、国防工办密切协同，全面开展了空投原子弹的研制工作和试验的各项具体准备工作。1965年3月上旬，罗瑞卿派张爱萍、张震寰（国防科委副主任）到试验现场和原子弹研制生产厂对准备工作进行了检查。张爱萍于3月15日在核试验基地马兰村向周恩来和罗瑞卿写报告，汇报了试验场准备工作的主要情况。

3月20日，周恩来主持召开第十一次中央专委会议，研究了国防科委、二机部党委关于航弹、地下、导弹三种核试验准备工作的情况的报告。刘西尧、张震寰就有关问题作了汇报。周恩来指示：这次试验一定要准备好，要吸取第一次核试验的经验，要更周到、更细致、更妥善的全面做好安排。在效应试验上，要搞清楚在空中、地面、地下各种条件下杀伤和破坏的威力半径。总之，凡是通过试验应该得到的科学知识，我们都要得到。我们反对核讹诈和核威胁，我们不主张搞几百次核试验。因此，我们的核试验都要从军事、科学、技术的需要出发，都要做到一次试验全面收效。为这次试验而安排的空中取样飞机要三路三层（注：指取样飞机在空中要布置在国土的正东、东南、东北三条路线上和高、中、低三个高度上拦截取样）同时准备好，要准确及时地全面掌握住放射性烟云飘移情况。周恩来要国防科委3月底给他一个全面部署的资料，4月份做好这次试验的一切准备，中央专委4月底还要再全面复查一次。

遵照周恩来的指示，张爱萍、张震寰就这次空爆核试验的基本测试、效应试验、战术演习，以及核试验场外放射性烟云的侦察、地震测量、微气压测量、地面放射性微尘测量等所做的全面安排及布设情况，于3月31日向周恩来、罗瑞卿写出了报告。刘少奇、邓小平、彭真均圈阅，周恩来并就这次试验的安排向中央政治局常委作了汇报。

罗瑞卿3月下旬回京后，30日审阅了张爱萍在马兰村写给他的报告。罗瑞卿在这个第二次核试验准备工作情况的报告上批示：这个事情还丝毫不能松懈，还须精心研究、精心计划，不断检查，不断落实。有些事情还要反复演练，宁肯做一些重复劳动，把问题想得深一些，把工作做得细一些，使之不致有任何漏洞，影响安全，特别是影响一次试验，都是值得的。这次试验是第二次，也可以说是第一次，同上次有共同处，也有不同处。我们的着重点，特别要放在充分看清那些不同处。看清那些不同处中的关键的问题，认真加以解决。力争打一个有准备（准备得很好）、有把握（把握性很大）的漂亮仗。有关空军的问题要抓紧、抓好。从4月起，爱萍的中心工作要转到这个方面来。至要！至盼！

周恩来的重要指示和罗瑞卿的批示，国防科委都及时地向核试验基地及参加试验的各单位做了传达，并会同有关部门在准备这次空爆试验时都一一做了落实。

到4月底，核试验现场的各项准备工作，经过全体参试人员的协同奋战已基本完成。二机部研制的两颗正式试验用的原子弹（其中1颗备用），也于4月中旬在青海核武器研制基地总装完毕，待命启运。

这次试验使用的运载工具是改装过的轰-6型轰炸机，用它投掷原子弹，对空军来说是第一次。以往轰炸机部队投的是航空炸弹，若投在距靶心200米以内就可以打满分。这次是投原子弹，对投弹精度要求更高。因为在靶标四周不同方位与距离上，修建了用于试验的房屋、工事及铁路线路、桥梁，布放了飞机、快艇、坦克、火炮、各种动物及其他效应物，用来检验原子弹的毁伤破坏效果。如果把原子弹投偏了，许多试验数据将得不到，因此，把原子弹投准，是这次核试验的关键环节之一。在空军副司令员成钧的主持下，担负空投原子弹任务的空军独立第四团李源一、于福海机组和徐文宏、赵承业机组，分别驾驶21号和22号轰-6飞机进行了高空光学瞄准轰炸飞行训练。到4月下旬，已稳定地达到了把弹投中半径为200米的靶标内的要求。

经中央专委、中央军委批准，4月底组成了由90人参加的核试验委员会（以下简称试委），张爱萍为主任委员，刘西尧、成钧、张震寰、张蕴钰（核试验基地司令员）等9人为副主任委员，统一领导试验现场的工作。

5月1日，张爱萍、刘西尧、成钧、张震寰、张蕴钰联名向周恩来、罗瑞卿、中央专委、中央军委并党中央报告了4月28日上午核试验现场按正式试验程序进行全场综合预演的结果，并提出：根据气象预报，5月9日至15日的气象可能符合试验条件，建议在此期间选择一个好天，进行正式试验。

5月4日、5日两天上午，周恩来在北京三座门主持召开第十二次中央专委会议。

他与贺龙、聂荣臻等中央专委委员听取了张震寰关于这次核试验准备情况的汇报（罗瑞卿有事请假）。汇报后，周恩来说，中央政治局常委5月2日已开过会，党中央、毛泽东主席已原则批准进行试验，具体时间由中央专委定。根据气象情况，5月9日起试验，可以；如果不行，到28日也可以。反正在5月里就行，早一点更好，但一定要有把握，不要勉强。爆炸以后，要把应该得到的数据和资料都得到，要把效应试验的杀伤破坏界限搞清楚。要对试验的安全普遍检查一下，凡是有漏洞的都要补起来。要特别细心，一点不能疏忽大意。李源一机组要用22号轰-6飞机练习飞一下。周恩来还同意在必要时可实行安全投弹（指在意外情况下，为保证机组人员和投弹飞机、机场或核试验场的安全，把原子弹投到另外的场地，并不发生核爆炸）。

5日晚7时45分，罗瑞卿打电话给张震寰，要他返回核试验现场后转告试委会的同志和张爱萍、刘西尧，要按中央的决定，力争把能做到的事都搞好，争取在第一个好天气试验。他说，现在还有几天准备时间，有什么漏洞和不落实的地方，要检查一下。空军是第一次执行任务，要搞好。

5日晚9时5分，周恩来打电话给张震寰，再次指示，只有在迫不得已时才能实行安全投弹。安全投弹在安西危险性不大，因距铁路还有100多公里。在零时（即起爆时间）以后应该把要收集的材料、数据都弄好。

6日晚，张震寰回到核试验场区，立即向张爱萍等试委领导传达了周恩来、罗瑞卿在中央专委会上及电话中的指示。试委常委决定，在6日晚和7日全天对各项准备工作再进行一次全面检查。

7日凌晨，试委主要领导与专家、气象预报人员一起研究了气象，认为8日可能出现符合试验要求的气象。于是，张爱萍、刘西尧、成钧、张震寰、张蕴钰签署向周恩来、罗瑞卿的报告。报告说：我们已做5月8日8时到10时进行试验的准备。如气象不好，试验顺延。18时6分，周恩来、罗瑞卿复电张爱萍、刘西尧，原则批准5月8日进行试验，请他们确定具体起爆时间。随后，周恩来于19时30分在钓鱼台开会，就加强战备、核试验场区外放射性烟云径迹侦察及地面沉降监测等工作做了指示。会后，杨成武副总参谋长做了具体布置。

7日23时，试委再次开会研究气象，8日2时，张爱萍直接向周恩来通了加密电话，正式报告零时定在8时，拟在4时半再订正一次气象。并报告：正式试验用的原子弹已全部装好，准备挂上飞机，计划在6时起飞；试验场区一切准备工作均已就绪。周恩来说，4时半研究气象很重要，如气象良好，就正式下命令试验，但要在5时50分左右飞机起飞前，再向他报告一次情况。周恩来还嘱咐，飞机挂好弹一切准备好后，飞行人员要好好休息一下。

但是，天有不测风云。4时半，张爱萍主持研究气象时，气象预报人员从探测资料中发现试验场区的高空风已由西北风转为东北风，这不符合试验要求。张震寰、张蕴钰立即组织有关人员进行了可能的放射性沾染范围的计算。结果表明，如要进行试验，将对试验场区西部有人居住地区造成污染。6时25分，张爱萍向周恩来直接通话，做了汇报和请示。周恩来指示暂停试验，转为待命，另择有利气象再试。

7时许，周恩来召集罗瑞卿、杨成武、罗舜初（国防科委副主任）、刘杰、刘柏罗

（国防工办副秘书长）、梁璞（空军司令部参谋长）、胡若嘏（国防科委二局局长）、程开甲（核试验基地研究所副所长）及总参气象局的负责人开会，研究了抓气象的问题。周恩来、罗瑞卿要求国防科委、总参气象局注意研究核试验场区天气的发展趋势，每天上午、下午、晚上要研究三次，了解核试验现场的气象情况和各方面的工作情况。

试验转入待命后，罗舜初、刘柏罗、胡若嘏遵照周恩来、罗瑞卿的指示，8日至10日，每天与总参气象局等单位研究核试验场内外的气象。并将研究结果向周恩来、罗瑞卿报告。10日17时，周恩来和罗瑞卿在三座门约集杨成武、罗舜初、刘杰、刘柏罗、胡若嘏、梁璞、程开甲及总参气象局的有关人员研究了气象、风向、风速、云层、净空、气压、烟道、降雨范围和雨量，以及降水对放射性沉降地面空气影响等问题。

11日23时许，罗瑞卿在宿舍与罗舜初、刘柏罗、胡若嘏一起听取了总参气象局关于场区气象的汇报。他要求罗舜初、刘柏罗、胡若嘏商请中央气象局的领导及有关人员，对场区气象的发展规律及趋势进行研究。12日20时半，周恩来、罗瑞卿再次开会研究了气象。

经过核试验场区气象人员几昼夜连续工作，到13日深夜，预见到14日上午将出现符合试验要求的气象。接着，气象预报人员于14日2时30分提出天气预报：5月14日9时至12时是短时的好天。经张爱萍、刘西尧等试委主要领导与气象预报人员一起分析研究，确认上述预报可靠无误之后，试委决定14日9时30分为试验零时，并立即向各参试单位下达零时的通知，要求各单位按已下达的爆炸实施阶段实施计划表规定的任务和程序行动。

14日2时45分，张爱萍直接向罗瑞卿通了加密电话，请示零时。罗瑞卿表示同意。罗瑞卿随即向周恩来请示，周恩来批准零时为14日9时30分。罗瑞卿马上与张爱萍通电话，正式答复批准零时，并指示："在5时左右派一架侦察飞机侦察一下试验场区气象，8时左右派22号轰-6备分机组去核试验场看一看天气，然后21号轰-6投弹机组再起飞。如果到核试验场区上空能见度不好，允许在上空盘旋半小时，如果能见度仍然不能好转，采用雷达瞄准。投弹机组起飞前如发现情况不好，可以改变计划。"最后，罗瑞卿要投弹机组沉着、仔细，并预祝成功。

3时半，周恩来在他的办公室找杨成武、罗舜初、刘杰、刘柏罗、胡若嘏及总参气象局的有关人员开会，了解了核试验场区内外的气象情况，并对防空、场区外放射性烟云径迹侦察及地面沉降测量等工作做了指示。

5时21分，原子弹被挂在21号轰-6飞机弹舱内。接着做完了起飞前对原子弹的最后检查。

在核试验现场，经过各参试单位紧张的工作，仅用了5个半小时就完成了试验的最后准备。

5时59分，徐文宏、赵承业机组驾驶22号轰-6飞机起飞，飞往核试验场区进行天气侦察。7时20分，徐文宏、赵承业机组在核试验场区上空报告：水平能见度20—25公里，垂直能见度不太好，18公里处才看到靶标（正常训练时30公里）。试委主要领导人研究可以进行试验。7时50分，张爱萍用加密电话向周恩来报告了试验场区的气象和准备工作完成情况，并请示批准载弹飞机起飞。周恩来于7时54分批准载弹飞机可以起飞。

8时13分30秒，李源一、于福海机组驾驶载弹飞机起飞。

9时59分38秒，原子弹在靶标上空爆炸。顿时，在戈壁深处靶标上空，出现了强烈耀眼的闪光。接着，出现一个巨大的火球，飓风般的冲击波从爆心袭向四周，爆炸巨响惊天动地。随后，火球转为翻腾的烟团，逐渐形成一朵白色壮观的蘑菇状烟云。

初步测量结果出来后，张爱萍立即向周恩来、罗瑞卿通话，报告核爆炸试验成功。周恩来、罗瑞卿听到喜讯后非常高兴，请张爱萍转达他们向参加试验的全体同志表示祝贺。罗瑞卿要求各方工作不要松懈，抓紧完成零时后的工作。

经毛泽东批准，14日晚，新华社就这一颗原子弹爆炸成功，向全世界发表了《新闻公报》。《新闻公报》指出，这次试验的成功是"中国人民在加强国防、保卫祖国安全和世界和平方面的又一重大成就"。

为了表彰和鼓励从事核武器研制和试验的人员，周恩来在5月下旬派专机去西北把一批科技骨干和负责人接来北京。周恩来与党和国家其他领导人林彪、邓小平、陈毅、贺龙、李先念、薄一波、聂荣臻、罗瑞卿等，于5月30日12时在人民大会堂新疆厅接见了参加第一颗原子弹塔爆试验和这次原子弹空爆试验的核武器研制和试验部门的负责人、科学家和技术专家及投弹机组的代表。周恩来勉励大家要继续努力学习马列主义、毛泽东思想，群策群力，戒骄戒躁，再接再厉；要努力攀登下一个高峰，尽快掌握氢弹技术，为加强国防、保卫和平作出更大的贡献。

原子弹试验成功之后，解决运载工具又突出了起来。1965年3月，中共中央决定，中央专委除管原子能工业、核武器之外，还要管导弹。委员会的组成人员相应进行了调整和扩大。"中共中央十五人专门委员会"改称为"中共中央专门委员会"（仍简称中央专委）。至1965年4月，中近程地地导弹研制任务完成。

四、身兼十三职，日日夜夜在超负荷运转

从1955年起，罗瑞卿兼任中共中央对台工作小组成员。小组共三人，即李克农、罗瑞卿、徐冰，1962年李克农逝世后，罗瑞卿为负责人。对台工作小组在毛泽东、周恩来亲自领导下，通过张治中、傅作义、章士钊等民主人士对台湾进行了大量工作，与台湾方面的间接接触一度颇有进展，但为后来的"文革"所中断。

1962年，罗瑞卿被选为中共中央书记处书记，他的工作更加繁忙了。

由于罗瑞卿是军委秘书长，他在军队内的工作范围不仅限于总参。军队内的大事，或者是反映到他那里而他认为是应该解决的事，他认为都有过问的责任。

从1959年他出任军委秘书长以来，对《解放军报》非常关心。1960年12月24日，他主持军委办公会议专门讨论了《解放军报》的工作。在会上他决定："今后报社总编辑、副总编辑经常列席办公会议，每次都有一个人参加，军委常委会也可以参加（当然会上讨论一些机密问题或与报纸宣传无关的问题，不要向下传达），使他们了解领导的意图。最重要的问题是报纸领导人的思想要与中央、军委的思想一致。"

他说：要明确报纸是军委实施领导的主要工具之一。旗帜要鲜明，方向要正

1964年10月,视察新疆时和阿勒泰草原牧民合影。后排左起:郝平、赛福鼎及夫人、罗瑞卿。

确……除了思想性、现实性外,还要研究编排形式、标题,要活泼,也要体现三八作风。对别的大报也要研究要比较,凡是别人的优点,适合我们的都要学,凡是别人的缺点,自己就避免。

1961年8月下旬,他在《解放军报》9月份宣传要点上批示:"报纸上除了要善于宣传党的方针和政策,还要经常多出现一些内容丰富、说服力强而形式又生动活泼的真人真事的稿件和描写就好,做到这样就真能打动人、吸引人了。当然,没有真正下苦功夫的调查研究和实行充分的群众路线,是不容易做到这一点的。"

1964年2月14日23时,他让秘书转告《解放军报》负责人,"最近《解放军报》办得比较好。报纸一定要办好,要短小精悍、丰富多彩"。

罗瑞卿除了对军报办报方针给以指示外,对报纸的社论、重要文章都要亲自审定,对报纸的内容、版面直至图片都要经常给予具体指示。当报社向他反映住房困难时,他批示将原总参专家招待处营院的一半拨给了报社。

罗瑞卿非常关心文艺工作。话剧《霓虹灯下的哨兵》他看过多次,并要求全军各话剧团都排这个戏给部队看。他曾陪同周恩来观看大型音乐舞蹈史诗《东方红》。对上述节目,他都曾多次提出修改意见。

他看节目十分认真、仔细,对一句台词、一件服装都不放过。一天,他去看海军政治部文工团演出《海防线上》。幕间休息时,接见了创作人员。在充分肯定这一出戏的同时,指出:"戏里民兵连长、生产队长为什么穿那么好的布鞋,可民兵却打赤脚?干部、群众应该一样,民兵连长可以穿草鞋嘛,南方人都打赤脚嘛!"在下半场演出时,演生产队长和民兵连长的演员都换上了草鞋。演出结束后,罗瑞卿表扬他们说:"你们接受意见快,雷厉风行。"他又一一问了演女民兵的演员都是什么地方的人,

■ 罗瑞卿陪同周恩来观看演出后，与演员亲切交谈。

■ 1977年10月24日，罗瑞卿与南京军区话剧团《淮海大战》剧组演员交谈。

然后说："噢，都不是打赤脚地方的人，演这出戏可委屈你们了。""现在是好戏连台，你们也出了一台，真是山花烂漫啦！"

1963年12月12日和1964年6月27日，毛泽东在关于文艺工作的两次批示中对新中国成立后的文艺工作提出了指责[①]。罗瑞卿认为部队文艺界还是好的，政治方向

---

① 参见《中国共产党历史大事记》，人民出版社1991年版，第263、266页。

已经解决了，现在的重点主要是提高艺术性，在部队内没有必要整文艺界。1964年1月4日和7日，就在毛泽东对文艺工作做出第一个批示后不到一个月，罗瑞卿在驻京部队文艺工作者座谈会上讲了两次话。在当时比较"左"的历史氛围中，罗瑞卿仍然为一些遭到错误批判的文艺作品辩护。他说："《九九艳阳天》不准唱，这也是粗暴。这是民歌，没有低级趣味，为什么不准人唱。连这个也不准唱，就有点孔夫子的味道了！我们不要搞封锁，不然就会变成封建主义了。""电影界有一句话叫'枪毙'（陈播插话：这是挖苦领导的），是挖苦领导的，那样当然不好。但领导也要注意，不要随便'枪毙'嘛！'""张越南、贾士骏都是洋嗓子，也不能都取消嘛！问题是看你唱什么，唱得怎么样。民族化不要化成复古，也不能化到排斥外国的东西，不然就变成民族主义了。"他指出，1960年以来，"我们部队的文艺工作取得了很大成绩"。他列举了《东进序曲》《南海战歌》《五朵红云》《蝶恋花》等较优秀的剧目，然后说："《蝶恋花》为什么不演了？那是革命的浪漫主义嘛！"

在讲话中，他号召"军队的文艺工作，要提倡'三严'"。他说：

> 所谓"三严"，即严肃、严密、严格。这就是说我们的文艺作品和演出活动，在政治思想上要是严肃的，比如说，爱憎要是分明的。反对什么，歌颂什么，对敌人应该怎样，对自己应该怎样，你这个文艺工作是为什么服务的，等等，要是明确的。这些都属于政治问题。在政治问题上，必须是立场坚定，旗帜鲜明的，不能含糊。严密是讲作品的逻辑性。就是说，故事情节的发展，要是自然的，有说服力，给人以真实感。艺术上的概括和夸张，当然需要，但是要恰如其分，要合情合理。不要生搬硬套，漏洞百出。更应切忌抄袭别人，或者把某些写作手法、表演形式不适当地移植在自己的作品或者表演方法上。严格就是对于作品、对于演员的表演，对于舞台上一切艺术处理、技术加工要严格要求，一丝不苟，做到高标准，不能是马马虎虎，吊儿郎当。

罗瑞卿认为，部队的文艺工作，"'三严'之中，在严肃方面似乎做得比较好一些，严密就差一些，严格就更是比较差了。"罗瑞卿这番话实际上是说，部队文艺工作在政治上较好，而在艺术性上还有待努力。这无疑是对处在随时有可能挨整的部队文艺工作者的保护。他接着说：

> 办什么事情，都要不办则已，办就要认真，严格要求，不能漫不经心、马马虎虎。不要以为搞文艺就可以稀稀拉拉，应付差事，这种想法是错误的，这叫做自暴自弃，没有事业心，也叫做对观众不负责任。我们演一场戏，每一个舞台动作，都一定要经过反复推敲，做到一丝不苟，前台后台的配合，灯光、布景以至每一个小道具的处置，都要认真对待，不能草率。有些事情虽小，但意义不小。《霓虹灯下的哨兵》的一双袜子，一个针线包，处理得好，就为全戏增添不少光彩。反之，如果马马虎虎，一点小事也会产生很坏效果。演员正在台上拼刺刀，刺刀突然掉了，就不仅会使演员很尴尬，也会破坏了整个剧场的气氛。

罗瑞卿同许多部队文艺工作者有深厚的友谊。他逝世以后，南京军区前线话剧团的演员陶玉玲撰文《永志不忘》。她写道：

> 1963年3月，我团第一次在京演出《霓虹灯下的哨兵》，您陪同敬爱的周总理走上舞台接见演员，鼓励我们。有一次您还和我们一起吃晚饭。大家平时听说您是很严厉的，对部下要求很严格，开始都很拘束。那天，正好我跟您坐在一张桌子上，真不知如何是好。谁知，您把同桌的演员一个个叫出了名字，和大家亲切地握手，大家的心情顿时松弛下来。①

罗瑞卿非常关心部队文艺工作者的生活，对他们的合理要求都尽可能给予解决。

1962年，总政文工团小西天驻地的团员们向罗瑞卿反映：在他们驻地附近，有总参管理局工程队的木工房和伙房。他们每天晚上演出后很晚才回来，但第二天早晨常被吵醒，休息不好。罗瑞卿得悉后让秘书告诉管理局负责人：文工团的同志"很辛苦，要保证他们有工作和休息的环境，厨房不要修在他们驻地。总参、总政都是军事系统的，要照顾一下。即使不是军队系统的，也要注意团结。"

在罗瑞卿的干预下，总参管理局很快就解决了这一问题。

1964年4月，在北京某地的坦克学校同驻地附近的农民因用地问题发生了矛盾。该校训练场地9600亩，其中有3000亩好地，是买来的，还有6000亩荒地。1963年当地农民见该校并未使用这一场地，要求到那3000亩好地上种麦，校方同意并与公社达成协议，学校何时用，公社何时还地。当年麦收前学校为训练，向公社要地。农民因麦子未熟，不愿意还。学校硬去，压了80多亩小麦，生产队长带头躺在坦克前面，不让坦克过去。

总政得悉此事后，立即通知学校停止训练，压坏的麦子要赔偿，校方要向农民当面道歉。与此同时，向罗瑞卿报告了此事。罗听后十分生气，5月10日，他批示：

> 这种做法很不好，特别是全国学解放军的时候，影响更坏。这是国民党的作风。这样做除了隔离我们和群众的关系之外，没有别的解释。要查是谁决定到麦地上训练的，要给予处分。驾驶员为什么执行这个不正确的决定？如果是一个反革命分子的命令你也执行吗？现在这样处理不行。要学校的校长、政委、主任等主要负责人带上做出错误决定的人和执行这一决定的驾驶员到公社去当众检讨。装甲兵司令部要好好抓这件事，通过这些事来教育同志，提高觉悟，密切军民关系。

5月15日，罗瑞卿又特地写信给北京市委书记彭真和副书记刘仁，对坦克学校的事表示道歉。北京市委接到信后，彭真作了批示，市委开会进行了研究。并由农村工作部赵尔传部长率队到坦校表示道歉。5月18日，赵尔传来到坦校，按照彭真批示

---

① 《解放军文艺》，1978年第9期。

的精神，表示：军队对此问题的处理严肃认真，对地方上启发很大。为了保证军事训练，坦校的训练场地要有保证。要批评教育公社干部，不能只是单纯搞生产，要照顾军事训练，坦校赔偿的几千斤粮食要敲锣打鼓送回去。要教育社员停止在训练场内种地。在演习场通道口的麦子要割掉。副市长冯基本和农村工作部赵部长要去装甲兵司令部道歉，坦校领导当即表示，请冯副市长不要来，麦子不要割，等成熟了再割。已赔偿的粮食也不要退了。

5月19日中午，罗瑞卿批示：一、北京市委不必向装司道歉，装司也不向市委道歉了，都是党领导的。我们主要是要部队向群众道歉。二、粮食已赔偿给群众，就不要追回了。这是关系到群众的事。三、坦校的训练场地要划定范围。宽了的要退，但必要的场地要保留。四、已在训练场地（包括通道口）种的麦子不要割掉。今后如果还发生这样的问题，不能去撵群众。群众的觉悟要经过反复的教育才能提高。

由于罗瑞卿和彭真分别代表部队和地方，都采取了正确的态度，这一问题得到了妥善解决。

1964年12月5日，罗瑞卿在南京得悉总政反映，总后勤部部长邱会作又犯了男女关系方面的错误，便让秘书通知副总长杨成武、总政副主任梁必业和徐立清：

请梁副主任亲自和他严肃地谈一次，请杨副总长一起谈。徐副主任如在，三人找他一起谈，谈深谈透，前后事情端出来，问他怎么办？要快一些和他谈，不然他还要出娄子，那就不可收拾了。

罗瑞卿又详细交代了同他谈话的内容：

问他这样一犯再犯，这是什么思想，什么作风？……你自己可以把自己排一排队。因为你不是普通干部，你是军委办公会议的成员嘛！追求资产阶级生活方式，你这是和平演变的开始。你的一套手法：乘人之危、骗人，利用人家的弱点来达到自己的卑鄙目的。

上次问题发生后，打电话向我保证……说保证不再犯……你和我讲的这些话，言犹在耳，我并没有忘，可是你又犯了！你说假话，是说话不算话，不讲信用，党内耍手腕、做生意，根本没有党性。你的担保谁能相信？说假话、骗人，也是资产阶级作风。要想人不知，除非己莫为。欺骗可应付一时，但总要被戳穿……

上次和你说了，我们这些人，主席、中央、军委、林总相信我们，把担子放在我们肩上，我们就要全心全意把事情办好，不辜负党的委托。……虽然上次讲过，这次还要讲。一方面要戳痛他，另一方面也要把这些话再次摆在他面前，同他谈，问他：党是希望我们干好，不希望我们垮台的，你这样做，反其道而行之，这叫什么党性？……

你这样做下去，还怎么得了？会造成什么后果呢？你是办公会议成员，这样搞下去，还有什么威信？办公会议成员内部乌七八糟，那全军还会听你的？

要严肃告诉他,这是最后一次机会。党是希望同志们走正路的,对你是爱护的,不要跌跤子。但党对你的保护是有限度的。不要以为党怕你,对你没有办法,不要把党的好意误认为软弱可欺。我们党不能有两个原则,不能是对其他人一种原则,而对你邱会作是另一种原则。

罗瑞卿这番话既反映了他疾恶如仇的品格,又反映了他希望邱会作悬崖勒马的满腔赤忱。

罗瑞卿给予军队政治工作以很大的关注,除了因为他是军委秘书长,有义不容辞的责任外,也由于60年代总政主任萧华得了肝病。萧华休养后,曾请罗瑞卿照顾一些总政的工作,他慨然允诺。军队政治工作在60年代前期取得很大成绩,同他的支持是分不开的。总政副主任梁必业因此说:"这几年军队的政治工作,罗总长可当了半个主任。"

到1965年,罗瑞卿共担负了5方面的职务,在党内,他是中共中央委员、中共中央书记处书记;在政府,他是国务院副总理;在军内,他是军委常委、军委秘书长、总参谋长、国防部副部长、国防委员会副主席、人民防空委员会主任;在国防工业战线,他是国防工办主任、十五人专门委员会和中央专委成员兼办公室主任;他还是对台工作小组负责人。在人大,他是人大常委委员。

■1962年3月27日,参加第二届人大第三次会议的军委领导人在人民大会堂合影。左起:罗瑞卿、徐向前、罗荣桓、刘伯承、贺龙、陈毅、聂荣臻。

一个管弦乐队的乐队指挥需要在同一时间内让不同声部的不同的乐器，运用不同的乐谱，非常协调、非常融洽地演奏出同一支乐曲。罗瑞卿工作起来就像是这支庞大乐队的指挥，乐谱就是毛泽东所制定的战略决策和周恩来、刘少奇、邓小平以及各位老帅的指示。他要把这一部复杂的乐谱化为一支豪迈的乐曲。为此，他一天之内要同时处理从空军如何去打击侵入领空的敌机到同某一个犯了腐化错误的高级干部谈话；从处理某一工厂出的安全事故到调解某一院校因训练场地同当地人民公社发生的纠纷；从修改第二天要见报的社论到研究如何安排亚非留学生在院校的课程；从检查原子弹试验的准备工作到处理文工团住房靠近木工房、噪声太大的问题；如此等等。他的工作可以说是日理万机。他就是解放军的一位总管家。

他的会议很多。书记处的会、国务院的会他要参加，政治局开会他也要列席。军委开会他更得参加，军委办公会议他是主持人。总参和国防工委的办公会、党委会他都是主持人。他还经常被请到各军兵种、各大军区、军事院校和各国防工业部的研究院、军工厂去出席各种会议。毛泽东、周恩来、刘少奇、朱德、陈云、林彪、邓小平等的指示、讲话，他不仅要及时向下传达，而且要向未听到这些指示、讲话的各位老帅逐一登门汇报。

他每天要处理的文件堆积如山，电话铃声不绝。要问有多少文件，1961年初，他的秘书给做了一个统计，1960年全年共收文件3.6万份，平均每月3000份，每天100份。其中电报16560份，刊物资料5000份，会议文件2225份，日常往来文件1.2万份。罗瑞卿全年批办文件1772份，但此时他尚未兼工办主任。为了处理这些文件、电报、电话，他有4位精干的秘书。这4位秘书一位对国防工办口，一位对军队口，一位对党政口，一位处理日常事务。他们接了电话便做成记录，把文件分成急办、要件等，在文件前写上文件摘要和处理意见。他一回家，4位秘书便各把一摞急需批阅的文件呈送给他。面对这4位秘书每人手中的一摞文件，他常开玩笑地说："嗬，我又被包围了。"然后，便一面吃饭，一面批阅这些文件。对于秘书送来的要求审批的报告，他都要求秘书事先弄清全部情况。凡情况不清的他都要打回去让秘书重新了解清楚后再送批。他对秘书们说："你们事先把事情弄清楚了，等于是帮助我了

■1962年8月1日，罗瑞卿在人民大会堂举行宴会，庆祝中国人民解放军建军35周年。

解了情况。"他的秘书都了解他这一特点，因此每份送他审批文件的内容他们事先都调查得清清楚楚。这样，就提高了罗瑞卿批阅文件的效率。罗瑞卿对他这4位秘书很满意，1962年1月他对秘书们说："你们工作做得不错，对我有很大帮助……没有你们我弄不了这么多事。"

有一些文件由于篇幅长而又很重要，但并不紧急，秘书们便将这些文件留起来待罗瑞卿有时间再批阅。他经常外出，经常坐飞机，秘书们便把他乘飞机的时间看成是请他批阅文件的好时机。因此，他一上飞机，文件便堆满小桌，他走一路就批阅一路文件。

在60年代，他去各地经常乘坐小飞机，有时碰到气流，颠簸十分厉害，但他身体极好，从不晕机，

1963年5月，罗瑞卿攀上道路艰险的前沿小岛视察工作。

文件照看不误，他也不晕船。有一次赴外长山，大浪一个高似一个，陪同他去的沈阳军区副司令员曾思玉受不了，进舱去了，而他若无其事，仍在甲板上看海景、看海岛的地形。

他记忆力极好，部队的番号、驻地，预算、编制和科研项目中的武器型号、性能，他看过一次就记住了，引用时便脱口而出。

他每天必看《每日要闻》，外出时让在家的秘书用电话一条一条传给随他行动的秘书。1963年，南越发生推翻吴庭艳的政变，毛泽东、陈毅、罗瑞卿均在郑州。罗瑞卿听了电话传来的南越政变消息，立即向毛泽东报告。当时在座的陈毅十分惊讶："怎么搞的，我这个外交部长还不知道。你这消息是从哪里来的？"

由于他的工作经常处于超负荷的状态，他的几位秘书为了完成任务，没有节假日，也不分什么上下班，他们的弦也都绷得很紧很紧……

显然，有了这样像高速运转的机器一样工作的秘书长和总参谋长，就可以节省毛泽东、周恩来、邓小平和各位老帅的时间，让他们集中精力多考虑一些大政方针，多考虑一些战略方面的问题。因此，在那国际形势十分紧张、国内经济困难尚未克服的60年代初期，大家都为有这样一位精明干练的总参谋长而庆幸。可是有一个人却对此越来越不满，终于暗下决心，要除掉罗瑞卿。此人就是林彪。

第十三章 席不暇暖的总参谋长（下）

一、开始被林彪猜忌

罗瑞卿和林彪相识已经很久了，那还是1929年红四军第二次入闽的时候。到1930年2月，林任红四军军长，罗瑞卿任红四军二纵队主任、政委，便在林领导下工作。到1933年第四次反"围剿"期间，罗瑞卿任一军团保卫局长，同林更是朝夕相处，不离左右。长征后期，罗瑞卿一度调到陕甘支队二纵队，后又任一方面军保卫局长，与林分手不到一年。1936年6月，红军大学成立，林彪任校长，罗瑞卿任教育长，二人一面工作，一面在红大一科学习。全民族抗日战争爆发后，林彪到前方。1938年3月，林彪被阎锡山部队误伤回延安养病，罗瑞卿特地请这位仍然挂着名的校长回校作了三次讲话。随后林彪到苏联休养，罗瑞卿带抗大赴太行，1943年又都回到延安参加七大，仍然时相过从，两人性格一热一冷，但相处得还算融洽。在一起时，往往是罗瑞卿说得多，想啥说啥，声音洪亮，滔滔不绝；而沉默寡言的林彪只是默默地听着，有时也插几句话，有时又显得有点阴阳怪气。例如在听了毛泽东的七大报告的第二天，罗瑞卿对林彪说："毛主席讲到对犯错误者，只要他们愿意改正错误，就要同他们团结时太激动了。我从来还未见过主席这么激动过。"林彪淡淡一笑，说："人家毛主席是在呼吁团结。"林彪此话不能说不对，可罗瑞卿听了那腔调，总有点异样的感觉，但并没有往深里想。

抗战胜利后，林彪到了东北。罗瑞卿同他不在一个战场。直到平津战役，两人才又重逢。太原战役结束后，他便提出了随林彪南下的要求，因中共中央决定让他出任公安部部长而作罢。

新中国成立以后，虽然罗瑞卿已离开军队，但作为老战友，他同林彪仍时有往来。林彪出任国防部部长，主持军委日常工作，罗瑞卿出任总参谋长和军委秘书长后，林彪便成为他的顶头上司。罗瑞卿对林彪是十分尊重的。

林彪新中国成立以后一直在养病。到了50年代中期，毛泽东提出，要林彪做好到中央工作的准备。1954年林彪任国务院副总理，1955年4月在中共七届五中全会上被选为中央政治局委员。1958年5月，在中共八届五中全会上被选为中共中央副主席、中央政治局常委，成为中共排名第六位的领导人。但是，这一时期他仍未担负实际工作。

1959年林彪出任国防部部长，主持军委日常工作。在庐山会议后的形势下，林彪决定将自己装扮为毛泽东和毛泽东思想的捍卫者。他上台后发表的第一篇文章的题目就是《高举党的总路线和毛泽东军事思想的红旗阔步前进》。他在军委扩大会议上说："毛主席就是现在的马克思、现在的列宁。"毛泽东思想"站在现代思想的顶峰"。"毛泽东同志全面地、创造性地发展了马克思列宁主义，综合了前人的成果，加上了新的内容。要好好学习毛泽东同志的著作，我们学毛泽东同志的著作……是一本万利的事情。""学习毛泽东著作，这是捷径。这并不是捧场，不是吹毛主席的。这是告诉你们一个学习的简便的窍门。"

他又提出了"三八作风"，即"坚定正确的政治方向，灵活机动的战略战术，艰苦朴素的工作作风"三句话和"团结、紧张、严肃、活泼"八个字。这二者都是毛泽东对抗大的题词，林彪的创造只是"三八作风"这个提法。尽管"作风"这个名词并不能把政治方向、战略战术都概括进去，但因为三句话八个字都是毛主席的话，谁要反对"三八作风"这个提法，就可以给他扣上"反毛主席"的帽子。但是，总政治部主任谭政却提出了商榷性的看法，说"三八作风"易于同三八妇女节混淆。庐山会议之后，总参谋长黄克诚、总后勤部长洪学智都随彭德怀被罢了官，解放军三总部中仅存的总政治部主任谭政终于未能幸免。他在1960年军委扩大会议上受到错误批判，被加上"政治工作方向偏"的罪名，降为总政副主任。会后，在总政内部又制造了一个所谓"谭政反党宗派集团"，打击了谭政等人。

在军委扩大会议召开的前夕，1960年9月12日，林彪在军委常委扩大会议上谈了"政治工作领域四个关系问题，即人的因素第一、政治工作第一、思想工作第一、活的思想第一"。林彪在这里提出了四对矛盾或四种关系，即武器和人的关系，各种工作和政治工作的关系，政治工作中的各种工作和思想工作的关系，书本思想和活的思想的关系，其内涵逐步缩小，最后归结到"抓活思想"上。在当时"左"的错误思想盛行的历史背景下，林彪这一提法给人们的印象是很合乎逻辑，层次分明，重点突出，可以看成是对毛泽东提出的"政治挂帅、思想领先"的具体阐述。它受到毛泽东的赞扬，引起了轰动。

对于林彪提出的这一切，在当时的历史条件下，罗瑞卿都把它当作正面的东西接受了下来。当时，正在筹备林彪倡议召开的整谭政的军委扩大会议。罗瑞卿建议，仿照《古田会议决议》的写法和笔调，为军委扩大会议写一个加强政治思想工作的决议。林彪同意。于是成立了两个起草小组，分头起草，平行作业，最后将两稿合为一稿，经罗瑞卿审改后，呈送给林彪。林彪看到这个决议已将他的"四个第一"放在相当于总纲的突出位置，规定为"我军政治思想工作的方向，也是整个军队建设的方向"，又充分肯定了他提出"三八作风"的作用，完全合乎他的口味，说了一句"这个决议就是'复古'"，便一字不改地呈送给毛泽东。毛泽东看了也很高兴，要他的秘书田家英和罗瑞卿、萧华又字斟句酌地修改了一遍，毛泽东又亲自加写了"今后，各总部、各军种、兵种、军区、院校，每半年应将本决议执行情况，进行一次认真的检查，并将检查结果报告军委和总政治部。军委每年检查一次"。

毋庸讳言，由于贯彻了当时党的"左"的错误指导思想和林彪的"左"的主张，这个决议存在着许多严重的原则性错误，尽管罗瑞卿等把《古田会议决议》和1944年谭政在西北局高干会议上所作《关于军队政治工作问题的报告》中所反映的军队光荣传统以及我军在解放战争和新中国成立后所获得的政治工作的好经验等写进了这个决议，但是由于整个指导思想是错误的，这些积极的正确的内容也都被蒙上了一层"左"的灰尘。

1965年秋天，林彪在决心整掉罗瑞卿之后，曾对人说："1960年，罗瑞卿和我的合作是好的。但是从1961年起，便开始疏远我、封锁我，到1965年便正式反对我了。"

应当说，林彪所说的第一句是真话。作为军委秘书长，罗瑞卿主持起草这一决议，是同林彪合作得很好的。1961年后，罗瑞卿仍然对林彪非常尊重，仍然是合作的。但两人之间的裂痕也开始产生，不过并非如林彪所说是因为罗瑞卿疏远和封锁林彪，而是由于林彪的猜疑心，也由于林彪在"左"的道路上越走越远，他们由合作逐渐地分道扬镳。

林彪在下决心要整倒罗瑞卿时，曾在当作备忘录的纸条上写道："大捧别人，大跟别人，回京后根本不来见面……让他做绝。""当做又一彭黄也……"

林彪为了夺取更大更多的权力，需要搞一个山头，而在这个山头内的人际关系就是"捧"和"跟"。不是"捧"人、"跟"人，就是被人"捧"、被人"跟"。换句话说，就是把上下级的同志关系改变为封建的人身依附关系。

林彪所说的"捧"和"跟"，"捧"字上不得桌面，林彪在公开场合并未正面使用这个词，而"跟"在日后却大行其道，不仅要"跟"，而且要"紧跟"。对此，毛泽东在发现林彪的问题后曾给予"跟人不跟党"的批评。

林彪在"高举"毛泽东的大旗的同时，要求他的部属大捧、大跟他本人。他对毛泽东的捧和跟可以口是心非，但他却要求他的部属对他绝对效忠，死心塌地地捧他、跟他而不能捧别人、跟别人。到1961年，林彪即发现罗瑞卿并不符合这一条件，于是便同罗产生了裂痕。

林彪同罗瑞卿第一次发生冲突，确切地说是林彪冲着罗瑞卿发脾气，是在1961年6月。这牵涉到另一位元帅———罗荣桓。一天，罗瑞卿到林彪家去，正碰上海军司令员萧劲光向林彪汇报工作。当萧劲光说到罗荣桓元帅在这一年春节期间到福建前线视察，提出当前工作的中心是"四抓一调查"时，埋在沙发中的林彪突然吼道："什么四抓一调查？这种话哪年讲都不犯错误。但是，什么问题也不能解决。"

"四抓"就是抓思想、训练、作风和生活。这是林彪在对1960年部队政治工作的指示中提出的，据此，1961年全军开展了四好连队运动。"一调查"就是大兴调查研究之风，这是毛泽东当时的号召。罗瑞卿等是赞成"四抓一调查"的，他们不明白，这些由毛主席和林彪本人提出的口号，怎么会惹得林彪发这么大的火。他们哪里知道，这只不过是一个由头。果然，接下去林彪便转了话题：

"罗荣桓的思想可不对头呢！他躲着我，主张军队向地方开炮，这不是反党吗？"

林彪这里所说"主张军队向地方开炮"，指的是1960年11月3日，罗荣桓看到当时农村"共产风"、浮夸风和命令风刮得很厉害,而中央已决定在全国农村开展整风整社运动,便授意萧华副主任以总政名义向中央写一个报告,建议"各地驻军除接受当地党委领导、在当地党委领导下直接参加一些地方工作、虚心学习地方经验外,还应经常关心地方工作,及时向当地党委反映驻地附近人民群众的政治思想动态、地方工作中执行中央指示的情况和急需解决的问题"。

这个报告经中央书记处批准后,总政立即向部队作了传达。林彪得知此事后十分不快。林彪曾经规定,由于他有病,不常在京,总参谋长、总政治部主任可以不经过他而直接去向党中央、毛泽东请示报告。然而谁如果真的这样做就会被他认为是"擅越"。林彪看到罗荣桓"越"了"位",立即向毛泽东写了一个报告说:"这个通令(总政起草的是给中央的报告,林彪把它说成是'通令',已悄悄将'不通过国防部长而发通令'的罪名安到罗荣桓头上了)发下去后,各地驻军与地方党委的关系容易弄坏,对于党的统一领导等不利,造成军队在党外来干预党的工作的情况……以致可能发生全国性的军队与地方对立,造成军队对地方妄议的潮流而不利于工作。"

1960年11月15日,毛泽东批示萧华:"照林彪同志意见处理。"于是总政又立即通知部队,一周前传达的文件作废。这件事便了结了。但过了半年后,林彪又将它翻腾出来。为什么林彪在1960年11月不趁热打铁,而要在过了半年后才给罗荣桓扣反党的帽子呢?

这又要说到林彪和罗荣桓的另一个分歧。林彪自从提出"四个第一"以后,又提出毛泽东思想"站在现代思想的顶峰",对毛主席著作要"带着问题学""立竿见影"。罗荣桓不赞成这些提法。他曾对总政副主任梁必业说:"带着问题学,就是要到毛选中去找答案,这样提不适当。比如两口子吵架,发生了问题,如何到毛选中找答案?还是应当学习立场、观点、方法。"对于林彪的"顶峰论",罗荣桓也不赞成。他对总政干部部部长甘渭汉说:"把毛泽东思想说成是当代思想的顶峰,那就没有发展了?毛泽东思想同马列主义是一样的,马列主义向前发展了,毛泽东思想也要随着时代的发展而发展嘛!"

在1961年4月30日召开的一次军委常委会上,在讨论《合成军队战斗条令概则(草案)》时,由于这个草案已将林彪的"带着问题学""立竿见影"写了进去,罗荣桓发言不同意这样写,认为学习毛主席著作要掌握精神实质,学习立场、观点、方法。他建议把"带着问题学""立竿见影"都去掉。主持讨论的林彪期待听到不同意见,但是,无人发言,罗瑞卿等对罗荣桓的意见都不表示异议,林彪只得同意把那几句话去掉了。当罗荣桓进一步阐明为什么要去掉这些提法时,林彪打断他的话,宣布散会,随即离开会场。

会后,林彪对罗荣桓的发言,对与会者的表现很恼火,但是他又说不出口,于是,"东隅失之,桑榆收之",便又把半年前的事翻腾出来,给罗荣桓扣上"反党"的帽子。对于林彪扣帽子,罗瑞卿和萧劲光都保持沉默。林彪见他们都不表态,突然转向罗瑞卿,恶狠狠地说:"听说你也是这个主张,我就反对你们!"

罗瑞卿并未参与总政文件的起草,便回答:"我没有。"

林彪咄咄逼人地反问:"没有?怎么没有?有文件为证。"

罗瑞卿只得回答:"要是查到我有这种主张,我就承担责任。"萧劲光走后,罗瑞卿看到林彪满脸怒气,又再三请求林彪批评,但林绷着个脸,什么也没有说。

后来,到1965年2月,林彪和罗瑞卿的分歧日益明显、关系已经紧张的形势下,林彪又托人传话给罗瑞卿说,1961年那一次发脾气,是针对罗荣桓的,由于对罗荣桓不满意而迁怒。为什么"迁怒",显然是埋怨罗瑞卿在军委常委会上不支持林彪的意见,不跟林彪。

据整罗瑞卿时有人揭发,到1961年底,罗瑞卿又围绕着"捧"的问题同叶群发生了一次正面冲突。当时,中共中央已决定在翌年1月召开扩大的工作会议,以总结经验,统一认识,加强党的民主集中制,切实贯彻调整国民经济的方针。林彪要在这个会上发言。军委秘书长罗瑞卿便奉命组织一个班子为他起草发言稿。一天,在三座门讨论这个发言稿的第四稿时,叶群提出,在发言稿中,"毛泽东思想是在党和人民集体奋斗中形成的"这句话意思不完备,应该加上"毛泽东同志的个人天才"这几个字。

罗瑞卿不同意。他用商量的口吻说:"现在已经不再提个人天才了呀!"

叶群颇为理直气壮地说:"个人天才,斯大林逝世后,苏联才不提了,斯大林时代还是提的,现在对毛主席,在中国和在全世界,都可以这样提。"

罗瑞卿站起来很严肃地对叶群说:"'毛泽东思想是在党和人民集体奋斗中形成的'这句话不是我写的,这几个字从中南海出来的,是田家英提的。"

叶群立即针锋相对地说:"田家英提的不等于是毛主席提的。即使退一万步说,是毛主席叫田家英提的,那也是毛主席自谦的意思。我们现在用这个话在客观上贬低了毛泽东思想。"

双方争执不下,到第五稿时,罗瑞卿仍然坚持不加"个人天才"的字样。发言稿送到林彪那里,林彪十分不悦,决定撤开这个稿子,另起炉灶。

1962年1月11日至2月7日,中共中央扩大的工作会议(又称"七千人大会")在北京召开。会议总结了主要由于"大跃进"和"反右倾"而造成三年经济严重困难的经验教训,会议开展了批评和自我批评。刘少奇、周恩来、邓小平在发言时都对问题作了具体分析,作了自我批评。毛泽东对几年工作中的缺点、错误承担了责任。他说:"凡是中央犯的错误,直接的归我负责,间接的我也有份,因为我是中央主席。我不是要别人推卸责任,其他一些同志也有责任,但是第一个负责的应当是我。"

与这次会议开展批评与自我批评、认真总结经验教训的基调相反,林彪的发言却别具一格。他认为,产生经济困难"在某些方面,在某种程度上,恰恰是由于我们有许多事情没有按照毛主席的指示、毛主席的警告、毛主席的思想去做。如果听毛主席的话,体会毛主席的精神,那么,弯路会少走得多,今天的困难会要小得多。""我感觉到我们同志对待许多问题,实际上经常出现三种思想:一种是毛主席的思想,一种是'左'的思想,一种是右的思想。当时和事后都证明,毛主席的思想总是正确的。可是我们有些同志,不能够很好地体会毛主席的思想,把问题总是向'左'边拉,向'左'边偏,说是执行毛主席的指示,实际上是走了样。"他进而推论:"我们的工作搞得好一些的时候,是毛主席思想能够顺利贯彻的时候,毛主席的思想不受干扰的时候。如果毛主席的意见受不到尊重，或者受到很大的干扰的时候，事情就要出毛病。我们党几十年的历史，就是这么一个历史。"

林彪刚讲完，毛泽东便带头鼓掌。会后，他又让罗瑞卿、王任重和田家英把林发言的稿子在文字上作一番推敲，然后批示："此篇通看了一遍，这是一篇很好、很有分量的文章，看了令人大为高兴。"毛泽东要求将其"发给党内干部学习"。

4月29日和30日，毛泽东在武汉梅园又特地同罗瑞卿连续谈了两次话。他问罗瑞卿：

"林彪同志在七千人大会上的讲话，你能不能讲出这样一篇来？"

罗瑞卿回答："我怎么讲得出来？我水平差得远，恐怕永远也不可能讲出来。"

毛泽东说："讲不出来，可以学嘛！这次你们给他准备的稿子不能用，还不是他自己写出提纲去讲的。我也是这个方法，在会上边听边想边写提纲，最后就按提纲去讲一遍。"

罗瑞卿临行前，毛泽东又嘱咐他："要懂得一些马列主义，要认真读几本马列的书。现在军队这些人，萧华、杨成武，大区司令员、政委，军兵种的，都搞个学习计划，三五年读十来本马列主义经典著作。你回北京和伯达商量一下，选二十篇目录。"

罗瑞卿回京后立即去找陈伯达，请陈开了一个学马列著作的书单，毛泽东看后说："缺点是自然科学、基础科学、文艺、历史方面的少了，也要。"他又加了普列汉诺夫的《论一元论历史观的发展》、《论个人在历史上的作用问题》和《论艺术》，共30本书。毛泽东指示，军以上干部，凡有阅读能力的，都可选读几本。

按照毛泽东的指示，罗瑞卿建议高等军事学院立即举办军以上干部参加的读书班，学习《共产党宣言》等四本书。三个月后，第一期结业，高等军事学院写了总结报告，罗瑞卿将其转呈毛泽东，并写道："办读书班是根据主席指示在军队高级干部中提倡读几本马列主义的一种办法。军队中还有一些别的办法，例如每周抽一天时间读或在一个星期或两个星期内读半天，每次读一本或两本，并请专人辅导。"随后，全军高级干部普遍进行了选读马列的学习。

"七千人大会"之后，党内普遍提倡发扬民主。各单位纷纷举办学习班，学习编进了马列和毛泽东、刘少奇有关言论的题为《关于社会主义建设的几个问题》和《关于党内民主生活的若干问题》的小册子。由于当时干部中因营养不良而得浮肿病的人较多，在学习班要求做到劳逸结合，"白天出气，晚上看戏"。所谓"出气"，指的是发扬民主，让大家提意见。

在这一形势下，林彪那个不准向地方反映意见的禁令便显得很不合时宜。为了贯彻中共中央发扬民主的精神，罗瑞卿既要宣布不再执行林彪的禁令，又要维护林彪的威信，有点左右为难。在2月初召开的军委办公会议上，他说："从前林总讲，军队不要向地方提意见，收回了总政的报告。这次同那次不同……过去那样做也是对的，要同具体情况结合起来。过去不让讲，现在让讲，不矛盾。当然，即使现在也要注意（军政）关系，同时要求地方同志批评我们。"

罗瑞卿是非常注意维护林彪的威信的。林彪有些指示不尽妥当，罗瑞卿一面执行，一面通过做一些补充，以尽量减少其片面性。

1961年4月，林彪视察北京军区部队，指示："《解放军报》应经常选登毛主席有关语录。"从5月1日起，《解放军报》开始在报眼选登配合当日宣传中心的毛主席语录，但在登了一段时间后，有时很难找到合适的语录。《解放军报》总编辑李逸民感到这是林副主席交代的任务，不选不行，选又选不出，十分为难。李便去请示罗荣桓。罗荣桓明确答复："毛主席语录，找到就登，找不到合适的也可以不登。毛主席著作不可能对现在的什么事情都谈到。对毛主席著作，要学习精神实质，不能像和尚念经一样，敲破了木鱼，还不知道西天佛祖在哪里呢。"

对林彪、罗荣桓关于刊登毛主席语录的并不一致的指示，罗瑞卿都知道。他同意罗荣桓的意见。1962年2月3日，罗瑞卿在对《解放军报》党委一份报告的指示中说："以后宣传主席语录，还是要着重精、恰（即同当天报纸的中心有紧密联系），来提高语录对照思想、对照实际工作的指导作用。因此，每周登二三次特别精辟的语录即可。特别情况可多登一二次。三四版不是很必要不要登。大型辑录的形式好，以后还可用，但也不要多。"

1962年秋，叶群向中央反映，林彪指挥部队入闽，累病了，需要休息。毛泽东决定，在林彪养病期间，由贺龙主持军委日常工作。毛泽东还多次向罗瑞卿提出，要罗多向贺请示工作。

对于毛泽东的嘱咐，罗瑞卿照办了。从那时起，直到1964年，在报纸上经常见到贺龙和罗瑞卿一道参加外事活动和各种会议、接见五好战士、学习毛主席著作积极分子的报道。

1963年5月，林彪称病已近一年。5月7日，林彪通过秘书打电话给罗瑞卿说："现在身体不好，比较困难考虑军队问题，养好身体再说。让第一线的人放手工作，不要过多考虑我的意见。一般的问题由办公会议决定，较重要的问题由军委常委讨论，更重要的事请示中央、主席。"

6月上旬，林彪到达济南，又让叶群打来电话说："林总到了济南，身体还是不好，不能见人，一见人就出汗，一出汗就站不起来。短期不能恢复，（身体）内部没有问题，北京天气好了回北京。军队的工作没有精力去考虑，日常工作要各总部挡，第一线的人都负责。较大的事办公会议讨论，再大的事军委常委讨论，更大的事直接报告主席、中央。"

对于林彪这两条指示，罗瑞卿都按他的嘱咐向各位元帅报告并在军委办公会议上作传达。

然而，林彪这些话是当不得真的。他口口声声养病，"军队的工作没有精力去考虑"，但又密切注视着军队的动态，注视着罗瑞卿的言行。尽管罗瑞卿对林彪十分尊重，但林彪对罗瑞卿却越来越不满意了。于是他开始对罗瑞卿旁敲侧击。一天，他在同罗瑞卿谈话时，突然问罗瑞卿："我们的威信不够吧？因为我们不是南昌暴动的领导人。"

罗瑞卿不太明白林彪说这话的意思，当时没有回答。后来还是萧华给他解开了这个谜。他对罗瑞卿说："林总是不是觉得你和贺老总接触太多，同旁的元帅接近得太少啊？"

萧华的猜测是有道理的。因为叶群也几次打电话给罗瑞卿说："总长啊，我们这里是个病人，又不会陪你钓鱼、打麻将，你还是多来一些吧！"她这里所说"钓鱼"云云，就是影射的贺龙。

贺龙，又是一位元帅。林彪对罗瑞卿接近别的元帅已十分不满。他把这种接近说成是"大捧别人""大跟别人"。如果说1961年林彪发脾气是因为对罗荣桓元帅不满而迁怒罗瑞卿的话，到了1963年，林彪首先不满意的已经是罗瑞卿了。

二、提倡学雷锋，又建议进行比武

由于实行了"调整、巩固、充实、提高"的方针，1962年我国国民经济从三年经济困难的低谷走了出来，开始好转。到1963年，迎来了国民经济的全面好转，但是与此同时，以1962年9月中共八届十中全会召开为标志，政治上的"左"倾错误再度发展起来。中国进入从"大跃进"到"文革"期间的短暂的经济上繁荣但又潜伏着"左"倾危险的时期。在这个时期，为了振奋精神，形成凝聚力，以克服困难，继续前进，罗瑞卿十分注意运用典型，推动工作。

1963年初，他首先抓住雷锋这个典型。雷锋（1940—1962），湖南望城县人。父亲被日军毒打而死，母亲1947年做女佣因受欺凌而悬梁自尽，雷锋成为孤儿。1949年8月解放后，在党和政府关怀下入小学。1956年小学毕业后曾当过公务员、拖拉机手、推土机手，因全心全意为人民服务，曾3次被评为先进工作者，18次被评为标兵，5次被评为红旗手，荣获青年社会主义积极分子称号。他1960年1月入伍，8月参加抗洪立二等功，11月入党。1961年曾当选为抚顺市四届人大代表，8月任沈阳军区工程兵驻抚顺某部运输连四班班长。1962年2月作为特邀代表出席沈阳军区首届共青团代表会议，被选为主席团成员。1962年8月15日，指挥助手倒车时，被车轮撞倒的木柱砸伤，不幸牺牲。1963年1月17日，国防部命名他生前所在班为"雷锋班"。21日，沈阳军区在沈阳举行了隆重的命名大会，罗瑞卿为大会题词："伟大的战士——雷锋同志永垂不朽"。1月23日，共青团中央发布决定，追认雷锋为全国优秀少先队辅导员。

1963年2月7日，《人民日报》在一版、二版和第五版编发了介绍雷锋事迹的报道、通讯、文章和雷锋日记摘抄，并配发了罗瑞卿的题词。但同时，《解放军报》的宣传却显得有些迟缓。

同日，罗瑞卿让秘书给《解放军报》打电话说："学习雷锋，《中国青年报》搞了，《人民日报》也搞了，军队报纸反而不那么热烈……请报社考虑，究竟应当抓什么才比较恰当？……要在全军掀起一个学习雷锋的运动，展览会要到各个连队去。"

2月13日，罗瑞卿又让秘书转告《解放军报》社："请报社好好研究一下雷锋的材料，把已发表的许多材料集中起来，研究究竟如何宣传……他很全面，看了他的日记，有许多侧面，如不忘本、阶级立场，对工作、对同志、对个人主义、对敌人的态度，他的学习精神，等等。"

2月15日，罗瑞卿在全军政治工作会议上讲话，他问与会人员："雷锋的日记大

> 1963年1月16日，罗瑞卿给"雷锋班"命名大会的题词。

家看过了吗？没有看过的，建议能认真看一看，一遍不够还可以看两遍。表扬好人好事，反对坏人坏事，是我们领导方法的一个重要方面。"他说："宣传雷锋，沈阳军区抓得好，辽宁省委也抓得好。辽宁已经有50多万人听了雷锋事迹的报告，看了雷锋事迹的展览。首都各报，《中国青年报》登了一大篇，《人民日报》用了几版篇幅来宣传。我们军队的报纸《解放军报》反而落后了，没有好好抓。这两天才搞好了。"他指出："我认为，雷锋的英雄事迹应该在全军展开宣传，图片要拿到每个连队去展览，用这个来教育部队。宣传部门不宣传好人好事，还干什么事呢？"

与此同时，《中国青年》半月刊准备出学雷锋专辑。他们向毛泽东、周恩来写信请求题词，并约请罗瑞卿、谢觉哉为学习雷锋撰文，请郭沫若为雷锋作诗。罗瑞卿对《中国青年》非常支持，他很快撰写了题为《学习雷锋》的文章，指出：

> 雷锋同志的英雄事迹，给了我们一个重要的启发：毛泽东的时代，是我国人民特别是青年们大显身手、大展宏图、创造奇迹的时代。在火热的、急风暴雨的斗争中，在激烈的战斗中，固然可以产生像董存瑞、黄继光那样的英雄，在日常的工作和平凡的劳动中，也同样可以出现雷锋这样的英雄。尽管每个人的工作岗位和所处的环境是不同的，但是，只要照着雷锋的榜样去做，读毛主席的书，听毛主席的话，按毛主席的指示办事，每一个人，在每一个工作岗位上，都可以相信，在毛泽东思想的光辉照耀之下，在我国广大青年中，在人民解放军的广大指战员中，必将涌现出更多的雷锋式的英雄人物，涌现出更多的雷锋式的红色接班人。

罗瑞卿得悉《中国青年》请求毛泽东题词后，也积极建议毛泽东题词。毛泽东已看了《人民日报》关于雷锋的报道，他对罗瑞卿说："雷锋值得学习。"随即题词："向雷锋同志学习"。

这一题词3月4日新华社发了通稿。3月5日各报在头版刊登。随后,《解放军报》又请刘少奇、周恩来、朱德、陈云、林彪、邓小平题了词。毛泽东题词大大推动了学雷锋的群众运动,使新中国成立以后形成的良好的社会风气得以继续发扬下去。从那以后,每年的3月5日即成为学习雷锋的纪念日。

1963年,总政治部建议树立上海警备区某部八连为四好连队的典型。1963年4月25日,国防部发布命令,授予这个连队"南京路上好八连"的光荣称号。

罗瑞卿对于表彰这一典型积极支持。1963年6月15日,他趁视察东南沿海到上海的机会,在上海警备区政委秦化龙陪同下,来到上海淮海路好八连驻地。

罗瑞卿首先参观了荣誉室。他看到桌上放了一摞摞的群众来信,问:"今年收到多少群众来信?"

指导员王经文回答:"两千多封。"

罗瑞卿问:"工农商学兵都有吗?"

王答:"都有。"

罗又问:"哪一方面的信最多?"

王答:"学校和部队来的最多。"罗瑞卿点点头,随后边走边问了连长张继宝、指导员王经文哪里人,何时入伍的,等等。

当他们来到俱乐部时,全连已经集合好了。罗瑞卿在大家的热烈掌声中说:"今天,我来看你们,因为你们很出名。过去我几次路过上海,都没有来过,今天非来不可了。你们的事迹,我很熟悉。《解放军报》、《人民日报》登的事迹、社论我都看了……反映你们事迹的戏《霓虹灯下的哨兵》我看了8遍。你们的事办得很好,党称赞你们,军委和林总称赞你们。毛主席、刘主席、周总理、邓小平总书记都知道你

■1963年6月,罗瑞卿视察上海警备区,与"南京路上好八连"的干部战士在一起。

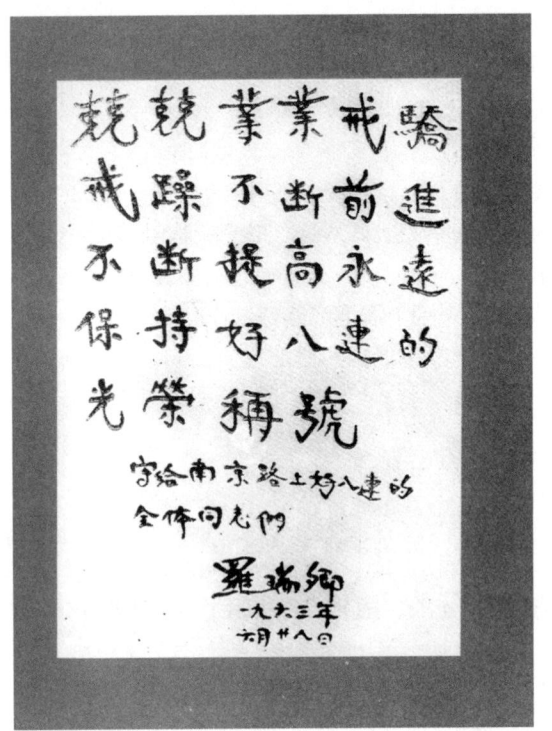

■ 1963年6月28日，罗瑞卿给"南京路上好八连"的题词。

们的事。因为你们有好思想、好品质、好作风，我们号召全军向你们学习，但是你们一定要记住毛主席的教导：'谦虚使人进步，骄傲使人落后。'听说你们有一位战士给家里写信，信封落款写的是'南京路上好八连'，指导员就进行了教育，这样很好嘛！"

罗瑞卿又问身旁的王经文："你们全连有多少人？"

王答："109人。"

罗瑞卿笑着说："哦，水泊梁山有一百单八将，你们还比他们多一个。"

罗瑞卿的话引起全场笑声。

罗瑞卿接着说："你们这109人，觉悟是不是都很高呢？总是有高有低。觉悟高的，用高标准要求，还可以再高一些。中间的，要向觉悟高的看齐。思想觉悟不高的就更应该努力了。"

罗瑞卿又问："今年你们来了多少新同志？"

警备区政治部绳副主任答："14个。"

罗瑞卿说："你们老同志要带好新同志，使他们也成为骨干。你们是个集体先进的典型，要保持光荣、发扬光荣。要做到干部换了，战士换了，好作风仍然存在。这次我坐了长江舰，1953年我陪毛主席坐过，到现在已经10年了。舰上除了轮机长还是原来的，其余的指战员通通换光了。可是这个舰的老作风还在，我很高兴。"罗瑞卿又问：

"你们连是什么时候建立的？"

绳答："1947年。"

罗问："建连时的老同志连里还有吗？"

绳答："一个也没有了。这个团全团都没有了。"

罗瑞卿问张连长："你是第几任连长？"

张答："第九任。"

罗瑞卿说："再过十几年，老的都调走了，到那时就又是另一批人物了，可是连队还会增添新的荣誉，模范事迹也会更多起来。"

罗瑞卿看看表，已是下午4点，说："现在还有点时间，找几个代表再谈谈吧。把我的本家罗大大，还有'闲不住'都留下来。"

等值星排长将部队带出俱乐部后，罗瑞卿便同罗大大等开始座谈。他问'闲不住'是哪一位，王指导员指着李祖银说："他就是。"

罗瑞卿对着罗大大和李祖银说："你们都是老战士，有责任帮助新战士。一个连队做政治思想工作不能光靠连指导员，没有老战士也不行。"

罗又问在座的一位新战士姓名，这位战士答："沈贵金。"

罗："你这个名字不错，艰苦奋斗的作风比金子还贵。不过，我可不是测字先生。"

众笑。罗瑞卿又问沈贵金："你是哪里人？"

沈："南通。"

罗又问："生活过得惯吗？"

沈："过得惯。"

罗："有人欺负你吗？"

沈："没有。老同志对我都很关心。"

罗："这就好。如果老同志欺负你，那就不是人民军队了。发扬阶级友爱，老同志爱护新同志，官爱兵，兵尊官，是我们的老传统，从红军时间就有了。"

罗又问罗大大："你有什么困难没有？"

罗大大："没有。"

罗："《霓虹灯下的哨兵》里的赵大大集中概括了好多人，其中也有你的影子。这个戏，有很大艺术加工，并不是你们连队发生的事情的翻版。这个戏你们看过吗？"

王："都看过，有的看了两三遍。"

座谈结束后，罗瑞卿到连部和一、三班战士宿舍看了一看，又和全连指战员合影。他问了几个新战士的籍贯，他们都说是南通人，罗瑞卿便说："你们南通有一个张謇，知道吗？"

一位新战士回答："是清朝末年的一个状元。"

罗："对。我20岁就知道南通了。我是四川南充人。南充、南通，字音差不多。你们南通有个张謇，我们南充有个张澜，都是办教育、办实业的。"

罗瑞卿临走时又碰到一个新战士，问他名字，回答是："吕双虎。"

罗瑞卿："这个名字不错。一只虎就不简单了，你是两只虎。"

他又对八连的连长、指导员说："我走了不少部队，看了不少标兵。你们也要向雷锋学习，向别的部队学习。你们政治上不错，听说军事训练方面还是不足，这方面要加强。政治军事都好，才是真正的双虎。"

在学雷锋运动上，罗瑞卿积极提倡，而林彪也同刘少奇、周恩来等中央政治局常委一道题了词。在这件事上，看不出他和罗瑞卿有什么分歧，在学习好八连问题上也是如此。但是到了1964年底，在学习郭兴福教学法、开展比武的问题上，林彪却对罗瑞卿发动了攻击。

郭兴福是在军事训练中涌现出来的标兵，罗瑞卿提倡比武其目的在于推动部队的军训。对于和平时期军事训练的重要性，早在1961年2月罗瑞卿在对昆明、成都、兰州军区部队情况进行考察后，向中央所作《关于几个地区部队情况的考察报告》中即指出："现在部队中的班、排长都没有打过仗，完全没有实战经验。再过几年，连营长甚至团长都会出现这种情况,这是很值得注意的问题。当然,由于革命军队的政治自觉,会比资产阶级的军队勇敢得多。但是还应该加强部队的锻炼。除加强政治工作外,在军事训练上应有一些切实可行的措施,锻炼部队的机智勇敢,锻炼基层干部的指挥能力。我们军队的战斗经验、战斗传统,也应当想方设法传给新提拔起来的干部。我以为我们的军事训练部门,应当重视和研究这件事。"对于加强军训,当时流行的提法是:做到在政治统率下,搞好军事训练,做到军政双好。在这个问题上,一开始林彪和罗瑞卿并无分歧,也可以说,罗瑞卿提倡比武是在执行林彪关于军事训练的指示。

1964年以前,林彪曾就军事训练问题作过多次阐述。

1960年10月20日,林彪在军委扩大会议上的讲话中指出:"军事和政治比较,哪个重要?当然是政治重要。政治是基础,什么工作都要政治精神,政治起主帅作用。军事要为政治服务。可是时间,哪个应该多占一点?哪个应该少占一点?政治应该少占一点,文化更应该少占一点,军事应该占多些。军事应该占百分之六十、七十以至八十。我们一定要把技术搞好。技术搞不好,打仗就要出乱子。"

1960年12月8日,林彪在张宗逊副总长汇报部队军训情况时的指示中指出:"过去打仗,现在不打仗,过去技术简单、好学,现在技术复杂、难学。这是根本变化,是现在与过去的大不同,不是小不同。过去靠打仗来训练部队,现在是靠训练好了去打仗。因此,一定要下大工夫训练。我们强调政治第一、政治是统帅,但是,从时间上来说,政治教育时间不能占第一位,文化学习、劳动更不能太多,而是军事训练占第一位。"

1961年11月3日,林彪在全军政治工作会议上的讲话中说:"没有抽象的政治,为国家为人民办事就是政治,保卫国家就是政治,以毛泽东思想为指针搞好军事工作就是彻头彻尾、彻里彻外的政治。""不训练不行,不训练就不能打仗,不训练就要误大事。现在情况变了,训练的意义大大超过过去,要提到很高的位置上来。所以军事训练要大大突出。""现在有种看法,好像搞军事技术就是单纯技术观点,这种看法不对。科学家不搞专业,天天搞政治,天天下农村、工厂,那科学还搞得成吗?"

在训练内容上,他还提出"一切为了开得动,打得准","一定要把二百米以内的硬功夫练好","要重视夜间训练","夜间作战,一个是会打,一个是能走",等等。

1962年3月15日,军委训练和学术研究委员会把林彪近两年来对军事训练工作的指示辑录,发表在总政编印的《工作通讯》上,供干部学习。

在1962年3月,林彪还专门让罗瑞卿抓一抓通信部门的训练。4月,罗瑞卿即到总参通信部,听取了江文主任的汇报,视察了××通信枢纽部、通信×团、空军和海军的通信兵部,并于5月间出席了全军通信专业会议。他在听取江文汇报时说:"林总说:我们军队要开得动,打得准,我看还可添上两句,叫'联得上'(或叫'通得好',指通信)和'看得清'(指雷达)。这四句话中后两句就是你们的了。"1961年5月3日,罗瑞卿在通信专业会议的开幕词中强调指出:"通信工作如果瘫痪了,那就是说指挥就瘫痪了。那个时候我们的军队就组织不起来,你有再好的战略方针,再好的战役计划,再好的战斗指挥也传达不下去。"

从此以后，打得准、开得动、联得上即成为部队训练必须达到的指标。

推广郭兴福教学法也正是当时贯彻林彪抓好军训指示的重要措施。

郭兴福是山东邹平县人，1930年出生在一个贫农家庭，幼年丧父，家中生活困苦，只读过3个月书。1944年14岁时到吴化文部队当勤务员。1948年济南战役时随吴部起义，参加过淮海、渡江、淞沪、漳厦等战役。1951年进陆军第十四步兵学校（后改为第四步兵学校）学习，1955年毕业，1960年时是解放军某部二连副连长。1961年，该军军长李德生带了军、师、团联合工作组到二连蹲点，发现并着手培养郭兴福这个典型。1961年8月，总参军训部副主编郝云虹到该军看了郭兴福教学法的演练，并于10月2日在《军训通讯》专门出增刊介绍郭兴福的教学经验。1962年3月12日，南京军区司令部和政治部发出指示，要求在军区部队中广泛宣传和认真学习郭兴福在单兵和小分队战术训练中的教学方法。1962年11月19日至30日，南京军区在杭州召开战术训练现场汇报会，检验学习和推广郭兴福教学法的成果、交流经验。会议指出郭兴福教学法的特点是：一、带着敌情、带着仇恨、带着问题练兵；二、把练思想、练作风、练指挥、练动作紧密地结合起来；三、从难从严，多学几手；四、民主教学，因人施教；五、重视训练场上的思想工作。1963年10月10日至19日，南京军区在镇江组织战术技术现场会，进一步普及郭兴福教学法。总参的《军训简报》作了报道，引起了军委军事训练和军事学术研究会主任、负责全军军训工作的叶剑英元帅的关注。他先派秘书、办公室主任莫阳带工作组到南京考察。他听了莫阳的汇报，得悉总参在镇江召开全军推广郭兴福教学法现场会将由郭兴福率分队进行演练，便于12月23日赶到南京，听取了南京军区主管训练的干部的汇报。翌日，到达镇江，参观了郭兴福以及南京军区自从推广郭兴福教学法后涌现出来的其他优秀教练员和先进分队的表演。12月27日，叶剑英致电中央军委和毛泽东，指出："郭兴福的教学法是我军传统的练兵方法的继承和发扬，是领导培养、群众支持和他个人努力的结果。"他认为，这一教学法"不仅适合于部队，而且适合于学校，不仅适合于步兵，而且适合于各军种、兵种"。叶剑英建议，在全军推广郭兴福教学法，掀起军事训练高潮。

罗瑞卿收到叶剑英的电报后，立即呈送给毛泽东和林彪。毛泽东仔细审读了叶剑英的报告，当看到"把兵练得思想红、作风硬、技术精、战术活，而且身强力壮，一个个都像小老虎一样"时，他在下面画了一道杠，说："这一条我最感兴趣。"他还说，郭兴福教学法对传统的练兵方法不仅是继承，而且有发展。他还指出：总参镇江现场会"到会的多是'后排议员'，难以推广，必须让'前排议员'（指主官）到会，一把手亲自抓"。

1964年1月3日，中央军委发出指示，号召全军立即行动起来，开展学习郭兴福教学法的群众运动。

与此同时，中共中央和国务院组织了报告会，听取了石油工业部关于大庆石油会战情况的报告，全国工业交通系统掀起了学大庆的群众运动。分管国防工业的罗瑞卿立即将学大庆和学习郭兴福教学法结合了起来。1月9日，他在国防工业会议的总结发言中，号召国防工业系统的五个部学习石油部集中力量打歼灭战的工作方法和大庆自力更生、艰苦奋斗的精神。他认为，只要认真学习，大庆的经验不是可望而不可及的。他说:"大庆1960年搞上去了,好像余秋里有三头六臂。其实他的手比我少一只,个子也比我矮一点,在座的都同他差不多高。他的文化程度也不一定比在座的高。大庆不是他一个人搞的,而是依靠党的领导,高举毛泽东思想红旗和集体的力量。这些都是值得我们好好学习的。"在发言中,他也介绍了郭兴福教学法。

随后,经韩先楚介绍,他又看了介绍郭兴福教学法的影片,感到很好。他认为,要提高部队战斗力,在平时除逐步改善装备外,主要还是依靠练兵,而军事训练是"四好"的内容之一。他考虑:"政治上个人的模范有雷锋,四好连队的典型有好八连,还有其他连队……在军事教学法方面树立一个典型,来推动一下,会是有好处的。"而他又感到,他"当了四年多总长,军队的训练工作可以说没有接触过,自己过去这方面的知识和经验也很不足,很需要学习学习"。于是,他便以极大的热情投入了推广郭兴福教学法的工作。遵照毛泽东关于让"前排议员"参加现场会的指示,1月25日,他在南京主持召开了推广郭兴福和郭兴福式的教学法的现场会。出席这次会议的有陆、海、空军军以上单位的首长、高等军事院校首长和各总部业务部门的负责干部共124人。

会议由罗瑞卿主持。会议采用了边看边议的方法,首先看了郭兴福及郭兴福式的教练员的军事演练。

郭兴福带领二连第三班战士表演的那两天正是数九寒天,加上阴雨连绵,更是冷得彻骨。在演练小组进攻作业时,雨一连下了几小时,训练场上泥泞不堪。郭兴福带着二连三班战士冒雨在泥水中摸爬滚打,不一会都成了泥人,可一个个动作非常认真,都像是小老虎一般。将军们冒雨观看,为他们的精彩表演所吸引,不时发出啧啧称赞声。

从训练场出来,在汽车上,在餐厅里,在小组会上,将军们议论的话题都集中在郭兴福教学法上。第一次看的说:"大开眼界。""百闻不如一见。"看过几次的也说:

1964年1月,罗瑞卿在全军推广郭兴福教学法现场会上和郭兴福交谈。

"一次比一次有进步。"济南军区司令员杨得志一看完,在路上就赞不绝口地说:郭兴福真把兵练活了。在小组会上,他又第一个发言,说:"过去我们也当过基层干部,也教过战士,但是没有郭兴福搞得好,他教得严、教得细、教得活。战士稍有一点差错,他能及时发现,耐心纠正。他训练出来的战士,脑子反应很快,能在紧张、复杂的情况下,做出正确的处置和动作。我们的部队如果都能训练成这样,那就什么敌人都不怕。"军事学院院长张震说:"今后打过仗的老干部越来越少,缺乏实战经验的干部越来越多。在这种情况下,究竟怎样做才能使新干部把我军优良的战斗传统和丰富的实战经验接下去呢?现在郭兴福的实际行动告诉我们,采用多流汗,多用脑的办法,就一定能够把我军多年用鲜血凝结起来的宝贵经验传下去,并且大大发扬起来。"

与会人员还参观了一些郭兴福式的教练员演练,在看了一个班防御的表演后,副总参谋长张爱萍说:"从红军起到现在,没有看过一个班的防御搞得这么好。"在表演中,特别引起大家注意的是有两位政治工作干部,一位是随侦察兵进行攀登作业的指导员侯书信,另一位是随通信兵进行架线作业的副指导员商顺富。侯书信已30多岁,但同战士们一样全副武装爬上峭壁。商顺富同战士们一样爬高竿、上房檐。大家看了都说:"这是郭兴福教学方法在政治工作干部身上开出的鲜艳花朵。"

1月30日,现场会圆满结束。罗瑞卿作了总结讲话。他首先反复强调了搞好军事训练的意义。他说,过去主要靠打仗来训练,现在主要靠训练学会打仗。搞好军事训练,乃是最重要、最具体的战备。他指出:毛泽东军事思想是我军军事训练的方针和原则,是编写条令教材的指针。我们已经有了正确的训练方针和原则,还必须有正确的训练方法。而郭兴福教学法就是一个比较完整、比较成熟的教学方法。他指出:郭兴福的教学方法的特点是红、活、硬、细、实。红指的是高举毛泽东思想红旗,是政治上好;活就是教得活、学得活、练得活、用得活;硬就是战术过硬、技术过硬;细就是教得细致具体;实就是实实在在、扎扎实实,从实际出发,从实战需要出发。他指出:郭兴福教学方法着重在一个"练"字。只有下苦功练,才能真正练出硬功夫。

罗瑞卿在总结中表扬了随分队进行训练的侯书信和商顺富。他说,这两个分队的指导员跟班作业,既把政治工作渗透到军事业务中去,又起了政治工作人员最实际的模范作用,这是很值得赞扬,很值得学习的。最后,罗瑞卿号召学习郭兴福,赶上郭兴福,超过郭兴福,掀起军事训练的热潮,把我军训练提高到一个新的水平。

此时,遭受三年困难的国民经济已经好转。在全国范围内正在开展工业学大庆、农业学大寨的群众运动,"比学赶帮超"成为风行的口号。树典型、抓标兵成为常用的工作方法。这是中国人又一次向富强之路的冲击,它强调政治挂帅,强调三老、四严[①],而去掉了1958年"大跃进"的浮夸。尽管这一冲击后来因为大抓阶级斗争,因为"四清""文革"又一次遭到挫折,但在当时却颇见成效。

在这一形势下,不甘于平平静静打发日子,总是不安分、总是充满激情的罗瑞卿提出了"比武",也就是比郭兴福教学法。这一年是建国15周年,中共中央已决定

---

① 三老:指当老实人、说老实话、做老实事。四严:指对工作要有严格的要求、严密的组织、严肃的态度、严明的纪律。

10月1日不举行国庆阅兵。罗瑞卿考虑，这正好腾出手来搞比武。南京现场会议结束后，罗瑞卿赴广州看地形。在广州，他向毛泽东、林彪和其他各位军委副主席报告，建议国庆节搞一次全军比武。毛泽东、林彪和其他军委副主席都表示同意。为此组成了以叶剑英为主任的全军比武筹备委员会。

叶剑英，又是一位元帅，他倡导郭兴福教学法，罗瑞卿便提出"比武"，《解放军报》整版整版发表社论、报道……称病不出的林彪尽管也在罗瑞卿的报告上画了圈，但他认为罗瑞卿又在"大跟别人"了。林彪准备另搞一套，他也要树一个典型。

三、在林彪提出学空军后，力求做到比武、学空军两不误

1964年2月13日，大年初一，空军司令员刘亚楼和政委吴法宪到毛家湾向林彪拜年，并汇报了空军大院的工作。林彪称赞空军机关三八作风好，内务卫生好，应该好好宣传一下空军机关这个典型，树立一个榜样。刘、吴走后，林彪吩咐秘书通知总政，立即派人去空军进行调查研究，报纸要把对郭兴福教学法的宣传告一段落，抓一下机关。2月14日，林彪又指示去看望他的副总参谋长杨成武，要总参召开学习空军的电话会议，通知在广州的罗瑞卿也参加。当晚杨成武向罗瑞卿作了报告。罗瑞卿立即表示拥护林彪指示，并提出："学空军可以采取石油部的办法，召开现场会议，由负责同志作报告，录音再拿到各地去放。"他还提出："学空军，总参、总政、总后三总部要带头。"

2月15日，罗瑞卿在广州参加完电话会议后，改变原定看地形的计划，返回北京，并立即去看林彪，向林汇报了南京推广郭兴福教学法现场会议的情况和1964年搞"比武"的打算，林彪表示很高兴。

2月20日，林彪给毛泽东写报告，提出："为把军队建设工作继续向前推进一步，今年除了仍以主要力量抓连队建设外，拟在目前抽出一段时间整顿机关。重点是大抓雷厉风行作风，大抓两头，即：上边的东西（直属上级直至毛主席的指示、著作）及时向下传达，加以具体布置；下边的东西很快地反映上来，加以具体解决。方法是树立标兵，让其他单位比学赶帮。暂定在全军推广空军和陆军一个军部、一个师部的机关工作经验。"

此时，罗瑞卿即按林彪的要求，以主要精力投入大学空军的运动。他在总参机关党委《关于大学空军经验，大整机关作风的实施计划》上批示："我以为大学空军、大整机关，总参一定要切实遵照林总的指示，做出一些显著的成果来，做出一个好样子来。除了一般号召、思想动员、群众热潮之外，必须要有具体措施……务必不要一哄而起，随之即一哄而散；也务必不要不问具体情况，生搬硬套。"

当时，空军经验中，除了坚持四个第一、大兴三八作风等"虚"的口号外，"实"的内容主要是内务卫生好。在空军机关，内务卫生搞得十分彻底，不仅做到窗明几净，而且犄角旮旯都擦拭得十分光洁。查卫生的人都戴了白手套，进屋看一看大面，然后就专找人们易于忽略的地方，比如桌子底面、柜子背面的角落，用白手套一擦，有灰便是不合格。为了应付参观、检查，人们都停下工作搞卫生，从办公室搞到宿

舍，忙得不亦乐乎。一时间，这便成了总部机关学空军的重要内容。

罗瑞卿在肯定空军工作很有成绩的同时，也发现他们的做法有形式主义的倾向，便给他们讲了四句话："办事要认真，工作要落实，经得起考验，不要翘尾巴。"他感到，空军固然要学，但刚刚兴起的学习郭兴福教学法的群众练兵热潮也不能冷却下来。他认为，学空军的对象是机关，学习郭兴福教学法的对象是连

1963年8月20日，罗瑞卿在北京南苑机场视察空军某部。

队，二者并不矛盾。2月26日，他在军委办公会议上提出："郭兴福教学法还要宣传一下，和大抓机关，各单位要穿插进行。石油工业部的经验说：国家讲民气，部队讲士气，个人讲志气。三气合一就是革命。毛主席常说：气可鼓不可泄，人而无气不知其可也。"

然而，过了三天，又传来林彪指示："今年全军的标兵是空军，军师两级的标兵今年搞不出来，就明年搞，反正要搞一搞。这样有好处，可引起大家的注意。"

细心的读者可以从这些多少有些凌乱的叙述中听出，林彪吹的是另一种调儿。他正在把毛泽东神化，对于已被毛泽东充分肯定的郭兴福教学法一时还不好提什么反对意见。但是这一教学法是由另一位元帅叶剑英所提倡的，而不是他林彪，他感到不快，需要别树一帜，于是就开始了大学空军。而罗瑞卿则对推广郭兴福教学法和大学空军这二者都要抓。

3月4日，罗瑞卿在北京召开的总部学习空军经验现场会议上作完总结报告，第二天便赴北京南苑观看了北京军区几个分队的军事表演，在参观侦察分队捕俘训练中的徒手夺枪和徒手对匕首格斗的扣人心弦的表演后，罗瑞卿激动地说："全军所有侦察分队都要像你们这样练，都要练出你们这套本领来。艺高人胆大，勇敢加技术，什么敌人都不在话下。"北京军区负责人希望罗瑞卿多到他们军区的部队视察工作，罗瑞卿高兴地表示："对，要常来。不然就成了灯下黑了。"

随后，他又到成都军区检查推广郭兴福教学法的工作。他在看了成都军区的一些部队后，于4月22日听取了成都军区司令员黄新廷和副司令员何正文的汇报。当

黄新廷汇报到有一个师拼凑尖子时，罗瑞卿立即说："这就是弄虚作假，就像1958年搞'卫星田'并秧的办法，搞上去了也不算数。这不是共产党的作风，这是投机取巧，欺骗上级，这样干是要打败仗的！"他发现某连指战员全是五大三粗的壮汉，便责问："这个连矮的、体重轻的战士都到哪里去了？今后一定要三老四严，如果不改，这个部队的政委、主任就不能再让他们当下去。搞'客里空'①是对推广郭兴福教学法的破坏。"

后来，在林彪整罗瑞卿时，把在比武中拼凑尖子、弄虚作假作为一条重要罪状。其实，早在1964年4月，学习郭兴福教学法的热潮在全军刚刚兴起，罗瑞卿已经在纠正这种偏向了。

罗瑞卿批评了"客里空"之后，黄新廷又汇报了成都军区比武大会还准备比赛学毛主席著作，对此，罗瑞卿有所考虑。他说："政治怎么个比法？光讲革命化，没有成果不行，不能服人。四好中政治思想好同其他三好不能分离。学毛著好自然不等同于军事训练好，但是毛著学习应当是苦练军事技术的思想基础。"

既然对政治、对学毛著不好孤立地去比，当然更不好孤立地去树立学毛著的标兵了。然而，1964年4月下旬，就在大学空军大搞卫生难以维持下去的时候，林彪又提出，要树立廖初江为学毛著的标兵，总政建议增加丰福生、黄祖示。林彪同意，并提出要像军事方面推广郭兴福教学法那样，在政治方面推广廖初江、丰福生、黄祖示学习毛主席著作的经验。罗瑞卿表示完全拥护，并在4月27日的办公会议上传达了林彪的指示，提出："武的宣传郭兴福，文的宣传廖丰黄，到一定时候，再把这二者结合起来。"

5月上旬，罗瑞卿接见了丰福生和黄祖示，对他们说："凡是毛主席著作学得好的单位和个人工作就做得好。大庆油田是这样，好八连和雷锋、郭兴福也是这样。郭兴福不仅是教学方法好，而且带兵也很好。他的成长也是毛泽东思想哺育的结果。我们学习马列主义、毛泽东思想的目的，就是为了运用马列主义的立场、观点、方法解决问题，不仅为了认识世界，而且为了改造世界。"

罗瑞卿这一番话的主题仍然是学毛著要有实际成果，政治要落实到业务上。后来，这也成为他的一条重要"罪状"。

1964年5月20日至21日，罗瑞卿与北京军区司令员杨勇一道陪同周恩来、彭真、陈毅、贺龙等在杨村观看了北京军区各尖子分队的军事技术表演。表演结束后，周恩来高兴地对杨勇说："好！兵就是应当这样练。政治上强，再加上过硬的技术，军队练成这个样子，那就什么敌人也奈何我们不得。"陈毅也说："打得准，有成绩，这是军事历史上破天荒的，世界训练史上也是破天荒的。"贺龙要求杨勇等好好总结一下，一方面推广郭兴福，一方面找出自己的郭兴福。5月24日上午，罗瑞卿在天津俱乐部召开的北京军区推广郭兴福教学法和交流夜间训练经验现场会上称赞北京军区是后来居上，比南京现场会议又有新的发展和创造，尤其是在夜战近战和打得准方

---

① 苏联剧作家考涅楚克在剧本《前线》中塑造了一个惯于虚构捏造的新闻记者的形象。这名记者就叫客里空。

■1964年5月20日，观看北京军区训练现场会。前排右起：罗瑞卿、李达、陈毅、杨勇、周恩来、贺龙、周扬、彭真（左一）。

面。他又将在南京提出的红、活、硬、细、实精炼为红、活、硬。

红指政治挂帅，群众路线和发扬军事民主；活指教得活，学得活；硬就是思想、作风、战术、技术过硬。

在这次讲话中，罗瑞卿再一次批评了个别单位在军训中的锦标主义倾向。他说：

> 总参军训部副部长张翼翔同志向我反映，说是现在因为全军要比武，有些部队发生了一些偏向，搞锦标主义。有些班，长期集合起来不让回去。有的长期搞单打一。据说有个工兵班，搞了九个月，专门演练一个排除障碍，别的东西都不搞。有的领导把时间、精力全都放在几个班上面，为比武而比武，为培养尖子而培养尖子。还有，我们发现福建有一个部队，就是采取过去大跃进时放假卫星的办法，把所有的好尖子、老兵调出来，拼凑一个班，用这个班来演习。这样搞法，就是为比武而比武，为表演得好看，为了争夺锦标，不是为了把我们的部队都练得过硬、都训练好了来准备打仗。这是根本违背了我们训练方针的。这样搞法，也势必使我们领导和培养出来的尖子脱离群众，得不到群众的支持。因此，必须要防止。

6月7日，罗瑞卿去济南参加了济南军区学习和推广郭兴福教学法观摩评比大会，有336个班，331名个人演练了790个项目，并进行了评比。6月10日上午，罗瑞卿讲了话,他说:"我看过南京的、广州的,前不久看过北京的,这次又看了你们的,都有很多好的东西,都有很多特点,都有创造,都有发展。你们山东省东边有个蓬莱县,听说有八仙过海。中国有句老话,叫'八仙过海,各显神通',你们这次也显了点神通。"

在演练者中还有民兵代表,有姐妹炮手、夫妻炮手和祖孙三代射手的射击表演。罗瑞卿对此十分赞赏。他在讲话中特地提出表扬。他说:"民兵同志的各项表演,同解放军比较并不逊色。昨天夫妻炮手中的女同志,听说是个老炮手,而她的丈夫是跟她学的……妻子是连长,丈夫是排长。丈夫开始有点大男子主义,有点不服气,说我受你指挥还行?妻子说:那有什么关系呢?我回家给你做饭,下海打鱼也归你指挥,只是打炮时你归我指挥。为什么你可以指挥我,我就不能指挥你呀?她的丈夫最后被说服了。祖孙三代的射手也很了不起,爷爷61岁了,孙子才14岁,你们一定把这种硬功夫一代一代传下去。"

他在表扬了济南军区在推广郭兴福教学法取得巨大成绩的同时,再一次讲了防止形式主义、锦标主义的问题。他说:"为什么对形式主义、锦标主义我们要反对呢?因为这样做,就会使我们领导脱离群众,也使尖子脱离群众。最近这种苗头、这种倾向的萌芽某些地方已经有了。我听说就在你们这个地方也有,确实不确实,我没有调查。有人讲,一个干部顾了一两个班,丢了两三千,如果真的是这样,那就不好……我们还发现,人为地用拼凑方法,把尖子拼凑起来,偷偷调进党员、五好战士,搞那么一个班。那样的尖子没有什么作用,因为我们普遍的不是这个样子,每年都要补充新战士,这个拼凑起来的东西是假的,这个叫耍花枪,叫弄虚作假,叫浮夸。这样培养出来的尖子不是尖子,是假的。不仅没有用处,而且有害处。"他语重心长地说:"打仗是最过硬的事情。谁要是在这里掺假、马虎,那么,将来万一有事情是要吃亏的。"

■1964年6月,罗瑞卿在济南军区比武大会上夸奖女神枪手。

要吃大亏,要误大事,要误国。"

济南军区党委对罗瑞卿这一讲话非常重视。7月间,他们批转了军区司令部和政治部《关于进一步贯彻罗总长指示,彻底杜绝军事训练中的形式主义、锦标主义的报告》,要求团以上党委认真学习和贯彻,使军区的军事训练工作沿着健康的道路前进。

四、毛泽东说:"有这样好的事情为什么不告诉我也去看看?"由此引出了十三陵的军事表演

从5月15日至6月17日,中共中央在北京召开工作会议。在会议期间,贺龙向毛泽东汇报了北京军区杨村军事表演的情况,毛泽东听了很高兴地说:"有这样好的事情为什么不告诉我也去看看?"贺龙立即通知北京军区准备迎接毛泽东的检阅,同时通知在济南的罗瑞卿,让罗回京筹备。罗瑞卿建议增调济南军区的几个分队和民兵参加表演,贺龙同意。6月10日下午,罗瑞卿返回北京并立即投入筹备工作。为了保证中央领导人的安全,他两次到西山去勘察现场,对交通、吃饭、休息等都一一做了仔细安排和检查。

6月15日下午4时,毛泽东、刘少奇、董必武、朱德、周恩来、邓小平、彭真、陈毅、贺龙、聂荣臻、李先念、李井泉、谭震林、乌兰夫、陆定一、康生、薄一波、李雪峰、刘澜涛、杨尚昆、萧劲光、许光达,以及各中央局、各省市自治区和中央各部委负责人等云集西郊射击场。按照毛泽东的吩咐,中共中央办公厅通知蔡畅、邓颖超、康克清几位大姐和郝治平、王光美也来观看表演。办公厅还通知郝治平、王光美,6月16日毛主席将在十三陵水库游泳,让郝和王也参加。毛泽东同参加汇报表演的分队合影后,在罗瑞卿、杨勇等陪同下巡视了训练场。当他看到沙袋上有蒋介石漫

■ 1964年6月,罗瑞卿陪同毛泽东检阅北京、济南军区的军事汇报表演。

画像时，用拳头打了几下，诙谐地说："啊，老朋友，久违了。我也来打你几拳。"

在观看济南军区半自动步枪速射后，罗瑞卿走下主席台，拿过射手宋世哲的半自动步枪给毛泽东和刘少奇看，并介绍说："这是我们自己造的半自动步枪，打得快、打得准，性能很好，我们打了几十年仗，都没有用过这么好的枪。"半个世纪前，在辛亥革命时期当兵扛过大枪的毛泽东站起身接过枪端起做了几个瞄准的姿势。当看到山东省两位女民兵打 50 发子弹分别命中 49 发和 47 发后，罗瑞卿又走下主席台，把弹孔密如蜂窝的靶子拿上来给毛泽东和刘少奇看。毛、刘都十分高兴地回过身来向看台上的观众鼓掌。当济南军区双（手）枪表演结束后，罗瑞卿忙向毛、刘等解说："这都是些侦察兵，用的是我们自己造的手枪。"又吩咐人下去拿来几支手枪给毛泽东、刘少奇、周恩来、邓小平看。在冲锋枪、机枪射击后，是八二迫击炮无炮盘、无瞄准具简便射击，罗瑞卿告诉毛泽东："这是赵章成的发明，红军过大渡河，他就是用这个办法打了三发炮弹，掩护十七勇士过了大渡河。"当毛泽东看到驾驶员开着卡车过两根铁轨后又顺着铁轨倒回来时，风趣地说："谁说不能开倒车？这不是开倒车吗？"在整个表演过程中，罗瑞卿始终不离毛泽东左右，由于这些表演事先他都看过，主动当了毛泽东的讲解员，每一个项目都要向毛泽东作介绍，同时注意兼顾刘少奇、周恩来、邓小平。他们提出什么问题，他便去作解释。贺龙、陈毅、聂荣臻等元帅交代了什么事，他立即派人去办。

6 月 16 日下午，毛泽东等来到十三陵水库。毛泽东首先在大坝边的一幢两层小楼内接见了参加中央工作会议的人员，作了关于接班人五个条件的讲话，提出："要特别警惕像赫鲁晓夫那样的个人野心家和阴谋家，防止这样的坏人篡夺党和国家的各级领导。"

在接见时，毛泽东还提出："大区书记要抓军队，不能只要钱不要枪。"接着，他详细地谈了他的战略防御设想，否定了林彪提出的战略方针。

3 时 40 分，毛泽东、刘少奇等在罗瑞卿夫妇、杨勇以及体育学院的许多男女学生陪同下从水库西岸下水游泳。在水中，毛泽东在同学们簇拥下用侧泳、仰泳等各种姿势在深水中缓缓地游动，有时仰卧在水面，一动不动，任水载浮。这一场景当时被从头到尾拍摄下来，编成纪录片。不久这部片子便在全国上映。

广大群众看到自己的伟大领袖尽管已年过古稀，仍能在水库畅游时，都为他的健康而感到庆幸。

当时，罗瑞卿的心态亦复如此，他对毛泽东是一片赤诚。为了能在水中保卫领袖的安全，他 50 多岁才开始并学会了游泳。他此时同他的夫人郝治平一道双双追随毛泽东击水前进。毛泽东游到湖心小岛，上岸后他十分开心地问罗瑞卿："你们两个谁游得好一点？"罗瑞卿回答："她游得好，我比不上她。"

在小岛稍事休息后，大家又尾随毛泽东往回游。上西岸后，随从给毛泽东擦了擦后背，再披上睡衣。这时江青走了过来，似嗔非嗔地说："天气这么冷，谁叫你下水的？要是感冒了怎么办？"罗瑞卿对江青劝慰道："水温还可以，主席身体好，游泳很高兴。你放心，不会感冒的。"毛泽东更衣后来到主席台入口处，看到杨得志，便问道："你为什么不下水？"杨得志指着毛泽东身后的杨勇说："他陪主席去游了，我就没有去。"毛泽东用手指头指一指杨得志，笑了。

在十三陵观看了迫击炮射击和水雷、石雷表演后，需转到阳坊观看炮兵和坦克兵表演。由于天气热，加上毛泽东游过泳，已经疲乏，罗瑞卿、杨得志、杨勇和江青等都劝毛泽东等回去休息，不要再看了。毛泽东说："人家准备了，不看不好嘛！"杨得志说："炮兵和坦克表演，以后再找机会看。"毛泽东问："哪里找机会呢？"杨勇说："两位主席下决心吧！"毛泽东稍稍考虑了一下，站起来说："看！"于是一行人又驱车来到阳坊，观看了炮兵和坦克的射击表演。

在观看表演期间，毛泽东在所到之处，多次即兴插话，妙语连珠，引起阵阵欢笑。他说："要注意多搞夜战、近战。在很黑的夜间搞，什么也看不见，训练部队晚上行军，晚上打仗。""过去土地革命战争时期、抗日战争时期、解放战争时期，白天是敌人的，晚上是我们的，抗美援朝战争也是这样。今后战争，我们还是要在晚上和敌人打。'夜老虎连'要普及，现在可以一个营先搞一个连，将来要使全军都成为'夜老虎'，这样，打起仗来，天下就是我们的了。"他还说："敌人越凶越不要怕它。蒋介石过去不凶？美国不凶？具体到每个战斗的打法就不同了，就要重视它。军队无非是要学会两个东西，一个是会打，一个是会走。会打、会走，军队都要学会。打就吃它一口，吃不了大的吃小的。吃了一口再吃一口。"

两天来，毛泽东和大家都是兴高采烈。台下精彩的表演和台上热烈的掌声此起彼落，到处都洋溢着祥和、喜庆的节日气氛。两天表演，2个军区7个军的一些分队加上民兵参加，一点事故也没有出。作为组织者，罗瑞卿尽管很劳累，但心情很愉快。

1964年7月2日，毛泽东在同周恩来、彭真、贺龙、陈毅、罗瑞卿、康生等谈话时又说："看了北京、济南军区尖子部队表演，很好，要在全军中普及。光有尖子部队是不够的，普及要多久？（贺龙插话：要两年。）要很好布置，要抓紧这个工作。"在这次谈话中，毛泽东还号召部队要学游泳，所有部队都要学会。毛泽东还应罗瑞卿的要求，再一次对战略问题作详细阐述。

在毛泽东在十三陵检阅军事表演前后，刘伯承、贺龙、陈毅、叶剑英元帅先后发表了对推广郭兴福教学法以及比武的看法。

1964年5月14日，刘伯承在听取总参汇报全军比武问题后指出："全军比武我同意。这是比学赶帮的好形式。""部队训练要狠抓基础训练，要练硬功夫。技术搞不好，基础打不牢，功夫不过硬，战术是空的。"

1964年8月9日，陈毅在观看全军通信兵比武汇报表演后说："最近，我们在北京、天津、上海等地，观看了许多比武表演，今天又看了你们横渡黄河、摩托车收放线等表演。这些表演，叫我来评判，那是达到了我军历史上的最高点。""最近看了许多部队的表演，我的心情特别舒畅、痛快。我和年轻的指战员在一起，斗志更加旺盛了，看到你们横渡黄河，我也想下去。"他希望："解放军一定要训练好，**提高警惕，随时准备打击美帝国主义和各国反动派的任何挑衅和侵犯。**"

1964年7、8月间，叶剑英在观看了一些部队的表演后号召部队："要切实把战备工作搞好，大抓军事训练的普及工作，争取在两年左右的时间使全军达到'尖子'的水平，做到打得准，开得动，联得上，合得成，指挥好，协同好。一旦有事，军队拉出去就能打，打就一定能打胜。"

与此同时，贺龙提出："我已向主席说了，两年可以把'尖子'经验普及全军。我是根据部队的训练情况和士兵服役年限考虑的。今年全军推广郭兴福教学方法，出现了一批'尖子'，我们要抓住'尖子'不放，各级领导要亲自抓，要严格督促，定期检查，普及工作要造成声势，要雷厉风行，要像今年全军推广郭兴福教学方法和抓游泳训练一样抓好普及工作，一定要很快搞出成绩来。"

在毛泽东的倡导和贺龙、刘伯承、陈毅、叶剑英等元帅支持下，以普及"尖子"为目标的练兵热潮进一步在全军如火如荼地开展起来。从7月16日到8月23日，全军分北京怀柔、河南信阳、甘肃天水等18个地区，在陆地、天空和海洋进行了比武，参加部队指战员和民兵共1.37万人，参观者共8.7万人。通过比武，在海陆空三军普遍开展了比学赶帮活动，掀起军事训练热潮，提高了部队军事素质，增强了战备观念。据统计，全军1964年在步兵武器训练中获得优秀成绩的师比1963年增长了4倍。投弹平均达40米以上的师比1963年增长6倍。在各个军区都涌现了许多"夜老虎""铁脚板""翻江龙""爬山虎"，指战员的技术水平大为提高。参加比武的指战员有许多人日后都成为部队建设的骨干。

毛泽东、刘少奇等党和国家领导人连续两天检阅军事表演，枪炮都是实弹射击，可一点事故也没有出，罗瑞卿悬在心上的一块石头总算是落了地。如此盛大的军事检阅，林彪却没有露面。对于推广郭兴福教学法，林彪几乎可以说是局外人。检阅期间，他还在昆明，正冷眼旁观北京发生的一切。

7月9日，周恩来、陈毅、伍修权等在访问缅甸之前，和杨成武一道去看望了林彪。周恩来一行赴缅甸后，杨成武又按周恩来、罗瑞卿的嘱咐，分两天向林彪汇报了军事检阅的情况，毛泽东关于接班人的五个条件和军事工作特别是战略防御设想的讲话。

林彪接受了这犹如倾盆大雨般的一大堆信息，很需要进行一番消化，并研究对策。

他得知：为毛泽东所充分肯定的军事检阅，中央大部分领导人都出席了，罗瑞卿作为组织者忙前忙后，非常惹人注目。

他得知：罗瑞卿夫妇双双随毛泽东在十三陵水库畅游，而他林彪却偏偏得了个怕水怪病，连水都怕喝，更不用说下水了。

最使他震惊的是毛泽东竟然反对他上台后提出的战略方针，而且这一点又是他必须马上表态，不允许有半点延宕的。于是，他立即对杨成武说："主席关于战略方针的指示，是根据最新的情况，经过最周密、最深刻的考虑的，看得最高、最远，因此，应当作为最后的决定意见，必须坚决贯彻执行。"7月20日，林彪又亲自打电话给正在黑龙江省珲春县视察部队的罗瑞卿，重申了上述表态。

毛泽东和林彪提出的战略方针的内容都是关于战略防御的设想，即一旦战争爆发，敌国军队将可能从哪一个方向侵入我国领土。针对这一情况，如何部署兵力、构筑工事，在何处重点设防，怎样消灭入侵之敌，等等。但两人的设想完全不同。毛泽东的设想更符合现代战争的条件。加上当时由于个人崇拜的观念已经根深蒂固，毛泽东的话已经成为判别一切是非的标准。因此，林彪理所当然地为毛泽东否定了他提出的战略方针而感到不安，这种不安又为毛泽东提出"警惕……赫鲁晓夫"而加剧。他的表态既要拥护毛泽东的主张，又不能自认错误，于是给毛泽东的设想以五个"最"的评价。这五个"最"中关键的一"最"是"根据最新的情况"。它暗含的意思是林彪的方针是根据过去的情况提出的，也不见得就错。7月中旬，杨成武回京后和罗瑞卿一道向毛泽东汇报了林彪五个"最"的言论。毛泽东听了十分不悦，说："不管是五个最还是几个最，总之不能按林彪的意见办。"当毛泽东说这一番话时，林彪又转移到兰州继续养病。

7月间，罗瑞卿仍然继续对各军区各军兵种比武进行督促检查和指导，继续纠正个别单位出现的锦标主义、形式主义的倾向。他得悉，学习毛泽东著作标兵廖初江所在的某部机械化团步兵第三连进行实弹射击时违反教程，降低条件，打好了算成绩，打不好重打等弄虚作假问题后，批示："廖初江所在连队，军事训练不过硬，作风上这样不健康，公然弄虚作假，自欺欺人，证明对毛泽东著作没有真正学好，并不是毛泽东思想真正挂了帅，请沈阳军区党委检查整顿此事。廖初江也不能总是不在家，外出作报告要有一个限度。"

遵照罗瑞卿的批示，沈阳军区政委赖传珠指示军区装甲兵党委对该连进行了认真的检查整顿，并在全区装甲兵部队中开展了坚决纠正训练中弄虚作假问题的活动。

第十四章 开始挨整

一、林彪提出突出政治后，罗瑞卿和许多将领不赞成全盘否定"比武"

1964年8月间，毛泽东吩咐贺龙、罗瑞卿一道到北戴河，向他汇报军队高级干部减薪问题，作为防止现代修正主义的一项措施。讨论中，贺龙建议："是不是连军衔一齐取消算了？"毛泽东立即回答："取消！搞掉那块牌牌！我早就想搞掉它。"回京后，罗瑞卿打电话给林彪的秘书，请他报告此事并请林彪指示。经几次催问，秘书均说："已报告了，林总未说什么。"罗瑞卿察觉到林彪可能又不满意了，仍硬着头皮请秘书去请示，并对秘书说："如果林总没有指示，我们不好执行。"两天后，秘书回电话说："林总同意。"

林彪之所以迟迟才表态，绝非对取消军衔有何异议，而是不满于贺龙、罗瑞卿又"越位"直接去见毛泽东，而把他撇到了一边。他打算向不跟他、不捧他的罗瑞卿动手了，并开始寻找整罗瑞卿的突破口。

1964年8、9月间，军委召开扩大的办公会议对推广郭兴福教学法工作进行小结。

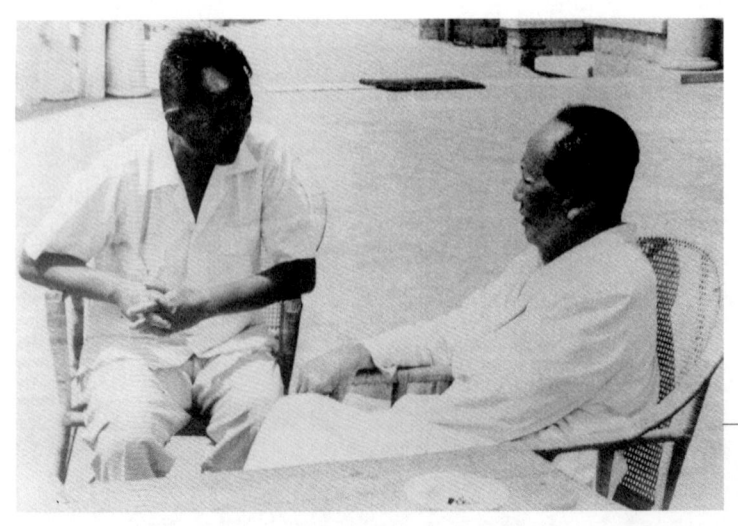

■ 1963年夏，罗瑞卿与毛泽东在北戴河海滨浴场。

9月1日和7日，罗瑞卿作了发言。他说："比武，成绩是主要的，发动了群众，有发明创造。但也有副作用，弄虚作假是我们反对的，锦标主义一定要反对。按照主席的指示，把'尖子'这一套加以普及一定要搞。如果不普及，就成了练为看而不是练为战，就毫无用处。"对今后推广郭兴福教学法的工作，他提出了24个字：巩固起来，坚持下去，集中起来，成龙配套，逐步推广，不断提高。

9月30日，以叶剑英为主任的全军比武筹备委员会起草了《关于全军比武大会的情况报告》，总结了18个比武区比武的成绩和经验，指出："通过比武，检阅了成绩，树立了标兵，交流了经验，为今后普及推广工作树立了样板。"军委在向中共中央和毛泽东呈送这一报告时，指出："从这次比武的情况看，部队的军事训练是有很大进步的，特别是今年一月军委号召学习和推广郭兴福教学法以后，进步较为显著。这对今后进一步提高部队的军政素质和军事训练水平，提供了活的经验，为今后的普及工作树立了活的样板。"

10月间，在叶剑英主持下，在京西宾馆召开会议，讨论普及尖子的标准。总参军训部提出了两类尖子的标准，一类要求较高，二类要求较低。与会人员认为，一类尖子不可能在两年内达到普及，都倾向于普及二类尖子。散会时，叶剑英对林彪派来听会的林彪住地的秘书周衍盛说："你赶快回去向林总报告会议讨论的情况，看他有什么指示。我在这里等你的回话。"周秘书回去立即向林彪报告，林彪同意普及二类尖子的方案，周秘书当即打电话向叶剑英报告。

到这时为止，林彪尽管心中不悦，但并未对推广郭兴福教学法和比武提出任何异议。但到了这一天下午，事情便起了变化。原来在这一天，林彪在派周秘书去旁听军事训练会议的同时，还派叶群去参加了总政主持的普及尖子经验的政治工作座谈会。在会上有些干部反映，在少数单位的军训中有弄虚作假、形式主义的现象。叶群听后怦然心动，感到奇货可居，下午向林彪一汇报，林彪便决定以比武为整罗瑞卿的突破口，手法是"攻其一点，不及其余"，即抓住已为罗瑞卿多次指出并正在纠正的比武中个别单位存在的弄虚作假、形式主义等问题，给罗瑞卿倡导的"比武"扣上单纯军事观点、资产阶级军事路线的帽子。为此，11月下旬，他派叶群到广东省韶关去搜罗和编造材料。

此前，在10月间，为了检查1960年军委扩大会议决议的执行情况，罗瑞卿建议总政派工作组到部队检查工作。工作组在总政刘志坚副主任率领下分别到南京、成都、武汉3个军区调查，然后在武汉会合，研究起草调查报告。由于材料还不够充实，罗瑞卿又建议他们到广州军区再做一些调查研究。他们赴广州后，在黄永胜的建议下又来到驻在英德县的解放军某部。该部的一营一连是参加了比武的连队，二连则是南昌起义后林彪曾任过连长的老红军连队。工作组在一、四、七连蹲点。当调查快要结束时，叶群打电话给刘说要来。刘志坚对她说：部队所在地比较偏僻，生活条件差，同时调查也快结束了，劝她不要来。但叶群执意要来，并于11月23日带了3个秘书来到了这个团。第二天便到一连，在支委会上说明来意。她说："这次大比武是林副主席不知道的，是背着林彪同志搞的。""林副主席被架空了，说话不灵了。"她还说："现在部队是军事冒尖、政治不浓，脱离了毛主席的建军路线，是很危险的。"

叶群给定下调子后，又派她带来的 3 个秘书分别到一、四、七连投入挑刺的活动。当团、营、连各级向叶群等人汇报工作时，一谈成绩，叶群等人便把笔一搁，接连插话，使汇报者无法说话。一谈存在的问题和缺点，叶群等人便口问手记、忙个不停。叶群每天找她带来的秘书要材料，搞了三天，感到材料尚未凑够，便一面号召从团到连各级都要"揭盖子"，一面派人下去暗查私访，专找那些平时训练怕苦怕累的，受过干部批评的，让他们大胆揭发问题，对他们说："不要怕报复，有我们撑腰。"在这一基础上，他们又召开"民主会"，煽动战士批斗干部。在全团被重点批判的干部共 12 人，一、四、七连所有干部都挨了整。他们或被迫反复检讨，或挨批斗，或被排斥调走。一营营长马友积极抓军事训练，对战士严格管理，叶群便说他"什么政治报告也不参加，就讲究三个一条线"，将他定为单纯军事观点和军阀残余的典型，喊出了"打倒马友"的口号，并把马友在团教导队培训的十来名班长都打成"小马友"。他们无中生有地说，一次山地演练，一位战士跑不动了，马友便在背后捅刺刀，把战士背的背包都捅破了。一连尖子班长邓泽生鼓励战士撑竿跳外壕，叶群便责问他："战士摔死你能负责吗？"骂他是小军阀。一连指导员王长义生理上有斜眼病，叶群便说他老斜着眼看战士。叶群对军训比武百般挑剔，打靶投弹后，连队对成绩优秀者予以鼓励，被说成是"只要环数米数，不要思想革命化"；战士自愿开展业余"瞄三五枪""投三五弹"的活动，被说成是"不让战士休息"；有的战士在单杠上练大回环，被说成是"演杂技"。由此，叶群等便说这个连队是"两头冒尖，军事技术冒了尖，思想问题也冒了尖"，并写出了《关于一连单纯军事观点的调查报告》。四连炊事班长的妻子来队经常帮炊事班干活，同炊事员们有说有笑，叶群便说是"一群苍蝇叮着一块臭肉"。她又把这个连有的战士爱照镜子，冬天擦了护肤油脂，有的战士走路时看女社员一眼，有的战士爱用镊子拔胡子，有的干部买了一双松紧口布鞋，等等，统统说成是资产阶级生活方式，进而写出了《关于四连资产阶级思想泛滥的报告》。七连在一次打靶时，发生过一起连长弄虚作假，给一名战士多记环数的事件，叶群来部队前已作处理，给那位连长以警告处分。但叶群却揪住不放，又罗列了军训定指标、搞竞赛，为了培养尖子给尖子吃小灶、让他们多打子弹等现象，写出了《关于七连锦标主义、弄虚作假的调查报告》。

与在几个连队蹲点同时，叶群还派了一些人对团党委和机关进行了调查，叶群逼迫党委承认"转向"。团里有些干部解释说，他们还是注意政治挂帅的，政治工作对军训起到了保证作用。叶群等人便说，这仅仅是小保证，同锦标主义是一致的。

为了方便不了解当时历史状况的读者，对最后这一句需要做一点解释。在解放军中是历来讲政治工作对业务、军事的保证作用的。到了 60 年代，毛泽东提出要防修反修、防止资本主义复辟。在这一历史背景下，叶群等人蹲点时便把政治工作对业务、军事的保证称为"小保证"，而把政治工作对防修反修、防止资本主义复辟的保证称为"大保证"。工作组之所以指责政治工作保证军训是锦标主义，正是从这个意义上讲的。"大保证""小保证"之论一出，政治工作落实到业务便成为罪名。

由于这一套"大保证""小保证"的理论过于玄妙，团里许多干部接受不了。接受不了便不散会。经多方启发，有一位教导员说了一句"团党委把四个第一变成了四个第二"，叶群如获至宝，于是这句话便成了工作组第四份调查报告的题目。

顺便提一句，叶群在炮制上述4个报告的同时，还到二连参观了连史展览。当她看到毛泽东、朱德井冈山会师的油画时，说："不是那么回事，是林彪同志与毛主席会师。"这可能便是在井冈山斗争史中以林彪顶替朱德的原版。

在蹲点中，叶群经常通过专线电话同林彪联系。12月24日，4篇调查报告都写好了，叶群便离开这个被她搅得思想一片混乱，有的哭，有的想自杀，许多准备提干的尖子复员转业，留下的军事干部怕戴"单"帽[①]而不敢抓训练的部队，来到广州。而此时林彪已乘专机来到广州。叶群见到林彪后，立即告诉他，此次下部队已完全达到了预期目的。叶又将4份调查报告交给林彪过目。林彪看了这几份以总政工作组名义起草的调查报告，十分满意。

12月26日，为庆祝毛泽东诞辰，在北京毛泽东住处举行了一次未予报道的家宴，共开了三桌。罗瑞卿和彭真、余秋里、钱学森、曾志、王进喜、陈永贵、邢燕子、董加耕和寿星毛泽东坐在一桌。

12月28日晚，林彪在广州召见刘志坚和《解放军报》副总编唐平铸，对他们说："今年的比武把政治工作冲垮了。明年要反对单纯军事观点，反对单纯技术观点，反对单纯生产观点。比武挤掉了政治工作，第一步恢复比武以前政治工作的地位，第二步提高政治工作。"其时，毛泽东正不遗余力地提倡政治挂帅，林彪这一指责不啻是将一顶千斤重的铁帽子扣到了罗瑞卿头上。当晚，刘志坚便打电话给罗瑞卿，通报了林彪"指示"的内容。罗瑞卿听了感到很不安，他当即对刘志坚说："那今年我们岂不是犯了路线错误？"

12月29日晚间9时50分，在军委办公会议上，罗瑞卿传达了林彪的指示，并讲了他自己的理解，他说："我理解林总的指示是指局部的情况，不是指全体。如果那样，那就是路线错误。"

11时，在广州的林彪再次接见刘志坚和唐平铸，由林彪审定了《关于当前部队工作的指示》的未定稿，这就是在"文革"史中赫赫有名的林彪关于突出政治指示的第一稿。

这一"指示"说："我们是毛主席创建和领导的军队，是以政治为特点，政治统率军事。毛主席一向教导我们，政治是统帅，是灵魂；政治工作是我军的生命线。只要我们的思想工作和政治工作稍微一放松，其他工作就会走到邪路上去。"

在引证了毛泽东的论述后，"指示"提出："一定要突出政治，使政治思想工作真正成为我们全盘工作的基础。政治工作搞好了，其他工作才能搞好，军事训练也才能搞好。军事训练、生产等和政治工作发生了矛盾，要给政治工作让路。""时间上谁让谁的问题，基本上要确定一个原则：让给政治。军事训练、生产等可占用一定时间，但不应冲击政治。相反，政治可以冲击其他。"这时林彪改变了腔调。以前他说的，在时间上，"军事应该占百分之六十，七十以至八十"的话收起来了。

鲁迅说过："一个题目，做来做去，文章是要做完的，如果再要出新花样，那就

[①] 指单纯军事观点的帽子。

使人会觉得不是人话。"

本来，关于政治工作，毛泽东已经阐述得很清楚，他使用了统帅、灵魂、生命线等概念。可林彪又提出"突出政治"，"政治可以冲击其他"。在具体解释时，叶群又搬出了"大保证""小保证"。"一好"（指政治思想好）和"三好"（指三八作风、军训和生活管理）的关系成了多年扯不清的问题，什么"要一好带三好，不要一好代三好"啦，什么"抓一好不忘带，抓三好不忘帅"啦，在部队中引起了极大的思想混乱。

在这一未定稿中，原来林彪讲的"今年比武把政治工作冲垮了"，改为"军事训练搞得太突出，时间占的太多，军政工作比例有些失调，这样下去，必然会把政治工作冲垮……如果听其自流，不敲警钟，那就不得了"。

林彪在这里将"已经"改为"如果"，口气缓和了一些。这不仅是因为罗瑞卿在电话中已提出异议，更重要的是因为林彪认识到，毛泽东尚未表态，中央其他领导人和各位元帅的反应也需要考虑。整倒罗瑞卿的条件尚不具备，林彪还不想马上摊牌。

当林彪、叶群在广州炮制林彪的"突出政治"指示时，罗瑞卿正忙于审定《解放军报》社起草的1965年元旦社论。

从1960年起，《解放军报》每年都要发一篇元旦社论，总结上一年的工作，提出新的一年的任务。这些社论在对当时军队工作起到一些鼓舞作用的同时，由于受"左"的指导思想的影响，对于"左"的一套也起到了推波助澜的作用。

1965年元旦社论的标题是《把毛泽东思想伟大红旗高举更高举，使创造四好连队运动落实再落实》。这篇社论同当时许多文件一样，提出了"三面红旗""阶级斗争""反修防修"等"左"的口号，同时充分肯定了1964年军训成绩，肯定了郭兴福教学法。罗瑞卿对此稿进行精心修改后，又将其送往广州。林彪看后，提出要写上他的"突出政治"指示的内容。于是，在广州的总政工作组便按林彪的意图，对此稿进行修改。修改稿在回顾1964年工作的第三段，删去了"推广了郭兴福和郭兴福式的教学法"，删去了"继南京路上好八连、硬骨头六连之后，又涌现了学习毛主席著作的模范红九连、南海前哨钢八连、威震长空的霹雳中队、战斗作风过硬的猛虎艇等著名的四好连队和四好单位"。修改稿关于四好内容，即政治思想、三八作风、军事训练、生活管理等以及今后任务都重新写过，文字大为增加，有些地方显得拖沓、啰嗦，有些地方有语病。这样便出现了两个稿子。《解放军报》工作人员便称由罗瑞卿主持，由《解放军报》总编辑华楠等人起草的稿子为"北稿"，而称由林彪授意，由《解放军报》副总编唐平铸等人修改过的稿子为"南稿"。

"南稿"送到北京后，罗瑞卿便召集华楠等人研究如何修改，大家都感到两稿差距太大，无法统一。罗瑞卿便打电话给刘志坚和起草"南稿"的唐平铸等人，叫他们回来，对他们说："你们不回来怎么办？两种意见走不到一起了。"12月30日，刘志坚等回到北京，当天"南稿""北稿"起草人会合在三座门研究修改问题。到31日，因第二天就要见报了，不允许久议不决，罗瑞卿便拍了板，以"北稿"为基础，恢复了关于郭兴福以及其他典型的文字，肯定1964年军训的成绩，同时参照"南稿"，加上了"一定要突出政治"，对南稿中有语病的段落，修改后再加以采用。如将"对于先进经验，要认真进行鉴别，然后有选择有计划地加以推广"，改为"要推广先进经验，搞好普及工作。对经验要认真鉴别，然后有选择、有计划、有步骤地加以推广"。又如将"我们的军队，一贯是靠政治搞起来的"修改为"我们军队的建设一贯是把政治建设放在首要地位"。同时删去"军事、政治、生产等各方面，如果发生矛盾，要让政治突出，其它的让路"这样的文字。

1965年1月3日至5日，在北京连续召开第228、第229、第230次军委办公会议，出席者有罗瑞卿、邱会作、萧华、杨成武；列席者有副总参谋长彭绍辉、李天佑、王新亭，总政副主任刘志坚、徐立清、梁必业，总后勤部政委李聚奎，国防科委、国防工办副主任刘西尧及总政的一些部长，《解放军报》负责人和总参军训部长。从1月6日至8日，召开第八次扩大的军委办公会议，出席者除上述人员外，还有各军区和各军兵种负责人。这6天会议的内容是一致的，即传达林彪的指示，听取总政工作组汇报在驻英德的解放军某团蹲点的情况，讨论《1965年国防建设工作纲要（草案）》。

工作组在汇报时首先肯定了某团有6个好处，即1. 绝大多数指战员想把工作做好，干劲足，勤学苦练，模范作用好；2. 作风紧张、快；3. 抓了毛著学习、四好、一帮一、一对红；4. 训练有成绩；5. 机关干部下连队多；6. 宣讲军委扩大会议决议搞得好。

随后，工作组指出：某团存在不少问题，最根本的是毛泽东思想没有扎根，四个第一不落实。不是四个第一，而是四个第二；不是四好，只有军事好。政治工作主要是搞保证军事训练，和锦标主义是一致的。

工作组在指责某团四个第一不落实后，又罗列了该团在军训中存在的12个问题，即1. 训练时间大大超过计划；2. 增加了很多训练课目；3. 提高了训练难度；4. 比武考核多；5. 每天训练八小时，排得满满的；6. 挤掉了政治；7. 挤掉了生产；8. 对新兵老兵一样要求，新兵做不到；9. 集训年年重搞；10. 练为看，搞花架子；11. 要求整齐划一，规定每周一、三、五一律穿短袖衬衣；12. 拉练硬性规定"人走房空"。

各大军区、各军兵种领导人对林彪指示和工作组的汇报进行了热烈讨论。讨论的题目集中在如何评价1964年军训的成绩、如何看待比武上。他们在发言时虽然一开始都表示"拥护林总的提示"，但从内容看，大多数人都不赞成否定1964年军训和比武的成绩。下面我们摘录几位将领的发言。

南京军区副司令员王必成中将：我抓了两年军训，确实搞出成绩的是去年一年。成绩是主要的。当然也有缺点、错误，但有几个问题要弄明白：第一，四个第一不落实是不是就是因为军事训练搞多了？第二，郭兴福教学法究竟是真的还是假的？培养典型、推广经验是对的，但后来典型是不是搞多了？① 第三，部队紧张一点是必要的，松松垮垮不行。当然过分了也不对。第四，训练指标是高了。在向主席汇报表演时，贺总向主席保证过两年普及尖子经验，我们不能不执行。现在部队训练热火朝天，但"纲要"中连"普及"两个字怎么也不提了？

---

① 这一年，除推广郭兴福教学法外，国防部还曾授予某部六连"硬骨头六连"称号，授予谢臣、赵尔春"爱民模范"称号，授予欧阳海所在班"欧阳海班"称号，授予空军第十师"飞行安全红旗师"称号，授予汽车十七团二连四班"川藏线上的钢铁运输班"称号，授予某部侦察连"红色尖兵连"称号。但这些典型的推广范围都不大，继推广郭兴福教学法后，影响最大的推广典型活动即是林彪提倡的大学空军。

济南军区政委袁升平中将：像去年这样的军事技术训练是以往哪一年也没有过的。我同意王必成同志的发言，成绩是巨大的，当然有缺点，但那是次要的。1964年的四好连队数量上升，质量也有提高（王必成、北京军区司令员杨勇上将和新疆军区副司令员郭鹏中将插话：四好连队总的说是上升的）。

总政保卫部部长蔡顺礼中将：从事故的数字看，1964年呈下降趋势。1964年1月至9月与1963年同期比，政治事故下降了37.3%，其中凶杀案下降50%强，叛国外逃案下降59%，自杀案下降14%。

去年政治教育时间基本上还是有保证的。"尖子"训练是要多用时间，但那是挤的业余时间。

济南军区司令员杨得志上将：我同意袁升平同志的意见。在尖子表演时，我们曾发现过调人的现象，但发现后立即纠正了。也可能还有因官僚主义而未发现的。就全军说，去年济南军区进步不算快；但就济南军区本身说，这一年却是进步比较快的一年。这是学习郭兴福教学法的结果。这个方法是好的。比武根本没有冲击政治，而且还促进了学习毛主席著作。早在南京军区介绍经验中以及总长的讲话中就指出，不准拼凑"尖子"分队，不准搞形式主义。至于后来的执行中又出现了形式主义，那是下面执行的问题。多年没有搞比赛，去年搞一次很必要。把军、师、团的干部都推动起来了，很好。没有干劲怎么行？今年内不搞大的比赛，赞成，但小规模的搞一搞，还是必要的。连队的事情确实多，但1958年我下连当兵时，这种现象就存在的。

福州军区副司令员皮定均中将：军事干部做政治工作，1964年比哪一年都好。过去在彭德怀时期，老是说我们单纯军事观点。军训，从1958年反教条主义之后，还没有什么东西来代替。到推广郭兴福教学法，才真正把毛主席、林总的东西落实了。如果现在反过来又打，说尖子搞多了，这就不好。郭兴福教学法是从群众中来的，是真正群众路线的东西。对部队的要求就是要严。我主张必须要有一定的队列教练，要以纪律性、组织性和统一性来整掉农民的散漫性和学生的小资产阶级性，不然不像个军队。今后搞军训应当再搞细一点，比如训练一个特等射手需要多长时间，用多少子弹，等等。一个一个问题解决。

福州军区副政治委员刘培善中将：部队就是要紧张。现在不仅是军训，政治教育时间也超过了。学毛著，今年能学好毛主席的四篇文章和刘主席的《论共产党员的修养》就差不多了。要再学四本毛选，没有时间。比武还是必要的，方向是对的。当然有缺点，但不要大张旗鼓地去纠正，那样做影响不好。

北京军区司令员杨勇上将：比武成绩是主要的，要说打破教条主义，这次看来才是真正打破了。也有不好的苗头，比武会带来锦标主义。至于忙乱，是过去就有的。相反，近两年还好一些。（广州军区副司令员文年生中将插话：形式主义、弄虚作假过去也有。）尖子大部分是真的，也有少数是假的，有的已经发现了，可能还有一些没有发现。普及还是要提。主席、各元帅、总长都讲了，现在不提不好。

北京军区政治委员廖汉生中将：普及应该提，部队确实需要。经过努力，方法上改进，标准也是可以达到的。

沈阳军区政治委员赖传珠上将：去年军训成绩是巨大的。所以取得这样大的成

1964年5月20日，罗瑞卿接见参加北京军区训练现场会的战士。

绩，是因为政治思想工作搞得好，调动了部队的积极性。普及尖子主要问题是时间问题，要区别新老战士，提出不同的时间要求。四好要落实于军事，不然就是单打一。

昆明军区司令员秦基伟中将：要肯定去年军训成绩很大，郭兴福教学法是好方法。尖子普及要写进纲要，武装泅渡要说几句，要有正课时间训练。这几天我和家里联系了一下，现在军政训练都超过了规定时间，而且政治课超过得更多。

武汉军区司令员陈再道上将：总政工作组的报告讲的问题，在别的部队中可能有，但不见得所有部队都有。林总提出的苗头，如果不抓就成问题。去年的比武还是有成绩的，像真打仗一样，看问题要防止片面性。

装甲兵司令员许光达大将：去年成绩很大，学毛著，推广郭兴福教学法，使工作真正达到了新的阶段。

在会议上，也有人对1964年军训应如何评价采取回避态度。空军政委吴法宪中将认为"四个第一还未落实，特别是在中高级干部中"。海军副司令员李作鹏中将反映："在海军中有人认为四个第一可以转换为四个第二，有人认为政治挂帅后，工作一年不如一年，有人曲解林总关于军事是彻头彻尾的政治的指示，说什么我干军事就是搞政治。"

然而，这种意见在这次会议上只占少数。带领工作组到解放军驻英德某部蹲点的总政副主任刘志坚中将认真倾听了大家的意见后声明："我们只蹲了一点，可能犯了这样一个错误：不下去什么也看不见，一蹲下去又到处是蚂蚁。已再三说明，我们反映的只是一点，不能说所有连队都是这样，也有很好的连队。就是这一点，也要一分为二，我们已经讲了，这个连有六个好处。"

听了大家几天的发言，罗瑞卿看到那么多高级将领充分肯定了1964年军训的成绩，心里有了底。他已经十分清楚，林彪的指示有不妥之处。他对林彪这位老上级是十分尊重的，但在他心目中，林彪和毛泽东并不处于同一地位。毛泽东是英明的领袖，罗瑞卿打心眼里崇拜他，把他的思想奉为是非的准绳、行动的指南。林彪则是直接的上级，罗瑞卿尊敬他，但并不认为他的话说得都对。对于他这个"突出政治"的指示，罗瑞卿便感到不妥，需要澄清由它而引起的思想混乱，但又要注意维护大局，表示对林彪的尊重。罗瑞卿在作这个会议的总结发言时就要掌握这个分寸，要通过说明把林彪的话解释得像个话。这很困难，很难说得圆，弄不好还会得罪林彪。但是事关原则，罗瑞卿不愿随声附和，还是要承担风险，硬着头皮去做……

罗瑞卿的总结发言有两个部分，第一部分的标题是"对林总的指示要有全面正确的理解"。他解释说："所谓全面的理解，就是辩证的理解，而不是片面的理解，不要一下偏到这边，一下又偏到那边。就是说，要在政治统率军事、统率一切工作的原则下，把政治思想工作同军事技术，同各项具体工作很好地结合起来。一方面必须突出政治、坚持四个第一，不要犯单纯军事观点和单纯技术观点的错误；另一方面又必须把政治思想工作落实到军事训练和其他各项工作之中，使各项工作都过得硬，不要搞空头政治。"

对林彪所说"时间上谁让谁的问题，基本上要确定一个原则：让给政治"，他解释说："对于整个工作的安排，必须把政治思想工作摆在首要位置，军事服从政治，但是，在工作时间的分配上，军事训练时间又要多于政治训练时间。"他还引证了林彪过去说过的"军事训练时间可以多一些，政治工作时间少一些"，并把林彪前后矛盾的话说成是"一致的，并不矛盾的"，以达到用林彪过去的话来抵制他的"让路论"的目的。

罗瑞卿总结发言的第二部分标题是"对1964年的工作要有正确的估价"。他说："我同意同志们的意见，去年的工作是全面的进步，主要表现在三个方面，一是大学毛主席著作，一是军事训练，一是整顿机关。""去年的军事训练，贯彻了以我为主的军事训练的方针和方法，认真落实了主席和军委、林总的指示，进一步打破了教条主义的框框，成绩是显著的。尽管还有许多缺点，但成绩是主要的。"

对于林彪提出的关于比武冲击了政治的无理指责，罗瑞卿不好正面抵制，他采用了打太极拳的办法来缓解其副作用，将其尽力向正确的方向解释和引导。他说，林彪的指示"充分体现了马克思列宁主义的预见性，毛泽东思想的预见性"。对于林彪的所谓"预见性"，他具体解释道："林总讲的是苗头，如果对这些苗头不加克服，不加制止，不及时敲警钟，让它发展下去就可能成为偏向。""军事训练是不是冲击了政治，冲击了毛主席著作的学习呢？有一些部队是冲击了，但总的来讲还是好的，这一点也要肯定。"

对弄虚作假、锦标主义和形式主义，罗瑞卿指出："这些毛病，我们历来都是反对的。这些问题，也不是现在才发现的，过去我们就发现过，也作过批评，作过纠正，总参、总政都为此发过指示、发过通报。我们在去年八月的军委办公会议第七次扩大会议上，也指出过这个问题，我最近对海军同志讲话也讲了这个问题。"产生这些问题的原因是什么呢？他认为："有些是由于为了搞比武要求太急，搞高指标和瞎指挥压出来的。""但是，把一切问题都推到比武上头，也是不对的。因为，有些缺点和错误，不搞比武也可能发生，事实上也发生过。"

罗瑞卿在总结发言的最后说："总之，去年全军各方面的工作成绩都是巨大的，是高举毛泽东思想红旗的。当然，对于去年的工作也要'一分为二'，说它是'一片黑暗，毫无光明'是不对的，说它是'一片光明，毫无缺点错误'更是不对的……正是因为去年的成绩比较大、比较显著，那么就更要着重地重视缺点和错误。这是主席的思想方法、林总的思想方法。我们要注意总结经验，发扬成绩，克服缺点，继续前进，争取更大的成绩。"

第八次扩大的军委办公会议的信息，包括各大军区、各军兵种负责人的发言和罗瑞卿进行总结的情况，很快便传到林彪那里。林彪没有料到，在他讲了"突出政治"以后，还会有那么多人肯定1964年的军训和比武。他把这看成对罗瑞卿的支持。他权衡利弊，感到靠指责比武来整罗瑞卿，未必能整倒。他决定暂且收兵。于是，在1月9日向罗瑞卿表示：1964年的军训发动了群众，贯彻了以我为主的军事训练的方针和方法，打破了教条主义框框，创造了许多先进经验，成绩是主要的。他提出，由罗瑞卿组织一个班子，广泛收集下面对林彪指示的意见，对这一指示作进一步修改。

罗瑞卿接手这一任务后，叶群几乎每天都要给罗打两三次电话，翻来覆去地说："林彪同志说了，一定要突出政治。但他又不放心，怕搞上去了的军训成绩又垮下来，要你在修改时注意掌握这一点。"

在修改过程中，每修改一处，罗瑞卿都要打电话给叶群，由叶去请示林彪，叶群回电话，说林同意后才落笔。有时一处修改需反复打多次电话，才能定稿。本来，罗瑞卿要请示的是林彪，但林彪却从不接电话，他把叶群推在前面。于是，罗瑞卿便不得不同叶群打交道。1月间，整个稿子修改完毕。2月2日，农历正月初一，召开全军整顿机关动员大会。在会上，罗瑞卿看到叶群，便告诉她，文件已定稿，要送给林审批。叶群摇摇头说："不必了。"罗瑞卿坚持要送。叶群微笑着说："修改的地方林彪同志都已同意了，不必再走这个形式了。你是总长，最后决定。印发到会同志就可以了。"罗瑞卿此时对同叶群打交道已经有所警惕，他怕将来节外生枝，又追问叶群："最后稿你看过没有？"叶群看罗瑞卿挺认真，也收起笑容，连连点头说："看过，没有意见。"罗瑞卿为了把此事砸实，当着叶群的面，吩咐刘志坚将此稿印发大会。三天后未见下文，在同样的会上罗瑞卿又当着叶群的面问刘志坚，是否已经印好，刘尚未作答，叶群忙说："哦，我又考虑，这样重要的文件，还是送给本人过过目好。现在还没有退回呢。"罗瑞卿对叶群的出尔反尔很不满，但强忍着一言未发。

后来，在整罗瑞卿时，有人揭发，罗瑞卿对此稿修改了有78处之多。按揭发者的意思，似乎可以不问修改得对不对，改得越多，"罪行"便越大。现在我们已经没有必要考证究竟是否改了78处。从现有材料看，后来的定稿同第一次稿相比较，是有多处改动，其中有的是按照林彪意见删改的，有的属于文字上的修饰，而确实是由罗瑞卿提出修改意见，经林彪同意而做出的重大修改主要有以下几处：

一、在"军事训练、生产等可占用一定时间，但不应冲击政治，相反，政治可以冲击其他"后面加上"当然，这里是指的必要的，也不能乱冲击一气"。

二、在提出1965年任务时，罗瑞卿添加了"1965年的工作一定要搞好，一定要发扬成绩，克服缺点。气可鼓，不可泄""一切正确的东西，真正的成绩，一定要巩固，一定要发扬。一切错误的倾向和虚假的东西，就一定要克服，一定要去掉"。

三、在军训时间上,把林彪提出的"要切实控制军事训练的时间"改为"一定要给军事训练必要的时间,但是,又要切实加以控制"。

从这几处重大修改可以看出,罗瑞卿的着眼点在1965年。此时,林彪正受到毛泽东的信用,而罗瑞卿已经意识到林彪不知为什么正在不断地给自己颜色看。在这一形势下,罗瑞卿如果打算明哲保身,对林彪这一"指示"可以一字不动。但是他考虑的是军队建设,他担心贯彻林彪突出政治的指示后,政治会"乱冲击一气",担心1964年军训成绩退下来,完不成毛泽东交代的两年普及尖子的任务。显然,罗瑞卿这几处修改都是十分恰当的,把林彪那个"左"得出奇的指示往正确方面扳回了几度。但是,这些修改并不能根本改变林彪指示"左"的实质。罗瑞卿非但无力阻挡给党和国家造成重大损失的政治冲击一切的洪流,而且他自己在不到一年后也很快首当其冲地被冲倒了。

二、因不紧跟林彪而遭到嫉恨

1965年初,患了晚期肝癌的空军司令员刘亚楼在上海华东医院住院治疗。春节过后,林彪夫妇也来到上海休养。叶群到上海后便三天两头往华东医院跑,同刘亚楼这个身罹不治之症的病人一谈就是半天。谈话时任何人不得旁听,就连刘亚楼的夫人翟云英也不准在场。有时好不容易等到叶群走了,翟云英刚回到丈夫床前,可叶群又回到了病房……一天,林彪也顾不得怕风怕阳光,竟也打破不出访的惯例来到了华东医院。林彪夫妇纠缠住刘亚楼所为何事?这就要谈到刘亚楼同罗瑞卿的关系了。

刘亚楼1929年一参军便在红四军。长征后期,毛泽东率红军一、三军团出草地后改编为陕甘支队,刘亚楼任二纵队副司令,罗瑞卿任二纵队政治部主任。到陕北成立红大,罗瑞卿是教育长,刘亚楼是一科学员。红大改名抗大,罗瑞卿任副校长后,刘亚楼便接任教育长。他们共同的特点是精明干练。1939年,刘亚楼赴苏联学习,抗战胜利后,随苏联红军到东北,不久调回东北民主联军任参谋长,那时,他和罗不在一个战场。新中国成立后,尤其是罗瑞卿回军队后,两人过从甚密,成为无话不谈的知心好友。1961年林彪冲罗瑞卿发脾气的事,罗瑞卿也同刘亚楼谈过。

刘亚楼同林彪的关系同样可以上溯到红军时代。刘亚楼赴苏联学习后不久,林彪也到苏联养病,两人经常来往。解放战争期间,刘亚楼当了林彪的参谋长,两人更是朝夕相处。林彪生性沉默寡言,成天骑在一把椅子上看地图,不喜与人交往。而刘亚楼却可以登堂入室,同他摆摆龙门阵。

在上海,林彪夫妇同刘亚楼究竟谈了些什么,我们已无从知晓。但从后来刘亚楼同罗瑞卿的谈话可以看出,林彪夫妇似乎是想请刘亚楼作为林彪和罗瑞卿之间的调解人。但从日后林彪对罗瑞卿的栽赃陷害来看,他实际上是在利用刘亚楼的生命垂危,好在日后给罗瑞卿罗织一些"死无对证"的"罪证"。

1965年2月底,罗瑞卿来到上海,打电话给林彪的秘书,要求林彪接见,汇报工作。林彪秘书回电话给罗瑞卿,要他暂时不要去。何时去,再约时间。不久,刘亚楼来电话,要罗先去医院谈谈,再去见林彪。

罗瑞卿见到刘亚楼，询问了身体状况后，刘亚楼便断断续续地谈了起来。看来，刘早已知道林彪和罗瑞卿关系有点僵的情况，开门见山就说："谈通了，结果出乎意料地好。林总对我说，1961年那次发脾气，不是针对你的，主要是对罗帅不满而'迁怒'于你。林总还说：'现在几个大将中间，论身体、论资历、论能力，论对主席跟得紧，我不用他用谁呢？'我对林总说：'总长感到压力很大啊！'林总说，那是误会。他要我向你解释，不要误会了，要你放手工作。"

刘亚楼停了一会，又带点凄然的神情说："我听他这样讲，也向他表示：'只要你们的误会消除了，我刘亚楼上八宝山也安心了。'"

刘亚楼还说："叶群是好人，是做团结工作的。"对此，罗瑞卿感到在国防部部长和总参谋长之间夹着个叶群有点不伦不类，因此未置可否。显然，刘亚楼这样说，是叶群的授意。这句话也透露了一点消息，即今后一段时间，在同罗瑞卿的关系上，林彪夫妇将有一个分工。叶群管"团结"，也就是唱红脸；而林彪管斗争，也就是唱白脸。从日后他们对罗瑞卿的所作所为看，这一分析大体是不错的。

刘亚楼接着说："林总还说，罗帅老躲着他。他说，就是萧华、杨成武他们跑了，他都感到不要紧，你们两个罗要是跑了，他就会感到很伤心的。"

听刘如此说，罗瑞卿感到惊讶，便问道："亚楼，我能跑到哪里去呀？大家不都是在毛主席领导下干革命几十年了吗？"

刘亚楼点点头，说："这件事就不要再提了，现在既然已经谈通了，你到他那儿就只管汇报工作。"罗瑞卿郑重地点点头回答："好。"

第二天，罗瑞卿到林彪处汇报工作。林彪眯着眼听完罗的汇报后睁开眼问道："完了吗？"罗瑞卿答："完了。"接着林彪便谈起来：

"去年的军训，至少有四好，即用心好、内容好、方法好、效果好。但是，今年要突出政治。不突出政治，部队中一些庸俗事，都会出来。以后快打仗时，还可以搞比武、搞突击，但今年不搞。"

在林彪谈时，罗瑞卿认真做着记录。待到林彪停下来后，罗瑞卿以为他谈完了，便说："我准备去广东看地形……"话还未说完，林彪自言自语似的又说了起来：

"罗这个人是好人，但是胆子小，总是躲着我，生怕我牵连他……广州会议①后，不知哪来一股风，说我有什么问题。"说到这里，他嗓门突然大起来，"其实，我没有什么事嘛！我还受表扬嘛！"停了一会，他语气稍稍缓和了一点，继续说："我不会有什么事，就是有什么事，我绝不牵连你们。我的妻子儿女，我也不牵连他们。"

本来，刘亚楼已说不再提此事，罗瑞卿没有料到林彪又来了这么一套，仓促之间，罗瑞卿也不知该说什么好了，一直没有作声。等林彪谈完后又停了一会，罗瑞卿便问道："林总还有什么指示没有？"林彪说："没有了。"罗又一次报告他，要去广东看地形，随后便起身告辞。

---

① 指1961年3月5日，中共中央在广州举行的工作会议。在广州会议召开的同一天，中共中央转发了中央宣传部《关于毛泽东思想和领袖革命事迹宣传中的一些问题的检查报告》，批评了在宣传毛泽东思想中存在的简单化、庸俗化倾向。林彪1961年以来提倡的带着问题学、立竿见影、背警句等，便是这种简单化、庸俗化倾向的突出表现。

后来，罗瑞卿回忆这一次谈话时，认为这是林彪对他的最后一次争取，其表现就是利用刘亚楼进行说项，同时又亲自出马"交心"。肯定了"比武"，肯定了要用罗瑞卿，又说1961年冲罗瑞卿发脾气不过是一场误会，是"迁怒"，如此等等。对于林彪这番话，罗瑞卿很难表示赞同，因此听完没有表态。显然，罗瑞卿这种表现进一步引起了林彪的嫉恨。

1965年3月间，罗瑞卿赴广州，黄永胜对罗瑞卿诉说了对总政工作组的意见。他说："生产部队到插秧季节了，如果上课时间不去上政治课，就说你不突出政治。如果你抢时间插秧，就说是生产冲击了政治。"罗瑞卿立即对他说："毛主席也说过，要不违农时。像你反映的那样理解突出政治，恐怕不妥。"黄永胜没有参加第八次扩大的军委办公会议，看来林彪、叶群也还没有来得及对他打招呼。当他还未成为林彪反革命集团的死党，而从一个军区司令员的角度来看问题时，看来也还是比较客观的。

4月3日，罗瑞卿应解放军某部邀请，为团以上干部作了题为《什么叫突出政治，如何突出政治》的讲话。讲话在对突出政治作了具体解释后指出："怎样才叫突出政治，如何突出政治，这个问题在我们的同志中理解是不一样的。有林彪同志的理解，有我们的理解，还有另外一些同志的理解。这种现象是正常的。因为对于任何事物、任何一种思想，要正确地认识，全面深刻地理解，需要有一个过程。要经过自己实践，逐渐认识它。经过实践、认识，再实践、再认识的过程，达到思想上的深化。"

在这次讲话中，罗瑞卿还传达了林彪1月9日的指示，并作了具体解释。他说："不久以前，我向林彪同志汇报工作时，他说，去年军事训练的成绩至少有四好：用心好、内容好、方法好、效果好。用心好，就是想把部队搞得好一点，做到打得准，开得动，联得上。内容好，就是去年搞的不是教条主义的东西，而是近战、夜战，单兵、小组，最多搞到班、小分队，而且着重搞技术战术，搞基础训练。方法好，就是提倡政治挂帅、群众路线的方法，郭兴福和郭兴福式的教学方法，大破教条主义的框框。效果好，就是去年的军事训练取得了比较显著的进步，创造了许多先进经验。但是，也有缺点，出现了一些冲击政治的不好的苗头，如果不纠正，发展下去就可能变成偏向。去年全军比武，有些弄虚作假、锦标主义的现象，这是缺点。但是，林彪同志指出比武的成绩还是主要的。"

罗瑞卿这一讲话同他在第八次扩大的军委办公会议上的讲话的精神是一致的。后来，在整罗瑞卿时，这个讲话也成为"罪证"之一。

当罗瑞卿仍在外地时，听到总政反映，有许多单位建议将林彪关于突出政治的指示印成大张，张贴到连队。林彪已同意。罗瑞卿考虑再三，感到这个"指示"第一段提到叶群的名字不妥。因为叶只不过是林彪办公室的主任，在军内并无重要职务，不宜过分突出。但这又不好明讲，罗瑞卿便建议将她和另一人的名字都去掉，只写总政工作组。罗瑞卿明知提这个建议可能又会得罪林彪，但仍然提了出来。军委办公厅主任萧向荣将这一建议反映给林彪后，林果然很不高兴，决定不印大张了。罗瑞卿得知这一消息后，连忙表示："那就照原样，不改。"林的答复是："不改也不印了。"罗瑞卿知道，又坏事了。他时刻准备着林彪再一次冲他发脾气。

1965年4月上旬，罗瑞卿从广州打电话给住在武昌的毛泽东的秘书，请他向主席报告，作战会议于 4 月上旬在北京召开，为了开好这个会，他拟先向主席请示，然后再到上海向林彪请示。不久，毛泽东处回电话说：现在不要到武汉来，也不要到上海去，先回北京开会，会后再分别向主席和林彪请示报告。4 月 12 日，作战会议在北京召开。几天后，已经迁到苏州居住的林彪电召杨成武去，研究并确定军队取消军衔后的服装、领章和帽徽的样式。林彪主张采用又红又大又鼓的五角星作为帽徽，并配以两枚鲜红的领章，作为突出政治和革命化的象征。5 月间，解放军取消军衔后，这种配有红帽徽和红领章的军服在毛泽东"全国学解放军"的倡导下，颇受当时人们的喜爱。江青也想要一套穿穿。据说罗瑞卿同意给她发衣服，但由于她不是军人，不同意给她发领章、帽徽。但后来"文革"开始，江青还是全副武装地穿上了。不仅如此，她推行样板戏时，又篡改历史，把这种服饰推广到战争年代，让反映解放战争时期历史的《林海雪原》的主角少剑波唱出"一颗红星头上戴，革命红旗挂两边"的词句。此风一起，于是已于 1962 年因公殉职压根儿没见过这种服饰的雷锋在油画、电影中也换上了这种服饰。在江青等人手中，历史成了任人打扮的小姑娘。

4 月 23 日，林彪写信给贺龙、聂荣臻、罗瑞卿，并报军委、中央，信中说："4 月 22 日，我见到了毛主席，谈到了两个问题，都得到了主席的同意和指示。"这封信的第一个问题涉及为了备战而学游泳和修工事。第二个问题是："由于战争威胁的加重，主持军委经常工作的力量应当加强。军委原来有三个副秘书长，其中萧华同志患病短期不能痊愈，决定增加杨成武同志为军委副秘书长之一，同时担任总参谋部第一副总参谋长。这样就能使瑞卿同志有时不在时、病时和太忙时，能代理主持办公会议。且由于担任副秘书长的工作，还可以加强直接向中央报告、请示；联系军政两方面的工作；和与各军兵种、各大军区直接联系，以加强上、中、下的通气和商量问题的便利。"

4 月 28 日，贺龙、罗瑞卿和杨成武赴武昌，向毛泽东请示作战会议需决定的重大方针问题并请毛泽东批准了军队服装、帽徽、领章的样式。随后，罗瑞卿打电话给在上海的叶群，请她向林报告，已去主席处汇报，并问林，是现在还是过几天再去请示。叶群立即回答："应该马上来，早就该来了。现在亚楼同志病况也不好，应该去看看，请杨副总长一起来。"

5 月 2 日，罗瑞卿夫妇和杨成武夫妇到达上海，罗瑞卿刚到即打电话向林彪报告。林提出，先见罗，后见杨，然后同时接见罗夫妇和杨夫妇。罗瑞卿立即到林彪处，只见室内桌上摆了毛泽东著作和党章。林彪让罗瑞卿坐下后，立即说："今后要加强通气，这样我才好工作，这是组织原则。"说完后，林彪便打开《毛泽东选集》，念了有关加强请示报告的章节，接着又念了党章上有关组织原则的章节。林彪的口气比较缓和，但气氛十分森严。

林彪读完党章，把书放到桌上，接着说："我这也是唯物主义，要了解情况，才能出主意。你过去通气是有的，但还不够。比如说，今年 1 月你来了，2 月又来了，这两次距离太近。2 月以后两个月没有来，距离又太长了。现在给你规定 5 条，你也好办事。"接着，他便口授 5 条："1. 加强通气，遵守组织原则；2. 我在北京时，×日通气一次；3. 我不在北京时，×日通气一次；4. 重大问题，立即通气；5. 来我这里，不要事先通知。我已交代秘书,总长、主任、杨副总长来,随来随见,不准阻拦。"

罗瑞卿将这5条记在本子上,并立即表示:"我一定照办,一定办到。"林彪立即说:"你办得到,那好。"说着便站起身,伸出手来。清代官场讲究端茶送客,林彪搞的是伸手送客。罗瑞卿立即拉了拉他的手,起身告辞。这时,罗瑞卿已经预感到林彪还会用更严厉的手段来对付他。他决心更加谨慎,尽量不给林彪挑出毛病。后来,他回忆道:"当时,我和他的关系,在他的面前,我已是如临深渊,如履薄冰……"

当晚,罗瑞卿将林彪的谈话全部告诉了杨成武,并对杨说,今后要加强对林通气。罗瑞卿还要求杨随时提醒他,防止疏忽。但是罗瑞卿没有询问林同杨谈话的内容。

5月3日,罗瑞卿和上海市委负责人陈丕显以及杨成武、吴法宪一道去看刘亚楼。刘此时已处于昏迷状态,打了一针激素才清醒了片刻。罗瑞卿告诉他:"毛主席叫你好好休养。"刘亚楼说:"我不要紧,主席健康最要紧,只要主席健康就好。"

5月4日下午,罗瑞卿在锦江饭店召集吴法宪、空军副司令员王秉璋、曹里怀等空军领导干部和南京军区空军司令员聂凤智开会。到会的还有陈丕显和杨成武。

在会上,罗瑞卿心情沉重地说:"刘亚楼同志患的是不治之症,这是没有办法的事,谁都不愿意他离开我们。但这是现实,我们只有按照共产党员的办法,化悲痛为力量,把工作搞好。空军是集体,亚楼同志在要把工作搞好,亚楼同志不在也要把工作搞好。亚楼同志已经病成这个样子,我们只有把责任承担起来。"会议还研究了刘亚楼的后事安排。①

5月7日,刘亚楼逝世。罗瑞卿失去这一位挚友,十分悲痛。在刘报病危的日子里,叶群不像一二月间那样,她从不到医院来探视。可刘亚楼一死,叶群便到了医院。为了对林彪不来探视进行遮掩,也为了表示对死者的"尊重",叶群谎称是乘了专机从北京赶来奔丧的,她还通知所有知情人,不得在刘亚楼的夫人翟云英面前透露林彪就住在苏州的消息。

三、总结讲话被林彪撤销,受到公开打击

1964年5月初,罗瑞卿回到北京,继续出席作战会议。不久,林彪也回到北京。在作战会议期间,罗瑞卿经常到林彪处请示工作。一次,他告诉林彪,与会人员希望毛主席接见,但主席不在京,他建议请在京的中央常委接见一次。林彪同意。罗问林能不能去,林彪摇摇头说:"身体不好,不见了。"但是,5月19日接见前林彪却突然到场。接见会由刘少奇主持。中央常委们听取了会议的三个组长的发言,其间刘少奇、周恩来、朱德、邓小平和罗瑞卿在发言中批评了作战部印发给会议也呈报给中央常委的一份敌情材料,认为这份材料判断明显错误,违背了毛主席去年关于战略方针的指示。周恩来同意罗瑞卿的分析。

接见即将结束,刘少奇已经宣布散会,林彪突然站起来说:"少奇同志,我还要

---

① 参见《刘亚楼将军传》,中共党史出版社1995年版,第408页。

讲话。"接着便讲了一通，批驳了那三位组长的发言，最后他说："作战会议我不讲话了，要讲，让杨成武他们去讲。"罗瑞卿讲不讲，他只字未提。

作战会议定于 5 月底结束，结束前与会人员建议由罗瑞卿作总结发言，这一信息已登载在会议简报第 63 期上。5 月 25 日，林彪看到这期简报后立即指示：

"作战会议只能以主席、中央常委和会议多数人的意见和会议文件作为结论，不准任何个人以总结的名义讲话。元帅、总长和副总长都可以发言，会议上不能散布个人做结论的空气。如果散布了，要当众宣布收回。在什么范围散布的，就在什么范围收回。63 号简报，关于罗总长做总结发言的提法不对，要具体进行的问题，以后可以逐步用军委常委或军委办公会议的名义发出指示。"

林彪的秘书立即将此指示用电话通知罗瑞卿的秘书。当晚，罗瑞卿一回到家就看到林的"指示"。他知道，更严厉的手段来了。他正在考虑如何传达林这个指示，叶群来电话了。她在电话中说：

"总长，今天下午我有事去总后，就出了这个事。一〇一①发了大脾气，把两个孩子都吓坏了。我一回家，两个孩子就批评我：妈妈，你今天可是捡了芝麻，丢了西瓜呵！现在，他已经睡了，我又不能出去，请你到我这儿来谈谈。"

罗瑞卿回答了一句"马上去"，放下电话，便又上了汽车。车到毛家湾，叶在门口等候，然后引罗瑞卿从便门穿过一个洗澡间来到一间屋子，里面放了几张临时搬来的木椅，林彪的儿子和女儿也在座。

罗瑞卿刚坐下，叶群便指着她的儿女作古正经地解释说："深更半夜，我们两人谈话不方便，只好把他们两个也叫来。"罗瑞卿未说话。

叶群接着说："下午他可是大发脾气呵！站在电话边要秘书把他说的一个字一个字记下来并且看着秘书同各处打完电话。我是不在家，我要在家，就可能不出这个事。我回来后，一听说这事，连忙向他解释，并不是你自己要做总结发言，那天我在场嘛。大家推了半天，是大家要你作的……"

叶群知道，罗瑞卿可能会想，既然你都知道是怎么回事，你回来怎么可能不向他报告？他既然早就知道，为什么要等看到简报才发脾气？于是，接着说：

"简报只是今天大发脾气的导火线。其实，他早就有一肚子气。这是一个有脾气的人呀！4 月份你说来看他，到处放风，就是不来。5 月份，亚楼同志刚死，刚刚作了通气的规定，又出了干部评级定薪的问题。干部的事情，他林彪要负责呀！"

所谓干部评级定薪，这里要作一点解释。这是指高干的评级定薪，总政搞了文件和一个名单，已呈送给林彪和罗瑞卿。罗已阅，让总政副主任徐立清请示林彪。徐打电话给林彪办公室，提出要向林汇报。催问林彪办公室几次，叶群的答复是：因为一〇一身体不好，名单不看了，汇报也不听了，军委办公会议讨论即可。得知叶群这一答复后，军委办公厅主任萧向荣在办公会议讨论后即将文件和名单上报中央，邓小平将此文件批送主席和常委。叶群收到中央办公厅送来的文件后立即打电话责问罗瑞卿："刚刚规定了的要通气，为什么又不通气？这样重要的事，为什么不经过林就送

---

① 林彪在解放战争年代的代号。

中央？"后来，在6月3日召开的军委办公会议上，罗瑞卿承担了责任，徐立清在作自我批评的同时，也说明了叶电话答复的情况，但叶群却不认账了。"城门失火，殃及池鱼"，林彪、叶群要整罗瑞卿，徐立清却陷入了有口难辩的境地。

罗瑞卿见叶群提起高干评级定薪的事，感到没有必要同她争辩，于是，便保持沉默。

叶群停了一会，见罗瑞卿不吭声，又接着说："今天这件事不要扩大，公开是不利的。我已把所有电话记录追回了，并交代秘书任何人都不准讲。连杨成武、李静现在都不知道。我向他们的秘书交代了，不准告诉首长，这是纪律。"

俗话说，泼水难收。罗瑞卿知道，叶群这番话连孩子也糊弄不过去。因此仍不接这个话茬，而是问她：

"我怎么过关？"

叶说："由我来转弯，说服他不要公开此事。我说好后，通知你来。你见了他，不要再提此事，就报告你要去作战会议发言，准备讲什么，问他有何意见。但不要讲是总结发言。以后不管开什么会，大家都讲是发言好了，不要再讲什么总结发言。把开会的作风也改一改。"

罗瑞卿点点头，答应照办，便起身告辞。回到家，他憋了一肚子气，便对郝治平说："一个国防部长、一个总参谋长，她叶群夹在中间算是怎么回事！"

第二天早饭后，叶群给罗瑞卿打电话说："通了，按昨天晚上说的办。"叶又要求郝治平接电话，对郝说："你也来吧。他们两个男的干巴巴的，谈不好又谈崩了。你来，你来，你一来气氛就不一样了。要是出事，也好缓和一下。"郝治平很不情愿地答应了。

罗瑞卿夫妇到了林家，林彪和叶群都出来迎接，然后叶群把郝治平领走，林彪脸色很不好看，态度也不如平时自然。他同罗瑞卿握了握手，便招呼罗坐下，罗瑞卿即按叶群昨晚所说，只谈要到作战会议作一个发言的事。最后，罗瑞卿请他指示，他说："去讲一次好，就照这样讲。"随后两人随意寒暄了一会，罗瑞卿便告辞出来。

林彪和罗瑞卿谈话时，叶群将郝治平让入另一间会客室，同郝合坐一张大沙发，拉着郝治平的手，对郝说："昨晚上的事已经过去了。我只是不在了一会儿就发生了这样的事！电话记录已经收回了。我还交代了那几个秘书，要消毒。希望你和总长忘掉昨天的事情，永远忘掉，好像它根本没有发生过一样。"说到这里，叶群停下来，注视着郝治平。郝点了点头。叶又接着说：

"一〇一脾气坏得很，他只同自己最亲密的人发脾气。总长就是他最亲密的人。他们就像是《红楼梦》里的贾宝玉和林黛玉，因为太好了，所以就常常发生'不预之隙'，所以就是又要吵，又要好。"

拿贾宝玉、林黛玉来比喻林彪和罗瑞卿，实在是不伦不类。不过，提起《红楼梦》，郝治平看到叶群，倒想起了那个机关算尽的王熙凤。想到这儿，她轻轻地抽回自己的手。而叶群此时谈兴正浓，又扯起林彪和罗荣桓的关系，造谣说在解放战争时期林彪如何分了一半功劳给罗荣桓，如此等等。郝治平对这种议论很不以为然，便保持沉默。叶群见郝治平对这一话题没有兴趣，又说："你们为什么不送点东西给我们呢？"郝有点茫然地说："没想到什么合适的东西呀。"叶群说："就是送张孩子们的照片也好嘛！"郝治平答应了。叶群又提议到院子里走走。这时牡丹、芍药正在盛开，叶群剪了一些花朵．过了一会罗瑞卿已经出来，郝治平也赶紧向叶群告辞上车。叶群将花由车门送给郝治平。郝治平说："这么好的花，你们留着看吧。"叶群说："大家看，大家看。"郝只得将花接到手里。

回家后，郝治平这个最爱鲜花的人却把拿回来的这束花搁在一边，她对罗瑞卿气愤地说："叶群说话不像一个共产党员。"罗瑞卿嘱咐她说："还是要团结。这件事不要向外说。"

当天下午，作战会议召开中心小组会，罗瑞卿在发言中指出："过去有一个习惯，谁主持会议，最后讲几句，有叫总结发言的，有叫发言的。没有统一规定。以后是否改一下，不叫总结发言。""以后有些重要的问题，军委办公会议通过了，还要通过一下军委常委，最近有些未通过，我负责。"罗瑞卿讲的第一点事实上是贯彻了叶群让收回的林彪的指示，第二点则是为了防止今后再发生类似林彪、叶群在高干评级定薪中出尔反尔的补救措施。

罗瑞卿夫妇回家后的第二天，郝治平给叶群送去了几张孩子的照片，叶群回电话说："一〇一喜欢极了，已将这些照片装了镜框放在办公桌上。"

在这几天，叶群每天差不多都要给罗瑞卿来两次电话，反复说："一定要改善关系，你们过去的关系是最好的了。我同林结婚后，经常听他说，他有两个好干部，一个叫罗瑞卿，一个叫刘亚楼。亚楼同志去世了，你们两个不要凶终隙末，不要因为关系不好，而使亲痛仇快呵！"罗瑞卿被她唠叨得十分厌烦，便说了一句："请你放心，我同林总的关系，是棒打不散的。"后来，在整罗瑞卿时，林彪、叶群便抓住这一句脱口而出的错话大做文章。

罗瑞卿放下电话，不禁陷入了沉思。他知道，尽管叶群又是送花又是要相片，说的话甜得发腻，但是，在他同林彪的关系上，乌云并未过去。他感到心头十分沉重。他反思，究竟在什么问题上又得罪了林彪呢？除了高干评级定薪以外，还有什么事呢？他想起来了，就在中央常委接见作战会议成员时，他批评了作战部那个敌情判断，可那个判断的思路就是已被毛主席否定了的林彪的战略方针呵！说者无心，听者有意，林彪会不会以为是在影射他？看来今后说话更应当谨慎一些了。

为了搞好同林彪的关系，罗瑞卿又作出了几项决定。6月3日，罗瑞卿在军委办公会议上就通气问题提出："各总部、各军兵种和各总部下面主要部的部长都可以到林副主席和贺副主席处去通气，使他们了解情况，便于他们考虑问题，并及时取得他们的指示。但也不要什么问题都到他们那里通气，要保护他们的健康。"6月10日，罗瑞卿告诉萧向荣，请他和叶群商量，"为了使一〇一及时了解情况，可否每次开办公会议都请他们派一个秘书参加"。6月中旬，罗瑞卿又对他的秘书交代，让他们向各单位传达，以后不准用总长批示、指示，对主席、副主席可用（这些字样），对总长可用意见、提议、建议。写报告也不要用"请总长指示、决定"，可写"你的意见如何，请你下决心"。

然而，这一切都无济于事。叶群又是送花又是打电话，似乎是在罗瑞卿和林彪之间进行斡旋，然而那统统是演戏。林彪、叶群此时整罗瑞卿的决心看来已经下定了。早在 5 月 20 日，他们就授意自己的几个秘书联名写了揭发罗瑞卿的材料。6 月间，就在叶群每天同罗瑞卿打电话说那些甜得发腻的话、呼吁团结的同时，她又授意海军政治部负责人写了揭发罗瑞卿的材料，这个材料已经涉及了罗瑞卿在第八次扩大的军委办公会议上的讲话和在解放军某部的讲话。这些材料暂时都放进了叶群的保险柜，时候一到，就会拿出来。对此，罗瑞卿却还蒙在鼓里。

四、林彪、叶群为整罗瑞卿搜罗"炮弹"

挨了林彪几闷棍以后，罗瑞卿在处理同林彪的关系上更是如履薄冰，极端地谨慎。然而，由于林彪已时时处处蓄意找茬，罗瑞卿仍然是动辄得咎。这种处境又由于下述原因而日益加剧。这就是：他在长期革命斗争中已经掌握了马列主义、毛泽东思想的一些基本原则，比如实事求是，比如政治与业务相结合，等等，因而很自然地要同林彪那套违背了这些基本原则的"左"得出奇的提法产生碰撞。有时，他情不自禁总要对林彪那些离谱的提法作一点修改，而这最后都成了攥在林彪手里的"辫子"。

1965 年，《解放军报》起草了一篇社论，标题是《突出政治就是在一切工作中用毛泽东思想挂帅》，第一个小标题是"毛泽东思想是当代最高最活的马克思列宁主义"。罗瑞卿在主持修改这个社论时，指着"毛泽东思想是最高最活的马克思列宁主义"的提法，问社论的起草人："这个提法是不是林副主席的原话，还是你们的记录？以前公开见报没有？"大家回答："这是林副主席在上海说的原话，报上也用过。"罗瑞卿记不起曾经见林彪在什么地方讲过这样的话，又很怀疑林彪会有这种绝对化的提法。他感到这个问题牵涉到对毛泽东的评价，是一个很严肃的问题，提错了，提得跟中央、毛主席的提法不一致，不好，便去到另一个房间给当时分管理论工作的中共中央文教小组副组长康生打了一个电话。

康生，因在 1942 年整风中大搞"抢救失足者"和在 1947 年土改中大搞"搬石头"，而"左"名远扬，新中国成立以后颇不得志，便称病不出。到 1956 年，他看到毛泽东重视理论研究，便企图掌握理论工作大权，作为受毛泽东信用以便东山再起的资本。党的八大以后他主动把自己的办公室设在中央政治研究室，表示了对理论工作的强烈兴趣。1957 年后，先后被任命为中共中央文教小组副组长、《毛泽东选集》编委会副主任，接着又分管中央党校，在逐步取得理论工作领导权后，便大力提倡"个人崇拜""反修防修"，以打击别人、抬高自己。到了 1965 年，已俨然成为反修战士、理论权威。他接到罗瑞卿的电话后，由于不知道"最高最活"出自林彪，同时也由于他尚未开始同林彪的勾结，于是表示：这是新的提法，如果要这样提，恐怕应问问中央常委，甚至恐怕还要问问主席自己。罗瑞卿问他个人意见如何，康生未正面回答，他认为，还是按中共中央原来的提法稳妥。于是，罗瑞卿便将"最高最活"删去了。

6 月 29 日，在罗瑞卿家讨论总政为再版《毛主席语录》起草的前言。在前言中也写上了"最高最活"。还是因为对"最高最活"的提法没把握，罗瑞卿又立即打电话给毛泽东的秘书、理论修养很高的田家英，回来后对大家传达田家英的话说："最高最活的说法不确切，不好理解，外国人也不好翻译。最高，那么今后再不能高了？是不是还有次高啊？最活，是不是还有次活？难道马克思、恩格斯的著作都是死的？说是顶峰，也不科学，到了顶峰，难道不能再发展了吗？"他表示，他同田家英的看法一致。

后来罗瑞卿在申诉材料中回忆，在那次通电话时，田家英还告诉罗，他和陈伯达、王任重、陶铸等在长沙协助润色毛主席的几篇文章时，曾考虑不用"活马克思主义""死马克思主义""香马克思主义""臭马克思主义"这类对仗性的词语。对于田家英这一段介绍为何"最高最活"的提法不妥的背景材料，当时罗瑞卿未向参加讨论的人传达。

由于罗瑞卿征求了田家英的意见，"最高最活"的提法又被从前言中删去了。罗瑞卿万万没有想到，在后来这便成为罗瑞卿"反毛泽东思想"的罪证。而在用这一条整罗瑞卿时，康生保持着深不可测的沉默，田家英则含冤自杀。

1965年6月，林彪和叶群正在呼和浩特休养，罗瑞卿反对"最高最活"的提法，林彪、叶群知道后，又给记了一笔账。表面上，他们对罗瑞卿表现得十分热情。7月7日，林彪夫妇经大同到达大连，随后叶群同罗瑞卿通了几次电话，现在还保存有两份叶群来电话的记录，照抄如下：

> 7月9日，叶群来电话：我们前天到大连，林总的身体比较好，吃饭比较好一些，因为怕水，没有住海边，住大连招待所。想在夏天不回去了，家里可以施工。我的喉咙全好了，是点甘油点好的，和总长说的一致。谢谢总长和郝治平同志的关心，问候他们。

> 7月22日，叶群来电话：总长去看豆豆、老虎，他们很高兴，第二天就给我打了电话。我把这件事告诉了林副主席，他很高兴，说天这样热还去看小孩子，要总长注意身体。豆豆到空军工作，思想有进步，老虎也很好。请总长放心。

从这两份电话记录看，真是十分亲切，犹如家人一般。

7月下旬，罗瑞卿和郝治平到北戴河。8月3日，罗瑞卿打电话到大连，叶群接电话。罗瑞卿提出，要去见林，按规定通气。叶群立即热情地回答："你来吧！他在想你，前天还问你现在在哪里呢。"罗瑞卿说："我明天就去。"

第二天，北戴河是阴天，大连方面报告，那里正下大雨，沿途积雨云中有雷暴。罗瑞卿问飞行员，这种天气能不能起飞，飞行员答："天气的确很坏，但首长如果有紧急公务，我愿意执行这一次飞行任务。"沈阳军区司令员陈锡联得知此事，从沈阳打电话到北戴河，劝罗不要去。但是，已同叶群有约在先，罗瑞卿仍然坚持起飞。他和郝治平冒雨乘机到大连，一下飞机，罗瑞卿即打电话给叶群，叶群忙说："马上来吧，今天见见面，工作明天再谈。"这时，雨下得越来越大，汽车在雨幕中穿行，有时越过积水处，车轮溅起的水如喷泉一般把汽车两旁的窗户都打湿了。汽车前窗的雨刷在不停地移动，但是，一路上仍然只见一片白茫茫。罗瑞卿夫妇在倾盆大雨之中按时到达林彪住处。林彪一见罗瑞卿便用有几分不安的口气说:"啊呀,下这么大的雨也来了。"罗瑞卿见林这次比较客气,开头很顺利,稍稍放了心。

林彪同罗瑞卿寒暄了几句后,便一言不发,枯坐在那里。罗瑞卿为了打破这难堪的沉默,便不再遵守叶群第一天不谈工作的约定,开始汇报起工作来。他讲了按林的要求修某地国防工事的进展情况后,又讲了为林彪起草《人民战争胜利万岁》的情况。罗瑞卿说,为了起草这篇文章,军队在三座门组织了一个写作班子,康生领着钓鱼台的"秀才"们又组织了一个写作班子,最后将这两个班子分别起草的稿子合为一稿。罗瑞卿问林彪对起草这篇文章还有什么指示,林彪摇了摇头。罗瑞卿又谈到这一年用军队负责人名义发表的文章有三篇,林彪立即追问另两篇是哪两篇,谁决定写的,用谁的名义发表。罗瑞卿告诉他,一篇是用罗的名义,题目叫《纪念战胜德国法西斯,把反对美帝国主义的斗争进行到底》,已在5月11日发表。这本是一篇讲话稿。中央在罗参加的一个会上决定,召开纪念反希特勒法西斯胜利二十周年大会时由罗瑞卿作报告。后来又决定这个会不开了,但中央认为,已起草好的这个讲稿写得还好,而我们对于纪念反法西斯胜利二十周年,亦应有适当表示,乃决定将这个讲话稿作为文章用罗的名义发表。还有一篇是《光明日报》的约稿。该报编辑部写了一封信给罗,要求罗写一篇介绍军队三大民主的文章,罗组织人写好题为《中国人民解放军的民主传统》的文稿后送给周总理审查,并建议用贺龙名义发表。周同意,此文经贺龙审阅后于8月1日发表。

仔细听完罗瑞卿的说明,林彪点了点头。随后,罗瑞卿送了一本毛泽东关于哲学问题的谈话记录给林彪。林彪接过略翻了一翻,便就具体执行毛泽东提出的战略方针提出了他的设想,要求罗回京后向毛主席报告。罗瑞卿认真做了记录。

8月5日深夜,总参给罗瑞卿来电话报告,国民党有两艘军舰骚扰华东海区,海军建议击沉敌舰,并做好了一切准备,现正待命出动,总参有关部门都同意,要求罗立即决定。罗瑞卿知道此时林彪已经入睡,不便打扰,他对各种因素作了一番考虑,立即回电话,同意打。第二天罗瑞卿一起床,秘书即来报告,南海舰队在福建东山东南海域击沉国民党大型猎潜舰"剑门"号和小型猎潜舰"章江"号,歼敌170余人,俘敌33人。吃完早饭,罗瑞卿又来到林彪住处,向林报告此事。林彪表示很高兴地说:"这还是我们第一次打掉敌人这样大的军舰啊!"罗瑞卿点头称是,然后请林审查前天他的谈话记录。罗瑞卿看到林彪这几天没有流露出什么不满情绪,比较安心地告辞出来。回京后,罗瑞卿按林彪的嘱咐,在中央一次会议上向毛泽东汇报了林彪关于贯彻毛泽东提出的战略方针的具体设想。

后来,在整罗瑞卿时,这一次罗瑞卿的大连之行被林彪、叶群说成是对林彪的突然袭击。罗瑞卿在得知自己获得了这一罪名后,反躬自省,究竟是在什么事上又触怒了林彪,他从出发之前与叶群电话联系直到告辞离开大连,反复回忆每一个细节,百思仍不得其解。后来他忽然想起,他曾按林彪通气的要求,送了一份毛泽东在武昌同谭启龙等人的谈话纪要给林彪。在这份文件中,毛泽东说:"我就不同意林彪同志的意见,说军队干部不能向地方同志提意见,为什么不能提呢?"

在给林彪送这一文件前,罗瑞卿曾考虑:林彪看了毛主席的话肯定会不高兴,"因为他又会认为这是我借送主席谈话的文件,来报复他1961年打的那一棒……而且还为罗荣桓同志打抱不平"。那么送还是不送?"不送吗?他将来要是知道了,主席这样重要的指示,我隐瞒起来不告诉他,这我怎么吃罪得起?我对他隐瞒主席的重要指示,这还了得!送吗?我知道他会受刺激,而且还可能因此误会、怀疑甚至恨我。但两者相较,后者总还是较轻的。我还考虑过,是否把主席指示中这几句话拿下来。可这样做,不仅技术上办不到,而且首先是政治上不许可,我怎能以这样的态度对待主席的指示,所以考虑的结果还是决定送去。"

以上这一段是罗瑞卿被关进班房后的反思。而在1965年8月,他到大连去了一趟后,却认为林彪对他还算好,并未因为送去主席指示而生气,或许头顶上的乌云已经移去。他回到北京后便投入紧张的工作,包括精心修改将以林名义发表的《人民战争胜利万岁》。文章修改好后,罗瑞卿将其分送给中央常委审阅。周恩来对此稿认真审阅并提出了修改意见。他对原稿中"把无产阶级的政治觉悟提得高高的,把学习毛主席著作的空气搞得浓浓的,把士气鼓得足足的,把团结搞得好好的,把对敌人的仇恨搞得深深的"进行了修改,使文字更加简练、明确。罗瑞卿向周恩来说:"这几句是用的林副主席的原话。"周恩来立即说:"既然是他的原话,那就再改回来。"

正当罗瑞卿在北京字斟句酌地为林彪精心修改文章的时候,为了打击罗瑞卿,林彪又采取了新的步骤。

8月21日,罗瑞卿打电话给林彪的秘书郭连凯,告诉他,今晚将派飞机送《人民战争胜利万岁》文稿去大连,请郭读给林彪听或给他讲讲要点,看看林还有什么指示。林彪让郭回电话说,中央同意发表就行,不看了。到26日,郭连凯又给罗瑞卿来电话说:"林副主席说,我这次病比较久,身体比较衰弱。为了恢复一下身体,请总长两个月内不要来汇报了,等身体好了,我告诉他再来。这两个月总长可安排其他活动,希望总长自己也注意身体。另外,叶群同志说,也请总长注意身体。她自己身体还可以。因为有两个内勤病了,叶要照顾首长,她自己不打电话了。"罗立即关切地问郭:"要不要增加工作人员?"郭答:"已经增加了两人,警卫处一位科长,大连交际科调来一人。"

8月27日,叶群又打电话给罗瑞卿说:"林总身体还好,还出汗,虚弱一点。公勤人员秘书三人患感冒,已隔离休息。林总还未发现有传染。已把李科长留下,另由刘震副司令从空军某部队疗养院调来两个人帮忙。豆豆已回空军宿舍去住,老虎也很好,感谢总长、郝治平同志对他们的关心。请总长和郝治平同志注意身体。"

依然是嘘寒问暖,问候有加。可透过这层温情脉脉的面纱,内里是什么货色?从林彪让罗瑞卿两个月内不要来向他汇报,已透露了一点消息。9月初,林彪要转移到苏州休养,路过北京时住了几天。在林彪尚未到北京时,就通知罗瑞卿说,林副主席身体不好,什么人都不能见,要罗瑞卿不要去看他。

对于这一切,罗瑞卿是怎么想的呢?他当然知道,林彪不愿意见他。而由于林彪当时是毛泽东十分器重的人,又是他的直接上司,他只能是兢兢业业。不让面见,罗瑞卿便采用写信和送文件的办法去通气。他让秘书把要汇报的内容用毛笔写成工工整整的大字,给林彪送去。这个办法还得到林彪的表扬,叶群几次打电话给罗瑞卿说:

"总长，林总说这个办法很好，文件送得不多不少，写信字很大，容易看。林总说以后不能来的时候，就用这个办法通气。"

然而，这完全是为了稳住罗瑞卿。在这一期间，林彪在一些单位建立了联络员，即选择一些人，使他们可以越过各单位党和行政组织等正常的渠道，直接同林彪、叶群联系。林彪、叶群通过这一手段加紧了对一些人的拉拢，经营他自己的山头，同时，就整罗瑞卿进行个别谈心、交底。有时叶群为了表示对某人的信任，在罗瑞卿来向林汇报工作时，故意让这个人藏在另一屋内窃听罗究竟同林讲了些什么，而罗仍然"蒙在鼓里"。这些人中有一些听完林彪、叶群的"交底"后，并无什么行动，但也有一些人怕得罪林彪、叶群，而被迫同罗疏远，还有少数品质不好的人便乘机猛往林、叶身边靠。于是，林、叶手头对罗瑞卿的"揭发材料"便越来越多了。

1965年10月15日，海军政治部主任又写了一份"揭发"材料。据他说，这份材料是9月17日他和李作鹏同罗瑞卿谈话的一段"记录"。这份"记录"说，海军党委有一个报告，要由王宏坤替换李作鹏主持海军常委工作，罗批准了这个报告。罗对李等说："他批这个报告没有错，已向林总报告了。"

在这份"揭发"材料上，林彪批道："纯属造谣。"在材料中间还两次批道："从未报告。"

这份"记录"是当场记的还是回家后追记的，那位主任未说明，显然，这份"记录"未经当事人罗瑞卿看过，究竟哪些是罗的原话，哪些是他的加工，也不清楚。后来，到11月27日，李作鹏等在送给林彪的一份"材料"中再一次提及这一问题。这一"材料"写道：

> 1962年，罗瑞卿同志代表军委在海军党委扩大会议上公开宣布：李挡第一线，苏（振华）、王（宏坤）为第二线，萧（劲光）为第三线。此后，常委决定萧、苏不在时，常委工作由李作鹏同志主持，并报军委批准了。但今年交心会后，萧苏酝酿成熟后，突然提出：萧苏不在时，由王主持常委工作，把李由一线改为二线，把王由二线改为一线。为什么这样改？当时我们是有怀疑的，估计一是分化争取王……二是削弱李在常委中的领导作用……这次改变是萧苏等共谋的……并且得到罗的同意和支持……

对于这一牵涉到海军党委常委内部分工的问题，林彪何以发这么大的火，用了"纯属造谣"这样严重的字眼？这除了说明林已决心撕破脸皮、整倒罗瑞卿之外，还说明了这份材料牵涉到了林彪对他的山头的经营。为了讲清这个问题，我们还需要介绍一下海军当时的情况以及李作鹏等调入海军的经过。

当林彪出任国防部部长时，海军司令员是萧劲光，政治委员是苏振华。他们在林彪提出坚持"四个第一"和大兴"三八作风"后，没有紧跟，引起了林彪的不满。1962年3月，海军航空兵飞行员刘承司驾机叛逃，林彪立即抓住这一事件对海军领导横加指责，给海军来了个三条指示，即海军四个第一没有摆在第一，大路不走走小路，现成药方不用另开药方。林彪所谓大路是指通往毛家湾的路，林彪所指现成的药方就是指"四个第一"、"三八作风"、活学活用、立竿见影之类。

林彪在进行了这一通指责之后,便于 1962 年 4 月组织了一个军委检查团到海军检查工作。李作鹏等随检查团到了东海舰队。检查工作结束后,他们即留在了海军。

李作鹏在解放战争初期曾在林彪的司令部当过参谋处长,有一定的参谋工作经验。李一调入海军,林彪就要他任党委第一副书记,任管常务的副司令。当时,林彪曾对罗瑞卿说,如果不这样,就把李调回总参。因为李如不管常务,就不好工作。

那位主任,原任总政治部组织部副部长,与李作鹏同时调入海军。

为了贯彻林彪指责海军的指示,在李等调入海军不久,1963 年 1 月,海军召开了党委扩大会议。会议就如何估价过去海军的工作、海军的建设方针和作战的指导思想进行了讨论。李作鹏等以正确路线代表自居,和萧、苏展开了争论。1 月 15 日,罗瑞卿在这个会上讲了话。罗瑞卿对萧、苏、李等一视同仁,认为他们都是党的干部。从这个立场出发,他认为会议应该强调团结。他说:"大家要是都有团结的愿望,经过这次会议,再经过一定的工作、一定的努力,我们有可能团结起来。"

他认为,海军就建设方针、作战指导思想等问题"展开争论并不是坏事,而是好事",但不能把党委"变成为长期争论不休的俱乐部"。他认为在建设海军问题上,"应该把当前的奋斗目标同长远的奋斗目标,既区别起来又结合起来"。还奉劝"在座的

■1964 年 10 月 15 日,视察北海舰队。右起:贺龙、罗瑞卿、萧劲光、彭绍辉。

有些同志，对待问题不要总是纠缠住一个侧面"。他认为有些争论"提起来可能千斤重，要是放下来也可能不到四两"。

他不同意李作鹏等所说海军的主要矛盾是两条道路、两条路线斗争的说法。他说："我看，海军当前的主要矛盾，是正确同错误的矛盾……既不是阶级矛盾，也不是人和技术的矛盾，也不是同时有两个主要矛盾。"

由于林彪已对海军工作作了严重的指责，罗瑞卿在指出"海军成绩是主要的，**缺点错误是第二位的**"同时，也批评了海军"空、偏、骄、浅、慢"的缺点。但他认为，这些错误"不要说成是路线错误，也不要说成是路线性质的错误，还是说工作方面有些偏较为恰当"。

他还说："说到对错误的责任，当然主要是在海军党委，而党委，主要又在萧劲光、苏振华同志。因为他们，一个是第一书记，一个是第二书记。但是，完全推给党委，推给萧、苏，那也是不公平的。"

罗瑞卿这个讲话基调是贯彻林彪对海军的"三条指示"。但李作鹏等对此仍十分不满，认为罗瑞卿搞调和，偏袒萧、苏。

李作鹏到海军后，便秉承林彪的旨意，联络个别人企图夺取海军领导权。他们以正确路线代表自居，目空一切，到处挑刺，打击萧、苏。李作鹏在海军一次党委会上发言，题目就叫《驳萧劲光》。他之所以如此傲慢，就是因为有林彪撑腰。那位主任去海军后，也很骄横。罗瑞卿知道后，曾托人捎话给他，希望他谦虚谨慎一些，注意**联系干部、联系群众**，夹着尾巴做人。他听了后大为不满，认为这个话只能用在别人而不能用在自己身上。

由于李等企图夺取海军领导权，因此对任何他们认为是倾向萧、苏的言论都十分敏感。有一次，刘志坚在同李作鹏谈话时说了一句"萧、苏不能动"，使李作鹏十分伤感，竟在军委办公会议上流了眼泪。罗瑞卿便劝他："不要怀疑。听说你还因为这个话心脏病发作吸了氧，何必呢！"

了解了这一背景，便可知道那位主任何以要"揭发"罗瑞卿批"以王代李"的报告了。他这样做是一箭三雕，既打了萧、苏，"揭"了罗瑞卿，又取悦于林彪、叶群。了解了这一背景，便可知道林彪何以要一口咬定"纯属造谣"了。但是海军党委是不是真的写了这么一份报告，而罗瑞卿是不是真的批了这一报告，还都是疑问。后来，在《中共中央批转中央工作小组关于罗瑞卿同志错误问题的报告》①中，并未提到这一份揭发材料。看来它在整罗时并未派上用场。但从他写这份材料和林彪亲自加批语可以看出，他们正在加紧搜罗和制造罗瑞卿的"罪证"。哪怕是捕风捉影，哪怕是鸡毛蒜皮，抓进篮子就是菜，先搜罗来再说。

10月25日，作战部一位副部长也给林彪送去一份材料，前面有一封信，写道：

林副主席：

最近期间，我多次想向你报告一件事，但因事关重大，未找到适当的机会

---

① 1980年5月20日，中共中央发出《关于为罗瑞卿同志平反的通知》，决定撤销这一文件。

不便轻率。

我觉得罗总长骄横懒散,心怀不测,值得警惕。我这个感觉,是经过6年的观察得出的。6年来可以分为三个时期。

1962年5月去上海修改"关于战略方针的建议"以前,我对罗总长极为信任和尊敬,认为他是坚决执行主席和你的指示的人,是主席和你最信得过的,因而也是最好的接班人。

1962年5月到今年7月,从一些重要的事情上,我对他产生了怀疑,感到他的一些作法不对,甚至他对你的指示也不是心悦诚服的,特别是你提出要突出政治,他是不赞成的,实际上是带头抵制的,只是采用了两面手法,搞了一些伪装。但这个时期,我对他的本质还看不透,虽有上述怀疑,总从好的方面去想他……

直到今年七八月,在参加写《人民战争胜利万岁》和修改罗总长9月3日的讲演稿时,我才大吃一惊,才发现他是心怀不测的人……

在林彪、叶群授意下,这位副部长把他自己说成是对罗瑞卿观察了6年,早就并独立发现了罗瑞卿问题的人。

然而,就在10月初,他写这份材料以前不到一个月,林彪已经发话了:"1960年,罗瑞卿和我的合作是好的,但是从1961年起,便开始疏远我、封锁我,到1965年便正式反对我了。"对比林彪所言可以看出,他总比林彪晚半拍。他对罗产生怀疑是1962年5月,比林发现罗"开始疏远我、封锁我"的1961年晚了一年半,而他对罗"大吃一惊"比林发现"罗到1965年便正式反对我"也晚了半年。这说明,没有林彪打招呼,他也就不会有这样的"发现"。

在这份材料的附件中,他叙述了《人民战争胜利万岁》的起草过程。据他说,《人民战争胜利万岁》,中央原决定由三座门编写组负责写的,8月5日写出了初稿,送钓鱼台讨论修改。8月11日,康生在召开会议讨论这一稿子时,"根本未把稿子拿出来,而用了一个很恶劣的手法,把这任务拉了过去"。"8月15日,他们在三座门稿子的基础上凑了一个稿子,大家看后很不满意,唯独罗总长坚持说好。"罗要求三座门在五六天内也写一篇,和钓鱼台平行作业。此二稿起草好后,经邓小平、彭真等研究,决定以钓鱼台稿作基础,吸收三座门稿中好的段落。8月25日,《人民战争胜利万岁》定稿。随后,三座门编写组即转而修改罗瑞卿将于9月3日首都庆祝抗战胜利20周年大会上题为《人民战胜了日本法西斯,人民也一定能够战胜美帝国主义》的讲话稿。据他说,8月27日晚,罗瑞卿在电话中嘱咐他,修改时将"三座门给林总写的稿子,未用到林总文章中去的东西,要尽量用到他的讲稿中去"。于是,他听后便"恍然大悟",决定同罗"决裂",并在编写组中传达,约定:"三座门的稿子一个字也不准用到总长的讲话稿中去。我们宁愿犯组织错误,宁愿受到任何打击,但决不犯政治错误,决不能让罗的讲演稿超过林总的文章!"

应该说,这位副部长选了一个对林彪、叶群颇为敏感的题目。如前所说,这一年5月11日已以罗瑞卿署名发了一篇文章,而在9月3日发表了林彪署名的《人民战争胜利万岁》之后，紧接着又于4日全文发表了罗瑞卿的讲话，2∶1，这显然已引起了林彪的不快，然而林彪又不便因此而发作，因为发表文章、讲话都是中央决定的，并非罗瑞卿个人的主张。拿这件事指责罗瑞卿，罗只要稍作解释便会不攻自破。就在这个时候，他送来了这个"揭发"材料，自称三座门稿的水平高于钓鱼台稿，乃至只要把三座门稿中未用到林彪文章中的下脚料往罗瑞卿的讲稿中一加，便会立刻使罗的讲话的水平超过林彪的文章。罗瑞卿之所以主张用钓鱼台的稿子，目的就是要把水平高于钓鱼台稿的三座门稿保留起来，据为己有，以便超过林彪。为了阻止罗的"阴谋"，他便决定"三座门的稿子一个字也不准用到总长的讲演稿中去"。但是，如何执行？三座门稿所用的字90%以上包括在3000常用汉字之中，这些字都不准用，署名罗瑞卿的文章只好不发了。显然，他这样说并非真的要这么做，而只是向林彪表明一种姿态。

在这个问题上，罗瑞卿是不是也有失误呢？大约就在这个时期，毛泽东对东汉李固致黄琼的一封信颇感兴趣，常引用信中"峣峣者易缺"的话，大致就是"树大招风""出头的椽子先烂"的意思。这是中国人企图明哲保身的一种处世哲学，罗瑞卿一年内发了两篇文章，尽管是中央决定的，是不是因突出而遭忌了呢？如果少发一篇怎么样？恐怕也不行。挨整，对罗瑞卿来说，已是在劫难逃了。

林彪是一位军事家，他当了国防部部长后，开始把军事斗争中对敌人的战略战术运用到党内来了。在1965年9月13日，他从大连转移到上海后，便加紧调兵遣将，李作鹏等人就是他的兵将，那一份份材料就是枪支弹药。对于这一切，罗瑞卿并不知道。他只知道，林彪经常刁难他，但是他万万想不到林彪布置的一个伏击圈正在他的周围形成。他看不见刀光剑影，听不到磨刀霍霍，仍然在干劲十足地工作。

9月间，罗瑞卿看到一些材料，反映自从林彪提出突出政治以来，部队中搞空头政治的倾向有所滋长。于是，他建议《解放军报》抓一下这个问题。9月30日，他在《军报9—12月宣传要点》上批示："还要写篇社论，专门讲政治和业务辩证关系的。政治是统帅，是一切工作的基础，又可以带动业务前进，把各项工作做好。社论要把这个辩证关系讲清楚。政治觉悟高，还要有过硬本领才行，打得准，开得动，联得上，三手，四好中的军训好，这都是属于业务方面的。这方面的进步，是突出政治的结果，也是突出政治的应有成果之一……政治、业务，红与专的关系，主席在工作方法60条里已经讲清楚了，社论要很好体现出来。主席讲了不要脱离政治、迷失方向，又不要当空头政治家。这方面，现在并不是没有问题的。现在需要有这样一篇社论。"

10月11日，罗瑞卿又在军报送审的社论《突出政治必须抓好活的思想》清样上批示："请考虑在适当的时候写一篇好的政治统率业务、带动业务的社论。把业务搞好搞精，这是突出政治的重要目的之一，也是突出政治应有的成果之一。（要把）在突出政治、政治挂帅、群众路线的前提下，搞好业务，同单纯业务观点在原则上区别起来。"

然而在当时的形势下，按罗瑞卿这一思路写社论已经不可能了。

10月间，罗瑞卿参加了中共中央工作会议后，听说陶铸要去上海，也想同去。此时林彪规定的两月不见的期限已过，他想去向林彪"通气"。罗打电话到苏州请示，林彪的回话是身体不好,不要来。于是罗瑞卿便径直去广东看地形。在广州,他听到部队反映,有些战士因戴上落后或后进战士的帽子而背上思想包袱,于是打电话给总政,建议今后不要在战士中再提先进、中间和后进。此事被到总政组织部干部家串门的那位主任打听到了。于是一份小报告又飞到了林彪手中,他认为罗这样讲违背了毛主席阶级斗争、阶级分析的方法。他在这份报告中还揭发罗瑞卿在1963年海军党委扩大会议上关于海军主要的矛盾既不是人和技术的矛盾,也不是阶级矛盾,而是正确和错误的矛盾的提法。罪名显然也是否认海军内部存在两个阶级、两条路线的斗争。

罗瑞卿在琢磨工作,可林彪却在琢磨罗瑞卿。显然罗瑞卿的工作已难以维持下去了。

五、同林彪的最后一次见面

当罗瑞卿到达广州时,整个神州大陆已经是"山雨欲来风满楼","文化大革命"的狂风暴雨正在孕育、酝酿之中。

11月10日,经过江青、张春桥、姚文元密谋,并征得就住在上海的毛泽东同意,姚文元的《评新编历史剧〈海瑞罢官〉》一文在上海《文汇报》公开发表,揭开了"文化大革命"的序幕。同一天,杨尚昆被免去中共中央办公厅主任职务,汪东兴接任此职。

11月18日,住在离上海只有80公里的古城苏州的林彪发出了《1966年全军工作的五项原则》。这五项一是学毛著,二是坚持四个第一,三是抓基层,四是提拔干部,五是苦练过硬的军事技术。这些都没有什么新意。值得注意的是解释何谓突出政治的一段话。他说:"毛主席的建军思想,从来都是把政治摆在第一位,政治领导军事,统帅军事,军事只是政治的一个组成部分,政治包括更多更多的东西,有更大的范围。"

在这里林彪又把政治从灵魂、统帅变成包括军事及其他更多更多东西的几乎无所不包的东西。

林彪接着说:"什么是最好的新式武器?不是飞机,不是大炮,不是坦克,不是原子弹,最好的武器是毛泽东思想。"这是林彪1960年提出的"精神原子弹"的重复。

对于林彪这一指示,罗瑞卿完全接受了下来,并提出:"今后关于继续突出政治的一切提法,均应以林副主席的指示为准。"

林彪在发出这一指示的同时,又下决心把军委办公厅主任萧向荣整倒。杨尚昆和萧向荣,一个是中共中央办公厅主任,一个是军委办公厅主任,几乎同时被撤换,这或许不是巧合。

萧向荣,1932年打漳州时便调入一军团政治部工作,是红军中老资格的宣传工作者。抗战胜利后,又调到四野任宣传部部长,也是林彪的老部下。1952年他出任军委办公厅主任,还是林彪推荐的。他和罗瑞卿一样,为人正直,他把同林彪的关系严格地看成是上下级关系,绝无攀附、"捧""跟"的念头。但是树欲静而风不止,由于他处在办公厅主任的位置,他较早地接触到了林彪和罗瑞卿不和的问题。那还是1962

年春天，林彪从外地回京，萧向荣去看望他，叶群出面接待，对他说："今天早晨，罗总长打电话来，说要向一〇一汇报工作，但一上午也没有来，一〇一气得在电话上冲他发了一通脾气。今后你可以直接来向林汇报工作，不必先打电话约，随时都可以来。这件事，你不要给罗讲，也不要给其他人讲。"

关于这件事，罗瑞卿的回忆是：有一天，他告诉秘书，让秘书向林彪的秘书问一下，昨晚林睡得好不好，如睡得好，他想去汇报工作。不知是罗的秘书还是林的秘书听错了，林彪把这听成当天上午罗要来汇报工作。而罗却一直在等林彪的秘书回话。由于没有回话，罗便到海军去调查机要通信工作。快到中午12点时，林彪这个从来不打电话的人让秘书要通罗瑞卿的电话，然后冲电话听筒大声嚷嚷："你说来为什么不来？我要做工作，要了解情况。你不来汇报，我怎么工作？"未等罗瑞卿回答，他便砰的一声挂断了电话。下午，罗在林午睡起床后赶到林家说明了情况，检讨了自己疏忽的失误并征求林的批评。林彪显得有些不好意思，说了一句："等人，心里就发急。"罗瑞卿认为，至此误会已经解除，也就没有往心里去。但林彪却记了账，后来这件事便成为罗瑞卿"封锁"林的"罪证"。

萧向荣听了叶群这一番话后，仍同往常一样。但到了1965年，林彪有一次把萧找去汇报工作，便专门征求了萧对罗瑞卿的意见，其口气暗示什么十分明显，但萧向荣却不管这些，实事求是地答复道：罗总长身体好，工作非常紧张、积极，未发现他的工作有什么问题。林彪见话不投机，便不再说什么了，同时，下了撤萧的决心。

20世纪50年代末，叶群由地方调回部队工作，干部部门建议授予上校军衔。叶不满意，要求授予大校军衔，高套两级行政级别。在一次军委办公厅党委会上，萧当着叶（军委办公厅党委委员）的面说："如果给你授大校，我们这里好几个处长怎么办？"从此，叶便对萧记下了仇。此前，在东安市场旧书铺发现有盖有林彪印章的旧书。北京市公安部门向部队反映，萧向荣让在林彪身边的工作人员中查，看是谁把林的书拿出去了。查来查去，查到了叶群头上，此事当然不了了之。这虽然是一件小事，但叶群对于萧显然是不高兴的。

1965年初，叶群从某师蹲点回来，要给军委办公厅干部作一次突出政治的报告。萧感到由她这么个人作这一十分严肃的题目的报告未必妥当，便请办公厅副主任王兴纲主持报告会，自己托辞缺席。

这些事积累多了，加上萧不愿揭发罗瑞卿，林彪夫妇便决心整他。萧向荣曾说的一些话，比如："我们这些干了几十年革命的人，为人民服务已经解决了，光学'老三篇'是不够的，要系统学习毛主席著作。""四好中，军训好放在第三位，似乎强调得不够。"如此等等，都被揭发出来。于是萧的错误便被定为"反对毛泽东思想、反对突出政治，同林副主席唱对台戏"。11月19日，军委办公厅党委扩大会议开始批斗萧向荣。

对于这纷至沓来的浩劫即将来临的征兆，罗瑞卿是不是有所预感？萧向荣被整，他是不是会感到唇亡齿寒？这个问题很难回答。他应该有所感觉，但是看来仍然没有同自己联系起来。他是忠于毛泽东的，他也不反林彪，"为人没做亏心事，夜半敲门不吃惊"，"君子坦荡荡，小人长戚戚"，正是他当时的心态。因此，当出现了一些对他已经不利的迹象时,他仍然没有意识到大祸即将临头。

他到广州的第一天即见到了陶铸,得知陶在上海时见到了林彪。他还从同北京通电话中得知军队一些高级干部也见到了林彪。这说明林彪并非病得什么人也不见,而唯独不见他。可是他仍然没有警惕,以为只是同林关系紧张的问题。

在广州的第一天,陶铸同黄永胜一道为罗接风,请吃了午饭,下午又陪罗参观了为水上居民修建的住宅,然后到越秀山一处花圃吃"功夫茶",晚间又请罗看了关肃霜的京剧,但未终场陶便退席,说要乘火车去外县蹲点。陶与罗在一起大半天,未谈一件工作上的事。罗瑞卿对这种接待虽有一点异样的感觉,但仍未深想。古诗云:偷得浮生半日闲。罗瑞卿以往虽然去过不少地方,但不是负责对毛泽东等中央领导人的警卫,就是去看地形,考虑备战的事,很少有闲情逸致去看风景,这一次算是做了半日旅游。

11月中旬,罗瑞卿看了珠江三角洲及万山群岛地形后,又西行,经高要、梧州,一路看到南宁。11月20日,返回北京,与王新亭副总长一道同萧向荣谈了话,并于21日在批萧会议上讲了话。会上,有人说,萧向荣是彭黄漏网分子。罗瑞卿不同意,他在讲话中特别强调:"萧向荣尽管有这样那样的错误,但还不能说他是彭黄反党集团的漏网分子。"当晚,林彪听了汇报后,下令批萧会暂停3天。25日,林彪下达指示:"这次把萧向荣同志的问题揭发出来,有很重大的意义。不然,让反对毛泽东思想、反对突出政治的人,盘踞在部队重要领导岗位上,将来会造成严重后果的,要彻底揭发,不要有顾虑。""要杀鸡给猴子看。"

11月24日,李作鹏等要求向罗瑞卿汇报正在召开的海军党委扩大会议的情况。在汇报中,那位主任气势汹汹地指责罗瑞卿支持萧劲光、苏振华而不支持他们,否认海军内的两条路线斗争,搞调和,如此等等。这个海军政治部主任对总参谋长居然是

■1965年11月2日,罗瑞卿视察广州军区,和担杆头守备部队干部谈话。

一个教训人的口气,宛如一个打上门来的挑战者。显然,他有很硬很硬的后台,罗瑞卿实在忍受不下去,也激动地说:"说我支持萧、苏,我就支持萧、苏,萧、苏的根子就是我……"结果是不欢而散。

当晚,罗瑞卿感到自己这种表现不妥,又打电话给李作鹏,说自己今天不冷静,要求不要把刚才的争吵反映到会议上去。李作鹏表示同意。然而,过了两天,林彪授意秘书给李作鹏打电话,内容由林口授①,让李作鹏"写一个关于近年来海军两种思想斗争的情况,重点是打沉敌舰②以后罗、萧的表现"的材料。李接完电话立即把那位主任等叫到李家,商量了一番,即由那位主任在李作鹏的办公桌上起草了材料。这份材料为罗瑞卿罗列了"十大罪状",把罗瑞卿和萧劲光联在一起。材料说:"我们估计由于他们对突出政治、坚持四个第一不通,都存在着严重的单纯军事技术观点,有共同的思想基础,加上对林副主席一些正确批评不满,就使他们结合在一起了。"材料居心叵测地说:"不知他们是有谋而合,还是不谋而合。总之我们怀疑他们是有不可告人的秘密的,是有阴谋活动的。"李作鹏等在材料上签了名。几天后,这份材料便送到了叶群的办公桌上。

11月25日,罗瑞卿陪同周恩来到达上海。这时,上海报纸正围绕姚文元的文章《评新编历史剧〈海瑞罢官〉》展开热烈的争论。上海市委负责人陈丕显悄悄告诉罗

■1965年11月26日,罗瑞卿(前排左二)、许光达(左六)陪同毛泽东接见朗诺率领的柬埔寨王国军事代表团。这是罗瑞卿最后一次陪毛泽东接见外宾的合影。

---

① 据李作鹏1980年1月29日交代,叶群同他打了电话,要他和××、××写材料。林彪的秘书提供的证词说,是林彪授意秘书打的电话。

② 指1965年"八六"海战击沉国民党大型猎潜舰"剑门"号和小型猎潜舰"章江"号。

卿，毛主席对北京各报不转载姚文十分不满。毛泽东说："他们不登，你们就出小册子。"毛泽东还关照此事对谁也不要讲。陈对罗瑞卿说："我谁也没有讲，但可以告诉你一下。"于是，罗瑞卿便要来一本刊登姚文的小册子。

11月26日下午，罗瑞卿陪同毛泽东接见了柬埔寨副首相朗诺。这是罗瑞卿在"文革"前参加的最后一次外事活动。

在朗诺来到之前，罗瑞卿对毛泽东说，评《海瑞罢官》的文章我已要来了一本，还没有来得及看。毛泽东一笑，未说什么。

接见朗诺后，周恩来向毛泽东汇报工作，毛泽东让罗瑞卿也参加。周恩来汇报完后，罗瑞卿提出，准备第二天去苏州看林彪。毛泽东点点头说："去看看好。要他好好保养，要保养得像七千人大会的时候一样，能够做三个钟头的报告。"毛泽东对林彪期望之殷切，溢于言表。周恩来也要求罗瑞卿把他向主席的汇报向林报告一下。当罗瑞卿向毛泽东辞行时，毛泽东习惯性地朝他挥了挥手。罗瑞卿没有料到，这就是他同毛泽东的最后一次见面。

当晚，罗瑞卿见到了江青，江青向他流露文艺界问题颇多，要在部队召开文艺工作座谈会。罗瑞卿认为部队文艺界还是好的，政治方向已经解决了，现在的重点主要是提高艺术性，现在在部队整文艺界并无必要。加之他考虑江青在部队并无职务，让她过问部队文艺工作未必相宜，因此对江青提的问题未置可否。

江青又谈起姚文元的文章，她说："北京各报到现在也不转载，不知是为了什么……现在在北京看家的是彭真。"

罗瑞卿立即答应她，《解放军报》可以加按语转载。随后罗瑞卿吩咐秘书电话通知《解放军报》社。他又亲自打电话给彭真，告诉彭，他在同主席谈起此文时，主席笑了。因此他估计主席已看过此文，他建议《北京日报》与《解放军报》同时转载，彭真未给明确答复。后来在"文革"中有人说罗瑞卿此举是向彭真通风报信。他不同意这种说法，因为当时他并不知道毛泽东要通过批吴晗达到整彭真的意图。他之所以要给彭真打电话，是希望《北京日报》尽快转载姚文，以免毛主席生气，以免彭不好交代。

第二天一早，罗瑞卿向周恩来报告了他给彭真打电话的内容。周恩来说："这篇文章我也还没有看。"说完便将罗瑞卿那一本拿走，说要在飞机上看。

11月27日，罗瑞卿在送走朗诺之后乘飞机赴苏州。出发之前，他考虑过是否要打电话通知林彪。考虑的结果是不打。理由是：一、林彪有五条规定，其中第五条是去林处，不要事先通知。不通知符合这一条。二、叶群多次对罗讲，第二天要向林汇报或让林干什么事，头一天如果通知他，他会彻夜难眠。为了照顾林休息，所以就不提前通知了。三、罗怕林同上几次一样又推三阻四，不见面。罗瑞卿此行事先已经报告了毛泽东，估计林彪也不会过分为难。

罗瑞卿要赴苏州，林彪事先是否就一无所知呢？不，他在罗动身前已从空军得到情报，因此叶群也特地连夜从她正在搞四清的太仓县洪泾大队赶回苏州。

罗瑞卿一到苏州便向林彪报到。林彪秘书马上回电话说："林总要你马上就来。"

罗瑞卿到林的住处，一进门，秘书就告诉他，林还未吃午饭。罗点点头，便来到林彪的会客室，林彪照例拉手、让座，又拿出糖盒请罗瑞卿吃糖。叶群未露面，而是在附近一间屋子里偷听。罗瑞卿知道林尚未吃午饭，谈话中几次声明，明天还可以留一天，再谈一次。林彪要求他一次谈完。罗瑞卿说了毛泽东、周恩来的嘱咐，汇报了在两广看地形及沿途部队情况，北京批判萧向荣的情况。他认为对萧的问题看得过重。林未置可否。罗瑞卿汇报中还谈到最近空军一飞行员驾机投敌的事，并对林说："听说吴法宪为这件事急得满脸大汗。"林彪立即点点头说："这个人就是责任心强。"罗瑞卿突然联想到1962年海军刘承司事件后林借机指责海军主要领导干部的事，对比着他对吴法宪的态度，真是不胜感慨。林彪接着又说："就是要突出政治。突出政治就是突出革命。突出革命，他就不去反革命了。"当时林彪自己也绝不会料到，不到6年，他这个革命不离口的人竟然也同叶群、林立果等一道乘飞机叛逃了。

罗瑞卿汇报完后问林彪还有什么指示没有，林彪说："没有了，谈完了。"罗站起身要走，林彪又问罗瑞卿身体如何，罗说："还好，只是最近牙经常疼。"林彪说："牙疼吃莲子炖鸭子，一吃就好。豆豆几次牙疼，一吃这个就不疼了。"这就是林彪最后一次见罗瑞卿的临别赠言。

第十五章 劫难

一、林彪让叶群到杭州告状，导致召开上海会议

罗瑞卿从苏州回上海后立即飞往南宁，继续他看地形的行程。在南宁，郝治平从北京打电话问罗到苏州见林的情况，谈得怎样。罗告诉她，谈得还好。两人心情都稍稍放松。罗瑞卿告诉郝治平，他从广西还要到云南去。此时，军委办公厅正秉承林彪、叶群的旨意，组织批判军委办公厅主任萧向荣，并通知郝参加。郝不愿参加这种会，便对罗说也想同去西双版纳看看，罗瑞卿答应到云南后再通知郝去。

罗瑞卿以为这次同林彪谈得还好，然而这只是一个错觉。林彪夫妇在给罗瑞卿以平安无事的烟幕后便要开始动手了。林彪知道罗瑞卿刚陪同了毛泽东接见外宾，他怕夜长梦多，于是决定立即动手。

此前，在11月18日，林彪提出了"突出政治"的五项原则，提出"必须大大地强调突出政治"，同时，给毛泽东送去一份兰州军区党委《关于五十五师紧急备战中突出政治的情况报告》并附了一封短信。其目的是配合毛泽东大抓阶级斗争的需要，同时通过对突出政治的强调，加深同罗瑞卿的观点之间的反差，为告罗瑞卿的状作好铺垫。但是未见毛泽东有何反应。罗瑞卿走后的第三天，11月30日，林彪又给毛泽东写了一封信：

主席：
　　有重要情况需要向你报告，好几个重要的负责同志早就提议我向你报告。
　　我因为怕有碍主席健康而未报告，现联系才知道杨尚昆的情况，觉得必须向你报告。为了使主席有时间先看材料起见，现先派叶群送呈材料，并向主席作初步的口头汇报。如主席找我面谈，我可随时到来。
　　此致
敬礼！

　　　　　　　　　　　　　　　　　　　　　　　　　　　　　　林彪
　　　　　　　　　　　　　　　　　　　　　　　　　　　　　　11月30日

这封信从头到尾一个字没有提到罗瑞卿的"罪行",甚至连姓名也没有写上,但是,随信附去的11份材料除一份是刘亚楼给罗瑞卿的信外,全部是揭发罗瑞卿的材料,其中大部分前面已经述及。

11月29日,在苏州的叶群打电话给在北京的吴法宪,要吴派一架飞机送她去杭州向毛主席汇报工作。叶关照吴,就从上海派,不要从北京派。她特别向吴交代:"此事绝对不能报告罗总长。"

11月30日,叶群携带了林彪给毛泽东的信和11份材料乘里-2飞机秘密赶到杭州,向毛泽东作了六七个小时的汇报。这一汇报内容已无从知晓。不过,在随后召开的上海会议上,叶群曾作了长达10个小时的发言。从这个发言,我们可以分析,叶群向毛泽东讲的大体也就是这些内容,后面我们还要再讲。叶群汇报完后,毛泽东收下了她送来的材料,吩咐她不要在杭州停留,立即返回,并派汪东兴乘专列送她回去,以防"不测"。这时,强调对阶级斗争天天讲、月月讲、年年讲的毛泽东阶级斗争的弦已绷得很紧了。

为了整罗瑞卿,1965年下半年叶群已在她认为同林彪比较接近的不少人中打了招呼。与此同时,她也开始派人向同林彪关系不算融洽的一些负责人进行试探。就在她到杭州的同一天,总参党委一位负责人去找主持军委日常工作的贺龙,反映萧向荣的后台是罗瑞卿。贺龙问根据何在,这位负责人说:"有一次,罗总长听说有一来访的某国国防部长不爱看战争片,怕见流血的镜头,罗便说:'怕见流血镜头,还当国防部长呢!'这是影射林总的。"贺问:"还有什么根据没有?"答:"没有了。"贺龙立即说:"如果没有根据,就不要胡乱猜疑了。罗瑞卿是扛大旗的,是拥护毛主席、林总的。说他反林总,这是不可能的事,你们不要这样想。"这位负责人过两天又来了,一坐下就哭。贺龙不耐烦地问他:"哭什么?有什么事就说嘛!"这位负责人说:"仍然是上次谈的,最近要出简报,要写上罗总长是萧向荣的后台。"贺大声说:"我不是说了吗?你们不要这样想。"这位负责人说:"那不解决问题。现在你能不能担保罗总长没问题?"贺龙说:"我可以担保罗瑞卿不是反革命,不会反党。"这位负责人问贺龙:"您这个话能不能传达?"贺龙答:"我既然说了当然可以传达。"后来,当贺龙挨整时,贺龙这句话便成为"包庇"罗瑞卿的罪证。

12月2日,毛泽东对林彪11月18日来信及所附兰州军区的材料进行了批复:

林彪同志:

完全同意你的看法,五十五师的情况,可能和各师、各军种、各兵种大同小异。请你考虑,可否将此件转发到各军、各军种各兵种、各军区,到师党委为止,供他们参考。那些不相信突出政治,对于突出政治表示阳奉阴违、而自己另外散布一套折中主义(即机会主义)的人们,大家应当有所警惕。如何,请酌定。

毛泽东
1965年12月2日

毛泽东信中的"人们",既包括了罗瑞卿,又不仅仅指罗瑞卿。这说明毛泽东听信了叶群的汇报，林彪的状告准了。12月8日，整罗瑞卿的上海会议在毛泽东亲自主持下召开。毛泽东依据林彪、叶群提供的材料说："罗的思想同我们有距离"，"罗把林彪同志实际上当做敌人看待"，"罗是野心家"。但是，他又对林彪说："罗瑞卿反对你，还没有反对我嘛！他反对我游泳，那也是好意。"后来，到1973年12月21日，毛泽东曾作自我批评说，他是听了林彪的一面之词，错整了罗瑞卿。

上海会议是中共中央政治局常委扩大会议。这个会议于12月8日在上海召开，这个会议有许多不正常之处：会议开始之前，常委中除毛泽东、林彪外，大都不知会议的内容；与会人员被分批召到上海，开会时才知道是为了整罗瑞卿。会议给与会者每人发了一袋"文件"，也就是叶群送来的那11份材料。这些材料只准与会者在会上看、自己保管、自己交回，不准秘书经手。会议上最活跃的人物是连中央委员也不是的叶群，她作了三次共约10小时的发言，现还存有记录，在这里删其繁杂，摘其大要，有些地方略加诠释。

过去（我）对罗是毕恭毕敬，没有想到罗和林的关系搞得这样紧张。以后发现一些问题，不敢轻易上报，一怕看不准，二怕材料不够不过硬，三怕给中央、军委常委出难题，四怕转移工作重点。

叶群这个讲话充满了谎言，但这"四怕"中的第二怕是真话。从林彪送给毛泽东的11份材料看，用以打倒罗瑞卿，确实"不够不过硬"，需要叶群在这一讲话中来编造。叶群讲的第四怕也不成问题了，因为整罗已被纳入"文化大革命"这个毛泽东心目中最重要的事了。叶群在叙述了5月间林彪不让罗作总结发言后说：

罗掌握了军队大权，又掌握了公安大权，一旦出事，损失太大。
罗的个人主义已发展到野心家的地步，除非林把国防部长的位置让给他。他当了国防部长又会要求更高的地位，这是无底洞。

帽子有了，证据呢？叶群在喋喋不休地叙述了林彪对罗几次发脾气的过程后说：

1964年罗即逼林退位。林从包头回来时，刘亚楼来说：罗曾听主席说，希望林多活20年，因为林有马列主义。林约罗来，罗只待了十几分钟又走了，并说明天即出发去看地形，在林问到主席有何指示时罗才说，主席是说了希望林多活20年，因有点马列主义。

这是借揭发罗瑞卿来抬高林彪。叶群接着说：

国庆节后罗见林，大声说："病号，不能干扰，应让贤。"出门后又大声喊："不要挡路。"林气的昏迷过去。我家里的人从走廊上路过，听到了罗讲的这些话。林对我说："我是让贤的，但国防部长是主席、中央封的，我让贤也得让给真正的贤者。罗凭此就不能让给他。"

这一条揭发人是林彪,证明人便是叶群,或者说揭发人是叶群,证明人便是林彪。至于林彪家里的人,后来未听说谁就此写过证明材料。看来,罗瑞卿反正已经倒了,叶群连伪证也用不着做了。

叶群这一讲话中最耸人听闻的是下一段:

> 刘亚楼对我说:"六三年以来,我几次想和你谈几点意见,是罗交代的。
> 四点意见是:
> 一、一个人早晚要出政治舞台的,不以人的意志为转移的,我看林彪同志要上政治舞台的。
> 二、你的任务很重,应保护林的身体。
> 三、再不要干涉军队工作了。
> 四、放手要罗总长工作,信任他,一切交给罗负责。"
> 我对刘说:"每个人都上了政治舞台。林荣誉很高了,无意再进。这是中央决定的问题,不是我们应谈的问题。"刘说:"你怎么这么迟钝。你如果办到了,林进入政治舞台,不管军队,让罗干,总长不会亏待你的。"我说:"这是对我最大的污辱。"回来路上小孩都说:"刘讲的不对,你答的对。爸爸又没有野心。"回家后林说:"你答的对,今后不准讲这个事,这是违背原则的事"。

"要出政治舞台",叶群用的这个"出"字有歧义。"出政治舞台"如果同"进政治舞台"相对而言,是下台的意思。从后台"出"政治舞台,又是上台的意思。从叶群所讲的第一条"一个人早晚要出政治舞台的,不以人的意志为转移的",似乎是说林彪要下台。但是叶群又说:"每个人都上了政治舞台,林荣誉很高了,无意再进,这是中央决定的问题,不是我们应谈的问题。"又是说林彪要上,要升官。

一会儿是上,一会儿又是下,这反映了叶群当时的心态。既要告罗瑞卿逼林彪下台,又要给林彪再上造舆论,因此说起来便忽上忽下,语无伦次。

不过,从全文看意思很清楚,即是说林彪要到中央工作。既然如此,"总长不会亏待你"这句话又没有着落了。难道林彪当了中央领导人,叶群还怕被人"亏待"吗?

叶群接着说:

> 2月19日,刘要见林,刘又谈四条。说要团结罗、尊重罗。林说:够放手了。罗没人缘,政治不挂帅,封锁我,对罗要一分为二。林无意中说罗看人不准,六二年罗要×××当总长。刘听后大惊说:"唉呀,原来总长不是我!我上当了,被玩弄了。我是贫农的儿子……
> 这时刘亚楼又对叶群说:"……我一夜未睡,罗不好,请林警惕,还要通知几个人:杨成武、黄永胜、吴法宪注意,不要上当。我收回四条。我坦白,四条中后两条是重点,是要林退出军队。"刘哭了,说对不起主席、中央、林彪同志,

但又说不要告诉罗瑞卿同志,他有势力,军队、公安系统都在他手里。

叶群的指责性质是十分严重的。然而这全部是凭空捏造。因为,稍稍动一点脑筋便会想到,既然罗瑞卿有如此严重的问题,为什么叶群不在刘亚楼生前让刘写个材料?如果刘因病重,不能亲手写,也可以请人代笔,写好材料请刘签个名嘛!与会人员大都表示怀疑。刘少奇会前听了叶群的汇报,随后说了一句:"难以置信。"邓小平感到叶群讲的最要害的问题是所谓刘亚楼的四条,而刘亚楼已死,是"死无对证"。对林彪向罗瑞卿搞突然袭击,他表示不满意。朱德在会上实事求是地表示同意罗瑞卿反对"顶峰"的提法。他也认为,马列主义、毛泽东思想还会发展,不能讲顶峰,到了顶峰就不会发展了,会后,朱德心情十分沉重。康克清回忆道:

> 1966年1月下旬春节期间,朱老总参加上海会议后辗转到杭州。见面后,我发现他常常独自一人叹气,我关心地问:
> "你有什么不好过?"
> "没有什么。"他说得有气无力。
> "不会没有什么吧!"
> 几十年的相处,我对他已十分了解,知道一定发生了什么使他不舒心的事,经我再三询问,他也不说。后来他烦了,喊了一声:
> "不要问了!"
> 过了一会儿,老总的秘书悄悄对我说,这次上海会议批判罗瑞卿,说罗有篡军反党的野心,撤了他中央书记处书记、军委秘书长、公安部长等职务。以后我问老总是否为上海会议事心情不畅,他叹了一口气说:
> "肃反肃到我们党的内部核心。是真的?是假的?弄不清楚。罗瑞卿的那些事全都看得见,他办的每件事都报告过中央,经毛泽东同意的,说他篡军反党,无法让人相信。"
> 他在屋里低头沉思,来回踱步。过了一会儿又说:"为什么要撤?这不是撤一个罗瑞卿的问题,像这样可靠的人都撤,打击面宽了,真假失去了标准,今后党内要不平安了。"①

为了弄清事实真相,显然还需要听听被告说一些什么。于是,会议决定把罗瑞卿召到上海。

就在叶群鼓其如簧之舌,对罗瑞卿进行造谣之时,罗瑞卿正风尘仆仆地奔波于边防线上。12月初,罗瑞卿经广西百色进入云南,接到邓小平从昆明打来的电话,说他和李富春、李井泉都在昆明,问罗能否提前到昆明和他们碰头。罗瑞卿对他说,还要去看河口、老街,可能还要有几天才能到达昆明。邓小平打算在昆明等罗瑞卿,然后一起去看三线的工厂。直到此时为止,邓小平、李富春等还不知道要召开上海会议。

---

① 《康克清回忆录》,解放军出版社1993年版,第468—469页。

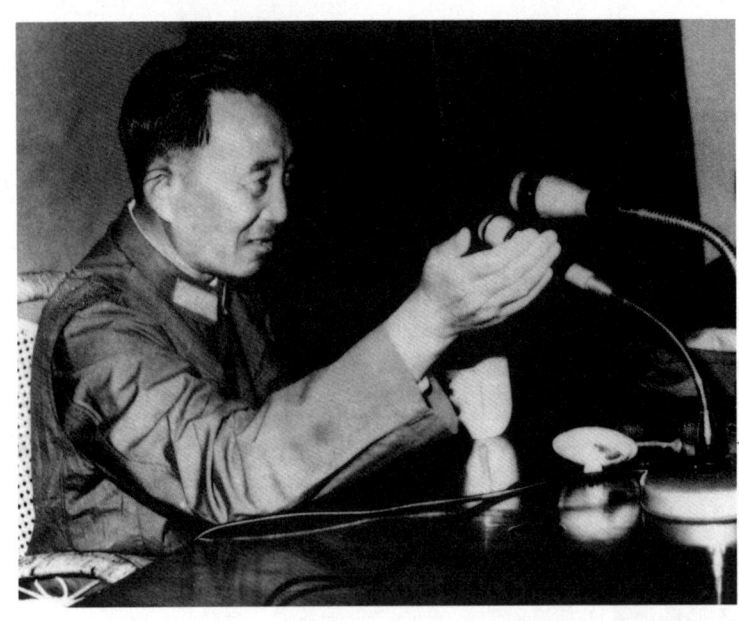

1965年11月17日，罗瑞卿在广州军区某部视察工作时，给团以上干部讲话。

又过了一两天，罗瑞卿便听到中央要在上海开会的消息。他打电话问在北京的彭真。彭也不知会议的内容，只听说是庐山会议性质的会，批判对象是谁还不知道。罗瑞卿听后仍然没有想到会是自己。随后，周恩来给罗瑞卿打电话，要他在11号赶到上海开会，内容电话上不好讲。

12月9日，上海会议已经开了一天，罗瑞卿来到昆明。准备去西双版纳看一看的郝治平在此之前也由空军安排，身不由己地被放在成都，并于罗瑞卿到达前几小时乘飞机到达昆明。此时邓小平、李富春、李井泉等已去上海开会。12月10日，罗瑞卿由昆明军区和云南省负责人周兴和阎红彦陪同，接见了军区的干部并作了报告。

12月11日，罗瑞卿夫妇乘飞机赴上海。在飞机上，罗瑞卿一如既往，摊开文件就看，他打开的文件是这次考察得到的几份边境情况的材料。以往，他每次去看地形回来，都要给中央军委和毛泽东写出详细报告，供决策时参考。这一次考察没有完，云南西部还没有看。但他还是准备写一个报告，滇西部分只能在以后看了再补写……罗瑞卿直到此时还不知道，已经不需要他写什么报告了。罗瑞卿忙了一路，直到飞机盘旋下降，才让秘书收起文件。

在机场上，陈丕显和吴法宪在等候。

吴法宪由于对林彪、叶群百依百顺，得到林彪的赏识。刘亚楼逝世后，林便推荐他出任了空军司令员。

吴法宪以往对罗瑞卿也是毕恭毕敬的。对罗瑞卿，诸凡开关车门、穿脱大衣等警卫员的事，他都要亲自去做，而且回回如此，毫不懈怠。他还对郝治平说过："我们空军大院只听三个人的话，一个是主席，一个是林总，一个就是总长。"可是这次在机场却另换了一副面孔，板着个脸，大声呵斥着催罗瑞卿等人上车。

罗瑞卿夫妇由陈丕显陪同乘一辆车。上车后，罗即问陈开什么会。陈已奉命不得同罗谈开会的事，便顾左右而言他，有一搭没一搭地谈天气，谈收成，谈工业生产，显得颇不自然。途中，陈又告诉罗，锦江饭店已住满了人，这次安排另住一处。直到此时，罗瑞卿夫妇才发现情况不正常，但他们仍然不知道等待着他们的将是什么，而这一点问陈也不会得到答案。于是，车内一片沉默。汽车很快开进建国西路618号院内两层的主楼前。陈丕显告诉罗瑞卿，总理和小平同志正在等着。下车后只见楼房周围、门厅内、楼梯上，都有了警卫。罗瑞卿被引入楼下会客室，由周恩来、邓小平同他谈话。郝治平被引到楼上休息。

周恩来讲了此次会议的内容，随后便转述了叶群代表林彪在会上对罗作的指责。周恩来也传达了毛泽东所说，"反对林，还没有反对我"的话。邓小平传达了毛泽东和中央常委的意见，即一、情节是严重的，二、同彭黄有区别，三、从长远看，还是有成绩的，四、中央未察觉也有一定责任，五、党的方针仍然是惩前毖后，治病救人。只要认真地改，仍然准许革命。

听了周恩来、邓小平所传达的内容，对毫无精神准备的罗瑞卿来说，不啻是一个晴天霹雳。林彪的指责犹如狂风骤雨一阵阵无情地抽打着他。他立即起而争辩。由于事情来得突然，而林所说的那些材料不是已被歪曲得与事实面目全非，就是彻头彻尾的捏造。罗瑞卿感到在每一个问题上都要解释、争辩。然而"一部二十四史，不知从何说起"。他急于全部说清，但那么多问题，又岂是三言两语说得清楚的？他迅速在思想中把问题作了归纳，然后撮其大要，激动地说："我没有反对林副主席，没有伸手，没有反对突出政治。杀了我的头也不能承认这些。"罗瑞卿要求面见林彪或同林彪通电话当面说清林对罗的指责。周恩来立即对罗瑞卿说："你怎么这样天真，这样幼稚？"听周恩来这样讲，罗瑞卿冷静了下来。他开始明白，林彪既然已经提出如此严重的指责，这已经不是可以当面对质能解决的问题了。

周恩来看到罗瑞卿不说话了，便劝罗冷静，不要激动。他要求罗不要到主席那里去，也不要到林那里去。他说："要到别的什么地方去，要告诉我们一声。"他还说："这次开会为了避免历来开这种会的副作用，采取背靠背的办法，你可以不参加会。"

谈话结束，周恩来、邓小平离去。罗瑞卿送他们上车，等车走远才回屋。罗瑞卿要上楼，守候在楼梯附近的上海公安局副局长王鉴去扶他，罗摆摆手，拒绝了。但他自己却怎么也没有力气上楼。此时赶到楼下的郝治平走上一步，搀扶着罗瑞卿进入二楼的房间。郝治平已猜到了事情的严重性，只觉得像当头被人打了一闷棍。两人坐下，停了好一会儿，郝治平问罗瑞卿：

"这是怎么了？到底什么事呀？"

罗瑞卿说："开会了，说我反对林彪，封锁他，对他搞突然袭击，反对突出政治。说我伸手。我没有，我没有伸手！我的工作都是党中央和毛主席任命的。我没有封锁他。我该和他讲的都和他讲了。就是有些问题我向总理、主席直接讲，听他们的指示，这是应该的。而且林彪知道，谁都知道的……"

罗瑞卿越说越激动，止不住流了泪。郝治平看到罗瑞卿那痛苦的样子，回想起这几天已感到有些人的态度发生了微妙的变化，碰到一连串莫名其妙的事情，也不禁痛哭起来。

后来，罗瑞卿在狱中痛定思痛时写道：当时，"实在感到对我很异样。不让我见主席,不让我见林副主席,不让我参加会,不让我外出……我想,对彭黄,当时在庐山,也没有这样呀!所以怎样也控制不住自己"。

在这一连串的"不让"之中,罗瑞卿感到最伤感的莫过于不让见毛泽东。

罗瑞卿自从参加革命以来,还没有经历过这样的事,而此时"文革"的风暴尚在酝酿之中,在党的高级干部中罗瑞卿首当其冲,是头一个挨整者。他完全没有思想准备,因此对于失去毛泽东的信任,对于挨整明显地缺乏承受能力。假如罗瑞卿曾在肃反、反右派或是"反右倾"中充当过重点批判对象,或者假如罗瑞卿被整发生在"文革"已经兴起,大批高级干部被打翻在地,"洪洞县里"已经"没有"几个好人的时候,他的承受能力一定会大得多,这场悲剧的色彩也可能不至于如此强烈。

二、林彪让叶群指使吴法宪制造伪证

在上海会议开始"背靠背"揭发罗瑞卿以来,发言的内容大量的是这种会议必不可少的表态。也有些人揭发了罗瑞卿工作作风中的问题,主要是说他揽事太多,锋芒太露,得罪了一些人。对于这些意见,罗瑞卿都接受了下来。尽管揽事多来源于兼职多,而这并不取决于他。至于锋芒太露,毋庸讳言,罗瑞卿确有此现象。而这是会遭忌的。"木秀于林,风必摧之","出头的椽子先烂",就是明哲保身的中国人在这方面总结的处事箴言。说到得罪人,在工作千头万绪的情况下,也是难免的,这里面既有因坚持原则而不得不得罪的,也有不该得罪的。

但是,无论是揽事多、露锋芒还是得罪人,都不能置罗瑞卿于死地。因此,叶群抛出了所谓刘亚楼的四条和所谓逼林彪让贤这两枚重磅炸弹。然而,前者是死无对证,后者是无可对证,现在罗瑞卿又不承认。于是,毛泽东决定休会。16日会议结束时,邓小平讲话,连罗瑞卿的名字也未提,说了一句"要继续调查研究搞清楚"即宣布散会。会后,周恩来、邓小平受毛泽东委托,同罗瑞卿进行第二次谈话。他们向罗瑞卿传达了在会议上大家就人际关系、作风、工作、政治、组织五个方面对罗瑞卿提出的意见,传达了毛泽东的话:如果没有这三条(指反对林彪、伸手、反对突出政治),可以把问题先挂起来。中国有很多问题都是挂起来的,挂几百年不行,还可以挂一万年。有什么就检讨什么。

但是,罗瑞卿希望的是迅速澄清是非。"一万年太久,只争朝夕!"

这一天,邓小平的夫人卓琳同周恩来、邓小平一同来到罗瑞卿的住处。当周恩来、邓小平在楼下同罗瑞卿谈话时,卓琳上楼看望郝治平,她对郝治平说:"这件事不一定要这样处理,但是已经这样处理了,也没有办法。明天同我们一起回京。回去后家里有孩子,要比在这儿好一些。"卓琳让郝照顾好罗瑞卿的生活,两人谈话时都掉了泪。后来,在"文革"中,这便成为邓小平和罗瑞卿"勾结"的"罪状"。

12月17日,罗瑞卿夫妇和周恩来、邓小平、李富春同机抵达北京。罗瑞卿原缎库胡同住处正在修房子,暂住于西郊新六所。这里是一个院落,有50年代为毛泽东、朱德、刘少奇、周恩来、任弼时修的5栋小楼,加上工作人员一栋,共6栋,故称新六所。以后,一些领导人家里修房子时,常在此暂住。1961年林彪因同罗荣桓发生分歧而冲着罗瑞卿发脾气时，也住在这里。

对这一时期的生活和心情，罗瑞卿在1971年"九一三"事件前夕曾回忆道：

> 从上海回到北京后，我即写了报告给主席、中央，请求调离我在军队中的一切职务及与军事有关的职务，如国防工业办公室主任、人民防空委员会主任、国防委员会副主席等。中央很快就批准了。并将批准及我的报告转发全国军队团以上，地方县委、县公安局长以上。并将电报抄给了我。
>
> 因我不在军队工作了，军委办公厅来人撤了电话机。我还要秘书将我的枪、猎枪和秘书们的枪都交上去。彭真同志专门打了一个电话给秘书，说猎枪可以保留一支给孩子们玩。我说，不要留，全部交。
>
> 我曾经要求出去理个发。组织上交代说，不要去，以免碰到熟人。以后，我除了到301医院拔了一颗牙，什么地方我都没有去。
>
> 回北京后我住在新六所。孩子们都回来了。可他（她）们还什么都不知道。

在这一时期，罗瑞卿的长子罗小青原定赴原子弹试验基地执行任务突然被取消了，小女儿点点在中学入团也被搁置了。罗瑞卿夫妇非常清楚，孩子们已经开始受牵连了，但还不能向他们说明原因。罗瑞卿继续写道：

> 看到这一群孩子，尤其是三个小的。想到自己的错误会连累他们，真是万分痛恨自己，恨不得立刻将自己彻底毁灭掉！

在这五内俱焚的悲愤心情中，罗瑞卿继续就三个问题向中央申诉。在这一年年底，他在给周恩来、邓小平并转报毛泽东和中央常委的信中写道：

> 你们第一次向我宣布的主席、中央对我的看法的第一个五条以及你们第二次归纳群众意见对我批评的第二个五条（关系、作风、工作、政治、组织），我完全拥护并深为感动。我的错误，责任完全由我担负，主席、常委、中央没有任何责任。我一定忠诚老实地对我的错误事实、性质、根源向党作彻底地、毫无保留地交代。一个人如果还要革命，还要跟党、跟毛主席革命到底，犯了错误，除了认识、检讨和坚决改正而外，还有什么别的办法？
>
> 还有另外三条（伸手、反对突出政治、封锁反对林副主席）或者四条（加挑拨）我确实没有。我有错误不承认，是没有党性，我没有的错误乱承认，也是没有党性。我不能反对有同志对我怀疑，甚至很多同志怀疑，但是没有的事我不能承认，请求中央严格审查。如果证明确有其事，那算我对党隐瞒，应该算是错上加错，或者罪上加罪。
>
> 关于伸手。就我所知道的，这次揭发的是两件材料。一件是说我向林副主席说老病的要让贤。我说过没有？如果说过，是在什么时候，什么情况下，指什么说的，我完全记不得了。不过，可以保证，我绝没有暗示，要林副主席让贤之

意。我没有这样坏、这样狂妄、这样愚蠢呀！一件是说刘亚楼说了四条，这个我完全不知道。是这次事情后我才听说。

对叶群"揭发"的这两条，罗瑞卿最为愤慨。他写道："入党30多年，大小错误犯过很多，还没有犯过什么伸手的错误。多么重，多么委曲的罪名啊！至于说我气焰很凶，大有逼他之势，这简直不可想象！"

把罗瑞卿"挂起来"，罗瑞卿不满意，林彪、叶群也不满意。林、叶要的是把罗瑞卿打翻在地，再踏上一只脚，让他"永世不得翻身"。为此，他们需要把所谓刘亚楼的四条作实。但是尽管叶群在上海会议上鼓如簧之舌，声泪俱下地表演了一番，但刘少奇、邓小平等都表示不相信。叶群知道，不信者还大有人在，只不过他们没有说出口罢了。

怎样才能让人们相信呢？这就要找证人，而有可能听到叶、刘密谈的唯有在医院侍候刘亚楼的刘的遗孀翟云英。谁去胁迫翟？林彪、叶群选中了吴法宪。这不仅因为吴法宪当过刘亚楼的政委，而且翟云英也在他管辖之下，制造假证要方便一些。而对林彪、叶群百依百顺、唯命是从，可以不要人格的吴法宪也正是做假证的合适人选。

林彪决心整罗瑞卿，向吴法宪打招呼是比较晚的。那是在罗瑞卿到苏州看了林彪之后，吴法宪也去看林彪，叶群告诉吴法宪："罗瑞卿来看林事先也不通知，搞突然袭击，我没有露面，躲起来了。"11月底，叶群要到杭州向毛泽东告罗瑞卿的状，从上海打电话给在北京的吴法宪，要他从上海派一架小飞机送她去杭州，并嘱咐他不要报告罗总长。

经过下了这两场毛毛雨之后，在上海会议召开之前，叶群向吴法宪摊牌。她把脸一抹，很严厉地对吴说："刘亚楼和你同罗长子的关系都很密切。你们把罗瑞卿在空军的讲话①当做语录，到处张贴。今后有两条路，是靠林总还是靠罗长子，你可以选择。"吴法宪吓得连忙站起身，连连点头哈腰地说："我当然靠林副主席，请观后效，请观后效。"

开上海会议时，叶群又让吴法宪在小组会上发言，然而，吴除了重复罗去苏州看林是搞突然袭击，反对突出政治，搞折中主义，不抓"四个第一"，到处提倡比武，军训搞花架子外，没有什么新鲜玩意儿。

上海会议快结束时，叶群又找吴法宪，要吴为她所编造的刘亚楼的四条找旁证。叶要求吴把刘亚楼的夫人翟云英作突破口，逼迫翟云英作证。

翟云英的父亲叫翟凤岐，他随着中国众多劳工出国谋生的人流，于1911年下崴子（到海参崴）当劳工。十月革命后参加红军，后负伤复员到莫斯科，与苏联女工安娜·卡兹米洛夫娜恋爱结婚。1929年翟凤岐夫妇带了刚刚1岁的翟云英和刚刚3岁的长子翟云海回国。翟凤岐于1943年逝世。1948年，在大连读书的翟云英经当时的市委书记韩光介绍，与刘亚楼恋爱结婚。新中国成立后入华东医大，毕业后一直从事医

---

① 1964年林彪号召大学空军后，罗瑞卿发现空军工作中有形式主义倾向，便提出："办事要认真，工作要落实，经得起检查，不要翘尾巴。"空军曾将其印成大张，在办公室中张贴。

务工作。

到了 1965 年 12 月，为了诬陷罗瑞卿，林彪、叶群将魔爪伸向了这位尚未从失去丈夫的悲痛中恢复过来的十分单纯的女医生。

据吴法宪 1980 年 9 月 4 日笔供：

> 回到北京以后，要继续开会之前，叶群为了证明刘亚楼病重期间向她揭发罗瑞卿同志的"四条"是确实的，就拼命找证据和旁证材料。别的人无法作证，根本不沾边，因此只有找翟云英证明，其次就是吴法宪能旁证，别的人都不能证明。叶群首先拼命动员翟云英作证，反复要翟云英证明刘亚楼病重期间，刘亚楼向叶群说"四条"时翟云英在场，看到刘亚楼向叶群伸出四个指头，表示"四条"……

伸出四个指头代表四条，这是叶群的发明。叶群之所以要编造这个情节，是因为：一、刘亚楼同叶群密谈，如果说翟云英也从头到尾参加了，别人仍然不会相信。这样重要的军机大事，刘亚楼怎么可能当着翟云英的面谈呢？二、让翟证明看到刘伸出四个手指要比让翟说听到四条的内容更加容易一些。

秉承叶群的旨意，12 月 17 日，吴法宪从上海一回来就到刘家找翟云英，问翟是否听到刘亚楼临死前向叶群谈过四条。翟回答从未听说过。吴不得要领而归。过了一会儿又来了，采取了迂回战术，问翟："刘司令平时讲话不是喜欢用手势吗？"翟回答："他讲话确实常用手势。"吴又伸出右手，屈起大拇指，伸出他那四个短而粗的手指说："他不是常这样讲话吗？"翟点点头。吴又启发道："伸出四个手指头？"翟摇摇头说："我没有注意。"吴又不得要领而归。过了一会儿，又来了。如此反反复复，一点一点地磨。最后，吴让翟写材料，翟拒绝。吴磨了几次无效，便说："你身体不好，我去请别人写，写好你签一个名就行。"于是吴又去找秘书，请秘书按他的授意写成材料，叫翟签名。翟一看，材料写道：

> 亚楼同志生病住在上海华北路 922 号，治病期间，有一次叶群同志、林豆豆同志来看望他的病情。谈话时我不在场，后来我看时间很晚了，催亚楼同志吃饭时，亚楼同志说：好！我今天累了（当时，亚楼同志坐在沙发椅上），伸出四个手指头向叶群同志说："我还有四点，下次再谈。"（这句话重复了三遍）这四点内容是什么，亚楼同志没有跟我说过，我不知道。

翟云英一看，这样写有些穿凿附会，拒绝签字。吴法宪又怏怏而去。过了一会儿，又来了，央求翟云英道："今天是叶主任（指叶群）让我来的，你要是不签字，她会说我没找你，我就交不了账。"翟不签，吴就磨。已经折腾将近一夜，翟被缠不过，再看看那材料并无什么实质性的内容，便签了一个名。此时，她对上海会议整罗瑞卿一无所知，也不知道吴法宪所提"四点"是怎么一回事。

吴法宪于 12 月 21 日把由他授意，由他的秘书执笔写成，通过欺诈手段骗得翟云英签名的材料呈送给林彪。

12月22日，他又给叶群打电话，记录如下：

  让翟写材料可能别人会提出，翟不是传达范围，为什么会知道此事，我们研究，准备用以下两条理由……统一口径：
  1. 因为我这次去开会，翟知道了……天天来找我打听，她有一点恐慌。
  2. 刘亚楼死后，翟经常去罗家，罗常讲些不三不四的话，我们怕她再去会出问题，加上前两天她深夜才回来，可能会出乱子（自杀等），因此我们请示一○一，一○一答复：她既是这样紧张，这样打听，可以告诉她抽象点的这一回事。

林彪、叶群、吴法宪为了"统一口径"，把谎编圆，可以说是煞费苦心。
10月25日，吴法宪又打小报告给林彪，全文如下：

  林副主席：
  关于罗瑞卿同志的错误问题，我在中央会议小组会议上已经作了揭发。有两个问题还需要向您书面报告：（一）1964年9月（哪一天记不清，当时刘亚楼同志刚从罗马尼亚访问回来不久），刘亚楼同我讲过：罗瑞卿同志曾向他说，林彪同志和罗瑞卿同志谈过，林彪同志身体不好，今后军委的工作，军队方面的事情要罗瑞卿同志独立主持，要大胆独立地处理问题，不需要经常向林彪请示，也不要到处去请示。林彪同志还要罗瑞卿同志现在多抽出时间去把全国地形、战场都看一看，一旦发生战争要靠他指挥。从刘亚楼同志和我谈的这一段话，可以充分说明罗瑞卿同志向党伸手和夺取军权的野心。

  吴法宪这一段话的关键是"可以充分说明"这几个字。骗来翟云英签名的那一份以及吴法宪本人在上海会议上的发言都不能"充分说明"罗瑞卿伸手、夺权，这一份"可以充分说明"了，总算可以向叶主任交账了吧？但是，仍然是令人疑窦丛生。且不说罗瑞卿竟然会在刘亚楼面前自我吹嘘是多么不近情理，人们还会问：既然吴法宪有如此尖端的材料，何以早不"揭发"？就算吴以前不知道林彪要整罗瑞卿，上海会议时总该知道了。为什么在上海会议上不讲？为什么上海会议开完了仍然不讲，而要急急忙忙到翟云英处去挖材料？只是到了从翟云英处捞不到什么东西时，才讲出来。编造的痕迹太明显了。应上了一句俗话，叫作：越描越黑。

  吴法宪的小报告的第二部分是：

  （二）今年4月下旬，刘亚楼同志病情已经很严重。我于4月23日晚起至上海，24日上午至病房看望他。当时刘亚楼同志正在输血，挥手叫护士走开，断断续续地对我说："罗总长给我写了一封信，不知居心何在，他侮辱了我。我上了当，我对不起林彪同志，对不起××同志。你今后要注意，不要再上当。"他说话时精神很坏，声音很小，舌头有点僵，说到后来眼圈发红。当时没有把罗的信给我看，也没有讲信的内容。以后他又说："生病以来，中央、毛主席、刘主席、总理、林副主席都对我无微不至地关怀，使我非常感激……"最后他流了眼泪。

以上报告，请指示。

吴法宪
1965年12月25日

这一段仍然是死无对证。1965年4月，罗瑞卿确实给刘亚楼有一封信，我们现在已无从知其内容，但刘亚楼的回信仍在，并已作为11份材料中的一份由叶群呈送给毛泽东，在上海会议上印发了。现在先将刘亚楼的复信抄录如下：

总长：

4月13日来信敬悉。接到首长的指示以后，使我既感动，又难过。感动的是，首长工作那么忙，自己本身身体也不太好，还经常为我的病操心、关怀；难过的是，听有些人向首长反映一些不合乎事实的情况，因而引起首长不放心。

顺便报告首长，我这次害病，得到主席、刘主席、总理、林总、元帅们和首长以及其他同志那样无微不至的关怀，我感动得多少次流下了眼泪，因此，我不能不再一次向首长保证，请首长放心，我决不违背主席、总理、林总、首长以及其他中央负责同志的指示，决不辜负首长的亲切关怀，决不浪费党和国家的大量资财而不安心治病，我相信我还不是一个那样没有党性的人、不识抬举的人。就是病情再严重，我也坚决不灰心丧气。四个月以来，是不是像有些人反映的那样，情绪波动，胡思乱想，不安心治病？究竟听不听医生的话，和医生配合得怎样？首长可以派人到现场检查，以明真相。

希望首长保重身体！

此致

敬礼！

刘亚楼
4月15日

林彪、叶群之所以要将这一封信作为罗瑞卿的"罪证"，是因为他们拿不出所谓刘亚楼讲的四条的证据，只好拿这封信充数，用以说明，罗瑞卿的信促使了刘亚楼之死，而罗瑞卿之所以要这样做，是为了"灭口"。然而，这完全是罗织罪名。现在，我们虽然无从看到罗瑞卿的原信，但从刘亚楼的这封复信可以看出，罗瑞卿写信的目的是希望刘配合治疗，安心养病，不要灰心。从刘的复信看，他对罗瑞卿的关怀表示了感激之情。他的情绪是较激动，而这对于一位已患了晚期肝癌的病人来说，是可以理解的，但信中根本没有所谓受了污辱的意思。

吴法宪说，刘亚楼看了罗的信后说："他侮辱了我，我上了当。"这是为了给叶群在上海会议上的"揭发"作旁证的。但是这两个人都是顾头不顾尾，没有把谎话说圆。

对此，罗瑞卿在"九一三"事件后，于狱中所写揭发林彪的材料已给予痛斥。他愤慨地写道：

　　……至于说我4月中旬写给刘的那封信，说得作用那样坏，完全是反革命叶群有意夸大、有意散布的。吴还说：刘接我信后不久就死了，好像刘是因我的信致死，这完全是恶意攻击和加罪。刘因何致死？这有科学作证。我还是要请问吴，刘为什么不留下一个文字证据呢？刘同我有勾结，有阴谋，又被林彪教育觉悟了，我去"催命"，又那样痛恨我，这当然会更促使他揭发我，为什么还是没留下揭发的证据？要知道，刘那时还是完全清醒的，写下一个揭发我的证据是完全可能的呀！（刘亚楼既然能写给罗的复信，就能写揭发罗的材料———笔者注）就算他已经不能写了，为什么不请你吴法宪或者叶群或者×××代写一个，他签一个名呢？就算刘亚楼没有想到这样，你们吹捧的"英明""伟大"的林彪，为什么也没有想到呢？

　　叶群、吴法宪编造的这一切，尽管破绽百出，但仍然被当作整倒罗瑞卿的主要"罪证"。这并不奇怪。在中国历史上，"莫须有"不是曾经作为处置岳飞的口实吗？

三、京西会议要置他于死地，导致"三一八"事件

　　上海会议开过之后，在军队总部机关和军以上干部中发动了一次对罗瑞卿的集中揭发。上一节所述吴法宪制造伪证说罗瑞卿要夺林彪的权是这次揭发高潮中的重点和核心。此外，揭发材料集中在两个问题上，一是说罗瑞卿反对突出政治，一是说罗瑞卿反对毛主席，反对毛泽东思想。

　　为了说明罗瑞卿反对突出政治，林彪、叶群授意有关部门搞了两份材料。一份是林彪1964年12月《关于当前部队工作的指示》的"三稿对照"。另一份是《罗瑞卿的三次讲话摘录》。在"三稿对照"前面有一个说明：

　　一、"第一次稿"是林彪同志指示的第一次稿，其中楷体字加曲线处是被罗瑞卿同志删掉的。

　　二、"一月四日稿"是1965年1月4日以军委名义发到军以上党委，后来罗瑞卿同志又收回来的那个文件。

　　三、"最后定稿"是1月12日发到连队的最后定稿。"最后定稿"和"一月四日稿"中的黑体字是罗瑞卿同志加上去的。

在"说明"后面，便是"三稿对照"的正文，格式如下：

第一次稿	一月四日稿	最后定稿
林彪同志在广州	林彪同志看了	林彪同志看了

林彪、叶群授意搞"三稿对照",目的在于说明罗瑞卿篡改了林彪的指示。

罗瑞卿看到这一"三稿对照",立即作了两点申诉。

第一点是,"在修改时,在组织上我是合法的,不仅是有关人一起修改的,也是请示了林副主席,根据他的指示,并最后经他审查批准的"。

第二点是,这个"第一次稿"已非原稿。他说:"这个原文我没有看到过。现在同三稿对照稿对比来看,有些段落是一稿(可能更多一些),有些段落是四日稿,还有一两个段落是最后定稿,如游泳、文娱两段。"

"三稿对照"之所以不把林彪原来的指示原封不动地作为"第一次稿",是因为这个指示原文逻辑混乱,语病很多,一点不动,拿不出手。因此对于罗瑞卿提出的修改意见,也仍然保留若干,享受原稿待遇。但是这么一来。"第一次稿"便不成其为原稿,对照云云也成了一篇糊涂账。

不过,"三稿对照"有一点是对的,罗瑞卿确实对林彪指示做了修改,其中给人们印象最深的有两处。一处是在林彪所说"政治可以冲击其他"后面补充了一句:"当然,这里是指的必要的,也不能乱冲击一气。"另一处是在估价1964年成绩、提出1965年任务时,加了一句"气可鼓,不可泄"。

《罗瑞卿同志的三次讲话摘录》摘的是罗瑞卿于1965年1月9日上午在军委办公会议第八次扩大会议上的讲话,1965年1月23日在全军学习军师机关革命化经验大会上的总结讲话和1965年4月3日在解放军某部团以上干部集训队的讲话。

在前面,我们已经叙述了这三次讲话的内容。罗瑞卿这三次讲话的共同的主题是对林彪的指示"要有全面正确的理解",也就是将林彪的指示往正确的方面解释,以力图减轻其在部队贯彻时会产生的消极作用。罗瑞卿这样做完全是从工作出发,也是为了维护林彪的形象。但摘录的整理者却认为罗瑞卿这三次讲话歪曲了林彪的指示。

"三稿对照"旨在说罗瑞卿"篡改","三次讲话摘录"旨在说罗瑞卿"歪曲"。一个"篡改",一个"歪曲",总的帽子就是反对突出政治。

当时,罗瑞卿认为尽管他同林彪在一些问题上有不同意见,可是自己不反林彪个人,也不反对突出政治。但是,正如我们已经看到的,他确实对林彪的"突出政治"做了力所能及的抵制,其中包括修改("对照"整理者称之为篡改)林彪的指示和解释(摘录整理者称之为歪曲)林彪的指示。

在上海会议之后揭发罗瑞卿的高潮中,对罗瑞卿提出的更严厉的指责是说他反对毛主席、反对毛泽东思想。在上海会议召开之前,由于毛泽东有言在先,罗瑞卿"还没有反对我",因此,会议没有给罗瑞卿扣反对毛主席、反对毛泽东思想的帽子。上海会议之后,为了给罗瑞卿扣上反毛主席、反毛泽东思想的帽子,揭发材料提供的罗瑞卿这方面的"罪证",主要是:

一、反对林彪提出的"毛泽东思想是当代最高最活的马克思列宁主义","毛泽东思想是当代马克思列宁主义顶峰"的提法。

二、在为林彪准备七千人大会讲稿时,反对说毛泽东思想中有毛主席个人的天才因素。

三、提倡学习 30 本书就是为了反对和冲击对毛主席著作的学习。

在这三条中，第三条是贯彻毛泽东的指示①，第一、第二两条是对林彪的提法提出原则性的不同意见。这些都是无可非议的，但在那荒诞的年代，都成了反对毛主席的"罪证"。朱德在上海会议上说了几句公道话，在 1966 年 5 月中央政治局扩大会议上也被林彪攻击为"反毛主席"，被康生攻击为"想超过毛主席"。这些在当时都是弥天大罪。

在这一揭发高潮中，也有个别人的揭发别具一格，颇耐人寻味，现摘录八一制片厂厂长陈播的揭发材料如下：

一、1962 年 8 月 1 日，是建军三十五周年纪念日，也是我厂建厂十周年纪念日。我们请他（指罗瑞卿，笔者注）来参加我厂八月一日文艺晚会。他当即答应。嘱咐我们要请陈毅副总理、习仲勋副总理。8 月 2 日晚，他们都来了，萧主任也来了。罗瑞卿同志一下汽车，就告诉我们，他钓了一条 20 余斤的大鱼，送给八一厂作礼物。我们把这条鱼给大家烧汤吃了。

二、1964 年 1 月 4 日、7 日，罗瑞卿同志在三座门会议厅召集驻京部队文艺工作者座谈会，说："八一厂今后工作方针是两条腿走路，以一半精力抓纪录片、军教片，以一半精力抓故事片，各占 50%。"八一厂在这一方针下拍了《向毛主席汇报》、《步兵比武》、《各军种比武》、《山东民兵比武》、《海军演习》、《空军演习》等军事训练的影片。10 月 14 日，罗瑞卿同志审查《向毛主席汇报》完成影片之后，又指示："要拍就都拍上一点，都要照顾到，把那些精彩的都拍下来！""像这样的片子多搞一些，划得来。"

（下略）

这与其说是揭发，不如说是评功摆好。在当时的历史条件下，陈播写这样的材料实属难能可贵。可惜的是，这种"揭发材料"太少了一点。

为了置罗瑞卿于死地，叶群等人还在罗瑞卿身边的工作人员中动员揭发。但是，在秘书、警卫人员中无甚收获。于是他们又把目光转向曾在罗瑞卿身边工作而已调开的人。他们终于在部队某农场物色到了一个。此人曾在罗瑞卿身边当过公务员，因调戏保姆而受过批评。1963 年，支部同意本人请求，让其回乡安置。不久，他又回到北京，要求继续回罗驻地工作。罗因已有公务员，乃嘱咐将其调往农场，不久被任命为干部。

叶群发现此人后，以为奇货可居，于是派人引诱他诬告罗瑞卿。果然是功夫不负有心人。一份揭发罗瑞卿夫妇的材料很快炮制了出来。这份材料胡说罗瑞卿每天早晨要这个公务员"请安"，晚上要他向罗报告时间。材料还说罗瑞卿一天要用几十条手

---

① 对此，后来在 1970 年 9 月 6 日，九届二中全会闭幕会上，毛泽东作了澄清。当时由于林彪坚持要设国家主席，陈伯达推出了马列称天才的语录，毛泽东又重提要读马列，避免上那些政治骗子的当。他提起曾让罗瑞卿开一个供高级干部学习的马列著作书名的事。他说："你们不明了情况，说是罗瑞卿干扰了林彪同志来读我这个著作的事情，其实是我扰乱你（指林彪），而不是罗瑞卿扰乱你！"

巾。罗全家大小的衣服都要这个公务员洗,以致把他的手都搓烂了,如此等等。

明眼人一看便知,这个揭发材料漏洞百出。罗瑞卿住地工作人员有好几个,断无只要求该公务员请安之理。至于洗衣服,且不说大一点的孩子衣服都是自己洗,罗瑞卿家还有保姆,也断无将全家的衣服都让这个公务员洗之理。

这个公务员"揭发"的都是些子虚乌有的生活琐事,本身并无什么意义。然而它可以使人产生罗不仅政治上要夺林彪的权,生活上也是老爷作风的印象。它起了在罗瑞卿伤口上撒一把盐的作用。一把盐虽不能置罗瑞卿于死地,却可以加重罗瑞卿的痛苦。而这正是林彪、叶群要用这个公务员的一番苦心。

林彪、叶群认为材料凑得差不多了,决定向罗瑞卿再一次发起总攻。1965年12月28日至1966年1月18日,全军政工会议在北京召开。在会上印发了"三稿对照"和罗瑞卿的"三次讲话摘要"。林彪、叶群指使一些干部在会上提出了继续开批判罗瑞卿的会的要求。

这一期间,罗瑞卿则在家闭门思过,他强迫自己把想不通的问题想通。对自己工作作风、人际关系上的缺点作严格的检查,他把同林彪关系紧张的责任都揽到自己身上。同时,重申自己不反林彪,不反对突出政治,没有伸手。他也对"三稿对照"做了必要的解释。他相信总有一天毛泽东会出来说话的,他同林彪之间的误会总有一天会冰释。即或不能,他准备告老还乡。他在少有的心境较好的时刻曾对家人们说:"将来我退休了,带上你们回四川老家,四川可是个好地方呐。"他以为,极而言之,将来的处理,无非是退休吧。

对于这一段罗瑞卿的生活,郝治平回忆道:

> 快过春节了,我们回到城里的家,南池子缎库后巷甲1号。中央一些负责的同志都来找瑞卿谈,还是不准见主席,不准见林彪。只让写检讨。没有三条,有什么就检讨什么。关系问题啊,和老帅的关系问题啊,还有严重的资产阶级个人主义的问题,瑞卿自己一面写检讨,一面看毛选,尽量把自己的缺点、错误从重检讨。写好,送上去,康生首先就说不成,说是只检讨了一些鸡毛蒜皮,这个检讨过不了关,还要写。瑞卿万般无奈,实在检讨不出来。然后,小平同志就说:检讨不出来,就好好读点书,把一些事情好好想想,从思想上提高提高,花上几个月,半年的时间。
>
> 这样的安排,我看瑞卿还是能够接受的样子,他也想安静安静,想想究竟是怎么一回事,他很认真地看毛选,反复地读《论共产党员的修养》,还想读一点哲学著作。可是还是安静不了,3月份的会议突然来了。
>
> ……

3月3日,邓小平和彭真约见罗瑞卿,告诉他,关于政治挂帅问题,军队政治工作会议对你反映很强烈,常委考虑要开个会,彭真报告主席,主席说,他考虑也要开个会。会议将于明天开始,邓小平反复强调,要罗瑞卿做好充分思想准备。他说:"我对挨斗争是有经验的。你要作充分的思想准备就是了。"显然,前面是他代表组织讲的，最后一句则是他作为老战友给予的嘱咐。邓小平此处所说"挨斗争"是指在中央苏区他因支持毛泽东的正确主张，被当作江西罗明路线的代表而挨整。后来的事实证明邓小平是正确的。邓小平讲这句话，实际上也是对罗瑞卿的鼓励。

3月4日上午，在邓小平主持下，讨论罗瑞卿问题的小组会议于怀仁堂召开，参加者有军委各总部、公安部、国防工办、国防科委、军事科学院和大部分军区、军种、兵种的负责人，共42人。邓小平讲了为什么要开这样一个会，并指出，中央决定，常委已指定邓小平、彭真、叶剑英负责主持会议。由于邓、彭不能经常到会，另组织一个七人小组主持会议。

3月4日下午，会议移至京西宾馆召开，以后此会即简称"三月京西宾馆会议"。邓小平主持完开幕式后即去外地视察，未再出席会议。彭真在小组会议和工作小组会议上提出：发言时要讲大的问题，不要讲枝节问题；只讲罗的问题不要牵涉别人；只讲站得住脚的材料，不要讲无把握、站不住脚的材料。他说："有一条是一条，是三分不讲成七分，是七分不讲成十分。"他还针对在会上有些人表现得很激动的情况说："现在愤慨的人，将来冷静下来是会失悔的，人在火头上和冷下来的时候不一样。冷下来时，人们还想说什么，很难说。"彭真这些话可谓语重心长。在"文革"的浩劫过去之后，确实有些人很失悔。但是，当时彭真的话却被视为"清规戒律"，基本上不起作用。他不久也因为说了这些恳切的话而被说成是支持罗瑞卿向党进攻，犯了包庇罗瑞卿的错误。

然而，历史老人是公正的。经过时间的淘洗，迷雾可以澄清，是非可以明辨。时间推移了将近30年之后，1995年10月12日，彭真93岁诞辰，郝治平去看望他。此前，1994年，郝治平曾请他为本书题词。当时彭真正在住院，他的右手已不能动。他很愿意题词，便尝试着用左手扶着右手写，但试了几次也没有写成。这次郝治平来看他，提出用彭真1988年为罗瑞卿故居的题词中"罗瑞卿"三字作为书名，但缺一个"传"字，彭真立即回答："好，再从我过去写的字中找一个'传'字就行了。"随后便让他的女儿来办这件事。接着，彭真说："我们是老伙计了。"郝治平说："他是在您的领导之下。"彭真摇摇头："不，是老伙计。现在看，林彪、罗瑞卿，哪个是好人，清楚了！"郝治平说："过去浑身长嘴也说不清楚，现在不说也清楚了。"彭真点点头："对，以后不说了，不说了。"

1966年3月的京西宾馆会议实际上成了批判斗争会。此前，罗瑞卿尽管感到委屈、冤枉，但是他所得到的信息是间接传达给他的，问题提得虽然很严重，可氛围还是冷静的。在上海会议之后，有不少高级干部同罗瑞卿个别谈话，大家还是同志式的。一到京西宾馆会场上，气氛全然变了。与会者数月不见，都成为路人乃至仇人。他们中可能有些人是因为不明真相，对林彪、叶群的诽谤信以为真；极少数人则想通过批斗罗瑞卿以表示对林彪的紧跟，捞取一些好处；多数人则是迫于形势，不得不表示同罗瑞卿划清界限，他们即使对罗同情，也只能保持沉默。总之，不管各人情况和想法如何不同，从表面现象看，大家都程度不同地同罗瑞卿撕破了脸皮，划清了界限。罗瑞卿回忆当时的情况说："我实在忍受不了，头脑快要爆炸似的，比受什么罪都苦呵！所有到会的人，不仅见面不打招呼，不讲一句话，都是以十分敌对的眼光望着我，太难受了！"

折磨罗瑞卿的不仅是与会者对他的敌视的态度，更厉害的是一篇一篇犹如刺他的心一样的发言。什么"野心家""阴谋家""伪君子""农奴主""定时炸弹""帝国主义、现代修正主义和各国反动派的应声虫""地富反坏右的代理人"，如此等等大得可怕、令人毛骨悚然的帽子一顶顶往罗瑞卿头上扣……它对罗瑞卿的灵魂的折磨所造成的痛苦有时更甚于皮肉受苦。一个人肉体受蹂躏，尚可用其精神力量来支持其人格，但若精神被摧残，却足可以使其痛不欲生。

在批斗罗瑞卿的积极分子中，吴法宪占有一个突出的位置。

"九一三"事件以后，他交代说：

> 1966年3月在小型批判会上批判罗瑞卿同志时，林彪、叶群写给我恶毒地诬蔑罗瑞卿同志的四条，我记得的大意是：罗瑞卿到上海看刘亚楼的病，罗要刘亚楼去劝林彪："身体不好，应该退休让别人干，林彪可以养病，把军委的日常工作交给其他军委副主席。"其余我实在回忆不起来，要我和×××两人在会上发言。我还诬蔑罗瑞卿同志说：跑遍全国到处看地形，为了自己将来指挥队伍，等等，这些都写在发言稿上。我和×××发言后，有人认为我们放了一个"原子弹"。

吴法宪这颗"原子弹"一放，罗瑞卿再严酷地责备自己搞比武，反对突出政治，不尊重一些老帅，骄傲自满，爱揽事，如此等等，都无济于事了。他3月12日就上述问题作了长篇检讨后，会议上的几个积极分子说，这些都是"小鬼"。他们要求罗瑞卿把篡党篡军这个"大鬼"亮出来。会议要求罗瑞卿重新检讨。

罗瑞卿回忆当时的情况说：

> 以后又听了两天发言，发言稿都是当场发，牵涉的问题，所举的材料不少，但我手中又无材料，实在听不下去，但又无法申辩。要我作第二次检讨，我感到检讨实在写不出来。我写一个正式报告给七人小组，请求会议发言结束后，停开若干天，给我写检讨的时间。很快就给我一个书面答复，说不行。并说会议一定要在两个礼拜左右结束，要我一边听会，一边准备检讨提纲。晚上在家里还可准备，等等。可是，这我哪能办到？真是忧心如焚，不知如何是好。

3月的北京，经常刮大风，一刮起来，风沙漫天，天昏地暗，从外面往室内看，连日光灯的灯光都变蓝了。

3月18日，虽然没有刮风，但天是阴沉沉的。上午刚吃完早饭，会议打电话通知罗瑞卿说：今天会不开了。难道会有什么转机？罗瑞卿苦笑着摇摇头。战时，打完一仗就要进行休整。休整完了，还要再打仗。会议停开，无非一种休整。下一次开会还不知道有什么样的羞辱会降临他的身上。

4个月来，罗瑞卿的脊背上已经承受了太大压力了，随时都可能倒下，他尽力支撑着。此时，种种屈辱、冤枉统统涌上心头，他有口难辩，感到已陷入无可名状的痛苦深渊，他突然想到了死，想求得永久的解脱。

此时，郝治平正在室内陪伴他。她手边有一本小说，她想让罗转移转移注意力，松松心，便对罗说："现在有一本小说，我看还不错。"罗便说："你觉得好，你就去看吧，我要一个人坐在这里想一想。"他托词要郝治平拿着书到另一个房间去以后，在一张纸条上写道：

> 治平：
> 　　会议的事没告诉你，为了要守纪律……
> 　　永别了，要叫孩子们永远听党的话，听毛主席的话！
> 　　我们的党永远是光荣的、正确的、伟大的，你要继续改造自己！永远革命！

此时，罗瑞卿尽管受到林彪致命的精神折磨，但对党、对毛泽东仍然保持着坚定的信念。

罗瑞卿写完字条，便到公务员房中取安眠药，尚未将药片从药瓶中倒出，公务员回来看到了，他又把药瓶放回原处。他想，公务员要是反映上去，更不得了。于是又回去。此时郝治平还在看书，他深情地看了她一眼，说一句"你在这里好好看书吧"，便走进卧室，脱去外衣，换了一身洁净的睡衣，然后轻轻地走上了通往这座三层楼的顶层的楼梯。顶楼是储藏室，很少有人来，到处都积满了灰尘，有一扇窗户通往顶楼的平台，他推开小窗，高大的身躯费力地钻了过去……

对于这惨痛的一幕，他的女儿点点在事过21年以后写道：

> 　　21年前的这一幕，至今使我想起来就热泪盈盈。21年前重压在你心头的惨烈的痛苦，至今使我不堪回顾。这是我心灵中一个永远不堪触抚的伤痛。死亡本身就是阴冷的。这种追求死亡的特殊方式更是阴冷可怕和不自然的。自戕，就是骨肉迸裂，就是心灵破碎，就是生命毁灭，就是万念俱灰！在这一点上我不能自欺，更不能欺人。在短短的几年里，有那么多中国人民中的杰出人物都先后走上这条可悲的道路。愿我们每一个人都不要忘记那个毛骨悚然的时代。可悲之处恰恰在于，在灾难来临的时候，我们的整个民族都缺乏准备。如果他们（父亲和老舍先生）当年果真有那么冷静的分析的话，他们就绝不会去死。以他们对生的热爱来说，死亡，尤其是自戕，是最残酷的苦刑。

对点点这段话的最后部分，还可以做一点补充，党政军高级干部和文化界知名人士自杀，大部分都集中在1966年。继罗瑞卿之后，邓拓死于5月18日，田家英死于5月23日，老舍死于8月23日，傅雷夫妇双双死于9月3日，周小舟死于12月25日。

为什么时间如此集中？这是因为"文革"风暴来势之凶猛大大超出人们的意料。

他们在这场风暴无休无止的摧残下,蒙受了从未承受过的奇耻大辱,因而选择了自戕之路。设若他们当时已看清了"文革"的本质,看清了晚年的毛泽东正在犯着错误,这一系列悲剧或许不会发生。

四、第三次的大难不死

罗瑞卿从三楼纵身跳下,然而,他没有死。这是他一生中的第三次大难不死。

这要归因于他健壮的体魄。但是,他的双脚跟骨粉碎性骨折,其中左脚更加严重。本来他是可以长寿的,由于他不幸致残,在"文革"中长期受到非人道的残酷迫害,使他艰难地度过12年后,过早地结束了人生的旅程。

罗瑞卿出事后已昏迷不醒,救护车立即将他送到北京医院。五内俱焚的郝治平跟着到了医院,在楼梯上碰到正下楼的汪东兴。汪叫住郝治平对她说:"中央让我告诉你,中央和毛主席是爱护你的,是保护你的,关心你的。这几条对罗瑞卿同志也适用,请你转告他。"汪东兴还叫郝治平早点回家,他有事要说。郝治平到病房时,罗瑞卿仍昏迷不醒。郝治平等他苏醒过来,便把汪东兴的话转告给他。但罗瑞卿听了却面无表情,他只是对郝治平说,在家里办公桌的抽屉里有给郝的东西。下午3点多郝治平回家,汪东兴已在等候,他又把在医院说的那三句话重复了一遍。郝治平等汪走后便找抽屉里的东西,但没有找到。秘书们商量了一下,便把罗写的绝笔书让郝看了一遍。

罗瑞卿出事对郝治平的打击同样是摧毁性的。她没有一个人可以商量,也没有一个人可以听她倾诉。她不仅要把这一切由她独自默默地承担起来,还要设法去安慰罗瑞卿。所幸的是当时尚可去医院看望罗瑞卿。但病房外已经有人"站岗"了。4月3日,郝治平摘了两支丁香花和两朵海棠花,悄悄放在衣袋里。进了病房,她把花默默地放在罗瑞卿手上。罗瑞卿眼睛湿润了,激动地对她说:"啊,你还记得啊!"

这一天,是他们结婚25周年,按西方的习俗,叫作"银婚"。

罗瑞卿的双脚跟骨骨折,他的问题随之升级,叫作"自绝于党自绝于人民",似乎到了万劫不复的境地。此时,整个国家已处于"文

1961年,罗瑞卿与夫人郝治平在北京家中。

革"即将来临"山雨欲来风满楼"的形势之中。后来,1967年1月15日,陈伯达说:"这回尖锐的阶级斗争首先就是从军队开始的,从反对罗瑞卿开始的。"这一说法并不完全准确,但它却道出了林彪、江青对整罗瑞卿的重视程度。

罗瑞卿在医院住了9个月。9个月来,他的右脚跟骨愈合,但左脚骨骨折的伤口却总是不愈合,他在政治上的境遇也每况愈下。他住院后京西宾馆会议仍然接着开,面对面又改为背靠背。从3月22日起,会议增加到53人,包括党中央、国务院有关部委和中共各中央局负责人。会议4月8日结束,并于4月底向中共中央写了《关于罗瑞卿同志错误问题的报告》。5月16日,中共中央在发出发动"文化大革命"《五一六通知》的同时,向全党批转了上述报告,说罗瑞卿的错误"是用资产阶级军事路线反对无产阶级军事路线的错误,是用修正主义反对马克思列宁主义、毛泽东思想的错误,是反对党中央、反对毛主席、反对林彪同志的错误。是资产阶级个人主义野心家篡军反党的错误"①。这时,在中共中央政治局扩大会议上已经把罗瑞卿和彭真、陆定一、杨尚昆联系在一起,进行错误的批判。5月18日,林彪在政治局扩大会议上作了耸人听闻的关于政变的讲话后,彭、罗、陆、杨便升级为"反党集团"。

5月28日,中央文革小组成立,31日,经毛泽东批准,陈伯达率工作组夺了《人民日报》社的权,6月1日,《人民日报》发表社论《横扫一切牛鬼蛇神》,4日,中共中央决定改组北京市委。

这一连串事件终于把"文革"的风暴刮向四面八方。6月底,中直机关召开声讨"彭、罗、陆、杨四大家族"大会。罗瑞卿在医院不能到场,会议组织者便把郝治平拉到会场上。会后,又逼她写检讨、揭发罗瑞卿,并勒令她限期交卷。

此前,郝治平还可去医院看望罗瑞卿,这时,不让探视了。她找出一尊福建同志赠送的毛主席的托盘漆像,用一条红色手绢精心包扎起来,再包上一层红纸,外面用红缎子结了一朵花,托人送到医院。罗瑞卿得到慰藉,他把毛主席像放在床头柜上。那条手绢则一直带在身上,挨批斗、坐班房,解除监护,重新出任军委秘书长直到出国治病、逝世,这一条手绢一直放在他贴身的口袋里。

1966年12月,随着错误地批判刘(少奇)邓(小平)的所谓"资产阶级反动路线",错误地批判陶铸,掀起了揪斗党的高级干部的恶浪。12月20日深夜,在林彪、江青一伙的唆使下,一群红卫兵闯进北京医院,不顾罗瑞卿的抗议,把他推倒,用被子一裹,抬下楼塞进汽车,然后把他劫持到一个地方的地下室。同时郝治平也被从家中劫走。12月21日,罗瑞卿被送到军事博物馆西北方向的罗道庄警卫二师一所院内关押。12月24日,在工人体育馆召开了批判所谓罗瑞卿篡军反党集团大会,陪斗的除郝治平外,还有萧向荣、梁必业、王尚荣、陈鹤桥、史进前。这次大会表面上是戴红袖章的红卫兵在张罗,而实际上却是叶群在操纵。这一天,叶群亲临会场,她也是一身红卫兵打扮,所不同的是为了掩人耳目,比别人多了一个大口罩。随后,便是三天一小斗,五天一大斗,直到1967年3月底。高潮是3月4日至5日在工人体育馆

---

① 1980年5月20日,中共中央发出《关于为罗瑞卿同志平反的通知》,决定:"撤销1966年5月16日《中央批转中央工作小组关于罗瑞卿同志错误问题的报告》(即中发(66)268号文件及附件)。有关对罗瑞卿同志诬蔑不实之词的材料,一律按规定处理;因罗瑞卿同志问题受株连的同志,也应予以平反,恢复名誉。"

召开的，有3万多人参加的"誓死保卫毛主席、斗争彭罗陆杨反革命修正主义集团大会"。除彭真、罗瑞卿、陆定一、杨尚昆外，有数十人陪斗。

这些批斗会，一个比一个狂热，一个比一个残酷。被斗者脖子上都挂了沉重的木牌，上面写上本人的名字再打上红叉。有的字还倒过来写。每名被斗者左右各站一名横眉竖眼的造反派。他们一手架着被斗者的胳膊，一手按着被斗者的脖子，迫使被斗者低头弯腰，这就是"文革"中鼎鼎大名的"喷气式"。在批斗时经常是拳脚交加。罗瑞卿左脚未愈，无法自己走上台。造反派便把他放在筐里，连拖带抬地把他弄上台，他的残肢就戳在筐外。身过处是斑斑血迹。

对于这一残暴的斗争会，郝治平回忆道：

> 开会时，我们都在台上站成一排，脖子上挂着大牌子，会场上又喊，又骂，又拳打，又脚踢。还有人上去打瑞卿的耳光，瑞卿问他们为什么打人，就打得越凶。让我们低着头，跪着，弯腰，还揪着后脖领子。我穿着一件中式棉袄，领子扣得很紧，再一揪，简直喘不上气。看我要不行了，他们才松了手。红卫兵们穿着大皮鞋，尽管我穿着棉裤，腿上还是踢了好多青紫块，有些地方踢破了。一些人跑上来照相、照电影时，我低着头，就是不让照。我真恨不得地上裂开一道缝让我钻进去。他们就拼命扯我的头发。这时候，我忽然听到瑞卿在我的身边说："抬起头来，让他们照！"听到这个话，我觉得很受鼓舞，心想，我也没有罪，怕什么？我就抬起头来了。这时候，又听到一个红卫兵对瑞卿说："你还有什么了不起的！"瑞卿说："你们要照就照吧！"我抬起头来看他。他被用一个大筐抬着，旁边是一片片血迹。这是从左脚的伤口里流出来的。天啊！这是什么世道！

如此惨无人道地对待被斗者，这不仅是对他们个人的侮辱，而且是对我们党和我们国家的亵渎。

读这样的文字，人们的心情是沉重的，但是我们还是引用在这里。古语说：前事不忘，后事之师。为了在今后不让这类野蛮的事件重演，应当让子子孙孙记住在我们的历史上曾经有如此阴暗的时刻。

在这一段时间内，罗瑞卿被关押在罗道庄警卫二师。这种关押当时称为"监护"，其含义大致是既监管又看护，但实际待遇同犯人差不多。与罗瑞卿一起被关押在这所院内的有彭德怀、彭真、谭政、刘仁、万里、赵凡、冯基平、王尚荣、徐冰、班禅等人。他们被关押在东、北、西三座平房内，罗瑞卿和彭德怀、谭政、郑天翔等被关在东屋。他们每人一间斗室，斗室与斗室两门相对，中间是走廊，走廊上设有哨兵。每个哨兵看两个"犯人"。斗室内一木床、一桌、一凳。对院子的窗户糊上纸。对走廊的门上的玻璃也糊上纸。门上设一手掌大的方孔，上挂以擦枪布或蒸笼布做的帘子。哨兵每分钟要掀开帘子看看室内情况，并对"犯人"表现做出记录。晚上睡觉时，"犯人"脸要朝门睡，通宵都点着灯。有时犯人睡着了一翻身，脸背着门，哨兵便大喊"头！头！"直到"犯人"醒过来再把脸对着门为止。

罗瑞卿和郑天翔的斗室正好相对。郑天翔1990年7月8日回忆道:"我和瑞卿同志居住之屋两门相对而开,睡觉时相向而卧,中间有一个解放军战士看守,可以相望,不准相谈。屡见瑞卿同志脚疼难忍。那个单位本有卫生员,但未见给瑞卿同志换药。瑞卿同志只能要点热水自己洗一洗。"

1967年1月,根据中共中央1966年5月25日的决定,成立了罗瑞卿专案小组,归中央专案审查小组第一办公室领导。一开始专案小组主要是对罗瑞卿的"罪行"进行整理、调查,是否面对面进行审讯尚未确定。1967年4月,罗瑞卿伤口越来越恶化,不仅原有伤口未愈,而且在它附近又长出几个脓包,很快成为新的伤口。已经封口的老伤口又重新溃破流脓。医院的人说:"要么带着伤口过下去,经常换换药;要么把脚跟骨拿掉,那就一定可以封闭伤口。"罗瑞卿只得同意拿掉跟骨。于是,他又住院,进行跟骨病灶清除手术。手术进行了两次,把左脚跟骨全部清除。但是到5月27日,邱会作又以总后勤部党委名义写报告,"强烈要求在总后组织一次斗争篡军反党分子罗瑞卿大会",6月8日,邱会作又亲笔写报告,提出大会在13至15日进行。为了开这个批斗会,在邱会作一伙授意下,竟然提前为罗瑞卿拆线!拆线时,伤口看上去已愈合,但第二天又裂开了。跟骨已去,伤口依旧,并发展成为慢性骨髓炎。在4月至9月,他住院期间,曾31次被拉出去在大会上批斗。1967年7月31日,报纸对他公开点名批判,专案组开始对他进行面对面的"审讯"。审讯地点在八里庄附近一个院子里,审讯人共三人,审讯地点是一座大仓库的一角。当罗瑞卿由战士带到审讯处时,主审者即向罗瑞卿宣布:"现在开始审讯反革命修正主义分子罗瑞卿。"罗瑞卿面对这一阵势,非常愤慨地说:"哦,想不到你们用这种方法来对待我!"

1967年9月11日,罗瑞卿又被从医院押出去连续几天批斗。晚上住处蚊子奇多,但不让挂蚊帐。罗瑞卿几天睡不了觉。9月14日,他回医院后,患重感冒,发高烧。夜间他起来解手时因头晕脚软,而又无人过问,重重地摔了一跤。第二天医生给草草检查了一下,说是没有伤着骨头,只给予热敷。几天后热敷无效,罗瑞卿左腿剧痛不止,便向医生申诉。在"医疗为政治服务"的氛围下,医生对罗瑞卿的申诉未予置理。9月16日,专案组命令他出院,而此时他的左腿除原有脚伤未愈外,这次摔跤又导致左股骨颈骨折。出院后,在监护地,他因剧痛,睡觉时不能左侧卧,也不能仰卧,只能勉强向右侧躺,一夜不能翻身。罗瑞卿自己花钱请看守买了一个热水袋做热敷,皮肤都烫黑了,仍不见好转;吃四环素,也无效。左腿日趋肿大。于是,把罗瑞卿送到监护地附近一家医院拍X光片子,这才发现了左股骨颈骨折。

11月20日,专案组不得不同意罗瑞卿再次住进301医院。一检查,确是左股骨颈骨折。检查时两个医生发生争论。一个认为上次检查可能马虎了,另一个说上次确实未发现。但对于罗瑞卿这样的"黑帮"来说,出现误诊在当时并不当一回事。

医生为避免接骨开刀,决定采用牵引治疗,即将罗瑞卿放在一张特制的床上,把腿牵起来,吊一块几公斤重的铁砣,其重量逐渐加大。医生说要牵引10个星期再看是否要开刀接骨。然而只牵引了一个星期又把罗拉出去批斗。随后便或者是一面牵引、一面审讯;或者是停止牵引、拉出去批斗。到1968年2月11日,又要把罗瑞卿赶出医院。罗瑞卿说:"左股骨颈骨折尚未治疗。"回答是:以后再说。随后给罗瑞卿一包灰锰氧，让他洗脚的伤口。

本来，股骨颈骨折，只要治疗及时，是完全可以治愈的。但是由于不能容忍的故意拖延，罗瑞卿的左腿从此失去支撑，导致肌肉萎缩。

1967年10月专案组进行第一次改组，1968年5月专案组进行第二次改组，专案组由一办改归二办（主任黄永胜，副主任吴法宪）。专案组具体工作由吴法宪负责，下设3个分组，即一分组（罗瑞卿专案组），二分组（汪金祥专案组），三分组（保卫江青组）。在组织调整时，吴法宪说："阴谋陷害江青同志的总后台是罗瑞卿。这三个案子实际上是一个案子，三个组合起来。"于是这三个组合在一起，统称罗瑞卿专案组。汪金祥曾当过公安部副部长，将他的专案放在罗瑞卿专案组，尚可说通，但吴法宪为什么要将保卫江青组也放在罗瑞卿专案组呢？这要绕几个弯子，多费点笔墨。1958年上海曾有人写匿名信揭发江青的历史问题，公安部奉命查一查信是何人所写，写信人的目的是什么。于是这个案件即由上海公安局副局长黄赤波负责，案件取名十八号案件。到"文革"中，这又被说成是案套案，是借查匿名信之名而"阴谋陷害江青"。由于经办这些案件的都是公安系统的人，罗瑞卿是公安部部长，是后台，于是"保卫江青"组也被放到了罗瑞卿专案组。

在"文革"变幻莫测的风云中，专案组负责人每更换一次，新上任的为表示自己革命，便说前任右倾，于是便越来越"左"，罗瑞卿的处境便越来越糟。1967年4月3日至9月16日和1967年11月20日至1968年2月11日期间罗瑞卿都在住院，但常被拉出去批斗。为了开批斗大会的"需要"，他的刀口不到拆线时间便给拆线，需要做的左股骨颈牵引术也可以随意停止。结果是伤情日益恶化，诊断为慢性跟骨骨髓炎，股骨头坏死[1]。1968年6月1日，罗瑞卿给中央写报告，提出："……左腿动了几次手术，伤口仍然不好，经常流脓水，又跌断了左腿骨头[2]，请求再治一治，伤口如治不好，则把左腿截掉。"

1968年7月14日，经毛泽东亲自批准，罗瑞卿第三次住院治腿，301医院已做出手术方案，并向中央写了报告。8月3日晚，吴法宪将这一报告带至中央文革碰头会上，会议同意给罗瑞卿做手术。但是，8月4日上午，叶群给吴法宪打电话说："罗瑞卿动手术，一〇一不同意，要推迟进行。他说：对罗瑞卿到现在也没有搞出什么材料，要抓紧审问和斗争，搞出材料后到秋后再动手术。如果手术后不好，什么材料也不能写了。请你立即告诉罗瑞卿专案组，罗瑞卿动手术问题推迟到秋后进行。现在要抓紧审问和斗争，搞出材料来，何时进行手术再定。"吴法宪对叶说："这件事已经中央文革碰头会定了。"叶群说："我负责把一〇一的意见告诉江青、陈伯达、黄永胜，你负责告诉专案组。"于是，按照一心要让罗瑞卿永世不得翻身的林彪一伙毫无人性的授意，专案组在8月7日的报告中写道："目前为了抓紧时间对罗瑞卿进行不间断的审讯和斗争，建议对罗瑞卿的手术治疗推迟到秋凉之后进行。何时进行手术，将另行报告请示。"

---

[1] 据"文革"后复查，罗瑞卿当时的股骨头并未坏死。
[2] 应为左股骨颈。

对这份由叶群授意的报告，叶群批道："拟同意，请江青、永胜、法宪同志批示。"

罗瑞卿手术被推迟后，秉承林彪夫妇和江青的旨意，专案组加紧了对罗瑞卿的审讯，其目的在于把罗瑞卿打成特务。为此，他们从以下三个方面下手：

一、查罗瑞卿的历史，运用无限联系的手法，企图把罗打成特务。罗瑞卿1929年在上海，专案组即想查他这一段是否参加了中统和军统，一了解，中统和军统均成立于1938年，中统的前身国民党中央组织部调查科和军统的前身复兴社及其核心力行社均成立于1930年以后，其时罗已去苏区，因此同罗均联不上。吴法宪等不肯善罢甘休，又将罗瑞卿几次到国统区（包括1938年到武汉，1946年到北平、重庆）的时间定好，然后查在这一段时间内这些地区的一切反动组织，从中统、军统到青帮、红帮，一个一个往罗身上套，看看有没有合身的，其结果自然是白费心机。

二、通过查利用敌人电台，妄图把罗瑞卿打成通敌分子。利用敌人特务和敌人电台使其为自己服务，这本是对敌隐蔽斗争常用的方法。公安部门使用利用电台经过中共中央常委的批准。但中央文革在研究这一问题时，陈伯达竟然装糊涂地说："什么利用电台，我怎么不知道？"吴法宪等发现1962年罗瑞卿建议公安部门利用敌台给国民党保密局长叶翔之打电报，落款是"知名不具"，便说这是给叶说的暗语。由于利用敌台曾经中央和毛泽东批准，查来查去也就不了了之。专案组还从公安部的档案中查出，罗瑞卿曾批准释放一名认罪的特务，运用他对付敌人。叶群知道后，如获至宝。8月中旬，她对吴法宪等说："一〇一说，这一下抓住罗瑞卿这个罪大恶极的反革命分子的主要罪状了。专案组要狠狠抓住这个罪状对罗瑞卿进行审讯和斗争。要注意罗瑞卿十分狡猾，几年来一直不认错，没有交代出什么材料。过去专案组斗争和审问不力，现在抓住罗瑞卿放纵×××的材料，要穷追狠审，搞出材料来。"8月20日，黄永胜、吴法宪给叶群写信说："罗瑞卿这个罪大恶极的反革命分子，十分狡猾，可恶至极。他对旧北京市公安局放纵特务×××问题，承认事实，但是把责任推之于客观和别人，而且对刘仁、彭真、刘少奇等大反革命分子也不揭发，还在包庇，为其打掩护。但不管罗瑞卿如何狡猾，但总算承认了一点事实。此件可否影印呈阅，请你阅示。"但是，利用已认罪的特务为我们服务，这是公安、安全部门常用的方法，不管黄永胜、吴法宪给罗瑞卿扣多大的帽子，采用什么逼供手段，这件事仍然是查不出什么名堂。

三、贯彻江青提出的方法，即让"犯人"写自传，写好就上交，接着再让写。然后把几遍写的自传拿来对照，从中找出前后矛盾之处，作为突破口。

罗瑞卿对待审讯的态度是实事求是，有啥说啥，而对那些专门从鸡蛋中挑骨头的提问，他都据理驳斥，常使审讯者哑口无言，下不来台，因而被说成"态度不好"。审讯人员中也有颇具正义感的人，他们对吴法宪这一伙的做法表示了怀疑，结果便被说成"右倾"，撵出了专案组。

对罗瑞卿的审讯闹腾到1968年底，毫无所获。1969年1月25日，301医院给罗瑞卿做截肢手术，罗瑞卿左小腿被截去三分之一，3月2日再次动手术，摘除了并未坏死的股骨头。1969年6月6日，罗瑞卿被转移到空军司令部以南什坊院院东屋内"监护"，这个地方对待"犯人"仍然很粗暴。据郑天翔回忆：

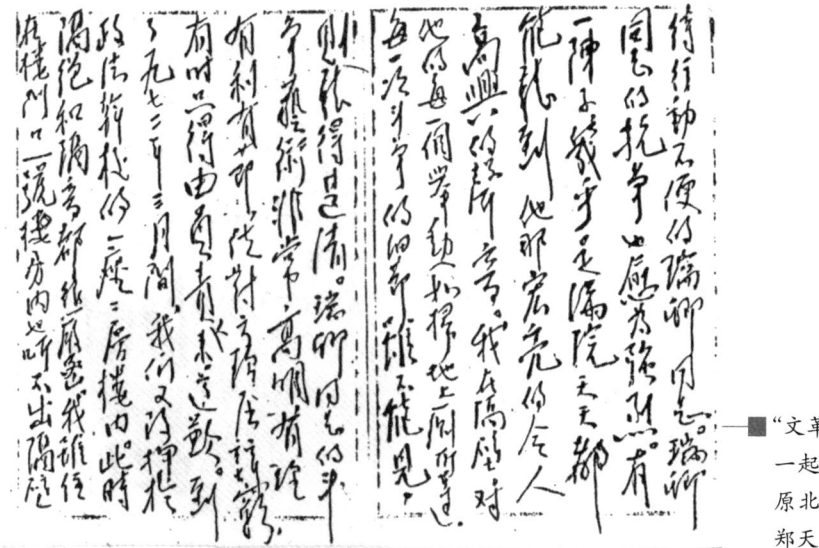

■ "文革"中与罗瑞卿一起被"监护"的原北京市委副书记郑天翔写的回忆。

此时所押之人完全隔绝,不能相见。但从说话声中我知道我的右隔壁住的就是瑞卿同志。这两间房子原是相通的,中间门上的玻璃用旧报纸糊得严严实实,但毕竟不能把声音完全隔绝。从这年起,看管态度十分粗暴,瑞卿同志抗争之声我天天听到,听得清清楚楚。也曾听到彭德怀同志大声斥责之声,他是被关在东屋的另一个房间。

在什坊院的抗争表面上看是因为他受到的虐待和折磨,实质上是对"文革"中"左"的一套的抗议。看守罗瑞卿等人的指战员中有些人在当时历史的条件下,受"左"的思想的蒙蔽,感情被扭曲,误把这些被关押的老同志当"黑帮",从而同这些老同志发生了冲突。那时,"犯人"在室内打蚊子要"报告",上厕所也要喊"报告",经哨兵允许方可打、方可去。罗瑞卿因行动不便,室内有一个小卫生间,但他上厕所也要"报告",有些看守听了"报告"故意刁难,不予应允,罗瑞卿在说了"憋不住了"以后,看守仍然让"等一等"。在不能忍受的情况下罗瑞卿便提出了抗议。"犯人"被允许自费订阅一份《人民日报》。有一个看守收到罗瑞卿的报纸后自己先看,看完才给罗看。有时故意慢慢地看,就是不把报纸交给罗。有一次,看守看完了报仍不交给罗。罗瑞卿便对他说:

"报纸你看完了,该给我看了吧?"

看守:"你反革命,还看什么报纸?"

"我反革命?我干革命时,你还没有落地呢!"

"你摆什么老资格?"

罗瑞卿企图说服他:"报上有毛主席的指示,你为什么不让我学习?"

看守:"那是我们的毛主席,你也配喊毛主席?"

罗瑞卿有点生气了:"我订的报纸,你先看也可以,为什么你看完了还不给我看?"

看守:"你是反革命!"

罗勃然大怒:"岂有此理,我抗议,我要告诉你们的上级!"罗瑞卿尽管很生气,但十分注意用词,绝不让人抓住把柄。

那看守下岗时,才将报纸交给罗瑞卿,同时还说:"今天就这样,明天再收拾你!"

第二天那看守来时,罗瑞卿对他说:"昨天你说收拾我,怎么收拾?"两人又吵起来。干部听到争吵过来问清情况,向罗瑞卿表示道歉,这才平静下来。

类似这样的争吵次数很多。有时争吵完了,罗瑞卿又感到后悔地自言自语:"唉,我和一个孩子有什么可吵的?"

在什坊院,罗瑞卿奉专案组之命写自传,并于1970年8月写完。他在自传的最后写道:

> 从1966年12月20日深夜到现在,这三年多来我的经历就是:挨斗、受审、坐班房、写材料。在这些方面我当然是很痛苦的,有许多冤屈!一切人世间的侮辱我都受过了,受够了!

但是,他仍然坚定地表示:"只要我一息尚存,我总要作一个马克思主义、列宁主义、毛泽东思想的拥护者……"处于当时批判他,已将他排除于党和人民之外的状况,他接着说:"作一个党外的、甚至是排除在人民群众以外的拥护者,作一个思想上的拥护者!"何以不行动?因为当时他没有人身自由,已无法付诸行动。一些受了林彪一伙欺骗而视他为敌的人认为他这样说"不合逻辑",他针对这种误解写道:"是的,也许看来是不合逻辑的,但历史将证明它是真话,而不是假话。"

第十六章 光辉的晚年

一、八年后，毛泽东终于说话了，
他才获得解放

就在罗瑞卿悲愤地撰写自传时，外面的世界正悄悄地变化。1970年8月，中共中央召开九届二中全会。林彪、陈伯达一伙通过称天才和坚持设国家主席，暴露了林彪想抢班夺权的野心。毛泽东发表《我的一点意见》，揭露了陈伯达，随后在同斯诺谈话时，不指名地批评了林彪的"四个伟大"，批评了林彪一伙说假话和虐待俘虏。此时，林彪一伙已经慌了手脚，正忙于铤而走险，发动反革命武装政变，已经顾不上罗瑞卿了。但那些专案组和看守却率由旧章，仍在那里用法西斯的办法迫害这些冤屈的"犯人"。对于这一切，罗瑞卿已经适应了。但是，在狱中何时是个头呢？如何度过这日日夜夜呢？他决心利用狱中的时间，认真读书。他读了毛泽东圈的那30本马列著作，并认真做了笔记。

"九一三"事件后，林彪的名字逐渐从报纸上消失了，但看守人员对"犯人"态度仍不见好。据郑天翔回忆："林彪自我爆炸后有个时期，报上还没有登（我们被准许订阅《人民日报》），但是有政治经验的人从报纸上的若干迹象已可以判断出了事故，而那些看守们，大概还没有听到传达，依然极其粗暴地对待那些'犯人'，尤其粗野地对待行动不便的罗瑞卿同志。瑞卿同志的抗争也愈为强烈，有一阵子几乎是满院天天都能听到他那洪亮的令人高兴的声音。"

这时，罗瑞卿尽管还不知道林彪已机毁人亡，但他从每天都要读的《人民日报》的字里行间已敏锐地觉察到，林彪完蛋了。他以前一直弄不明白林彪为什么要这么凶残地整他，在"文革"初期甚至认为这或许只是一场误会。现在，一切都豁然开朗。1972年1月5日，他被转移到木樨地附近的政法干校继续"监护"。此时生活条件已有改善。他在政法干校对同林彪交往作了认真的回忆，并在1972年上半年开始写揭发林彪的材料。这时，监护当局通知他，可以同家人会面。他抑制了想看看苦苦思念的妻子和孩子们的愿望，决心首先清算林彪，等把材料写完再会见家人。6月15日，他写完揭发林彪反革命罪行的部分，8月1日，在建军45周年之际，他又写完揭发林彪历史上的罪行的材料，共13万字。随后，他住进北京医院。分别已有6年的孩子们来到了他的病床前，最小的了了1966年时才12岁，现在已成为19岁的小伙子了。当了了走进病房时，罗瑞卿面对着这个一米八的男子汉，已经不认识了，他愣愣地看着了了，直到了了说："爸爸，我是了了啊！"他才恍然大悟。1973年11月20日，毛泽东批示，解除对罗瑞卿的监护，7年来，罗瑞卿终于可以关上门，关上灯睡觉了。12月21日，毛泽东在接见参加中央军委会议的同志时说，我是听了林彪一面之词，所以犯了错误。小平讲，在上海的时候，对罗瑞卿搞突然袭击，他不满意。我赞成他。也是听了林彪的话，整了罗瑞卿。有几次听一面之词，就是不好呢，向同志们做点自我批评。Self-Criticism，自我批评。

到此时为止，郝治平仍被关在秦城监狱。她是1968年2月29日被抓，先是关在一所二层楼内，这座楼房的墙壁上还有第几第几班的字样，可能刚刚住过到北京来接受毛泽东检阅的红卫兵。一个多月以后，也正是吴法宪接管罗瑞卿专案组的时候，在一次审查被监护人员名单时，对郝治平，专案组意见是继续进行"监护"，口含天宪的吴法宪手一挥，说："逮捕！"于是，郝治平便被转移到模范监狱。这所监狱以模范为名，实在是名不符实。据说在新中国成立前是关死刑犯的，都是单人房，每间长不足2米，宽只有1米，没有窗户，睡的木板，每日两餐，每餐是两个窝窝头或是可以捡出一些耗子屎、砂石或草棍的米饭，菜则是水煮烂白菜帮或是糠萝卜。大小便都在室内放置的一个桶内，每天让"犯人"倒桶一次，要跑步去，倒完就得回来，连刷洗一下都不允许。又一个月以后，郝治平又被迁至秦城监狱。这里居住条件稍好一些，吃的仍然很糟。在生活上，郝治平要比罗瑞卿吃了更多的苦。她在狱中除受审讯，让写没完没了的交代材料外，不准看书，不准看报，不给放风，更不能唱歌。有一次郝治平唱起了《红梅赞》，被罚一天内拆洗5床棉被。没有桌椅，就在地下缝。干一天下来，汗流浃背，腿都肿了。她在狱中度日如年，不知何日是个头，真感到生还不如死，但是1969年初春，她偶然从门洞往外看，门洞外隔着走廊是铁窗，铁窗外是架设了铁丝网的高墙，墙外有一株红杏已经开花。她不知道这一天是几号，不过杏花开了，离4月3日也就不远了。她想到他已过花甲之年，双脚致残，在这狂风恶浪之中，但愿他能活下来，直到重逢。她还想到，花儿还在开，鸟儿还在飞，地球还在转，物极必反。这一念头鼓舞她要坚持下去，倒要看看那些人会有什么样的下场，倒要看看辩证法还灵不灵。

"九一三"事件后，郝治平狱中的待遇也有所改善。但她又得了癌症。她被蒙上眼睛，戴上手铐，送到复兴医院。医院的钱医生认识她，也很同情她，给她做了手术。

在"文革"期间，罗瑞卿夫妇的孩子除次子罗宇也被投进监狱外，已星散于四面八方。长子罗小青从国防科委被开除军籍后回原籍四川省南充市当工人。学高分子化学的女儿罗峪田从七机部调到内蒙古化肥厂当工人，她正谈恋爱时，罗瑞卿开始挨整。她向男朋友邓佑生提出终止他们的关系。她的男朋友相信自己的眼睛，不相信泼在罗家的那么多污水。后来他们冲破阻挠而结了婚，在哲里木盟造纸厂和化肥厂当工人。女儿罗玉书在哈尔滨橡胶厂当工人。朵朵和点点在延安插队。了了在黑龙江省扶余县插队。

■ 1974年1月，罗瑞卿被解除"监护"后，与郝治平在医院。

罗瑞卿被解除监护前后都曾提出，要求释放郝治平。1974年1月5日，郝治平出狱。8日，她到医院去看望罗瑞卿。医院怕罗瑞卿夫妇过于激动，已经给准备了救急的氧气等。到了这时郝治平才知道，由于林彪一伙的故意拖延，使罗瑞卿的腿伤迟迟得不到治疗，直到1969年因左小腿已无法保存才不得不做了截肢手术，并被摘掉了股骨头。她强忍悲痛，抚摸着罗瑞卿的残肢说："少一条腿没有关系。只要心脏还在跳动，就可以为党工作。"但是，为了怕罗瑞卿难过，她并没有把自己的病情告诉罗瑞卿。这时，她也知道了自己的父母已在"文革"中被迫害致死，她的7个孩子也曾流落四方。经历过了大悲痛，如今阖家团聚了。"相对如梦寐，感叹亦歔欷"。杜甫这些诗句已不足以描绘当时他们经历了离乱之后的悲喜交集的心情。

几天后，郝治平等接罗瑞卿回暂时安置在广安门招待所的"家"。罗瑞卿建议先去天安门广场。当汽车开到广场时，他要下车。郝治平劝他不要下车。他便让司机开慢一点。当车开到天安门正中毛主席像下时，罗瑞卿伸出右手，恭恭敬敬向毛主席像行了一个军礼，直到看不到毛主席像了，才把手放下。他的双眼闪烁着晶莹的泪花。在挨斗、坐班房的日日夜夜，他始终坚信，毛泽东会说话的。8年后毛泽东终于说话了，他才获得解放。他这个老卫士对自己的领袖仍然是无怨无悔、忠心耿耿。

1974年，经曾在福建请老中医林如高治过腿的张爱萍介绍和帮助，罗瑞卿也来到福建治腿，住在福州汤井巷一号省委机关大院。此时，"四人帮"正在发动"批林批孔"，把矛头指向周恩来，妄图"组阁"。"四人帮"的倒行逆施引起广大群众的强烈不满。这一期间，罗瑞卿常同福建省和福州军区的领导人皮定均、李志民、廖志高等议论"四人帮"，他们都痛恨"四人帮"祸国殃民的罪行，而为党和国家的前途、命运担忧。罗瑞卿也曾写信给原总参政治部副主任李文一，讲述了自己对党和国家命运的忧虑。李文一将罗瑞卿的信给原解放军艺术学院院长魏传统看，魏传统既为他对党和国家的赤胆忠心而感动，也担心他长此以往会影响治疗，便写了一首诗："疗疾先疗心，乐天看风云。鼓山春意浓，不负东南行。"希望他去福州东郊清幽的鼓山看看，来排遣抑郁的心情。

1975年1月,在毛泽东提议下,邓小平主持中共中央工作,着手对被"文革"搞乱了的方方面面进行整顿,但"四人帮"仍在进行破坏、捣乱,罗瑞卿的心情是喜中有忧。在魏传统的赠诗的引发下,他也开始写诗。4月初,他给魏传统去信,告诉他已去鼓山春游,并随信附去他的和诗:

> 愿君知我心,何畏遮天云。
> 太阳终归出,一样照人行。

他还写了一首七律:

> 晨曦初露鼓山游,林海洗却万种愁。
> 劲松亭亭齐挺立,硬石垒垒皆昂头。
> 滔滔闽江千帆过,朵朵彩云一目收。
> 风光优美这般好,怎令来客不淹留。

当时"四人帮"仍在祸国殃民,罗瑞卿心中仍然怀着深深的忧虑。他看了鼓山、闽江旖旎风光后,"万种愁"不禁为之一洗。诗言志,罗瑞卿当时犹如挺立的劲松,昂头的硬石,将继续向"四人帮"坚决进行斗争。

4月初,郝治平回北京治病。4月3日,正是罗瑞卿和郝治平结婚34年纪念日,罗瑞卿写了总题为《忆往事书赠治平》的组诗,前面有一段话:

> 去年10月来闽治病,时近半年,初见成效。近日治平因事回京,这里只留我与点儿两人,颇感大有所失。
> 我与治平在抗日战争最艰苦的1941年结婚。"咬紧牙关,度过两年",这是当时伟大领袖毛主席对抗战根据地的党政军民的庄严号召!婚后在太行的岁月,确属艰苦难言的岁月,但也是我们感到十分美满幸福的岁月。这是我们的骄傲,亦足见我们相爱之革命基础及其情真心挚。打倒蒋介石,全国胜利后,我们先后在公安部、军队总参谋部工作达17年之久。
> 1965年12月,林贼因我们坚守主席和党的阵地,拒绝上他们的贼船,竟以突然袭击的卑劣而又奸险的手段对我们横加诬陷,百般折磨,对待我们甚于对敌,致我腿残身病。某些方面,治平所吃的苦头比我还多还大。
> "九一三"林彪事件后,我们重见光明,家人团聚,喜出望外。林贼自我爆炸,我们能见这群逆贼的可耻下场,实为平生最大快事。
> 本年4月3日为我们结婚34周年,时光易逝,好景却长。我们之间时日愈久,相知愈深,感情愈厚!公不离婆,秤不离砣(四川俚语),水乳交融,牢不可破,此之谓也。

在题记之后，罗瑞卿写了三首诗，第一首写他和郝治平由相识到相知、相恋，"三十四年虽往矣，堪幸儿女已成林"。第二首写林彪夫妇对他们的谋害，结果是落个"多行不义必自毙"的下场。第三首是：

> 红花耀眼迎亲人，莺声悦耳喜临门。
> 两两离别如隔岁，朝朝思念似盼星。
> 多年经历诚可贵，八载磨炼更同心。
> 我等虽然遭陷害，历史终能辨假真。

在第一句有一个注："治平从北京归来之日，院内木棉花正在盛开，清晨旭日临窗之际，又有黄莺在窗外高唱枝头，十分悦耳，似有预报喜事临门之兆，故有此句。"

旭日、红花、黄鹂，罗瑞卿饱经人世的风霜后的爱情是何等绚丽！

1975年夏天的一天，皮定均的夫人张峰看到自家院内四季豆长得很茂盛，便将罗瑞卿夫妇请到家里用四季豆做卤吃打卤面，还准备了茅台酒。罗瑞卿不爱喝烈性酒，但喝了几杯黄酒，席间大家都非常高兴。饭后郝治平才告诉皮定均夫妇："今天是5月31日，是他69岁的生日。"张峰拍着手说："啊呀，这么巧！应该早点告诉我们，买个蛋糕庆贺庆贺！"罗瑞卿高兴地说："今天这打卤面就很好嘛！中国人过生日就讲究个吃面条。"罗瑞卿回到住所心情久久未能平静，他回顾自己的一生，写道：

> 少小叛逃封建家，磨难虽多心无瑕。
> 蒋匪屠杀犯众怒，烈士鲜血浇红花。
> 革命一生未虚度，戎马廿年耻矜夸。
> 吾今即令身残老，志在千里岂嗟呀！

在对自己的一生进行反思时，他也严格解剖自己，意识到过去在工作中的弱点。他曾对不少战友和部属说："我这个人过去锋芒太露，批评人不讲究方式，很多人对我有意见，教训是深刻的。"许多人反映，经过"文革"的磨难，罗瑞卿更加成熟了，如果把他比作宝剑，它已经淬了火，不仅有了刚强、锋利的一面，而且有了绕指的柔韧。

1975年8月，罗瑞卿被任命为军委顾问。同时被任命顾问的还有谭政、陈再道、陈士榘。任命顾问，这在我军中是第一次，有的顾问不知道应如何工作。罗瑞卿便说："我们可以搞一点调查研究，比如我就准备研究一下台湾问题。"此时，罗瑞卿离开工作岗位已近10年。毛泽东有一次谈话曾把"文革"中靠边站的老干部称为"桃花源中人"，说他们"不知有汉，无论魏晋"。这10年罗瑞卿并没有待在"有良田、美池、桑竹"的桃花源，而是坐了班房。但对外面的情况确实比较生疏了。为了能尽快工作，他需要补补课。为此，他向福州军区政治部主任冯征提出，希望冯将这10年来的文件送给他翻一翻。于是，他的办公桌上又堆起了成摞的文件资料。他一面看文件，一面治腿。他的治疗日益见效，走的步履日益坚实。

■1975年，罗瑞卿在福建省福州市汤井巷治疗腿疾。

1975年8、9月间，江青、姚文元利用毛泽东一次谈话中对《水浒》的评论，掀起一场"评《水浒》运动"。罗瑞卿立即一针见血地指出："这里面有鬼。评《水浒》的文章，我看是反对周总理和小平同志的。"

当时，由"四人帮"在上海的同伙控制的刊物《学习与批判》，通篇都是极"左"的、把矛头指向邓小平等老一辈无产阶级革命家的谬论，罗瑞卿很厌恶这个刊物，他对郝治平说："这个刊物你不想看，又不能不翻一翻。看又实在看不下去，全是一派混账逻辑。"有一次，他看到《学习与批判》上登了一篇骂中国科学院《汇报提纲》的文章，气得拍着桌子说："科技怎么不是生产力？难道火药的发明、蒸汽机的发明、原子能的发现，没有引起生产力的飞跃发展吗？"罗瑞卿曾找福州军区政治部的同志商量准备写文章予以批驳。

1975年11月，毛泽东因不同意邓小平着手系统地纠正"文革"的错误，而发动了"批邓、反击右倾翻案风"，"四人帮"一时又猖狂起来。罗瑞卿同福建省和福州军区的领导人更加频繁地议论"四人帮"，他们用三点水来作为江青的代号。一天，他将福建省委负责人廖志高、马兴元等请去说："看来斗争还在继续。我们要准备斗争，要经得起考验。省和军区对小平同志指示执行得很坚决，但人家是不会甘心的，你们不能麻痹。"

11月下旬，在中共中央召开的"打招呼会议"传达了毛泽东关于"反击右倾翻案风"的指示后，罗瑞卿仍然对大家说："要坚持下去，要沉得住气，不要动摇。他们——"他边说边用右手食指在左手掌上画了一个三点水，"肯定是短命鬼"。皮定均激动地对他表示："你就在这儿治病，放心地住在这里。如果有什么情况或者发生战争，我们有后方，你可以到闽北后方指挥部去，不管出什么事，你都不要走。将来他们要翻天，即使上山打游击也要跟他们干。你的腿不方便，我们就抬着你，你给我们出出主意就行了。"

1976年1月8日，周恩来逝世。罗瑞卿上一次见到周恩来还是1965年12月间的事。罗瑞卿解除"监护"后，周恩来曾让邓颖超捎话给罗瑞卿，希望他把一切仇恨集中在林彪身上，把一切功劳归于毛主席。罗提出希望见见周恩来。此时周已因患膀胱癌而开刀。经邓颖超联系，周已决定见罗瑞卿并约好了时间，但当时"四人帮"尚在猖狂活动，阻力很大，邓颖超也无能为力。会见又以周的刀口未愈合为由而取消。周恩来托邓颖超问罗瑞卿，家是否已安好，孩子们入学、工作问题是否都已解决。罗瑞卿夫妇当时尚住在广安门招待所，孩子们也分散于各地，但为了不致干扰周恩来的治疗，罗瑞卿夫妇的回答是家已安了，孩子们的问题也都得到解决。后来邓颖超得知罗瑞卿的孩子朵朵仍在延安插队，经周恩来批准，才以照顾年迈父母为由，将朵朵调回北京。罗瑞卿得悉总理逝世后，要求回北京参加葬礼，但有人用种种理由不予批准。经过艰难的斗争，才争取到夜航返京，同总理告别。

2月，由于"四人帮"在福建的代理人鼓动一些人要揪斗福建省委书记廖志高等刚刚恢复工作的老干部，汤井巷一号省委大院成为首要冲击目标。罗瑞卿夫妇在那里也不得安宁，便迁至福州军区招待所———梅峰宾馆。罗瑞卿对"四人帮"的倒行逆施十分愤慨。他在同福州军区领导人谈话时常说："看看老百姓生活这么苦，可这些人还在那儿造什么反！"由于"四人帮"的闹腾，罗瑞卿想研究一下台湾问题的愿望也未能实现。

有一次，皮定均夫人张峰看到台湾报纸刊登了"文革"中揪斗党政军高级干部的一些照片，其中也有罗瑞卿的，便带了几张给罗瑞卿看。罗看了后生气地说："亲者痛、仇者快，我们有些人正在做让仇者高兴的事。"

1976年7月6日，朱德逝世，罗瑞卿决定7日返京。但就在7日中午，皮定均乘飞机失事。连遭丧故，罗瑞卿怆然涕下。他坐在轮椅上让警卫员在走廊上推来推去，两眼挂着泪花，嘴里不住念叨："他死得太可惜了，像他这样的一把手，现在已很难找到了。"他决定改在8号走，随后和郝治平给张峰写了一封唁函说："今天一早我们刚为朱老总离去而痛哭，中午听到这不幸的消息，又痛哭一场。"他们劝张峰珍重节哀。

8月，罗瑞卿又回到福州。

9月9日，毛泽东逝世。罗瑞卿又赶回北京，瞻仰了毛泽东的遗容。自从1965年11月在上海同毛泽东分别以后，罗瑞卿一直未见到毛泽东。罗瑞卿在解除"监护"后曾给毛泽东写了信，但不知毛泽东是否看到了这封信，罗瑞卿未获回音。自从上海一别，如今11年过去，毛泽东已安卧在百花丛中，罗瑞卿不禁痛哭失声。9月18日，将在天安门广场举行毛泽东的追悼大会。但在"四人帮"控制下，竟然不通知他参加。经罗瑞卿坚决要求，才同意到广场去参加追悼会，但只给罗瑞卿、谭政、陈再道这三名顾问派了一台车。陈再道愤慨地说："他妈的，罗瑞卿一个人就得一台车，他、轮椅还有推轮椅的，我们三人怎么去？"谭政比较好说话："没有车，我就不去了。"罗瑞卿立即说："不去怎么行？没有车，我爬也要爬到天安门去。"经过斗争，给他们增派了一台车。下车后他坐着轮椅，由他的儿子罗宇推着，穿过中山公园，将他的轮椅停在广场西北角。谢觉哉的夫人王定国见他待的地方烈日暴晒，太热，便劝他找个荫凉地。他愤慨地说："连这里也不让我来啊！还能坐到哪里去？人家不要我参加追悼会。我对他们讲，你不派车，我自己去。我爬也要爬到天安门去参加毛主席的追悼会。我是斗争来的啊!"①

追悼会开始,罗瑞卿在罗宇扶持下,走下轮椅,拄着双拐,坚持肃立。他泪流满面,泣不成声。无论自己是受了多大的冤屈,他这个老卫士,对共产党、对毛泽东一直是赤胆忠心,九死不悔。他的崇高气节犹如嘉陵江两岸的苍松修竹,历经千磨万击而依然坚韧如初。

二、为了夺回失去的时间,要把七十二岁当二十七岁过

毛泽东逝世后27天,"四人帮"被一举粉碎,"文化大革命"这一场噩梦终于结束。但是,中国前进的脚步仍然十分蹒跚。

1976年10月26日,华国锋在听取中央宣传口负责人的汇报后说:"凡是毛泽东讲过的,点过头的,都不要批评。"1977年1月21日,按照华国锋的授意,写作班子在为华起草的讲话稿中出现了"凡是毛主席作出的决策,我们都必须维护,不能违反,凡是损害毛主席的言行,都必须坚决制止,不能容忍"的提法。1977年2月7日,经当时分管宣传工作的副主席汪东兴决定,华国锋批准发表的社论《学好文件抓住纲》,又将上述观点概括为"凡是毛主席作出的决策,我们都坚决维护,凡是毛主席的指示,我们都始终不渝地遵循",这就是"两个凡是"。

在"两个凡是"禁锢着人们的思想,而罗瑞卿又只担任军委顾问的情况下,他仍然时时不忘揭批林彪和"四人帮",采用写信等方式对一些问题阐明自己的观点,以力求使读者从思想上划清同林彪、"四人帮"的界限,从而拨正军队建设的航向。

当时,"文革"中流行的许多"左"的观点仍然被人们奉为金科玉律。人们痛恨林彪、"四人帮",但思想上又深受其影响,而出现了按照林彪、"四人帮"所传播的观点来批判林彪、"四人帮"的奇特现象。

在这一背景下,1977年1月30日,《解放军报》发表了一篇文章,提到"1964年林彪又策动大比武"。此时罗瑞卿正重访韶山。他看到这份报后,于2月6日,给军报写了一封信,指出:这是"严重地违反历史事实"。那篇文章把射击"打鸡蛋壳"和翻墙头也当作"花架子"批,罗瑞卿提出了异议。他写道:

军训的"打鸡蛋壳""翻墙头"是否毫无实战意义?就是花架子?(花架子一词是林彪授意唐平铸等人制造的。)可以考虑。就我理解,前者是为了练习对隐蔽在战壕内之敌的精确射击,后者同我们现在练兵中还在实行的超越障碍也差不了多少,而且贺龙同志亲自告诉我,他向主席报告当时杨村部队的军事训练的步枪射击时,就曾有"打鸡蛋壳"的项目。现在贺已逝世,还有杨勇同志可以作证。我同杨勇同志陪同周总理、陈毅同志在杨村部队观看时,也得到他们的称赞……

称1964年的军事训练是花架子、练为看不是练为战,等等,就我所知,是叶群、唐平铸等人在林彪指使下攻击当年军事训练制造的整人罪状之一二。他们

---

① 王定国:《斗争到底,革命到底》,《人民日报》1978年8月13日。

的目的何在，现在很清楚了。当年的军事训练当然是有一些缺点甚至错误的。至于"比武"当时的用意是评比，革命竞赛，缺点以至错误可能更多，不过任何群众性的运动也不可能毫无缺点。对此事，毛主席、中央、中央军委有无结论，我不得而知，我当时知道的，（中央、军委的评价）同后来林彪、叶群、唐平铸等人在报纸上故意夸大造谣，喧嚣一时的，企图把人一棍子打死的那些诬蔑宣传恰恰相反，也有杨勇等同志可作证。总之，哪些责任是我的，我决不推卸。但是，是否如林彪、叶群等人有意夸大歪曲，把它说得一团漆黑，毫无是处，甚至公开否定"一分为二"，我看大可考虑，特别今天来看。

《解放军报》社收到此信后，立即停止批评大比武。

1977年3月，罗瑞卿出席了中共中央军委召开的座谈会。在会上，叶剑英提出，全军要紧密联系部队实际，深入揭批"四人帮"，要用马列主义、毛泽东思想，把被"四人帮"颠倒了的路线是非纠正过来，把部队建设好。他提出，要在全军开展"十个应该不应该"①的讨论。随后，《解放军报》组织撰写了10篇文章，在当时最迫切需要同林彪、"四人帮"划清界限的10个问题上肃清林彪、"四人帮"的影响，以保持军队建设的正确方向。

罗瑞卿对这一讨论非常关注。《解放军报》发表的每一篇文章，他都认真阅读。《解放军报》社准备将这十篇文章汇集成小册子出版时，罗瑞卿又从头到尾对这十篇文章做了审改。他还亲自写稿参加讨论。5月31日，他在住院期间写信给《解放军报》社长华楠，提出准备搞两个短篇，题为《林彪全盘否定一九六四年军训是个阴谋》和《戳穿"四人帮"在民兵问题上的鬼把戏》。随后，他同军报帮他记录整理的记者详谈了自己的构思。在记者按他的想法整理成文后，他又精心修改，然后以"本报记者"名义，分别发表于《解放军报》7月9日和6月17日。他还以"一读者"的名义为军报写了《江青破坏学雷锋运动由来已久》。这些文章对深入揭批林彪、"四人帮"起到了指导作用。

在这一期间，他还给许多冤假错案的受害者向中共中央和军委转信，为平反这些案件而引线搭桥。

1977年8月，中共第十一次全国代表大会在北京举行，罗瑞卿当选为中央委员，并被任命为中央军委常委、军委秘书长。

罗瑞卿到任时，军队由于在十年浩劫中遭到林彪、"四人帮"的破坏，问题成堆，百废待兴。当时，"两个凡是"还禁锢着人们的头脑，实事求是作风遭到背弃，说大话、空话、假话盛行，军队的优良传统被破坏，派性猖獗，内耗严重。有些科研项目被迫取消，拉大了武器研制和装备同国外先进水平的差距。机构臃肿，员额膨胀，人浮于

---

① "十个应该不应该"是：应该不应该坚持党对军队的绝对领导，应该不应该坚持无产阶级党性，反对资产阶级派性，应该不应该继承和发扬我党我军的优良传统，应该不应该整顿军队，应该不应该严格遵守革命纪律和规章制度，应该不应该按照接班人"五项条件"搞好老中青三结合，应该不应该强调军队要稳定，应该不应该严格训练，严格要求，应该不应该坚持野战军、地方武装、民兵三结合的武装力量体制，应该不应该搞好战备，准备打仗。

■1977年11月,在广州筹备军委全会。前排左起:邓小平、叶剑英、罗瑞卿。

事。规章制度废弛,纪律松懈,各类事故层出不穷,部队战斗力下降。1975年,邓小平曾将这种状况概括为"肿、散、骄、奢、惰",并提出进行整顿,但在"反击右倾翻案风"中又被冲掉了。

罗瑞卿作为邓小平的助手,一复出便首先抓整顿,并将邓小平所说"军队要整顿,要准备打仗"作为军队各项工作的纲。

当时,受历史条件的局限和"文革"中"左"的错误的影响,十一大仍然在强调以阶级斗争为纲。要用以整顿为纲来取而代之,既要有清醒的认识,更需要无所畏惧的革命精神。

1977年秋季,罗瑞卿负责筹备军委全会,他曾多次对起草文件的工作人员说:"以阶级斗争为纲,这其实是一根打人的棍子。林彪、'四人帮'阶级斗争为纲不离口,就是为了打人。"他在向叶剑英、邓小平请示报告后对《解放军报》社长华楠等说:"军队还是以'军队要整顿,要准备打仗'为纲,把深入揭批林彪、'四人帮'作为当前的首要任务。如果说阶级斗争,这也可以说是阶级斗争的具体表现。有人如果要挑刺也挑不出来。"

"以阶级斗争为纲",这是毛泽东关于"文化大革命"的错误理论的基石。撼动这块基石,是破除"两个凡是",彻底否定"文化大革命"的先声。

从1977年秋天开始,罗瑞卿即围绕整顿,开展了多方面的工作。在思想上,他力主彻底批判林彪、"四人帮"。他大力支持《解放军报》冲破只让提批右不让提批

■ 1977年,到广州筹备军委全会。左起:罗瑞卿、郝治平、韦国清、许世友、向仲华。

"左"的障碍,主张揭露林彪、"四人帮"极左的面目。当他在一份文件中看到提及活跃在"文革"期间的"风派"和"震派"①人物后,他对起草文件的同志说:"我考虑再加一个,叫'溜派',也应该揭露。这种人当年紧跟林彪'四人帮',欠下了不少账,却装得一贯正确,企图溜之大吉。这种人遇到一定的气候条件,又会兴风作浪,也是一种危险人物。"他建议《解放军报》撰写专文揭露这三种人。当他看到这三篇文章后,高兴地说:"这样的文章不仅现在有用,将来也用得着。因为在政治斗争中,过去、现在和将来都会有这种人。必须提高对他们的鉴别力和抵制力,不让他们败坏党的风气,危害党的事业。"1977年8月29日,罗瑞卿在军委座谈会上又说:"在调整领导班子时,要特别注意那些专门说假话,挑拨离间、搞两面派的人,不能让这种人进领导班子。过去毛主席专门要我好好看看《红楼梦》里写的一段话,讲王熙凤'嘴甜心苦,两面三刀,上头笑着,脚底下就使绊子,明是一盆火,暗是一把刀,都占全了'。毛主席还在一篇文章中揭露了那些像李林甫那样的'口蜜腹剑'的假朋友②。开七大时,毛主席还痛斥过那些专搞偷、装、吹的人③。我们调整班子,就要防止这些'上头笑着,脚底下就使绊子'、'口蜜腹剑'和搞偷、装、吹的人进入领导班子,

---

① 风派:指"文革"中看风使舵、投靠林彪、江青一伙的人物。震派:指受江青指使在各单位闹"地震"的人物。
② 参见《斯大林是中国人民的朋友》,载《毛泽东选集》第二卷,人民出版社1991年版,第657页。
③ 参见《毛泽东在七大的报告和讲话集》,中央文献出版社1995年版,第156页。

1977年9月15日，罗瑞卿视察中国自制的"红箭73"反坦克导弹。

特别是不能让这样的人当军政第一把手。"在作风上，他主持开展了以"三查三整"（即查斗志、查纪律、查作风，整顿"软、懒、散"、整顿官僚主义和整顿作风）为中心的整党整风运动。

在组织上，他积极批转信件，酝酿和着手平反冤假错案，但是，他却从未提出给自己平反的任何要求。当郝治平问他时，他说："不要急，现在党有难处。我们不能给党增加困难。"他感到，让他出来工作就行了。

在军事工作上，他主持战略委员会，重新分析研究国际形势，调整战略方针和战略部署。为此，他不顾身残，重新勘察海防边防。

在国防科技和国防工业上，他对军委决定的重点抓洲际导弹、潜射导弹和同步卫星的研制组织大力协调，同时抓紧常规武器装备的改进，以逐步实现我军武器装备的现代化。尽管他已不兼国防工办主任，但他同过去一样，对国防工业的整顿、调整和发展而日夜操劳。

1977年9月23日，他在总参装备计划部《关于装备订货计划完成情况的报告》上批示："装备要有质量，要配套，要有维修件。太落后的东西，如歼6飞机和教练机，不要大批生产了，要集中力量干歼7。在质量、维修有保证后，逐步搞歼8、歼9。不要以拿到装备为满足，要看是有用还是相反。"

为了抓好产品质量，他号召领导干部要深入基层，调查研究。1978年3月2日，他在国防工办转发三机部《关于放手发动群众，开展质量大检查，迅速搞好产品质量的决定》上批示："从国防工办起，到所有国防工业的各部领导干部，凡是身体条件许可的，都必须每年抽出三五个月的时间，认真深入到工厂蹲点，作调查研究。领导人心中有了数，又善于以点带面，对整个工作会起到很大的推动作用。"

对于歼7飞机的改进，罗瑞卿一直予以极大的关注。到1978年6月12日，他又专门召集总参、空军、海军、国防工办、国防科委和第三、第四、第五机部负责人开会，研究歼7飞机改进问题。大家讨论后，罗瑞卿作了重要讲话。他说："今后十年发展的方针,海、空装备,优先发展空军,要集中力量搞空军,海军要让一下路。海军是同意了的。从长远看,这样海军也可能搞得快一点。"他指出:"现在生产的歼7,要边改进边生产,尽量搞好一点。要质量第一,不能光求数量。我们要集中力量打歼灭战,要千方百计,九十九计、九百九十九方都不行,要百分之百地想办法去完成任务。今天就是要大家来画这个押,洪学智①、吕东②要立军令状。"

在讲话中,他在强调"要积极争取引进先进技术"的同时,提出:"国防工办和国防工业各部要把出国考察工作管好,不要出去那么多什么也不懂的人,游山逛水;要派懂技术的人出去。"

他针对有些受"四人帮"影响较深的人,散布"整顿就是复辟"谬论的情况指出:"要下大力整顿国防工业,要批判整顿就是复辟的谬论。整顿就是革命,就是不能顾这顾那。有资产阶级派性就要批判。到今天还搞资产阶级派性就不够共产党员的资格。"

这次会议是他主持召开的最后一次关于国防科技和国防工业的重要会议。这次会后33天,他便出国治腿而再没有回来。在这次会议讲话的最后,他语重心长地说:

> 我们大家要一块努力。我少一条腿。一条腿能办到的事,我一定要努力去办。搞不好,我们就没有办法交账,就不能去见马克思、毛主席、周总理、朱德委员长。你们回去要少睡一点觉,好好研究一下,把要我们办的事,要邓副主席办的事,或者要别的部门办的事都提出来。再过几天,邓副主席可能要找你们

■1978年3月15日,罗瑞卿到军事科学院视察工作时,与韦国清(右一)、王平(右二)、张震(右三)等在一起。

---

① 当时的国防工办主任。
② 当时的三机部部长。

谈。谈者,就是逼也。总是要有点压力才好。世界上的事总是要压。要干点事,就不能舒舒服服。

在基层工作上,他强调从严训练和管理,恢复和发扬光荣传统,加强组织纪律性,建立正规秩序,减少和消灭各类事故。为了推动部队建设,他十分注意运用先进典型,在他倡议下,硬骨头六连、神枪手四连等单位受到了表彰。他考虑,以往表彰的先进单位都是基层单位,而针对当时有不少团以上领导班子存在"肿、散、骄、奢、惰"的现象,他认为,还应该树立一个先进的团以上领导班子的典型。1977年9月,他看到《解放军报》9月15日的第804号《情况简报》有一篇通讯,题为《空军航空兵第一师领导班子艰苦奋斗,与群众同甘共苦》,立即批示,作为军委文件转发全军,随后将转发这一篇通讯的军委十四号文件报给当时的中共中央常委并军委常委,同时,附了他写的一封信:

此件请阅。这个师的领导班子,政治上、作风上、工作上都算是过得硬的。我全军师以上领导班子,不要说全军,就是有百分之七八十能做到像这样,那么,我军的面貌就会焕然一新,军队革命化、现代化建设就会加快步伐。因此,建议以军委名义通报全军表扬,妥否,请批示。

随后,空一师即成为全军的先进典型。在学习空一师过程中,许多单位领导班子的工作都有了很大进步。

罗瑞卿在开展这一系列工作时,曾经遇到相当大的阻力。这种阻力主要来自主张

■1977年夏,罗瑞卿(右二)与谭政(右三)视察装甲兵打坦克演习。

维持"文革"后形成的使国家面临经济崩溃边缘的万马齐喑的不正常的局面的人。为了冲破阻力,罗瑞卿提倡不信邪,不怕鬼。他建议《解放军报》重新选登《不怕鬼的故事》,并经他授意在"编者按"中写道:"本来,世界上并没有鬼,信鬼不过是人们愚昧和怯懦的表现。但是,世界上又确实存在着传说中的鬼那样的人和事。""编者按"指出:"林彪、'四人帮'以及我们在前进道路上遇到的各种各样的困难,它们都像传说中的鬼一样,对我们的革命事业起着捣乱和破坏的作用。怎样对待这些鬼人鬼事鬼现象呢?你如果怕它,它就会得寸进尺,鬼气凌人。反之,你不怕它,和它斗,它就节节败退,灰飞烟灭。"

他复出后也做好了承担风险,甚至再次被打倒的充分准备。当金跃鸣从作战部调到他身边当秘书时,他对金说:"在我这里工作是有风险的。你要做好充分思想准备。"

当时,主张维持"文革"后现状的人提出了"凡是毛主席讲过的,点过头的,都不要批评"的主张。1977年2月7日《人民日报》《红旗》杂志《解放军报》的社论《学好文件抓住纲》将其概括为"两个凡是",即"凡是毛主席作出的决策,我们都坚决维护,凡是毛主席的指示,我们都始终不渝地遵循"。显然,要使党、国家和军队迈开前进的步伐,必须破除"两个凡是"的禁锢。

早在提出"两个凡是"的社论发表之初,邓小平便直率地对此提出了批评。他在1977年5月24日说:"'两个凡是'不行。按照'两个凡是',就说不通为我平反的问题,也说不通肯定一九七六年广大群众在天安门广场的活动合乎情理的问题。把毛泽东同志在这个问题上讲的移到另外的问题上,在这个地点讲的移到另外的地点,在这个时间讲的移到另外的时间,在这个条件下讲的移到另外的条件下,这样做,不行嘛!"当时正在住院的罗瑞卿完全同意邓小平的观点。他向华楠等详细询问了这一社论发表的前后经过,然后对华说:"对毛主席的著作和指示,要坚持科学的态度,亦即实事求是的态度。小平同志强调对马列主义、毛泽东思想、对毛主席的指示,必须完整准确地理解和运用,决不能不分时间、地点、条件到处搬用,这就是实事求是的态度。"他还说:"林彪、'四人帮'的破坏首先是对我们党的学风的破坏。"1977年8月,他在一首诗中写道:"精通目的在运用,背诵词句等白费。实事求是方本色,万勿空喊最最最。"

1978年3月26日,《人民日报》在第三版不显著的位置发表了一篇题为《标准只有一个》的1000多字的思想评论。罗瑞卿立即发现了此文的重要意义,他把《解放军报》负责人找去说:"这篇文章虽短,却提出一个重要问题,什么是检验真理的标准?马列主义、毛泽东思想是真理,但真理不能用来检验真理。只有实践才是检验真理的标准。这一观点很正确也很重要。"罗瑞卿要求军报注意宣传这一观点。

1978年5月10日,经当时主持中央党校工作的副校长胡耀邦审阅定稿,中央党校的内部刊物《理论动态》发表了《光明日报》供稿的《实践是检验真理的唯一标准》。11日,此文又以"本报特约评论员"名义在《光明日报》公开发表。12日,《人民日报》和《解放军报》同时转载,新华社发了通稿,全国各报纷纷转载。此文立即在全国引起热烈的反响。一场关系到党和国家能否从"文革"的桎梏中解脱出来迈开前进步伐的思想大讨论蓬蓬勃勃开展起来。

但是，华国锋却指示中央宣传部门对这场讨论"不表态""不介入"。5月17日，主管宣传工作的汪东兴还指责这一篇文章"实际上是把矛头指向主席思想"。中央党校编发《实践是检验真理的唯一标准》的有关人员感受到了一种压力。罗瑞卿则旗帜鲜明地支持这一篇文章。他说："这是一篇坚持马列主义、毛泽东思想的好文章，它提出的是一个牵一发而动全身的大问题。这是一件大事，不解决这一问题，我们的事业就不能前进。"他又说："要注意在军队中消除'两个凡是'的影响。解放军报要积极支持和参加这场讨论。"

就在关于真理标准问题引起尖锐的意见分歧的时候，在军队内又出了一件从表面上看与此次讨论无关而实际却有密切联系的事情。

1978年4月上旬，海军南海舰队160号导弹驱逐舰在广东省湛江港爆炸沉没。这是一起海军建立以来的最严重的事故，它反映了"文革"以来"左"的一套对我军建设造成的严重损害。事故发生后，邓小平对海军司令部和海军主要负责人进行了批评。

海军主要负责人是十一届中央政治局委员，在"批邓、反击右倾翻案风"中有错误。粉碎"四人帮"后，他为阻挠大家的批评，而赞成"两个凡是"。在邓小平就海军160号导弹驱逐舰事故对海军主要负责人提出批评后，他不服气，4月12日去向华国锋告状，谈了5个小时。华对他表示支持。华还对他说：我最近要去朝鲜访问，回国后去大连检阅海军。他回来后即向海军党委汇报说：华主席支持我们，不要紧，打不倒。他召集海军几位副司令开会布置此事，提出要立即准备，要动用120艘舰艇、80架飞机参加检阅。要求绝对保密。参谋长杨国宇提出，此事应向萧劲光司令员报告，他同意。杨又提出，事先应向总参报告，其余同志也说：还应向军委报告。他说："不用，这是我亲自向华主席汇报，华当面批准的。这不是调兵是检阅，向军委、总参报不报，关系不大。"

4月13日，杨国宇向萧劲光报告，萧指示：这样大的事情，要正式报告军委，你要亲自去向军委和罗秘书长报告。

4月15日，杨再次向海军主要负责人提出，要向军委、总参报告，否则调不动部队。他同意后，杨向军委、总参作了报告。4月17日，正在301医院试用假肢的罗瑞卿接见了杨国宇。在听了杨的报告后，罗向杨提出两个问题：一、为什么要在这个时候搞这样大的兵力行动？这对国际、国内有什么样的影响？二、既然12号已定，为什么现在才报告？杨国宇向罗说明了迟迟不报告的原因。罗瑞卿考虑了一下说："这件事由我向邓副主席报告，至于此事行不行，再用电话联系。"

杨国宇走后，罗瑞卿向邓小平作了报告，并表明自己不同意这一行动的意见。邓小平同意罗的意见。在邓小平支持下，此事终于被制止。

后来，到1979年7月间，在海军党委常委扩大会议上邓小平再一次批评了"两个凡是"以后，也谈及此事。他说：海军出了一件坏事，就是旅顺搞大海军演习，这是坏主意，政治上是错误的，出发点也是不正确的。这一点罗瑞卿同志处理得好。罗瑞卿讲了这个问题，我同意他的意见，制止。

此事处理完后，真理标准问题的争论在党内仍相持不下。6月，全军政治工作会议在北京召开。6月2日,邓小平在会上发表讲话,指出:"……我们也有一些同志天天讲毛泽东思想,却往往忘记、抛弃甚至反对毛泽东同志的实事求是、一切从实际出发、理论与实践相结合的这样一个马克思主义的根本观点,根本方法。不但如此,有的人还认为谁要是坚持实事求是,从实际出发,理论和实践相结合,谁就是犯了弥天大罪。他们的观点,实质上是主张只要照抄马克思、列宁、毛泽东同志的原话,照抄照转照搬就行了。要不然,就说这是违反了马列主义、毛泽东思想,违反了中央精神。他们提出的这个问题不是小问题,而是涉及到怎么看待马列主义、毛泽东思想的问题。"

邓小平这一番话引起了不同的反应。全党上下都十分拥护。中央党校原来编发《实践是检验真理的唯一标准》的有关人员感到身上的压力减轻了。但是,坚持"两个凡是"的人对邓小平这一对他们的中肯批评仍然不肯接受。6月15日,有关部门召集各宣传单位负责人开会,仍然批评《光明日报》的文章《实践是检验真理的唯一标准》一文"党性不强";仍然认为,凡是毛主席讲过的,一律不能翻,天安门事件、《二月提纲》、《五一六通知》都不能翻案。如果翻了就是反毛主席。

此时,中央党校理论研究室主任吴江去找《解放军报》副主编姚远方,谈起他读了邓小平讲话的喜悦心情。姚问吴能否给《解放军报》写一篇讨论真理标准的文章,吴欣然同意。姚远方向罗瑞卿报告了此事,罗瑞卿让姚赶快去找吴。吴很快就撰写成了《马克思主义的一个最基本的原则》。此文据说原是为反驳对《实践是检验真理的唯一标准》一文的种种责难而作。显然,经过主管宣传工作的负责人那么一讲,此文在《人民日报》《光明日报》乃至中央党校的《理论动态》都不可能发表了。这时,《解放军报》向吴江约稿,吴便决定将此文送给《解放军报》。

《解放军报》社打好清样后,立即送给罗瑞卿。罗瑞卿读后兴奋地说:"这篇文章很好。一定要使文章更充实、理论水平更高。什么时候改好什么时候发表,不要抢时间。"本来,罗瑞卿想去北戴河住几天。"文革"前,为了做好对毛泽东等中央领导人的警卫工作,他常去北戴河,他学会游泳也是在北戴河。复出后,他很想旧地重游。但是,为了改好这篇文章,他决定把去北戴河的时间往后推。随后便集中精力修改文章。他亲自查阅毛泽东的《实践论》《反对本本主义》《人的正确思想是从哪里来的?》;又重读了邓小平的有关论述,然后让华楠、姚远方等去同吴江商量,建议在文章中引用毛泽东和邓小平的有关论述,做到立论更稳、无懈可击。此文进行了全面修改后,他再次审阅,并亲自动笔字斟句酌地进行修改。修改期间,他同《解放军报》社通了5次电话。他还同当时的中共中央组织部部长兼中央党校副校长胡耀邦就此文进行过反复磋商。后来,1981年9月25日,胡耀邦在同文艺界人士谈话时曾说:"第一篇文章改了好多次。第二篇文章是党校同志写的,我没有参加,由军委秘书长罗瑞卿定稿。罗就此稿至少和我通了6次电话。"

文章基本定稿之后,罗瑞卿又第三次进行审改。这时,华楠决定随代表团出访罗马尼亚。华出国前,罗瑞卿又给他打电话说:"发表这篇文章可能有人反对,准备驳。不要紧,出了问题首先由我负责。要打板子打我的。"

6月24日,在邓小平的支持下,由罗瑞卿主持修改、定稿的《马克思主义的一个

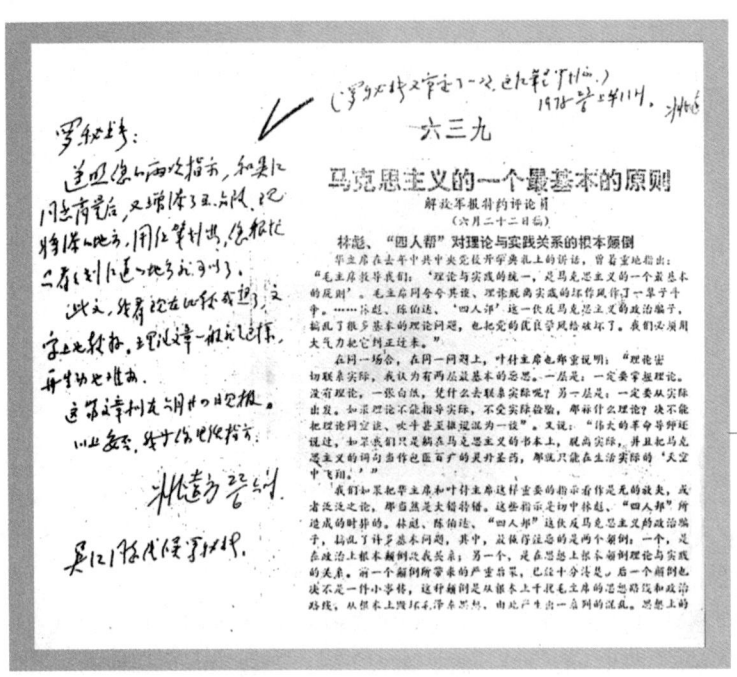

1978年6月，经罗瑞卿几次指示修改后发表的解放军报特约评论员文章《马克思主义的一个最基本的原则》的修改稿。

最基本的原则》以特约评论员名义在《解放军报》发表。翌日，《人民日报》《光明日报》转载，新华社发了通稿。

这篇文章一发，天平便迅速向坚持实事求是的正确的一方倾斜。尽管坚持"两个凡是"的人有的还不承认错误，但大势已经看得很清楚了。这场关于真理标准问题的讨论，为中共十一届三中全会的召开，为党重新确立马克思主义的思想路线，做了思想上理论上的重要准备。"莫道桑榆晚，为霞尚满天。"尽管罗瑞卿未能看到十一届三中全会这一盛会的胜利召开，但是，他在其生命的最后一年迸发出的光辉就像那照亮长空的夕阳，喷吐出满天绚烂的晚霞，将永远留在人们的记忆之中。

到《马克思主义的一个最基本的原则》发表，罗瑞卿复出仅仅过了11个月。这是异常紧张的11个月，他每天的工作时间之长、工作量之大都是十分惊人的。他虽然身残年迈，但壮心不已。他一复出就又同"文革"以前一样，进入了不分上班下班，没有白天黑夜的状态。他的家庭从他被解除"监护"以后形成的短暂的平静不复存在，一切都围绕着他而快节奏地运转。秘书来不及调来，曾患癌症动过手术的郝治平也上了阵。他的桌上文件卷宗堆积如山，办公室里电话铃声不断，来访的客人一批接着一批。他平时需坐轮椅，行动不便。为了节省时间，他工作时便少喝水，以减少去盥洗室的次数。午休时，他连假肢也不摘，便和衣躺着休息一会。他生病住院，病房便成为办公室。1978年1月初，他因患重感冒住院。据秘书记载，1月9日上午从10点到11点半，他即对9名军以上干部的任命、调动同有关人员进行了磋商后作出决定，批转了两位高级干部的信件，就有关作战等问题作出三项决定。他每天都要工作到深夜。作战部部长谭旌樵和《解放军报》社长华楠几乎每天12点左右都要接到他打来的询问情况和交换意见的电话。《解放军报》的夜班编辑下班后也习惯性地要等到报社领导传来他的指示后才去休息。据《解放军报》社的不完全统计,从1977年12月15日至1978年7月中旬这8个月间,罗瑞卿对《解放军报》社的"简报"作出的重要批示就有14项。战友和亲属担心他累坏身体,劝他放慢工作节奏,他却说:"《水浒》中有个拼命三郎。我们今天就是要当这个拼命三郎。"他还常常说:"我今年七十二岁,要当着二十七岁过。"面对国家、军队遭受林彪、"四人帮"破坏,百废待兴的局面,他想赶快干,趁自己头脑仍然清楚,精力还算充沛的时候,多干工作,以追回他因受迫害而失去的十余年时间,以尽力弥补国家和军队在"十年动乱"中所遭受的损失。

■1977年冬,罗瑞卿在第二炮兵视察工作。后立者为第二炮兵副司令员李懋之。

罗瑞卿常常说:"做领导工作光坐办公室批阅文件、听汇报,不深入实际了解情况是危险的。""文革"前,为了视察海防边防,他的足迹遍及除西藏外的沿海和边疆各省。他到过许多国防工程和工厂。复出以后,他在短短一年内视察过京郊、天津、徐州等地的国防工事和部队。有的地方坑道太窄,轮椅难以通过,他便拄着手杖走。一些领导同志出于对他的关怀,便告诉部队,以后罗秘书长到什么地方,汽车、轮椅通不过时,就组织人抬。而这反而使罗瑞卿感到于心不安。他不愿意麻烦人,渴望着走出轮椅、扔掉手杖,大干一场。

1977年,党组织请了两位联邦德国专家来给罗瑞卿安装一个更轻、质量更好的假肢,这两位医生告诉他,可以安装人造股骨,从而改善左腿功能。当时由于在国内安装人造股骨头技术上尚有困难,罗瑞卿有了出国治腿的想法。

1978年3月,郝治平查体时,肺部被发现有一处阴影。连续观察,未好转。3月13日动手术切除了一叶肺,证实是原患乳腺癌转移到肺部。罗瑞卿听了这一消息忧心如焚。他对孩子们说:"我不能就这个样子。我要出国治腿。今后,我不能再要你们的妈妈照顾我。我要治好腿,照顾她,让她过得愉快轻松一点。"

随后,罗瑞卿请出访联邦德国的卫生部副部长钱信忠、中国人民对外友好协会会长王炳南和驻联邦德国大使张彤协助了解联邦德国做安假肢手术的情况,作一些调查,搜集一些有关资料。4月间,罗瑞卿向中共中央写报告,准备去联邦德国治腿,

■1978年，罗瑞卿与全家在北京宽街家中合影。

中央同意。5月中旬，301医院将罗瑞卿病情材料以及左下肢、股骨头伤残部位X光照片交信使送到我国驻联邦德国大使馆，由他们同联邦德国方面交涉。6月，去联邦德国治腿事已定，并开始着手筹备。

7月3日上午，罗瑞卿在西山办公的地方接见了空军司令员张廷发和民航局局长沈图。当他们来到时，罗瑞卿坐在轮椅里带一点歉意地说："我不能站立起来迎接你们了。"

他们互致问候后，罗瑞卿说："中央批准我去联邦德国治病，要坐民航飞机去。"他边说边将中央批准的报告递给张廷发。张看了一下又交给沈图。"没有腿真不方便。"罗瑞卿等沈图看完，一面轻轻抚着残腿，一面说，"不要说下去调查研究，就是生活自理也困难。"他露出一丝苦笑，"这次中央为我出国治病，做了十分仔细的安排，国家又为我花这么多钱，我心里过意不去……"

这件事张廷发可能早已知道，未说什么。沈图是头一次听说，不禁问道："有把握吧？"

"王炳南和钱信忠同志都做过调查。第二次世界大战后，联邦德国残疾人很多，安装假肢恢复行走功能的也很多。在这方面，他们的医疗技术和经验都是第一流的。我的病历已经寄去了，他们的答复是做这样的手术没有问题，有99%的把握。"

为了安全到达波恩，张廷发、沈图又向罗瑞卿汇报，使用波音2408号飞机，15日在北京西郊机场起飞，飞经乌鲁木齐、布加勒斯特的航线。

罗瑞卿问："在西郊机场，波音707起飞有问题吗？"

张廷发答："虽然过去没有起飞过，从机场条件说，理论上没有问题。我们还要试飞一下。"

罗:"那就还是到首都机场吧,无非是多跑几十公里。"

张:"你行动不方便,等我们试飞后再说,争取在西郊。"

罗瑞卿决定,这个问题先不定。起飞时间定在7月15日。

7月4日,中国民航总局向国务院、中央军委送去《关于执行罗瑞卿秘书长专机任务准备情况的报告》。

7月13日下午15时,空军报告:明日由曹里怀副司令员主持,在西郊机场试飞波音707主机2408、副机2400的起落。16时,罗瑞卿让秘书通知空军和民航:"波音飞机不要勉强从西郊机场起降。因为从来没有起降过,不要因为坐一次飞机动用那多人忙了。在首都机场,无非是坐飞机的人在地面乘车多跑几十分钟的路。在首都机场,靠一边上飞机就行。如果为了避开普通旅客,也可以推迟一点起飞。"

7月15日晨,沈图了解到北京至乌鲁木齐航线完成适航。8时许,罗瑞卿夫妇及随行人员和医疗小组到达专机停机坪,空军司令员张廷发等也到达。在舷梯旁等候的机长向坐在轮椅上的罗瑞卿敬礼,并向罗瑞卿夫妇一一介绍了机组人员。罗瑞卿夫妇一一同机组人员握手,连声说:"谢谢,谢谢。"

起飞前,罗瑞卿的小孙子和小外孙一直在罗瑞卿膝盖上坐着,同爷爷外公又说又笑。

预定起飞的时间9点钟快到了。送行的人都劝罗瑞卿上机。罗摇摇头,他要等王震。

"爸爸,走吧,不要等了。"他的女儿劝说着。

"王胡子说来送我,他一定来。我要见到他再走。"

■1976年12月,罗瑞卿、郝治平与小孙孙在广州。

正说着，王震到，他一下车就快步走到罗瑞卿面前，一面同罗紧紧握手，一面说话。在场的人无不为这两位将军的亲密情谊而感动。

飞机要起飞了。罗瑞卿吻别了他的孙子和外孙，举着双手对送行的人说："再见了！等我回来时，我就不坐轮椅了。我要和你们一样站起来走路！我还要到全国各地走走，要把损失的时间夺回来。"

送行的人都热烈鼓掌。

9点57分，飞机起飞。郝治平坐在背对飞行方向的椅子上，坐在对面的罗瑞卿猛然想起郝治平有晕车、晕飞机的毛病，便要同她换座位，郝治平说："算了，一会儿就到了。我能坚持。"罗瑞卿摇摇头，然后站起身来艰难地扶着桌子往郝这边走，郝忙站起身把他扶过来，然后坐到对面去。

郝治平看着对面而坐的、已是白发苍苍的罗瑞卿，不由得想起一件件往事。她想起了新婚之夜那一碗鸡汤，想起了反"扫荡"中他盖在孩子木筐上的那块油布，也想起了他在天安门上给孩子送来的那一把糖果……她想：在革命斗争中他意志如钢，可对待家人，又是柔情似水啊！

飞机于当日13点30分在乌鲁木齐降落，新疆军区和自治区负责人到机场迎接。罗瑞卿夫妇住迎宾馆一栋，机组住在昆仑宾馆。

当晚，新疆军区负责人请罗瑞卿看秦腔影片《火焰驹》。这部电影写了一名边关武将受奸臣诬告被陷害最终得到平反昭雪的故事。经历了林彪迫害、蒙冤十载余的罗瑞卿对这一出宣扬"善有善报，恶有恶报"的戏很感兴趣。看戏时，他猛然想起文化部部长黄镇曾问他，《穆桂英大战洪州》这出戏还能不能演。他当时感到没有把握未回答，看完戏后他立即打电话给黄镇，向他推荐《火焰驹》，并告诉他，《穆桂英大战洪州》亦可上演。

7月17日，罗瑞卿夫妇在乌鲁木齐休息。罗同张爱萍通话，告诉张，治好腿有99%的把握。他说："现在我还坐轮椅，等我回来就可以扔掉拐杖了。"

7月18日8时，罗瑞卿一行10人、驻联邦德国大使馆武官林千及机组13人乘B-2408号飞机从乌鲁木齐机场起飞，16时13分在布加勒斯特加油，19点40分到达波恩。驻联邦德国大使张彤和文化参赞齐怀远到机场迎接。

在波恩，罗瑞卿夫妇受刘伯承夫人汪荣华之托，为刘伯承买了一箱药。然后亲笔给杨勇副总长写了一封信，托返回北京的专机带回。当机组人员向罗瑞卿夫妇告别时，机长林长福代表机组全体人员对罗瑞卿说："我们等待首长的好消息，到时候我我回去。"

到波恩不久，罗瑞卿以吴生杰的化名住进了距波恩200余公里的海德堡骨科大学医院。7月29日，经内外科检查，情况良好，决定8月2日动手术。

7月31日，郝治平在张彤大使陪同下坐汽车到医院看望罗瑞卿，让罗给家里写几个字。罗瑞卿写道：

儿女们、媳妇们，并两个小孙孙：

　　妈妈和我身体都好。只是人地生疏，语言不通，总有些感到不惯。再加上资本主义阶级社会，我们虽然接触不多，但也看到一些等级森严，也感到有些看不惯。好在这里气候温和，风景优美，大自然也多少给了我们远离祖国，并且有些想家的人以安慰。

………

爸爸下星期三就要动手术了。据观察可能如愿以偿。虽然要冒点风险，但大致不会出什么意外的，你们放心！

这里的我国大使及大使馆的同志们对我们很好。他们的阶级情谊实在使人感动。

医院里的教授专家们，因为我们大使馆的工作做得好，虽然我们的世界观不一样，但就医疗这一点，他们是全力以赴的。

其余由妈妈写。亲你们，亲我们的两个小孙孙。

1978年7月，罗瑞卿在联邦德国海德堡骨科大学医院。

这封信，罗瑞卿就写到这里了，但谁也料不到这是他的绝笔。下面由郝治平接着写：

今天我从大使馆到医院看爸爸。（两百多公里，汽车走两小时三十分）要他写几个字给你们。他一写就是一大篇。爸爸现在一切情况都正常。有的比在国内还好些。例如咳嗽比在家里少，也容易些。可能与这里气候好有关系。医生经过各方面检查后说，比他们原来想的要好。二日决定动手术。爸爸和妈妈都有信心。因为教授、医生说，我们虽然不是上帝，但一定会尽一切努力治好。一日下午，大使和我就都到医院附近的一个旅馆住几天。这样看护爸爸方便些。等动完手术后妈妈再写信给你们。

……祝你们进步、健康！等候爸爸的好消息！

爸爸、妈妈
1978年7月31日

8月1日，郝治平带了一束鲜花，在张彤大使陪同下，去医院看望罗瑞卿，同罗在病房合了影。郝治平待得很晚还不想走。罗瑞卿对她说："走吧，走吧，你回去休息吧,我已经服了睡前的药,明天就做手术。你放心,一切都会好的。"说完,他微笑着,摆着手,目送着郝治平出门。这就是罗瑞卿留给郝治平的最后的影像。

8月2日上午,医生给罗瑞卿动了手术。中午,从手术室传来消息。手术成功。守候在室外的郝治平激动得掩面痛哭。但因怕感染,医院未让郝治平看望。傍晚,又传来消息,罗已苏醒过来,还用英语对给他手术的医生说:"Good evening, Thank You!"

看来一切顺利,经劝说,郝治平回旅馆休息。她刚躺下,听到了不祥的电话铃声,接着便有人敲门。等她赶到医院,罗瑞卿已因突发心肌梗死而与世长辞,时间是凌晨2时40分,北京时间为上午9时40分。

罗瑞卿这一生经历过无数次的生死考验。且不说战争年代在枪林弹雨中随时都有牺牲的可能,也不说他在解放战争年代,既经历过翻车的车祸,也经历过在高空飞机突然出事。他这一生中必死无疑的大难,就经历过三次。每一次他都从死神手中挣脱了出来。然而,到了1978年8月3日,正当党和国家最需要他的时候,正当他的亲人为他的手术成功而庆幸的时候,他却突然离去。同志们万分惋惜、亲人们悲痛欲绝的心情,是难以用言语形容的。

噩耗传来,举国震惊。邓小平扼腕长叹:"太不幸了,太不幸了!"从老将军杨勇、杨得志、张爱萍、萧华到部队文工团的一些著名演员,从抗大的学员,野政的干事到解放军广大官兵,从公安战线的领导人到国防科工委的科学家,大家纷纷写文作诗,悼念这位可亲可敬的罗大将。

8月5日,中央派专机将罗瑞卿的灵柩迎回北京。这一天,西郊机场细雨蒙蒙,似乎苍天也在落泪。许多白发苍苍的老将军、老干部都冒雨仰望着天空,等待着运送罗瑞卿遗体的专机到来。当专机破云而出,徐徐降落时,许多人已泣不成声。解放军战士将他的灵柩缓缓抬下飞机,在杨勇等的扶持下,已经长眠的罗瑞卿大将被送上了灵车。邓小平、叶剑英等党和国家领导人都十分悲痛地握着郝治平的手,劝她节哀保重。12日,在人民大会堂召开罗瑞卿追悼大会。天安门广场、新华门、外交部下半旗为他志哀。在追悼会上,邓小平致了悼词。他说:

> 罗瑞卿同志是大家所熟知的同林彪反党集团坚决斗争的英勇战士,受到林彪、"四人帮"的残酷迫害……罗瑞卿同志立场坚定,旗帜鲜明。他坚决捍卫毛

■1978年8月5日,罗瑞卿的灵柩运回北京,邓小平等党和国家领导人前往机场迎灵,罗瑞卿夫人郝治平(右四)率子女及亲属守候在灵柩旁。

■1978年8月12日,罗瑞卿追悼会在北京人民大会堂隆重举行。

泽东思想,坚持系统地学习马列著作和毛主席著作,维护毛主席一贯倡导的我们党的革命学风,对林彪的所谓"顶峰"、"最高最活"等假左真右的货色进行了抵制和斗争。他坚决保卫党和军队的团结统一,对林彪结党营私、分裂党和军队的阴谋诡计,深恶痛绝。他坚决贯彻执行毛主席的军事路线,坚持政治与军事、政治与业务和技术的辩证统一,积极推进我军革命化现代化建设,倡导和组织全军开展群众性练兵运动,同林彪制造军政对立、取消军事技术训练、破坏战备等罪行进行了针锋相对的斗争。罗瑞卿同志对伟大的导师毛主席,对敬爱的周总理、朱委员长等党的领导人非常崇敬和热爱。他具有光明磊落、刚直不屈、明辨是非的高尚品德和革命情操。因而,林彪把他视为篡党窃国的障碍,采取卑鄙的阴谋手段,捏造罪名,加以诬陷,使罗瑞卿同志在精神上肉体上受到了残酷的折磨和摧残。这是林彪、"四人帮"陷害老一辈无产阶级革命家的不可饶恕的严重罪行。林彪、"四人帮"加给罗瑞卿同志的诬蔑不实之词和种种迫害,恰恰从反面证明了罗瑞卿同志是正确的,是忠于毛主席革命路线的。

……罗瑞卿同志的一生,是革命的一生,战斗的一生,光荣的一生,是鞠躬尽瘁、全心全意为人民服务的一生。罗瑞卿同志和我们永别了。我们沉痛悼念罗瑞卿同志,要学习他对党忠诚,无私无畏,政治敏锐,忘我工作的高贵品质;学习他襟怀坦白,光明正大,对敌狠,对己和,不怕鬼,不信邪,坚持真理,敢于斗争的革命精神;学习他孜孜不倦地刻苦钻研,力求完整地准确地掌握和运用马列主义、毛泽东思想,认真研究新的历史条件下的新情况和新问题,善于接受新事物,坚持实事求是、理论联系实际的科学态度;学习他严肃认真,一丝不苟,讲求效率,勇于负责,处事果断,艰苦朴素,密切联系群众,关心爱护干部的工作作风……

罗瑞卿同志永垂不朽!

罗瑞卿生平大事年表
（1906—1978年）

1906年

■ 1906年5月31日（农历闰四月初九） 诞生于四川省南充县舞凤乡清泉坝马家坡（今南充市舞凤乡双女石村）。

1912—1919年　6—13岁

■ 进入本村"罗家祠堂"、"袁家屋子"私塾读四书五经，后被外祖父鲜锦堂接到自己家的私塾学"新学"。

1920年　14岁

■ 春　考入南充北区大林寺高等小学。受五四运动影响，在教师带领下，参加校外演讲活动。

1921年　15岁

■ 夏　学校招生过多，缺少校舍。带领同学将校内大殿中的神像砸碎，搬出校门。

1922年　16岁

■ 因教师体罚学生，挺身而出，以理相争。全校学生罢课7天，迫使校方向被打学生赔礼道歉。

1923年　17岁

■ 春　考入民主革命家张澜创办的南充县立中学普通班学习。但因母亲多病，父亲又不务正业，致使家境败落。不得不遵从父命，弃学到一绸缎铺当学徒，以减轻家庭经济负担。

1924年　18岁

■ 外祖父寄希望于外孙光耀门楣，答应提供全部学习费用，遂重入南充县立中学转入蚕桑班学习。在学校，受到进步思想的影响，阅读了《新青年》《新蜀报》等革命书籍和进步报刊，并成为学生会和俱乐部的积极分子。

- 5月 参加反对驻南充军阀何光烈征收"佃当捐"的斗争,带领同学抓获征收委员秦同淮,狠狠教训了一顿。

1925年 19岁
- 3月12日 孙中山逝世。和同学们上街宣传孙中山联俄、联共、扶助农工的三大政策,并与任白戈编演了话剧《孙中山之死》。
- 5月30日 "五卅惨案"发生,反帝运动波及全国。参加以学生会名义组织的"上海五卅惨案外交后援会",进行宣传演讲活动,发表反对英日帝国主义,声援革命外交的"快邮代电"。
- 夏秋 吴玉章到南充检查共产党和国民党组建工作,并应张澜之邀到学校讲学。经任白戈引荐,数次拜访吴玉章,深获教益。
- 是年 已有共产党活动的南充中学建立了共青团(C.Y.)组织。对任白戈说:"虽然我现在还不能参加组织,但有什么事大家一起干,我和革命生死同心。"

1926年 20岁
- 春 不顾失学的威胁,与代表豪绅利益的国家主义派进行斗争,斥退其对进步学生的围攻。
- 6月 随同黄埔军校毕业的共产党员李介等参加声援南充六合丝厂工人反对资本家的斗争,并担任工人夜校教员。为此,受到南充反动政府的注意,遭到外祖父的严厉训斥,并以停止经济供应相威胁。
- 7月 离家出走,到成都。考入成都高等蚕桑学校,但因凑不足学费未能入学。
- 10月 大革命进入高潮。离开成都到重庆。经已在共青团四川省委工作的任伯芳介绍,考入国共合作创办的武汉中央军事政治学校(黄埔军校武汉分校)。
- 12月 与同时考入黄埔军校武汉分校的任伯芳等乘船东下武昌。

1927年 21岁
- 2月1日 以优秀成绩通过复试,编进入伍生总队(黄埔军校第六期)政治第一大队第二队,开始了正规的军事训练与政治教育。初次接触了李立三、毛泽东、李达、周恩来等中共领导人的革命理论著述,聆听了毛泽东关于农民运动的演讲,留下深刻印象。
- 3月中下旬 在以恽代英和邓演达为代表的共产党和国民党左派开展的打击蒋介石右派势力的斗争中,经受了考验。第一次向任伯芳提出参加共产党组织的愿望,并写信给外祖父,表示与封建家庭彻底决裂。
- 4月12日 蒋介石在上海发动反革命政变,大肆逮捕杀害共产党员和革命群众。
- 4月中下旬 参加学校组织的"讨蒋"活动和农运宣传周活动,到武汉街头演出活报剧,揭露土豪劣绅的罪行,歌颂农民运动。
- 5月中旬至6月下旬 驻守武汉的夏斗寅部叛变,并联合四川军阀杨森进攻武汉国民政府。武汉分校被编入叶挺指挥的中央独立师第一团，参加讨伐夏斗寅和西征杨森的战斗。因在战斗中表现出色，被团长蓝腾蛟调到团部当传令兵。

- 7月15日　汪精卫集团在武汉发动反革命政变，进行"分共"清党，镇压工农运动。
- 7月中下旬　武汉分校被改编为第二方面军军官教导团（由叶剑英任团长）东征讨蒋。罗瑞卿编入共产党员叶镛为连长的第二连任副班长。
- 8月2日　教导团奉命由武昌沿江东下，两天后行至九江，被张发奎缴械，离队返回武汉找党。
- 8月中旬至9月下旬　因身染伤寒，入仁济医院治疗。近一月后仍高烧不退，神志不清，但因交不出住院费，被院方拉至四川会馆一间小屋内。幸遇一好心龛师相救，方得以绝处逢生。
- 10月　大病初愈，在四川会馆碰到同学、共产党员任启愤，向其表达入党的愿望，并与任几次去汉口与党的关系接头。不久，因白色恐怖日益严重，关系中断。

1928年　22岁

- 1月　初因所住会馆经常遭到国民党军队的包围、搜查，遂与任启愤乘船由洞庭湖经津市到常德，在与任有旧的驻军秦汉山处暂时存身。继续找党，未果。
- 2月　离开常德到澧州。经军校同学、共产党员任伯芳介绍，到鲁涤平所属第二军教导师政治部宣传科任职。并又一次向任提出参加共产党的要求。但任此时也与党组织失掉联系。
- 5月　教导师缩编为教导团，仍被留任。不久，得悉上边要调查任与他是"广东黄埔"还是"武汉黄埔"，即与任商定离开教导团，任先走，而后在长沙会合去上海找党的关系。
- 6月至7月　离开教导团到长沙与任伯芳会合。然后经武昌、南京赴上海。
- 8月　到达上海，但衣食无着，生活陷入困境。有人劝他投靠汪精卫、陈公博等人组织的国民党改组派，回答说："我宁可冻死饿死，也绝不背离共产党。"
- 10月　再次恳切提出加入共产党的组织。经和党中央接上关系的任伯芳介绍，同中央军委的工作人员欧阳钦接上了头，在上海转为中国共产党党员。
- 冬由于党内盲动主义组织"飞行集会"，使革命力量受到严重损失。对任白戈说："蒋介石反革命靠的是枪，我们要革命也必须靠枪。朱德、毛泽东的道路无疑是胜利的道路。"为此，多次向组织提出到苏区去参加武装斗争。

1929年　23岁

- 1月　受中央军委派遣，离开上海赴湘鄂西苏区红军，抵宜昌后，因交通中断，又返回上海。
- 3月　受中央军委派遣，赴正在闽西活动的红四军工作。到厦门后，因红四军已折返江西，遂根据福建省委、军委的决定，经漳州、南靖、龙岩到闽西上杭蛟洋游击队任教官。

- 4月　按照省委和闽西特委的指示办教导队，使农民武装的政治觉悟和军事素质明显提高，开始建立良好的官兵关系和严格的组织纪律，逐渐提高了战斗力。
- 5月22日　朱德、毛泽东率领红四军二次入闽。与傅柏翠、曾省吾率教导队在游鱼坝欢迎红四军，并指挥部队协同红四军作战，在苎园阻击赣敌李文彬部的追击，掩护红四军向龙岩前进。
- 5月26日　包括蛟洋游击队在内的上杭北四区各乡武装在蛟洋文昌阁改编为红五十九团，傅柏翠任团长，曾省吾任党代表，罗瑞卿任参谋长。
- 6月3日　指挥红五十九团参加配合红四军再次攻占龙岩、攻打白砂的战斗。10日，进驻连城县新泉休整，以五十九团为主组建红四军第四纵队，傅伯翠任司令员，张鼎丞任党代表，罗瑞卿任参谋处主任。下旬，参加在龙岩召开的红四军第七次代表大会。
- 7月　代理参谋长工作。率四纵队移驻蛟洋一带，担负中共闽西第一次代表大会的警卫任务。
- 9月　四纵队同一纵队与出击闽中回师的二、三纵队会师。20日，参加攻打上杭的战斗。在上杭，红四军进行扩充和整顿，被调任第二纵队五支队党代表，并参加红四军第八次代表大会，和与会的多数党代表强烈要求毛泽东回红四军工作。
- 10月19日　率领五支队随红四军主力出击东江，参加了攻打大埔县虎头沙战斗和梅县战斗。
- 11月23日　带领二纵队五支队参加了攻占长汀的战斗，随后调到二纵队政治部任宣传科长。
- 12月　随部队向龙岩、上杭地区前进途中，参加了毛泽东为准备红四军第九次代表大会而召开的十余次支队以上党代表联席会议。月底，在古田参加了中共红四军第九次代表大会，会议通过了著名的《古田会议决议》。

1930年　24岁

- 1月上旬　国民党军向闽西根据地发动第二次"会剿"。在毛泽东率领下，随二纵队离闽西入江西，沿途得到毛泽东的直接指导，受益匪浅。下旬，随部队与朱德率领的一、三、四纵队在东韶会合，参加攻克乐安、永丰的战斗，粉碎了敌人的"会剿"计划。
- 2月　根据红四军前委的决定，组成石马行委，被指定为书记，领导石马地区发动群众、打土豪分田地、建立革命政权的工作。随后率部队到藤田集中，被任命为第二纵队政治部主任。
- 3月　参加攻克南康、大庾和占领梅岭关的战斗。
- 4月至5月　参加攻克南雄、信丰、会昌、寻邬战斗，随即在周围地区分兵发动群众。
- 6月12日　参加红四军前委、闽西特委联席会议。会后，部队进行整编，第二纵队改为第四军第十一师，任党代表，曾士峨任师长。
- 8月23日 一、三军团在浏阳永和市会师，组建一方面军。罗瑞卿任第十一师政治委员。
- 9月3日 与曾士峨率红十一师参加攻打长沙战斗，不克，按红一方面军总前委决定回师江西。
- 10月4日 参加攻占吉安、峡江的战斗。并出席在峡江召开的红一方面军总前委扩大会议，在会上，赞同毛泽东关于东渡赣江、转回赣南根据地，诱敌深入，以弱胜强的正确主张。
- 11月中下旬 红一方面军实行战略退却。率部撤至永丰、乐安一带。继之到宁都县黄坡、小布、洛口之线隐蔽集结。
- 12月16日 国民党军采取"分进合击"战术，开始向中央革命根据地发动第一次"围剿"。30日，率部在龙冈战斗中与友邻部队以诱敌深入战法，一举全歼张辉瓒两个旅和师部，并活捉前线总指挥兼第十八师师长张辉瓒。

1931年 25岁

- 1月3日 根据红一方面军总前委命令，和曾士峨率部转兵向东追击谭道源师，在东韶消灭该师一个多旅，俘敌3000余人。至此，红一方面军取得第一次反"围剿"胜利。
- 3月下旬 随红一方面军主力由永丰、乐安、宜黄、南丰以南地区，向南转移到广昌、宁都、石城、瑞金根据地，进行反第二次"围剿"的准备。
- 4月23日 按照红一方面军"诱敌深入"的方针，带领部队撤到东固地区隐蔽集结。
- 5月16日 与曾士峨奉命率红十一师抢占观音崖隘口阻击敌人，致敌前进受阻。红军三路并举，围歼敌王金钰部第二十八师大部和第四十七师一个旅。在指挥战斗中，头部左颊负重伤，被送到上田后方医院。
- 6月至9月 由叶青山等做左颊动脉血管吻合和颞颌关节复位手术。因根据地医药困难，术后仍高烧不止，昏迷不醒，数日后方才清醒。
- 10月 伤愈出院。
- 11月1日至20日 先后参加在瑞金召开的中共中央苏区第一次党代表大会和中华苏维埃第一次全国代表大会。会议期间，毛泽东征询罗瑞卿对今后工作的意见，罗表示希望返回前方。
- 12月 任红四军政治部宣传部部长兼四军随营学校政治委员。

1932年 26岁

- 2月随红四军在赣州附近塘江、新城一带打土豪、筹款、做群众工作。
- 3月红一军团进行整编，任红四军政治委员，王良任军长。随后率红四军，经瑞金南下，进入闽西向漳州推进。沿途，遵照毛泽东的指示，对部队进行打漳州的政治动员。

- 4月19日　和王良率部参加攻打漳州战役，主攻天宝山风霜岭，守敌张贞第四十九师大部被歼。随后红四军进驻漳州、石码、海澄，发动群众，筹款扩红，帮助地方建立革命武装和苏维埃政权。
- 5月28日　率部与东路军撤离漳州，回师赣南中央苏区。途中，在指挥部队攻打武定县一地主土围子的战斗中，王良牺牲，周昆继任红四军军长。
- 7月10日　指挥红四军参加南雄、水口战役，先后击溃粤敌15个团。
- 8月17日　指挥红四军主攻乐安，歼敌一个多旅。20日，参加攻占宜黄战斗，歼敌约2个旅。是役全歼国民党军第二十七师，俘敌5000余人。
- 10月16日　率部由广昌地区出发东进，参加建黎泰战役。至11月3日，先后占领建宁、黎川、泰宁广大地区，歼灭国民党军一个多团，击溃两个团。
- 11月16日　率部北进，参加金资战役。17日占领资溪，19日占领金溪。
- 12月中下旬　在黎川三都进行改编整顿。因头部左颊伤口经常反复，住卫生部医院进行治疗。

1933年　27岁

- 1月　黎川改编撤销军的建制后，任红一军团保卫局局长，随即参加第四次反"围剿"。
- 2月27日　与一军团参谋长徐彦刚率七师、九师参加黄陂伏击战，在登仙桥附近地区全歼敌五十二师，活捉师长李明。
- 3月21日　参加草台冈战斗，将国民党军第十一师大部歼灭。
- 春　在工作中注重调查研究，实事求是，要求保卫干部在办案中要学会"六何"，从事实出发。从而在王明"左"倾思想占统治地位、肃反扩大化的情况下，在一军团得以避免发生大的差错。
- 5月　前后受罗荣桓委托，举办文化娱乐训练班，为部队培训戏剧、歌咏、墙报、游戏骨干。并自编、自导、自演了活报剧《谁给我的痛苦》，揭露地主对农民的剥削和压迫。
- 8月1日　荣获中央革命军事委员会授予的二等红星奖章。
- 9月　参加第五次反"围剿"。
- 12月9日　参加一军团直属队召开的选举中华苏维埃第二次全国代表大会的军队代表会议，被选为代表。

1934年　28岁

- 1月15日　赴瑞金，出席中华苏维埃共和国第二次全国苏维埃代表大会。
- 2月中旬　连续破获两起为敌侦探红军消息、企图拖游击队投敌的敌探案。并昼夜召开特派员会议，部署工作，防止反革命分子混入部队破坏。
- 3月至4月　随红一军团艰苦转战，参加三溪圩、广昌作战。深感"左"倾错误在军事上的错误指挥使红军陷于被动，遭受严重损失。
- 8月中下旬　奉军委命令，率三个连上筷子山搜捕与土匪勾结逃跑的杨岳斌。

- 随即组织击溃土匪武装。
- 9月 初参加温坊战斗。
- 10月16日 率领一军团保卫局随中央红军开始长征。在极其困难复杂的条件下，为巩固部队，为保卫随一军团行动的党中央和毛泽东的安全付出了巨大的努力。
- 11月至12月 初协助军团领导掩护中央和军委纵队突破国民党军四道封锁线，渡过湘江。

1935年 29岁

- 1月 参加强渡乌江的战斗。为中共中央政治局遵义会议作外围警戒工作，当得知会议确立毛泽东在红军和中央的领导地位后，兴奋地说："红军得救了！"
- 1月26日至3月21日 率一军团保卫局六渡赤水，参加回师遵义歼灭国民党军吴奇伟师的战斗。
- 5月19日 任中央红军先遣队参谋长。协助司令员刘伯承、政治委员聂荣臻，率先遣队通过大凉山彝族区，参与指挥了强渡大渡河等战斗。
- 6月14日 率一军团保卫局翻越夹金山。
- 7月10日 率部通过雪山，抵达毛儿盖休整。
- 8月23日至28日 率保卫局走出草地，到达班佑。
- 9月16日 在黑朵寺召开保卫局会议，要求大家同张国焘分裂党和红军的错误作斗争，一切行动听从中央指挥，坚决跟着党中央北上。
- 9月20日 红一方面军和军委纵队整编为陕甘支队（辖三个纵队）后，调任第二纵队政治部主任。
- 10月21日至11月21日 与彭雪枫、李富春率第二纵队到达陕北吴起镇。不久调任第一方面军保卫局局长，并参加直罗镇战役。

1936年 30岁

- 2月20日至5月 初随第一方面军参加东征战役。
- 5月13日至15日 出席毛泽东在延川县大相寺召开的红一方面军团以上干部会议。
- 5月20日 在中共中央政治局常委会议上，经毛泽东提议，决定建立红军大学，由林彪任校长，罗瑞卿任教育长，并由毛泽东、周恩来、林彪、罗瑞卿等组成教育委员会。
- 6月1日 抗日红军大学成立。出席在瓦窑堡米粮山举行的开学典礼。此后，一面参与学校领导工作，一面作为第一科学员参加学习。
- 7月3日 因敌袭击瓦窑堡，"红大"随中央领导机关移驻保安县（今志丹县）。组织教职学员清理石窑，建设新校舍。
- 10月27日至12月 听毛泽东为"红大"一科讲授《中国革命战争的战略问题》课。持续多次。

■ 12月15日　西安事变发生后,作为中共代表团成员随周恩来赴西安。先作为周恩来的联络副官,继以东北军政治部民运科长的名义为和平解决西安事变开展工作。

1937年　31岁

■ 1月中旬　"中国抗日红军大学"改称"中国人民抗日军事政治大学",任教育长。

■ 2月3日　西安事变和平解决。与中共代表团部分成员先撤离西安,抵红军驻地三原。9日返回延安。

■ 4月　领导抗大学习贯彻中共中央政治局《关于张国焘错误的决定》。

■ 5月至8月　参加毛泽东为抗大讲授《辩证唯物论》课,并与学员一起讨论,肃清王明"左"倾教条主义思想的影响。

■ 8月1日　主持在延安举行的抗大第三期开学典礼,全国各地的进步知识青年开始大批进入抗大。

■ 8月25日　红军改编为国民革命军第八路军。抗大校长林彪、副校长刘伯承分任第一一五师、第一二九师师长赴抗日前线。抗大工作由罗瑞卿主持。

■ 10月上旬　主持召开抗大第一次党代表大会,贯彻延安会议和洛川会议精神,批判了张国焘逃跑主义、分裂主义的错误,增进了一、二、四方面军干部之间的团结。

■ 10月22日至11月上旬　率领抗大教职学员6000多人上凤凰山挖窑洞。历时半月,完成175个新式窑洞,修筑了盘山"抗大公路",解决了抗大的校舍困难。为此,中共中央将毛泽东手书"我们的伟大事业"赠予抗大,以资鼓励。

1938年　32岁

■ 1月28日　出席抗大"一·二八"抗战纪念运动大会闭幕式。毛泽东在会上宣布罗瑞卿任抗日军事政治大学副校长。

■ 2月　受中共中央委派,赴武汉,代表八路军参加国民政府军事委员会政治部召开的政治工作会议。其间,根据周恩来指示,曾前往国民党设在武昌的黄埔学生联络处做统战工作。

■ 4月17日　陪同国民党第二战区副司令长官兼前敌总指挥卫立煌参观抗大。

■ 5月24日　出席抗大第四期开学典礼。抗大迅猛扩大,学员5600余人,进入黄金时期。

■ 5月下旬　主持抗大第二次党代表大会,总结建校以来培养教育知识分子的经验,确定了今后党的任务,即加强党的组织建设和提高党组织的战斗力。

■ 6月初　在纪念抗大成立二周年大会上讲话说:"抗大抗大,越抗越大。"

■ 6月　主持编写了《抗大组织条令》,条令以毛泽东为抗大制定的教育方针和校训为指导思想,规定了抗大的性质和任务,以及教育方法、课程设置等方面的内容,使抗大的工作有章可循,向前迈进了一步。

- 7月　就抗大一些学员的自由主义和极端民主化倾向，以及少数干部对这些倾向工作方法简单粗暴等问题向毛泽东汇报，并向全校教职学员作了《关于抗大民主问题》的报告，加强了学校的思想政治工作，融洽了干群之间的关系。
- 8月1日至5日　主持抗大第四期毕业典礼等项活动并讲话。
- 9月29日至11月6日　列席在延安召开的中共扩大的六届六中全会。并在抗大组织传达贯彻，主持通过了《为实现扩大的六中全会给予我们的任务而斗争的决议》，规定了抗大执行中央决议的具体任务。
- 11月10日　撰写完《抗日军队中的政治工作》一书，系统总结了红军政治工作经验，成为我军政治工作的重要历史文献。此书在解放区和国统区同时出版，对帮助和影响国民党军抗日起到了重要作用。
- 12月13日　在全校干部动员大会上宣布中央军委关于抗大建立两个分校的决定，并作政治动员报告。

1939年　33岁

- 1月15日至3月15日　主持成立抗大检查工作委员会，自下而上地检查工作中的成绩和缺点，总结建校以来的经验与教训，大大推动了学校建设，受到中共中央的好评。
- 1月28日　主持抗大第五期开学典礼并讲话。全校学员总数1.3万余人，是抗大历届中最多的一期。
- 2月9日　在全校党的活动分子大会上代表抗大生产委员会作动员报告，要求全校教职学员总动员，参加生产劳动。
- 3月2日　在《八路军军政杂志》第三期发表文章《新老干部更紧密的团结起来》。
- 3月6日　与毛泽东等就抗大分校的教育计划问题致电朱德、彭德怀和一分校校长何长工等，指出："虽以培养军事干部为目的，但政治教育仍占主要地位，至少亦应与军事教育列于同等地位。""为了教育深入，必须坚持学校教育方法上少而精的传统。"
- 4月5日　向中共中央书记处会议作《关于抗大工作检查总结报告》。中共中央书记处对抗大的工作给予很高评价，在决议中指出："一致同意报告中对抗大工作的成绩、困难与缺点的估计，以及报告中所提的今后抗大的工作方针。""中央对于在抗大工作的同志们，从校首长至各级工作同志，深致慰勉之意，他们在抗大的工作是有很大成绩的。"
- 4月20日　响应党中央开展生产运动的号召，率领抗大全体教职学员上山开荒，掀起生产突击高潮。24日，毛泽东出席抗大生产运动初步总结大会，赞扬抗大的生产运动搞得好，说："你们将工农商学兵结合起来了。""文武配合，知识与劳动结合起来，可算是天下第一。"并说"抗大农庄"的路线是最好的，号召全国都应该学习"抗大农庄"的办法。
- 5月　为纪念抗大成立三周年，给《新中华报》和《八路军军政杂志》撰写介绍抗大情况和经验的文章《纪念抗大三周年的应有认识》《抗大工作的检查总结与今后方针》。
- 6月1日　主持抗大成立三周年纪念大会。毛泽东出席大会并讲话："三年来，抗大造就了很多的抗日干部，在前线打日本有很大的功劳。"
- 6月21日　召开抗大党的活动分子大会，宣布中共中央《关于抗大陕公等学校迁移晋东南的决定》，并指出：抗大上前线，给日本法西斯蒂企图进攻边区一个有力的回答；给反共分子、摩擦专家一个有力的回答；给全国学校做个模范，给全国人民一个信心。
- 7月10日　抗大总校改称"八路军第五纵队"（后改为"青年纵队"），任司令员兼政治委员，率领全校5000余人开赴华北敌后办学。
- 7月中下旬　率先头部队东渡黄河抵永和关后，因汾河水涨与敌情所阻，返回延川。
- 8月初至9月底　由延川、延长出发经盘堂渡口东渡黄河，经山西兴县翻越吕梁山，徒涉汾河，再翻越云中山，在一二〇师三五八旅部队的掩护下，指挥三个梯队通过日伪军据点林立的同蒲路封锁线，行程2500余里，于9月底抵达河北省灵寿县陈庄。
- 10月10日　出席"青年纵队"远征祝捷大会，同时庆祝陈庄大捷。随后根据中共中央指示，在抗大进行整顿组织，加强政治教育和党的支部的工作。
- 12月上旬　在灵寿县陈庄主持召开抗大第三次党代表大会。会议根据中共中央、中央军委的指示，针对抗大存在的问题，强调加强党的领导和党的工作，巩固党的组织，加强阶级教育与马列主义教育，转变学生的思想，把知识青年训练成为掌握马列主义，有纪律性、组织性，决心深入下层，接近工农的八路军干部。

1940年　34岁

- 1月1日　主持抗大第五期毕业典礼。会后，13个连队的毕业学员分配到晋察冀军区和一二〇师部队工作。
- 2月10日　率领抗大总校从灵寿县陈庄出发，徒涉滹沱河，越过正太路封锁线，经南障、和顺、辽县，20日抵达武乡蟠龙一带，完成了挺进晋东南的任务。
- 3月25日　在《新华日报》发表文章《论建立抗大在敌后方的意义》，指出：它之转移敌后，大大增强了敌后抗战力量，将创造出更多更好的干部，去解决坚持敌后抗战的支柱———八路军、新四军中的干部的需要；同时，再一次证明，抗大这个中国共产党领导下的学校始终站在抗日斗争的最前线。
- 4月15日　出席抗大第六期开学典礼并讲话，指出：抗大今后的方针主要为我党军队培养干部，应在我党军队建设上起着骨干作用。因此，抗大今后不仅有初级干部之培养，而且应有上级干部之培养；不仅有一般干部之培养，而且应有各种特殊技能干部之培养，而应提高到更高的阶段，使与整个党、军的建设适应起来。

- 5月10日　给党中央写工作报告,就抗大成立4年来的发展概况、成绩和缺点及当前的现状与任务等作了忠实的详尽的汇报。
- 6月1日　出席纪念抗大成立4周年大会。彭德怀在会上宣布中共中央、中央军委命令,调任十八集团军野战政治部主任。16日,参加八路军总部直属队欢迎会并讲话,指出:我们要争取时局好转,战胜日寇,就要建军,而建军的中心一环便是加紧政治工作,政治工作是我们部队的生命线,是战斗力量的源泉。
- 7月7日　为纪念抗战3周年,发表《论学校的建设问题》一文,指出:作为我党军队干部之主要源泉的抗大,进一步建设学校应当着重于更加强调与提高学校的党性的教育;努力使学校具有更加高级的能力,把教育与培养高级干部的任务,提到学校的中心地位;进一步强化学校的政治工作,亦应成为继续建设学校之一个重要的部分。
- 8月　协助彭德怀指挥"百团大战","四处联络督战",布置战役中的政治工作,发出《正太线战役政治工作指示》,强调指出,这一战役的重大意义在于"在敌后多打大胜仗,兴奋全国与敌占区同胞的信心;孤立与打击投降派;提高我党我军威信;争取时局好转"。
- 9月25日　根据八路军总部和北方局的决定,组织战地工作巡视团赴晋冀鲁豫地区帮助新组建的部队整顿连队、培训干部。出发前亲临讲话,要求巡视团注意加强调查研究,不要当"钦差大臣",既做政治工作的模范,也要做战斗中的模范。按照罗瑞卿的指示,巡视团一面参加百团大战的破路斗争,一面帮助连队工作,同时还发现和解决了有的部队执行锄奸政策过"左",把游击队大部编入主力等方面的问题,对部队建设起了很好的作用。
- 10月2日　作《百团大战政治工作经验教训初步总结》,指出:"大规模的交通战争重点在于毁灭铁路,……同时在毁路之后敌人必对我主要战线进行扫荡与反复扫荡……因此战役时间是较为长久的,且通常经过两个阶段,第一阶段为破击,第二阶段为反扫荡……"并对破击前的政治工作、破击时的政治工作、敌占区民众工作、敌军工作及反"扫荡"中政治工作、战后政治工作分别作了系统的概括。
- 10月6日　在中共中央北方局党的高级干部会议上作政治工作报告,就抗日战争中我军政治工作的基本原则,以及抗战三年来我军政治工作的检讨、目前政治工作建设上的一些问题作长篇论述。
- 10月30日　参加指挥关家垴战斗。经两天激战,将日军冈崎大队大部歼灭,粉碎了日军对太北区的第二次"扫荡"。

1941年　35岁

- 1月18日　发表《应当大大提高我军政治工作的顽强性》一文,指出:我军战斗力顽强性的具体标准,就是要能够同敌人胸接胸的进行白刃的扑搏。我军的政治工作,就要能保证部队此种战斗力之顽强性的养成,就要从我们政治工作的顽强性产生出此种战斗力的顽强性。

- 3月21日　在八路军后勤工作会议上作《关于后勤诸部门的政治工作》的结论性发言，就后勤政治工作应有的两个认识、后勤政治工作的十大原则、后勤各部门的政治工作等作了全面的阐述。强调指出：后勤政治工作是整个军队政治工作的一个部分。后勤政治工作的建设，也是整个后勤建设的一个部分。没有坚强的政治工作的保证，即不能有坚强的后勤工作。后勤政治工作的任务，就是保证后勤诸部门之工作任务的完成。
- 4月3日　在辽县桐峪镇与郝治平结婚。
- 4月16日　被任命为华北军委分会委员。
- 是月　在《八路军军政杂志》第三卷三、四期发表文章《目前政治工作建设上的一些问题》，分别对党的工作、干部问题以及部队的政治教育工作等十个方面的问题作详细论述。强调指出：军队的建设必须有军队政治工作的建设与之相适应。没有政治工作的建设，军队建设任务的完成是没有保证的。政治工作的建设是军队建设的一个重要部分。
- 6月27日　在《前线》第十八期发表为支部工作专号所写的文章《谈谈军队党支部与非党群众的联接问题》，指出：党的支部，是党的最基本最下层的组织，也是党最靠近群众的组织。因此，支部也就成了党所依靠以联接群众的纽带。不仅如此，党支部还是党率领群众斗争的实际执行者。
- 7月7日　出席晋冀豫边区临时参议会，讲话说：共产党八路军在任何情况下都坚持抗战，坚持团结进步，与晋冀豫边区人民共存亡。并要求民意机关、政府和全体人民，爱护军队，壮大军队和监督自己的军队。
- 8月26日　主持八路军野战政治部召开的连队政治工作会议并作报告，详尽地阐述了连队政治工作、党支部工作、连队军人俱乐部及连队军人大会等方面的具体要求和做法，强调"连队政治工作是一切政治工作的基础。党的支部是连队的堡垒，是连队政治工作的主要靠山"。
- 10月11日　在连队政治工作座谈会上，作《对连队政治工作的全面检讨》的发言，解决了连队一些亟待解决的问题，特别是当时连队政治工作中存在的严重的形式主义，即工作只看表面形式与数量，而不讲求工作程度与质量的问题。
- 秋冬　参加组织指挥各根据地军民粉碎日军的"铁壁合围"大"扫荡"。
- 12月29日　在总直干部会上传达中共中央指示，作《目前形势下敌后抗日根据地的任务与工作》的报告，指出："今后敌后抗日根据地的总方针是：精兵简政，长期坚持，生息力量，准备反攻。胜利的前途是更加接近，反对某些可能产生的熬不下去的悲观失望情绪。但同时也要说明到达胜利的彼岸，还需要忍受一时艰难困苦的游泳。"

1942年　36岁

- 1月28日　颁发十八集团军野战政治部训令，要求部队增加生产，克服困难，精兵简政，减轻人民负担，增加根据地财富。
- 2月1日　在《新华日报》发表文章《增强我们的生产战线》，指出："增强我们的生产战线，增加生产，是执行'精兵简政'总方针下，一件最切要而又最具体的实际工作。""离开这些具体的工作，不仅革命的胜利是不能设想的，而且人类的生活，都会因之停止，一个真正的有决心的革命者，不仅能成为战场上冲锋陷阵的勇士，而且当革命需要自己投入生产部门的时候，亦能成为生产战线上艰苦卓绝的英雄。"

■ 4月1日 在《前线》第二十八期发表《新的一年与新的政治工作任务》一文，指出："我们敌后根据地，仍然是长期坚持游击战争，储蓄力量，以待时机的方针。而且应当看到：今后的斗争，将是更加艰苦的斗争，将要求我们战胜更多的困难……咬紧牙关度过最困难但却是接近胜利的今后两年。"同时分述了1942年政治工作的中心任务之六个方面的工作，并指出："强调对敌斗争，开展敌伪军工作，应当放在1942年的政治工作的首要地位。"

■ 4月9日 主持八路军野战政治部召开的宣教会议，并作总结，根据党中央整顿"三风"的号召，检查和清除了部队工作中存在的主观主义、教条主义、形式主义和党八股。并对今后宣教工作的干部教育、战士教育与党的教育，以及宣传工作等提出了新的要求。

■ 5月24日 参与组织指挥八路军总部和北方局机关反"扫荡"，并与杨立三率领野政和后勤部机关由下麻田向东突围，在阳邑附近的太行群山中与日寇周旋，化整为零，分散突围，粉碎了日军的"铁壁合围"，受到总部的赞扬。左权在指挥突围的战斗中牺牲。

■ 7月7日 主持太行军民"纪念抗战五周年、追悼左权将军及诸死难烈士、庆祝反扫荡胜利大会"并讲话，指出："纪念抗战五周年，证明我们经得起考验，敌人不能消灭我们。""追悼死难烈士，我们要为左权将军及诸烈士复仇。"

■ 8月18日 在《新华日报》发表文章《应当把对敌政治攻势组织得更有力些》，指出：政治攻势的意义"就在于对于敌寇奴役华北人民之各种毒辣阴谋，给予沉重的破坏与打击！它动摇了敌军内部，加深了敌伪之间的矛盾，打击了敌寇的各种欺骗，揭穿了敌寇的掠夺本质；由于反复宣传我党我军的政策及两年胜利的结果，就争取了伪军组织内部以及敌占区有识之士的更多的同情我们，反对日寇；同时也就提高了敌占区广大群众的抗日情绪与胜利信心"。"给敌伪工作打开了一个新的局面"。

■ 8月22日 就冀南政工会议发出指示，指出：坚持平原斗争的部队政治工作，必须根据情况变化对组织形式、领导方式、工作方式实行新的原则，强调政治工作的战斗性与自动性和加强营连两级的政治干部，实行政委制度，以及在领导方式上着重分散领导。

■ 9月 参加北方局关于冀中工作讨论会，发言指出：冀中工作的主要问题是"左"的东西纠正得不够及时，政治工作不够深入，以及严重的游击主义与军阀主义。关于今后工作，提出：根据地坚持问题，可以坚持必须坚持；政治工作要在思想上作充分的准备，应付今后更残酷的斗争，主要是坚定斗志；组织上，要巩固政治工作制度，主要是巩固政治委员制度，强调党员必须服从党。

- 10月10日　在《新华日报》发表文章《朝鲜义勇军四周年纪念祝词》，赞扬"朝鲜义勇军是中华民族解放斗争的一支主力军"，"象征了朝鲜民族解放一定要胜利，全世界反法西斯阵线一定要胜利"。
- 12月15日　为纪念刘伯承五十寿辰，在《新华日报》特刊发表《祝伯承同志寿》一文，称颂"有伯承同志这样一个党员，是我党的光荣，有伯承同志这样一个模范的革命军人健在，是国家民族的幸事"。
- 12月20日　向各战略区发出《关于明年政治工作方针的指示》，提出：正规军的政治工作主要以提高质量达到精兵主义为目的，为此必须着重训练干部，着重连队政治工作，着重党的支部建设。
- 是月主持八路军野战政治部召开的锄奸工作会议，并作报告和结论，指出：在同国民党建立抗日民族统一战线的条件下，锄奸工作"主要打击的方向，应当是民族敌人，应当是日本帝国主义奸细"。"除应粉碎敌寇的凶恶特务政策外，还要打碎国民党的内奸政策。"并详尽分析了敌我双方的状况，阐述了侦查工作和审讯工作的原则和方法。

1943年　37岁

- 1月1日　与朱德、彭德怀等发表致八路军全体指战员、政工人员书，提出：愈接近胜利，环境就会愈困难，斗争也就会更加紧张而残酷。为此必须再接再厉，克服一切困难，继续坚持敌后抗战；更进一步加强与民众的联系，宣传民众、帮助民众、耐心听群众的意见，切实关心民众的利益。
- 2月1日　在《新华日报》发表文章《略论整顿三风的重点》，提出：整风学习应集中力量于主要干部，重点放在营团级以上干部。因为"整顿三风是我党思想上的革命……就是要在思想上来改造党的干部，使之在布尔什维克化的道路上，大大的向前迈进一步，以便迎接新的伟大时期的到来"。
- 2月25日　在《新华日报》发表《关于部队整风学习的几点意见》一文，对整风学习中的优点与缺点，成绩与教训做了详细的分析，对整风学习中错误认识与偏向加以纠正，使整风学习推进到一个新的阶段。
- 3月15日　在《前线》第三十三期敌伪军工作专号上发表《把日军工作提到更加重要的地位》和《敌伪军工作方针与基本政策》，对开展敌军工作的意义、方针、方法与政策作了全面系统的论述。
- 6月至7月　到太岳军区巡视工作，先后到太岳二分区、太岳行署、中条山分区和北岳分区，直至接到中央关于参加七大的电报返回太行山野政驻地。
- 8月至10月　离开太行山八路军野政驻地，赴延安参加整风学习和党的七大。经太岳过敌占区同蒲路封锁线和汾阳、离石公路封锁线，抵晋西北根据地，随即渡黄河经米脂、绥德、清涧、延长抵达延安。
- 11月中下旬　参加中共中央举行的数次小型会议，批判王明的"左"右倾机会主义错误。
- 是年　在延安先后参加毛泽东委托彭德怀和林彪召集的座谈会，澄清在二纵队工作期间有人提出的所谓错杀原三军团干部的问题。经中央调查，证明没有此事。

1944年　38岁

- 2月1日　参加中央党校开学典礼，编入一部第三支部，任支部学习委员。开始系统学习党的整风文献和马列、毛泽东的著作，并认真总结在十年内战和抗日战争时期的斗争经验。
- 4月中旬　出席中共中央西北局高级干部会议，听了毛泽东所作学习与时局问题的报告，以及在毛泽东主持下起草的《关于军队政治工作问题》的报告，极为振奋。
- 5月　在中央党校听毛泽东作关于整风审干的成绩与缺点的报告。对党的"实事求是"的思想路线有了深切的体会。
- 8月　向美军观察组介绍八路军在敌后抗战情况，以及我军对敌伪军的政治攻势和俘虏政策。
- 夏　参加中央党校的审干甄别工作，对两位在"抢救运动"中被诬陷为"特务"的女同志进行复查，并为她们的所谓"特务"问题平了反。

1945年　39岁

- 4月23日至6月11日　出席中国共产党第七次全国代表大会，被选为候补中央委员。
- 6月19日　出席中共七届一中全会第一次会议，会议选举毛泽东为中央委员会主席兼中央政治局、中央书记处主席。
- 8月9日　出席中共七届一中全会第二次会议，会议通过了《关于若干历史问题的决议》和《中国共产党党章》，并讨论了时局问题。
- 8月18日　中共中央书记处会议决定，组织晋察冀中央局。被任命为晋察冀中央局副书记、晋察冀军区副政治委员兼政治部主任。
- 8月28日　在延安参加欢送毛泽东、周恩来、王若飞赴重庆与国民党进行和平谈判。
- 9月9日　乘飞机由延安抵张家口晋察冀军区。
- 10月15日　与聂荣臻、萧克等致电所属部队，组织绥东战役，并对正太路、平汉路及平绥路东段、平古段进行破袭。
- 10月23日　中共中央决定组织晋察冀第二野战军，被任命为政治委员，萧克任司令员。
- 11月9日　中共中央决定成立冀热辽中央分局，被任命为冀热辽中央分局第二书记，冀热辽军区第二政治委员兼政治部主任，晋察冀第二野战军政治委员，随即率部赴承德，担负保卫热河及坚持冀东、平北斗争的任务。

1946年　40岁

- 1月11日国共双方达成停止军事冲突的协议，并组成由国共美三方代表参加的军事调处执行部，罗瑞卿被任命为中共方面参谋长，于14日抵北平赴任。

- 2月28日　出席三人小组（张治中、周恩来、马歇尔）在北平执行部举行的会议，听取各小组的工作汇报。
- 4月3日至7日　与叶剑英就国民党方面非法搜查北平《解放》报社和新华通讯社，并逮捕40余名工作人员事，提出抗议，与国民党北平公安局据理斗争，迫使其赔礼道歉，释放被捕人员。
- 4月12日　代表周恩来由北平抵沈阳视察，就国方破坏东北停战问题作了针锋相对的发言。16日返回北平再赴重庆向周恩来汇报工作。不久又赴延安向毛泽东和中央报告工作。
- 6月26日　国民党撕毁停战协定，向中原解放区大举进攻，全面内战爆发。此前几日，根据中共中央指示，即撤离北平返回张家口晋察冀军区驻地。随后根据中央指示赴延安，接受毛泽东对晋察冀军区部队行动任务的指示。
- 7月25日　根据中共中央复电聂荣臻"同意先取大同，再取平汉，再取正太"的指示，大同前线指挥部组成。罗瑞卿任政治委员，晋绥军区副司令员张宗逊任司令员，指挥大同战役。
- 8月中旬　大同久攻不下，以个人名义向军区、中央军委致电，提出："现在这样打法不行，我军屯兵于三个坚城之下（大同、定襄、应县），久攻不克，兵力分散，倘傅作义出援，不好对付。"
- 9月15日　致电中央军委和聂荣臻、贺龙，就集宁失守后大同战役只能被迫停止提出："大同解围后，两区主力分别归建，进行休整补充……寻找机会打几个胜仗，一团一营的歼灭敌人，以改变被动地位。"
- 是月　晋察冀军区奉命恢复野战军指挥机构，罗瑞卿任政治委员，萧克任司令员。
- 10月3日　与萧克率部在平绥前线歼灭国民党第十六军第一〇九师之第三二五团全部及第三二七团一个营。5日，中央军委致电萧克、罗瑞卿："你们已……取得初步胜利，望令各部坚持各个击破原则，集中绝对优势兵力……分为多次，歼灭十六军全部或大部。"
- 10月22日　出席中共晋察冀中央局在涞源召开的扩大会议，总结三个月来作战的经验教训，会议作出《关于张垣失守后的形势与任务的决定》。
- 11月26日　与聂荣臻、刘澜涛致电所属部队：为迅速恢复战斗力，准备执行新任务，野战军应即积极休整补充，总结经验，进行训练。

1947年　41岁

- 1月20日至28日　参与指挥保南战役，攻克望都、新乐、定县诸城，控制平汉铁路100余公里，歼敌8000余人。
- 3月25日　主持召开晋察冀军区政治工作会议，并作《如何加强军队政治工作》的报告。强调指出：军队政治工作应以毛泽东思想为指针。并根据部队中存在的问题，提出把激励士气与加强团结作为目前军队政治工作的总方针。尤其针对军队与地方关系不太协调的情况，着重批评了军队内骄傲自满情绪和不守纪律的现象，促进了军民、军地团结，受到中共中央的好评。
- 4月8日　参与指挥晋察冀野战军发起正太战役，至5月4日战役结束，相继攻克井陉、娘子关，解放阳泉、寿阳等7座县城，歼敌3.5万余人，使晋察冀和晋冀鲁豫连成一片。
- 4月15日　出席晋察冀中央局直属干部党员大会，传达中央"三一"决定及中央局关于执行"三一"决定的决定，并全面分析了晋察冀边区胜利不足的原因，强调指出：在军事指导上要坚决贯彻中央先打弱的后打强的、集中优势兵力歼灭敌人的指示，把相对优势变成绝对优势；在战役指导上要学会力争主动，运动战也可以说是主动战，运动战的思想应该是"东方不亮西方亮，黑了南方有北方"，这里不好打就到那里打，要善于大踏步前进又大踏步后退。
- 5月7日　在晋察冀军政会议上作《关于加强我军政治工作》的报告，指出：《古田会议决议》是我军政治工作的指导思想；部队政治工作所要解决的是在党绝对领导下的全心全意为人民服务的觉悟问题；目前部队政治工作的总方针是加强军队内外的团结和激励部队坚决勇敢的杀敌精神。
- 5月中旬　出席中共晋察冀中央局在行唐县上碑镇召开的扩大会议，对土改运动中，由于缺乏党的领导、不讲政策、乱打乱杀之风而产生的偏差提出意见。会议检查了土改复查工作，纠正了"左"倾错误。
- 6月2日　中共中央同意晋察冀中央局和朱德、刘少奇关于成立晋察冀野战军指挥机构的建议，罗瑞卿任第一政治委员，杨得志任司令员。
- 6月12日至15日　参与指挥晋察冀野战军发起青沧战役，歼敌1.3万余人，攻克青县、沧县、永清3座县城，占领津浦铁路80余公里。
- 6月25日至7月6日　转回平汉线，发起保北战役，歼敌两个团8200余人，攻克徐水县城和固城镇。
- 7月中旬至8月中旬　返回冀中晋县地区，组织部队进行诉苦、"三查"的新式整军运动。
- 8月底至9月13日　出席在平山县西柏坡召开的全国土地会议第二阶段会议。
- 9月20日至24日　率部向大清河北出击，举行大清河北战役。歼灭国民党军第十六军5000余人。
- 10月22日　在阜平县史家寨参加边区土地会议，得悉晋察冀野战军发起清风店战役，全歼国民党军第三军主力1.3万余人，与聂荣臻等一起到前线指挥部，并接见被俘的第三军军长罗历戎。
- 11月6日至12日　与杨得志等指挥晋察冀野战军发起石家庄战役，全歼守敌2.4万余人，开创了人民解放军夺取大城市的先例，并使晋察冀和晋冀鲁豫两大解放区连成一片。
- 12月2日　主持中共晋察冀野战军前委在晋县召开的扩大会议，总结历次战役的经验教训，研究部署整党、整军和参加土地改革工作。

1948 年 42 岁

- 1 月 21 日　参与组织晋察冀野战军发起的平汉线北段战役，歼灭国民党第三十五军军部及新编第三十二师大部，共计 1.4 万余人，军长鲁英麟自杀。
- 2 月 17 日　在晋察冀野战军前委扩大会上作结论性发言，指出：在军事思想上，运动战是我们的战略方针，以不固定的作战线，大踏步前进、后退为其特征。在政治工作上，要继续深入开展三查运动，按照无产阶级思想、毛泽东思想建设我们的军队。
- 3 月 20 日至 4 月 9 日　参与指挥晋察冀野战军发起察南、绥东战役，集中 5 个纵队组成左右两个兵团，先后攻克阳高、天镇、广灵、蔚县、阳原，随即西出绥远，攻克丰镇、新堂、怀安等地县城，歼灭国民党军 1.8 万余人，解放了察南广大地区。
- 5 月 9 日　中共中央、中央军委决定，将晋察冀和晋冀鲁豫两大战略区合并，组成华北军区。被任命为华北军区政治部主任兼第二兵团第一政治委员。
- 5 月 13 日至 7 月 20 日　根据中共中央和毛泽东的指示，率第二兵团两个纵队共 7 个旅，向热河、冀东出击，配合东北野战军作战。先攻克丰润等城镇 12 处，继围攻古北口，连克昌黎、石门镇、涞水、新城、徐水，歼灭国民党军 3 万余人。
- 9 月 7 日　率第二兵团和冀察热辽军区部队，为配合东北作战及掩护第三兵团出绥远，向平承铁路及平北地区出击，攻克三河、密云县石匣、小营等据点，控制了平承铁路古北口至密云段。
- 9 月 17 日　就秋季战役政治工作向所属部队发出指示，指出：我兵团任务主要是求得钳住傅军主力，使东北我军和三兵团得手。全军应紧张动员，为完成一切战斗任务而奋斗。在思想上工作上均应有连续作战的准备和克服困难的最大决心。加强战时政治工作，保证每一战斗任务胜利完成，争取军政两胜。
- 11 月 24 日　以第二兵团前委的名义向毛泽东报告北征以来部队情况，并提出：目前的工作除随时注视部队思想动态加强政治领导与思想领导外，着重解决部队的战术问题与政策纪律问题。战术水平不提高，在更加复杂的战争面前，会要感到严重的困难。政策纪律问题不解决，在打到新区去与进入新的城市就一定出乱子。
- 12 月 8 日至 22 日　与杨得志等指挥第二兵团再出平绥线，昼夜兼程，将国民党第三十五军包围于新保安，并按照军委指示围而不打。至 22 日发起攻击，全歼傅系主力第三十五军军部及第一〇一师、第二六七师等 1.6 万余人，取得平津战役中华北参战部队的第一个胜利。

1949 年 43 岁

- 1 月 4 日　在西进大同途中，向中央军委建议率部赴北平，参加平津作战，获准。率第二兵团进至北平北部，参加由西直门至安定门段围城并作攻城的准备工作。
- 1月15日　根据中央军委1948年11月1日和1949年1月15日的决定，全军进行整编。任华北军区政治部主任兼第十九兵团政治委员。
- 2月3日　与杨得志率第十九兵团参加北平和平解放入城式。
- 3月5日至13日　出席在西柏坡召开的中共七届二中全会。
- 3月17日　中共中央军委决定组成太原前线司令部和党的总前委，任副政治委员和总前委第一副书记及太原军管会副主任。因徐向前有病，中央军委决定由周士弟和罗瑞卿代理徐向前指挥。
- 4月20日至24日　与周士弟指挥会攻太原，歼灭阎锡山部6个军13万余人，结束了阎锡山在山西38年的反动统治。
- 5月14日　为筹备成立中央军委公安部，毛泽东电召罗瑞卿"来中央一叙"。
- 6月初　离开十九兵团到北平。
- 7月6日　任中央军委公安部部长。
- 9月21日至30日　出席中国人民政治协商会议第一届全体会议。
- 10月1日　出席中华人民共和国开国大典。
- 10月15日至11月1日　主持召开第一次全国公安工作会议，讨论和解决公安机关的组织形式、组织机构和公安工作的任务、方针等问题。
- 10月19日　在中央人民政府委员会第三次会议上，被任命为中央人民政府政务委员、人民革命军事委员会委员、政务院政治法律委员会副主任、政法办公室主任、公安部部长。
- 11月5日　主持召开中央人民政府公安部成立大会并讲话。
- 11月11日　经政务院第五次政务委员会决定，兼任北京市公安局局长。
- 12月16日至1950年2月17日　随同毛泽东、周恩来访问苏联并负责警卫工作。

1950年　44岁
- 1月　任中央人民政府公安部党组书记。
- 2月8日　代中央起草《中央人民政府政务院关于在国家财政经济部门建立保卫工作的决定》。3月24日，政务院第25次政务会议通过这个决定。
- 4月21日至5月19日　主持召开第一次全国经济保卫工作会议并讲话，会议特别强调了党委的领导作用。强调依靠工人阶级，加强专门业务，保障经济建设安全进行。
- 6月6日至9日　出席中共七届三中全会。
- 7月6日至8月12日　主持召开首次全国治安行政工作会议，讨论和解决了人民公安机关治安行政部门的工作职责、加强对敌斗争、建警和农村治安管理工作等问题。
- 8月25日　主持召开第一次全国侦察工作会议，并作《为彻底战胜帝国主义特务及其走狗残余势力而斗争》的报告。

- 9月22日　任公安部队司令员兼政治委员。
- 10月15日　在《人民日报》发表《怀念左权同志》的纪念文章。
- 10月16日至21日　主持召开第二次全国公安会议,传达贯彻中央《关于镇压反革命活动的指示》,部署开展镇反运动。
- 11月14日　在第一次全军保卫工作会议上作《从政治上、思想上、组织上纯洁与巩固军队内部》的报告。
- 12月30日　在北京市第二届第四次各界人民代表大会上作《一年来镇压反革命分子破坏活动》的报告。

1951年　45岁

- 1月1日　在《人民日报》发表《一年来人民公安工作成就和今后任务》一文。
- 1月22日至3月20日　赴湖北、湖南、广东、广西、江西、江苏、浙江、上海等11个省、市、自治区考察镇反工作。并向中央作了关于几个省市镇压反革命及公安工作的考察报告。
- 4月14日　函复北京汇文中学师生员工,欢迎协助政府肃清反革命。
- 5月10日至15日　主持召开第三次全国公安会议并作报告,总结了中央"双十"指示以来镇压反革命运动的情况,部署了今后斗争任务。
- 6月15日至28日　主持召开第一次全国边防保卫工作会议并讲话。
- 7月27日　以公安部部长名义公布《城市户口管理暂行条例》。
- 8月3日　在政务院第96次政务会议上作《关于镇压反革命工作》的发言。
- 9月11日　至17日主持召开第四次全国公安会议,并作《为彻底肃清反革命的残余势力而斗争》的报告。
- 10月23日至11月1日　出席政协全国委员会第一届第三次会议,并作《关于目前反革命活动的情况和我们的对策》的发言。
- 12月22日　在公安部、北京市公安局联合召开的党员干部大会上作《在公安系统内开展反对贪污,反对浪费和反对官僚主义斗争》的讲话。

1952年　46岁

- 1月　向中央作《关于公安部"三反"运动发动情况的报告》。毛泽东批转了这一报告。
- 2月6日至19日　赴武汉考察中南行政区、军区及武汉市机关"三反"斗争情况。
- 2月21日至5月29日　受中央委派解决华南、广东"三反""五反"问题,并向中央写了情况报告。
- 7月23日至8月8日　主持召开第二次全国侦察工作会议并讲话,强调开展同帝国主义特务的斗争,加强经济保卫工作,加强对侦察工作的领导。
- 9月29日　为庆祝中华人民共和国成立三周年,在《人民日报》发表文章《三年来镇压反革命工作的伟大成就》。

- 10月12日至18日　主持召开第五次全国公安会议，并作《关于第四次全国公安会议决议执行情况的检查与今冬明春镇压反革命工作的计划要点》的报告，会议并通过了关于建设公安部门政治工作的决议。
- 11月29日　出席中国人民解放军总政治部召开的第二次全军保卫工作会议并讲话。
- 12月25日　在中央劳改生产管理委员会第一次会议上，被任命为中央劳改生产管理委员会副主任委员。

1953年　47岁

- 1月28日　兼任中央人民公安学院院长。
- 同日　看了1月24日《解放日报》关于合肥市公安人员违法乱纪侵犯人权的报道后指示，要以此为典型在公安系统内开展反违法乱纪、反国民党旧警察作风的斗争，并于当天向全国公安系统发出通报。
- 2月9日　向毛泽东、中共中央作《关于取缔反动会道门情况的报告》。
- 2月10日　向中共中央作《关于在公安系统内开展反官僚主义、反命令主义、反违法乱纪斗争的报告》。
- 3月8日至17日　随周恩来率领的中国党政代表团赴苏，参加斯大林葬礼。
- 4月20日　在北京召集各大行政区公安局长会议，座谈第三阶段镇反情况。
- 5月7日　批示转发《西南区假案情况检查报告》，并在批语中指出：产生假案的主要原因，"是我们有些公安机关和公安人员，不重视调查研究工作，轻信口供不重证据，甚至采取极端错误的刑讯逼供办法所致"。要求"一切有假案的地方，均把揭发与平反假案，严肃纠正错捕、错押、错判，当做反对官僚主义，反对强迫命令、反对违法乱纪的主要内容之一"。
- 5月8日　向毛泽东和中共中央作《关于处理战犯问题的请示报告》。
- 6月19日至7月19日　赴东北三省视察工作，重点考察了镇压反革命运动、经济保卫工作和隐蔽斗争。并向中央作考察报告。
- 8月19日　出席中国人民解放军公安部队首届功臣模范代表会议并讲话。
- 9月24日　主持召开第二次全国民警治安工作会议并讲话，强调要依靠人民群众的支持，打击反革命和刑事犯罪的现行破坏活动，进一步巩固社会治安。
- 10月10日至16日　主持召开第一次全国人民防空工作会议，并作《关于人民防空工作的现状与今后工作方针和任务》的报告。
- 12月10日　出席第二次全国劳改工作会议并讲话。

1954年　48岁

- 1月　初陪同毛泽东到杭州，参加《中华人民共和国宪法》起草工作。
- 2月6日至10日　参加中共七届四中全会。
- 3月23日　出席《中华人民共和国宪法》起草委员会第一次会议。
- 4月27日　受中央委托，在东北地区党的高级干部会议上发言，批判高岗、饶漱石的反党阴谋活动。
- 5月17日至6月17日　主持召开第六次全国公安会议，并作《进一步加强人民公安工作，为保障国家社会主义建设和社会主义改造的顺利实施而斗争》的讲话。
- 8月26日　在政务院第222次政务会议上作《关于中华人民共和国劳动改造条例草案》的说明，会议通过了该条例和《劳动改造罪犯刑满释放及安置就业暂行处理办法》。
- 9月15日至28日　出席第一届全国人民代表大会。
- 10月31日　任国务院第一办公室主任。
- 12月20日至24日　主持召开全国公安厅、局长座谈会并讲话。
- 12月31日　在全国人大常委会第四次会议上作《关于公安派出所组织条例草案》的说明，会议通过了该条例以及城市居民委员会和城市街道办事处组织条例。

1955年　49岁

- 1月1日　在公安部元旦团拜会上讲话，号召公安干部要认真学习和研究公安理论，认真学习宪法和法律，加强法制观念，模范地遵守和执行宪法和法律。
- 2月2日至17日　主持召开全国政治保卫工作会议并讲话。
- 3月21日至31日　参加中国共产党全国代表会议并发言。
- 4月4日　参加中共七届五中全会。
- 6月13日至15日　主持召开全国省、市公安厅、局长会议，并作《坚决贯彻中央关于加强同反革命分子和各种犯罪分子作斗争的指示》的讲话。
- 7月5日至30日　出席第一届全国人民代表大会第二次会议，并作《全国人民团结起来，坚决、彻底、干净、全部地肃清一切反革命分子》的发言。
- 9月24日　在11个省、区肃反五人小组负责人会议上讲话，指出："当前的运动中应注意的中心问题是防止偏差。"
- 9月27日　被授予中国人民解放军大将军衔及一级八一勋章、一级独立自由勋章和一级解放勋章。
- 10月4日至11日　参加中共七届六中全会，并就农业合作化问题的决议草案第九条内容作了发言。
- 11月　赴山东、江苏、安徽考察农业合作化，并向毛泽东、中共中央作了考察报告。
- 12月16日至24日　主持召开第七次全国公安会议，并作报告和总结。

1956年　50岁

- 1月5日至14日　主持召开第一次全国公安政治工作会议并讲话。
- 2月7日　主持召开各省、市，中央直属机关、中央国家机关和军事系统肃反五人小组负责人会议并讲话。

- 3月14日至15日　出席全国政协常委扩大会议，并作关于战争罪犯问题的发言，就日本战争罪犯和蒋介石集团战争罪犯的情况和战争罪犯的处理问题提出初步意见。
- 3月28日至4月5日　主持召开全国公安厅、局长会议，会议根据镇反斗争中出现的新情况，研究贯彻镇反斗争的具体措施。并讨论通过了《处理城市反革命分子的办法》（草案）和《中共中央关于逮捕反革命分子和其它刑事犯罪分子的政策界限的规定》（草案）。
- 4月6日至14日　参加全国人民警察、治安保卫委员功臣模范代表大会并讲话，指出：联系群众、依靠群众、为人民群众服务，是人民公安工作的根本特点。
- 5月　随毛泽东从广州到武汉，负责毛泽东畅游长江的安全警卫工作。
- 6月15日至30日　出席第一届全国人民代表大会第三次会议，并作《关于当前镇压反革命斗争的情况和意见》的发言。
- 7月13日至16日　主持召开全国检察长、法院院长、公安厅局长联席会议，贯彻中央检查镇反工作，纠正缺点、错误的指示。
- 9月15日至27日　在中国共产党第八届全国代表大会上当选为中央委员，并作《我国肃反斗争的主要情况和若干经验》的发言。
- 11月16日　参加全国人大常委会第51次会议，并作《关于宽大处理和安置城市残余反革命分子的决定》和《关于对反革命分子的管制一律由人民法院判决的决定》的说明，会议通过了这两个决定。
- 12月20日至28日　主持召开第八次全国公安会议并讲话。会议根据党的第八次代表大会确定的肃反方针，部署了1957年公安工作的任务。

1957年　51岁

- 2月27日至3月1日　出席最高国务会议第十一次扩大会议。
- 3月下旬至4月15日　赴四川省成都、内江、自贡、重庆等市视察公安工作和肃反工作。
- 5月15日至23日　主持召开各省、市、区党委肃反五人小组负责人会议。
- 5月24日　在公安部党团员大会上作整风动员报告。
- 6月26日至7月15日　出席第一届全国人民代表大会第四次会议。
- 8月1日　在全国人大常委会第78次会议上作《国务院关于劳动教养问题的决定》的说明，会议通过了该决定。
- 9月20日　至10月9日出席中共八届三中全会。
- 10月22日　参加全国人大常委会第81次会议，并作《中华人民共和国治安管理处罚条例》的说明，会议讨论通过了该条例。
- 12月20日至1958年1月20日　率公安代表团访苏，参加苏联国家安全机关成立40周年庆祝活动。

1958 年　52 岁

- 1月9日　在全国人大常委会第91次会议上作《关于中华人民共和国户口登记条例草案》的书面说明，会议讨论并通过了这一条例。
- 2月14日至27日　先后到北京市公安局西单分局、横二条派出所、南长街派出所等单位视察工作。
- 3月11日至24日　到上海检查公安工作，并主持召开江苏、浙江、上海二省一市公安工作座谈会。
- 3月26日至4月4日　在浙江省宁波、温州市考察公安工作，讲话指出："公安工作改进，就是要把工作做的好一些，做的细一些，着重是要求质量，实事求是，办不到的，没有把握的不要提。黄岩'百无'其志可嘉，肯定办不到，有的共产主义社会也恐怕办不到。"
- 4月6日至28日　先后到福州、广州、武汉参加省市公安干部座谈会，广东、广西、广州市公安厅局长汇报会和江西、湖南、湖北、武汉市公安厅局长座谈会并讲话。
- 5月5日至23日　参加中国共产党第八届全国代表大会第二次会议，并作《进一步贯彻群众路线，更好地保卫社会主义建设全面大跃进》的发言。
- 6月23日至8月16日　主持召开第八次全国公安会议，并作《关于九年斗争总结的几个问题》的报告。
- 8月17日至30日　出席中共中央在北戴河召开的政治局扩大会议。
- 10月24日至28日　到内蒙古检查公安工作，并参加内蒙古公安厅和包头、呼和浩特市干警大会。
- 11月14日　参加华北政法片会，并作《关于人民公社化后政法工作应该注意的一些问题》的讲话。
- 11月28日至12月10日　出席中共八届六中全会。

1959 年　53 岁

- 1月20日至31日　参加全国政法工作会议并讲话。
- 2月16日至26日　主持召开第二次全国武装民警工作会议并讲话。
- 3月　到广西、云南视察政法工作。
- 4月2日至5日　出席中共八届七中全会。
- 4月18日至29日　出席第二届全国人民代表大会第一次会议，被任命为国务院副总理兼公安部部长。
- 5月8日　向中共中央作《关于中央领导政法小组成员人选问题的报告》，并根据中央决定担任该组组长。
- 6月　初陪同毛泽东回韶山故居。随后赴湖北省阳新县考察救灾工作。
- 7月2日至8月1日　出席中共中央在庐山召开的政治局扩大会议。
- 8月2日至16日　参加中共八届八中全会。
- 8月18日至9月2日　参加中央军委扩大会议。

- 9月17日　被任命为国防部副部长、中央军委常委、军委秘书长兼总参谋长。离开公安部回军队工作。
- 9月28日　为庆祝新中国成立10周年，在《人民日报》发表文章《十年来革命同反革命的斗争》。
- 10月14日　参加新组成的军委第一次常委会议，会议决定设立军委办公会议，处理军委日常工作中的一般问题，并对重大问题提出处理意见。罗瑞卿被指定为会议召集人。
- 11月4日　给军委写报告，请示《关于民兵工作需要解决的几个问题》，提出：提高全党全军对民兵战略地位的认识，是当前的主要问题。我国的民兵制度，是在毛泽东思想指导下武装全民的制度。对付未来导弹和核武器的战争，必须依靠民兵，实行全民防御，建立全民防御网。

1960年　54岁

- 1月至2月　到上海，参加中共中央举行的政治局扩大会议。随后去广州，参加中央军委召开的扩大会议，会议讨论了战略方针、国防建设和国防工业问题。总参谋部在关于战略方针的建议中提出，为了适应未来战争需要，在国防工业生产和军事科学技术研究方面，应该大抓尖端技术，大抓基本建设。
- 3月　赴贵阳、重庆、成都等地检查工作。对一些地区的国防工业项目工程建设质量不好，提出严肃批评。并多次检查改进落实措施，直到问题解决为止。
- 4月18日　参加全国民兵代表会议，并作了《关于民兵建设问题》的讲话。指出：民兵是人民解放军的有力助手，是保卫革命政权的重要工具，是进行革命战争和国防建设的战略组成部分，无论在革命战争时期，还是在建设社会主义和保卫社会主义事业中，都起着巨大的作用。
- 5月　视察空军南苑高级航校、第11航校和空军驻华北地区部队。
- 6月25日　出席总参谋部召开的全军参谋长会议并讲话：一、组织编制和装备规划方案要压缩；二、装备问题要搞规划，搞尖端，要加速现代化；三、要加强军队的革命化、改善官兵关系、军民关系和上下级关系。
- 7月5日至8月10日　参加中共中央在北戴河举行的工作会议。
- 8月26日　出席中央军委召开的第八次全军院校工作会议并讲话。
- 9月14日至10月20日　参加中央军委在北京召开的扩大会议，并作了关于组编装备问题的发言。
- 10月21日至11月11日　与贺龙率中国军事友好代表团访问朝鲜，参加纪念中国人民志愿军赴朝参战十周年纪念活动。
- 11月　在沈阳、长春、哈尔滨视察沈阳部队、国防工程和国防工业。

1961年　55岁

- 1月2日至9日　随周恩来率领的友好代表团访问缅甸，参加缅甸独立节

13周年庆祝典礼活动。回国后，到昆明、成都、重庆、武汉、西安考察部队工作和国防工厂。
- 2月　继续考察部队工作，并向毛泽东、中共中央和中央军委写《关于几个地区部队情况的考察报告》，指出：现在部队中的班、排长都没有打过仗，完全没有实战经验。再过几年，连营长甚至团长都会出现这种情况，这是很值得注意的问题，除加强政治工作外，在军事训练上应有一些切实可行的措施，我们军队的战斗经验、战斗传统，也应当想方设法传给新提拔起来的干部。军事训练部门应当重视和研究这件事。
- 4月　去通信兵部队和空军、海军、总参调查通信问题。
- 5月21日至6月12日　参加中共中央在北京举行的工作会议。
- 6月12日至7月15日　参加中央军委扩大会议，并作了关于国内外形势的报告。
- 7月18日至8月14日　与贺龙、聂荣臻主持召开国防工委北戴河工作会议，研究贯彻执行"调整、巩固、充实、提高"的八字方针，缩短国防工业生产建设战线问题，并作总结讲话，提出对国防工业的科研、生产、基本建设进行调整。
- 8月23日至9月16日　在庐山参加中共中央举行的工作会议。
- 10月　到沈阳等地视察部队工作和国防工业。
- 11月18日　被任命为国防工业办公室主任。

1962年　56岁

- 1月11日至2月7日　参加中共中央扩大工作会议，即七千人大会。
- 2月至4月　参加中央军委先后在广州和北京召开的全军编制装备会议，并在会议上传达了毛泽东关于军队高级干部学习马列主义著作的指示，选定30本书作为军队高级干部的学习内容。
- 5月7日至11日　参加中共中央政治局常委在北京举行的工作会议。会后，去上海向毛泽东汇报工作，并主持军队战略方针的修改工作。
- 6月　主持作战会议，与中央军委其他领导人组织指挥人民解放军进行粉碎国民党军企图进犯东南沿海地区的作战准备工作。
- 7月20日　主持国防工业问题会议并讲话，提出要明确国防工业的方针，统一思想，统一口径，统一行动，为一个目标奋斗。
- 9月24日至27日　参加中共八届十中全会，当选为中央书记处书记。
- 10月20日至11月20日　与中央军委其他领导人指挥中国人民边防部队进行中印边境自卫反击作战。
- 11月　中共中央成立十五人专门委员会，加强对原子能工业的领导和原子弹的研制攻关。周恩来任主任，罗瑞卿兼任委员会下设的办公室主任，协助周恩来进行原子弹研制试验工作的组织领导和计划落实工作。
- 11月6日至12月19日　主持召开国防工业办公会议并作总结发言，强调指出：国防工业的任务和方针是：自力更生，奋发图强；正确处理国防工业同国民经济的关系；正确处理国防工业内部的各种关系；明确科研以尖端为重点，生产以常规为重点，基建以补缺配套为重点；建成一个基本独立完整的国防工业体系。

1963 年　57 岁

- 1 月 15 日　出席海军党委扩大会议并讲话，指出：海军建设的方针应该是：高举毛泽东思想红旗，根据国防需要，根据国防经济和财政的可能，在当前，建设一支精干的有战斗力的海军，在将来，建设一支强大的海军。
- 2 月 7 日　在《人民日报》发表为"雷锋班"命名大会的题词："雷锋同志永垂不朽"。3 月 5 日，毛泽东发出"向雷锋同志学习"的号召，随即组织全军掀起学习雷锋的热潮。
- 3 月 12 日　到福州，参加总参、总政、总后联合召开的全军岛屿战备工作业务会议并讲话。随后赴福州军区沿海岛屿检查工作。
- 5 月　到舟山等地，视察海军东海舰队基层部队。
- 6 月　到南京军区视察工作，先后到定海、普陀、桃花、岱山、大衢、泗礁、南通、启东、如东、射阳、滨海、淮阴和崇明等地区。在视察上海警备区时，为"南京路上好八连"题词："兢兢业业，戒骄戒躁，不断前进，不断提高，永远保持好八连的光荣称号。"
- 7 月　先后到连云港、青岛、烟台、内长山列岛、崂山湾、里岛、成山头、砣矶岛、蓬莱等地视察济南军区和海军、空军部队。
- 9 月 20 日　参加全军军训工作会议并讲话，强调指出：训练要因任务制宜。训练要注意练好硬功夫，就是"开得动，打得准，联得上"。
- 10 月 4 日至 11 月 9 日　率中央军委军事工作团视察新疆的南疆和北疆地区。
- 11 月 15 日至 12 月 2 日　率中国军事代表团访问朝鲜。
- 12 月　遵照毛泽东关于军队高级干部下连队宣讲农村社会主义教育运动两个文件的指示，先后 7 次到首都警卫师、中央警卫团所属连队宣讲并召开干部、战士座谈会。

1964 年　58 岁

- 1 月 9 日　在主持召开的国防工业办公会议上作总结讲话，强调要坚持国防工业建设的各项方针任务，力争提前两年，在今后 7 年内建成一个基本独立完整的国防工业体系。并建议在今后 7 年内着重抓航空工业，选择空军装备作为突破口。
- 1 月 25 日至 30 日　到南京，遵照毛泽东的指示，主持召开推广郭兴福和郭兴福式的教学方法现场会议，号召全军部队学习郭兴福，赶上郭兴福，超过郭兴福。会后，全军掀起了学习郭兴福教学法的群众性练兵运动。
- 2 月 9 日至 25 日　到广州，参加广州军区召开的学习郭兴福教学法成果评比现场会，观看了部队的表演，并视察了海军部队。

- 3月5日　观看北京军区尖子分队的军事技术表演，说：部队练成硬功夫，真本领，打得准，过得硬，艺高胆大，勇敢加技术，什么敌人都不在话下。
- 4月13日至26日　到成都军区等单位视察工作，当军区领导汇报部队学习郭兴福教学法中，有拼凑尖子的现象时，指出：弄虚作假，不是共产党的作风，将来打起仗来会打败仗。
- 5月20日　陪同周恩来、彭真、陈毅、贺龙到天津杨村，检阅北京军区尖子分队的军事表演。两周后又赴济南，观摩济南军区军事比武活动，并在大会讲话，指出：郭兴福的教学方法已为实践所证明，是一种好的教学方法。不仅陆军可以用，海军可以用，空军也可以用，只要同自己的具体情况结合起来，各行各业都可以用。
- 6月15日至16日　陪同毛泽东等党和国家领导人在北京检阅了北京军区、济南军区的军事汇报表演，受到毛泽东等领导人的高度评价和赞扬。
- 7月　赴延吉、长春、牡丹江、绥芬河、沙尔图等地区勘察地形，检查工作。
- 8月　根据中共中央指示，在国防工业工作会议上，研究部署国防工业大小线建设的各项准备工作并讲话，强调调整一线、集中力量建设大三线的问题。要求大家本着"精心研究，逐步实施"的精神，按照规模小、专业化和便于相互协作的原则，以及"靠山、分散、隐蔽"的方针，制定规划方案，集中力量，争取时间，积极行动。
- 是月　观看装甲兵、工程兵、炮兵的尖子分队和技术能手的比武汇报表演。
- 9月1日　第一颗试验用的原子弹研制成功。9月20日，向中共中央和毛泽东呈送《关于首次核试验时间的请示报告》，提出"以今年10月份试验为最好"，得到中共中央和毛泽东的批准。
- 9月上旬　在北京南苑观看空军组织的比武表演。下旬，到张家口、张北、承德等地勘察地形。
- 10月15日　到青岛视察海军北海舰队，并观看北海舰队举行的战斗演习。
- 10月16日　中国自行研制的第一颗原子弹爆炸成功。即向参加试验的科研人员和部队发贺电，勉励大家"再接再厉，以竟全功"。
- 11月　到天津、秦皇岛、唐山、济南、青岛、沂蒙山区、南京、徐州、苏北地区勘察地形和视察北京、济南、南京军区的工作。
- 12月　先后参加中共中央政治局召开的全国工作会议和第三届全国人民代表大会第一次会议，并作了发言。

1965年　59岁

- 1月6日至9日　主持召开有各大军区负责人参加的军委办公会议第八次扩大会议，针对林彪在《关于当前部队工作的指示》中提出的"突出政治"，"政治可以冲击其它"，在会议上讲话指出：既要突出政治，反对单纯军事观点，又要把政治工作落实到军训及其他各项工作中去，不要搞空头政治。同时充分肯定了1964年的军训成绩。

- 2月至3月　赴广东、广西、湖南、江西、福建等地勘察地形，并视察广州军区、福州军区及海军、空军部队。
- 4月至5月　主持召开全军作战会议。
- 6月11日至7月3日　主持召开国防工业党委扩大会议并讲话，强调要改进领导作风和工作方法，谦虚谨慎，戒骄戒躁，兢兢业业，大力协同，多谋善断。
- 7月23日　和参加民兵工作会议的同志座谈，指出：兵民是胜利之本。军队工作要两手抓，一手抓部队，一手抓民兵。
- 9月3日　参加首都各界人民庆祝抗日战争胜利20周年大会，并作了《人民战胜了日本法西斯，人民也一定能够战胜美帝国主义》的讲话。
- 11月　赴广东、广西等地勘察地形，并到广州军区、海军、空军部队检查工作。
- 12月11日　在云南勘察地形期间接到中央通知，由昆明到上海，参加中共中央政治局常委扩大会议。在会上，林彪、叶群、吴法宪、李作鹏等人进行突然袭击，被指责为"反对突出政治""反对林彪"。随后，被调离军事工作领导岗位。

1966年　60岁

- 1月至2月　连续向党中央、毛泽东等领导人写信申述。针对林彪等人的诬陷表示：没有的事不能承认，请求中央严格审查。
- 3月4日至17日　在有各总部、各军区、各军兵种以及公安部等单位负责人参加的"京西宾馆会议"上，受到错误的批判，被诬陷为"篡军反党""反对毛主席""反对毛泽东思想"。
- 3月18日　被迫跳楼，双脚跟骨致伤，被送入北京医院治疗。
- 5月4日至26日　中共中央在北京举行政治局扩大会议。会议错误地批判了所谓彭真、罗瑞卿、陆定一、杨尚昆的"反党错误"，并决定停止和撤销他们的职务。罗瑞卿被停止中央书记处书记、国务院副总理等职务。
- 10月　经两次手术，右侧跟骨伤愈。左侧跟骨骨折后形成慢性骨髓炎，遂做跟骨部分切除。但术后伤口再次破溃。
- 12月21日　被林彪、江青指使的红卫兵从医院劫出，押到海淀区罗道庄卫戍区部队驻地"监护"。

1967年　61岁

- 1月至3月　不断受到军队、地方机关和院校的大会批斗。
- 4月3日至9月16日　因左侧跟骨伤口长期不愈，入解放军总医院治疗。其间31次被从医院拉出去在大会上批斗。住院期间，因发烧跌跤导致左股骨颈骨折，未经治疗，即令出院。
- 11月20日　因左股骨颈骨折，左腿日趋肿胀，疼痛日益加重，再次住院。在施行牵引治疗期间，被专案组连续突击审讯，逼迫交代"罪行"。

1968年　62岁

- 2月11日　在左股骨颈骨折和左跟骨髓炎未愈的情况下被迫出院。继续受到专案组的日夜审讯。
- 6月1日　给中央写报告，提出：左跟骨动了几次手术，伤口仍然不好；又跌断了左股骨颈，请求再治一治。伤口如治不好，则把左腿截掉。
- 7月14日　经毛泽东亲自批准再次住院治腿。
- 8月　解放军总医院就罗瑞卿手术方案向中央写了报告，但林彪不同意，说："对罗瑞卿到现在也没有搞出什么材料，要抓紧审问和斗争，搞出材料后到秋后再动手术。"此后，专案组即在病房内"对罗瑞卿进行不间断的审讯和斗争"。

1969年　63岁

- 1月至3月　做左小腿截肢和左股骨头切除手术。
- 6月6日　出院。被送至海淀区什坊院卫戍区某部驻地监护。继续被迫写交代材料。

1970年　64岁

- 8月25日　写完356页20余万字的《我的自传》。表示：只要我一息尚存，我总要做一个马克思主义、列宁主义、毛泽东思想的拥护者。这些话有些人会说对于我是不合逻辑的，但历史将证明它是真话，而不是假话。

1971年　65岁

- 1月　用仅有的一点生活费订了一份《人民日报》。每天除看报外，以多数时间读毛泽东和马、恩、列、斯的著作。
- 9月　"九一三"事件后，从报纸上发现林彪的名字逐渐消失，断定林彪出了问题。

1972年　66岁

- 1月5日　被转移到政法干校继续"监护"。
- 6月15日　写出了揭发林彪反革命罪行的第一部分材料。
- 8月1日　写出了约13万字的揭发林彪历史上的罪行材料。为集中精力写材料，推迟了同家人的见面。

1973年　67岁

- 1月3日至4月7日　因冠心病、高血压等病住院治疗。
- 9月11日　因冠心病复发再次住院。
- 11月20日　经毛泽东批准，被解除监护。
- 12月21日　毛泽东在接见参加中央军委会议的同志时，作了自我批评，说他是听了林彪一面之词，错整了罗瑞卿。

1974年　68岁

- 1月8日与5日　出狱的郝治平分别8年后在301医院见面。
- 4月2日　病情好转，出院。
- 10月　经中央批准，到福建省福州市请中医林如高治疗腿疾。
- 12月　仿唐人王勃送别诗，书赠战友，表惜别互勉之情。诗中写道："革命识知己，马列共遵循。永走革命路，一切可牺牲。"

1975年　69岁

- 春　与战友和诗一首，写道："蒋匪日寇何足道，群众伟力冲破天。兴无灭资当继续，擒妖捉鬼更要坚。"
- 4月　给李文一、魏传统复信并附答诗："愿君知我心，何畏遮天云。太阳终归出，一样照人行。"
- 5月31日　时值69岁生日，感触颇多，赋诗以念："少小叛逃封建家，磨难虽多心无瑕。蒋匪屠杀犯众怒，烈士鲜血浇红花。革命一生未虚度，戎马廿年耻矜夸。吾今即令身残老，志在千里岂嗟呀！"
- 8月　被任命为中央军委顾问。军委派专机接罗瑞卿回北京，参加"八一"建军节活动。之后返回福州，开始作调查研究工作。为60年代的全国民兵先进集体———大小登英雄岛正名；并驱车百里以外，调查福清县一造反派头头私藏武器案。
- 9月　前后针对"四人帮"掀起的"评《水浒》运动"指出："这里面有鬼。评《水浒》的文章，我看是反对周总理和小平同志的。"
- 11月　"四人帮"借"批邓、反击右倾翻案风"日益猖狂。对福州军区和福建省委领导人说："你们这一年的工作我亲眼所见，对小平同志指示执行得很坚决。但是人家不甘心，斗争很尖锐，你们可不能麻痹。看来这场斗争还在继续，要准备斗争，经得起考验。"

1976年　70岁

- 1月10日　返回北京，参加悼念周恩来的活动。
- 2月　在听了中央"打招呼会议"精神传达后，对福建省委和福州军区领导人说："要坚持下去，不要动摇。他们（指'四人帮'）肯定是短命鬼。"
- 7月8日　返回北京，参加追悼朱德的活动。
- 9月9日　毛泽东逝世。再返北京，参加悼念毛泽东的活动。因心情沉痛，冠心病复发，入解放军总医院治疗。
- 11月　看了张春桥1975年3月1日在全军各大单位政治部主任座谈会上的讲话记录稿后，在上面批道："名为总政主任，懂得一丝一毫的军队知识吗？可怜得连常识都没有。所以满篇只能放屁胡说，乱扣帽子，大打棍子。"

1977 年　71 岁

- 年初　赴武汉、广州和海南岛等地，与军区领导人座谈，建议让邓小平出来工作。
- 3 月 8 日　以"一读者"的名义在《解放军报》发表《江青破坏学雷锋运动由来已久》一文。
- 5 月 24 日至 7 月 15 日　因病住院期间，撰写《林彪全盘否定一九六四年军训是个阴谋》和《戳穿"四人帮"在民兵问题上的鬼把戏》两篇文章，以"本报记者"的名义在《解放军报》发表。
- 8 月 12 日至 18 日　参加中共第十一次全国代表大会，当选为中央委员，并被任命为中央军委常委、军委秘书长。
- 8 月 28 日　根据军委座谈会议精神，邀集三总部、国防科委和军事科学院等单位领导同志研究军委扩大会议的准备工作。认为：军委扩大会议的准备工作，最重要的是要写好一个总的报告。这个报告应该把"军队要整顿""要准备打仗"作为最近一个时期军队工作的纲，把抓纲治军，大力加强我军的革命化、现代化建设作为中心内容。并研究提出了会议要讨论和解决的主要问题。
- 10 月 19 日　就《解放军报》情况简报刊登的《空军航空兵第一师领导班子艰苦奋斗与群众同甘共苦》一文，给中央和军委写报告，指出："这个师的领导班子，政治上、作风上、工作上都算是过得硬的。我全军师以上领导班子，不要说全部就是有百分之七八十，能够做到像这样，那么，我军的面貌就会焕然一新，军队革命化、现代化建设，就会加快步伐。"并建议以军委名义通报全军表扬。
- 11 月 6 日　中央军委转发了空军航空兵一师领导班子的材料，号召全军各级党委向他们学习。
- 11 月 8 日至 20 日　与邓小平去广州准备军委全会文件。在讨论修改文件时对工作人员说：以阶级斗争为纲，这其实是一根打人的棍子。军队还是以小平同志"军队要整顿，要准备打仗"为纲，把深入揭批林彪、"四人帮"作为当前的首要任务。如果说阶级斗争，这也可以说是阶级斗争的具体表现。有人如果要挑刺也挑不出来。
- 12 月 12 日至 31 日　参加中央军委在北京召开的全体会议。在讨论时发言说："最重要的是把揭批'四人帮'运动搞彻底和把领导班子搞好。""在调配领导班子时，要特别注意那种专说假话、挑拨离间、搞两面派的人。不能让这种人进班子。"会议总结了深入揭批"四人帮"的经验，讨论确定了加强军队建设、准备打仗的方针和任务，通过了关于加强部队教育训练、加强军队组织纪律性等九项决定。

1978 年　72 岁

- 2 月 16 日　就广州军区揭批"四人帮"的情况，给中央和军委写报告，指出：

要把运动搞深、搞透、搞好（包括揭、批、查，挽救犯错误干部，把可拉出来的帮派骨干拉过来，对受打击迫害的干部，落实好政策以及调整好各级领导班子，特别是大军区司、政、后，重点又是政治机关），恐怕在第三战役中，要做好上述工作，还需花很大气力才行。广州是祖国的南大门，要使党中央、中央军委的路线、方针、政策能在所属的军队中贯彻执行，使党中央、中央军委放心，就必须做好工作。

■ 3月26日　看了《人民日报》发表的《标准只有一个》一文，对解放军报负责人说："这篇文章虽短，却提出一个重要问题，什么是检验真理的标准？马列主义、毛泽东思想是真理，但真理不能用来检验真理。只有实践才是检验真理的标准。这一观点很正确也很重要。"并要求《解放军报》注意宣传这一观点。

■ 4月1日　在解放军、国防工业系统出席全国科学大会全体代表会议上讲话说：我们要争取时间，珍惜时间，要树雄心，立壮志，把国防科学技术搞上去，赶超世界先进水平。"后来居上"。我今年72岁了，我要把72岁当成27岁。邓副主席说，他愿意当大家的"后勤部长"。我这样的人是不是可以当个后勤兵或者当个后勤组长。

■ 4月12日　在听了海军的工作汇报后指示：要把揭批"四人帮"的斗争搞到底。产生一个好的领导班子，恢复我们的传统作风。现在危险的不是那些已经清查出来的而是那些"风派""溜派""震派""捂派"人物，特别是没有查出来的少数人，一有风吹草动，他们就又要闹"地震"。

■ 4月17日　得悉华国锋要在访朝回国后到旅顺视察海军，为此，海军准备调动舰队，组织演习。鉴于国际、国内政治形势，表示不同意在这个时候搞这么大的兵力行动。在邓小平的支持下，演习被制止。

■ 4月19日　到徐州等地视察部队，坚持上山、下坑道，深感腿疾给工作带来极大不便。

■ 5月11日　看了《光明日报》发表的《实践是检验真理的唯一标准》一文后，对《解放军报》负责人说：这是一篇坚持马列主义、毛泽东思想的好文章，它提出的是一个牵一发而动全身的大问题。不解决这一问题，我们的事业就不能前进。《解放军报》要积极支持和参加这场讨论，要注意在军队中消除"两个凡是"的影响。

■ 5月18日　在总参部局领导参加的会议上讲话，指出："三查三整的标准，邓副主席提出，要把领导班子搞好，把作风搞正，恢复军队的优良传统和作风。""'四人帮'和林彪，害苦了我们军队。现在，军队有许多不正之风……就是被他们搞乱了的。这次要下决心整顿。""大家要团结起来，要不念旧恶……对犯了错误的同志，甚至是犯了严重的方向路线错误的同志，也要采取一看、二帮，把大多数人团结起来，把班子搞好，作风搞正。"

■ 6月　审阅《解放军报》约中央党校同志撰写的文章《马克思主义的一个最基本的原则》，说：这篇文章很好，一定要使文章更充实，理论水平更高。要在文章中引用毛主席和邓小平的有关论述，做到立论更稳，无懈可击。并亲自查阅资料，三次审阅修改。文章定稿后，打电话对《解放军报》负责人说：发表这篇文章可能有人反对，准备驳。不要紧，出了问题首先由我负责。要打板子打我。

- 7月15日　经党中央批准，赴联邦德国海德堡骨科大学医院治疗腿疾。
- 8月3日　术后因突发心肌梗死逝世。
- 8月5日　党中央派专机将罗瑞卿的灵柩接回北京。邓小平、叶剑英等党和国家领导人前往机场迎灵。
- 8月12日　在北京人民大会堂隆重举行罗瑞卿追悼会。天安门广场、新华门、外交部下半旗志哀。邓小平致悼词，高度评价了罗瑞卿光辉的一生。罗瑞卿的骨灰安放在八宝山革命公墓。

后　记

《罗瑞卿传》是1987年1月由总参谋部批准撰写的。编写组设在总参政治部。8年来，历届总参党委和总参领导都非常重视传记的编写工作，杨得志、迟浩田、张万年、傅全有四任总长都对编写工作给予了关怀和支持，总参政治部自始至终对编写工作进行了具体指导。《罗瑞卿传》完稿后，经中央军委审定批准出版，在罗瑞卿诞辰90周年之际和读者见面了。

彭真同志为本书题写了书名。罗瑞卿同志是我们党、国家和军队的卓越领导人，杰出的无产阶级革命家和军事家。他的一生，与我党我军和人民共和国的历程紧密相连。他对新民主主义革命的胜利和社会主义建设事业，特别是对我军的现代化、正规化建设，做出了彪炳史册的巨大贡献。他一生中，经历了三次大难不死，特别是在同林彪反革命集团的斗争中，虽身陷囹圄，身体致残，仍矢志不渝，受到全党、全军和全国人民的敬仰。我们为这样一位德高望重，并富传奇色彩的大将立传，深感光荣，亦倍感任重。

立传首先要充分地占有材料，才能广撷薄取，全面真实地反映传主的一生。但由于战争年代南征北战和"文革"的浩劫，致使许多珍贵文献散失。同时，罗瑞卿的老战友、老部下均年事已高，有的已经作古。这就使我们面临着挖掘浩繁的档案材料和抢救"活资料"的两重任务。为此，编写组成立后，确定由张明哲负责写作前的资料收集工作，主要是调查、采访和查阅历史档案。他曾深入到罗瑞卿当年战斗过的革命老区调查采访；常年往返于档案馆、革命博物馆、纪念馆和图书馆，查阅历史档案，收集文献资料。这一工作进行了4年，基本完成了资料准备阶段的主要任务，为传记的编写工作奠定了基础。

在撰写传记之前和撰写过程中，我们先后采访了（以姓氏笔画为序）马兴元、王平、王光美、王智涛、叶青山、龙光、华楠、刘志坚、伍修权、李如洪、杜平、杨国宇、杨得志、张爱萍、张廷发、陈德先、陆定一、周桓、罗明、罗青长、郑天翔、荣高棠、姚远方、耿飚、黄华、萧克、梁必业、傅柏翠、傅崇碧、童小鹏、谢滋群、廖志高、谭震林、潘振武等一百余名老同志。他们的回忆感人肺腑，为我们提供了许多生动的材料。

中央档案馆、军委档案馆、国防科工委档案馆、军事科学院图书馆、公安部档案馆、北京市公安局档案科等单位，为我们提供了大量珍贵资料。

从1991年开始，编写组采用三步走的办法开展撰写工作：第一步，先完成6万字的传略。第二步，完成28万字的《三次大难不死的罗瑞卿大将》和10万字的《开国大将罗瑞卿》等。第三步，完成50万字的本书书稿。1995年10月，全书撰写工作完成后，在钱树根副总长和总参政治部领导主持下，召开了有老同志和军内外党史军史研究工作专家参加的审稿会。会后，根据大家的意见，对书稿再次进行了全面修改和补充。《罗瑞卿传》是集体劳动的成果。由于我们对于公安部和国防科工委的工作和历史不熟悉，公安部在王芳、陶驷驹等领导的关怀和支持下，成立了编写组，国防科工委也组织人员进行编写。他们为我们提供了材料和撰写了有关章节，为本书做出了贡献。撰写本书的具体分工是：第一至第七章、第十二章第四节、第十三至第十六章由黄瑶撰写。第十一章第一、第二节和大事记为张明哲撰写。国防科工委的张裕撰写第十一章第三节、第十二章第二节和第十六章有关国防科技和国防工业的部分，并与蔡贯刚撰写第十二章第一节；宋炳寰撰写第十二章第三节。第八至第十章主要依据公安部以王韦为组长的编写组提供的近20万字的初稿，和我们采访、收集的有关资料由黄瑶加工编写而成。全书由黄瑶统稿。全书图片为张明哲选编并撰写说明；同时他还承担了大量书稿校改及编写组的日常工作。

在成书过程中，迟浩田、王平、王芳、梁必业、郭林祥、莫文骅、郑维山、陈鹤桥、陶汉章、华楠、谭旌樵、李广祥、陈德先、冯征等老同志以及军事科学院、中央党史研究室、中央文献研究室、中央档案馆、当代中国研究所、当代中国出版社、总政宣传部编研室、国防科工委办公厅编研室的有关专家，审阅了书稿并提出了宝贵的修改意见。凌云、王仲方等同志曾多次审阅并修改书稿。罗瑞卿夫人郝治平不仅提供了珍贵的文献资料，而且对每一阶段的编写工作，都给予具体指导，并多次审阅书稿，提出修改意见。总参管理局对编写经费给予了保障。总参政治部编研室除对书稿参加审定外，还对编写工作给予了经常性的支持和指导。对于以上单位和同志，我们谨致衷心感谢！

由于水平及掌握资料有限，书中不当之处，请读者批评指正。

《罗瑞卿传》编写组
1996年2月